बताने के लिए अवैध
अयोध्या
से संतुष्ट नहीं, रपट तीन-चार दिन में
साधुओं ने सरकारी ट्रस्ट नका
राम मंदिर बनना
कल्याण
ढांचा गिराए जाने की पहली
अयोध्या में जल्द ही कोई पहल करने
हेमंत शर्मा
भाजपा ने विशाल रैली करके चेतावनी दी
मंदिर बनने में बाधा डाली तो टकराव
कलेक्टर की रपट ने सोमयज्ञ की पोल खोल दी
अयोध्या घटनाओं की न्यायिक जांच अभी शुरुआती छोर पर ही
हेमंत शर्मा
जनसत्ता संवाददाता
हरि नाम
बदल गया है रामजन्म भूमि-बाबरी मसजिद के आसपास
ासन अयोध्या में निर्माण नहीं रोक पाया
अयोध्या में निर्माण अदालत
आदेशों के खिलाफ-चव्हाण
गृहमंत्री के बयान से लोकसभा में हंगामा शांत नहीं
अयोध्या में टकराव
सुप्रीम कोर्ट ने अयोध्या विवाद पर उत्तर प्रदेश सरकार को हिदायत दी
पहले काम रोका जाए तभी सुनवाई
निर्देश दिया
सकती- अली मियां नदवी
कोर्ट के आदेशों की अनदेखी कर अयोध्या में मंदिर निर्माण शुरू
अब दलितों को भी अयोध्या
जोशी कहते हैं और समय किस
का पर कल्याण सिंह देने के हक
अटकाया तो
चाभी गिरेगा
तो अब लक्ष्मण के मंदिर पर चलेगी कारसेवा

अयोध्या का चश्मदीद

अयोध्या का चश्मदीद

हेमंत शर्मा

प्रभात प्रकाशन, दिल्ली
ISO 9001:2015 प्रकाशक

प्रकाशक • **प्रभात प्रकाशन**
4/19 आसफ अली रोड,
नई दिल्ली–110002

संस्करण • 2019
मूल्य • नौ सौ रुपए
आवरण एवं लेआउट • माधव जोशी
मुद्रक • गोपसंस पेपर्स लिमिटेड, नोएडा

AYODHYA KA CHASHMADEED

by Hemant Sharma ₹ 900.00
Published by Prabhat Prakashan, 4/19 Asaf Ali Road, New Delhi-2
e-mail: prabhatbooks@gmail.com ISBN 978-93-5266-754-3

"तुम्हारे हाथ मेरी,
उँगलियों में साँस लेते हैं।
मैं लिखने के लिए अब भी,
कलम कागज़ उठाता हूँ।
तुम्हें बैठा हुआ,
अपनी ही कुर्सी पे पाता हूँ।"

पापा के लिए।

अब लौं नसानी अब न नसैहों

मेरी आँखों ने अयोध्या को एक झाँकी की तरह घटते देखा है। किसी फिल्म की तरह गुजरते महसूस किया है। इस सबकी धुरी रही अयोध्या का विवादित ढाँचा। इस धुरी के इर्द-गिर्द बहुत कुछ घटता रहा। अभी भी घट रहा है। लेकिन वह सब गोल-गोल घूमता रहा। पर धुरी जस-की-तस खड़ी रही।

इसकी परिधि में क्या कुछ नहीं हुआ! महज वोट खसोटने की खातिर विवादित इमारत का ताला खोला गया। अदालत के फैसलों की ओर पीठ कर शिलान्यास कर दिया गया। अयोध्या रक्तपात में डूबी। ढाँचा ढहाने की साजिश हुई, फिर उसका ध्वंस हुआ। मौकापरस्ती की सियासत ने हालात को बार-बार विस्फोटक बनाया।

इस सबको मैंने करीब से देखा और जिया। अयोध्या को भोगा भी और उस पर लिखा भी। कभी मैं अयोध्या की धुरी के बिल्कुल पास खड़ा हूँ, नियति की अबूझ झाँकियों को बिल्कुल करीब से देखता हुआ। कभी इस धुरी से दूर होकर परिधि की घटनाओं को समेटता हुआ। कई दृष्टियों से अयोध्या को समझा। कई कोणों से इसे जाना। 6 दिसंबर, 1992 की घटना ने सिर्फ अयोध्या को ही नहीं बदला, देश और समाज की सोच के मायने बदल दिए। चुनावों के समीकरण उलट दिए, वोटबैंक के खातों का नफा-नुकसान भी। इस बदलाव की नब्ज इतनी तेज रही कि राजनेता, प्रधानमंत्री, राजनैतिक दल रोज अपने बयान और स्टैंड बदलते रहे। हालाँकि रोजमर्रा की घटनाओं के बोझ तले दबी रही इस नब्ज को खोजते हुए मेरे कितने साल गुजर गए, पता ही नहीं चला! यह किताब कोई रचना नहीं है, जिसे मैंने बैठकर लिखा है। यह एक विस्तृत साक्ष्य है, जिसे खुद अयोध्या ने लिखा है। अयोध्या ने ही अपनी स्मृतियों को हाजिर-नाजिर मानकर जो सत्य कहा, उसे मैंने इन पन्नों में उतार दिया। बस इतना ही। और कुछ नहीं।

मैंने भगवान राम की अयोध्या को वोटबैंक की विध्वंसक राजनीति में बदलते देखा है। हमारे सत्ता-नियंता अयोध्या को सिर्फ दो संप्रदायों के बीच एक पूजा-स्थान का झगड़ा समझ बैठे। यह उनकी भूल थी। अयोध्या भारत की प्रभुसत्ता के आहत स्वाभिमान का प्रतीक रही। अयोध्या सत्ता का नहीं, आस्था का एजेंडा थी। अयोध्या, मथुरा और

काशी का संसार समाज की स्मृति में किसी ज्वालामुखी की तरह रहा। समय-समय पर फटकर उसे लंबे समय की गुलामी और पराधीनता के लावे से जलाता हुआ, बेचैन करता हुआ। पर यह भी सही था कि मध्ययुगीन असहिष्णुता का मुकाबला हम उसी हथियार से नहीं कर सकते थे। न तो हमारे संस्कार इसकी अनुमति देते थे और न ही मर्यादा पुरुषोत्तम के आदर्श। तो फिर रास्ता क्या था? अफसोस कि इस पर कोई सार्थक पहल हुई ही नहीं। उल्टा अयोध्या को वोटबैंक के थ्रेसर से काट दिया गया। अब तक जो निष्पक्ष थे, उन्हें भी पक्ष बनना पड़ा। देश उन्माद की आँधी में था। हमारे हाथ में कथित राष्ट्रीयता और तुष्टीकरण से लैस पंथनिरपेक्षता के खोखले हथियार थे।

यह इतिहास का वह दौर था, जब राम की अयोध्या ध्रुवीकरण की प्रयोगशाला बन चुकी थी। भावनाएँ जबरदस्त उफान पर थीं। इतिहास बिल्कुल नई शक्ल में दस्तक दे रहा था। यह दस्तक इसलिए बेहद अहम थी कि इसकी ही रोशनी में हिंदू और मुसलमानों की पीढ़ियों को आपसी रिश्तों के सबक हासिल करने थे। ■

यह इतिहास का वह दौर था, जब राम की अयोध्या ध्रुवीकरण की प्रयोगशाला बन चुकी थी। भावनाएँ जबरदस्त उफान पर थीं। इतिहास बिल्कुल नई शक्ल में दस्तक दे रहा था। यह दस्तक इसलिए बेहद अहम थी कि इसकी ही रोशनी में हिंदू और मुसलमानों की पीढ़ियों को आपसी रिश्तों के सबक हासिल करने थे। इतिहास का ऐसा दौर पक्ष और प्रतिपक्ष ही नहीं, बल्कि निरपेक्ष की भी परीक्षा का होता है। इस सब के बीच पत्रकार सिर्फ घटनाओं के घटित होने का ही साक्षी नहीं होता। घटनाओं की प्रसव-वेदना के कारण और उसके परिणाम भी उसकी लेखनी का ताना-बाना हो जाते हैं। यह किताब एक ऐसे ही दौर के गर्भ से निकली है। इसमें इस दौर की बोलती आवाजें शामिल हैं और मौन के सायास-अनायास सच भी। ये कतरनें एक पत्रकार की गवाही हैं, जो साक्षी भाव से लिखी गई हैं।

अयोध्या नगरी हमें जोड़ती है अपनी विरासत से, अपनी परंपरा और संस्कृति से। पर इस भयावह दौर में वह तोड़ने लगी थी। इसलिए हमारे सार्वजनिक जीवन का महत्त्वपूर्ण सवाल बन गई। सार्वजनिक विमर्श कुछ इस हद तक चला गया कि लोग राम के होने या न होने पर ही सवाल खड़े करने लगे। इन सारहीन और प्रतिशोधी बहसों ने बीच में खड़े लोगों को भी दूसरे पाले में खदेड़ दिया। डॉ. राममनोहर लोहिया को मैं इस जमाने का सबसे बड़ा पंथनिरपेक्ष मानता हूँ। अयोध्या से कोई पचास किलोमीटर दूर शहजादपुर में ही उनका जन्म हुआ था। उन्होंने घोषणा की—"मैं

इस पचड़े में नहीं पड़ना चाहता हूँ कि राम कभी पैदा हुए भी थे या नहीं। मैं सिर्फ इतना जानता हूँ कि इस देश का मानस गढ़ने में राम, कृष्ण और शिव की सबसे बड़ी भूमिका रही है।" वे आगे कहते हैं—"भारतीय आत्मा के इतिहास के लिए ये तीन नाम सबसे सच्चे हैं। जैसे पत्थरों और धातुओं पर इतिहास मिलता है, वैसे ही इन तीनों महापुरुषों की कहानियाँ आम लोगों के दिमागों में अंकित हैं, जो मिटाई नहीं जा सकतीं।...राम, कृष्ण और शिव भारत में पूर्णता के तीन महान स्वप्न हैं। देश के सांस्कृतिक इतिहास के लिए अपेक्षाकृत यह निरर्थक बात है कि भारतीय पुराण के ये महान लोग धरती पर पैदा भी हुए थे या नहीं।"

साल 1992 अयोध्या के जीवन में प्रस्थान बिंदु की तरह है, हालाँकि अयोध्या का संकट गहराया सन् 1989 के शिलान्यास से। यह हिंदू भावनाओं के जबरदस्त उफान का दौर था। लगभग सारे ही हिंदू मन-ही-मन अयोध्या में राममंदिर देखना चाहते थे। हिंदुओं की इसी भावना को देखते हुए बीजेपी खुलेआम और कांग्रेस पीछे से राममंदिर के पक्ष में उतर आईं। अयोध्या की जमीन पहले से ही तैयार थी। यहाँ की आग ब्रिटिश काल से ही सुलगती आई थी। सन् 1859 में बाबरी मस्जिद-राम जन्मभूमि पर मचे घमासान के बीच एक दीवार खड़ी कर दी गई थी। विवादित जमीन का आंतरिक हिस्सा मुसलमानों को दे दिया गया और बाहरी हिस्सा हिंदुओं को। मगर यह व्यवस्था चल नहीं सकी। अयोध्या के महंत रघुवरदास ने मंदिर की खातिर साल 1885 में पहला मुकदमा दाखिल कर दिया। ब्रिटिश काल की समाप्ति तक हिंदू जनमानस इस कसक को भीतर-ही-भीतर दबाए रहा। शासन के डर से चुप रहा। पर आजादी के बाद और खासकर बँटवारे के बाद उसके भीतर की दबी हुई चिनगारी आक्रोश के नए रास्ते ढूँढ़ने लगी। राष्ट्रीयता का बैनर लिये नेताओं ने अपनी रथयात्रा के जरिए इसी दबी हुई चिनगारी को उभारकर दावानल बना दिया। अगर अयोध्या के मंदिर-विरोधियों ने राम को गांधी और लोहिया की नजर से भी देखा होता, तो वे अयोध्या आंदोलन के मर्म, देश के मन और निरपेक्षता के धर्म को आसानी से समझ जाते। पर उन सबने अपनी समूची बौद्धिकता इस काम में लगा दी कि राम कभी पैदा हुए भी थे या नहीं।

इस देश का मानस गढ़ने में राम, कृष्ण और शिव की सबसे बड़ी भूमिका रही है। भारतीय आत्मा के इतिहास के लिए ये तीन नाम सबसे सच्चे हैं। जैसे पत्थरों और धातुओं पर इतिहास मिलता है, वैसे ही इन तीनों महापुरुषों की कहानियाँ आम लोगों के दिमागों में अंकित हैं, जो मिटाई नहीं जा सकती। राम, कृष्ण और शिव भारत में पूर्णता के तीन महान स्वप्न हैं।

इसी पृष्ठभूमि में साल 1989 का शिलान्यास बेहद अहम था। उत्तर प्रदेश के तब के मुख्यमंत्री नारायण दत्त तिवारी के न चाहते हुए राजीव गांधी ने अयोध्या में प्रस्तावित राम जन्मभूमि मंदिर का शिलान्यास करवाया। अदालतें और कानूनी राय शिलान्यास के खिलाफ थीं। पर तब के प्रधानमंत्री राजीव गांधी को बोफोर्स के सवाल पर उनकी सरकार की गिरती साख को रोकने का यही उपयुक्त हथियार दिखा। वे शिलान्यास करा चुनाव पार लगना चाहते थे। इन कतरनों से इस बात का रहस्य भी खुलेगा कि क्यों राज्य सरकार ने शिलान्यास कराने के लिए झूठा हलफनामा दिया। इसमें कहा गया कि शिलान्यास की प्रस्तावित जगह विवादित नहीं है। राजीव गांधी ने सिर्फ शिलान्यास ही नहीं कराया, रामराज्य के लक्ष्य को पाने के लिए अयोध्या से अपने चुनाव अभियान की शुरुआत भी की। इसकी कतरन भी आपको यहाँ मिलेगी और यह साफ होगा कि चुनाव में मंदिर का इस्तेमाल करने में कोई दल पीछे नहीं था।

इससे समझ आता है कि विवादित ढाँचा भारत की राजनीति की धुरी कैसे बना। उस दौर का 'जनसत्ता' इसका गवाह है। इस अखबार ने अयोध्या पर मेरी समझ और छानबीन को एक सार्थक मंच दिया। इस पुस्तक का एक हिस्सा उन दिनों की कतरनों को जोड़कर तैयार हुआ है। मगर मेरे भीतर ऐसा बहुत कुछ था, जो उन कतरनों से परे था, जो मनोभावों में गहरे तक छिपे होने के बावजूद शब्दों में नहीं समा सका, जो कहीं-न-कहीं दबा रहा। इसे परत-दर-परत खोलने की कोशिश से किताब का दूसरा हिस्सा बना है—'युद्ध में अयोध्या', जिसे प्रभात प्रकाशन ने ही छापा है।

'जनसत्ता' इसका गवाह है। इस अखबार ने अयोध्या पर मेरी समझ और छानबीन को एक सार्थक मंच दिया। इस पुस्तक का एक हिस्सा उन दिनों की कतरनों को जोड़कर तैयार हुआ है। मगर मेरे भीतर ऐसा बहुत कुछ था, जो उन कतरनों से परे था, जो मनोभावों में गहरे तक छिपे होने के बावजूद शब्दों में नहीं समा सका। जो कहीं-न-कहीं दबा रहा। इसे परत-दर-परत खोलने की कोशिश से किताब के दूसरे हिस्से बने हैं। ■

इस पुस्तक में उस दौर की अयोध्या मेरी आँखों के आगे तैर रही है। कारसेवा की हलचल है। राज्य सरकार सुप्रीम कोर्ट में आश्वासन दे चुकी है कि कारसेवा नहीं होगी; मुख्यमंत्री कल्याण सिंह राष्ट्रीय एकता परिषद को भरोसा दे चुके हैं कि ढाँचे को कोई नुकसान नहीं होगा। मगर राजनीति के ये आपसी आश्वासन क्या हैं? यथार्थ की जमीन की छायाएँ क्या बोलती हैं? एक तरफ आश्वासन और दूसरी तरफ कैसे सरकार की ओर से विधायकों को कारसेवा के निर्देश जारी किए जा रहे हैं? गाँवों में किस तरह

की तैयारी है? राज्य सरकार, पुलिस और केंद्रीय अर्धसैनिक बलों के बीच कैसा टकराव है? अयोध्या की फिजाएँ एक संभावित खतरे की आहट से कैसे सहमी हुई हैं? अयोध्या हर पल बदल रही थी। मैंने अयोध्या की जमीन में पल-पल के इस बदलाव को अंकुरित होते देखा है और दफन होते भी।

अयोध्या के कुछ सवाल अनुत्तरित हैं। इतिहास के पास भी उनका जवाब नहीं है। कैसे सैकड़ों साल से चलनेवाले मुकदमों के बीच एक अर्जी आती है, कि इस इमारत का ताला खोला जाए। इस अर्जी पर चार रोज में फैसला हो जाता है किसी को सुने बिना। कैसे बीजेपी नेता लालकृष्ण आडवाणी से लड़ते-लड़ते मुलायम सिंह यादव भगवान राम से लड़ने लगते हैं। कैसे 1990 में मुलायम सिंह यादव की इस अहंकारी घोषणा के बावजूद कि अयोध्या में परिंदा भी पर नहीं मार सकता, लाखों कारसेवक इकट्ठा होते हैं। क्यों साल 1990 में विवादित ढाँचे से महज दो किमी. दूर गैर-जरूरी रक्तपात होता है। जिसमें 40 से ज्यादा कारसेवक मरते हैं। अति दोनों तरफ से हो रही थी।

एक वक्त तो ऐसा लगा कि अयोध्या केवल इस्तेमाल के लिए बनी है। वह कभी विश्व हिंदू परिषद के हाथ का खिलौना है तो कभी राजीव गांधी के लिए वोटबैंक की चाबी। वी.पी. सिंह ने भी इसके जरिए अपना जनाधार पुख्ता करने की कोशिश की तो चंद्रशेखर ने भी अपनी चार महीने की सरकार में अयोध्या को लेकर खूब हाथ आजमाया। चंद्रशेखर ने सिर्फ चार महीनों में दोनों पक्षों की छह बैठकें इस सवाल पर कराईं कि वहाँ मंदिर था या मस्जिद? पी.वी. नरसिंह राव ने अयोध्या को साधने के लिए कभी चंद्रास्वामी का इस्तेमाल किया तो कभी द्वारका के शंकराचार्य का। लेकिन आपको इन खबरों की कतरनें बताएँगी कि नरसिंह राव हमेशा नेपथ्य से मंदिर के हक में खड़े नजर आते हैं। ढाँचा गिरने के अड़तालीस घंटे बाद तक वे इसलिए सक्रिय नहीं हुए, ताकि वहाँ मलबा साफ कर अस्थायी मंदिर बनाने का अवसर मिल जाए। वरना हिंदुओं का दावा कमजोर होता।

अयोध्या आज भी एक यक्षप्रश्न से जूझ रही है। आखिर अर्धसैनिक बलों की इतनी भारी-भरकम खेप और सुरक्षा के तमाम आश्वासनों के बीच ढाँचा कैसे ढहा दिया गया? इसका जवाब टटोलने की कोशिश मैंने की है। कुछ ऐसे भी तथ्य शामिल किए हैं, जो गागर में सागर दिखाते हैं। उस दौर के सरकारी फैक्स और चिट्ठी-पत्री अपने आप में कई सवालों के जवाब थे। मसलन केंद्रीय गृह मंत्रालय की ओर से राज्य के मुख्य सचिव को जो संदेश भेजा गया, वह बहुत कुछ कहता था। केंद्र ने इस संदेश के जरिए राज्य को सूचित किया था कि अयोध्या में आशंकित स्थिति से निपटने के लिए अर्धसैनिक बलों की तैनाती की जा रही है। पर ठीक इसी वक्त राज्य सरकार की ओर से भी केंद्र को एक रिपोर्ट भेजी गई, जो इन्हीं अर्धसैनिक बलों की गतिविधियों के बारे में थी।

फैजाबाद के जिलाधिकारी की इस रिपोर्ट में लिखा हुआ था कि अर्धसैनिक बलों के ये जवान शराब पीकर फैजाबाद के लालबत्ती इलाके में आफत मचाए हुए हैं। फैजाबाद के शराब के ठेकों और वेश्याओं पर मुसीबतों का पहाड़ टूट पड़ा है। तीन पेज की इस रिपोर्ट में यह भी लिखा था कि वे नशे में धुत्त होकर शहर के दुकानदारों और महिलाओं से झगड़ते भी हैं। महिलाओं के साथ दुर्व्यवहार की शिकायतें आम होती जा रही हैं। कुछ ऐसी ही रिपोर्ट भेजी फैजाबाद के बिजली विभाग ने। उसकी शिकायत थी कि केंद्रीय पुलिस बलों ने अपने कैंप की जगहों पर अवैध रूप से बिजली के खंभों से कटिया लटका दी हैं। इससे ट्रांसफार्मरों पर ज्यादा बोझ पड़ रहा है। उनके जलने का खतरा पैदा हो गया है।

यहाँ तक तो फिर भी गनीमत थी। मगर एक ऐसी रिपोर्ट भी थी, जो आगत का आईना थी। इस रिपोर्ट में जिला प्रशासन ने विवादित ढाँचे के भीतर सी.आर.पी.एफ. की तैनाती को ढाँचे की सुरक्षा के लिए ही घातक करार दिया था। ये सारी घटनाएँ 6 दिसंबर, 1992 को ढाँचा ढहाए जाने से पहले की हैं।

मंदिर निर्माण के अगुवाओं का अपना कुनबा भी भारी अंतर्विरोध का शिकार था। कई मायनों में तो आपस में ही बुरी तरह गुत्थमगुत्था था। 'राम जन्मभूमि न्यास' और 'रामालय न्यास ट्रस्ट' के बीच मंदिर निर्माण के अधिकार को लेकर भारी विवाद था। दोनों ही ट्रस्ट एक-दूसरे पर द्रोह और विश्वासघात के आरोप मढ़ रहे थे। विवादित परिसर की 2.77 एकड़ जमीन की अपनी पटकथा थी। जो निराकार ब्रह्म की तरह लोगों की समझ से परे थी। इसका कुछ हिस्सा विवादित था, कुछ टुकड़ा गैर-विवादित हिस्से में आ रहा था। जब इस हिस्से पर कोई निर्माण नहीं कराना होता तो सरकार यह दलील देती कि वह विवादित क्षेत्र है। जब कुछ करना होता तो हाई कोर्ट में हलफनामा देती कि यह गैर-विवादित है। यह वह जमीन थी, जिसका राज्य सरकार ने अधिग्रहण कर लिया था। विश्व हिंदू परिषद इस अधिग्रहण पर इलाहाबाद हाईकोर्ट के आदेश का बेसब्री से इंतजार कर रही थी। वह पहले से ही तय मानकर बैठी थी कि अधिग्रहण पर हाईकोर्ट अपने अंतरिम आदेश में चाहे जो भी कहे, 2.77 एकड़ पर कारसेवा के रास्ते खुल ही जाएँगे, क्योंकि विवादित और गैर-विवादित की गुंजाइश उसमें बनी हुई थी।

राम जन्मभूमि की खातिर सरकारों से लड़नेवाले अयोध्या के संत-महंत अपने एक मंदिर 'लक्ष्मण किला' के लिए आपस में लड़ रहे थे। अयोध्या के पूरे संत समाज में अंतर्विरोध गहराई तक जड़ें जमाता जा रहा था। राम जन्मभूमि न्यास के अध्यक्ष और उपाध्यक्ष यानी महंत परमहंस रामचंद्रदास और महंत नृत्यगोपाल दास एक-दूसरे के दुश्मन हो चुके थे। वजह एक ही थी, संपत्ति की लड़ाई। मर्यादा पुरुषोत्तम की मर्यादा की दुहाई देने वाले साधु संपत्ति की इस लड़ाई में नाम से लेकर पहचान तक सभी कुछ बदल देने पर आमादा हो चुके थे। संतों के इस आपसी महाभारत में अयोध्या आंदोलन के कई बड़े

नाम शामिल थे। कई बड़े चेहरे परदे के पीछे से तार खींच रहे थे। अयोध्या में साधना अब धर्म की ही नहीं थी, धर्म के पीछे की दुनिया को साधना उससे भी बड़ी चुनौती हो चुकी थी।

अयोध्या एक मथनी की तरह थी। इस मथनी पर एक नहीं, अनेक हाथों के निशान हैं। मंथन में क्या निकला—अमृत या विष, यह बहस अब सनातन हो चुकी है। पर इन्हें मथने वाले हाथों की शिनाख्त अब भी बाकी है। इन्हीं दिनों इसी अयोध्या में चंद्रास्वामी की अगुवाई में सोमयज्ञ की तैयारियाँ भी चल रही थीं। यह केंद्र की कांग्रेसी सरकार का एक बड़ा राजनैतिक दाँव था। इस यज्ञ की कमान चर्चित संत चंद्रास्वामी के सचिव कैलाश नाथ अग्रवाल उर्फ 'मामाजी' के हाथ में थी। यहाँ एक विवाद खड़ा हो उठा। विवाद यह कि यज्ञ में प्रयोग की जाने वाली सोमलता कहाँ से लाई गई थी? असली थी या नकली, क्या इसे कनाडा से मँगवाया गया था? अगर सोमलता नकली थी तो यज्ञ का प्रभाव क्या होगा? इसी बीच फैजाबाद के तत्कालीन जिलाधिकारी वी.पी. वर्मा की एक रिपोर्ट सामने आई। यह रिपोर्ट राज्यपाल के सलाहकार पी. एन. बहल को भेजी गई थी। चूँकि राज्य में राष्ट्रपति शासन था, इसलिए सलाहकार सर्वेसर्वा था। राज्यपाल के सलाहकार ने उसी रोज इस रिपोर्ट के साथ एक चिट्ठी (संख्या 163/वी.आई.पी/ए.(पी.)/93) जोड़कर इसे तत्कालीन प्रधानमंत्री नरसिंह राव के सचिव ए.एन. वर्मा को भेज दिया। रिपोर्ट में डीएम ने विहिप, आरएसएस और दूसरे संगठनों के विरोध के बावजूद सोमयज्ञ करने के चंद्रास्वामी के साहस को अनुकरणीय बताया। यह भी लिखा कि सोमयज्ञ को लेकर महामहिम राज्यपाल ने भी अपना महत्त्वपूर्ण समय और निर्देश दिए हैं। इस रिपोर्ट में उ.प्र. के डीजीपी के नेतृत्व में यज्ञ संपन्न करने के इंतजामों का भी जिक्र था। यानी यह चिट्ठी सरकारी पक्ष की खुद पोल खोलती है। मैंने नेपथ्य की ऐसी ही कई घटनाओं को पाठकों के संसार का हिस्सा बनाने की कोशिश की है। ये घटनाएँ शिनाख्त कराती हैं अयोध्या के किरदारों की, अयोध्या के मारों की।

अयोध्या एक मथनी की तरह थी। इस मथनी पर एक नहीं, अनेक हाथों के निशान हैं। मंथन में क्या निकला, अमृत या विष, यह बहस अब सनातन हो चुकी है। पर इन्हें मथने वाले हाथों की शिनाख्त अब भी बाकी है।

6 दिसंबर, 1992—यह तारीख इस पुस्तक की केंद्रबिंदु है। बहुत कुछ ऐसा है, जो उस दौर की बड़ी घटनाओं के शोर

में खो गया था। मगर सच यह भी है कि 'यही कुछ' उन तमाम बड़ी घटनाओं के मूल में था। विहिप का एक उग्र गुट चार दिन पहले ही ढाँचा ढहाने की योजना तैयार कर चुका था। ये लोग कौन थे? इस योजना की जानकारी किसे-किसे थी? सब यहाँ ज्यों का त्यों मौजूद है। ढाँचा ढहाए जाने के दौरान अयोध्या का पुलिस कंट्रोलरूम कैसा था? रूम में बैठे डीआईजी. और आईजी स्तर के अधिकारी आपस में क्या बातें कर रहे थे? उनके सरकारी दायित्व क्या थे। पर मन से वे सब ढाँचा गिरना देखना चाहते थे। कारसेवकों की टोली ने ढाँचा ढहाने से पहले सी.आर.पी.एफ. की हॉट लाइन काटी। फिर बिजली के तार काटे। बैरिकेडिंग और रेलिंग तोड़ी। ढाँचा गिराने के लिए गैंता और बेलचा मौके पर ही मौजूद था। सीता रसोई से लेकर गर्भगृह की दीवारों तक की हर हलचल आज भी मेरे जेहन की पर्तों पर छाई हुई है। रामकथा कुंज की गतिविधियाँ सबसे अहम थीं। विवादित परिसर में महिलाओं ने भी मोरचा सँभाला। कारसेवा के लिए सरयू तट से बालू लाने का कार्यक्रम भी एकाएक बदल दिया गया। उस दिन सरयू बहुत शांत थी, पर अयोध्या में बहुत हलचल थी।

अयोध्या देखते-ही-देखते हिंदू अयोध्या में तब्दील हो गई थी। मुसलमानों के घर जला दिए गए। मस्जिदों को नुकसान पहुँचाया गया। इस पुस्तक में ऐसे कई परिवारों के नाम-पते समेत ब्योरा मौजूद है। ■

अयोध्या देखते-ही-देखते हिंदू अयोध्या में तब्दील हो गई थी। मुसलमानों के घर जला दिए गए। मस्जिदों को नुकसान पहुँचाया गया। इस पुस्तक में ऐसे कई परिवारों का नाम-पते समेत ब्योरा मौजूद है। अयोध्या की इस घटना ने हमारे सामाजिक संबंधों के मायने बदल दिए। उत्तर प्रदेश अब सांप्रदायिक आधार पर बँट चुका था। अलगाव की इस आँधी में अगड़े-पिछड़े का भेद मिट चुका था। कुर्मी, लोध, काछी, केवट, खटिक, पिछड़े और दलित भी हिंदुत्व की इस लहर से काफी हद तक प्रभावित थे। जिन्हें अब तक मंदिर आंदोलन से कुछ लेना-देना नहीं था। अलग-अलग जिले, अलग-अलग गाँव, अलग-अलग सामाजिक-आर्थिक स्थिति, पर हलचल एक सी। इस दौरान हिंसक प्रतिक्रियाएँ भी हुईं। कानून-व्यवस्था के सवाल राजनीतिक अवसरों के जवाब में तब्दील हो गए। 6 दिसंबर, 1992 की घटना ने समाज की रंगत सिर्फ एक बार नहीं बदली। 6 दिसंबर के बाद के दिनों में समाज की सोच ने फिर पलटी खाई। बँटा हुआ समाज एक बार फिर

से जातीय पटरी पर लौट गया। ढाँचा ढहाने की जाँच कर रही सी.बी.आई. ने जिन राजनेताओं को पकड़ा, वे आसानी से रिहा होते गए। नेताओं ने सी.बी.आई. जाँच को भी अपने राजनैतिक फायदे की खातिर भुना लिया। जाँच की जद में आए अफसरों और राजनेताओं के बीच छत्तीस का नया आँकड़ा भी पैदा हुआ। कटुता फैली। इन अफसरों की दुविधा क्या थी? बीच का रास्ता क्या निकला? ये सारे पहलू भी रिपोर्टिंग के इसी गद्य का हिस्सा हैं। सी.बी.आई. तत्कालीन मुख्यमंत्री कल्याण सिंह से काफी कुछ उगलवाना चाहती थी। उसने कल्याण सिंह से 36 सवाल पूछे। ये सवाल जितने दिलचस्प थे, जवाब उससे भी अधिक दिलचस्प। मैंने इस किताब में ऐसे तमाम तथ्यों को कड़ी-दर-कड़ी जोड़ने की कोशिश की है। अयोध्या मामले की जाँच कर रहे लिब्रहान कमीशन ने अपनी रिपोर्ट 17 साल बाद सौंपी। जबकि कमीशन को यह रिपोर्ट 3 महीने के भीतर ही सौंपनी थी। वक्त के उस दौर में ही मैंने इस संभावित यथार्थ को पढ़ लिया था और नतीजा कुछ नहीं निकलेगा, यह लिख भी दिया था।

अयोध्या ने सिर्फ हिंदूवादी संगठनों की सोच का दावानल और अंतर्विरोध नहीं देखा। मुस्लिम संगठनों की उन्मादी प्रतिक्रिया और आपसी जूतम-पैजार भी जमकर चलती रही।

इस दौरान इतिहासकारों ने भी अयोध्या के दरवाजे पर दस्तक दी। पारसी भाषा में लिखे गए मीर बाकी के शिलालेख पर जमकर विवाद गरमाया। कहाँ था मीर बाकी का वह शिलालेख? क्यों जानबूझकर इन ऐतिहासिक अवशेषों को नष्ट करने की कोशिश की गई? ऐसे कई सवाल अयोध्या की दीवारों से टकराते रहे। सवाल 12वीं शताब्दी के उस अत्यंत महत्त्वपूर्ण शिलालेख को लेकर भी उठे, जिसकी बाबत कई अहम दावे किए गए थे। पक्षकारों ने यहाँ तक दावा किया था कि इस शिलालेख को सुप्रीम कोर्ट के संज्ञान में लाए बगैर इस विवाद के हल तक पहुँचना नामुमकिन है। देश के मशहूर इतिहासकारों का समूह प्रधानमंत्री के दफ्तर पहुँचा। उस दौरान पीएमओ में अयोध्या सेल के मुखिया रहे नरेश चंद्रा से मिला। उन्हें जो अहम जानकारियाँ दीं, उनकी शक्ल जितनी ऐतिहासिक थी, उतनी ही राजनैतिक भी थी। ये सब इस किताब का हिस्सा हैं।

अयोध्या ने सिर्फ हिंदूवादी संगठनों की सोच का दावानल और अंतर्विरोध नहीं देखा, मुसलिम संगठनों की उन्मादी

प्रतिक्रिया और आपसी जूतम-पैजार भी देखी। राम जन्मभूमि-बाबरी मस्जिद विवाद के मूल मुकदमे के पक्षकार मो. हाशिम अंसारी और बाबरी मस्जिद एक्शन कमेटी के नुमाइंदे कई-कई बार गुत्थमगुत्था हुए। हालाँकि सुलह-सफाई की कोशिशें भी हुईं। मगर ये सभी आपसी राजनीति की आग में झुलस गईं। इस पुस्तक में अयोध्या का यह पक्ष भी प्रमुखता से शामिल है। अयोध्या-ध्वंस की बरसियाँ भी इससे अछूती नहीं हैं। इसमें ढाँचा ध्वंस की कई बरसियों का जिक्र है। हर बरसी अयोध्या की परिभाषा में एक नया अध्याय जोड़ जाती है। ध्वंस की पहली ही बरसी, यानी 6 दिसंबर, 1993 को मैंने अयोध्या में बिल्कुल नई तस्वीर देखी। मैंने पाया कि समय का सिर्फ एक चक्का भर घूमा है और ठीक एक साल पहले अयोध्या से उठी हिंदुत्व की लहर अयोध्या में ही छूमंतर हो गई है। विश्व हिंदू परिषद के जो लोग ६ दिसंबर को पहली सालगिरह मनाने के लिए इकट्ठा थे, उनका उन्मादी जोश सरयू के पानी की तरह ठंडा था। सिर्फ ३६५ रोज में आस्था का सवाल चुनावी रणनीति में तब्दील हो गया। अब यह समाज मजबूर था, रामलला के साथ-साथ बाबा साहब आंबेडकर को याद करने के लिए।

मैं ताला खुलने के बाद की अयोध्या के उन सभी घटनाक्रमों का चश्मदीद रहा हूँ, जिन्होंने राजनीति की परिभाषाएँ बदलीं। समाज के खाके तय किए। व्यक्ति की पहचान के नए अर्थ दिए और इतिहास को नई शक्लों में बाँटा। अयोध्या विध्वंस के वे सारे दृश्य मेरे मन पर हू-ब-हू अंकित हैं।

मैं ताला खुलने के बाद की अयोध्या के उन सभी घटनाक्रमों का चश्मदीद रहा हूँ, जिन्होंने राजनीति की परिभाषाएँ बदलीं। समाज के खाके तय किए। व्यक्ति की पहचान के नए अर्थ दिए और इतिहास को नई शक्लों में बाँटा। अयोध्या विध्वंस के वे सारे दृश्य मेरे मन पर हू-ब-हू अंकित हैं। कोई पाँच घंटे पाँच मिनट तक विवादित ढाँचे की एक-एक ईंट कारसेवकों द्वारा उठाकर ले जाते मैंने अपनी आँखों से देखा है। तब मैंने क्रुद्ध हिंदू-उन्माद की लपटें देखी थीं। बाद में देखी नए जनादेश से खारिज और विचलित नेताओं और संतों की लाचारी व बेचारगी। यही अयोध्या परत-दर-परत इस किताब में समाहित होती गई है।

ध्वंस के बाद हिंदूवादी राजनीति में कुछ नए बदलाव हुए। उत्तर प्रदेश के ताजा चुनावों में सपा-बसपा के जातीय समीकरण ने विजय का परचम लहरा दिया। सांप्रदायिक विभाजन की नींव हिल गई। राम जन्मभूमि न्यास ने इससे सबक लिया। वह अब

दलितों-हरिजनों को जोड़ने की नई रणनीति पर जुट गया। न्यास ने अयोध्या की घटना के बाद पूरे एक साल तक जो समारोह किए, वे डॉ. भीमराव आंबेडकर और दलित वर्ग पर ही केंद्रित थे। डॉ. आंबेडकर को प्रखर हिंदू नेता के तौर पर पेश किया गया। वह अयोध्या जो हिंदूवादी राजनीति के आईने में देश की राजनीति परिभाषित करने चली थी, खुद एक नई परिभाषा बन गई। अब अयोध्या या बाबरी न हिंदुओं के लिए मुद्दा रही, न मुसलमानों के लिए। अगले 6 दिसंबर को अयोध्या समेत सारे राज्य में दोनों तरफ से कार्यक्रम रखे गए। मगर हैरानी की बात यह रही कि न इन्हें हिंदुओं का समर्थन मिला और न ही मुसलमानों का। बाबरी एक्शन कमेटी की ओर से आयोजित 'कलंक दिवस' में महज 60-70 लोग ही आए। वहीं विश्व हिंदू परिषद के 'शौर्य दिवस' में महज दो सौ लोगों ने शिरकत की। अयोध्या मामले पर सालों से मुकदमा लड़ रहे राम जन्मभूमि के तत्कालीन अध्यक्ष महंत परमहंस रामचंद्रदास और मोहम्मद हाशिम अंसारी के बीच आपसी रिश्तों में भी बदलाव आया। वे दोनों ही अब एक-दूसरे की तारीफ करते नहीं थकते थे। यह झुलसन भरी राजनीति के हाथों मात खा चुकी अयोध्या की नई तस्वीर थी।

अयोध्या के ध्वंस की आठवीं बरसी इस मायने में आँखें खोलनेवाली थी। विहिप के शौर्य दिवस पर किसी ने कान तक नहीं दिया। न बाबरी मस्जिद एक्शन कमेटी व दूसरे मुसलमान संगठनों के 'यौमे-गम' की ही किसी ने नोटिस ली। जो मुट्ठी भर लोग अयोध्या के कारसेवकपुरम में इकट्ठा भी हुए, वे आसपास के 12 जिलों से बुलाए गए थे। अयोध्या में घटती हुई साख को देखते हुए विश्व हिंदू परिषद ने आसपास के 12 जिलों को अयोध्या-ग्रस्त घोषित कर दिया। इस दौरान बीजेपी की भीतरी राजनीति भी खूब उफनाई। अयोध्या के सवाल पर उत्तर प्रदेश सरकार को फाँसने की रणनीति डॉ. मुरली मनोहर जोशी की थी। अपनी सबसे कट्टर हिंदू तस्वीर उभारने की जो योजना डॉ. जोशी ने बनाई, उसके केंद्र में भी अयोध्या ही थी। निर्माण रोके जाने के हाईकोर्ट के आदेश के बावजूद डॉ. जोशी कारसेवा के लिए अयोध्या गए। उन्होंने कारसेवा तो नहीं की, पर निर्माण-स्थल पर मौजूद कारसेवकों के आगे भाषण दिया। 'कारसेवा नहीं रुकेगी, चाहे जो हो', का उद्घोष करके लौटे।

नरसिंह राव की अगुवाई वाली तत्कालीन केंद्र सरकार ने भी कोई कसर नहीं छोड़ी। तवा गरम था, सो जमकर चोट की। एक सरकारी न्यास बनाकर अयोध्या मुद्दे को हाईजैक करने में जी-जान लगा दी। केंद्र सरकार ने इस सरकारी न्यास का नेतृत्व रामानंद संप्रदाय के सर्वोच्च आचार्य जगद्गुरु रामानंदाचार्य रामनरेशाचार्य को सौंपने की कोशिश की। सरकार के इस रवैए ने राम जन्मभूमि न्यास में खलबली मचा दी। संत समाज दो फाड़ हो गया। कुछ ही समय बाद इस सरकारी मुहिम में लगे संत ही सरकार के खिलाफ हो गए। सरकारी रामालय न्यास के अध्यक्ष को लेकर भी संतों में जबरदस्त घमासान मचा। न्यास ने अभी

आँखें भी नहीं खोली थीं, मगर घमासान अपने शबाब पर था। नरसिंह राव के तत्कालीन राजनीतिक सचिव जितेंद्र प्रसाद, कांग्रेस महासचिव नवल किशोर शर्मा और सांसद रजनी रंजन साहू इस सरकारी न्यास को बनवाने में जी-जान से लगे थे। इन सबने संतों से मुलाकातें भी कीं। इस पुस्तक में इन सरकारी प्रयासों का इनकी नीयत और नियति समेत ब्योरा है।

इस दौरान शतरंज की बिसात पर कुछ बड़े मोहरे चले गए। नई बाजी बिछाई गई। तत्कालीन प्रधानमंत्री पी.वी. नरसिंह राव की अगुवाई में अयोध्या के भीतर चुपचाप एक बड़ी पहल की कोशिश हुई। मैंने पाया कि नरसिंह राव सरकार अयोध्या में इतिहास की खालिस नई कालीन बिछाने की तैयारी कर चुकी है। सुप्रीम कोर्ट की राय मिलते ही एक ही परिसर, यानी अधिग्रहीत क्षेत्र के भीतर मंदिर और मस्जिद की नींव डालने का काम! नरसिंह राव सरकार चुपचाप इस योजना पर आगे बढ़ चुकी थी। तत्कालीन केंद्रीय गृह राज्य मंत्री राजेश पायलट और राज्यपाल मोतीलाल वोरा ने इस मकसद से अयोध्या के कई दौरे किए। इन दौरों की गोपनीय हलचलें मैंने रिपोर्ट कीं। इनकी अहम बातें, छुपे हुए मकसद, इंटेलिजेंस रिपोर्ट, सभी कुछ पाठकों के आगे रखा। सरकार इस हद तक आगे बढ़ चुकी थी कि रामकोट इलाके को अभेद्य फौजी छावनी में बदल देने की योजना को अंतिम रूप दे दिया गया था। अयोध्या समेत तीनों धार्मिक स्थलों के लिए एक स्थायी सुरक्षा समिति बना दी गई थी। इस बाजी का अंजाम क्या हुआ, कैसे हुआ ? यह किताब ऐसे तमाम सवालों का जवाब है।

इस दौरान शतरंज की बिसात पर कुछ बड़े मोहरे चले गए। नई बाजी बिछाई गई। तत्कालीन प्रधानमंत्री पी.वी. नरसिंह राव की अगुवाई में अयोध्या के भीतर चुपचाप एक बड़ी पहल की कोशिश हुई। मैंने पाया कि नरसिंह राव सरकार अयोध्या में इतिहास की खालिस नई कालीन बिछाने की तैयारी कर चुकी है। सुप्रीम कोर्ट की राय मिलते ही एक ही परिसर यानी अधिगृहीत क्षेत्र के भीतर मंदिर और मस्जिद की नींव डालने का काम! नरसिंह राव सरकार चुपचाप इस योजना पर आगे बढ़ चुकी थी।

सतयुग की धुँधली दंत कथाओं में इस बात का जिक्र मिलता है कि मानव जाति के जनक मनु ने अयोध्या की स्थापना की थी और इसे इक्ष्वाकु को सौंप दिया। यानी भारत के इतिहास की शुरुआत इस पूजनीय शहर से हुई। पुराणों में मनु से दशरथ तक वंशावली मिलती है। अयोध्या अपने रक्तरंजित इतिहास से इतर हमारे संस्कारों में पवित्रतम स्थिति में रची-बसी है। यही अयोध्या मेरे संस्कारों में है।

अयोध्या मेरे मानस की अंतहीन हलचल है। सालोसाल इन्हीं हलचलों से दो-चार होता आया हूँ। जूझता, थकता, टूटता

आया हूँ। इन्हें कलमबद्ध करने की अनिवार्यता को टालता आया हूँ। पर शायद अब समय ने अपनी सीमा-रेखा तय कर दी है, जिसके पार जाना मुमकिन नहीं है। सो अयोध्या के सच को किताब की शक्ल में समेटकर इस हलचल को आपको सौंप रहा हूँ। अयोध्या मुझे पत्रकारिता के शिखर पर ले गई। हिंदी के अलावा अंग्रेजी, मराठी, गुजराती कई भाषाओं में एक साथ छपा। अयोध्या ने मुझे जीवन के नए तर्क दिए और नए अर्थ भी। मेरे लिए अयोध्या पत्रकारिता की पाठशाला थी और राजमार्ग भी, जिसपर मैं 15 वर्षों तक डूबता-उतराता रहा। अयोध्या ने मुझे जो दिया, उसे लौटा सकूँगा, ऐसा दुस्साहस कभी सोचा भी नहीं। बस सरयू की धारा में कुछ मानस-पिंडों का तर्पण कर आगे निकल रहा हूँ। उम्मीद है, ये पिंड धारा के साथ तैरेंगे और धारा के खिलाफ भी। तैरना ही इनकी नियति है।

—हेमंत शर्मा

शिवरात्रि

2018

आभार

उन पुरखों का, जिन्होंने मेरे भीतर अयोध्या
के संस्कार पैदा किए।

स्मृतियों का, जिसने इतने लंबे कालखंड को
बिना किसी नोट्स के संजोए रखा।

पिता श्री मनु शर्मा का, जिन्होंने अक्षरपथ पर चलना सिखाया।

गुरुवर प्रभाष जोशी का, जिन्होंने मुझे उड़ने के लिए
अयोध्या का उन्मुक्त आकाश दिया।

आलोचक डॉ. नामवर सिंह का, जिन्होंने हर मुलाकात में
तगादा कर यह किताब लिखवाई।

संपादक-त्रयी रामबहादुर राय, हरिशंकर व्यास और राहुलदेव का,
स्क्रिप्ट पढ़ मार्गदर्शन देने के लिए।

रजत शर्माजी का, जिन्होंने इस किताब को लिखने के लिए मुझे मुक्ति दी।

लेखन को गढ़नेवाले कारीगर शिवेंद्र कुमार सिंह, अभिषेक उपाध्याय,
सोपान जोशी और अमित प्रकाश सिंह का।

मित्र सांसद भूपेंद्र यादव का, जिन्होंने अयोध्या फैसले की तीन
जिल्दें भेज मुझ पर काम शुरू करने का दबाव बनाया।

प्रो. पुष्पेष पंत का वैचारिक खुराक के लिए।

भाई तुषार मेहता का, जिन्होंने अयोध्या से
संबंधित दस्तावेज उपलब्ध कराए।

माधव जोशी का, जिन्होंने कवर से लेकर लेआउट तक किताब को
उत्साह और आत्मीयता से सजाया।

डॉ. संदीप कुमार का, शोध और संदर्भ के लिए।

नेहरू मेमोरियल म्यूजियम तीन मूर्ति के अभिमन्यु जिंदल और इंडियन एक्सप्रेस
आरकाईव चंडीगढ़ के राजकुमार श्रीवास्तव का, जिन्होंने 30 बरस पुरानी
मेरी ही कतरनें मुझे मुहैया कराईं।

भारतीय पुलिस सेवा के अफसर राकेश पांडेय का,
जिन्होंने फैजाबाद के गजेटियर से लेकर फैजाबाद गए विदेशी यात्रियों का
वृत्तांत मुझे लाकर दिया।

इन बेशकीमती, दुर्लभ फोटोग्राफ के लिए भाई राजेंद्र कुमार,
मनमोहन शर्मा, प्रवीण जैन, किशन सेठ, सत्यनारायण गोयल, पवन कुमार और महेंद्र त्रिपाठी का,
जिनसे यह किताब रोचक हुई। राजेंद्र कुमार को तो इन फोटोग्राफ के लिए
कारसेवकों की पिटाई में अपना जबड़ा भी गँवाना पड़ा था।

जिनके आतिथ्य से बीस बरस तक अयोध्या घर सा लगता रहा,
उन शरद कपूर का।

फैजाबाद के पत्रकार साथी त्रियुग नारायण तिवारी, वी.एन. दास
और ज्ञान प्रकाश पांडेय का।

विचार और लेखन के साथी अजीत अंजुम, दयाशंकर शुक्ल 'सागर', यतींद्र मिश्र,
आलोक श्रीवास्तव, प्रणय यादव, योगेश सिंह, अजय सिंह (वाराणसी),
प्रमोद शुक्ल, शशिकांत मिश्र, यशवंत देशमुख, यशवंत व्यास और मुकेश भारद्वाज का।

लेखन के दौरान रोज चुपचाप बैठ हौसला बढ़ानेवाले कमलेश चौबे, सुशील द्विवेदी,
रोहित सहाय, राहुल चौधरी, शमशेर सिंह का।

आशी (स्वर्णा) का अखबारों की कतरन खोजने के लिए।

संधू (संदीप) का देर रात तक प्रिंट निकालने और किताबें ढूँढ़ने के लिए।

मेरे अनंत आलोचक नवीन तिवारी का, जिन्होंने पांडुलिपि पढ़
पहली बार सराहा 'अच्छा काम' किया है।

किताब के सुरुचिपूर्ण प्रकाशन के लिए भाई प्रभात और पीयूष का।

कप्तान साहब सचिन शर्मा का, आंदोलन का पुलिसिया पक्ष समझाने के लिए।

बड़े भाई शरद शर्मा का हर रोज फोन कर
कितना लेखन आगे बढ़ा, पूछने के लिए।

'जेरी' का, जो लेखन के दौरान पूरे वक्त मेरे टेबल के साथ बैठा रहा।

शिशु (ईशानी) का, जिसकी जिद ने किताब लिखवा दी।

पुरु (पार्थ) का, जिसने अपना कंप्यूटर देकर मेरा काम आसान किया।

हर रोज अयोध्या पर वैचारिक नोक-झोंक करने के लिए वीणा का।

और अंत में, आप पाठकों का, जिन्होंने मुझ पर भरोसा कर
यह किताब पढ़ने को उठाई।

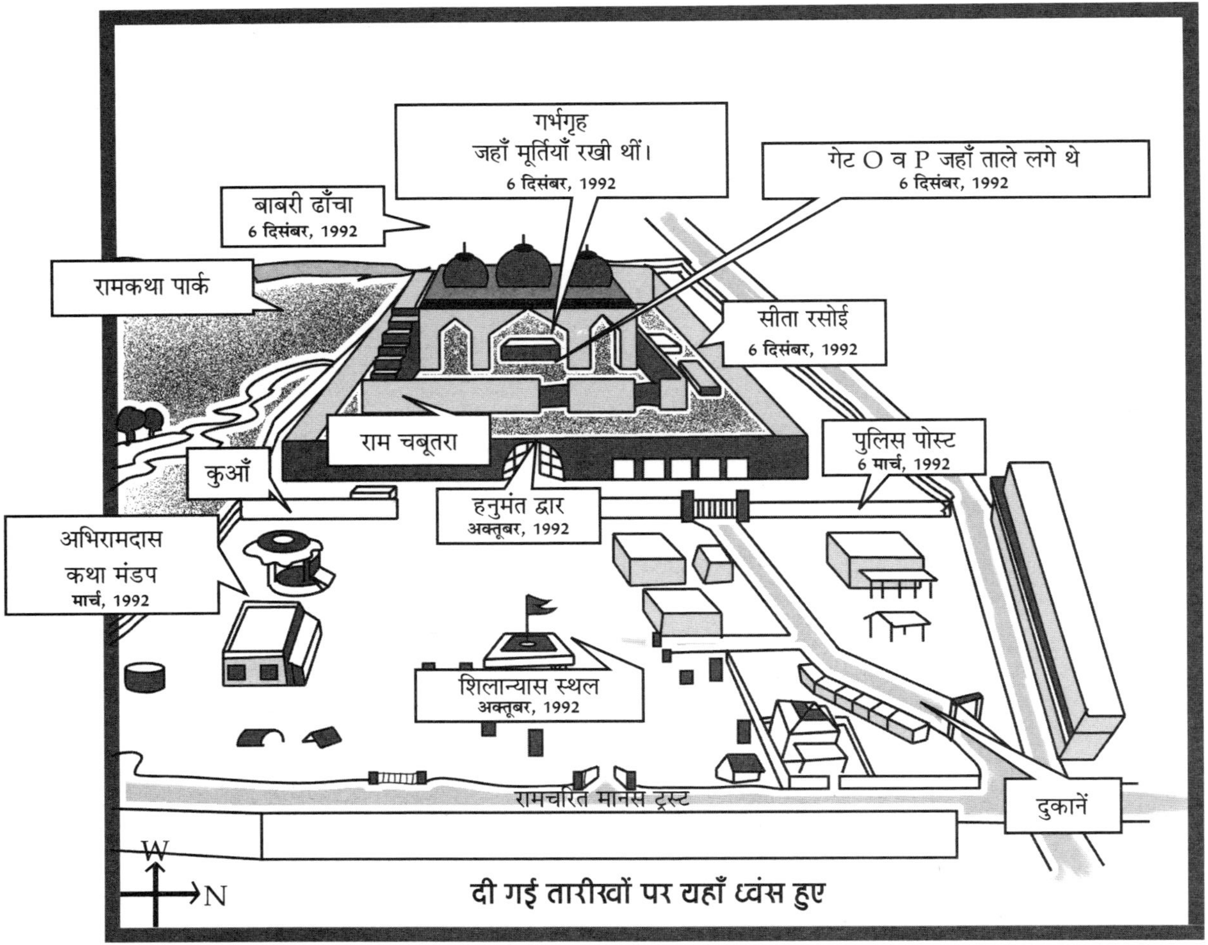

दी गई तारीखों पर यहाँ ध्वंस हुए

अनुक्रम

जानिए ईंट दर ईंट कैसे टूटा विवादित ढाँचा

विवादित ढाँचा ढहने के अगले दिन से
लेकर फरवरी 1993 तक
जनसत्ता में प्रकाशित खबरें।

देश के इतिहास से यह घटना कभी मिटाई नहीं जा सकती। भुलाई भी नहीं जा सकती। सब कुछ मेरी आँखों के सामने घटा। मुश्किल से सौ मीटर की दूरी पर। आप इन खबरों को मेरी रिपोर्ट्स के साथ-साथ एक चश्मदीद का बयान भी मान सकते हैं।

जनसत्ता

नई दिल्ली : सोमवार, ७ दिसंबर, १९९२ रु. १.५० दिल्ली, चंडीगढ़, मुंबई और कलकत्ता से प्रकाशित

कार सेवकों ने अयोध्या में विवादित ढांचा ढहा दिया

राम की अग्नि परीक्षा

प्रभाष जोशी

□ देश में कई जगह तनाव और रेड एलर्ट □ राव से इस्तीफे की मांग

हेमंत शर्मा और त्रिपुग नारायण तिवारी

अयोध्या, ६ दिसंबर। अयोध्या में रविवार को दोपहर सवा बारह बजे से होने वाली कार सेवा ने अचानक विवादास्पद और अप्रत्याशित मोड़ ले लिया। हजारों कारसेवकों ने विवादित ढांचे को ढहा दिया। गुंबदों का मलबा गिरने से चार कारसेवकों की मृत्यु हो गई और कई घायल हो गए। मारे गए कारसेवकों में से दो अजमेर (राजस्थान) के और दो गुजरात के हैं। शाम साढ़े पांच बजे उत्तरप्रदेश के मुख्यमंत्री कल्याण सिंह ने अयोध्या की घटनाओं के मद्देनजर इस्तीफा दे दिया। थोड़ी देर बाद नई दिल्ली में केंद्रीय मंत्रिमंडल की विशेष बैठक में उत्तरप्रदेश में राष्ट्रपति शासन लगाने की सिफारिश कर दी गई।

खबर लिखे जाने तक अयोध्या में विवादित ढांचा कारसेवकों के कब्जे में था। प्रधानमंत्री ने रात को राष्ट्र के नाम संदेश दिया जिसमें भारतीय जनता पार्टी और विश्व हिंदू परिषद को विश्वासघात के लिए ललकारा। राष्ट्रपति शंकरदयाल शर्मा ने सरकार से संवैधानिक मूल्यों की हिफाजत के लिए कड़े कदम उठाने को कहा। मुसलिम नेताओं ने कहा है कि रविवार की घटना से उनका केंद्र और नरसिंह राव में भरोसा खत्म हो गया है। विवादित ढांचे को तोड़े जाने की खबर मिलने के बाद उत्तरी भारत के ज्यादातर इलाकों में बेहद तनाव हो गया। कई जगह एहतियात के तौर पर कर्फ्यू लगा दिया गया। देर रात मिली खबरों के मुताबिक सुरक्षा बलों ने विवादित स्थल को घेर रखा था।

कारसेवकों ने अयोध्या में विवादित ढाँचा ढहा दिया

अयोध्या, 6 दिसंबर, 1992 : अयोध्या में रविवार को दोपहर सवा बारह बजे से होने वाली कारसेवा ने अचानक विवादास्पद और अप्रत्याशित मोड़ ले लिया। हजारों कारसेवकों ने विवादित ढाँचे को ढहा दिया। गुंबदों का मलबा गिरने से चार कारसेवकों की मृत्यु हो गई और कई घायल हो गए। मारे गए कारसवकों में से दो अजमेर (राजस्थान) के और दो गुजरात के हैं। शाम साढ़े पाँच बजे उत्तर प्रदेश के मुख्यमंत्री कल्याण सिंह ने अयोध्या की घटना के मद्‌देनजर इस्तीफा दे दिया। थोड़ी देर बाद नई दिल्ली में केंद्रीय मंत्रिमंडल की विशेष बैठक में उत्तर प्रदेश में राष्ट्रपति शासन लगाने की सिफारिश कर दी गई। खबर लिखे जाने तक अयोध्या में विवादित ढाँचा कारसेवकों के कब्जे में था। प्रधानमंत्री ने रात को राष्ट्र के नाम संदेश दिया, जिसमें भारतीय जनता पार्टी और विश्व हिंदू परिषद को विश्वासघात के लिए लताड़ा। राष्ट्रपति शंकर दयाल शर्मा ने सरकार से संवैधानिक मूल्यों की हिफाजत के लिए कड़े कदम उठाने को कहा। मुस्लिम नेताओं ने कहा है कि रविवार की घटना से उनका कांग्रेस (इ) और नरसिंह राव से भरोसा खत्म हो गया है। विवादित ढाँचे को तोड़े जाने की खबर मिलने के बाद उत्तरी भारत के ज्यादातर इलाकों में बेहद तनाव हो गया। कई जगह एहतियात के तौर पर कर्फ्यू लगा दिया गया। देर रात मिली खबरों के मुताबिक सुरक्षा बलों ने विवादित स्थल को घेर रखा है।

अयोध्या में आज सरकार फिर फेल हो गई। कारसेवकों ने विवादित ढाँचे को पूरी तरह ढहा दिया। कोई ढाई लाख कारसेवकों ने विवादित स्थल को पौने बारह बजे अपने कब्जे में लेकर विवादित इमारत के तीनों गुंबद सहित सारे अवशेष मिटा दिए। मौके पर मौजूद जिला प्रशासन और केंद्रीय बलों ने कोई बल प्रयोग नहीं किया। साढ़े चार सौ साल पुरानी इस इमारत को समतल करने में पाँच घंटे लगे। इस दौरान समूची अयोध्या उन्माद और जुनून में थी। कारसेवकों के उन्माद ने सारे निषेध नकार दिए। बैरिकेडिंग, रेलिंग और इमारत की एक-एक ईंट कारसेवक हाथोहाथ उठा ले गए। विश्व हिंदू परिषद ने कहा, "मंदिर निर्माण का दूसरा चरण पूरा हो गया है। परिषद ने देश भर से आए कारसेवकों को 'झगड़े की जड़ खत्म' करने पर बधाई दी है। उन्माद और जुनून में डूबे कारसेवकों ने अयोध्या की दो और मस्जिदों को नुकसान पहुँचाया है। कोई एक दर्जन मुस्लिम घरों को भी आग के हवाले किया गया। फैजाबाद में कर्फ्यू लगा दिया गया। आज रात तक केंद्रीय बलों द्वारा विवादित स्थल खाली कराए जाने की योजना है। इमारत के ढह जाने के बाद भी तकरीबन 50 हजार कारसेवक अभी विवादित स्थल पर कारसेवा में लगे हैं।" आज विवादित स्थल पर सवेरे ही कारसेवकों का जोश देखकर बीजेपी नेताओं के होश उड़ गए। सवा बारह बजे से प्रतीकात्मक कारसेवा होनी थी। इसके इंतजाम पूरे थे। पुलिस के अलावा संघ के गणवेशधारी स्वयंसेवक पहली बार व्यवस्था में लगे थे। वे साधु-संतों के अलावा किसी को भीतर नहीं जाने दे रहे थे। कारसेवकों

ने सुबह से तीन दफा दबाव बनाया और तीनों बार उनकी रोक के लिए लगी बैरिकेडिंग और गेट टूटे। कारसेवकों का सैलाब कोई पौने बारह बजे सभी रोक तोड़ते हुए विवादित ढाँचे की तरफ बढ़ा। दीवारों और गुंबदों पर चढ़कर तोड़-फोड़ करने लगा। यह सब जब हो रहा था तो विवादित स्थल पर बीजेपी नेता लालकृष्ण आडवाणी और मुरली मनोहर जोशी मौजूद थे। ढाँचे से कोई तीन सौ गज दूर रामकथा कुंज में ही विहिप महामंत्री अशोक सिंघल का भाषण चल रहा था।

कारसेवकों द्वारा विवादित ढाँचे पर कब्जा करने के 15 मिनट के भीतर ही वहाँ से सुरक्षा बल खुद-ब-खुद हट गए। कारसेवक आक्रामक थे। ढाँचे में मौजूद एक कंपनी सी.आर.पी.एफ. ने थोड़ा-बहुत प्रतिरोध किया। इसके डी.आई.जी. ओ.पी.एस. मलिक ढाँचे के भीतर अकेले फँस गए। जिला प्रशासन के डी.एम. और एस.एस.पी. न केवल मौके से फौरन भाग खड़े हुए, बल्कि उन्होंने आस-पास तैनात स्थानीय पुलिस और पी.ए.सी. को वहाँ से हटा लिया। कारसेवकों में इस कदर जुनून हावी था कि तोड़फोड़ के दौरान थोड़े-थोड़े अंतराल पर कारसेवक गुंबद से नीचे टपककर बुरी तरह घायल होते थे। कोई डेढ़ सौ कारसेवक पाँच घंटे की कारसेवा में बुरी तरह घायल हुए। जिला प्रशासन, पुलिस और स्वास्थ्य विभाग की दर्जनों गाड़ियाँ घायल कारसेवकों को अस्पताल पहुँचाने में लगी थीं। पाँच घंटे की कारसेवा में सबसे पहले ढाँचे की बाहरी और भीतरी दीवार गिराई गई। उसके बाद पौने तीन बजे ढाँचे का दाहिना गुंबद जमीन पर आ गया। इसमें दो कारसेवक भी दब गए। पौने चार बजे विवादित ढाँचे का बायाँ गुंबद गिरा। बीच का मुख्य गुंबद जिसे विहिप गर्भगृह कहता है, वह 4 बजकर 40 मिनट पर नीचे गिरा। उसके पहले वहाँ से रामलला की मूर्तियाँ हटाकर सामने अखंड रामायण पाठ वाली जगह पर रख दी गई थीं। कारसेवा के दौरान सभी महत्त्वपूर्ण नेता गायब हो कहीं बैठक में लगे थे। वहीं विहिप के साधु-संत, विनय कटियार, उमा भारती, ऋतंभरा और आचार्य धर्मेंद्र लगातार कारसेवकों को ललकार रहे थे। आचार्य धर्मेंद्र रामकथा कुंज में बैठे कारसेवकों से अपील कर रहे थे कि जिन्होंने प्रसाद नहीं लिया है, वे प्रसाद ले लें। आचार्य धर्मेंद्र ढाँचे की ईंटों को प्रसाद कह रहे थे। उमा भारती ने कहा, "अभी पूरा काम नहीं हुआ है। आप तब तक परिसर न छोड़ें, जब तक पूरा इलाका समतल न हो जाए।" इस बीच माइक से हनुमान चालीसा और हनुमानाष्टक का पाठ संत लगातार कर रहे थे।

विहिप की इस योजना की भूमिका कल रात ही बनी थी। इसके लिए देर रात तक आरएसएस ने अपने सभी प्रांत प्रचारकों और विभाग प्रचारकों की बैठक बुलाई। जन्मभूमि आंदोलन में यह पहला मौका था, जब आरएसएस ने आधिकारिक तौर पर हिस्सा लिया। संघ के तीन प्रमुख नेता एच.वी. शेषाद्रि, के.एस. सुदर्शन और मोरोपंत पिंगले वहाँ मौजूद रहकर सूत्र संचालन कर रहे थे। कारसेवकों के दबाव और ढाँचे पर कारसेवा की जिद तथा विहिप की पैंतरेबाजी से साधु-संतों की नाराजगी थामने के लिए कल रात ही लोकसभा में विपक्ष के

नेता लालकृष्ण आडवाणी और बीजेपी अध्यक्ष मुरली मनोहर जोशी अयोध्या पहुँचे, जबकि उन्हें आज सुबह आना था। ये दोनों नेता रात भर उग्र नेताओं के साथ बैठकें करते रहे।

■

रात में ही बन गई थी कारसेवा की योजना

अयोध्या, 6 दिसंबर, 1992 : विहिप की प्रस्तावित आज की कारसेवा की गुप्त योजना रात में ही बन चुकी थी। रामकथा कुंज में देश भर से यहाँ आए संघ के विभाग प्रचारक, प्रांत प्रचारकों की बैठक हुई, जिसमें आज की कार्य योजना का पहली दफा खुलासा किया गया। इस बैठक के लिए रात बारह बजे ही लोकसभा में विपक्ष के नेता अयोध्या आ गए थे। बैठक में संघ के सभी बड़े पदाधिकारियों ने हिस्सा लिया था। बैठक में तय किया गया कि आज की कारसेवा का पूरा नाटक चबूतरे पर संत-महंतों को लेकर किया जाए और दक्षिण-पूरब दिशा में हमला बोल दिया जाए। कारसेवकों को अयोध्या सील करने के निर्देश दिए गए थे, इसलिए फैजाबाद शहर और अयोध्या के बीच सैकड़ों जगहों पर रास्ते में रुकावटें खड़ी की गई थीं। सेना के क्षेत्र में आने-जाने वाली सड़क पर बाकायदा लोहे की बड़ी-बड़ी रॉड लगाकर अवरोध बनाए गए। इसी तरह नवाबगंज, गोंडा, बस्ती तथा सुल्तानपुर से आने वाले रास्तों पर अवरोध खड़े किए गए, जिससे केंद्रीय सुरक्षा बल किसी ओर से अयोध्या की तरफ न जा सकें।

योजना के मुताबिक टोपी लगाए एक स्वयंसेवक ने सबसे पहले ढाँचे के सामने वाच टावर पर कब्जा कर लिया और वहीं से निर्देश देने लगा। जन्मस्थान मंदिर की ऊपरी छत पर 4-5 महिलाओं ने पहले से कब्जा जमा लिया था और तोड़-फोड़ शुरू होते ही महिलाएँ बड़े-बड़े पत्थर कंट्रोलरूम और अफसरों पर फेंकने लगीं, जिससे सुरक्षाबल भी वहाँ से भाग निकले।

विहिप की यह गुप्त योजना तड़के तक बनती रही। इसीलिए मार्गदर्शक मंडल में तय कार्यक्रम के मुताबिक सुबह सरयू तट से बालू लाने कोई नहीं गया। कल सरयू तट पर बालू लाने के कार्यक्रम को बदल दिया गया था और कारसेवकों को शाम को ही बता दिया गया था कि अब सरयू तट नहीं जाना है, बालू यहीं मिलेगी और भोर तक विभाग प्रचारकों को अलग-अलग जिम्मेदारियाँ सौंपी गई थीं। कल शाम को ही जनसत्ता को मार्गदर्शक मंडल के एक सदस्य और प्रमुख महंत ने बताया था कि समाचार तो कल होगा, देखिए कि ढाँचा रहता है कि नहीं। आज उन्होंने बताया कि देखिए कल जो कहा था, वह आज हुआ।

ढाँचे को तोड़े जाने के दौरान पास के सभा मंच से लगातार उत्तेजक नारे लगते रहे। मार्गदर्शक मंडल के सदस्य जगद्गुरु रामानंदाचार्य, रामानुजाचार्य ने तो दूसरा गुंबद ढहने पर कहा, "अभी तो यह झाँकी है, मथुरा-काशी बाकी है।" मार्गदर्शक मंडल के ही दूसरे

सदस्य आचार्य धर्मेंद्र का कारसेवकों से कहना था, "अभी आप अयोध्या न छोड़ें। केंद्र सरकार से निपटने के लिए अभी सब लोग अयोध्या में बने रहें।"

ढाँचा ढहने के बाद केंद्र सरकार द्वारा भेजी गई रैपिड एक्शन फोर्स और कारसेवकों में दो दफा मुठभेड़ हुई। रैपिड एक्शन फोर्स फैजाबाद से ढाँचे की तरफ बढ़ रही थी। कारसेवकों ने उन्हें रोका तो रैपिड एक्शन फोर्स के जवानों ने कारसेवकों की पिटाई की। बाद में कारसेवकों ने रैपिड एक्शन फोर्स को पीटा और फोर्स लौट गई। पी.ए.सी. के जवानों ने फोर्स के लोगों को सुरक्षित स्थान पर पहुँचाया।

अयोध्या की घटनाओं के मद्देनजर आंध्र प्रदेश, बिहार, गुजरात, हिमाचल प्रदेश, राजस्थान और पश्चिम बंगाल में फौज को सतर्क कर दिया गया है। पुरानी दिल्ली के लगभग एक दर्जन स्थानों पर अर्धसैनिक बलों ने फ्लैग मार्च किया। उत्तर प्रदेश के कई हिस्सों में कर्फ्यू लगा दिया गया है। बिहार सरकार ने सांप्रदायिक हिंसा फैलानेवालों को देखते ही गोली मारने के आदेश दिए हैं। दक्षिण राज्यों में माहौल शांत है, हालाँकि वहाँ पूरी चौकसी बरती जा रही है।

पूरे उत्तर प्रदेश में रेड अलर्ट कर दिया गया है। पूरे फैजाबाद शहर में कर्फ्यू लगा दिया गया है। इसके अलावा इलाहाबाद के सात, कानपुर में आठ, लखनऊ के सात और वाराणसी के नौ थाना क्षेत्रों में एहतियात के तौर पर कर्फ्यू लगा दिया गया है। बनारस के जिन क्षेत्रों में कर्फ्यू लगाया गया है, उनमें चेतगंज, दशाश्वमेध, सिगरा, जैतपुरा, कोतवाली चौक, आदमपुरा, लंका और भेलूपुरा शामिल हैं। प्रदेश के किसी स्थान से अब तक किसी अप्रिय घटना की सूचना नहीं है, लेकिन दहशत के कारण लखनऊ-कानपुर, मेरठ, बिजनौर, बाराबंकी, गोंडा समेत अनेक जगहों पर काफी दुकानें बंद हो गई हैं। प्रदेश के संवेदनशील जिलों में पुलिस गश्त बढ़ा दी गई है। फैजाबाद के सिटी मजिस्ट्रेट सुधाकर अदीब ने कर्फ्यू का आदेश जारी किया। कर्फ्यू संबंधी सूचना लाउडस्पीकर से जनता को दी गई। अयोध्या में विवादित ढाँचे पर हमले के बाद फैजाबाद में अनेक स्थानों पर पथराव और तोड़फोड़ की घटनाएँ हुई थीं तथा मंदिर समर्थकों ने मार्ग में तरह-तरह के अवरोध खड़े कर दिए थे। अपर जिला मजिस्ट्रेट ज्ञान सिंह ने बताया कि शहर में स्थिति तनावपूर्ण, किंतु नियंत्रण में है।

केंद्र ने उत्तर प्रदेश की कल्याण सिंह सरकार को बर्खास्त करके वहाँ राष्ट्रपति शासन लागू कर दिया है। राष्ट्रपति भवन के एक प्रवक्ता के मुताबिक राज्य विधानसभा को भी भंग कर दिया गया है। इससे पहले अयोध्या में विवादित ढाँचे की हिफाजत करने में नाकाम रहने के कारण कल्याण सिंह ने इस्तीफा दे दिया था। बीजेपी ने सरकार बर्खास्त करने को असंवैधानिक बताया है। उत्तर प्रदेश की 18 माह पुरानी बीजेपी सरकार को बर्खास्त करने का फैसला शाम को केंद्रीय मंत्रिमंडल की इमरजेंसी बैठक में लिया गया। अयोध्या में विवादित ढाँचे को नुकसान पहुँचाए जाने के बाद यह बैठक बुलाई गई थी।

राष्ट्रपति शंकर दयाल शर्मा ने संविधान के अनुच्छेद 353 के तहत उत्तर प्रदेश सरकार की बर्खास्तगी का आदेश दिया।

अयोध्या में फिजाँ बिगड़ने के बाद दोपहर से ही राजधानी लखनऊ में माहौल काफी गरम हो गया था। चारों ओर अफरातफरी और तनाव का महौल था। मुख्यमंत्री दोपहर से ही अपने निवास पर मंत्रियों, मुख्य सचिव, गृह सचिव, पुलिस महानिदेशक और बड़े अफसरों के साथ लगातार विचार करते रहे। आखिर में उन्होंने इस्तीफा देने का फैसला किया। इसके पहले उन्होंने कुछ बड़े नेताओं से फोन पर भी विचार-विमर्श किया। उन्होंने शाम साढ़े पाँच बजे राज्यपाल वी. सत्यनारायण रेड्डी को अपना इस्तीफा सौंपा।

मुख्यमंत्री ने अपने एक लाइन के इस्तीफे में लिखा है, 'मैं अपना इस्तीफा दे रहा हूँ। कृपया स्वीकार करने का कष्ट करें।' मुख्यमंत्री ने अपने इस्तीफे में न तो विधानसभा भंग करने की सलाह दी और न ही प्रदेश में नए चुनाव कराए जाने का कोई जिक्र किया। ■

मंदिर बनाना शुरू, कई घर फूँके, छह की हत्या

अयोध्या, 7 दिसंबर, 1992 : अयोध्या अब भी उन्मादियों के हवाले है। विवादित परिसर पर कारसेवकों का कब्जा है। दिन-रात चल रही कारसेवा में आज सवेरे गर्भगृह से मंदिर का पक्का निर्माण शुरू हो गया। गर्भगृह के तीनों तरफ की दीवार सात फुट ऊँची हो गई है। भीतर पक्के चबूतरे पर रामलला स्थापित हो गए हैं। मंदिर की सीढ़ियाँ भी बना दी गई हैं। केंद्र सरकार द्वारा कमान सँभालने के चौबीस घंटे बाद तक सुरक्षा बल अयोध्या के रामकोट इलाके की तरफ बढ़ने की हिम्मत नहीं जुटा पा रहे हैं। केंद्रीय बल और जिला प्रशासन बिना किसी योजना के गंभीर दुविधा में है। जरूरत पड़ी तो 45 मिनट में अर्धसैनिक बल विवादित हिस्से को खाली करा लेंगे, केंद्र सरकार का यह दावा आज धरा रह गया। केंद्र सरकार सभी कारसेवकों को समझा-बुझाकर वापस भेजने का प्रयास कर रही है। 16 विशेष रेलगाड़ियाँ फैजाबाद से अलग-अलग जगहों के लिए कारसेवकों के लिए चलाई जा रही हैं।

मुख्यमंत्री ने अपने एक लाइन के इस्तीफे में लिखा है, 'मैं अपना इस्तीफा दे रहा हूँ। कृपया स्वीकार करने का कष्ट करें।'

लेकिन अयोध्या में आज भी कारसेवकों पर जुनून सवार था। अयोध्या में लगभग सभी मुस्लिम घर जला दिए गए। ज्यादातर मस्जिदों को नुकसान पहुँचाया गया है। कल रात से आज तक छह मुसलमानों को धार्मिक जुनून ने लील लिया। बाबरी मस्जिद और राम जन्मभूमि मुकदमे के पक्षकार मो. हाशिम का घर स्वाहा हो गया है। इस भयानक अराजकता में फैजाबाद के जिलाधिकारी और वरिष्ठ पुलिस अधीक्षक कोई मतलब नहीं रख रहे हैं। आज सवेरे से ही वे अपने तबादला आदेश की प्रतीक्षा कर रहे हैं।

कारसेवा के लिए देश भर से आए कारसेवकों का हुजूम। फोटो : राजेंद्र कुमार

पूरा मंदिर आंदोलन अशोक सिंघल और विनय कटियार के हाथों में रहा। फोटो : राजेंद्र कुमार

इसी मंच से आडवाणी, जोशी और विनय कटियार को कारसेवकों को निर्देश देना था। फोटो : राजेंद्र कुमार

पलक झपकते कारसेवक ढाँचे पर चढ़ गए, वे किसी का भी निर्देश सुनने को तैयार नहीं थे।
फोटो : मनमोहन शर्मा

ध्वंस के बाद जल्दबाजी में तैयार किया गया अस्थायी राम मंदिर। नीचे मलबे से निकाला कसौटी पत्थर का खंभा जो ग्यारहवीं शती के मंदिर का था। इसी आधार पर एएसआई ने कहा पुराने मंदिर के मलबे से मस्जिद की इमारत बनी। *फोटो : राजेंद्र कुमार*

कारसेवकों को निर्देश देते विहिप नेता विनय कटियार। फोटो : राजेंद्र कुमार

ध्वंस के बाद खुशी जाहिर करती उमा भारती और चिन्मयानंद। फोटो : राजेंद्र कुमार

कल रात से आज तक चार बार केंद्रीय बलों ने जन्मभूमि और रामकथा कुंज को घेरकर दबाव बनाने की कोशिश की, पर हर बार उन्हें खाली हाथ वापस लौटना पड़ा।

उधर विश्व हिंदू परिषद के महामंत्री अशोक सिंघल ने आज अयोध्या में कल जो कुछ हुआ, उसके लिए प्रधानमंत्री नरसिंह राव और मुस्लिम कट्टरवाद को जिम्मेदार ठहराया। उन्होंने एक बयान में कहा है कि मैंने कई बार प्रधानमंत्री से विनीत भाव से कहा था—जुलाई में जहाँ कारसेवा रुकी थी, वहीं शुरू करा दें, पर उन्होंने सुप्रीम कोर्ट का सहारा लेकर उस पर रोक लगा दी। यदि वहाँ कारसेवा करने दी जाती तो आए हुए कारसेवक वहीं कारसेवा करते ढाँचे की ओर नहीं जाते। अशोक सिंघल ने कल की सफाई में कहा, "2.77 एकड़ जमीन पर रोक से पिछले आठ बरस से निरंतर संघर्ष कर रहे कारसेवकों का बेकाबू होना स्वाभाविक था। इतने महत्त्वपूर्ण मसले को लगातार लटकाए रखना ही इस उत्तेजना का कारण बना।" सिंघल ने कहा, "समय पर न्यायालय का फैसला आ जाता तो यह स्थिति टाली जा सकती थी, पर जब सभी अपनी जिम्मेदारी से भागेंगे तो यही होना था।" सिंघल ने कहा, "रामलला अपनी ताकत से जन्मभूमि स्थल पर काम करा रहे हैं, पर निर्णय न कर सकनेवाले प्रधानमंत्री ने क्षोभ पैदा कर कारसेवकों को ध्वंस की घटना तक पहुँचाया।"

सिंघल ने कहा, "समय पर न्यायालय का फैसला आ जाता तो यह स्थिति टाली जा सकती थी, पर जब सभी अपनी जिम्मेदारी से भागेंगे तो यही होना था।" सिंघल ने कहा, "रामलला अपनी ताकत से जन्मभूमि स्थल पर काम करा रहे हैं, पर निर्णय न कर सकने वाले प्रधानमंत्री ने क्षोभ पैदा कर कारसेवकों को ध्वंस की घटना तक पहुँचाया।"

अयोध्या में जिला प्रशासन ने आपात योजना की तैयारी कर ली है। जिलाधिकारी आर.एस. श्रीवास्तव और वरिष्ठ पुलिस अधीक्षक डी.बी. राय देर शाम मुअत्तल कर दिए गए। फैजाबाद के कमिश्नर एस.पी. गौड़ का तबादला हो गया है। फैजाबाद के नए जिलाधिकारी विजय शंकर पांडेय बने। श्री पांडेय इसके पहले फतेहपुर और इटावा में डी.एम. रह चुके हैं। हरभजन सिंह को दोबारा फैजाबाद का एस.एस.पी. बनाया गया है। अरविंद वर्मा फैजाबाद के नए कमिश्नर होंगे।

विवादित ढाँचे को ढहाने और मलबे को हटाने की प्रक्रिया में जमीन के बीच से पुराने मंदिर के कई अवशेष मिले हैं। ये सभी अवशेष रामकथा कुंज पर इकट्ठा कर रखे गए हैं। विवादित ढाँचे से सफेद संगमरमर के सौ से ज्यादा टुकड़े मिले हैं। ढाँचे के भीतर से पीतल का एक कलश और कुछ पुरानी मूर्तियों के टुकड़े निकले हैं। सभी टुकड़ों पर कारसेवक श्रद्धा से पूजा-अर्चना कर रहे हैं।

विश्व हिंदू परिषद के महामंत्री ने केंद्र सरकार को चेतावनी देते हुए कहा, "रामलला अब किसी भी तरह से अपने जन्मस्थान से हटाए नहीं जा सकते। अगर किसी ने ऐसी

कोशिश भी की तो देश में गंभीर स्थिति पैदा होगी।" सिंघल ने राज्य के दूसरे हिस्से में फँसे कारसेवकों को निर्देश दिया कि जो कारसेवक बीच में अटके हैं, यानी उत्तर प्रदेश के किसी शहर में रुके हैं, वे अयोध्या आकर रामलला के दर्शन करके ही जाएँ, पर जो लोग अभी अपने घरों से नहीं चले हैं, वे न चलें। अगले आदेश की प्रतीक्षा करें।

इस बीच आज अयोध्या से दक्षिण के कारसेवकों का लौटना शुरू हुआ, पर विवादित स्थल पर कारसेवकों का जमाव पहले की तरह ही है। केंद्र सरकार ने 16 विशेष रेलगाड़ियों के अलावा भारी तादाद में बसें भी कारसेवकों के लौटने के लिए मुहैया कराई हैं। पर अयोध्या में आज भी कारसेवकों का आना जारी रहा। रामकथा कुंज का मंच आज भी उत्तेजक भाषणों और कारसेवा के लिए हिदायतें देने में व्यस्त रहा। केंद्रीय मार्गदर्शक मंडल के दो सदस्य आचार्य धर्मेंद्र और डॉ. रामविलास वेदांती आज दिन भर मंच की कमान सँभाले रहे। दोपहर बाद तीन बजे केंद्रीय बलों के आने की खबर फैली तो मंच विनय कटियार ने सँभाल लिया। विनय कटियार ने लोगों में जोश भरा और आस-पास के इलाकों में जमा कारसेवकों को भी जन्मभूमि परिसर में बुला लिया, ताकि सरकार अस्थायी मंदिर को हटाने का कोई प्रयास न करे।

अयोध्या में सबसे ज्यादा मुसीबत केंद्रीय बलों की है। वे तैनात तो पूरे अयोध्या में हैं, पर हरकत में कहीं नहीं हैं। कल देर रात सुरक्षा बलों की तैनाती को लेकर जिला प्रशासन और सुरक्षा बलों में ठन गई। सुरक्षा बलों ने कहा कि जब तक हर कंपनी के साथ राज्य सरकार का एक मजिस्ट्रेट और एक राजपत्रित पुलिस अधिकारी नहीं होगा, वे कहीं हिलेंगे नहीं, क्योंकि पहले ही राज्य सरकार ने उनके खिलाफ प्रचार कर रखा है। फिर आनन-फानन में आस-पास के जिलों से रात में ही मजिस्ट्रेट बुलाए गए। तब जाकर आज सबेरे से इन बलों ने 'पोजिशन' ली।

राज्य सरकार की बर्खास्तगी के खिलाफ कारसेवकों ने अयोध्या के मुसलमानों को निशाना बनाया। उन पर आफत आ गई। काजियाना की आरा मशीनवाले साबिद को दंगाइयों ने जिंदा जला दिया। चालीस बरस के शौकत उल्लाह फैजाबाद नगरपालिका के मास्टर थे। उन्हें भी दंगाइयों ने मौत के घाट उतार दिया। शौकत उल्लाह का बारह बरस का बेटा भी मारा गया। अजमत उल्लाह (46) हाइडिल में बड़े बाबू थे। दंगों की आग में वे भी झुलस गए। सलमान (22) की कपड़ा सिलने की दुकान थी। दुकान तो पूरी तरह जल ही गई, अब वे भी दुनिया में नहीं हैं। काजियाना के असलम का दस साल का बेटा गुड्डू भी मारा गया। इस मुहल्ले में लगभग सभी घर जल गए हैं। अयोध्या-फैजाबाद में कर्फ्यू का कारसेवकों पर कोई असर नहीं है, क्योंकि कारसेवकों को अयोध्या से लौटने की भी छूट मिली हुई है। इसलिए उन पर कर्फ्यू का कोई असर नहीं है। दूसरी तरफ देर रात तक कारसेवकों द्वारा अस्थायी राममंदिर का निर्माण जारी था। विवादित ढाँचे के समूल नष्ट होते ही भगवान राम की मूर्ति कल शाम सात बजे ही स्थापित की जा चुकी थी।

ध्वंस के बाद उग्र भीड़ ने मुस्लिम बस्तियों को जला दिया। फोटो : राजेंद्र कुमार

उत्तेजित कारसेवकों ने मुसलमानों की दुकानों को भी नुकसान पहुँचाया। फोटो : राजेंद्र कुमार

आज कारसेवकों ने गर्भगृह से निर्माण कार्य शुरू किया। पहले चबूतरा बनाया, जिस पर ईंट का फर्श बनाकर भगवान रामलला की मूर्ति स्थापित की। कारसेवक आज पूरे दिन तीन तरफ से दीवार और सामने खंभे बनाने में जुटे रहे। गर्भगृह पर स्थापित भगवान राम के चारों तरफ गुलाबी कपड़े का मंदिरनुमा टेंट लगा दिया गया है।

आज कारसेवक मलबा हटाने में दिन भर डटे रहे। रामकथा कुंज दफ्तर से माइक द्वारा कारसेवकों को दिशा-निर्देश दिए जाते रहे। रोज की तरह आज शाम भी विहिप व बजरंग दल के नेताओं और साधु-संतों ने जोशीला भाषण कर कारसेवकों को विवादित परिसर न छोड़ने के निर्देश दिए। आज कारसेवक अपने कैंपों से सामान समेटकर स्टेशन की ओर जाते हुए नजर आए। रामकथा कुंज में बने बहुतेरे 'टेंट' खाली दिखे। आज भी पुलिस पी.ए.सी. तथा सुरक्षा बलों के जवान अपनी-अपनी जगहों पर तैनात तो रहे, पर सिर्फ मूकदर्शक की भूमिका में। बीच-बीच में रामकथा कुंज से हवा उड़ती रही कि केंद्रीय सुरक्षाबल आने वाले हैं। यह सुनते ही कारसेवक निर्माणाधीन मंदिर के चारों तरफ जुट जाते और 'जय श्रीराम' के नारे लगाते।

अयोध्या के अधिकांश मुस्लिम परिवार घर-बार छोड़ भाग चुके हैं। इससे कारसेवकों को आग लगाने में पूरी छूट रही। कारसेवकों का हुजूम जिधर से गुजरा, उधर ही आग लगा दी। पुलिस वाले उनके पीछे सीटी बजाते हुए चल रहे थे। आज भी कल की तर्ज पर कारसेवकों ने अयोध्या के रास्ते पर अवरोध बना रखे थे।

फैजाबाद शहर में कल शाम से लगा कर्फ्यू जारी रहा, आज केंद्रीय सुरक्षाबलों की 18 कंपनियाँ फैजाबाद शहर में गश्त कर रही हैं। फैजाबाद की सड़कों पर कारसेवक झुंड के झुंड रेलवे स्टेशन के लिए जाते रहे। उन पर कर्फ्यू का कोई प्रभाव नहीं रहा। कर्फ्यू पास के लिए कोतवाली में दिन भर भारी मारा-मारी रही। शहर में दंगाई के रूप में पहचाने जाने वाले लोग भी कर्फ्यू-पास लगाकर वाहनों से भ्रमण करते देखे गए। फैजाबाद शहर में लखनऊ और दिल्ली के अखबारों को पाठकों तक पहुँचाने का बंदोबस्त नहीं हो पाया है।

जिला प्रशासन द्वारा अयोध्या की घटनाओं, अयोध्या-फैजाबाद में कर्फ्यू लगाए जाने और अब तक की स्थिति की जानकारी नहीं दी गई। पत्रकार अपुष्ट और सुनी-सुनाई खबरों की पुष्टि के लिए परेशान हैं।

अयोध्या में राम जन्मभूमि और रामकथा कुंज में कारसेवकों का कब्जा अब भी बना हुआ है। पुलिस सूत्रों के मुताबिक कारसेवकों से आज रात परिसर खाली कराने को सोचा जा रहा है। केंद्रीय सुरक्षाबल हरकत में आ रहे हैं। 8 कंपनी सुरक्षाबल अयोध्या के लिए प्रथम खेप में भेजी गई हैं। केंद्रीय सुरक्षाबल के अफसरों ने जिला प्रशासन से हर कंपनी के साथ एक मजिस्ट्रेट देने पर ही फोर्स भेजने की शर्त रखी थी, क्योंकि उन्हें भय है कि जिला प्रशासन केंद्रीय सुरक्षाबलों को बदनाम करने के लिए अनाप-शनाप रपट भेज सकता है। पिछली रपट ऐसी ही थी। जिससे केंद्रीय सुरक्षाबलों में जिला प्रशासन के प्रति भारी गुस्सा और अविश्वास

है। विहिप प्रवक्ता के मुताबिक अब जिला अस्पताल में 50 घायल बचे हुए हैं। कारसेवा के दौरान कुल घायलों की संख्या डेढ़ सौ बताई गई थी।

फैजाबाद में आज भी तनाव है, पर अयोध्या में केंद्र के संभावित एक्शन को लेकर ज्यादा तनाव है। रामकथा कुंज और विवादित स्थल पर अभी भी कोई 50 हजार कारसेवक मौजूद हैं। कुछ मलबा हटा रहे हैं और कुछ भजन-कीर्तन का माहौल बनाए हुए हैं। कारसेवकपुरम् और दूसरी जगह भी कारसेवकों का जमाव बना हुआ है। इन्हें अभी अयोध्या न छोड़ने को कहा गया है, किसी भी टकराव के अंदेशे को देखते हुए।

फैजाबाद में तनाव अयोध्या में मुसलमानों के घरों को जलाने को लेकर है। अयोध्या में बाबरी मुकदमे के पक्षकार मो. हाशिम के घर पर कल हमला हुआ। वहाँ मुसलमानों के कोई एक दर्जन घर और दुकानें कारसेवकों ने जला दीं, जवाब में मुसलमानों ने बम भी फेंके। अयोध्या में बेकाबू भीड़ ने हाजी महबूब के घर को आग के हवाले कर दिया। फैजाबाद के जिलाधिकारी आर.एस. श्रीवास्तव और एस.एस.पी. डी.बी. राय ने आज हुई वारदात पर कोई टिप्पणी करने से इनकार कर दिया। ये दोनों ऐसे अफसर थे, जो पूरी कारसेवा के दौरान मौके से गायब थे। डी.आई.जी. उमाशंकर वाजपेयी और आई.जी. जोन अशोक सरन भी जो कुछ हो रहा था, उससे सिर्फ बेचैन थे, पर उनकी बेचैनी ज्यादा इस बात को लेकर थी कि विवादित ढाँचे पर चढ़े कारसेवकों और तोड़-फोड़ की कोई फोटो न खींचने पाए। दोनों के निर्देश से फोटोग्राफरों को कंट्रोलरूम और मानस भवन की छतों से हटाया गया।

■

विहिप, बजरंग दल को 'सब' पहले से पता था

अयोध्या, 7 दिसंबर, 1992 : अयोध्या में कल घटी घटना पूर्व नियोजित थी। विवादित ढाँचे को ढहाने की योजना बजरंग दल, विश्व हिंदू परिषद और साधु-संतों की जानकारी में थी। बाकायदा रामकथा कुंज में संघ के चुने हुए कारसेवकों को इस काम की ट्रेनिंग दी जा रही थी। तभी विवादित ढाँचे को ढहाने का इंतजाम पाँच अलग-अलग हिस्सों में बाँटा गया था, पर इस पुख्ता योजना की जानकारी राज्य सरकार और बीजेपी को नहीं थी। घटना से सिर्फ 12 घंटा पहले जिला प्रशासन ने शनिवार को राज्य सरकार को जो रिपोर्ट भेजी थी, उसमें भी कहा गया था, "साधु-संतों और विहिप के पदाधिकारियों से बात हो गई है। कारसेवा घोषित ऐलान के तहत गैर-विवादित जगह पर ही होगी।" हालाँकि शनिवार की शाम ही अशोक सिंघल ने प्रेस कॉन्फ्रेंस में इस बात के संकेत देते हुए कहा था, "अबकी कारसेवक पूरी तरह संतुष्ट होकर लौटेंगे। वे जब तक चाहेंगे, कारसेवा करेंगे। उन्हें कोई नहीं रोकेगा।" सिंघल ने यह सब कारसेवा के लिए बने तमाम घोषित निषेधों के बावजूद कहा था।

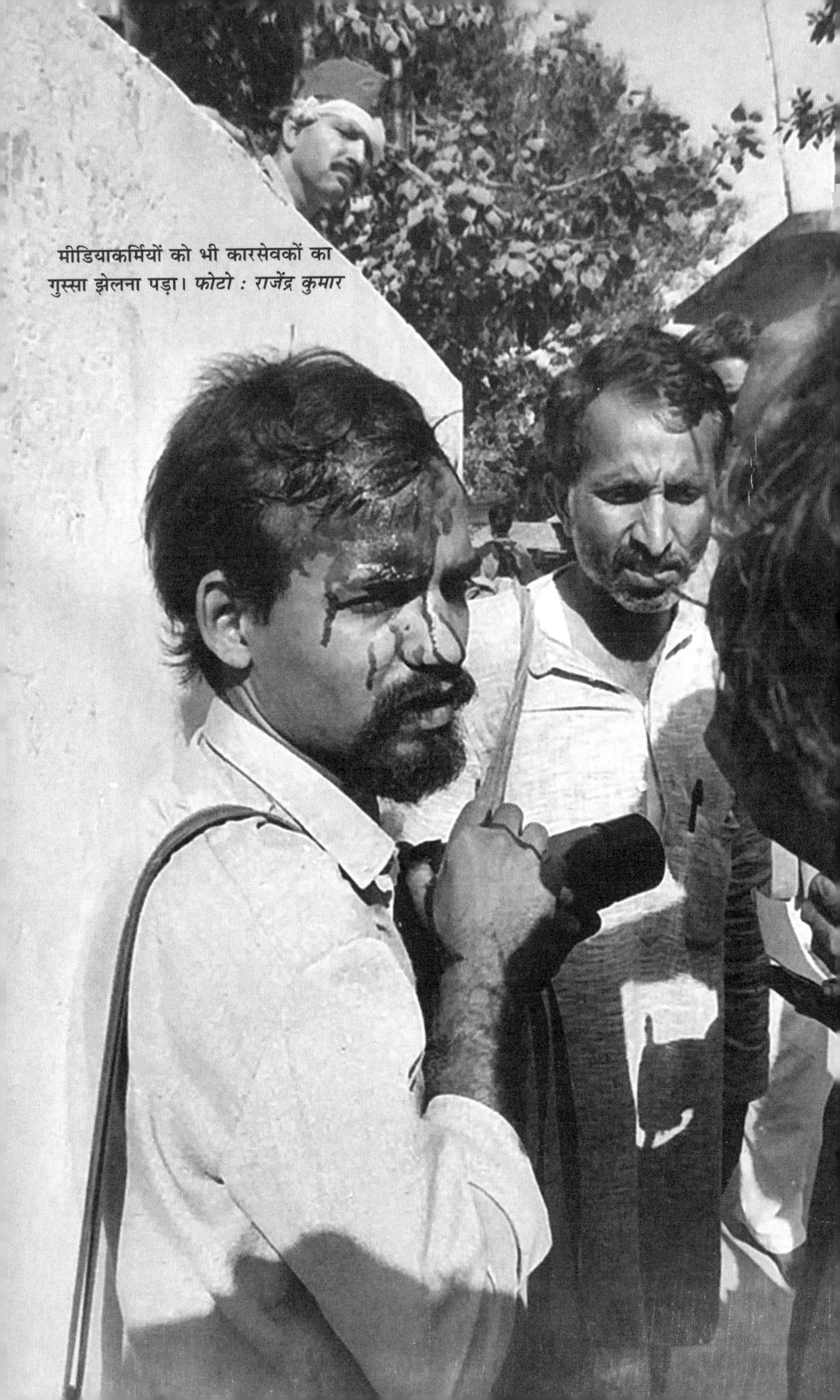

मीडियाकर्मियों को भी कारसेवकों का गुस्सा झेलना पड़ा। *फोटो : राजेंद्र कुमार*

कारसेवा के दौरान हर छोटी-बड़ी घटना को कैमरे में कैद करते कैमरामैन। फोटो : राजेंद्र कुमार

दरअसल भारतीय जनता पार्टी और उत्तर प्रदेश सरकार ने तो ग्यारह तारीख तक कारसेवा गैर-विवादित स्थल पर करने का रास्ता निकाल लिया था, क्योंकि ग्यारह तारीख को ही हाईकोर्ट का फैसला आना था, पर विहिप के उग्र गुट और पार्टी की आंतरिक कलह ने उसे अमल में लाने नहीं दिया। चार दिन पहले ही ढाँचे को निशाना बना लिया गया था, पर इसकी भनक राज्य सरकार को नहीं लगने दी थी।

इस काम के लिए विवादित ढाँचे पर उत्तर और दक्षिण से चढ़ने वाले कारसेवकों की अलग टोली थी, जिन्हें विवादित ढाँचे के ठीक सामने लगे 'वॉच टावर' पर चढ़ा एक गणवेशधारी स्वयंसेवक निर्देशित कर रहा था। बाकायदा हाथ में झंडे ले, सीटी बजा, वह कारसेवकों को नियंत्रित कर रहा था। घायल कारसेवकों को ले जाने के लिए अलग टोली थी। वह ढाँचे पर चढ़ने से पहले ही चारपाइयाँ और वाहन लेकर तैयार थी। इस विभाग के प्रमुख पूर्व मंत्री हरीशजी तो कारसेवकों के बेकाबू होने से पहले ही फैजाबाद जिला अस्पताल में घायलों की प्रतीक्षा कर रहे थे। इस पूरे प्रकरण को फोटोग्राफरों और अखबार वालों से बचाने का जिम्मा अलग टोली के जिम्मे था, जो सिर्फ अखबार वालों की पिटाई और फोटोग्राफरों के कैमरे तोड़ने में लगी थी। एक बड़ी टोली अयोध्या की तरफ जाने वाले सभी रास्तों पर बाड़ खड़ी कर कारसेवकों के अलावा किसी को भी आने-जाने से रोक रही थी। इनका मकसद सुरक्षा बलों को तो आने से रोकना ही था, अयोध्या में जो हो रहा है, इसकी खबर बाहर न पहुँचे, इसकी भी कोशिश थी। अयोध्या की टेलीफोन लाइनें काट दी गई थीं और पुलिस कंट्रोलरूम के सारे तार भी उखाड़ दिए गए थे। यह सारा कुछ ढाँचे पर हमले के बीस से तीस मिनट के बीच हो चुका था। अगर यह तयशुदा नहीं था तो एक साथ इतने इंतजाम कैसे? फिर सुरक्षा के लिए बनी राम दीवार को पश्चिम की तरफ से तोड़कर फाटक क्यों खोला गया था? मंच जहाँ से लालकृष्ण आडवाणी की यह अपील प्रसारित की जा रही थी कि "कारसेवक जो ढाँचे पर चढ़ गए हैं, वे वापस आ जाएँ।" तो मंच से उनके हटते ही ढाँचे पर चढ़ने की और प्रसाद लाने की लगातार पुकार क्यों होती रही?

चार दिन पहले ही ढाँचे को निशाना बना लिया गया था, पर इसकी भनक राज्य सरकार को नहीं लगने दी थी।

राज्य सरकार का खुफिया तंत्र बुरी तरह फेल रहा। दरअसल राज्य और केंद्र की जो खुफिया एजेंसियाँ काम कर रही थीं, वे एक-दूसरे के खिलाफ ही रिपोर्ट भेजने में जुटी रहीं। दोनों एक-दूसरे पर ही नजर रख रही थीं। पर विहिप की इस योजना की जानकारी किसी को नहीं थी, यहाँ तक कि पुलिस कंट्रोलरूम में बैठे आई.जी. और डी.आई.जी. भी कारसेवकों को ढाँचे में घुसते देख एक-दूसरे से अवाक् हो पूछ रहे थे, यह क्या हो रहा है। अशोक सिंघल ने भी आज यह कहकर कि "अदालत के आदेश में देरी और नरसिंह राव सरकार की इस मामले में हीलाहवाली इस घटना की जिम्मेदार है," यह जरूर माना कि मामला पहले से तय था।

ढाँचा तोड़ने के लिए गैंता और बेलचा मौके पर मौजूद था, शुरू में जो कारसेवक

ढाँचे की तरफ बढ़े, उनके हाथों में रस्से और काँटे थे, जिन्हें फेंककर-फँसाकर वे ढाँचे तक पहुँचे। उनके ढाँचे और दीवारों पर चढ़ते वक्त वहाँ की बिजली काट दी गई थी, क्योंकि बिजली के तार बाहरी दीवार और ढाँचे के बीच आते हैं। उसके न कटने पर दुर्घटना का अंदेशा बना रहता। विवादित परिसर में घुसते ही कारसेवकों ने सबसे पहले फरसे से सी. आर.पी.एफ. की हॉटलाइन काटी। अगर यह योजनाबद्ध नहीं था तो एक के बाद एक काम इतना व्यवस्थित कैसे हुआ? डॉक्टरों की एक टीम जिला अस्पताल के अलावा राम जन्मभूमि न्यास कार्यालय में मौजूद थी।

जब यह सब हुआ, उसके ठीक चार घंटे पहले मुख्यमंत्री कल्याण सिंह ने लखनऊ में कहा था, "कारसेवा शांतिपूर्ण और गैर-विवादित जगह पर ही होगी। सभी शीर्ष नेता अयोध्या में हैं। वे कोई गड़बड़ नहीं होने देंगे।" पर शायद अयोध्या-फैजाबाद में कल्याण सिंह का राज कभी नहीं रहा। वहाँ हमेशा अशोक सिंघल और विनय कटियार की सरकार रही।

पार्टी के उग्र लोगों के तेवर की जानकारी बीजेपी नेता लालकृष्ण आडवाणी को थोड़ी-बहुत हो गई थी। तभी वे इतवार के बजाय शनिवार की रात अयोध्या पहुँच गए। संतों को समझाने का प्रयास हुआ। सभी ने माना कि कल घोषित योजना के तहत ही कारसेवा होगी। जब यह सब हुआ, उसके ठीक चार घंटे पहले मुख्यमंत्री कल्याण सिंह ने लखनऊ में कहा था, "कारसेवा शांतिपूर्ण और गैर-विवादित जगह पर ही होगी। सभी शीर्ष नेता अयोध्या में हैं। वे कोई गड़बड़ नहीं होने देंगे।" पर शायद अयोध्या-फैजाबाद में कल्याण सिंह का राज कभी नहीं रहा। वहाँ हमेशा अशोक सिंघल और विनय कटियार की सरकार रही। यही वजह थी कि फैजाबाद में ऐसे लल्लू अफसर तैनात किए गए (जिला प्रशासन में), जो राज्य सरकार के प्रति जवाबदेह न होकर इन दोनों के प्रति हरदम जवाबदेह रहे और जमीन की असलियत की खबर भी कल्याण सिंह को कभी नहीं लगने दें।

■

अयोध्या पर मेरी एक और किताब 'युद्ध में अयोध्या' में आपने पढ़ा कि विध्वंस पूर्व नियोजित नहीं था। यह रिपोर्ट आपको इससे उलट मालूम होगी। एक जिम्मेदार लेखक के तौर पर मैं यह स्वीकार करता हूँ और आपसे साझा भी करता हूँ कि ये सारी रिपोर्ट उस ऐतिहासिक घटना के कुछ ही घंटों के बाद लिखी गई थी, जबकि 'युद्ध में अयोध्या' में लिखा गया लेख घटना के 25 साल बाद। इन 25 सालों में सैकड़ों लोगों से हुई बातचीत के बाद मैं सच के करीब पहुँचा और मेरे विचार में बदलाव आया।

फिर से बनेगी बाबरी मस्जिद, सरकार का ऐलान

नई दिल्ली : सरकार ने सांप्रदायिक संगठनों पर प्रतिबंध लगाने का फैसला किया है। रविवार को अयोध्या की घटनाओं पर कड़ा रुख अपनाते हुए सोमवार शाम को की गई घोषणा में यह भी कहा गया है कि सरकार यह भी सुनिश्चित करेगी कि ढहाई गई बाबरी मस्जिद को फिर से खड़ा किया जाए। जिन सांप्रदायिक संस्थाओं को प्रतिबंधित किया जाएगा, उनके नाम इस घोषणा में नहीं बताए गए।

एक सरकारी प्रवक्ता ने कहा कि इन नामों पर गृह मंत्रालय में विचार जारी है। प्रतिबंध लगाने के लिए क्या प्रक्रिया होगी, इस पर भी विचार होगा। संवाददाताओं के यह पूछने पर कि इस बारे में अधिसूचना कब जारी होगी, उसने कहा कि यह उचित समय पर हो जाएगी। समझा जाता है कि अधिसूचना जारी होने का काम एक-दो दिन में कभी भी हो सकता है। प्रतिबंधित किए जाने वाले संगठनों में राष्ट्रीय स्वयंसेवक और विश्व हिंदू परिषद प्रमुख हैं।

केंद्र ने इन फैसलों की घोषणा उत्तर प्रदेश में राष्ट्रपति शासन लागू होने के बाद अयोध्या की स्थिति की समीक्षा के बाद की। बताया गया कि यह पहले चरण की कार्रवाई है। हालाँकि सरकारी तौर पर यह नहीं कहा गया, लेकिन यह साफ है कि संसद में आज प्रधानमंत्री के बयान में इन फैसलों की घोषणा होनी थी। संसद में अयोध्या की घटना से पैदा भारी नाराजगी के वातावरण में श्री नरसिंह राव अपना बयान नहीं दे सके। उनके बयान को सुबह कैबिनेट ने अपनी मंजूर दे दी थी।

तात्कालिक तौर पर किए दो और फैसलों में कहा गया है कि अयोध्या में राम जन्मभूमि-बाबरी मस्जिद ढाँचे को तोड़ने की घटना से संबंधित दोषी लोगों के खिलाफ कानून के तहत सख्त से सख्त कार्रवाई की जाएगी और 6 दिसंबर को लापरवाही बरतने वाले सरकारी अधिकारियों के खिलाफ प्रशासनिक स्तर पर अनुशासन की कार्रवाई की जाएगी। इन पर मुकदमे भी चलाए जा सकते हैं। बाबरी ढाँचा तोड़ने के लिए कारसेवकों को भड़काने और उकसाने वाले तत्त्वों के खिलाफ भी कार्रवाई की जाएगी। प्रवक्ता ने यह नहीं बताया कि इन तत्त्वों की पहचान किस आधार पर की जाएगी।

■

सुरक्षा बलों ने विवादित जगह को खाली कराया

अयोध्या, 8 दिसंबर, 1992 : अयोध्या अब शांत है। विवादित परिसर को कारसेवकों से खाली करा लिया गया है। रामकथा कुंज सहित समूचे परिसर पर अर्धसैनिक बलों का कब्जा है। रामलला अधबने गर्भगृह में विराजमान हैं। मलबे के ऊपर टेंट में उनकी पूजा-अर्चना जारी है। विवादित परिसर को खाली कराने का 'ऑपरेशन' सी.आर.पी.एफ.

और रैपिड एक्शन फोर्स ने आज तड़के साढ़े तीन बजे शुरू किया। परिसर को 40 मिनट के भीतर खाली करा लिया गया। थोड़े पथराव, हल्के लाठीचार्ज और आँसू गैस के पाँच गोले छोड़ने के अलावा कोई खास बल प्रयोग नहीं हुआ। परिसर खाली कराने में आसानी इस बात से भी हुई, क्योंकि विश्व हिंदू परिषद ने देर रात देश की स्थिति को देखते हुए अस्थायी तौर पर कारसेवा स्थगित कर दी थी। परिषद ने कारसेवा स्थगित करने का ऐलान प्रधानमंत्री नरसिंह राव की पहल पर किया। कल दोपहर ही प्रधानमंत्री की तरफ से एक संदेश सांसद विनय कटियार के पास आया, जिसमें कहा गया था कि हम कारसेवकों पर बल प्रयोग नहीं चाहते। आप लोग परिसर खाली कराएँ। इस बीच मार्गदर्शक मंडल ने भी यह तय कर लिया था कि कारसेवा अस्थायी तौर पर स्थगित हो जाए।

कारसेवकों को लौटने के लिए सूचना कल ही रात माइक से दी जा रही थी। सुबह जब केंद्रीय बलों ने परिसर खाली कराया, उस वक्त परिसर में सिर्फ दो हजार कारसेवक थे। बाकी रामकथा कुंज के तंबुओं में थे। उन्हें भी हटा दिया गया है। आज सुबह विश्व हिंदू परिषद के महामंत्री अशोक सिंघल को भी गिरफ्तार कर लिया गया। गिरफ्तारी से पहले उन्होंने कहा, "कश्मीर में जब सैकड़ों मंदिर एक साथ ढहा दिए गए थे तो उस वक्त इस देश की संसद और तमाम नेता कहाँ थे। 6 को अयोध्या में जो कुछ हुआ, वह कश्मीर की प्रतिक्रिया है।"

इससे पहले आज सुबह कोई सवा तीन बजे 108 रैपिड एक्शन फोर्स की एक बटालियन और सी.आर.पी.एफ. की 8 कंपनियाँ अयोध्या भेजी गईं, इनका नेतृत्व आई.पी. एस. अफसर बी.एस. सारस्वत कर रहे थे। जन्मभूमि के सामने मानस भवन और पीछे की तरफ से दो टोली में रैपिड एक्शन फोर्स के कमांडो भी चले और एक-एक को हाथ से उठा और डंडा पटक खदेड़ पौन घंटे में समूचा परिसर खाली करा दिया। कथाकुंज के पास से कुछ कारसेवकों ने पथराव भी किया, जिसके बाद एक्शन फोर्स ने आँसू गैस के गोले दागे और लाठी चलाई। आर.ए.एफ. के आठ जवान और 10-12 कारसेवक घायल हुए। पुलिस एक्शन में घायल बलों की तरफ से आर.ए.एफ. के कमांडेंट सारस्वत ने राम जन्मभूमि थाने में रपट भी लिखाई है। रपट में कहा गया है कि उनके बार-बार कहने पर भी जिला प्रशासन ने मजिस्ट्रेट नहीं भेजा। लिहाजा पूरा ऑपरेशन बगैर मजिस्ट्रेट के करना पड़ा।

परिसर खाली कराने के अभियान के दौरान रामलला मंदिर के दो सहायक पुजारी सुभाष चंद्र त्रिपाठी और सुनील दास को भी बलों ने मारकर भगा दिया। प्रधान पुजारी सत्येंद्रदास गोपाल मंदिर में थे। नतीजतन रामलला की सबेरे होने वाली पूजा नहीं हो पाई। यह खबर फैलते ही वहाँ तैनात सुरक्षा बलों में रोष फैला। प्रधान पुजारी सत्येंद्र दास कोतवाली से बुलाए गए और तड़के होने वाली रामलला की पूजा साढ़े ग्यारह बजे शुरू हुई। तब से जारी है। सरकारी पुजारी से पूजा करा शासन ने अस्थायी मंदिर को वैधता दे दी।

विवादित स्थल पर तैनात सुरक्षा बलों को लेकर बड़े अफसरों में बेचैनी है। दूरदराज से आए बलों के जवान भी मंदिरों में दर्शन को उतारू हैं। आज सुबह यह कार्यक्रम कोई एक घंटा चला भी, पर बाद में फोटोग्राफरों को देख रोक दिया गया।

सुरक्षा बलों ने मंदिर के सरकारी पुजारी सत्येंद्रदास को भी भगा दिया था। फोटो : राजेंद्र कुमार

ध्वंस के बाद मलबे से निकली ईंट, जिस पर साल 1924 लिखा है। *फोटो : राजेंद्र कुमार*

ध्वंस के बाद साफ नजर आते ग्यारहवीं शताब्दी के मंदिर के खँभे,
जिन्हें कसौटी पत्थर से बनाया गया है। फोटो : राजेंद्र कुमार

इसके बावजूद जवान चबूतरे पर दर्शन की प्रतीक्षा में डटे रहे। आर.ए.एफ. के डिप्टी कमांडेंट डी.पी. सिंह को 'लाउडहेलर' से कई बार घोषणा करनी पड़ी कि सभी जवान अपनी-अपनी ड्यूटी पर जाएँ। इस तरह भीड़ लगाकर गड़बड़ी न फैलाएँ। शाम को सभी को दर्शन की इजाजत दी जाएगी। इसके बावजूद इक्का-दुक्का जवान मंदिर में घुस दर्शन करते रहे। रामलला के दर्शन अब भी आम लोगों के लिए बंद हैं।

परिसर के कब्जे में आते ही केंद्रीय बलों ने सुरक्षा के लिहाज से रामकथा कुंज की तरफ से विवादित परिसर से सटी पूरी जमीन पर कँटीली बाड़ लगा दी। बाड़ लगाने का काम आज रात तक जारी रहा। कथा कुंज में कारसेवकों के लिए तंबुओं और टेंटों का जो शहर बसा था, आज वह वीरान रहा। उसमें अर्धसैनिक बल आराम कर रहे थे। अशोक सिंघल ने अखबार वालों से कथा कुंज में फैली अपनी संपत्ति पर चिंता जताई। उन्होंने कहा कि वहाँ लगे करोड़ों के 'टेंटों' और खुदाई में ढाँचे से निकले पुराने मंदिरों के अवशेषों की हिफाजत जिला प्रशासन को करनी चाहिए। उन्होंने कहा कि ढाँचे के नीचे से संगमरमर के कोई चार सौ अवशेष किसी बड़े मंदिर के मिले हैं। उन्हें जिला प्रशासन अवध विश्वविद्यालय के कुलपति को सौंप दे। वे पुराविद् हैं। वे उसका पुरातात्त्विक अध्ययन करेंगे।

फैजाबाद के नए जिलाधिकारी, कमिश्नर और वरिष्ठ पुलिस अधीक्षक ने आज सबेरे ही कामकाज सँभाल लिया। काम सँभालने के फौरन बाद जिलाधिकारी विजयशंकर पांडेय ने कहा कि विवादित स्थल पर पूजा-अर्चना चल रही है। उसे जारी रहने दिया जाएगा। केंद्रीय बलों की कमान सी.आर.पी.एफ. के आई.जी. सेंट्रल सेक्टर एस.एन. चौबे ने सँभाल रखी है।

विहिप महामंत्री अशोक सिंघल कल दोपहर बाद लखनऊ होते दिल्ली चले गए थे। लखनऊ में थोड़ी देर तक बीजेपी नेताओं के साथ बैठक के बाद वे लालकृष्ण आडवाणी, राजमाता सिंधिया, एच.वी. शेषाद्रि के साथ मध्य प्रदेश सरकार के जहाज से दिल्ली चले गए। कारसेवा टालने के फैसले और केंद्र के 'एक्शन प्लान' को देखते हुए कुछ खास निर्देशों के साथ सिंघल आज सबेरे फिर अयोध्या में प्रकट हुए। वे सुबह ही कुछ अखबार वालों से मिले। उन्होंने कहा कि केंद्र का 'एक्शन प्लान' मूर्खतापूर्ण है। जन्मस्थान पर फिर से ढाँचा खड़ा करने की बात और जन्मस्थान के अलावा कहीं और मंदिर बनाने के लिए हिंदू समाज तैयार नहीं होगा। हम इस मुद्दे पर कोई समझौता नहीं करेंगे, केंद्र की इस योजना पर भारी प्रतिक्रिया हो सकती है।

■

आडवाणी, जोशी व सिंघल गिरफ्तार

उधर भारतीय जनता पार्टी के अध्यक्ष मुरली मनोहर जोशी, लालकृष्ण आडवाणी, विश्व हिंदू परिषद के अध्यक्ष विष्णु हरि डालमिया, महामंत्री अशोक सिंघल, बीजेपी सांसद विनय

कटियार और उमा भारती को आज गिरफ्तार कर लिया गया। श्री सिंघल और बजरंग दल के प्रमुख कटियार को अयोध्या में और बाकी को राजधानी में गिरफ्तार किया गया। इन नेताओं को फैजाबाद में दर्ज की गई प्राथमिकी के आधार पर पकड़ा गया। इन नेताओं पर सांप्रदायिक दुश्मनी फैलाने और शांति भंग करने के आरोप हैं। इस रपट में विश्व हिंदू परिषद के संयुक्त महासचिव गिरिराज किशोर और साध्वी ऋतंभरा के नाम भी शामिल हैं। नेताओं की गिरफ्तारी पर विरोध जताने के लिए बीजेपी ने कल भारत बंद की अपील की है। दिल्ली की एक अदालत ने निर्देश दिया है कि गिरफ्तार नेताओं को दस दिसंबर को फैजाबाद की अदालत में पेश किया जाए।

श्री आडवाणी, श्री जोशी, उमा भारती और विष्णु हरि डालमिया को बी.एस.एफ. के विशेष विमान से दिल्ली से आगरा के लिए ले जाया गया। इन चारों लोगों को आज सुबह गिरफ्तार कर महरौली के नजदीक गेस्ट हाउस में रखा गया था। दिल्ली के एक मजिस्ट्रेट ने उन्हें 10 दिसंबर को फैजाबाद के मुख्य न्यायिक मजिस्ट्रेट की अदालत में पेश करने का आदेश दिया है।

माथे पर तिलक लगाए लालकृष्ण आडवाणी ने पुलिस की कार में बैठने से पहले टिप्पणी की, "सरकार का यह कदम अमंगलकारी है। विनाश काले विपरीत बुद्धि।"

गिरफ्तार नेताओं के वकील ने मजिस्ट्रेट के सामने कहा कि फैजाबाद में दायर प्रथम सूचना रिपोर्ट फर्जी है। इसमें लगाए गए आरोपों को वकील ने पूरी तरह गलत बताया। मजिस्ट्रेट ने अपने आदेश में कहा कि अभियुक्तों को उन अपराधों के लिए गिरफ्तार किया गया है, जो संज्ञेय और गैर-जमानती हैं। उन्होंने कहा, "मैं अगर उनकी दलील मानकर हिरासत में लिये जाने को गैर-जरूरी ठहरा दूँ तो भी मेरे लिए एक ही रास्ता अभियुक्तों को उस मजिस्ट्रेट की हिरासत में सौंप देने का है, जिसके न्याय क्षेत्र में यह मामला आता है।" उन्होंने निर्देश दिया कि अभियुक्तों को फैजाबाद ले जाकर गुरुवार को मुख्य न्यायिक मजिस्ट्रेट के सामने पेश किया जाए।

यह सुनवाई कुतुब के पास 'गेस्ट हाउस' में हुई, जहाँ गिरफ्तारी के बाद आडवाणी और बाकी लोगों को ले जाया गया था। मजिस्ट्रेट ने उत्तर प्रदेश पुलिस की इस माँग को ठुकरा दिया कि इन नेताओं को आगरा जेल में रखा जाए।

लालकृष्ण आडवाणी आज सुबह गिरफ्तार किए गए। उन्हें उत्तर प्रदेश पुलिस ने उनके घर से करीब सवा आठ बजे गिरफ्तार किया। माथे पर तिलक लगाए लालकृष्ण आडवाणी ने पुलिस की कार में बैठने से पहले टिप्पणी की, "सरकार का यह कदम अमंगलकारी है। विनाश काले विपरीत बुद्धि।" उन्होंने देशवासियों और बीजेपी कार्यकर्ताओं से अपील की कि वे सरकार के उकसावे में न आएँ, हर कीमत पर शांति और सद्भाव बनाए रखें।

सुबह सात बजे पंडारा पार्क के उनके घर को उत्तर प्रदेश पुलिस ने घेर लिया था। पुलिस ने उन्हें तैयार होने का वक्त दिया। वैसे वे सुबह से अपनी गिरफ्तारी के लिए तैयार थे।

■

मुख्यमंत्री कल्याण सिंह का ध्वंस के बाद पहला इंटरव्यू

कल्याण सिंह ने बताया ध्वंस के लिए कौन-कौन है दोषी

लखनऊ, 9 दिसंबर, 1992 : उत्तर प्रदेश के पूर्व मुख्यमंत्री कल्याण सिंह का कहना है कि अयोध्या की ताजा घटनाओं के लिए कार्यपालिका, विधायिका और न्यायपालिका तीनों बराबर की जिम्मेदार हैं। कल्याण सिंह ने कहा है कि इस संवदेनशील मसले पर तीनों ने अपनी जिम्मेदारी नहीं निभाई। कल्याण सिंह ने आज कहा कि उनके चीख–चीखकर बताने के बावजूद कि यह मसला किसी दल का नहीं है, अयोध्या में राममंदिर राष्ट्रीय संकल्प बन चुका है। बीजेपी के विपक्षी दलों और प्रधानमंत्री ने इसे न सिर्फ कम कर के आँका, बल्कि इस मामले के निकलने वाले रास्तों में भी रुकावटें डालीं।

अयोध्या में विवादित ढाँचे के साथ जो कुछ भी हुआ, उसकी जिम्मेदारी खुद ओढ़ते हुए कल्याण सिंह ने कहा, मैंने ढाँचे की सुरक्षा की जिम्मेदारी ली थी, पर साथ ही राष्ट्रीय एकता परिषद सहित सुप्रीम कोर्ट से भी बार–बार कहा था कि मेरी सरकार संतों और कारसेवकों पर गोली नहीं चलाएगी। मैंने वही किया। कल्याण सिंह अपनी बात सही बताते हुए कहते हैं, "आखिर क्या कारण थे कि केंद्र सरकार ने भी सत्ता सँभालने के 40 घंटे बाद तक वहाँ कोई कार्रवाई नहीं की। राज्य में शासन सँभालने के 40 घंटे तक कारसेवकों पर बल प्रयोग न कर केंद्र सरकार ने मेरे गोली न चलाने के फैसले के औचित्य को मंजूर कर लिया है।"

अयोध्या में जो कुछ हुआ, कल्याण सिंह को उसका कोई सदमा नहीं है। वे कहते हैं, "अयोध्या की गलती की कीमत मैंने इस्तीफा देकर चुका दी है, पर हड़बड़ाहट, घबराहट और पागलपन में जो कदम केंद्र सरकार उठा रही है, उससे देश जल जाएगा।" कल्याण सिंह यह भी कहते हैं कि विवादित स्थल पर फिर से मस्जिद बनाने की घोषणा, कुछ संगठनों पर पाबंदी के ऐलान और उनके नेताओं की गिरफ्तारी से समस्या न सिर्फ विकराल होगी, बल्कि जनाक्रोश का वह विस्फोट, जो छह तारीख को अयोध्या में हुआ था, उससे भी बड़ा जनाक्रोश फूटेगा।

कल्याण सिंह तनाव रहित दिखते हैं। एक छोटी अटैची में कुछ कपड़े और कपड़े के एक झोले में रोजमर्रा के जरूरी सामान रख वे जेल जाने की तैयारी में बैठे हैं। हालाँकि मुख्यमंत्री आवास में आज उनका अंतिम दिन था। आज शाम वे इस आवास को छोड़ देंगे। जाने से पहले उन्होंने सरकार को इस बात की इत्तला दी कि वे कहाँ जा रहे हैं, ताकि गिरफ्तारी के लिए उन्हें खोजना न पड़े। कल्याण सिंह कहते हैं, "मैंने पहले ही कहा था कि इस समस्या का कोई भी हल विवादित ढाँचा, राज्य सरकार और केंद्र सरकार को अलग करके नहीं ढूँढ़ा जा सकता है। तीनों एक ही सूत्र में बँधे हैं। अब केंद्र सरकार को

भी गिरना पड़ेगा। नया चुनाव ही समस्या का हल निकालेगा। नरसिंह राव को जनता की अदालत में चलना चाहिए।"

कल्याण सिंह से हुई बातचीत के मुख्य अंश–

अयोध्या में छह दिसंबर को जो कुछ हुआ, वह सही था या गलत?

अयोध्या में जो कुछ हुआ, वह सही था या गलत, यह तो इतिहास और जनता तय करेगी। मैं सिर्फ इतना कह सकता हूँ कि वह सब जनाक्रोश का विस्फोट था। सही–गलत का फैसला जनता की अदालत करेगी। प्रधानमंत्री भी इस्तीफा दें, लोकसभा भंग कर जनता की अदालत में फैसला कर लें। अगर सारे देश का जनादेश चाहते हैं तो सारे देश की विधानसभा भंग कर चुनाव कराए जाएँ, जनता का फैसला हो जाएगा।

छह दिसंबर को अयोध्या में घटी घटना की जिम्मेदारी किसकी है?

मैं अपने ऊपर ओढ़ता हूँ। अगर ढाँचे पर से कारसेवकों को हटाने के लिए गोली नहीं चली तो इसके लिए कोई अफसर जिम्मेदार नहीं है। फाइलों पर मेरे लिखित आदेश मौजूद हैं कि किसी भी कीमत पर गोली न चलाई जाए। तथ्य यह है कि अयोध्या के जिला प्रशासन को दोपहर दो बजे गोली न चलाने का मुख्यमंत्री की तरफ से लिखित आदेश मिला था। उसी के बाद केंद्रीय बलों ने भी विवादित स्थल पर जाने का अपना इरादा छोड़ दिया था। और यह कोई नई बात नहीं थी। राष्ट्रीय एकता परिषद की गए साल दो नवंबर की बैठक में और उसके बाद सुप्रीम कोर्ट में हमने लगातार कहा था कि मेरी सरकार साधु-संतों पर गोली नहीं चलाएगी। छह दिसंबर को जब कारसेवक बेकाबू थे तो गृहमंत्री चह्वाण से भी मैंने दोपहर दो बजे ही साफ बता दिया था कि अयोध्या की मौजूदा हालत में गोली चलाना बुद्धिमत्तापूर्ण नहीं है। गोली चलाने के अलावा वहाँ की स्थिति काबू में लाने की कोशिश मैंने की, पर वह तो जनाक्रोश से भरा गुब्बारा था, जिसे फटना ही था। इसलिए अयोध्या के लिए कोई व्यक्ति, दल या अफसर जिम्मेदार नहीं है। मैंने जिम्मेदारी ले ली है। कोई भी कार्रवाई, मुकदमा या अभियोग मेरे खिलाफ बनना चाहिए। किसी अफसर के खिलाफ कार्रवाई का कोई औचित्य नहीं है। मैं इसके लिए जिम्मेदार हूँ। जहाँ तक जिम्मेदारी में चूक का सवाल है, उसकी कीमत मैंने इस्तीफा देकर चुका दी है। बर्खास्तगी का नाटक तो भारत सरकार ने बाद में रचा।

पर इस मुद्दे को यहाँ तक पहुँचाने की जिम्मेदारी?

कार्यपालिका और न्यायपालिका ने अपने सामाजिक दायित्व का निर्वाह नहीं किया। न्यायपालिका ने तो मसले को मामूली मुकदमा बना डाला। हाईकोर्ट की लखनऊ बेंच की तरफ सारा देश टकटकी लगाए देख रहा था। अयोध्या मुद्दे पर जनाक्रोश का गुब्बारा भरता रहा। फिर केंद्र सरकार के भड़काऊ कदमों, मसलन बिना माँगे सुरक्षा बल भेजना, कारसेवा न करने देने का ऐलान करना आदि ने भी गुब्बारे में हवा भरी। गैर–बीजेपीई दलों ने मंदिर विरोध, अयोध्या मार्च, सभाएँ, प्रदर्शन, सभी की कारसेवा न होने देने की धमकी से भी गुब्बारा फटने की स्थिति में पहुँच गया। राज्य सरकार ने इलाहाबाद हाईकोर्ट से बार–बार आग्रह किया, पर

उन्होंने बार-बार टाला। इससे अनिर्णय और दुविधा की स्थिति बनी रही। मेरे चीख-चीखकर चिल्लाने के बाद भी मंदिर मुद्दे को केंद्र सरकार ने छोटा करके नापा। लोगों की आस्था के साथ खिलवाड़ किया गया। सभी मंदिर के मुद्दे को भुनाने में लगे रहे। मैंने इस गुब्बारे पर एक 'सेफ्टी वाल्व' लगाने की कोशिश की, पर उसमें भी रुकावटें डाली गईं।

कौन सा 'सेफ्टी वाल्व' था आपके पास?

मेरा 'सेफ्टी वाल्व' 2.77 एकड़ को विवादित ढाँचे से अलग कर उस पर कारसेवा होने देने का था। एक साल से मैं यही कह रहा था, पर गैर-बीजेपी दल इसमें भी रुकावट डाल रहे थे। भारत सरकार ने भी मेरे द्वारा सुझाए गए इस 'सेफ्टी वाल्व' को नहीं लगने दिया। लगातार अदालत के कंधे पर बंदूक रखी गई। मेरे इस 'सेफ्टी वाल्व' को लगने दिया जाता तो छह दिसंबर की घटना टाली जा सकती थी।

विवादित ढाँचे के ढहने पर आप क्या कहते हैं?

यह रामभक्त जनता के आक्रोश का प्रकटीकरण है। इससे साबित होता है कि इस देश में राम को कोई चुनौती नहीं दी जा सकती है। ऐसी किसी चुनौती का मतलब है भयंकर दुष्परिणाम को न्योता देना। मैं अब भी चाहता हूँ कि केंद्र सरकार और गैर-बीजेपी दल करोड़ों जनता की भावनाओं को समझें और राम जन्मभूमि के लिए अब तक 76 लड़ाई और तीन लाख लोगों के मारे जाने के सतत इतिहास को नजरअंदाज न करें। इसे ध्यान में रखकर ही समाधान करें। मंदिर निर्माण में रुकावट डालने से बाज आएँ।

ढाँचा गिरने के बाद केंद्र सरकार के 'एक्शन प्लान' पर आपका क्या कहना है?

इन कदमों से अयोध्या में जो भावनाएँ फूटीं, उससे बड़ी भावना फूटेगी। सरकार को अब भी चेत जाना चाहिए। आडवाणी साहित बीजेपी नेताओं की गिरफ्तारी, आयोग बनाकर मेरे और मेरे अफसरों पर मुकदमा और कुछ संगठनों पर पाबंदी तो छोटी चीजें हैं, पर जन्मभूमि पर मूर्तियाँ हटा मस्जिद बनाने का केंद्र सरकार का पगलाया फैसला तो देश को जला देगा। कोई ताकत अब इस जगह से रामलला की मूर्तियों को नहीं हटा सकती है। अगर केंद्र ने हड़बड़ी, घबड़ाहट और बेजा दबाव में ऐसा कोई फैसला लिया तो देश की जनता और बहुसंख्यक समाज इसे नहीं सहेगा। देश की स्थिति विकराल होगी।

ढाँचा गिरने पर जो लोग आसमान सिर पर उठाए हैं, उनसे पूछता हूँ—जब अनंतनाग (कश्मीर) में 45 मंदिर ढहाए गए थे, तो ये कहाँ थे। यह छद्म धर्मनिरपेक्षता है। प्रधानमंत्री बँगलादेश और पाकिस्तान में टूटनेवाले मंदिरों पर मौन क्यों हैं? अब लड़ाई 'राष्ट्रवाद बनाम छद्म धर्म निरपेक्षता' की होगी।

अयोध्या में एक जीर्णशीर्ण ढाँचा था, जिसके भीतर रामलला की पूजा-अर्चना लगातार 43 साल से हो रही थी। प्रधानमंत्री ने उसे हमेशा मस्जिद कहा। इससे दुनिया में यह भ्रम फैल गया, मानो यह कोई बहुत बड़ी मस्जिद थी, जिसे तोड़ डाला गया। इस भ्रम के लिए प्रधानमंत्री सहित सभी दल जिम्मेदार हैं। जिन्होंने भी ढाँचा नहीं देखा, उन्हें यही भ्रम हो रहा है।

कारसेवा के बाद विजयी मुद्रा में तत्कालीन मुख्यमंत्री कल्याण सिंह। साथ में लालजी टंडन। फोटो : *मनमोहन शर्मा*

अगर प्रधानमंत्री इसे मंदिर कहने को तैयार नहीं थे तो कम-से-कम उसे विवादित ढाँचा कहना चाहिए था। जो सच्चाई थी। पर वे इस सच्चाई पर लगातार परदा डाल रहे थे।

■

संसद हफ्ते भर के लिए स्थगित

नई दिल्ली, 9 दिसंबर, 1992 : देश के संसदीय इतिहास में आज पहली बार संसद-सत्र के दौरान दोनों सदनों की बैठक अचानक एक सप्ताह के लिए स्थगित कर दी गई। इसके पहले आज लगातार तीसरे दिन लोकसभा और राज्यसभा में कोई कामकाज नहीं हो पाया। बीजेपी सांसद अपने नेताओं की गिरफ्तारी का विरोध करते रहे। संसद की कार्रवाई स्थगित करने का उद्देश्य सांसदों को अपने क्षेत्र में जाकर शांति और सद्भाव के लिए काम करने देने का मौका देना है। अब संसद की अगली बैठक 16 दिसंबर को होगी। दोनों सदनों में अयोध्या कांड पर निंदा का प्रस्ताव आज भी नहीं रखा जा सका।

लोकसभा की कार्रवाई शुरू होते ही बीजेपी सांसद 'भारत बंद, संसद बंद', 'आडवाणीजी को रिहा करो' जैसे नारे लगाने लगे। राष्ट्रीय और वाम मोर्चा के सांसद चुप थे, पर कांग्रेस के कुछ सांसद अपनी सीटों पर उठकर बोलने लगे। मणिशंकर अय्यर (कांग्रेस) तो अध्यक्ष के आसन की तरफ बढ़ने लगे। उन्हें उन्हीं की पार्टी के सांसदों ने वापस खींचा। अब तक बीजेपी सांसद भी आसन पर पहुँच चुके थे। जसवंत सिंह ने उन्हें वापस सीटों पर भेजा। शांति होते ही मदनलाल खुराना (बीजेपी) ने कहा कि कल आपने अटल बिहारी वाजपेयी को बोलने के लिए कहा था, जैसे ही श्री वाजपेयी खड़े हुए, सोमनाथ चटर्जी और सैफुद्दीन चौधरी (सीपीएम), इब्राहिम सुलेमान सेत (मुस्लिम लीग) और विलास मुत्तमवार (कांग्रेस) भी खड़े हो गए। खुराना बार-बार अध्यक्ष को कल की घटना याद दिलाते रहे।

लोकसभा अध्यक्ष शिवराज पाटिल ने कहा कि हम लोग घोर संकट में हैं। ऐसे मौके पर हम लोगों को एकजुट होकर वह करना चाहिए, जो हालत को सुधार सकता है। आप भी मेरी बातों से समहत होंगे। मैं कुछ कहना चाहता हूँ। अगर आप लोगों को लगे कि वह आपकी भावनाओं के मुताबिक नहीं है तो आप एक-एक कर अपनी बात कह सकते हैं। इसके तुरंत बाद श्री वाजपेयी खड़े हुए तो गैर-बीजेपी सांसदों ने शोर किया। श्री वाजपेयी ने कहा, "ये मुझे नहीं रोक सकते।" शोर के बीच श्री खुराना ने कहा—पहले वाजपेयी जी बोलेंगे। जब तक वे नहीं बोलेंगे, हम किसी को भी नहीं, सदन के नेता को भी नहीं बोलने देंगे। यह सब काफी देर तक चलता रहा। अध्यक्ष ने कहा कि यह कल तय हुआ था, आज नहीं। खुराना ने कहा, आप उनके दबाव में झुक रहे हैं। विजयाराजे सिंधिया और इंद्रजीत गुप्त ने अध्यक्ष से कानाफूसी की। श्रीमती सिंधिया ने हाथ जोड़कर वाजपेयी को बोलने देने का अनुरोध किया, जो नहीं सुना गया।

इस बीच बीजेपी और कांग्रेस के सांसद बार-बार अध्यक्ष के आसन की ओर बढ़ते रहे। उनके नेता उन्हें खींचकर वापस सीट पर भेजने की कोशिश करते रहे। आधे घंटे के इस दौर के बाद प्रधानमंत्री पी.वी. नरसिंह राव ने कांग्रेसी सांसदों को इशारा कर चुप रहने को कहा। पर शोर थमा नहीं। शोर के बीच अध्यक्ष ने कहा, सदन की यह इच्छा है कि देश में शांति और सांप्रदायिक सद्भाव बने। इसके साथ ही उन्होंने सदन की बैठक 16 दिसंबर तक के लिए स्थगित कर दी।

राज्यसभा की आज की बैठक फिर हंगामे के साथ शुरू हुई। सभापति के.आर. नारायणन ने जैसे ही आसन ग्रहण किया। भारतीय जनता पार्टी के संघप्रिय गौतम डॉ. मुरली मनोहर जोशी को सदन में लाए जाने का नारा लगाते हुए सभापति के आसन के पास आ गए। बीजेपी के दूसरे सदस्य भी उनके पीछे जमघट लगाकर नारेबाजी करने लगे। कांग्रेस के सदस्य भी अपनी-अपनी जगह पर खड़े होकर बीजेपी के खिलाफ नारेबाजी करते रहे। इस शोर-शराबे के बीच राज्यसभा भोजनावकाश तक के लिए स्थगित कर दी गई।

राज्यसभा की बैठक दो बार शुरू होने के पहले कार्य मंत्रणा समिति की बैठक में सदन 16 दिसंबर तक के लिए स्थगित करने का फैसला किया गया। सभापति ने आते ही इसकी घोषणा कर दी।

■

आरएसएस और विश्व हिंदू परिषद पर पाबंदी

नई दिल्ली, 10 दिसंबर, 1992 : केंद्र सरकार ने पाँच संगठनों—राष्ट्रीय स्वयंसेवक संघ, विश्व हिंदू परिषद, बजरंग दल, इस्लामी सेवक संघ और जमायते इस्लामी को गैर-कानूनी घोषित कर दिया है। इस संबंध में गृह मंत्रालय ने अधिसूचना जारी कर दी है। इन संगठनों को गैर-कानूनी गतिविधियाँ (निरोधक) अधिनियम 1967 के तहत प्रतिबंधित किया गया है। अलेप्पी से मिली खबरों के मुताबिक इस्लामी सेवक संघ को भंग कर दिया गया है। इस बीच कांग्रेस (इ) और जनता दल समेत ज्यादातर गैर-बीजेपी दलों ने केंद्र सरकार की कार्रवाई का स्वागत किया है। बीजेपी और आरएसएस ने इसे दुर्भाग्यपूर्ण बताते हुए इसकी निंदा की है।

बाबरी मस्जिद ढहाए जाने के अगले दिन सात दिसंबर को केंद्र सरकार ने सांप्रदायिक संगठनों पर प्रतिबंध लगाने का फैसला किया था। उसी दिन यह फैसला भी किया गया था कि ढाँचे को गिराने के लिए उकसाने वाले और इस काम में मदद करने वाले व्यक्तियों को कानून के तहत अधिकतम दंड दिया जाएगा। अपने वजूद के 67 सालों में राष्ट्रीय स्वयंसेवक संघ को तीसरी बार प्रतिबंधित किया गया है। इससे पहले उस पर 1948 में महात्मा गांधी

की हत्या के बाद और 1975 में इमरजेंसी के दौरान पाबंदी लग चुकी है। विश्व हिंदू परिषद और बजरंग दल नए संगठन हैं, जो संघ परिवार से जुड़े हुए हैं। जमायते इस्लामी हिंद पुराना संगठन है, जिसके पास कार्यकर्ताओं की बड़ी संख्या है। यह कट्टरपंथी विचारोंवाला संगठन है, इस्लामी सेवक संघ एकदम नया संगठन है, जिसने केरल में मजबूत आधार बना लिया है। इस पर पाकिस्तान की खुफिया एजेंसी आई.एस.आई. से संबंध होने का भी आरोप है।

आज एक सरकारी प्रवक्ता ने बताया कि राष्ट्रीय स्वयंसेवक संघ, विश्व हिंदू परिषद और बजरंग दल के खिलाफ विभिन्न धार्मिक समुदायों के बीच सांप्रदायिक सौहार्द बिगाड़ने और दुश्मनी को बढ़ावा देने की वजह से प्रतिबंध लगाया गया है। इन तीनों संगठनों पर छह दिसंबर को अयोध्या में विवादास्पद ढाँचे को गिराने में हिस्सा लेने का आरोप है। इस्लामी सेवक संघ पर भी विभिन्न समुदायों के बीच नफरत फैलाने, सांप्रदायिक सौहार्द बिगाड़ने और दुश्मनी को बढ़ावा देने का आरोप है। जमायते इस्लामी हिंद के खिलाफ प्रतिबंध का आधार विघटनवाद को बढ़ावा देना है।

अपने वजूद के 67 सालों में राष्ट्रीय स्वयंसेवक संघ को तीसरी बार प्रतिबंधित किया गया है। इससे पहले उस पर 1948 में महात्मा गांधी की हत्या के बाद और 1975 में इमरजेंसी के दौरान पाबंदी लग चुकी है।

इन पाँचों संगठनों को अवैध करार देने के लिए गजट अधिसूचना जारी की जा चुकी है। इसके प्रकाशन के बाद गृह मंत्रालय इसे कार्रवाई के लिए राज्यों और केंद्र शासित प्रदेशों को भेज देगा। आज के बाद इन संगठनों के साथ संबंध रखना अवैध होगा। यह पूछे जाने पर कि अगर बीजेपी शासित राज्य इस फैसले को लागू करने से इनकार कर दें तो केंद्र क्या करेगा, प्रवक्ता ने कहा—जब ऐसी स्थिति आएगी, तब देखा जाएगा।

■

कल्याण सिंह को 'कुछ' भी नहीं पता था

अयोध्या 10 दिसंबर, 1992 : कल्याण सिंह या दूसरे बीजेपी नेता अयोध्या में ढाँचा ढहाए जाने पर जो भी सफाई दे रहे हैं, वह सिर्फ अपनी नाक बचाने के लिए है। सच तो यह है कि अयोध्या में जो कुछ भी हुआ, उसका न तो कोई इन्हें अंदेशा था और न ही राज्य सरकार के पास पहले से कोई जानकारी ही थी। घटना से दस घंटे पहले तक राज्य सरकार को जो भी प्रशासनिक और खुफिया रपट मिल रही थी, उन सबमें यही कहा जा रहा था कि कारसेवा विहिप के घोषित कार्यक्रम के तहत ही होगी। ढाँचे की सुरक्षा का खतरा नहीं है। शनिवार की रात बारह बजे जिला प्रशासन ने गृह सचिव को भेजी अपनी रपट में भी यही कहा था। कल्याण सिंह को यह जरूर कहा गया था कि एक वर्ग है, जो कारसेवा का

स्वरूप बदलने से नाराज है। उन्हें समझाने के लिए कल्याण सिंह ने बीजेपी अध्यक्ष मुरली मनोहर जोशी और लालकृष्ण आडवाणी को रात में ही अयोध्या भेज दिया था, हालाँकि घोषित कार्यक्रम के तहत उन्हें रविवार की सुबह अयोध्या जाना था।

दरअसल अयोध्या के मुद्दे पर कल्याण सिंह, विश्व हिंदू परिषद और बजरंग दल के आगे लाचार थे। वे चाहकर भी कुछ नहीं कर सकते थे, क्योंकि अयोध्या में बजरंग दल और विहिप की समानांतर सरकार चलती थी। इस सरकार ने कल्याण सिंह को अपनी योजना की भनक तक नहीं लगने दी। अयोध्या में राज्य सरकार इसी समानांतर सरकार की मोहताज हो गई थी। तभी तो इनसे मिलने वाली सूचनाओं से वे आश्वस्त थे। छह दिसंबर को अयोध्या में जब यह सब हो रहा था तो उसके ठीक चार घंटे पहले लखनऊ में अफसरों की बैठक कर कल्याण सिंह इस मुद्दे पर आश्वस्त थे कि सब कुछ शांति से निपट जाएगा।

इसीलिए तनावरहित हो वे शायद पहली बार अपने कालिदास मार्ग के आवास की छत पर धूप सेंक रहे थे। वहीं उन्हें गृहसचिव ने कोई बारह बजे ढाँचे के तोड़फोड़ की सूचना दी। मुख्यमंत्री ने बिना गोली चलाए विवादित ढाँचे को खाली कराने को कहा। हालाँकि इसके फौरन बाद इस खबर से अचंभित मुख्यमंत्री ने अयोध्या में तब तक मौके से वापस आ चुके लालकृष्ण आडवाणी और मोरोपंत पिंगले से बात की। इन दोनों नेताओं से बातचीत विनय कटियार के घर पर हुई। दोनों जो कुछ हो रहा था, उससे वे सन्न थे।

दोपहर एक बजे जिला प्रशासन ने केंद्रीय सुरक्षा बलों की मदद माँगी, पर कारसेवकों ने उन्हें साकेत डिग्री कॉलेज से आगे नहीं बढ़ने दिया। जिला प्रशासन ने केंद्रीय बलों की 50 कंपनियाँ माँगी थीं। इस बीच मुख्यमंत्री ने लगातार जिला प्रशासन से संपर्क साध परिसर खाली कराने की कोशिश करने को कहा। इस काम के लिए ढाँचे के ठीक सामने मानस भवन की छत भी खाली कराई गई। यहीं से सुरक्षा बलों को पोजीशन लेनी थी, पर तब तक स्थिति बेकाबू हो चुकी थी। मुट्ठी भर कारसेवकों के उन्माद में वहाँ इकट्ठा पूरा जन समूह बह गया। जिला प्रशासन ने तीसरी बार दोपहर बाद ढाई बजे गोली चलाने की इजाजत माँगी, पर तीन बजे मुख्यमंत्री का लिखित आदेश पहुँचा कि गोली नहीं चलेगी। इसके अलावा सारे उपाय किए जाएँ।

मालूम हो कि जहाँ एक तरफ इतने प्रयास हुए, वहीं दूसरी तरफ अशोक सिंघल, विनय कटियार और विहिप के साधु-संत विवादित इमारत को ढहाने के लिए लगातार कारसेवकों को भड़का रहे थे। साफ था कि इनके तार लखनऊ की सरकार से नहीं जुड़े थे, क्योंकि इस खेमे ने अपनी रणनीति रात में ही बदल ली थी। पाँच को मार्गदर्शक मंडल की बैठक में कारसेवा का स्वरूप बदलने का फैसला हुआ था। यह भी तय हुआ था कि कारसेवक सरयू से एक मुट्ठी बालू लाकर शिलान्यास स्थल पर डाल कारसेवा की रस्म अदा करेंगे। उस फैसले को देर रात की बैठक में बदल दिया गया। जिसकी सूचना रात एक बजे कारसेवकों को दी गई। बताया गया कि अब बालू वहीं रामकथा कुंज पर मिलेगी। ■

संघ पर रोक से टकराव

अयोध्या, 10 दिसंबर, 1992 : राष्ट्रीय स्वयंसेवक संघ सहित पाँच संगठनों पर कानूनी रोक लगाकर पी.वी. नरसिंह राव ने टकराव मोल ले लिया है। आम सहमति की सरकार की यह पहली जगजाहिर विफलता है। उसे इन संगठनों पर लगी रोक को थोपने के लिए दमन का सहारा लेना होगा। शायद सरकार इससे वाकिफ नहीं है कि उसके इस फैसले को आम आदमी यानी हिंदू क्या मानेंगे? उसी तरह दो मुस्लिम संगठनों पर रोक से विदेशी मदद से हथियारबंद गिरोहों के उभरने का खतरा भी खड़ा हो गया है।

अयोध्या की घटना के बाद सरकार का यह फैसला आया है। प्रधानमंत्री पी.वी. नरसिंह राव ने देशवासियों से अपने संदेश में कहा कि उन्हें धोखा दिया गया। यही बात उन्होंने कांग्रेस संसदीय दल में कही। इसे ही उन्होंने कल राजधानी में संपादकों से बातचीत में दोहराया। क्या विश्वासघात से आहत प्रधानमंत्री का यह बदले वाला कदम है? यह भी कहा जाता है कि पहले जिन संगठनों के नेताओं से प्रधानमंत्री खुद बातचीत चला रहे थे, उन्हें अब उनकी सरकार गैर-कानूनी यानी देश के लिए खतरनाक मानने लगी है। सरकार के रुख का यह विरोधाभास बहुत साफ है। चंद्रशेखर ने कल कहा कि सरकार पहले चुप थी, अब वह पुरुषार्थी दिखने का नकली प्रयास कर रही है।

सरकार ने गैर-कानूनी गतिविधि (पाबंदी) कानून के तहत इन संगठनों पर रोक लगाई है। इस रोक को 1975 की इमरजेंसी घोषणा जैसा नहीं माना जा सकता। वह लोकतंत्र पर पाबंदी थी। सरकार ने लोकतंत्र की रक्षा के नाम पर रोक लगाई है। 1975 में इंदिरा गांधी ने दावा यही किया था कि लोकतंत्र को खतरा है, इसलिए उनकी सरकार ने इमरजेंसी की घोषणा की थी। 19 महीने का आपातकाल खुद साबित कर रहा था कि सरकार ने लोकतंत्र का गला घोंटा। यही वजह थी कि जब 1977 में सरकार बदली तो इस देश के लोगों ने माना कि दूसरी आजादी आई है। 1975 में इंदिरा गांधी को कुरसी का खतरा नजर आने लगा था। इस मायने में पी.वी. नरसिंह राव उसी श्रेणी में हैं। अयोध्या की घटना पर उनकी विफलता से वे प्रधानमंत्री पद पर असहाय हैं।

एक असहाय प्रधानमंत्री अयोध्या मसले की गलत समझ का शिकार है। राम जन्मभूमि-बाबरी मस्जिद विवाद में दो दृष्टिकोणों का ऐसा टकराव उभरा है, जिसे सरकार सुलझा नहीं पा रही है। कांग्रेस ने अपने चुनाव घोषणा-पत्र में जो वादा इस बारे में किया, वह पी.वी. नरसिंह राव के लिए उलझाव का एक कारण बना। उसमें मंदिर बनाने के साथ विवादित ढाँचे की सुरक्षा का आश्वासन था। उस वादे को लागू करने के लिए केंद्र सरकार ने कानून बनाया। वह कानून एक समूह को चिढ़ाने वाला है तो दूसरे समूह को अड़ियल बनाने का माध्यम बन गया। अगर वह कानून नहीं बना होता तो संभव था कि अल्पसंख्यक, यानी मुसलमान उस ढाँचे को हिंदुओं को सौंप देते।

वे उसके बदले अन्य विवादित मस्जिदों की रक्षा का आश्वासन चाहते थे। चंद्रशेखर के जमाने में यह माहौल था।

■

किले में बदल गई है राम जन्मभूमि

अयोध्या, 10 दिसंबर, 1992 : आज अयोध्या में विवादित राम जन्मभूमि परिसर में सुरक्षा इंतजाम और कड़े कर दिए गए हैं। विवादित परिसर के चारों तरफ चार एकड़ इलाके में बनी राम दीवार के अंदर सुरक्षा बलों ने बालू की बोरियाँ लगाकर सुरक्षा मोर्चा जमा लिया। 'वॉच टावर' बन गया है। जन्मभूमि पहुँचने के रास्तों पर बैरियर लगा दिए गए हैं। दर्शन बंद हैं, पर पूजा-पाठ जारी है।

प्रवेश द्वार के अलावा उत्तर, पश्चिम, दक्षिण और पूरब में कुल आठ सुरक्षा मोर्चे बनाए गए हैं। सुरक्षा मोर्चा मिट्टी भरी बोरियों को रखकर बनाया गया है। सुरक्षा मोर्चा शेषावतार मंदिर पर भी बना है। केंद्रीय सुरक्षा बलों के जवान राम दीवार के भीतर ऊपर और नीचे से खड़े होकर बाहर की तरफ निगाह लगाए हुए रहते हैं। शेषावतार मंदिर की बगल में उत्तर की तरफ 'वॉच टावर' बनाया गया है। परिसर में विहिप के बने 'टेंट' अब सुरक्षाबलों की आरामगाह बन गए हैं।

1975 में इंदिरा गांधी को कुरसी का खतरा नजर आने लगा था। इस मायने में पी.वी. नरसिंह राव उसी श्रेणी में हैं। अयोध्या की घटना पर उनकी विफलता से वे प्रधानमंत्री पद पर असहाय हैं।

अयोध्या में राम जन्मभूमि पहुँचने के मार्गों—मानस भवन चौराहा, वेदमंदिर, दुराही कुआँ पर फिर बैरियर लगा दिए गए हैं।

अयोध्या में आज एक और अल्पसंख्यक का शव बहेलिया टोला से मिला। और जिला अस्पताल में एक कारसेवक तथा एक अल्पसंख्यक की मौत हो जाने से मरनेवालों की संख्या 14 हो गई है। कमिश्नर अरविंद वर्मा ने पत्रकारों को बताया कि विवादित परिसर में राम जन्मभूमि मंदिर के अंदर एक उप पुलिस कप्तान और उत्तर प्रदेश पुलिस की एक टुकड़ी भी शुक्रवार से सुरक्षा में रहेगी।

अयोध्या में अब तक 47 दंगाइयों को पकड़ा गया है। उनसे लूट की वस्तुएँ बरामद हुई हैं। दंगे की 10 रिपोर्ट अयोध्या और राम जन्मभूमि थाने में दर्ज कराई जा चुकी हैं। बुधवार को गिरफ्तार 26 कारसेवकों को मस्जिद तोड़ने के आरोप में पकड़ा गया है। मस्जिद तोड़ने में नामजद अभियुक्त आचार्य गिरिराज किशोर और ऋतंभरा अभी पुलिस की पकड़ में नहीं आए हैं। मस्जिद गिराने की रिपोर्ट राम जन्मभूमि थाने में अपराध 198/92 धारा 153 ए, 153 बी, 505 में आठ लोगों के खिलाफ नामजद है, जिसकी रिपोर्ट दरोगा गंगा प्रसाद तिवारी, इंचार्ज चौकी राम जन्मभूमि ने दर्ज कराई है।

फैजाबाद डिवीजन में अयोध्या घटना में कुल 17 लोग मारे गए हैं। इनमें तीन बाराबंकी और बाकी फैजाबाद के हैं। दंगे में पूरे डिवीजन में 375 लोग गिरफ्तार किए गए। इनमें 197 बाराबंकी और 29 गोंडा के हैं।

■

रामलला के दर्शन को उमड़े सुरक्षा बल

अयोध्या, 10 दिसंबर, 1992 : यहाँ से कारसेवकों के चले जाने के बाद अब मंदिरों में सुरक्षा बलों के जवानों की भीड़ लगी रहती है। जवानों के भक्तिभाव को देखते हुए जिला प्रशासन ने रामलला के दर्शन पर पाबंदी लगा दी है, लेकिन जवान दूसरे मंदिरों में पूजा-अर्चना कर रहे हैं।

पूरा शहर कर्फ्यू के चलते सूना हो गया है, पर मंदिरों में दर्शनार्थियों की कमी को सुरक्षा बल पूरा कर रहे हैं। सुरक्षा जवान अगल-बगल देखकर, जूते उतारकर मंदिर में घुस जाते हैं और पूजा करके प्रसाद ले रहे हैं। मशहूर हनुमानगढ़ी मंदिर पर जवानों की कतार देखी जा सकती है। जवान ड्यूटी पर रहते हुए भी दर्शन कर लेते हैं, नहीं तो ड्यूटी खत्म होते ही जूते-मोजे उतारकर मंदिर की सीढ़ियों पर चढ़ते हैं। मंदिर के पुजारी से प्रसाद लेते हैं। वे महावीरी चंदन लगवाना भी नहीं भूलते हैं। इतना ही नहीं, ये जवान हनुमानगढ़ी पर चढ़ते-उतरते फोटोग्राफी खूब कर रहे हैं।

सुरक्षा बलों में आज सिख जवानों की संख्या ज्यादा दिखी, जो दर्शन कर रहे थे। एक जवान ने कहा, जिंदगी में पहली बार अयोध्या आया हूँ। फिर आऊँ या न आऊँ, दर्शन तो कर ही लूँ। पंजाब में ड्यूटी देते-देते ऊब गया था। यहाँ सुकून मिल रहा है। सुरक्षा बलों के जवान पुजारी, साधुओं की बड़ी इज्जत कर रहे हैं। वे साधु-संतों के साथ मंदिर में आरती के समय घंटे-घड़ियाल भी बजा रहे हैं। एक पुजारी ने बताया कि सुरक्षा बलों के लोग बड़े अच्छे हैं। वे राम जन्मभूमि मंदिर के रास्ते पर कर्फ्यू के बावजूद लगी चाय, पान, फल के दुकानदारों को छेड़ते नहीं हैं। अयोध्यावासियों को केंद्रीय सुरक्षा बलों के जवानों से शांति और सुकून मिल रहा है। जन्मस्थान, सीता रसोई मंदिर के सामने सुरक्षा बल के जवान बड़ी संख्या में अयोध्या के मंदिरों, कारसेवा के दौरान बल प्रयोग के चित्र खरीदते दिखते हैं।

अयोध्या में राम जन्मभूमि परिसर में 1949 से चल रहा अखंड कीर्तन छह दिसंबर से बंद है। विश्व हिंदू परिषद का सीताकूप के पास वाला अखंड रामायण पाठ भी छह दिसंबर से बंद है। यह पाठ और कीर्तन मुलायम सरकार के दौरान भी बंद नहीं हुआ था। इससे अयोध्या के कुछ साधु-संतों में भारी गुस्सा है।

संगीनों के साए में रामलला। पास की दीवार पर लिखा वो नारा जो उन दिनों बहुत चर्चित था। फोटो : राजेंद्र कुमार

दर्शन करने वालों में चौंकाने वाली बात यह थी कि 'रैपिड एक्शन फोर्स' के जवान भी जब जूते उतार रामलला के दर्शन को आगे बढ़े तो उनके कमांडेंट हक्का-बक्का थे। उन्होंने जवानों की भावनाओं पर अंकुश लगाने के लिए उन्हें अनुशासन और संविधान की याद दिलाई तथा रुकने का आदेश भी दिया। पर कुछ समय के लिए जवानों को यह आदेश पसंद नहीं आया, हालाँकि मौके पर मौजूद अधिकारी के समझदार और चालाकी भरे आदेश के चलते सब कुछ सामान्य ही रहा।

■

अयोध्या में 2.77 एकड़ जमीन का अधिग्रहण अवैध घोषित

लखनऊ, 11 दिसंबर, 1992 : इलाहाबाद हाईकोर्ट की विशेष बेंच ने आज अयोध्या में 2.77 एकड़ जमीन के अधिग्रहण के लिए राज्य की पूर्व भारतीय जनता पार्टी सरकार की अधिसूचना को खारिज कर दिया। यह बहुप्रतीक्षित फैसला सुनाते हुए हाईकोर्ट ने कहा कि यह अधिग्रहण कायरतापूर्ण ढंग से किया गया। अधिग्रहण में राज्य सरकार की शक्ति का पूरा इस्तेमाल भी नहीं किया गया। इससे संविधान में निहित मौलिक अधिकारों का हनन होता है। यह फैसला तीन जजों की बेंच की ओर से न्यायमूर्ति एस.सी. माथुर ने सुनाया।

फैसला कड़ी सुरक्षा के बीच सुबह 11 बजे सुनाया गया। तीनों जजों ने अलग-अलग फैसले सुनाए, पर उन्होंने निष्कर्ष एक ही बताए हैं। 266 पेज के फैसले में सबसे बड़ा हिस्सा 157 पेज का न्यायमूर्ति माथुर का है। न्यायमूर्ति ब्रजेश कुमार ने 17 पेज में अपनी बात कह दी है। न्यायमूर्ति सैयद हैदर अब्बास रजा ने 98 पेज में फैसला दिया है।

व्यावहारिक रूप से अधिग्रहण रद्द हो जाने के बाद 2.77 एकड़ जमीन में से दो एकड़ राम जन्मभूमि न्यास के पास रहेगी। इस जमीन का मालिकाना उसी के पास है और कब्जा भी, लेकिन अधिग्रहण को चुनौती देने वाले मोहम्मद हाशिम के वकील अब्दुल मन्नान का कहना है कि यह जमीन सेंट्रल सुन्नी वक्फ बोर्ड की थी और उसी से इसका कब्जा राज्य सरकार ने लिया था, इसलिए फौरन यह जमीन बोर्ड को लौटा दी जानी चाहिए।

7 अक्तूबर, 1991 को जमीन के अधिग्रहण के बाद विश्व हिंदू परिषद ने इस टुकड़े में पड़ने वाले ज्यादातर हिस्से का मालिकाना हक हासिल कर लिया था। अपने फैसले में न्यायमूर्ति माथुर ने कहा है कि अधिग्रहण के पीछे मकसद अयोध्या के लटके विवाद में हिंदुओं को नाजायज फायदा पहुँचाना था। अधिग्रहण न सिर्फ कपटपूर्ण था, बल्कि यह अधिग्रहण के अधिकार का विसंगत इस्तेमाल भी था।

न्यायमूर्ति रजा ने अधिग्रहण खारिज करते हुए कहा है कि संविधान से ऊपर कुछ भी नहीं है। उन्होंने न्यायमूर्ति माथुर की इस टिप्पणी से असहमति जताई कि कुछ हालात में

राज्य सरकार द्वारा मंदिर का निर्माण जनहित में हो सकता है। न्यायमूर्ति रजा का कहना है कि मंदिर निर्माण धार्मिक कार्य है, निजी लोग इस काम में हिस्सा ले सकते हैं, पर धर्मनिरपेक्ष राज्य ऐसी किसी गतिविधि में जनहित के नाम पर शामिल नहीं हो सकता।

राज्य सरकार ने पहली अधिसूचना 7 अक्तूबर, 1991 को जारी की थी। इसके जरिए 1937 के बंदोबस्त खसरे के प्लॉट नं. 159, 160, 170 और 172 के कुछ हिस्से को पर्यटन को बढ़ावा देने के लिए अधिग्रहीत कर लिया था। बाद में राज्य के पर्यटन सचिव आलोक सिन्हा ने एक हलफनामा देकर कहा कि अधिग्रहीत जमीन पर मंदिर निर्माण भी पर्यटन को बढ़ावा देने का एक जरूरी हिस्सा है और यह जनहित की परिभाषा में आता है।

न्यायमूर्ति माथुर और न्यायमूर्ति ब्रजेश कुमार ने अपने फैसले को कानूनी और संवैधानिक पहलुओं तक ही सीमित रखा है, जबकि न्यायमूर्ति रजा ने इसके सामाजिक व राजनैतिक असर और कारणों पर भी अंगुली रखी है। उन्होंने अयोध्या में छह दिसंबर को हुई घटनाओं का भी जिक्र किया है। उन्होंने देश के विभाजन की याद दिलाते हुए सभी से शांति और सद्भाव के लिए सामूहिक प्रयास करने को कहा है। इस मुकदमे में वादी की तरफ से स्थानीय वकीलों के अलावा सिद्धार्थ शंकर राय और आर.के. गर्ग ने भी हिस्सा लिया। राज्य सरकार का पक्ष महाधिवक्ता वी.के.एस. चौधरी और लाला राम गुप्त ने रखा।

राज्य सरकार की दस अक्तूबर, 1991 की अधिग्रहण अधिसूचना को 17 अक्तूबर को मोहम्मद हाशिम ने हाईकोर्ट में चुनौती दी। इस पर सुनवाई करते हुए दस नवंबर, 1991 को हाईकोर्ट ने पहली नजर में अधिग्रहण को जायज करार दिया और उस पर कब्जा लेने की तैयारियाँ करने की इजाजत दे दी, पर हाईकोर्ट ने शर्त लगा दी कि इस जमीन पर कोई स्थायी निर्माण नहीं हो सकता और न ही यह जमीन किसी को हस्तांतरित की जा सकती है।

बाद में इस आदेश को सुप्रीम कोर्ट ने भी कायम रखा। इस साल जुलाई में अधिग्रहीत 2.77 एकड़ जमीन पर कारसेवा को लेकर फिर विवाद उठा। हाईकोर्ट ने 14 जुलाई को कारसेवा रोकने का आदेश जारी किया। इस आदेश की अवमानना होने पर सुप्रीम कोर्ट में अर्जी दाखिल हुई। बाद में सुप्रीम कोर्ट के निर्देश और प्रधानमंत्री पी.वी. नरसिंह राव के दखल से कारसेवा 26 जुलाई को रोक दी गई।

सुप्रीम कोर्ट में अपील : मोहम्मद असलम उर्फ भूरे ने आज सुप्रीम कोर्ट में एक अर्जी दायर कर अपील की कि वह इलाहाबाद हाईकोर्ट के आज के फैसले के खिलाफ दूसरे पक्ष की अनुपस्थिति में कोई आदेश जारी न करे। भूरे ने बाबरी मस्जिद गिराए जाने के मामले में उत्तर प्रदेश के पूर्व मुख्यमंत्री कल्याण सिंह और कुछ सरकारी अफसरों के खिलाफ मानहानि का मुकदमा दायर किया है। उन्होंने आज की अर्जी अपने वकील एम.एम. कश्यप के जरिए दायर की है।

■

बीजेपी सरकारों को बर्खास्त करने के लिए दबाव

लखनऊ, 12 दिसंबर : हिंदू सांप्रदायिक संगठनों पर पाबंदी के बाद अब केंद्र सरकार पर भारतीय जनता पार्टी शासित तीन राज्यों की सरकारों को बर्खास्त करने के लिए दबाव पड़ रहा है। बताया जाता है कि प्रधानमंत्री पी.वी. नरसिंह राव को इन संगठनों पर प्रतिबंध लगाने का फैसला कुछ तबकों का समर्थन हासिल करने के लिए करना पड़ा। मार्क्सवादी कम्युनिस्ट पार्टी के महासचिव हरकिशन सिंह सुरजीत ने कहा था कि उनकी पार्टी कांग्रेस के प्रति नरम रुख इसी शर्त पर अपनाएगी कि वह इन संगठनों को प्रतिबंधित करे।

बीजेपी सरकारों को बर्खास्त करने की मुहिम के पीछे कांग्रेस के कुछ उत्तर भारतीय राजनेता हैं। इन नेताओं की अगुआई अर्जुन सिंह और माधवराव सिंधिया कर रहे हैं। अर्जुन सिंह ने मध्य प्रदेश के दंगा-पीड़ित इलाकों का दौरा करने के बाद कुछ क्षेत्रों में सेना तैनात करने की भी माँग की थी। हालाँकि सबसे ज्यादा मौतें कांग्रेस (इ) शासित प्रदेशों में हुई हैं, पर मध्य प्रदेश में हुए दंगों को ज्यादा हवा दी जा रही है। यहाँ राज्यपाल ने कानून-व्यवस्था की स्थिति पर आज एक रपट भी भेजी है।

अगर बीजेपी सरकारें प्रतिबंध को लागू करने से इनकार कर देती हैं तो केंद्र सरकार को उन्हें बर्खास्त करने का मजबूत आधार मिल जाएगा। इन राज्यों के मुख्यमंत्रियों ने राष्ट्रीय स्वयंसेवक संघ के साथ अपने करीबी संबंधों और यहाँ तक कि उनकी सदस्यता की बात को भी छिपाया नहीं है। मिसाल के तौर पर हिमाचल प्रदेश के मुख्यमंत्री शांता कुमार ने घोषणा की थी कि अगर प्रतिबंध लगता है तो वे गिरफ्तारी देने वाले पहले व्यक्ति होंगे। बीजेपी-विहिप-संघ गठजोड़ ने फैसला किया है कि वे कांग्रेस की चुनौती का मजबूती से सामना करेंगे। उन्हें लगता है कि केंद्र सरकार ने हिंदू संगठनों को प्रतिबंधित कर हिंदुओं के खिलाफ युद्ध छेड़ दिया है। उनका कहना है कि प्रतिबंध के आदेश में संघ, बजरंग दल और विश्व हिंदू परिषद के मामले में भी जो उदाहरण दिए गए हैं, वे न्यायिक आधार पर ठहर नहीं पाएँगे। राजनैतिक हलकों में कहा जा रहा है कि दो इस्लामी संगठनों पर लगाया गया प्रतिबंध एक दिखावा भर है। प्रतिबंध से पहले मुस्लिम लीग और इस्लामी सेवक संघ को विश्वास में लिया गया था। दस दिसंबर को इस्लामी सेवक संघ के नेता श्री मदनी ने घोषणा की थी कि अगर राष्ट्रीय स्वयंसवेक संघ को प्रतिबंधित किया गया तो उनका संगठन भंग कर दिया जाएगा। प्रतिबंध की घोषणा के कुछ ही समय बाद आईएसएस को भंग करने की घोषणा कर दी गई। जमायते इस्लामी का मामला और भी दिलचस्प है। यह संगठन लगभग अस्तित्वहीन सा है। इसके खिलाफ जो आरोप लगाया गया है, वह भी इसके नेताओं की तरफ से दो साल पहले दिए गए भाषणों से संबंधित है।

कुछ लोगों का मानना है कि सरकार हिंदू संगठनों से राजनैतिक लड़ाई लड़ने की

स्थिति में नहीं है, इसलिए वह प्रतिबंध का सहारा ले रही है। राष्ट्रीय स्वयंसेवक संघ पर पहले भी दो बार प्रतिबंध लगाया जा चुका है, पर दोनों ही बार इसके उलटे नतीजे निकले। हिंदू संगठनों ने प्रतिबंध पर तीखी प्रतिक्रिया व्यक्त की है।

■

अधिग्रहण तो रद्द, पर अब जमीन का मालिक कौन?

लखनऊ, 13 दिसंबर, 1992 : अयोध्या में राज्य सरकार द्वारा अधिग्रहीत 2.77 एकड़ जमीन के अधिग्रहण के रद्द होने के बाद इस जमीन के मालिकाने पर गंभीर दुविधा और भ्रम की स्थिति बन गई है। अलग-अलग पक्षों ने उस जमीन पर अपना दावा पेश किया है। इलाहाबाद हाईकोर्ट ने राज्य सरकार की अधिग्रहण अधिसूचना को रद्द तो कर दिया है, पर इस जमीन की वापसी के लिए कोई हिदायत नहीं दी है। हाईकोर्ट के फैसले के तात्कालिक असर से तो 7 अक्तूबर, 1991 की स्थिति लौट जानी चाहिए थी। उसी रोज इसका अधिग्रहण हुआ था, पर इस बाबत हाईकोर्ट की चुप्पी और अधिग्रहीत भूमि पर अलग-अलग दावों ने एक नया विवाद खड़ा कर दिया है। हाईकोर्ट के इस फैसले ने मामले को और उलझा दिया है।

तब की राज्य सरकार ने जिस 2.77 एकड़ जमीन का अधिग्रहण किया था, उसमें से 2.07 एकड़ राम जन्मभूमि न्यास के कब्ज में थी। न्यास अधिग्रहण से पहले इसे अलग-अलग लोगों से खरीद चुका थ। 0.70 एकड़ जमीन सेंट्रल सुन्नी वक्फ बोर्ड की थी। इस स्थिति में अधिग्रहण के रद्द होने पर जमीन का अधिकांश हिस्सा न्यास का होता है। न्यास का उस पर कब्जा भी है। चबूतरा बन चुका है। इसी भूखंड में इस साल के शुरू में सुमित्रा भवन, फलाहारी बाबा का आश्रम और राम गोपाल तिवारी की कुटिया न्यास ने अपने नाम करा ली थी। बाद में इन इमारतों को हटवा दिया था। अब इस जमीन की दावेदारी के लिए सेंट्रल सुन्नी वक्फ बोर्ड और निर्मोही अखाड़ा भी अपनी दावेदारी जता रहे हैं।

एक पेंच यह भी है कि न्यास ने जो भवन खरीदे थे, वे सभी नजूल जमीन पर बने थे। नजूल जमीन पर बने मकान के साथ ही जमीन की बिक्री तब तक वैध नहीं हो सकती, जब तक नजूल जमीन का वास्तविक पट्टेदार इसके पट्टे का भी हस्तांतरण नजूल खरीददार के पक्ष में न कराए। इस पूरे इलाके में ऐसी कितनी जमीन है और कितना हस्तांतरण हुआ है, उसे लेकर भी विवाद है।

सेंट्रल सुन्नी वक्फ बोर्ड 2.77 एकड़ जमीन पर अपना अलग दावा जता रहा है। बोर्ड की दलील है कि रामकोट गाँव के जो चार भूखंड आंशिक तौर पर अधिग्रहीत किए गए (यानी प्लॉट नं. 159, 160, 171, 172), इन सभी पर बंदोबस्त नक्शे में कब्रिस्तान दर्ज है। प्लॉट नंबर 159, 171, 172 गैर-आबादी में दर्ज हैं, इसलिए उनका

बंदोबस्त नक्शा 1937 का है। प्लॉट नं. 160 आबादी में दर्ज है, इसलिए इसका सन् 1862 में बंदोबस्त अंतिम है। प्लॉट नं. 160 पर ही विवादित ढाँचा, आँगन, गलियारा और कब्रिस्तान दर्ज हैं। बोर्ड की दलील है कि राजस्व अभिलेखों में फर्जी नाम चढ़वाकर कोई मालिक नहीं बन सकता। जिन लोगों ने भी विश्व हिंदू परिषद या राम जन्मभूमि न्यास को जमीन बेची है, वे पहले अपनी मिल्कियत का अधिकार तो बताएँ। बोर्ड इस पूरी अधिग्रहीत जमीन को अपने मूल वाद नं. 12 सन् 1961 में शामिल बताता है।

इन विवादों में फिलहाल यह मामला तो लटक ही गया है कि अधिग्रहीत जमीन वापस किसे मिले। तात्कालीक मालिकों को जमीन वापसी का मतलब है राम जन्मभूमि न्यास को मिलना, पर चूँकि जमीन के मालिकाने को लेकर मूल वाद अभी लंबित है। इसलिए भ्रम की स्थिति न सिर्फ बनी है, बनाई भी जा रही है। सेंट्रल सुन्नी वक्फ बोर्ड, जिसने अधिग्रहण की अधिसूचना को चुनौती दी थी, के वकील अब्दुल मन्नान का कहना है कि 2.77 एकड़ के 80 प्रतिशत हिस्से पर वक्फ बोर्ड का दावा है। इसलिए इसे वक्फ को लौटा दिया जाना चाहिए। वे अपने दावे का आधार राजस्व अभिलेखों को बताते हैं।

राम जन्मभूमि मुक्ति यज्ञ समिति के उपाध्यक्ष नृत्यगोपाल दास की दलील है, 'अधिग्रहण रद्द होने के बाद सब भूमि गोपाल की हो गई है।' उनके अनुसार उस जमीन पर न्यास का कब्जा था, इसलिए अब सरकार के अधिग्रहण से मुक्त होने के बाद जमीन न्यास की हो गई है। उनका यह भी कहना है कि इस भूखंड के एक बड़े क्षेत्र की रजिस्ट्री बाकायदा न्यास के नाम हो गई है। राम जन्मभूमि न्यास के अध्यक्ष परमहंस रामचंद्रदास भी यही दोहराते हैं। वे मानते हैं कि जमीन के अलग-अलग मालिकों ने अपनी जमीन न्यास को लिखी। न्यास का उस पर कब्जा भी है। अब उस पर हमारे मालिकाने को कोई कैसे रोक सकता है।

■

अब सी.बी.आई. के हवाले है अयोध्या

लखनऊ, 13 दिसंबर : केंद्र सरकार ने अयोध्या में पिछले छह दिसंबर को साढ़े चार सदी पूर्व बनी बाबरी मस्जिद को कारसेवकों द्वारा गिराए जाने की घटना की जाँच का काम केंद्रीय जाँच ब्यूरो (सी.बी.आई.) को सौंप दिया है। एक सरकारी घोषणा के मुताबिक ऐसा उत्तर प्रदेश सरकार की सहमति से किया गया है। सी.बी.आई. इस जाँच का काम फौरन शुरू करेगी। जाँच का आधार फैजाबाद के राम जन्मभूमि पुलिस थाने में घटना के संबंध में दर्ज आपराधिक प्रकरण होगा।

सी.बी.आई. की जाँच के दायरे में अयोध्या का घटनाक्रम होगा, जिसकी परिणति इस ढाँचे के ध्वस्त होने में हुई। इसमें ढाँचा गिराए जाने के पीछे की साजिश और इसमें शामिल

तत्त्वों का पता लगाना है। इसके साथ ही सी.बी.आई. छह दिसंबर को कई राजनैतिक-धार्मिक और अन्य संगठनों के प्रतिनिधियों की तरफ से अयोध्या में उस दिन दिए भाषणों की इस आशय से जाँच करेगी कि क्या इनके द्वारा कारसेवकों को बाबरी मस्जिद को ध्वस्त करने के लिए प्रेरित किया गया था।

सरकारी सूत्रों के मुताबिक सी.बी.आई. प्रस्तावित जाँच आयोग को जाँच एजेंसी का काम करेगी। जाँच आयोग अधिनियम के तहत अयोध्या की घटना की न्यायिक जाँच कराए जाने का संकेत प्रधानमंत्री और कांग्रेस अध्यक्ष पी.वी. नरसिंह राव ने कांग्रेस संसदीय दल की इस हफ्ते हुई एक बैठक में दिया था।

सी.बी.आई. सभी अभियुक्तों से पूछताछ करेगी। पकड़े गए नेताओं का बयान भी लेगी। भारतीय जनता पार्टी के नेता लालकृष्ण आडवाणी, मुरली मनोहर जोशी, उमा भारती, विश्व हिंदू परिषद के महामंत्री अशोक सिंघल और दूसरे नेताओं के खिलाफ उत्तर प्रदेश पुलिस ने छह दिसंबर को जो मामला दर्ज किया था, वह भी सी.बी.आई. को सौंप दिया गया है। उत्तर प्रदेश पुलिस ने नेताओं के खिलाफ भारतीय दंड संहिता की धारा 153 ए और 153 बी के तहत सांप्रदायिकता फैलाने और धर्मस्थल को नुकसान पहुँचाने का मामला दर्ज किया था।

■

कोई धर्माचार्य प्रधानमंत्री से बातचीत को तैयार नहीं

लखनऊ, 16 दिसंबर, 1992 : साधु-संत और शंकराचार्य प्रधानमंत्री पी.वी. नरसिंह राव से अयोध्या मुद्दे पर बात करने को तैयार नहीं हैं। प्रधानमंत्री दफ्तर से पिछले तीन रोज में कोई आधा दर्जन धर्माचार्यों के यहाँ दूत भेजे गए। लेकिन किसी दूत को कोई कामयाबी नहीं मिली है। उलटे ज्यादातर ने खरी-खोटी सुनाई।

पुरी के शंकराचार्य निरंजनदेव तीर्थ ने तो कल वाराणसी में केंद्रीय कृषि राज्यमंत्री काल्हूचरण लेंका को उल्टे पाँव लौटाते हुए प्रधानमंत्री को चेतावनी दी कि वे हिंदू भावनाओं से न खेलें। श्री लेंका प्रधानमंत्री के दूत की हैसियत से शंकराचार्य से मिलने गए थे। इसके पहले वृंदावन में स्वामी वामदेव ने केंद्रीय कानून राज्य मंत्री पी.आर. कुमार मंगलम को वापस कर दिया। उडुपि के स्वामी विशेश्वर तीर्थ ने भी साधु-संतों पर हाथ न डालने की चेतावनी दी है। ये वही स्वामी हैं, जिन्होंने जुलाई की कारसेवा में प्रधानमंत्री और विश्व हिंदू परिषद के बीच बात कराई थी। ज्योतिषपीठ बदरिकाश्रम के शंकराचार्य स्वामी वासुदेवानंद ने भी प्रधानमंत्री की अयोध्या संबंधी घोषणाओं पर गुस्सा जताते हुए विश्व हिंदू परिषद पर पाबंदी की निंदा की है। ज्योतिषपीठाधीश्वर ने कहा है कि ऐसे प्रधानमंत्री से बातचीत का कोई मतलब नहीं है, जो अपने कहे से बदल जाता हो।

प्रधानमंत्री की अयोध्या पर घोषणा से आहत हिंदू भावनाओं को पटाने के लिए प्रधानमंत्री के विशेष दूत इन धर्माचार्यों के पास गए थे। दूतों का प्रयास इन्हें वस्तुस्थिति समझाने और समझा-बुझाकर केंद्र सरकार के समर्थन में लाना था। सभी दूतों की यात्राएँ गोपनीय थीं। वे विशेष जहाज से गए थे, पर धर्माचार्यों का गुस्सा देख खाली हाथ लौटे। कल वाराणसी में तो केंद्रीय मंत्री लेंका को पुरी के शंकराचार्य ने लगभग डाँटते हुए भगा दिया। श्री लेंका को रोककर शंकराचार्य ने अखबार वालों को बुला उनकी यात्रा का खुलासा भी कर दिया।

पुरी के शंकराचार्य स्वामी निरंजनदेव तीर्थ आजकल काशी प्रवास पर हैं। वे चातुर्मास यहीं कर रहे हैं। ओडिशा में पड़नेवाली इस पीठ के शंकराचार्य को पटाने के लिए नरसिंह राव ने वहीं के ही मंत्री को मंगलवार को यहाँ भेजा। केंद्रीय कृषि राज्य मंत्री ने उनसे वृंदावन भवन में मुलाकात की। उन्होंने कहा कि देश में पैदा हुई अशांति थम जाए, इसके लिए प्रधानमंत्री आपका संदेश चाहते हैं। निरंजनदेव तीर्थ ने कहा, 'हम तो तीन रोज से रेडियो पर सुन रहे हैं कि शांति है। तब हमारे संदेश की क्या जरूरत। जैसा संदेश आपके प्रधानमंत्री चाहते हैं, मैं दे नहीं सकता।' शंकराचार्य ने खरी-खरी सुनाई। पूछा, 'विश्व हिंदू परिषद, आरएसएस और बजरंग दल पर प्रतिबंध क्यों लगा? फिर बाबरी कमेटी पर रोक क्यों नहीं लगी?' गुस्से में तमतमाए शंकराचार्य ने कहा, वहाँ मस्जिद होती तो नमाज पढ़ी जाती। सरकार धर्माचार्यों और संतों को गिरफ्तार कर आग से क्यों खेल रही है। शंकराचार्य ने यह भी कहा कि 'उत्तर प्रदेश के निवर्तमान मुख्यमंत्री कल्याण सिंह की नीयत पर शक नहीं किया जा सकता। गोली नहीं चलाई, इसके लिए वे साधुवाद के पात्र हैं।'

पुरी के शंकराचार्य आजकल बीमार हैं। अपना उत्तराधिकार उन्होंने अपने शिष्य स्वामी निश्छलानंद को सौंप रखा है। ये शंकराचार्य विहिप के कार्यक्रमों से सहमत नहीं थे, पर अयोध्या के बाद देश और विदेशों में हुई घटनाओं ने उन्हें बोलने पर मजबूर कर दिया है। उन्होंने कहा कि ठीक होते ही वे देश भर में घूम-घूमकर विवादित ढाँचे की असलियत बताएँगे।

> **प्रधानमंत्री की अयोध्या पर घोषणा से आहत हिंदू भावनाओं को पटाने के लिए प्रधानमंत्री के विशेष दूत इन धर्माचार्यों के पास गए थे। दूतों का प्रयास इन्हें वस्तुस्थिति समझाने और समझा-बुझाकर केंद्र सरकार के लिए संदेश लाना था। सभी दूतों की यात्राएँ गोपनीय थीं। वे विशेष जहाज से गए थे, पर धर्माचार्यों का गुस्सा देख खाली हाथ लौटे।**

राम जन्मभूमि आंदोलन के दौरान प्रधानमंत्री नरसिंह राव ने अनेक बार अयोध्या में परमहंस रामचंद्रदास और नृत्य गोपालदास से बात की। विहिप के अलावा प्रधानमंत्री इन दोनों से अलग बात करते रहे हैं। परमहंस रामचंद्रदास से तो बातचीत का रास्ता निकालने का अंतिम प्रयास प्रधानमंत्री ने चार दिसंबर को किया था, पर इन्हीं दोनों संतों को रविवार

को गिरफ्तार करने पुलिस पहुँच गई। इन दोनों संतों के प्रति केंद्र सरकार के इस बरताव से भी साधु-संत मंडली में गुस्सा है। पुलिस ने गिरफ्तारी के लिए दिगंबर अखाड़ा को घेर ही लिया था। पर अयोध्या के पूर्व नरेश विमलेंद्र मोहन प्रताप मिश्र ने प्रधानमंत्री से बात कर संतों के आक्रोश का हवाला दिया, तब जाकर इन दोनों संतों की गिरफ्तारी टली। परमहंस कहते हैं, नरसिंह राव विदेशी दबाव में ये सब कर रहे हैं। वे सिर्फ इतनी ही टिप्पणी करते हैं, 'विनाशकाले विपरीत बुद्धि'। नृत्य गोपालदास तो केंद्र सरकार के प्रति और जले-भुने बैठे हैं। उनका कहना है कि प्रधानमंत्री ने वहाँ मस्जिद के पुनर्निर्माण की बात कह साधु-संतों का अपमान किया है।

■

संसद में अयोध्या कांड की निंदा

नई दिल्ली, 16 दिसंबर, 1992 : अयोध्या कांड के दस दिन बाद आज संसद के दोनों सदनों में हंगामे के बीच बाबरी मस्जिद ढहाने की निंदा का प्रस्ताव पास हुआ। प्रस्ताव में विश्व हिंदू परिषद, राष्ट्रीय स्वयंसेवक संघ और बजरंग दल की निंदा की गई है। जनता दल इस मामले में कांग्रेस (इ) को बराबर का जिम्मेदार मानता रहा है, पर वह कांग्रेस की निंदा की कोशिश आज सदन में नहीं कर पाया। पहले इसी पेंच के कारण प्रस्ताव टलता रहा था। लोकसभा में संसदीय कार्य मंत्री गुलाम नबी आजाद और राज्यसभा में गृहमंत्री शंकरराव चह्वाण ने यह प्रस्ताव रखा। शोर में शायद ही कोई प्रस्ताव सुन पाया हो।

परमहंस कहते हैं, नरसिंह राव विदेशी दबाव में ये सब कर रहे हैं। वे सिर्फ इतनी ही टिप्पणी करते हैं, 'विनाशकाले विपरीत बुद्धि'। नृत्यगोपाल-दास तो केंद्र सरकार के प्रति और जले-भुने बैठे हैं। उनका कहना है कि प्रधानमंत्री ने वहाँ मस्जिद के पुनर्निर्माण की बात कह साधु-संतों का अपमान किया है।

सदन में बीजेपी के हंगामे और अध्यक्ष के आसन तक पहुँचकर नारेबाजी के कारण संसद में कामकाज ठप सा रहा। लोकसभा में हंगामे के बीच कुछ मंत्रियों ने सदन के पटल पर कुछ जरूरी कागज रखे। दोनों सदनों की बैठक एक-एक बार स्थगित हुई। सदन दोबारा बैठने पर हंगामे के कारण बैठक कल तक के लिए स्थगित करनी पड़ी। बीजेपी सांसद लोकसभा में 'आडवाणी नहीं तो संसद नहीं' और राज्यसभा में 'जोशी नहीं तो संसद नहीं' के साथ ही 'लोकतंत्र के हत्यारो, गद्दी छोड़ो' के नारे लगा रहे थे। यह उनका अपने शासनवाली तीन राज्य सरकारें मध्य प्रदेश, राजस्थान और हिमाचल प्रदेश को बर्खास्त करने पर विरोध था।

लोकसभा में भारतीय जनता पार्टी और जनता दल ने अलग-अलग कारणों से प्रश्नकाल स्थगित करने की माँग की थी। लोकसभा अध्यक्ष ने अपने विशेषाधिकार का

इस्तेमाल कर खुद से प्रश्नकाल स्थगित कर देश के हालात पर चर्चा शुरू कराई। जसवंत सिंह (बीजेपी) के चर्चा शुरू करते ही हंगामा हुआ। मंत्री और गैर-बीजेपी विपक्ष के लोग बार-बार बीजेपी से आश्वासन माँगते रहे कि ऐसा तो नहीं आप अपनी बात कहने के बाद हंगामा करें और हमें सुनें ही नहीं। ऐसा आश्वासन मिलने की जगह उन्हें बीजेपी की ओर से शोर और नारों का सामना करना पड़ा।

आज एक और विचित्र घटना हुई। बीजेपी की सात महिला सांसदों ने लोकसभा अध्यक्ष शिवराज पाटिल को उनके कमरे में घेर लिया। वे विपक्ष के नेता लालकृष्ण आडवाणी को सदन में बुलाने की माँग कर रही थीं। इस कारण श्री पाटिल सदन में सात मिनट देर से आए। सदन शुरू होने से पहले ही विशिष्ट दीर्घा भरी हुई थी। दर्शकों में श्री आडवाणी की पत्नी और परिजन भी थे।

विपक्ष के टोकने पर अटल बिहारी वाजपेयी गुस्से में आ गए। उन्होंने जैसे ही बोलना शुरू किया। जनता दल सदस्य भी बोलने लगे। शोर के बीच बीजेपी सांसदों ने नारे लगाए—'लोकतंत्र के हत्यारों, गद्दी छोड़ो।' श्री वाजपेयी ने इन्हें रोका। उन्होंने अध्यक्ष से कहा, "बाहर तो हमारा गला दबाया ही जा रहा है, अगर अंदर भी दबाया गया तो संसद नहीं चल सकती।"

सदन की बैठक शुरू होते ही अध्यक्ष ने चौथी और सातवीं लोकसभा के सदस्य जी.एस. निहालसिंहवाला की मृत्यु की सूचना और श्रद्धांजलि दी। दो मिनट का मौन समाप्त होते ही मदन लाल खुराना (बीजेपी) ने कहा, "जिस तरह मध्य प्रदेश, राजस्थान और हिमाचल प्रदेश की बीजेपी सरकारों को बर्खास्त कर लोकतंत्र की हत्या की गई है, उस पर भी दो मिनट मौन रखा जाए।"

बीजेपी के उपनेता जसवंत सिंह ने जैसे ही खड़े होकर 'स्पीकर सर' कहा, जनता दल के नीतीश कुमार और माकपा के वासुदेव आचार्य ने उन्हें टोका। रामविलास पासवान (जनता दल) ने कहा, "हमने भी प्रश्नकाल स्थगित करने की सूचना दी है।" जसवंत सिंह ने कहा, "मैंने भी प्रश्नकाल मुअत्तल करने की सूचना दी है। मैं उसी पर बोल रहा हूँ।" उन्होंने कहा, "राजनैतिक विद्वेष से बीजेपी की सरकारें बर्खास्त की गई हैं।"

विपक्ष के टोकने पर अटल बिहारी वाजपेयी गुस्से में आ गए। उन्होंने जैसे ही बोलना शुरू किया। जनता दल सदस्य भी बोलने लगे। शोर के बीच बीजेपी सांसदों ने नारे लगाए—'लोकतंत्र के हत्यारे, गद्दी छोड़ो।' श्री वाजपेयी ने इन्हें रोका। उन्होंने अध्यक्ष से कहा, "बाहर तो हमारा गला दबाया ही जा रहा है, अगर अंदर भी दबाया गया तो संसद नहीं चल सकती।"

अध्यक्ष ने कहा, "मैं प्रश्नकाल स्थगित करने की इजाजत देता हूँ।"

श्री पासवान—"मेरी सूचना।"

अध्यक्ष, "मैंने सभी को मिला दिया है।"

श्री आचार्य—"आप किस नियम के तहत जसवंत सिंह को बोलने दे रहे हैं?"

बूटा सिंह (कांग्रेस), इंद्रजीत गुप्त (सीपीआई) और नीतीश कुमार ने भी यही सवाल किया।

अध्यक्ष—"कार्य मंत्रणा समिति में आप सभी ने चर्चा की उत्सुकता दिखाई। मैंने जसवंत सिंह को चर्चा शुरू करने को कहा है।"

रशीद मसूद (जनता दल) और इंद्रजीत गुप्त—"किस प्रस्ताव पर चर्चा होगी?"

अध्यक्ष—"आज की देश की परिस्थिति पर।" फिर भी टोका-टाकी होने पर अध्यक्ष ने कहा, "यदि आप बहस नहीं चाहते तो मैं रिटायर हो जाता हूँ।"

सोमनाथ चटर्जी, बूटा सिंह व ई. अहमद की टोकाटाकी के बीच अध्यक्ष ने बीजेपी से कहा, "आपके बोलने के बाद यह आपकी कर्टसी होगी कि आप और आपके सदस्य बाकी लोगों को बोलने दें।"

श्री वाजपेयी—"हम पहले भी चर्चा करना चाहते थे। छह दिसंबर को अयोध्या में जो कुछ दुर्भाग्यपूर्ण घटनाएँ हुईं, उसके बाद किसने सदन नहीं चलने दिया। सदस्यों ने मुझे बोलने नहीं दिया। प्रतिपक्ष के नेता पर आरोप-प्रत्यारोप लगते हैं तो सार्थक चर्चा के लिए उनको सदन में लाया जाना चाहिए। हम उनको रिहा करने की माँग नहीं करते। उनको तिहाड़ में ले आइए। उनके बिना सदन में चर्चा सार्थक नहीं होगी।"

इतने में बीजेपी सदस्य अपनी सीटों से बाहर आ गए। नेताओं ने उन्हें वापस भेजा। श्री खुराना ने कहा, "आप आडवाणीजी को तिहाड़ से ले आइए। फिर चर्चा कीजिए। तब तक सदन को स्थगित कर दीजिए।"

उधर राज्यसभा की आज बैठक शुरू होते ही बीजेपी सदस्य सभापति के आसन के पास चले आए और कांग्रेसी बेंचों की ओर इशारा करते हुए उन्होंने 'लोकतंत्र के हत्यारो, गद्दी छोड़ो' के नारे लगाने शुरू कर दिए। कांग्रेस और विपक्षी दलों के दूसरे सांसद बीजेपी सदस्यों को और उत्तेजित न करने के इरादे से कमोबेश चुप रहे। सरकार अयोध्या की घटना की निंदा का प्रस्ताव पास करना चाहती थी। बीजेपी सदस्यों के शोर-शराबे के कारण सदन साढ़े ग्यारह बजे तक के लिए स्थगित कर दिया गया।

इस बीच सभापति के कमरे में लंबी चर्चा चली। राज्यसभा में बीजेपी नेता सिकंदर बख्त डॉ. मुरली मनोहर जोशी की सदन में उपस्थिति चाहते थे। सभापति वचन चाहते थे कि क्या उनके आने के बाद बीजेपी सदन चलने देगी। बख्त ने इस बात का आश्वासन दिया। तय हुआ कि उपस्थित होने और बयान देने का एक लाइन का पत्र डॉ. जोशी से ला दिया जाएगा, पर सदन के बैठक शुरू होते ही सभापति ने शंकरराव चह्वाण से कहा कि वे अयोध्या की घटना पर निंदा प्रस्ताव रखें। बीजेपी सदस्यों के विरोध के आवाज और सभापति के आसन के पास उनके खड़े होने के बावजूद प्रस्ताव ध्वनि मत से पारित कर दिया गया। सभापति के कमरे में हुई बातचीत

का कई सदस्यों ने यह कहकर विरोध किया था कि पहले ही विश्वासघात कर चुकी पार्टी की बात पर आगे यकीन नहीं किया जाना चाहिए। प्रस्ताव पास होते ही सदन 2.30 बजे तक के लिए स्थगित कर दिया गया।

■

अयोध्या को लेकर अब न्यायपालिका और कार्यपालिका में ठनेगी

लखनऊ, 19 दिसंबर, 1992 : अयोध्या के सवाल पर अब न्यायपालिका और कार्यपालिका में ठनेगी। सुप्रीम कोर्ट ने राज्य सरकार के छह बड़े अफसरों को कोर्ट की अवमानना के सवाल पर तलब कर इसकी शुरुआत कर दी है। सुप्रीम कोर्ट ने यह आदेश छह दिसंबर को अयोध्या में विवादित ढाँचा गिराए जाने से अदालत की हुई अवमानना पर दिया है। इन अफसरों ने समय-समय पर हलफनामा दे ढाँचे की सुरक्षा की गारंटी ली थी, पर हमारे संसदीय लोकतंत्र में कार्यपालिका की बागडोर राजनैतिक नेतृत्व के हाथ होती है। राजनैतिक नेतृत्व के फैसलों को ही कार्यपालिका अमल में लाती है, इसलिए अदालत की अवमानना की जिम्मेदारी कल्याण सिंह पर जाती है, अफसरों पर नहीं। राज्य की नौकरशाही में इस बात को लेकर नाराजगी है। उनकी दलील है कि ये अफसर तो राज्य सरकार और अदालत के बीच महज 'डाकिए' की भूमिका में थे।

राज्य सरकार का कामकाज संविधान के अनुच्छेद 166 से निर्देशित होता है। इसी के तहत राज्य सरकार ने 'यूपी रूल्स ऑफ बिजनेस-1975' बनाया हुआ है, जिसमें साफ-साफ कहा गया है कि प्रदेश की शांति व्यवस्था पर असर डालने वाले मामलों में अधिकारियों द्वारा सीधे मुख्यमंत्री से निर्देश लिये जाएँगे। जिन मामलों में मुख्यमंत्री, मंत्री या वरिष्ठ अधिकारियों के कोई निर्देश न हों, उन मामलों में अधिकारी अपने विवेक से काम लेंगे। जून 1975 में इमरजेंसी लगने के फौरन बाद राज्यपाल ने एक अधिसूचना जारी कर इसमें कुछ संशोधन किए। संशोधन में कहा गया कि राज्य सरकार के हर आदेश और फैसले राज्यपाल की तरफ से होंगे। हालाँकि उन आदेशों पर दस्तखत सचिव, विशेष सचिव, संयुक्त सचिव, उपसचिव या अनुसचिव या दूसरे किसी अफसर के होंगे, जिन्हें राज्यपाल नामित करेगा। यह अधिसूचना 28 जून, 1975 को जारी हुई।

अब अयोध्या के संदर्भ में यह फिर चर्चा का मुद्दा है कि मौके पर तैनात और लखनऊ में बैठे आला जिम्मेदार अफसर क्या कर रहे थे, उनकी जिम्मेदारी कितनी बनती है या क्या सुप्रीम कोर्ट को दिए गए उनके आश्वासन उनके खुद की क्षमता में थे? जब कार्यपालिका के सूत्र संचालक मुख्यमंत्री के आदेश थे कि गोली नहीं चलेगी, तब अफसर क्या कर सकते थे? इमरजेंसी के जबानी आदेशों से मची अराजकता और फिर शाह आयोग के इस निर्देश के बाद कि कार्यपालिका को मंत्रियों के जबानी आदेश मानने में सावधानी बरतनी चाहिए,

तब से फाइलों पर लिखित आदेश ही माने जाते हैं। कल्याण सिंह ने भी अयोध्या के सवाल पर छह दिसंबर को दोपहर में ही फाइल पर गोली न चलाने के न सिर्फ लिखित आदेश दिए, बल्कि अपने आदेश के पक्ष में उन्होंने दो पैराग्राफ का नोट भी लिखा है।

अयोध्या में छह तारीख को विवादित ढाँचे को गिराए जाने से अदालत की हुई अवमानना पर सुप्रीम कोर्ट ने राज्य सरकार के जिन अफसरों को तलब किया है, उनमें राज्य के प्रमुख सचिव (गृह) प्रभात कुमार, इसी विभाग के विशेष सचिव शेखर अग्रवाल और संयुक्त सचिव जीवेश नंदन, पर्यटन सचिव आलोक सिन्हा, फैजाबाद के मुअत्तल जिलाधिकारी आर.एस. श्रीवास्तव और फैजाबाद के ही एडीएम (प्रशासन) उमेश तिवारी हैं। इन सभी ने किसी-न-किसी स्तर पर ढाँचे की सुरक्षा, यथास्थिति कायम रखने और अदालती आदेशों के पालन के बाबत हलफनामे दायर किए थे। अब सवाल उठता है कि क्या नौकरशाही इस मुद्दे पर सख्त रवैया अपनाने के पक्ष में है। आईएएस संघ ने भी सुप्रीम कोर्ट के रवैए को देखते हुए कानूनी लड़ाई लड़ने का फैसला किया है। अब तक आईएएस संघ की दो इमरजेंसी बैठकें हो चुकी हैं।

इमरजेंसी के जबानी आदेशों से मची अराजकता और फिर शाह आयोग के इस निर्देश के बाद कि कार्यपालिका को मंत्रियों के जबानी आदेश मानने में सावधानी बरतनी चाहिए, तब से फाइलों पर लिखित आदेश ही माने जाते हैं। कल्याण सिंह ने भी अयोध्या के सवाल पर छह दिसंबर को दोपहर में ही फाइल पर गोली न चलाने के न सिर्फ लिखित आदेश दिए, बल्कि अपने आदेश के पक्ष में उन्होंने दो पैराग्राफ का नोट भी लिखा है।

दरअसल खुद को शासक मानने वाले आईएएस अफसरों के अधिकार कहीं परिभाषित नहीं हैं। पुलिस अफसरों के लिए तो 'पुलिस ऐक्ट' है। अच्छा है या बुरा है। इसी ऐक्ट से वे नियंत्रित भी होते हैं, साथ ही उनके अधिकार और कर्तव्य भी परिभाषित होते हैं, पर आईएएस अफसरों के साथ यही गड़बड़ है। उन्हें असीमित अधिकार उनके अधिकार तय न होने से मिले हैं। वे खुद अपने अधिकार तय करते हैं या मान लेते हैं। इसलिए उनकी जिम्मेदारी तय करना भी इतना ही मुश्किल काम है। उत्तर प्रदेश में नौकरशाही के उसी गुटीय दबाव के चलते ही राजनैतिक नेतृत्व और कार्यपालिका में अकसर टकराव भी होते रहे हैं।

■

वाजपेयी गिरफ्तारी के बाद अनशन पर

नई दिल्ली, 20 दिसंबर, 1992 : भारतीय जनता पार्टी को लोकतांत्रिक तरीके से काम न करने देने के विरोध में पार्टी नेता अटल बिहारी वाजपेयी आमरण अनशन पर बैठ गए हैं।

तीन राज्यों में पार्टी की सरकारों की बर्खास्तगी, आरएसएस पर पाबंदी और पार्टी नेताओं की गिरफ्तारी के विरोध में पार्टी ने आज 'ललकार दिवस' मनाने का ऐलान किया था। इस मौके पर तालकटोरा इंडोर स्टेडियम में पार्टी की आम सभा को श्री वाजपेयी संबोधित करने वाले थे, लेकिन पुलिस ने उन्हें पहले ही पार्टी के दिल्ली दफ्तर के बाहर हिरासत में ले लिया। पुलिस की तमाम रुकावटों को धत्ता बताते हुए पार्टी के हजारों कार्यकर्ता मंदिर मार्ग पर जमा हो गए। पुलिस ने जमकर लाठीचार्ज किया और आँसू गैस छोड़ी, फिर भी कार्यकर्ता वहीं जमे रहे। करीब 15 हजार लोगों को इस सिलसिले में दिल्ली में विभिन्न स्थानों से हिरासत में लिया गया। सरकार ने बीजेपी की सभा तय स्थान पर तो नहीं होने दी, लेकिन बाद में पार्टी कार्यकर्ताओं ने अपनी सभा संसद मार्ग थाने में कर डाली, जहाँ श्री वाजपेयी ने बाकायदा माइक पर सभा को संबोधित किया। पुलिस के मुताबिक लाठीचार्ज में 15 लोगों को चोटें आईं। घायलों को राम मनोहर लोहिया अस्पताल ले जाया गया। श्री वाजपेयी के साथ पार्टी कार्यकर्ता भी क्रमिक अनशन पर बैठ गए हैं।

बीजेपी की सभा को न होने देने के लिए सरकार ने पूरे नई दिल्ली क्षेत्र को आज सवेरे से ही पुलिस छावनी में तब्दील कर दिया था। तालकटोरा इंडोर स्टेडियम जाने वाले सभी रास्तों पर बैरियर लगाकर वाहनों के लिए बंद कर दिया गया था। इसके बावजूद पुलिस की तमाम बाधाओं को पार करते हुए हजारों कार्यकर्ताओं की पुलिस से कई जगह मुठभेड़ हुई। उत्साही कार्यकर्ताओं की मंदिर मार्ग पर आँसू गैस के गोलों के बीच सभा हुई। 'जय श्रीराम' के उद्घोष और 'नरसिंह राव मुर्दाबाद' के नारों के बीच कार्यकर्ताओं को यहाँ पार्टी सांसदों—कालका दास, ताराचंद खंडेलवाल व बैकुंठलाल शर्मा 'प्रेम' और प्रदेश उपाध्यक्ष मेवाराम आर्य ने संबोधित किया।

इससे पहले पार्टी के प्रदेश कार्यालय में श्री वाजपेयी ने प्रेस कॉन्फ्रेंस की। उसके बाद वे प्रदेश अध्यक्ष प्रोफेसर ओमप्रकाश कोहली और सांसद मदनलाल खुराना के साथ तालकटोरा इंडोर स्टेडियम के लिए चले। उनके साथ करीब दो सौ कार्यकर्ता भी थे। पंत मार्ग स्थित पार्टी दफ्तर से निकलते ही पुलिस ने उन्हें रोक दिया। उसके विरोध में श्री वाजपेयी कार्यकर्ताओं सहित वहीं सड़क पर अनशन पर बैठ गए। उन्होंने प्रेस कॉन्फ्रेंस में ही अपना यह इरादा बता दिया था कि अगर पुलिस ने उन्हें पार्टी की सभा में नहीं जाने दिया तो वे आमरण अनशन करेंगे। उन्होंने हिरासत में लिये जाने की सूचना पुलिस ने करीब सवा चार बजे दी। चालीस मिनट तक वे सड़क पर ही बैठे रहे। फिर उन्हें संसद मार्ग थाने ले जाया गया। यह खबर फैलते ही पार्टी के सैकड़ों कार्यकर्ता थाने पहुँच गए। वहाँ भी जमकर नारेबाजी हुई। पुलिस का इंतजाम धरा रह गया। थाने के भीतर और बाहर 'मंदिर वहीं बनाएँगे' और 'जय श्रीराम' के नारे लगाते कार्यकर्ताओं पर काबू पाने के लिए पुलिस को लाठीचार्ज करना पड़ा। इसके बावजूद थाने के भीतर ही पार्टी की सभा हुई।

■

केंद्र सरकार के फैसले से नाराज अटल बिहारी वाजपेयी आमरण अनशन पर बैठ गए थे। तस्वीर में उनके साथ मदन लाल खुराना और विजय कुमार मल्होत्रा। *फोटो : इंडियन एक्सप्रेस अभिलेखागार*

रामलला के दर्शन शुरू होने की संभावना

अयोध्या, 21 दिसंबर : राम जन्मभूमि मंदिर में रामलला के दर्शन की सुविधा कल से आम जनता और साधु-संतों के लिए शुरू किए जाने की पूरी संभावना है। आज यहाँ के साधु-संतों, व्यापारियों ने पुलिस कप्तान हरभजन सिंह को बता दिया है कि कल से रामलला के दर्शन की छूट न मिली तो कर्फ्यू तोड़कर साधु-संत दर्शन के लिए निकलेंगे।

दोपहर में कलेक्टर विजय शंकर पांडे से सर्किट हाउस में यहाँ के प्रमुख संत नृत्यगोपाल दास, परमहंस रामचंद्रदास और डॉ. रामविलास वेदांती ने भेंट की और दर्शन करने की इजाजत माँगी। कलेक्टर ने संतों से कहा है कि वे कल तक आपको दर्शन के बारे में पूरी बात बताएँगे। साधु-संतों का मानना है कि कल से दर्शन शुरू हो जाएँगे। सूत्रों के मुताबिक कलेक्टर ने गृहमंत्री, भारत सरकार और राज्यपाल के सलाहकार वी.के. गोस्वामी से बातचीत करके दर्शन की हरी झंडी ले ली है।

उधर अयोध्या के प्रमुख संत परमहंस रामचंद्रदास ने कहा है कि जिला प्रशासन पूरी तौर पर रामलला के दर्शन का पक्षधर है, परंतु अभी उसके सामने कई परेशानियाँ हैं। अयोध्या में छह दिसंबर को क्षतिग्रस्त मस्जिदों में से एक की मरम्मत करने का काम शुरू हो गया है। राम जन्मभूमि परिसर में 1983 से मनाया जा रहा राम प्रकटोत्सव समारोह 21 दिसंबर से शुरू होकर 28 तक होनेवाला है और 26 दिसंबर को भव्य शोभायात्रा का कार्यक्रम होगा।

प्रकटोत्सव आयोजित करनेवाली राम जन्मभूमि सेवा समिति के अध्यक्ष महंत रामचरित्रदास ने कलेक्टर से समारोह आयोजित करने की अनुमति माँगी है, जो अभी तक नहीं मिली है। यह समारोह 21 दिसंबर से शुरू होगा। इसमें परिसर में यज्ञ, हवन व पूजा-पाठ के बाद भव्य रोशनी भी होगी। 26 दिसंबर को श्रीरामजी की भव्य शोभायात्रा यहाँ से निकलकर पूरी अयोध्या में घूमकर फिर जन्मभूमि पहुँचनी है। वह भी कर्फ्यू के चलते होगी या नहीं, यह संदेहास्पद है।

सेवा समिति के अध्यक्ष महंत रामचरित्रदास परेशान और निराश हैं, लेकिन अभी भी कार्यक्रम के आयोजन हेतु इजाजत के लिए जिला प्रशासन के अफसरों की चौखट पर दस्तक दे रहे हैं।

■

दर्शन खोलने के मामले में केंद्र की हिचकिचाहट बरकरार

लखनऊ, 22 दिसंबर, 1992 : अयोध्या में रामलला के दर्शन खोलने के मामले में केंद्र सरकार ऊहापोह में है। जिला प्रशासन और राज्य सरकार ने इस मामले पर अपनी

रपटें भेज दी हैं, फिर भी केंद्र की हिचकिचाहट बरकरार है। अयोध्या में लोगों का मानना है कि दर्शन लोकसभा सत्र पूरा होने के बाद ही खुल पाएँगे। आज शाम वहाँ के प्रमुख साधु-संत दर्शन के लिए विवादित जगह पर पहुँच गए थे, जिससे जिला प्रशासन परेशानी में पड़ गया। बाद में अतिरिक्त पुलिस अधीक्षक ने संतों से और दो दिन का समय देने का आग्रह किया। इसे संतों ने मान लिया। फैजाबाद के वकीलों ने भी आज 11 बजे दर्शन के लिए अयोध्या कूच करने का ऐलान किया था, लेकिन जिला कलेक्टर के आग्रह पर उन्होंने अपना कार्यक्रम कल तक टाल दिया है।

अयोध्या में रामलला के दर्शन पर 8 दिसंबर से अघोषित पाबंदी है। फैजाबाद समेत पूरे प्रदेश में तनाव है। इससे भारतीय जनता पार्टी को सड़क पर उतरने का मौका मिल गया है। वह इसके खिलाफ राजनैतिक लड़ाई के साथ-साथ कानूनी लड़ाई भी लड़ेगी। कल फैजाबाद, सुल्तानपुर और लखनऊ बार एसोसिएशन ने इस रोक के खिलाफ अदालतों का बायकॉट किया।

कल राज्यपाल के सलाहकार बी.के. गोस्वामी ने फैजाबाद का दौरा किया था। प्रशासन ने उनसे कहा कि दर्शन रोकने से वहाँ तनाव है। इससे सामान्य होते हालात फिर से बिगड़ सकते हैं। श्री गोस्वामी बिना कुछ कहे वापस लौट गए। अलबत्ता उन्होंने यह जरूर कहा कि इस बारे में केंद्र को जानकारी दी जाएगी। जिला प्रशासन ने एक रपट राज्य सरकार को भेजी है। इसे लेकर राज्यपाल के सलाहकार खुद दिल्ली गए। लेकिन केंद्र सरकार अभी भी दुविधा में है।

फैजाबाद के साधु-संतों ने ऐलान कर रखा है कि अगर बुधवार तक दर्शन नहीं खुले तो वे विवादित स्थल तक मार्च करेंगे। ऐसी घोषणाएँ वकीलों और छात्रों ने भी कर रखी हैं। प्रशासन को डर है कि यदि ये मार्च हुए तो हालात फिर बिगड़ सकते हैं। कानूनी तौर पर दर्शन पर पाबंदी नहीं लगाई जा सकती, क्योंकि मंदिर में दर्शन और पूजा अदालती आदेश के तहत ही हो रही थी। फरवरी 1986 में जिला जज के आदेश से विवादित इमारत का ताला खोला गया था और लोगों को दर्शन की इजाजत दी गई थी। इसलिए सरकार ने दर्शन पर घोषित तौर पर पाबंदी लगाई भी नहीं है। उसने मंदिर तक लोगों को पहुँचने न देने के लिए रामकोट में कर्फ्यू लगा रखा है। उस इलाके में कर्फ्यू में कोई ढील भी नहीं दी जाती।

रामलला की पूजा, आरती और दर्शन पर लगी रोक हटवाने के लिए आज इलाहाबाद हाईकोर्ट की लखनऊ पीठ में एक याचिका भी दायर की गई। हरिशंकर जैन की तरफ से दायर इस याचिका में दर्शन पर लगी रोक हटाने के लिए अंतरिम आदेश देने का आग्रह किया गया है। राज्य सरकार के वकील आशीष नारायण त्रिवेदी ने जवाब देने के लिए कल तक का समय माँगा है। राज्य सरकार का जवाब आने के बाद इस मामले की सुनवाई फिर शुरू होगी।

हर साल होने वाले रामलला प्रकटोत्सव की भी राज्य सरकार ने अब तक इजाजत

नहीं दी है। यह समारोह पिछले 43 बरसों से हर साल होता आया है। इसे 22 और 23 दिसंबर, 1949 को रामलला की मूर्तियाँ मिलने की याद में मनाया जाता था। समारोह समिति ने 21 दिसंबर से 29 तक होने वाले इस समारोह को दो दिन के लिए टाल दिया है। समिति के कार्यवाहक अध्यक्ष रामप्रसाद मिश्र और अध्यक्ष रामचरण दास ने कल इस समारोह की इजाजत देने के लिए राज्यपाल से भी भेंट की थीं, लेकिन उन्हें इसकी इजाजत नहीं दी गई। श्री मिश्र के मुताबित पंचांग के हिसाब से इस बार मूर्तियों के प्रकट होने की तिथि 26 दिसंबर को पड़ती है। उन्होंने कहा है कि अगर प्रशासन समारोह की इजाजत नहीं देगा तो भी वे इसे आयोजित करेंगे।

प्रशासन ने आज संतों को बड़ी मुश्किल से विवादित परिसर में न घुसने को मनाया। रामविलास वेदांती, महंत परमहंस, नृत्यगोपाल दास, माधवाचार्य आदि आठ संत दर्शन के लिए विवादित परिसर पर पहुँच गए थे। फैजाबाद में सुबह से ही दुकानें बंद हो गई थीं और वकीलों के अयोध्या मार्च को देखते हुए कोतवाली पर जोरदार सुरक्षा व्यवस्था की गई थी। बाद में प्रशासन से बातचीत के बाद वकीलों ने मार्च कल तक के लिए टाल दिया है। आज रामकोट में कर्फ्यू का कड़ाई से पालन किया गया।

न जाने किस गलती के अहसास से सुप्रीम कोर्ट ने 19 दिसंबर को दूसरा नोटिस संख्या 1429/91/पीआईएल/रिट जारी कर अपनी गलती मानी है। सभी ग्यारह लोगों को भेजे गए इस पत्र में कहा गया है कि दस दिसंबर की अवमानना सुनवाई पर सुप्रीम कोर्ट का व्यक्तिगत रूप से कोई आदेश जारी नहीं हुआ है। आपको 14 तारीख का जो नोटिस दिया गया है, वह गलती से जारी हो गए हैं, इसलिए आपको जारी नोटिस वापस लिया जाता है।

सुप्रीम कोर्ट ने कल्याण सिंह और अफसरों को भेजा नोटिस वापस लिया

लखनऊ, 23 दिसंबर, 1992 : सुप्रीम कोर्ट ने कल्याण सिंह सहित ग्यारह लोगों को जारी अवमानना नोटिस वापस ले लिया है। नोटिस वापस किए जाने की सूचना आज कल्याण सिंह को मिली। सुप्रीम कोर्ट ने इस महीने की 14 तारीख को कल्याण सिंह सहित ग्यारह लोगों को अवमानना नोटिस जारी करते हुए कहा था कि वे 19 जनवरी को व्यक्तिगत तौर पर न्यायालय में मौजूद रहकर अपनी सफाई दें। आज उन नोटिसों को वापस करने वाले दूसरे नोटिस में कहा गया है कि सुप्रीम कोर्ट ने वे नोटिस गलती से जारी कर दिए थे। अदालत ने ऐसा कोई आदेश नहीं दिया है। सभी ग्यारह लोगों से कहा गया है कि वे लौटती डाक से पुरानी नोटिस वापस कर दें। जिन लोगों से नोटिस वापस लिये गए

हैं, उनमें कल्याण सिंह सरकार के छह बड़े अफसर भी शामिल हैं। 14 तारीख को जारी नोटिस वापस लेने की सूचना आज कल्याण सिंह और उनके पूर्व अफसरों को मिली।

छह दिसंबर को अयोध्या में विवादित ढाँचा गिराए जाने से हुई अदालत की अवमानना याचिका पर सुनवाई के दौरान सुप्रीम कोर्ट ने ये नोटिस जारी किए थे। सुप्रीम कोर्ट ने साफ कहा था कि ये सभी लोग 19 जनवरी को व्यक्तिगत रूप से अदालत के सामने हाजिर हों। इसी रोज छह दिसंबर की घटना से संबंधित अवमानना की कार्रवाई पर भी आगे सुनवाई होगी।

पर न जाने किस गलती के अहसास से सुप्रीम कोर्ट ने 19 दिसंबर को दूसरी नोटिस संख्या 1429/91/पीआईएल/रिट जारी कर अपनी गलती मानी है। सभी ग्यारह लोगों को भेजे गए इस पत्र में कहा गया है कि दस दिसंबर की अवमानना सुनवाई पर सुप्रीम कोर्ट का व्यक्तिगत रूप से कोई आदेश जारी नहीं हुआ है। आपको 14 तारीख का जो नोटिस दिया गया है, वह गलती से जारी हो गया है, इसलिए आपको जारी नोटिस वापस लिया जाता है।

अयोध्या में विवादित ढाँचा गिराने पर सुप्रीम कोर्ट ने अच्छन रिजवी की अवमानना याचिका संख्या 97/1992 पर 14 तारीख को कल्याण सिंह, स्वामी चिन्मयानंद, राजमाता विजयाराजे सिंधिया सहित राज्य के तब के मुख्य सचिव वी.के. सक्सेना, प्रमुख सचिव (गृह) प्रभात कुमार, फैजाबाद के एडीएम उमेश चंद्र तिवारी, गृहविभाग के संयुक्त सचिव जीवेश नंदन, इसी विभाग के विशेष सचिव शेखर अग्रवाल और पर्यटन सचिव आलोक सिन्हा को अवमानना नोटिस जारी किए गए थे। दो और लोगों को पद के स्तर से नोटिस दिए गए थे—एक, मुख्य सचिव उत्तर प्रदेश और दूसरे, भारत सरकार के गृह सचिव। इनमें से मुख्य सचिव वी.के. सक्सेना, गृह सचिव प्रभात कुमार, पर्यटन सचिव आलोक सिन्हा और विशेष सचिव (गृह) शेखर अग्रवाल को इसी आधार पर कल उनके पदों से हटा भी दिया गया और आज सुप्रीम कोर्ट के नोटिस वापसी की खबर मिली।

■

हाईकोर्ट ने उ.प्र. सरकार से हलफनामा माँगा

लखनऊ, 26 दिसंबर, 1992 : इलाहाबाद हाईकार्ट की लखनऊ पीठ ने अयोध्या में रामलला के दर्शन की अनुमति देने के लिए दायर याचिकाओं पर आज कोई अंतरिम आदेश नहीं दिए। सुनवाई हुई। सोमवार को अधूरी सुनवाई पूरी होगी। तभी अंतरिम आदेश दिए जाने की संभावना है। अदालत ने आज उत्तर प्रदेश सरकार को सोमवार तक फैजाबाद जिले में कर्फ्यू की स्थिति पर हलफनामा पेश करने का निर्देश दिया। इस बीच विवाद वाली जगह पर रामलला के दर्शन और पूजा की माँग को लेकर साधु-संतों का धरना और गिरफ्तारी का सिलसिला शुरू हो गया।

न्यायमूर्ति एच.एन. तिलहरी और न्यायमूर्ति ए.एन. गुप्त की विशेष रूप से गठित पीठ ने उत्तर प्रदेश सरकार के वकील शांतिस्वरूप भटनागर से फैजाबाद जिले और खासकर रामकोट क्षेत्र में कर्फ्यू की स्थिति के बारे में बताने के लिए हलफनामा पेश करने को कहा। इसके लिए सोमवार तक का समय दिया गया है। विशेष पीठ का गठन अदालत के शीतकालीन अवकाश के कारण किया गया था। पीठ ने शनिवार को विश्व हिंदू अधिवक्ता संघ के सचिव हरिशंकर जैन और महर्षि अवधेश की याचिकाओं के पक्ष में दलीलें सुनीं। अखिल भारतीय नेहरू ब्रिगेड की ओर से पेश तीसरी याचिका के पक्ष में गंगा सिंह ने पैरवी की। याचिका दायर करने वालों ने अपनी दलीलें लगभग पूरी कर ली हैं, पर उत्तर प्रदेश सेंट्रल सुन्नी वक्फ बोर्ड और मोहम्मद हाशिम के वकील अब्दुल मन्नान की दलील 28 दिसंबर को सुनी जाएगी। तीनों याचिकाओं में अयोध्या के रामकोट में विवादित परिसर में रखी रामलला की मूर्तियों के दर्शन और पूजा-अर्चना की अनुमति देने के लिए अदालत से राज्य सरकार को निर्देश देने का अनुरोध किया गया है।

इलाहाबाद हाईकोर्ट के इनकार करने के बावजूद फैजाबाद जिला प्रशासन ने सोमवार को अयोध्या के विवादित स्थल को रामलला के सीमित दर्शन व पूजा के लिए खोल दिया।

हरिशंकर जैन ने इस कानूनी स्थिति पर जोर दिया कि फैजाबाद के सिविल जज ने 16 जनवरी, 1950 को यह आदेश दिया था कि अयोध्या में विवादित जगह पर रामलला की पूजा-अर्चना में कोई रुकावट नहीं होगी। इस आदेश में 19 जनवरी, 1950 को थोड़ा संशोधन किया गया था। श्री जैन ने कहा कि एक फरवरी, 1986 को फैजाबाद के जिला जज के.एम. पांडेय ने भी पूजा-अर्चना की अनुमति दी थी। इस आदेश के खिलाफ हाईकोर्ट में दो रिट याचिकाएँ दायर की गई थीं, जो अब भी लंबित हैं। हाईकोर्ट ने पूजा वगैरह के संबंध में यथास्थिति बनाए रखने के आदेश दिए हुए हैं।

इस बीच रामलला के दर्शन की माँग को लेकर अयोध्या और फैजाबाद में आंदोलन जोर पकड़ता जा रहा है। शनिवार को अयोध्या और फैजाबाद शहर के एक वार्ड के लोगों ने दिगंबर अखाड़ा से दर्शन के लिए कूच करते हुए गिरफ्तारी दी। बाद में सब छोड़ दिए गए।

■

'अयोध्या में दर्शन' पर केंद्रीय मंत्रिमंडल में विचार

नई दिल्ली, 26 दिसंबर, 1992 : अयोध्या में रामलला के दर्शन को लेकर गहराते विवाद पर केंद्रीय मंत्रिमंडल ने शनिवार को विचार किया। रामलला के दर्शन के सवाल से जुड़े कानूनी और दूसरे पहलुओं पर भी गौर किया गया। शुक्रवार को मंत्रिमंडल की राजनैतिक मामलों की समिति ने भी इस पर विचार किया था।

कैबिनेट ने आज की बैठक में रामलला के दर्शन के बारे में इलाहाबाद हाईकोर्ट में

पेश याचिका पर शनिवार को हुई जिरह का जायजा भी लिया। हाईकोर्ट में याचिका पर विचार अभी जारी है। इसलिए केंद्र के इस बारे में कोई राय बनाने का सवाल नहीं है।

बताया जाता है कि एक घंटे तक चली इस बैठक में कांग्रेस कार्यसमिति के अयोध्या की समस्या के समाधान के लिए सुझाए 14 सूत्री फॉर्मूले पर भी विचार हुआ, खासकर इसके प्रथम सूत्र पर। इस सूत्र में पूर्व मुख्यमंत्री कल्याण सिंह सरकार द्वारा अयोध्या में अधिग्रहीत 2.77 एकड़ भूमि पर ध्वस्त बाबरी मस्जिद परिसर को संसद से कानून बनाकर केंद्रीय अधिग्रहण में लिये जाने का सुझाव है।

आज की बैठक में उठा दूसरा मुद्दा ध्वस्त मस्जिद के पुनर्निर्माण का था। इस बारे में केंद्र पहले ही फैसला ले चुका है। आज की बैठक में यह विचार हुआ कि इस फैसले को अमलीजामा कब और कैसे पहनाया जाए।

■

हाईकोर्ट का अंतरिम आदेश से इनकार, पर अयोध्या में दर्शन शुरू

लखनऊ, 28 दिसंबर, 1992 : इलाहाबाद हाईकोर्ट के इनकार करने के बावजूद फैजाबाद जिला प्रशासन ने अयोध्या के विवादित स्थल को रामलला के सीमित दर्शन व पूजा के लिए खोल दिया। बुधवार से इसके आम जनता के लिए भी खुलने की संभावना है। पिछले कुछ दिनों से रामलला के दर्शन की इजाजत देने के लिए स्थानीय स्तर पर धरना, प्रदर्शन व गिरफ्तारियाँ चल रही थीं, लेकिन आज के फैसले को देखते हुए आंदोलन समाप्त हो गया। सोमवार को दो से तीन बजे के भीतर आठ संतों समेत 60 महिलाओं ने पी.एस.सी. की सुरक्षा में पाँच-पाँच की संख्या में जाकर दर्शन किया और प्रसाद लिया।

सोमवार की दोपहर में दिगंबर अखाड़ा के सामने दर्शन की माँग को लेकर महिलाएँ सड़क पर बैठ गईं। बाद में प्रशासन उन्हें और आठ संतों को पी.एस.सी. के ट्रक में बैठाकर दर्शन के लिए ले गया। प्रशासन उन्हें रंगमहल, आनंद भवन की गली से श्रीराम रोड होते हुए सीताकूप के रास्ते से परिसर में ले गया। रामलला के चबूतरे से 25 फुट के नीचे से ही दर्शन कराकर उन्हें सीताकूप की तरफ से वापस कर दिया गया।

आज संतों की अगुवाई अखिलेश दास, अवधेश शास्त्री और महिलाओं के जत्थे की अगुवाई सरोज सिंह और प्रतिभा सिंह ने की। इन दोनों जत्थों को न्यास के सदस्य डॉ. रामविलास वेदांती और अपर पुलिस अधीक्षक अखिलेश मेहरोत्रा साथ लेकर गए थे। 'बैरिकेडिंग' का काम और दर्शन के लिए 'डायस' निर्माण का काम मंगलवार तक पूरा कर लिये जाने की उम्मीद है।

दर्शनार्थी साधु-संत और महिलाएँ दोपहर दिगंबर अखाड़े के सामने इकट्ठा हुए थे। महंत रामचंद्र परमहंस, महंत नृत्यगोपाल दास और रामविलास वेदांती ने वहाँ मौजूद लोगों को संबोधित करते हुए रामलला के दर्शन की अनुमति देने के लिए जिला प्रशासन

के फैसले का स्वागत किया। उन्होंने दर्शन की माँग को लेकर चलाए जा रहे सत्याग्रह को खत्म करने की घोषणा की।

इन धर्माचार्यों ने कहा कि दर्शन की व्यवस्था के लिए प्रशासन को कुछ दिन का समय दिया जा रहा है। फिलहाल प्रशासन सांकेतिक रूप से कुछ साधु-संतों और महिलाओं को दर्शन की अनुमति दे रहा है, जिसे स्वीकार कर लिया जाना चाहिए।

राज्य मुख्यालय पर सरकारी प्रवक्ता ने बताया कि रामलला के दर्शन शुरू करवाने का फैसला फैजाबाद जिला न्यायालय के फरवरी 1986 और अन्य अदालतों के निर्णय के मुताबिक लिया है। प्रवक्ता के अनुसार फरवरी 1986 से ही वहाँ पर दर्शन और पूजा-पाठ हो रहा है और वह आदेश अभी भी लागू है।

परमहंस ने पूछा कि बीजेपी वाले मंदिर बनाना चाहते हैं तो उन्हें सांप्रदायिक कहते हैं। अब कांग्रेस को क्या कहा जाएगा। अब कांग्रेस सांप्रदायिक बनना चाहती है। उन्होंने कहा कि मंदिर निर्माण का ट्रस्ट बन चुका है, हम किसी दूसरे ट्रस्ट को मानेंगे नहीं। नरसिंह राव बाबरी मस्जिद का ट्रस्ट बना सकते हैं, बनाएँ, परंतु अयोध्या में मस्जिद बनने नहीं दी जाएगी।

दिगंबर अखाड़े के साधु-संतों में सांकेतिक दर्शन के प्रस्ताव को मानने के बारे में कुछ वाद-विवाद की स्थिति भी पैदा हुई। एक साधु ने कहा कि सांकेतिक दर्शन की बात मानी नहीं जानी चाहिए और जब तक जन सामान्य को दर्शन की अनुमति नहीं दी जाती, सत्याग्रह जारी रहना चाहिए।

राम जन्मभूमि न्यास के अध्यक्ष रामचंद्र परमहंस ने हस्तक्षेप करते हुए कहा कि दर्शन के मामले में राजनीति नहीं लाई जानी चाहिए। उन्होंने दर्शन की अनुमति देने के लिए जिला प्रशासन की तारीफ की और उसे सहयोग देने का आग्रह किया।

न्यास के अध्यक्ष परमहंस दास ने केंद्र सरकार द्वारा अयोध्या भूमि अधिग्रहण करने पर आपत्ति जताते हुए कहा कि अधिग्रहण करने के पहले हमसे पूछा तक नहीं गया। उन्होंने कहा कि यही अधिग्रहण कल्याण सिंह ने किया तो अदालत ने उसे अवैध करार दिया। अब इनके अधिग्रहण का क्या होगा। उन्होंने कहा कि हिंदू धर्म संस्कृति के खिलाफ मंदिर निर्माण शुरू हुआ तो हम ढहा देंगे। हमने मंदिर के लिए ईंट, पैसा, समर्थन जुटा लिया है। हिंदू जनता की भावना से खिलवाड़ बरदाश्त न होगा।

परमहंस ने पूछा कि बीजेपी वाले मंदिर बनाना चाहते हैं तो उन्हें सांप्रदायिक कहते हैं। अब कांग्रेस को क्या कहा जाएगा। अब कांग्रेस सांप्रदायिक बनना चाहती है। उन्होंने कहा कि मंदिर निर्माण का ट्रस्ट बन चुका है, हम किसी दूसरे ट्रस्ट को मानेंगे नहीं। नरसिंह राव बाबरी मस्जिद का ट्रस्ट बना सकते हैं, बनाएँ, परंतु अयोध्या में मस्जिद बनने नहीं दी जाएगी। मस्जिद अध्योध्या से पाँच किलोमीटर के बाहर बनाएँ, हमें आपत्ति नहीं है। प्रधानमंत्री द्वारा ट्रस्ट बनाने की घोषणा के बाद यहाँ के दोनों धर्मों के कांग्रेसी दौड़-भाग कर रहे हैं कि उन्हें ट्रस्ट का सदस्य बनाया जाए। दर्शन के लिए सोमवार को भी वकीलों के एक जत्थे ने अनशन जारी रखा।

अंतरिम आदेश नहीं : उधर इलाहाबाद हाईकोर्ट की लखनऊ पीठ ने सोमवार उन दो रिट याचिकाओं पर अंतरिम आदेश देने से इनकार कर दिया, जिनमें अयोध्या के रामकोट में श्रद्धालुओं को रामलला की पूजा और दर्शन की अनुमति के लिए सरकार को अदालती निर्देश देने का आग्रह किया गया था। न्यायमूर्ति एच.एन. तिलहरी और न्यायमूर्ति ए.एन. गुप्ता की विशेष पीठ मंगलवार को भी मामले पर सुनवाई जारी रखेगी।

दोनों न्यायाधीशों ने खुली अदालत में कहा कि देश खतरे में है और इसे बचाने के लिए वे जल्दबाजी में निर्णय नहीं कर सकते। उत्तर प्रदेश सरकार ने हाईकोर्ट में जवाबी हलफनामा दायर करके कहा कि अयोध्या के रामकोट मोहल्ले में विवादित राम जन्मभूमि-बाबरी मस्जिद परिसर स्थित है। हलफनामे में कहा गया कि फैजाबाद के जिला मजिस्ट्रेट ने 27 दिसंबर के अपने पत्र से सूचित किया कि वहाँ 6 से 27 दिसंबर तक 24 घंटे कर्फ्यू लागू था। पत्र के अनुसार जिले के अन्य क्षेत्रों में कर्फ्यू में सुबह नौ बजे से शाम पाँच बजे तक ढील है और इस दौरान श्रद्धालुओं को अपने इलाकों में मंदिरों में दर्शन करने की अनुमति है।

न्यायमूर्ति तिलहरी ने राज्य सरकार के एडवोकेट जनरल शांतिस्वरूप भटनागर से पूछा कि अखबारों के मुताबिक केंद्र सरकार ने दर्शन की इजाजत दे दी है।

■

सरकार को मंदिर-मस्जिद बनवाने वालों की तलाश

अयोध्या, 28 दिसंबर : अयोध्या में मंदिर-मस्जिद बनाने के लिए सरकार हिंदू-मुस्लिम नेताओं में से रजामंद लोगों की तलाश कर रही है। प्रधानमंत्री पी.वी. नरसिंह ने कल यात्रा पर निकलने से पहले एक समूह से बात की। सरकार रजामंद लोगों को ट्रस्ट सौंपना चाहती है।

अयोध्या से सरकार के बुलावे पर एक समूह राजधानी गया है। यह समूह चंद्रास्वामी का मेहमान है। उनमें से एक हरि आचार्य से प्रधानमंत्री ने बात की। रामानंद संप्रदाय के ये विवादास्पद आचार्य हैं। उन्हें एक समूह ने अधिकृत महंत रामनरेश आचार्य के समानांतर खड़ा कर काशी पीठ का महंत घोषित किया, लेकिन हरि आचार्य कभी काशी नहीं जा सके। उन्हें कठपुतली महंत माना जाता है। उन्हें प्रधानमंत्री के बुलावे पर दूसरी बार दिल्ली आना पड़ा है। हनुमानगढ़ी के एक महंत ज्ञानदास की डोर से बँधे वे यहाँ आए हैं।

छह दिसंबर को ज्ञानदास रामकथा कुंज के मंच पर मौजूद थे। हनुमानगढ़ी मठ रामानंद संप्रदाय का है। वह मठ चार पट्टी में बँटा है। तीन पट्टी आंदोलन की मुख्य धारा के साथ हैं। ज्ञानदास चौथी पट्टी के महंत हैं। उनके साथ ही विश्वनाथ प्रसाद आचार्य, कौशल किशोर दास और फैजाबाद के एक पत्रकार लाए गए हैं। महंत रामचंद्रदास इनके सामाजिक बहिष्कार के लिए अयोध्या में सभा करने की तैयारी कर रहे हैं। लोकसभा

सदस्य विश्वनाथदास शास्त्री महंत रामचंद्रदास परमहंस के बुलावे पर अयोध्या के लिए आज रवाना हुए।

सरकार ने पुरी के निवर्तमान शंकराचार्य निरंजनदेव तीर्थ के उत्तराधिकारी निश्चलानंद से संपर्क साधा है। वे पिछले दिनों वृंदावन में थे। उनसे प्रधानमंत्री के एक दूत ने बात की। उन्होंने अब तक दो बार सरकार के प्रस्ताव को ठुकराया है। सरकार कोशिश कर रही है कि रामानंद संप्रदाय का कोई आचार्य ट्रस्ट के लिए तैयार हो जाए। अगर ऐसा नहीं हो सकता तो शंकराचार्यों में से किसी एक को रजामंद करने की भरसक कोशिश की जाएगी। द्वारकापीठ के शंकराचार्य स्वरूपानंद सरस्वती ने राम जन्मभूमि उद्धार समिति बनाई थी। वे अरसे से चुप हैं। सरकार के एक दूत ने उनसे भी संपर्क किया है। डॉ. कर्ण सिंह का नाम भी सरकार की सूची में है। वे एक बार विश्व हिंदू परिषद की कृपा से विराट हिंदू समाज के अध्यक्ष बने थे।

दूसरी तरफ सरकार ने मुस्लिम नेताओं में अली मियाँ और जावेद हबीब पर निगाह टिका दी है। अगर ये तैयार हो जाते हैं तो उन्हें मस्जिद का ट्रस्ट सौंपा जाएगा। इनकी रजामंदी का सरकार इंतजार कर रही है। सरकार की ओर से अध्यादेश जारी होने के बाद ट्रस्ट की घोषणा की जाएगी। सरकार इन नेताओं की रजामंदी के बाद उनसे ट्रस्ट के स्वरूप पर मशविरा करना चाहती है।

पी.वी. नरसिंह राव के मंत्रिमंडल ने कल इस बारे में जो फैसला किया, उसमें और अक्तूबर में बने कमलनाथ 'फॉर्मूले' में बहुत समानताएँ हैं। असल में वह लालकृष्ण आडवाणी 'फॉर्मूले' के नाम से मशहूर है।

पी.वी. नरसिंह राव के मंत्रिमंडल ने कल इस बारे में जो फैसला किया, उसमें और अक्तूबर में बने कमलनाथ 'फॉर्मूले' में बहुत समानताएँ हैं। असल में वह लालकृष्ण आडवाणी 'फॉर्मूले' के नाम से मशहूर है। वह 'फॉर्मूला' कहता था कि सरकार बाबरी ढाँचे सहित पूरी जमीन का अधिग्रहण करेगी। उसमें 2.77 एकड़ जमीन रामभक्तों को मंदिर के लिए दे दी जाएगी। सरकार विवादित स्थल पर सुप्रीम कोर्ट से सलाह लेकर एक कानून बनाएगी। ये तीन बातें उसमें थीं। बीजेपी नेता लालकृष्ण आडवाणी ने उसमें सिर्फ इतना ही संशोधन किया था कि विवादित ढाँचे और स्थल का फैसला कानूनी प्रक्रिया से होगा। कमलनाथ उस फॉर्मूले को लेकर चार-पाँच बार प्रधानमंत्री और आडवाणी के बीच आए-गए। आखिर में पी.वी. नरसिंह राव मुकर गए।

सरकार के कल के फैसले में करीब-करीब वे ही बातें हैं। फर्क यह है कि सरकार मस्जिद भी बनाना चाहती है। उसके लिए मंदिर के साथ एक ट्रस्ट बनाया जाएगा। बीजेपी चाहती थी कि मस्जिद मंदिर परिसर से बाहर हो। मंदिर बनाने का जिम्मा विश्व हिंदू परिषद के न्यास को सौंपा जाए।

■

रामलला के दर्शन पर फिर रोक
विरोध में साधुओं का अनशन, हाईकोर्ट का फैसला सुरक्षित

लखनऊ, 29 दिसंबर, 1992 : फैजाबाद जिला प्रशासन ने मंगलवार को 'रामलला' के दर्शन की इजाजत नहीं दी। इसके विरोध में कई साधुओं ने आमरण अनशन शुरू कर दिया है। केंद्रीय गृह मंत्रालय की टीम, प्रदेश के राज्यपाल के सलाहकार वी.के. गोस्वामी और पुलिस महानिदेशक प्रकाश सिंह ने अयोध्या के विवादित परिसर का दौरा किया। उधर इलाहाबाद हाईकोर्ट की लखनऊ पीठ ने अयोध्या में विवादित स्थल पर रामलला के दर्शन की इजाजत के लिए दायर तीन याचिकाओं पर मंगलवार को अपना फैसला सुरक्षित रखा।

इलाहाबाद हाईकोर्ट की लखनऊ पीठ ने रामलला की पूजा और दर्शन की अनुमति के लिए निर्देश के आग्रह वाली तीन रिट याचिकाओं पर अपना फैसला सुरक्षित रखा। न्यायमूर्ति एच.एन. तिलहरी और न्यायमूर्ति ए.एन. गुप्ता की खंडपीठ के इस मामले में जल्दी निर्णय सुनाए जाने की संभावना है।

अदालत ने कल की ही तरह आज भी अंतरिम आदेश देने से इनकार कर दिया। अदालत ने केंद्रीय सुन्नी वक्फ बोर्ड के वकील अब्दुल मन्नान और मुहम्मद हाशिम के इस अनुरोध को ठुकरा दिया कि इसी तरह की याचिकाओं पर सुप्रीम कोर्ट का फैसला आने तक यह पीठ अपनी सुनवाई टाल दे और पूरा मामला पूर्ण पीठ के सुपुर्द किया जाए। खंडपीठ ने आज अपनी सुनवाई पूरी कर ली।

इससे पहले उत्तर प्रदेश के महाधिवक्ता एस.एस. भटनागर ने विश्व हिंदू परिषद अधिवक्ता संघ की याचिकाओं का यह कहते हुए विरोध किया कि मौलिक अधिकार की माँग व्यक्ति नहीं, संगठन कर रहे हैं। श्री भटनागर ने यह भी दलील दी कि इन याचिकाकर्ताओं ने अदालत को यह नहीं बताया है कि अयोध्या के उस हिस्से में कर्फ्यू है, जहाँ पर 'रामलला' की मूर्तियाँ हैं। इसलिए इन याचिकाओं को रद्द कर देना चाहिए। श्री भटनागर का यह भी कहना है कि इन याचिकाकर्ताओं के लिए दीवानी वाद का रास्ता खुला है, इसलिए रिट याचिका दायर नहीं हो सकती।

दूसरी तरफ विश्व हिंदू अधिवक्ता संघ ने दलील दी कि पूजा के मौलिक अधिकार का मामला रिट याचिका दायर करने के लिए एकदम उपयुक्त है।

श्री भटनागर की दलीलों का जवाब देते हुए अधिवक्ता संघ के वकील हरिशंकर जैन ने बताया कि कि दंड प्रक्रिया संहिता की धारा 144 के तहत चुनौती देना जरूरी नहीं समझा गया था, क्योंकि 'कर्फ्यू' शब्द को इसमें कहीं परिभाषित नहीं किया गया है। इसके अलावा कोई भी 'कर्फ्यू' इतना व्यापक नहीं हो सकता कि वह एक नागरिक के मौलिक अधिकार को भी नकार दे।

सुप्रीम कोर्ट के एक आदेश का हवाला देते हुए श्री जैन ने कहा कि चूँकि याचिकाकर्ता

संस्था एक 'कानूनी व्यक्ति' है, इसलिए इसकी ओर से याचिका दायर की जा सकती है और यह विचार योग्य है।

दूसरी तरफ रामलला के दर्शन पर फैजाबाद जिला प्रशासन की तरफ से अघोषित रूप से रोक लगा दिए जाने से अयोध्या के साधु-संत उत्तेजित हो गए हैं। नतीजतन करीब 45 साधु-संतों ने दिगंबर अखाड़ा में आमरण अनशन शुरू कर दिया है। अनशन पर बैठनेवालों में अवधेशदास, हरियादास, जयरामदास, रघुवरदास, राजकिशोरदास, रामेश्वरदास प्रमुख हैं। अयोध्या के प्रमुख संत नृत्यगोपालदास, परमहंस रामचंद्रदास, रामविलास वेदांती ने बुधवार से दर्शन न शुरू होने पर अनशन की धमकी दी है। यह आमरण अनशन दिगंबर अखाड़ा के बाहर लॉन में 'टेंट' के नीचे चल रहा है।

मंगलवार को जिला प्रशासन की तरफ से करीब सौ लोगों को दर्शन दिलाने की योजना थी, जिसे एकाएक रद्द कर दिया गया। ऐसा लगता है कि केंद्रीय टीम के आने पर ही आज दर्शन पर रोक लगी है। आज हिमाचल प्रदेश से आए श्रद्धालुओं ने मानस भवन की छत पर चढ़कर दर्शन-लाभ किया और पूजा-अर्चना दूर से की। कर्फ्यू के बावजूद यात्री गलियों से मानस भवन छत पर आ गए। इनकी संख्या 60-65 के करीब थी। आज 40 महिलाओं ने दर्शन की माँग को लेकर गिरफ्तारी भी दी।

मंगलवार को परिसर में 'बैरीकेडिंग' को दुरुस्त करने का काम होता रहा। सुबह से ही दर्शनवालों की भीड़ रही, जो दिगंबर अखाड़ों में जुटती रही, लेकिन उसे दर्शन नहीं कराया जा सकता। बताया गया है कि बड़े अधिकारियों की टीम ने सुरक्षा व्यवस्था और दर्शन को लेकर यहाँ के अफसरों को हड़काया।

केंद्रीय टीम का दौरा : अयोध्या के विवादित परिसर का आज केंद्रीय गृह मंत्रालय की टीम ने राज्यपाल के सलाहकार वी.के. गोस्वामी और पुलिस महानिदेशक प्रकाश सिंह के साथ दौरा किया। यह दल साढ़े बारह बजे परिसर पहुँचा और एक घंटे तक मुआयना करता रहा। दल में केंद्रीय गृह मंत्रालय के सचिव डॉ. माधव गोडबोले प्रमुख थे। उनके साथ संयुक्त सचिव वी.के. कल्प और पी.के. जैन थे। दिल्ली से सीपीडब्ल्यूडी के अतिरिक्त महानिदेशक एम.बी. कृष्णन अपनी सात सदस्यीय टीम के साथ आए थे। प्रदेश के राज्यपाल के सलाहकार और पुलिस महानिदेशक के अलावा कमिश्नर अरविंद वर्मा, डीएम विजय शंकर पांडे, डी.आई.जी. पी.एस. सिंह और एम.एस.पी. हरभजन सिंह भी मौजूद थे।

यह टीम रामकथा पार्क के रास्ते से दर्शन के लिए बनी बैरीकेडिंग से परिसर पहुँची। टीम के सदस्यों ने रामलला के लिए मलबे के बने चबूतरे के चारों तरफ घूमकर निरीक्षण किया। टीम ने चबूतरे पर भी घूम-घूमकर देखा। रामकथा परिसर में सील मलबे से निकली पुरातात्त्विक वस्तुओं का आधे घंटे तक मुआयना करते रहे। टीम में गृह सचिव माधव गोडबोले को यहाँ तैनात डी.आई.जी.सी.आर.पी.एफ. ओ.पी.एस. मलिक समझाते रहे।

इसके बाद टीम फैजाबाद लौट गई और कमिश्नर के निवास पर बैठक की। बैठक में प्रदेश के राज्यपाल के सलाहकार मूसा रजा भी थे।

सीताकूप गेट पर मेटल डिटेक्टर लगाया गया है। दर्शन को अंजाम देने के लिए 110 दरोगा तथा 500 सिपाही तैनात किए गए हैं। दर्शनवाली गली से परिसर तक दो राजपत्रित पुलिस अधिकारी और मजिस्ट्रेट लगाए गए हैं।

■

अयोध्या में दर्शन की इजाजत

नई दिल्ली, 1 जनवरी, 1993 : इलाहाबाद हाईकोर्ट की लखनऊ बेंच ने आज अयोध्या में रामलला के दर्शन खोलने के आदेश दिए। अदालत ने अपने 67 पेज के फैसले में कहा है कि सुरक्षा के नजरिए से रामलला के दर्शन के लिए श्रद्धालुओं को तर्कसंगत दूरी पर रखा जाए। हाईकोर्ट के फैसले को देखते हुए फैजाबाद जिला प्रशासन ने कल से दर्शन की इजाजत देने का फैसला किया है। फैजाबाद और अयोध्या में हालत आज शांत रहे।

तर्कसंगत दूरी को साफ करते हुए खंडपीठ ने कहा है कि ऐसी दूरी, जो श्रद्धालुओं को बहुत ज्यादा न लगे। न्यायमूर्ति एच.एन. तिलहरी और न्यायमूर्ति ए.एन. गुप्ता की बेंच ने 29 दिसंबर तक सुरक्षित अपना फैसला आज सुनाया। फैसले में सरकार से कहा गया कि रामलला की मूर्तियों की सुरक्षा, पूजा और पुजारी के रहने के लिए सरकार यह भी सुनिश्चित करे कि क्या कपड़े की छत इन लोगों को ठंड, उसके बाद गरमी और फिर बरसात से बचा सकेगी। खंडपीठ ने साफ निर्देश दिए हैं कि जिला प्रशासन मूर्तियों और पुजारियों के लिए अनुकूल वातावरण बनाए।

सीताकूप गेट पर मेटल डिटेक्टर लगाया गया है। दर्शन को अंजाम देने के लिए 110 दरोगा तथा 500 सिपाही तैनात किए गए हैं। दर्शन वाली गली से परिसर तक दो राजपत्रित पुलिस अधिकारी और मजिस्ट्रेट लगाए गए हैं।

हाईकोर्ट ने जिला प्रशासन से मंदिर परिसर में श्रद्धालुओं के प्रवेश और मूर्तियों की सुरक्षा के लिए भी उचित प्रबंध करने को कहा है। उसने संबंधित पार्टियों से रामलला की मूर्तियों की सुरक्षा और परिसर में मिली ऐतिहासिक संपदा की रक्षा के भी निर्देश दिए हैं। अदालत ने कहा है कि जिला प्रशासन उस महत्त्वपूर्ण संपदा को भी सुरक्षित रखे, जो विवादित ढाँचे के मलबे में मिली है। अदालत ने विपक्षी पार्टियों से जानना चाहा कि क्या कपड़े की छत रामलला की मूर्तियों की सुरक्षा और पूजा-पाठ के जारी रखने के लिए पर्याप्त होगी। अगर नहीं तो जिला प्रशासन इसके लिए अनुकूल वातावरण का निर्माण करे।

हाईकोर्ट की बेंच के सामने तीन संगठनों ने अयोध्या में रामलला के दर्शन पर लगी

रोक हटवाने और पूजा-पाठ करने की अनुमति माँगने के लिए याचिकाएँ दायर की थीं। हाईकोर्ट में दर्शन पर पाबंदी के खिलाफ विश्व हिंदू परिषद अधिवक्ता संघ की तरफ से उसके महामंत्री हरिशंकर जैन, महर्षि अवधेश और अखिल भारतीय नेहरू बिग्रेड की तरफ से तीन अलग-अलग याचिकाएँ दायर हुई थीं। तीन रोज बहस सुनने के बाद 30 दिसंबर को हाईकोर्ट ने अपना फैसला सुरक्षित रखा था।

दर्शन की अनुमति देते हुए न्यायमूर्ति ने अपने फैसले में कहा है कि विपक्षी पार्टियाँ और राज्य सरकार जरूरत के हिसाब से कानून और व्यवस्था बनाए रखने के लिए स्वतंत्र फैसले ले सकती है। रामलला के दर्शन खोलने की इस याचिका का विरोध करते हुए राज्य के महाधिवक्ता शांतिस्वरूप भटनागर ने बहस में कहा कि याचिका खारिज होने लायक है। हिंदू अधिवक्ता संघ एक सोसाइटी है। पंजीयन के दौरान इसके उद्‍देश्यों में यह कहीं नहीं लिखा है कि यह सोसाइटी धार्मिक मुद्‍दों पर भी कार्य करेगी। हरिशंकर जैन इस सोसाइटी के सचिव हैं। याचिका दाखिल करके वे वह कार्य कर रहे हैं, जो सोसाइटी का उद्‍देश्य नहीं है, न ही उस उद्‍देश्य के लिए सोसाइटी का पंजीयन हुआ है। ऐसी स्थिति में उन्हें याचिका पेश करने का अधिकार ही नहीं है। श्री भटनागर ने दलील दी कि संविधान के अनुच्छेद 25 में वर्णित मौलिक अधिकार किसी संस्था या सोसाइटी के नहीं हैं। मौलिक अधिकार नागरिकों को मिले हैं, सोसाइटी को नहीं।

उन्होंने कहा कि याचिका और वाद में अंतर होता है। विवादित स्थल मंदिर है या मस्जिद, यह मामला अभी भी पूर्ण पीठ के सामने विचाराधीन है। ऐसी स्थिति में मूल वाद से ही संबंधित कोई अंतरिम आदेश विशेष पीठ कैसे दे सकती है? इसलिए याचिका खारिज कर देनी चाहिए।

याचिका में विश्व हिंदू अधिवक्ता संघ की तरफ से हरिशंकर जैन ने अपनी दलील में कहा कि पूजा और दर्शन संविधान से मिला मौलिक अधिकार है। उन्होंने न्यायालय से आग्रह किया कि 1950 में दीवानी न्यायालय व हाईकोर्ट के दर्शन के संबंध में दिए गए फैसले की अनदेखी नहीं होनी चाहिए। श्री जैन ने इस कानूनी स्थिति पर जोर दिया कि फैजाबाद के सिविल जज ने 16 जनवरी, 1950 को यह आदेश दिया था कि अयोध्या में विवादित स्थल पर स्थापित रामलला की पूजा-अर्चना में कोई व्यवधान नहीं होना चाहिए।

श्री जैन ने कहा कि फरवरी 1986 को फैजाबाद के जिला जज के.एम. पांडे ने भी पूजा-अर्चना की अनुमति दी थी। इस आदेश के खिलाफ हाईकोर्ट में दो याचिकाएँ दायर की गई थीं, जो अब भी लंबित हैं। हाईकोर्ट ने पूजा आदि के संबंध में यथास्थिति बनाए रखने के आदेश दिए हैं। हरिशंकर जैन ने महाधिवक्ता के तर्कों के जवाब में कहा कि याचिका में धारा 144 को चुनौती दिया जाना जरूरी नहीं था। फिर कर्फ्यू शब्द कहीं भी कानून में परिभाषित नहीं है। इस बीच एडवोकेट गंगा सिंह ने पंजाब-हरियाणा हाईकोर्ट में 1991 में चले मुकदमे नरेंद्र सिंह बनाम भारत संघ 1991 का हवाला देते हुए याचिका में संशोधन का आग्रह किया।

अस्थायी मंदिर में रामलला। हाईकोर्ट ने जिनके दर्शन की इजाज़त दी। फोटो : राजेंद्र कुमार

उनका तर्क था कि बहस के दौरान मौखिक संशोधन भी मंजूर किया जा सकता है। उन्होंने धारा 144 के तहत दिए आदेश को निरस्त करने का आग्रह किया।

उ.प्र. बीजेपी को अयोध्या घटना का कोई पछतावा नहीं

लखनऊ, 2 जनवरी, 1993 : उत्तर प्रदेश बीजेपी छह दिसंबर को अयोध्या में हुई घटनाओं के लिए खेद जताने या पश्चात्ताप के लिए तैयार नहीं है। पार्टी का मानना है कि केंद्रीय नेतृत्व को इस बारे में हिम्मत से आगे आना चाहिए। बीजेपी की राज्य कार्यसमिति की दो दिन की बैठक में ये स्वर भरे हैं। बैठक में पार्टी के कट्टरपंथी नेताओं के प्रति समर्थन ज्यादा रहा। ज्यादातर सदस्यों ने कहा कि हम अयोध्या की घटनाओं के लिए पछताने और खेद जताने को तैयार नहीं हैं। कार्यसमिति के सदस्यों का दावा था कि गाँव-गाँव में जो कुछ हुआ, उसे लेकर केंद्र के प्रति लोगों में गुस्सा है।

कार्यसमिति ने बाद में पास राजनैतिक प्रस्ताव में छह दिसंबर को अयोध्या में घटी घटनाओं के लिए केंद्र को जिम्मेदार ठहराते हुए इसे नए इतिहास की शुरुआत बताया गया। पूरी कार्यसमिति ने कल्याण सिंह के फैसले से सहमति जताते हुए अयोध्या घटना को कांग्रेस की कपट नीति, अदालत की अनावश्यक देरी और जनमानस में सदियों से दबे हुए आक्रोश का अनियोजित और स्वत: विस्फोट बताया है।

राज्य कार्यसमिति ने पार्टी के वरिष्ठ नेता अटल बिहारी वाजपेयी के विचारों से सहमति नहीं जताई। पूर्व मुख्यमंत्री कल्याण सिंह और अध्यक्ष कलराज मिश्र दोनों ने किसी भी पछतावे या खेद प्रकट करने को जायज नहीं ठहराया। एक स्वर से कहा गया कि जो कुछ हुआ, वह हमारी योजना नहीं थी, पर उसे एक न एक दिन होना ही था।

कार्यसमिति की बैठक में पास प्रस्ताव में कहा गया कि अयोध्या में छह दिसंबर, 1992 को राम जन्मभूमि स्थल पर घटित घटना देश के जनमानस की पिछली कुछ शताब्दियों से दबाई गई भावनाओं और जनाक्रोश का अप्रत्याशित, अनियोजित और स्वत: स्फुटित विस्फोट था। इस जनाक्रोश को बढ़ाने में भारत सरकार, कांग्रेस, रामो-वामो और अदालत के फैसले में देरी ने आग में पेट्रोल का काम किया।

प्रधानमंत्री को संतों की ओर से चार महीने का समय समाधान ढूँढ़ने के लिए दिया गया था। पर वे समाधान के बजाय राममंदिर निर्माण के जनांदोलन और संतों में फूट डालने के काम में लग गए। प्रस्ताव में आगे कहा गया, 6 दिसंबर, 1992 के पहले और बाद में प्रधानमंत्री सहित केंद्र के मंत्रियों, कांग्रेस नेताओं, रामो-वामो नेताओं का विवादित ढाँचे को मस्जिद के नाम से परिभाषित करने के कारण ही देश का जनमानस उत्तेजित हो उठा और दुनिया की नजरों में भारत को अपमानित होना पड़ा, इसका दुष्परिणाम देश में सांप्रदायिक

हिंसा और देश-विदेश में हिंदुओं के धर्मस्थलों के विध्वंस के रूप में सामने आया।

प्रस्ताव में यह भी कहा गया कि छह दिसंबर के बाद बाहरी दबावों के कारण प्रधानमंत्री ने असंतुलित होकर घबराहट में जो कदम उठाए, उनकी तुलना सन्निपात से ग्रस्त विवेकशून्य रोगी की मानसिकता से की जा सकती है। राष्ट्रीय स्वयंसेवक संघ, विहिप और उससे जुड़े राष्ट्रवादी एवं देशभक्त हिंदू संगठनों पर प्रतिबंध, वैधानिक प्रक्रिया से लोकतांत्रिक तरीके से चुनी राजस्थान, मध्य प्रदेश, हिमाचल प्रदेश की बीजेपी सरकारों को राजनैतिक विद्वेष से अकारण भंग किया जाना बीजेपी और हिंदू संगठनों के वरिष्ठ नेताओं को गिरफ्तार करना इस विवेकशून्यता के प्रमाण हैं।

बैठक में कहा गया कि उस जगह, जहाँ रामलला की मूर्तियाँ स्थापित हैं, फिर से मस्जिद बनाने की प्रधानमंत्री की घोषणा और रामलला के दर्शनों पर प्रतिबंध लगाना, हाल ही में गृहमंत्री द्वारा वहाँ नमाज अदा करने को प्रोत्साहन देना जैसे मूर्खतापूर्ण कदम हैं, जिनके दूरगामी दुष्परिणामों से इनकार नहीं किया जा सकता। प्रस्ताव में कहा गया है, 'इस देश में आज स्पष्ट रूप से विचारधाराओं के ध्रुवीकरण की प्रक्रिया शुरू हो गई है। आने वाले दिनों में विशुद्ध राष्ट्रवाद बनाम विकृत धर्म-निरेपक्षता के बीच संघर्ष होगा। अब देश की जनता लंबे अरसे से चली आ रही छद्‌म धर्म-निरपेक्षता के खतरनाक खेल को भली-भाँति समझ चुकी है।'

राज्य कार्यसमिति ने अपने प्रस्ताव में केंद्र सरकार से पाँच माँगें भी की हैं, जिसमें एक—राम जन्मभूमि परिसर हिंदुओं को सौंपा जाए, ताकि वहाँ राममंदिर का पुनर्निर्माण किया जा सके। दो—राष्ट्रीय स्वयंसेवक संघ, विश्व हिंदू परिषद, बजरंग दल पर लगाए गए प्रतिबंध हटाए जाएँ। तीन—बीजेपी के गिरफ्तार नेताओं को रिहा किया जाए। चार—भंग विधानसभाओं के फौरन चुनाव कराए जाएँ। पाँच—लोकसभा भंग कर मध्यावधि चुनाव कराए जाएँ, क्योंकि केंद्र सरकार जनविश्वास खो चुकी है, मौजूदा परिस्थिति में मध्यावधि चुनाव ही एकमात्र विकल्प है।

■

फिर अधिग्रहण किया तो हाईकोर्ट के फैसले के खिलाफ होगा

लखनऊ, 4 जनवरी, 1993 : यहाँ यह चर्चा काफी तेज है कि केंद्र सरकार अयोध्या की विवादित जमीन का फिर अधिग्रहण करेगी। अगर वह ऐसा करती है तो यह हाईकोर्ट के फैसले के खिलाफ होगा। कानून के जानकारों की राय में अधिग्रहण की कार्रवाई इन परिस्थितियों में असंगत और अवैधानिक होगी, क्योंकि जिन कारणों के चलते इलाहाबाद हाईकोर्ट ने राज्य सरकार का अधिग्रहण रद्‌द किया है, उनके रहते केंद्र सरकार का अधिग्रहण कैसे जायज हो सकता है?

राज्य सरकार ने विवादित जगह का अधिग्रहण पिछले बरस अक्तूबर में किया था। इलाहाबाद हाईकोर्ट की लखनऊ बेंच ने इस अधिग्रहण को 11 दिसंबर को रद्द करते हुए भूमि अधिग्रहण की दोनों अधिसूचनाएँ खारिज कर दीं। तीन जजों की इस पीठ ने अधिग्रहण को रद्द करने के जो कारण बताए, उनमें मुख्य यह था कि अधिग्रहीत जमीन का एक बड़ा हिस्सा मूल वाद की संपत्ति है। मूल वाद का अभी निपटारा नहीं हुआ है, इसलिए उसका अधिग्रहण अवैध है। दूसरा सवाल, जो हाईकोर्ट ने खड़ा किया था, वह यह है कि क्या जिस मकसद के लिए जमीन का अधिग्रहण हुआ था, वह लोकोद्देशीय है? मंदिर या मस्जिद बनाना जनहित का काम नहीं है। फिर अब अगर यह काम उस वक्त जनहित में नहीं थे तो केंद्र सरकार का इसी मकसद के लिए किया जाने वाला अधिग्रहण लोकहित में कैसे हो सकता है?

पीठ के तीसरे न्यायमूर्ति हैदर अब्बास रजा ने तो अपने फैसले में साफ कहा था कि किसी भी धर्मनिरपेक्ष राज्य को मंदिर, मस्जिद या गुरुद्वारा बनाने का अधिकार नहीं दिया जा सकता। यह काम धार्मिक संप्रदायों का है, इसलिए यह अधिग्रहण रद्द होना चाहिए। इस आदेश के बाद भी केंद्र सरकार का मंदिर और मस्जिद बनाने के लिए किया जानेवाला अधिग्रहण कहाँ तक जायज होगा?

राज्य सरकार ने विवादित ढाँचे के अलावा 2.77 एकड़ जमीन का अधिग्रहण किया था। इस अधिग्रहण को हाशिम और पाँच दूसरे लोगों ने इलाहाबाद हाईकोर्ट की लखनऊ पीठ में चुनौती दी। हाईकोर्ट ने अपने 11 दिसंबर के फैसले में कल्याण सिंह सरकार की अधिग्रहण के लिए जारी दोनों 7 अक्तूबर और 10 अक्तूबर की अधिसूचनाएँ निरस्त कर दीं। तीन न्यायाधीशों की पीठ का फैसला एकमत से था, पर फैसले तीनों ने अपने अलग-अलग दिए थे। तीनों अधिग्रहण रद्द करने के इस कारण से एकमत थे कि 'अधिग्रहीत भूमि के अधिकांश हिस्से के मालिकाना संबंधी मुकदमे अदालत में लंबित हैं।' उन्होंने यह भी साफ किया था कि एक बार यह मालूम होने पर कि अधिग्रहीत की गई जमीन विवादित है, नतीजा यही निकलता है कि राज्य सरकार ने इस तथ्य पर गौर नहीं किया है। राज्य सरकार ने ऐसा कर संविधान के अनुच्छेद 14 और 15 का उल्लंघन किया है। इसलिए अधिग्रहण अवैध है।

न्यायमूर्ति माथुर ने अपनी टिप्पणी में साफ कहा कि सरकारी पक्ष ने इस बात से इनकार किया है कि अधिग्रहीत जमीन का कोई भाग मूल वाद की संपत्ति है, पर हकीकत इससे दूर है। विवादित जगह का बाहरी आँगन भी अधिग्रहीत कर लिया गया था। जबकि यह संपत्ति मूल वाद में है। साफ है कि केवल ढाँचे को छोड़कर बाकी जमीन अधिग्रहीत कर ली गई है। यह तथ्य इस बात के लिए काफी है कि इसी आधार पर अधिसूचनाएँ रद्द कर दी जाएँ। यह टिप्पणी न्यायमूर्ति माथुर की थी। अब फिर वही सवाल है कि संपत्ति के मूल वाद का निपटारा हुए बिना दुबारा अधिग्रहण कैसे हो सकता है?

न्यायमूर्ति हैदर अब्बास रजा की टिप्पणी तो दुबारा अधिग्रहण में और भी बाधक है। उनका कहना है कि किसी धर्मनिरपेक्ष राज्य में पूजाघर बनाने के लिए जमीन का अधिग्रहण सरकार की अधिकार सीमा से परे है। उन्होंने कहा कि तीर्थयात्रियों को सुविधा के लिए गेस्ट हाउस, जल-व्यवस्था, सुरक्षा की व्यवस्था तो सरकार कर सकती है, पर मंदिर-मस्जिद निर्माण का काम उसका नहीं है। उन्होंने अपने फैसले में कहा कि हर नागरिक और धार्मिक संप्रदाय को अपने धार्मिक कृत्यों के लिए अधिकार मिले हैं। किसी शासन को यह अधिकार नहीं दिया जा सकता कि वह सरकारी मशीनरी को किसी पूजा-स्थल के निर्माण में लगाए।

■

चार्जशीट के लिए गवाह नहीं मिल रहे

लखनऊ, 5 जनवरी, 1993 : लालकृष्ण आडवाणी सहित गिरफ्तार भारतीय जनता पार्टी के नेताओं को दी जाने वाली चार्जशीट ने उत्तर प्रदेश सरकार के गृह विभाग और पुलिस के अफसरों की नींद उड़ा दी है। राज्य का गृह विभाग 10 जनवरी तक चार्ज शीट देने की हड़बड़ी में है, पर मुश्किल है, उसे गवाह ढूँढ़े नहीं मिल रहे हैं। पुलिस महानिरीक्षक (आईजी) के नेतृत्व में पूरी टीम चार्जशीट बनाने में दिन-रात एक किए है, लेकिन सरकार की परेशानी है कि बीजेपी नेताओं पर लगे आरोपों के पक्ष में पुख्ता प्रमाण नहीं मिल रहे हैं; हालाँकि राज्य के पुलिस महानिदेशक का दावा है कि उनके पास पक्के सबूत हैं, जिन्हें वे एक-दो रोज में अदालत में दाखिल करा देंगे।

लालकृष्ण आडवाणी सहित गिरफ्तार बीजेपी नेताओं की विवेचना सीआईडी की अपराध शाखा के पास है।

■

6 दिसंबर के बाद बदली सांप्रदायिक ध्रुवीकरण की तस्वीर

15 जनवरी, 1993 : 6 दिसंबर को अयोध्या और उसके बाद देश भर में घटी घटनाओं ने समूचे उत्तर प्रदेश को सांप्रदायिक आधार पर बाँट दिया है। राज्य के देहाती इलाके पहली दफा इस तीखे और जहरीले ध्रुवीकरण के शिकार हुए हैं, देहातों में एक सी हवा बह रही है। इस हवा ने अगड़े और पिछड़े का भेद भी मिटा दिया है। 1991 के चुनाव में मंडल के चलते जातिवादी राजनीति को जो उभार मिला था, वह इस हवा से एक दम थम गया है। देहाती समाज दो हिस्सों में साफ-साफ बँट गया है। गाँव की चौपालों पर यह कट्टरता आजादी के बाद पहली बार दिखती है। मध्य और पूर्वी उत्तर प्रदेश के गाँवों की

नब्ज टोहने से पता पड़ता है कि कि ढाँचे के टूटने का असर उतना नहीं है, जितना दुबारा मस्जिद के ऐलान से समाज में दरार पड़ी है। महत्त्वपूर्ण बात यह है कि समूचे घटनाक्रम में गाँव में बीजेपी की पहचान कल्याण सिंह से हो रही है। कल्याण सिंह लोगों के मन में हैं। इस पार्टी के राष्ट्रीय नेताओं का कोई नाम नहीं लेता। कांग्रेस बिल्कुल असहाय हालत में है। इस पर देहाती आदमी भी टिप्पणी नहीं करना चाहता।

इस सांप्रदायिक ध्रुवीकरण में मुलायम सिंह यादव के अतिवादी मस्जिद प्रेम से उनका मतदाता भी छिटका है। सिर्फ यादव और उसमें भी थोड़े संपन्न यादव ही मुलायम सिंह की बात करते हैं। कुर्मी, लोध, काछी के अलावा कई पिछड़ी जातियाँ हिंदुत्व की इस लहर में बीजेपी के साथ हैं। इसकी एक वजह यह भी है कि उत्तर प्रदेश में हुए दंगों में सबसे ज्यादा लुटे और पिटे पिछड़े व दलित ही हैं, क्योंकि इन्हीं वर्गों की बस्तियाँ गाँव के बाहरी छोर पर होती हैं और जो दंगाइयों की पहुँच के भीतर आसानी से आती हैं। कानपुर के गुजैनी, नौवस्ता, ताजपुर इलाके हों या बनारस का लोहता बाजार, सभी जगह खटीक, पिछड़ों और दलितों ने ही दंगों में बढ़-चढ़कर हिस्सा लिया था। इसकी एक वजह मुस्लिम बस्तियों और उनकी बस्तियों में नजदीकी भी हो सकती है।

महत्त्वपूर्ण बात यह है कि समूचे घटनाक्रम में गाँव में बीजेपी की पहचान कल्याण सिंह से हो रही है। कल्याण सिंह लोगों के मन में हैं। इस पार्टी के राष्ट्रीय नेताओं का कोई नाम नहीं लेता।

छह दिसंबर की घटना को लेकर देहातों में न कहीं राष्ट्रीय शर्म है, न राष्ट्रीय रुदन। हर कहीं उस रोज और उसके बाद गाँव की चौपाल पर उत्सवी माहौल है, न देहाती ही अपनी यह खुशी रोकने की कोशिश करता है। गुस्सा है तो प्रधानमंत्री नरसिंह राव के मस्जिद बनाने के ऐलान पर। लखनऊ से साठ किलोमीटर दूर उन्नाव का एक गाँव है विसपरी खेड़ा। इसके प्रधान उमेश सिंह पुराने कांग्रेसी हैं। 1989 में वी.पी. सिंह के साथ चले गए। राजपूत हैं, पर अब ढाँचा ढहाए जाने की घटना को जनमानस के अनुकूल बताते हैं। प्रधानजी सड़क से एक किलोमीटर अंदर अपनी आटा चक्की पर मिलते हैं। उनका कहना है कि जो हुआ, वह तो होना ही था, पर दोबारा मस्जिद बनाने का फैसला चिढ़ानेवाला है। 'अगर ऐसा हुआ तो हम उतना विरोध करेंगे, जितना विरोध मुसलमानों ने ढाँचा गिराने का भी नहीं किया।' प्रधान को इस बात की खुशी है कि उसके गाँव में राजपूतों के बाद लोध हैं, पर सब एक मत हैं। छह दिसंबर की घटना के बाद सबने मिलकर खुशियाँ मनाई थीं। उन्नाव का यह हिस्सा परंपरागत तौर पर गैर-बीजेपी इलाका है। इसका एक छोर रायबरेली को छूता है। रायबरेली कांग्रेस का मजबूत गढ़ है। वहाँ भी वही हवा है।

लखनऊ-उन्नाव राजमार्ग पर ही एक गाँव है बनी। पढ़ा-लिखा और संपन्न गाँव। गाँव के बाहर से ही राम नाम की हवा की अनुभूति होती है। बासठ साल के शिवबालक पैंतीस साल से वहीं पान की दुकान लगाते हैं। पढ़े-लिखे नहीं हैं, पर देश के मौजूदा

हालात पर उनकी राय टो टूक और साफ है। ढाँचा ढहाने पर वे कहते हैं, 'जो भा ठीकई भा', पर मंदिर-मस्जिद एक साथ बनाने के ऐलान पर उनका गुस्सा फूट पड़ता है, 'पगलाए हैं, लगता है ई दिल्ली हू की गद्दी पर नहीं बैठइयाँ।' (शिव बालक का कहना है अगर नरसिंह राव ने ऐसा किया तो उन्हें दिल्ली की गद्दी से हटना पड़ेगा) अगर ऐसा हुआ तो? 'महाभारत होई, नेता मनिहै ना' शिव बालक अपनी जाति नहीं बताते। इस सवाल पर गुस्साकर कहते हैं—'जाति-पाँति पूछी नहीं कोई। हरि को भजई सो हरि का होई।' बाद में पता चलता है कि शिव बालक जाति से गड़रिया हैं। वे बीजेपी को नहीं जानते, पर कल्याण सिंह को अमर मानते हैं। शिवबालक के पड़ोसी छोटई बिना पूछे हवा का रुख बताते हैं। दूध बेचते हैं। कहते हैं, 'हवा भाजपै के पक्ष मा है। गांवन में तो भाजपै है।'

इस गाँव के प्रधान जगनायक सिंह चौहान सजपा नेता हैं। वे कहते हैं कि हिंदू-मुसलमान की दूरियाँ काफी बढ़ गई हैं। गाँव में ऐसा कभी नहीं हुआ था। अविश्वास का माहौल है, पर वे इस बात से इनकार नहीं करते कि सांप्रदायिक बँटवारे में तीसरा समूह, जो हमेशा बीच के लोग होते हैं, अबकी तो नहीं दिखाई दे रहा है। उनका कहना है कि यह स्थिति बीजेपी के पक्ष में जा रही है। पिछड़े लोगों के रुख पर जगनायक सिंह कहते हैं, 'कोई असर नहीं है। यह भेद इस सवाल पर खत्म हो गया।' वे याद दिलाते हैं, 'आपको पता है कि ढाँचा ढहाने में सी.बी.आई. ने जिन 25 कारसेवकों को पकड़ा था, उसमें सिर्फ 10 अगड़ी जाति के थे, 15 पिछड़ी जाति के लोग हैं। इसी से आपको उनके रुख का अंदाज लग सकता है।' बीजेपी के खिलाफ रहते हुए चौहान कहते हैं कि छह तारीख जैसा उत्साह मैंने पहले कभी नहीं देखा। वहाँ कल्याण सिंह सरकार की बर्खास्तगी और इस्तीफे की चर्चा ही नहीं है। लोग उस सरकार को सिर्फ शहीद मान रहे हैं। चौहान कहते हैं कि बीजेपी के राष्ट्रीय नेताओं का गाँव में इतना असर नहीं है, जितना कल्याण सिंह का है। लोग उन्हें हीरो मान रहे हैं।

'आपको पता है कि ढाँचा ढहाने में सी.बी.आई. ने जिन 25 कारसेवकों को पकड़ा था, उसमें सिर्फ 10 अगड़ी जाति के थे, 15 पिछड़ी जाति के लोग हैं।'

गाँव के मंदिर और चौपाल इन दिनों आरएसएस, विहिप और बीजेपी की गतिविधियों के केंद्र हैं। यहाँ आरती, रामायण, हनुमान चालीसा के पाठ के नाम पर लोग इकट्ठा हो रहे हैं। इसी दौरान गरमागरम बहस होती है। राज्य में विश्व हिंदू परिषद और आरएसएस ने अपनी रणनीति के तहत ही गाँव में ऐसे आयोजनों का अभियान छेड़ा है। इसी में वे अपनी सूचनाएँ भी देते हैं। इन संगठनों पर प्रतिबंध और नेताओं की गिरफ्तारी की खबर पूरे गाँव को है। इस मुद्दे पर जनमानस उद्वेलित भी है। गाँव में कोई तनाव नहीं है, पर चौपाल में अब मुसलमान नहीं आते। दूरियाँ बहुत बढ़ गई हैं। इस गाँव के मुसलमान तो बातचीत के लिए तैयार भी नहीं हैं। असुरक्षा और डर की भावना है। शायद इसी डर से रफीक मियाँ

दुबारा मस्जिद बनाने की राय के समर्थक नहीं हैं। रफीक मियाँ दरजी हैं और बरसों से हिंदू-मुसलमान दोनों के कपड़े सिल रहे हैं।

कानपुर काजीखोड़ा पिछड़ों का गाँव है। ज्यादातर मल्लाह हैं। अभी हुए दंगों में इस गाँव ने बढ़-चढ़कर हिस्सा लिया। छह दिसंबर को ढाँचा गिराए जाने के फौरन बाद यहाँ कट्टरता फैली थी। इस खुशी को यहाँ के लोग रोकने की कोशिश नहीं करते। काजीखोड़ा के पन्नालाल टेनरी में काम करते हैं। मस्जिद फिर से बनाए जाने के नाम पर आसमान सिर पर उठाने को तैयार हैं। कहते हैं, 'इसे बर्दाश्त नहीं किया जा सकता है। यह हो नहीं सकता।' इस गाँव के मल्लाह बीजेपी के पक्ष में मजबूती से खड़े दिखाई देते हैं। कांग्रेस की हालत अपाहिज और असहाय सी है। उसके साथ न हिंदू हैं, न मुसलमान। न ही लगातार सिकुड़ता वह तीसरा समूह, जो अब भी इस ध्रुवीकरण से बचना चाहता है।

सबसे ज्यादा दो टूक राय तो दंगों से कराह रही लोहता (वाराणसी) के मोलहू की है। मोलहू हरिजन बस्ती महमूदपुर में रहते हैं। लोहता में ज्यादातर बनारसी साड़ी के बुनकर हैं। छह दिसंबर की रात दंगाइयों ने यहाँ धावा बोला था। दंगाइयों ने इस गाँव में तीस घर जला दिए और आठ लोगों को जिंदा जला डाला। दुखी मोलहू का कहना है, 'बहुत हो गयल, देख लेहली डीएस-4 (बसपा), बखत पर गाँव के ठाकुरै वामन काम अइलन।' मोलहू कहता है कि बी.एस.पी. ने हमें सवर्णों से अलग कर दिया था। पर दंगे के वक्त गाँव के ब्राह्मण, ठाकुरों ने ही हमें दंगाइयों से बचाया। इसलिए अब वे फिर उस बस्ती में रहने को तैयार नहीं हैं।

जबकि इसी गाँव का निजामुद्दीन इस हादसे के लिए सिर्फ बीजेपी को दोषी नहीं मानता। निजामुद्दीन की नजर में प्रधानमंत्री नरसिंह राव भी उतने ही दोषी हैं, जितनी बीजेपी। उन्होंने क्यों यह सब होने दिया? जब हो ही गया तो दो रोज तक उनकी सरकार क्या कर रही थी। मंदिर फिर से क्यों बनने दिया? निजामुद्दीन के सवाल हैं। निजामुद्दीन बनारसी साड़ी बुनता है। उसके काम-काजी संबंध हिंदुओं से हैं, जो इस वक्त स्थगित हैं। उसे नहीं मालूम कि ये संबंध फिर कब शुरू होंगे।

पूर्वी और मध्य प्रदेश के इन गाँवों में इस वक्त चर्चा का सबसे अहम मुद्दा अयोध्या में विवादित स्थल पर दुबारा बननेवाली मस्जिद है। इस चर्चा में एक बदलाव साफ है, जो लोग बाबरी ढाँचे की सुरक्षा के पक्षधर हुआ करते थे, वे सब अब दुबारा वहाँ मस्जिद बनाए जाने के खिलाफ हैं। इस ऐलान की औसत आदमी में तीखी प्रतिक्रिया है। पिछड़ी जाति का कोई कट्टर मंडल समर्थक भी यह कहने की स्थिति में नहीं है कि मस्जिद वहीं या मंदिर के बगल में दुबारा बननी चाहिए। इस सवाल पर दरबारी कलां का दयाराम कहता है, "अभी तो कुछ नहीं हुआ है। अपने इस ऐलान को सरकार शुरू करके तो देखे।" शायद ही उत्तर प्रदेश के गाँव में कोई मुद्दा इस जैसे एक महीने के भीतर जंगल में आग की तरह फैला हो। न सिर्फ रोज होने वाली घटनाएँ आम आदमी तक पहुँच रही हैं, बल्कि प्रतिक्रिया भी फौरन हो रही है। यह प्रतिक्रिया इस खबर के बाद और

तीखी हो जाती है, जब विदेशों से पूजास्थल टूटने या भारतीयों पर हमले की खबर आती है।

गाँव में विहिप, बजरंग दल और आरएसएस पर पाबंदी की प्रतिक्रिया तीखी है। संघ की शाखाओं पर रोक लगी है। उनका प्रचार-तंत्र सक्रिय है। नीचे तक यही संदेश जा रहा है कि जो लोग अयोध्या में मंदिर बनवा रहे थे, पुलिस उन्हें जेल भेज रही है। गाँव में यह भी सवाल होता है कि क्या राम का फोटो लगाने और जय श्रीराम बोलने पर भी पुलिस पकड़ रही है। लोग इस बदलाव का कारण जानना चाहते हैं, पर ज्यादातर खुद ही जवाब भी देते हैं। राम नाम कहनेवालों को पुलिस पकड़ रही है। दरबारी कलां का बंसीधर कहता है, "प्रधानमंत्री जनता के साथ साजिश में लगा है, सिर्फ वोटना खातिर देश का ई हाल होई गवा है। देश मां शांति की जगह मस्जिद बनाए के ऐलान से ही ई आग लगी है। लागत है बुद्धी मारी गई है सरकार की।"

"प्रधानमंत्री जनता के साथ साजिश में लगा है, सिर्फ वोटना खातिर देश का ई हाल होई गवा है। देश मां शांति की जगह मस्जिद बनाए के ऐलान से ही ई आग लगी है। लागत है बुद्धी मारी गई है सरकार की।"

■

मुसलमानों को मुख्यधारा में लाना है—कल्याण सिंह

लखनऊ, 27 जनवरी, 1993 : कल्याण सिंह मुसलमानों को देश की मुख्यधारा में लाना चाहते हैं। इसलिए वे अब जमीन की असलियत मुसलमानों को समझाएँगे। उनका कहना है कि जो माहौल देश में है, वह जारी रहा तो मुसलमान देश की मुख्यधारा से एकदम कट जाएगा। मौजूदा माहौल से दुःखी कल्याण सिंह कहते हैं, 'यह मानकर चलना चाहिए कि इस देश में हिंदू और मुसलमान दोनों को रहना है। अब किसी को अलग नहीं किया जा सकता तो फिर दोनों एक-दूसरे की भावना की कद्र क्यों न करें?' उत्तर प्रदेश के पूर्व मुख्यमंत्री देश भर में हो रहे दंगों से द्रवित और उसके पीछे की साजिश को समझ रहे हैं। वे कहते हैं, 'इन दंगों के पीछे विदेशी हाथ है। मुसलमान इस देश में वोट हो गया है। गैर-बीजेपी पार्टियाँ उसे वोटबैंक की नजर से देखती हैं। यही उसका सबसे बड़ा दुर्भाग्य है। उसे समझना होगा कि वह सिर्फ वोट नहीं, इस देश का नागरिक भी है।'

अयोध्या में अगल-बगल मंदिर-मस्जिद के प्रस्ताव को नकारते हुए कल्याण सिंह की राय साफ है। ऐसा कहने वाले मुसलमानों के हितैषी नहीं हैं। वे हमेशा के लिए हिंदू-मुसलमान को लड़ाए रखना चाहते हैं। देश में ऐसे माहौल में यह प्रस्ताव रखना देश को गृहयुद्ध की तरफ ढकेलना है। वोट के सौदागर मुसलमानों को अभी और न जाने कितना गुमराह करेंगे। कल्याण सिंह कहते हैं। इस हालात से छुटकारे के लिए फौरन चुनाव चाहते

हैं, ताकि दोनों तरफ का गुस्सा 'बुलेट' की जगह 'बैलेट' के जरिए निकले। उनका मानना है 'लोकसभा तो भंग हो ही, सारे देश की विधानसभाएँ भी भंग कर एकमुश्त हमेशा-हमेशा के लिए फैसला हो जाए। जिसे जो भी कुछ कहना है, चुनाव में कह दे। अब इस मामले का स्थायी हल चुनाव से ही होगा।'

कल्याण सिंह को इस बात का गर्व है कि उनके राज में दंगे नहीं हुए। मुसलमान सबसे ज्यादा सुरक्षित उनके ही राज में रहा है। वे कहते हैं, 'मुसलमानों के सबसे बड़े हितैषी मुलायम सिंह बनते हैं। आजादी के बाद सबसे ज्यादा मुसलमान मुलायम सिंह के शासनकाल में मारे गए।' 'सबको न्याय, पर तुष्टीकरण किसी को नहीं', दंगा रोकने का यही उनका मूलमंत्र रहा। वे दावा करते हैं। उनकी सरकार ने धर्म, जाति, मजहब, उपासना पद्धति के आधार पर कोई भेदभाव नहीं किया। आम मुसलमान 18 माह के बीजेपी राज में अपने को सबसे ज्यादा सुरक्षित मानता रहा, पर देश में कुछ ऐसी पार्टियाँ हैं, जो वोट की खातिर मुसलमानों को लाचार हालत में ही देखना चाहती हैं। कल्याण सिंह कहते हैं।

इस हालात से छुटकारे के लिए फौरन चुनाव चाहते हैं, ताकि दोनों तरफ का गुस्सा 'बुलेट' की जगह 'बैलेट' के जरिए निकले। उनका मानना है 'लोकसभा तो भंग हो ही, सारे देश की विधानसभाएँ भी भंग कर एकमुश्त हमेशा-हमेशा के लिए फैसला हो जाए। जिसे जो भी कुछ कहना है, चुनाव में कह दे। अब इस मामले का स्थायी हल चुनाव से ही होगा।'

कल्याण सिंह अयोध्या में मस्जिद के विरोधी नहीं हैं। बीजेपी ने तो प्रधानमंत्री के प्रस्ताव पर मस्जिद का विरोध किया था। लेकिन यह कल्याण सिंह का ही फॉर्मूला था कि अयोध्या में मस्जिद का हमें विरोध नहीं करना चाहिए, पर प्रस्तावित मस्जिद पंचकोसी परिक्रमा के बाहर बने। बाद में इसी फॉर्मूले को पार्टी ने स्वीकार कर लिया। कल्याण सिंह अब भी मानते हैं कि औसत मुसलमान मंदिर का विरोधी नहीं है, पर वोटबैंक के खातिर उनका कट्टरपंथी नेतृत्व और छद्म धर्मनिरपेक्षता पार्टियाँ उन्हें बरगला रही हैं। असल कसूरवार यही हैं, क्योंकि अगर सब मुसलमान असलियत समझ जाएँ तो इनकी दुकानें बंद हो जाएँगी। कल्याण सिंह चाहते हैं कि 'इस वक्त दोनों समुदायों को समझाने की जरूरत है। वोट के सौदागरों को बेपर्दा कर मुसलमानों को संस्कार देने की जरूरत है कि हमारी परिकल्पना एक राष्ट्र, एक जन की है। पूजा-पद्धति के आधार पर समाज को बाँटना गलत है। आज तक यही हुआ। अब इसे अगर रोका न गया तो हिंदू कट्टरता पनपेगी और छह दिसंबर से बड़ा कोई हादसा भी हो सकता है।' वे आगाह करते हैं।

कल्याण सिंह इन दिनों बीजेपी के 'हॉट केक' हैं। उनके कार्यक्रम पार्टी सभी राज्यों की राजधानियों में लगा रही है। ढाँचा ढहाए जाने वाले रोज से अब तक अपनी बात पर कायम इस पूर्व मुख्यमंत्री को लोग देखना और सुनना चाहते हैं। इसीलिए अगले हफ्ते से राज्य के बाहर वे व्यस्त कार्यक्रम पर निकल रहे हैं। स्थानीय दैनिक 'स्वतंत्र भारत' और कोफ्ट

(एजेंसी) ने साझे जनमत सर्वेक्षण में कल्याण सिंह की लोकप्रियता बीजेपी अध्यक्ष मुरली मनोहर जोशी से ज्यादा है। हमने उनसे लंबी बातचीत की। उनसे हुई बातचीत के मुख्य अंश।

अयोध्या मसले का स्थायी हल क्या है ?

अयोध्या मसले को हमेशा के लिए सुलझाना पड़ेगा, अगली पीढ़ी के लिए छोड़ना खतरनाक होगा, हालाँकि केंद्र का कदम अब भी इस मसले को और लटकानेवाला ही है। इस समस्या का स्थायी हल राम जन्मभूमि पर मंदिर और पंचकोसी परिक्रमा के बाहर एक भव्य मस्जिद का निर्माण ही है। इसके अलावा कोई विकल्प नहीं है। एक ही परिसर में मंदिर-मस्जिद समाधान नहीं, अनंतकाल तक झगड़े-फसाद की वजह बनाना है। इससे मुसलमानों को राष्ट्र की मुख्यधारा में मिलने की प्रक्रिया में भी रुकावट आएगी। उससे हमेशा के लिए दोनों समुदाय एक-दूसरे का दुश्मन बनेंगे, क्योंकि वहाँ मस्जिद किसी को स्वीकार्य नहीं होगी, संघर्ष-आंदोलन और उग्र होगा।

केंद्र सरकार द्वारा अधिग्रहण और अयोध्या पैकेज कैसा कदम है ?

बेवकूफी भरा है। अधिग्रहण ने कई सवाल खड़े कर दिए हैं। शेषावतार का मंदिर जो बन रहा था, उसके बनने पर प्रश्नचिह्न लग गया है। कहाँ मंदिर बनेगा, कहाँ मस्जिद, इसका कोई उल्लेख नहीं है। फिर अधिग्रहण मंदिर-मस्जिद साथ बनाने के लिए किया गया है। इसलिए यह स्वीकार्य नहीं होगा। मंदिर/मस्जिद बनाने वाले दो अलग-अलग ट्रस्ट सरकारी होंगे। इस ट्रस्ट पर दोनों समुदायों का न विश्वास होगा, न ही इनके द्वारा बनाए गए मंदिर स्वीकृत हो पाएँगे। हालत संता सिंह द्वारा बनाए गए अकाल तख्त की सी हो जाएगी, जिसे तोड़कर दुबारा बनाया गया। समाज ने राम जन्मभूमि न्यास को मान्यता दी है। उसी का बनाया मंदिर ही स्वीकार्य होगा।

विवादित स्थल पर अनुच्छेद 143 के तहत उच्चतम न्यायालय की राय लेने पर क्या सोचते हैं ?

इस राय का अब कोई औचित्य नहीं है। जो शिलालेख मिले हैं, उससे आँख का अंधा भी कहेगा कि वहाँ मंदिर था, पर केंद्र में बैठे अंधे लोग कुछ देखने को तैयार नहीं हैं। 18 नवंबर, 1992 को प्रधानमंत्री और रक्षा मंत्री की मौजूदगी में मैंने सहमति जताई थी कि संविधान के अनुच्छेद 138 (2) के बजाय 143 में इसे सुप्रीम कोर्ट को सौंपा जा सकता है, पर अब परिस्थितियाँ बदल गई हैं। वहाँ ढाँचा भी नहीं है। नए सबूत मिल गए हैं, इसलिए मैं असहमत हूँ। अब तो जितनी जल्दी ये सारे तथ्य दुनिया को बताए जा सकें, उतना ही अच्छा है, ताकि लोगों का भ्रम दूर हो और लोग जानें कि वहाँ 55 साल से नमाज नहीं पढ़ी गई। मुसलमानों के लिए वह परित्यक्त स्थल है। हिंदुओं का वह पवित्र रामजन्मस्थान है। प्रधानमंत्री अगर इस जगह को बार-बार मस्जिद न कहकर असलियत बताते तो शायद पूरी दुनिया में इतनी हाय-तौबा न मचती।

अधिग्रहण की समस्या का क्या समाधान होगा?

अब तो और उलझा है। दरअसल मामले का निपटारा दृढ राजनैतिक इच्छाशक्ति से होना है। सुप्रीम कोर्ट की राय से नहीं। सुप्रीम कोर्ट की राय तो इस मुद्दे को अटकाना है। सुप्रीम कोर्ट तीन ही राय दे सकता है। एक, वह कहे कि वहाँ मंदिर था। दूसरा, यह कहे कि वहाँ मंदिर नहीं था। तीसरे, वह यह भी कह सकता है कि यह कहना मुश्किल है कि वहाँ क्या था, यानी सुप्रीम कोर्ट इस मामले का समाधान नहीं निकाल सकता है। सुप्रीम कोर्ट की राय के बाद भी राजनैतिक फैसला ही लेना पड़ेगा। सरकार को ही तब भी निर्णय लेना पड़ेगा। मान लीजिए, कह दिया मंदिर नहीं था तो क्या मूर्तियाँ हटेंगी? और अगर यह कह दिया कि कुछ भी कहना मुश्किल है तो हम आज की ही स्थिति में फिर पहुँच जाएँगे। आखिरकार फैसला तो केंद्र सरकार को ही लेना पड़ेगा। मामला बिगड़े, उससे पहले ही फैसला लेना चाहिए। फिर दूसरे पक्ष ने कह दिया है कि वह इस कार्रवाई में भाग ही नहीं लेगा। बात जहाँ की तहाँ। दरअसल केंद्र सरकार अक्षमता और अनिर्णय की मूर्ति है। उसमें साहस का अकाल है। वह मामले को लटकाना चाहती है।

दरअसल मामले का निपटारा दृढ राजनैतिक इच्छाशक्ति से होना है। सुप्रीम कोर्ट की राय से नहीं। सुप्रीम कोर्ट की राय तो इस मुद्दे को अटकाना है। सुप्रीम कोर्ट तीन ही राय दे सकता है। एक, वह कहे कि वहाँ मंदिर था। दूसरा, यह कहे कि वहाँ मंदिर नहीं था। तीसरे, वह यह भी कह सकता है कि यह कहना मुश्किल है कि वहाँ क्या था, यानी सुप्रीम कोर्ट इस मामले का समाधान नहीं निकाल सकता है।

आपने धमकी दी है कि चुनाव न हुआ तो गृहयुद्ध होगा?

मैंने आशंका जताई है, धमकी नहीं दी है, क्योंकि मंदिर का सवाल राष्ट्रीय सवाल बन चुका है तो देश की जनता को भी इसके समाधान में साझीदार बनाना चाहिए। सही समय पर सही फैसले की कूव्वत इस देश की जनता में है। वह कई दफा इसे साबित भी कर चुकी है। एक बार जब इस सवाल पर जनता का फैसला हो जाएगा तो कोई गुंजाइश भी नहीं बचेगी। इसलिए अब एकमात्र उपाय लोकसभा भंग कर चुनाव कराना ही है। मेरी राय में तो बाकी विधानसभाओं के भी चुनाव इसी के साथ हो जाने चाहिए, ताकि पूरे देश को जो कुछ भी कहना है, एकमुश्त कह दे। दंगे भी थम जाएँगे और दोनों तरफ के लोग अपनी राय भी जता देंगे। देखिए, बात बड़ी साफ है। लोकसभा भी इस समय जनभावनाओं को प्रतिबिंबित करने वाला चरित्र खो चुकी है। लोकसभा में कुछ कहा जाता है और जनता कुछ और चाह रही है। जोड़-तोड़ कर प्रधानमंत्री अपना 'टेक्निकल' बहुमत भले साबित कर दें। इस देश का जनमत उनके साथ नहीं है। तकनीकी और जोड़-तोड़ के बहुमत की तुलना में जनमत अधिक प्रभावी और व्यावहारिक होगा। दरअसल बीजेपी के अलावा सारी पार्टियाँ जनभावनाओं से कट चुकी हैं। इसलिए नए जनादेश के प्रति उनमें घबराहट है। लोकसभा जनभावनाओं का प्रतिनिधित्व नहीं करती,

इसलिए नए चुनाव जरूरी हैं और चुनाव का टाला जाना देश के हालात बिगाड़ना है।

छह दिसंबर की घटना न होती तो देशव्यापी दंगों से बचा जा सकता था?

दंगे पाकिस्तान की साजिश हैं। गृहमंत्री भी कह चुके हैं कि बंबई और अहमदाबाद के दंगों का छह दिसंबर से कुछ लेना-देना नहीं है। दरअसल इन दंगों के जिम्मेदार प्रधानमंत्री, उनके मंत्री और रामो-वामो के नेताओं के जहरीले तथा गैर-जिम्मेदार भाषण हैं। सरकारी मीडिया ने भी दंगों में बड़ी गंदी भूमिका निभाई है। ये दंगे देश तोड़ने की गहरी साजिश के 'रिहर्सल' हैं। इन दंगों में गृहयुद्ध भड़काने की गंध आती है। दंगों की प्रक्रिया और प्रकृति देखें तो बात समझ में आती है। दंगाइयों ने जानबूझकर पुलिस और पी.एस.सी. पर हमले किए हैं, ताकि एक दफा सुरक्षा बलों का मनोबल टूटा तो देश को आतंकित करने में देर नहीं लगेगी। राजनैतिक दल भी बिना कुछ जाने-समझे सुरक्षा बलों पर अकारण बरस रहे हैं। गुजरात, महाराष्ट्र के दंगों में मिले हथियार बताते हैं कि यहाँ पकिस्तान का हाथ है।

केंद्र में जो नेतृत्व है, वह इसकी रोकथाम के लिए कदम उठाने का साहस नहीं कर सका। इसलिए रोज बेशर्मी से भरे बयान आते रहे। मसलन प्रधानमंत्री का यह कहना है कि 'मैं अगर मस्जिद बनाने का ऐलान न करता तो पाकिस्तान के प्रधानमंत्री नवाज शरीफ अयोध्या में मस्जिद बनाने का ऐलान कर देते।' यह बचकाना बयान है। प्रधानमंत्री ने ऐसा कहकर महान भारत और उसकी महान जनता का अपमान किया है। यह बयान देश की सार्वभौम सत्ता पर प्रहार है। बयान राष्ट्रद्रोह की परिभाषा में आता है। पाकिस्तान की क्या बिसात कि वह ऐसा कहने की हिम्मत करता। आप में इतनी ही हिम्मत है तो छोड़िए प्रधानमंत्री पद, जनता तय करेगी आप किस मर्ज की दवा हैं। सही बात कहने का किसी को साहस न भी हो तो ऊलजलूल बकने का किसी को हक नहीं है।

केंद्र में जो नेतृत्व है, वह इसकी रोकथाम के लिए कदम उठाने का साहस नहीं कर सका। इसलिए रोज बेशर्मी से भरे बयान आते रहे। मसलन प्रधानमंत्री का यह कहना है कि 'मैं अगर मस्जिद बनाने का ऐलान न करता तो पाकिस्तान के प्रधानमंत्री नवाज शरीफ अयोध्या में मस्जिद बनाने का ऐलान कर देते।' यह बचकाना बयान है। प्रधानमंत्री ने ऐसा कहकर महान भारत और उसकी महान जनता का अपमान किया है।

अब नरसिंह राव क्यों नहीं बर्खास्त करते महाराष्ट्र और गुजरात की सरकारों को। वहाँ सरकार नाम की कोई चीज नहीं है। दंगाइयों का राज है। बिना किसी कारण के बीजेपी की तीन सरकारों को बर्खास्त कर दिया। हिमाचल प्रदेश में तो दंगा-फसाद नहीं हुआ था, पर वहाँ की सरकार को भी राजनैतिक विद्वेष के चलते भंग कर दिया गया और अब महाराष्ट्र और गुजरात के लिए दूसरे पैमाने बनाए जा रहे हैं।

मई-जून, 93 से आगे चुनाव टल नहीं सकते। इस दौर में चुनाव पूरे देश में होंगे। मुझे इस बात का अब भी अफसोस है कि ढाँचे (विवादित) से अलग 2.77 एकड़ पर मैंने संत

समाज और विश्व हिंदू परिषद को कारसेवा के लिए राजी कर लिया था, पर मुसलमानों की हितैषी राजनैतिक पार्टियों और प्रधानमंत्री ने ऐसा नहीं होने दिया। नतीजतन मुसलमानों को क्या मिला ? मेरे फॉर्मूले से कारसेवा होती तो ढाँचा तो बच जाता।

■

मंदिर आंदोलन में तेजी के लिए नया मंच बनेगा

इलाहाबाद, 24 जनवरी, 1993 : हिंदू धर्माचार्य और संत राम जन्मभूमि आंदोलन को तेज करने के लिए एक नया और व्यापक मंच बनाएँगे। नए 'राम जन्मभूमि न्यास मंच' की स्थापना राम जन्मभूमि न्यास और अखिल भारतीय संत समिति मिलकर करेंगी। राम जन्मभूमि न्यास को और व्यापक बनाने और अब तक छूटे साधु-संतों को इसमें शामिल करने के लिए इन संगठनों ने आज यह फैसला लिया। फैसले पर संत सम्मेलन के खुले अधिवेशन में कल मोहर लगेगी। खुला अधिवेशन कल माघ मेले में संगम तट पर हो रहा है। अयोध्या पर केंद्र सरकार की घोषणा को देखते हुए संतों ने यह रणनीति अपनाई है, ताकि नया मंच इतना व्यापक हो जाए कि मंदिर के लिए बनने वाला प्रस्तावित सरकारी न्यास भी अलग-थलग पड़े। इसके पीछे प्रतिबंधित संगठनों के लोगों को भी नए न्यास से जोड़ने की मंशा है। संत सम्मेलन में हिस्सा लेने आए साधु-संतों पंचकोसी परिक्रमा के बाहर मस्जिद निर्माण के बारे में पहले कही बातों से मुकर गए हैं। अब उन्होंने कहा है कि अयोध्या की 96 किलोमीटर लंबी और 36 किलोमीटर चौड़ी सीमा में कोई मस्जिद नहीं बनने दी जाएगी।

संतों और धर्माचार्यों की बैठक की जानकारी देते हुए संत समिति के अध्यक्ष जगद्गुरु रामानुजाचार्य वासुदेवाचार्य और महंत अवेद्यनाथ ने साफ किया कि संत अयोध्या में कोई मस्जिद मंजूर नहीं करेंगे। दोनों ने कहा कि कल का संत सम्मेलन इस आशय का प्रस्ताव पास करेगा कि अयोध्या की सीमा के भीतर कोई भी मस्जिद संत समाज को मंजूर नहीं होगी। संत पंचकोसी परिक्रमा के बाहर मस्जिद के प्रस्ताव से भी सहमत नहीं है। विश्व हिंदू परिषद के महामंत्री अशोक सिंघल का नए मंच की बाबत कहना था कि देश भर में छह करोड़ लोगों ने मंदिर के लिए चंदा दिया है और 12 करोड़ लोगों ने शिलाएँ पूजी हैं। इन सबकी भागीदारी के लिए नया मंच बनाया गया है, ताकि मंदिर निर्माण के लिए किसी भी अगले कार्यक्रम में इन सबकी भागीदारी रहे। नए मंच के कार्यक्रमों का ऐलान कल होगा।

आज अखिल भारतीय संत समिति और मंदिर जीर्णोद्धार समिति की बैठक इलाहाबाद में अशोक सिंघल के घर पर हुई। बैठक में संतों ने एक व्यापक हिंदू संगठन की पहली जरूरत बताया। संतों ने कहा कि देश के मौजूदा माहौल और प्रधानमंत्री नरसिंह राव तथा घोषणाओं को देखते हुए संतों का एक मंच पर आना बहुत जरूरी है। प्रधानमंत्री की अयोध्या की बाबत घोषणाएँ विवादित ढाँचे को मस्जिद कहना और फिर उसके पुनर्निर्माण

की घोषणाओं ने देश-विदेश में हिंदू विरोधी विनाशलीला को बढ़ावा दिया है। सरकारी ट्रस्ट के दुराग्रह से निपटने के लिए भी नए मंच की जरूरत है।

आज की बैठक में संतों ने कहा कि सरकार के कदमों पर नजर रखते हुए फिलहाल न्यास रामनवमी तक किसी कारसेवा का ऐलान नहीं करेगा, पर संतों को राम जन्मभूमि न्यास के अलावा किसी न्यास द्वारा मंदिर बनाया जाना मंजूर नहीं होगा। समिति की तरफ से आयोजित प्रेस कॉन्फ्रेंस में महंत अवेद्यनाथ और जगद्गुरु रामानुजाचार्य ने कहा कि राम जन्मभूमि न्यास ही हिंदू संतों और धर्माचार्यों की धर्मसंसद द्वारा नियुक्त और करोड़ों रामभक्तों द्वारा मान्य है। मंदिर को इससे छीनना संतों और हिंदू समाज का अपमान है। इसलिए अखिल भारतीय संत समिति ने फैसला किया है कि वह भी न्यास से जुड़ा एक नया मंच बनाएगी, ताकि अब तक जो संत न्यास से न जुड़े हों, वे भी इससे जुड़ें। पुरी के शंकराचार्य स्वामी निश्चलानंदजी अब तक राम जन्मभूमि न्यास से जुड़े नहीं थे, पर संत समिति की साझेदारी से अब वे भी नए न्यास मंच में होंगे। ऐसे ही कुछ और भी धर्माचार्य हैं।

मंच के कल के सम्मेलन के लिए अब तक माघ मेले में ज्योतिर्पीठाधीश्वर शंकराचार्य, वासुदेवानंद, संत वामदेव जी, जगद्गुरु रामानुजाचार्य, परमहंस रामचंद्रदास, नृत्यगोपाल दास, महंत अवेद्यनाथ, चिन्मयानंद, आचार्य धर्मेंद्र, रामविलास वेदांती, युगपुरुष परमानंद, सच्चिदानंद साक्षी आ चुके हैं। मंदिर आंदोलन से जुड़े संगठनों की बैठकें माघ मेले के शिविरों और अशोक सिंघल के घर पर हो रही है।

अयोध्या में विवादित ढाँचा ढहाए जाने के बाद संतों और धर्माचार्यों का यह पहला जमावड़ा है। सभी संत ढाँचे के ध्वंस को अपनी उपलब्धि बता रहे हैं।

अयोध्या में मंदिर बनने की बाबत संतों की प्राथमिकता के सवाल पर अवेद्यनाथ ने कहा कि मंदिर का बनना और न्यास के जरिए बनना तय है, पर लगता है मंदिर बनाने से पहले हमें केंद्र में सरकार बनानी पड़ेगी। अनुभव यही कहता है कि केंद्र में सरकार बने बिना मंदिर में अड़चन आती रहेगी, क्योंकि उत्तर प्रदेश की रामभक्त सरकार के जनादेश की केंद्र सरकार ने कद्र नहीं की। अवेद्यनाथ ने कहा, 'हमें रामभक्त सरकार चाहिए, चाहे वह किसी पार्टी की हो। अब लगता है कि दिल्ली में सरकार बनने के बाद ही मंदिर बनेगा।'

संत समुदाय विश्व हिंदू परिषद की इस धारणा से सहमत नहीं है कि पंचकोसी परिक्रमा के बाहर मस्जिद बनाने की अनुमति दी जाए। आज संतों ने हिंदू ग्रंथों के एक श्लोक का उदाहरण देते हुए साफ कहा कि बारह योजन लंबे और साढ़े सात योजन चौड़े क्षेत्र में मसजिद निर्माण नहीं होने दिया जाएगा, यानी संतों के नए फैसले के अनुसार विवादित स्थल के बीचोबीच से करीब नब्बे किलोमीटर लंबे और 29 किमी. चौड़े क्षेत्र में यदि मस्जिद निर्माण शुरू हुआ तो संत समाज उसका विरोध करेगा।

इस सवाल पर कि इस नई सीमा-रेखा के भीतर पहले से बनी मस्जिदों के साथ

उनका क्या रवैया होगा? संतों का जवाब था कि उन मस्जिदों के साथ कोई छेड़छाड़ नहीं की जाएगी। अयोध्या के उपर्युक्त क्षेत्र को 'हिंदू धर्म क्षेत्र' घोषित करके वहाँ पर कुछ अन्य प्रतिबंध लगाने की भी संतों के बीच चर्चा है।

संत सम्मेलन में कहा गया कि पाकिस्तान के विभाजन वाली नीति यहाँ नहीं चलेगी। मंदिर परिसर को वे मस्जिद के लिए नहीं बँटने देंगे। जन्मभूमि विभाजित हो चुकी है, पर वे अपने आराध्य राम की जन्मभूमि विभाजित नहीं होने देंगे।

अंग्रेज सरकार ने अयोध्या के उक्त क्षेत्र में कुछ प्रतिबंध लगा रखे थे। संतों ने दावा किया है कि गजेटियर में इस बात के सबूत मौजूद हैं। मसलन, उस समय गुप्तार घाट से लेकर रामघाट तक मछली मारने की मनाही थी। संतों का आशय यह है कि उक्त सीमा-रेखा के भीतर मांस-मछली व अंडों की बिक्री पर भी रोक लगाई जाए। पिछली बार 1990 के माघ मेले में भी प्रयाग में संत सम्मेलन हुआ था। संत सम्मेलन के दौरान सम्मेलन स्थल पर कुछ लोगों ने बम फेंके थे। उन घटनाओं के मद्देनजर इस बार मेला प्रशासन ने सुरक्षा व्यवस्था बहुत कड़ी कर दी है।

■

संत केंद्र से टकराव को तैयार

इलाहाबाद, 25 जनवरी, 1993 : अयोध्या के मामले पर संत समाज केंद्र सरकार से एक और टकराव के लिए तैयार है। आज यहाँ संगम तट पर संत सम्मेलन ने फैसला लिया कि राम जन्मभूमि ट्रस्ट के अलावा और किसी ट्रस्ट के जरिए मंदिर बनाने को संत समाज मंजूर नहीं करेगा। संत और धर्माचार्य इस सवाल पर भी एकमत थे कि अयोध्या में अब कोई मस्जिद मंजूर नहीं होगी। संत सम्मेलन ने तय किया कि अगर दोनों मुद्दों पर सरकार कोई इकतरफा फैसला लेती है तो संत समाज सीधी कार्रवाई करेगा। सीधी कार्रवाई के बारे में स्वामी वामदेव ने कहा कि यह समय के अनुसार तय होगा। संत सम्मेलन ने भारतीय संविधान के प्रति पूरी निष्ठा जताई, लेकिन उसकी कुछ धाराओं से असहमति जाहिर की।

संत सम्मेलन में कहा गया कि पाकिस्तान के विभाजन वाली नीति यहाँ नहीं चलेगी। मंदिर परिसर को वे मस्जिद के लिए नहीं बँटने देंगे। जन्मभूमि विभाजित हो चुकी है, पर वे अपने आराध्य राम की जन्मभूमि विभाजित नहीं होने देंगे। चार हिंदू संगठनों पर लगी रोक को बेअसर बनाने और राम जन्मभूमि न्यास को व्यापकता देने के लिए आज संत सम्मेलन में नए मंच 'राम जन्मभूमि ट्रस्ट भूमि' की स्थापना भी हुई। मंच के अध्यक्ष स्वामी वामदेव और संयोजक आचार्य रामनाथ सुमन बनाए गए हैं। अध्यक्ष बनने के फौरन बाद स्वामी वामदेव ने कहा कि प्रधानमंत्री का दुबारा मस्जिद

मंदिर निर्माण को लेकर साधु-संतों की लगातार होती बैठकें। बाएँ से दाएँ कौशल किशोर फलाहारी, शंकराचार्य स्वामी वासुदेवानंद, उडुपि के स्वामी विश्वेश्वर तीर्थ, महंत अवेद्यनाथ, महंत परमहंस रामचंद्रदास और महंत नृत्यगोपालदास। *फोटो : पवन कुमार*

बनाने का ऐलान बताता है कि वे शांति नहीं चाहते। साधु-संत इसके लिए तैयार हैं। सम्मेलन ने इस बात के संकेत दिए कि अगर प्रधानमंत्री अपने 'अयोध्या पैकेज' पर किसी अगले कदम की घोषणा करते हैं तो नया मंच रामनवमी पर अगले संघर्ष का ऐलान करेगा।

छह दिसंबर की घटना के बाद बिखरे आंदोलन को दिशा देने के लिए संतों की यह पहली बैठक थी। नए मंच ने आठ प्रस्ताव पास किए और आगे के आंदोलन की रूपरेखा भी तय की। राम जन्मभूमि के जनजागरण के लिए कुछ कार्यक्रमों का भी ऐलान हुआ। संत सम्मेलन में भारतीय संविधान के प्रति पूरी आस्था और निष्ठा जताई गई, पर कहा गया कि इनमें हिंदुओं के साथ भेदभाव करने वाले जो प्रावधान हैं, उन्हें हटाया जाना चाहिए। संतों ने इस आशय का एक प्रस्ताव भी पास किया। संत सम्मेलन ने तय किया कि मथुरा और काशी उसके मुद्दे रहेंगे, पर इसके लिए आंदोलन अयोध्या मसले को तय करने के बाद ही होगा। संतों ने जामा मस्जिद पर दावे के स्वामी वामदेव के प्रस्ताव को मंजूरी नहीं दी। बाद में वामदेव जी ने कहा कि संत सम्मेलन की कार्यकारिणी ने जामा मस्जिद को मुद्दा बनाए जाने से मना कर दिया।

हजारों संतों की मौजूदगी में पास हुए पहले प्रस्ताव में कहा गया कि जब केंद्र सरकार और प्रधानमंत्री नरसिंह राव अयोध्या में विवादित ढाँचे को हटाए जाने को राष्ट्रीय शर्म और धोखाधड़ी बताते हैं तो वे मंदिर निर्माण की बात किस मुँह से कर रहे हैं। स्वामी चिन्मयानंद ने कहा कि जो विवादित ढाँचे को मस्जिद कह रहे हैं, वे वहाँ मंदिर कैसे बनाएँगे। उनका मंदिर बनाने का प्रस्ताव धोखाधड़ी है। वामदेव ने कहा, 'मंदिर जैसा हम चाहते हैं, सरकार नहीं बना सकती है। अगर उन्हें मंदिर ही बनाना था तो '86 में ताला खुलने के बाद अब तक क्या कर रहे थे। राम जन्मभूमि न्यास ही मंदिर बनाने के लिए अधिकृत संस्था है। देवरहा बाबा और संत प्रभुदत्त ब्रह्मपुरी के समर्थन में यह संस्था 1989 में बनी। धर्मसंसद ने इसे समर्थन दिया और करोड़ों लोगों ने पैसा दिया। इसके प्रस्तावित मॉडल के लिए लोगों ने अपनी जान दी। अब कोई दूसरा वहाँ मंदिर क्यों बनाएगा? ऐसा प्रयास हिंदू समाज के साथ धोखा और संतों का अपमान है। उन्होंने साफ किया कि राम जन्मभूमि न्यास ही प्रस्तावित मंदिर बनाएगा। नया बना राम जन्मभूमि मंच को सिर्फ उसके समर्थन में वातावरण बनाएगा।

जब केंद्र सरकार और प्रधानमंत्री नरसिंह राव अयोध्या में विवादित ढाँचे को हटाए जाने को राष्ट्रीय शर्म और धोखाधड़ी बताते हैं तो वे मंदिर निर्माण की बात किस मुँह से कर रहे हैं।

संत सम्मेलन से पहले राम जन्मभूमि जीर्णोद्धार समिति, अखिल भारतीय संत समिति और अखिल भारतीय विराट संत सम्मेलन का साझा प्रतिनिधि सम्मेलन झूँसी के कैलाश धाम में हुआ। इस सभा की महत्त्वपूर्ण बात इसमें शामिल संतों का भारतीय जनता पार्टी के पक्ष में समर्थन रहा। संतों ने एक स्वर में कहा—इस पार्टी ने बहुत बलिदान किया है, हमें इसका समर्थन करना चाहिए। स्वामी वामदेव ने कहा, हिंदू जनजागरण बता रहा है कि

इस पार्टी की सरकार जल्दी ही दिल्ली में बनेगी। जब 464 साल पुराना बाबरी ढाँचा इस जागरण ने हटा दिया तो सौ साल पुराना कांग्रेसी ढाँचा भी हटने में देर नहीं लगेगी।

फौरन चुनाव करा नया जनादेश लेने और लोकसभा भंग करने का प्रस्ताव भी संत सम्मेलन ने पास किया। अंतरराष्ट्रीय मुद्दों पर भी संत सम्मेलन में विचार हुआ। पाकिस्तान और बांग्लादेश को अयोध्या के सवाल पर विष वमन के लिए संतों ने कोसा। इन देशों की निंदा का प्रस्ताव पास करते हुए संत सम्मेलन ने कहा कि भारत उन्हें सार्क सम्मेलन से बाहर कराए या खुद सार्क से हट जाए। एक दूसरे प्रस्ताव में संतों से अपील की गई कि केंद्र में रामभक्त सरकार की स्थापना में संत जुट जाएँ। इस काम के लिए रामनवमी से एक व्यापक जनजागरण अभियान शुरू होगा। इस बारे में भी आज एक प्रस्ताव पास हुआ, जिसमें देश भर में राम–पताकाएँ फहराने, राम–पताकाओं की शोभायात्रा निकालने और राम के प्रसाद के तौर पर राम–खिचड़ी बाँटने का कार्यक्रम है। राम–खिचड़ी को गाँव–गाँव बाँटने और खाने का अभियान छुआछूत निवारण के लिए बनाया गया जान पड़ता है, ताकि इस अभियान में हरिजन और अछूत भी शामिल हों।

आज जो प्रस्ताव पास हुए। उनमें पहले प्रस्ताव में छह दिसंबर का ढाँचा ढहाने में मारे गए कारसेवकों के प्रति कृतज्ञता जताई गई और उनके बलिदान की कसम खाते हुए घोषणा की गई कि संत राम जन्मभूमि, कृष्ण जन्मभूमि और काशी विश्वनाथ के मुक्ति का आंदोलन नहीं रोकेंगे।

जब 464 साल पुराना बाबरी ढाँचा इस जागरण ने हटा दिया तो सौ साल पुराना कांग्रेसी ढाँचा भी हटने में देर नहीं लगेगी।

प्रस्ताव दो में ढाँचा ढहाए जाने पर हिंदू समाज को बधाई दी गई और आरोप लगाया गया कि ढाँचे को मस्जिद कहकर इस्लामी असहिष्णुता को उबालने–उफनाने के लिए प्रधानमंत्री दोषी हैं। इसी प्रस्ताव में प्रचार माध्यमों और बुद्धिजीवियों की भी निंदा हुई, जिन्होंने छह तारीख की घटना को राष्ट्रीय अपमान, शर्म, लज्जा और कलंक का प्रतीक बताया था। इस प्रस्ताव में केंद्र से कहा गया है कि वह राष्ट्र गीत, राष्ट्र ध्वज और राष्ट्रीय पर्वों का अपमान तथा 'बायकॉट' करने वालों से कठोरता से निपटे।

तीसरे प्रस्ताव में अयोध्या को पवित्र तीर्थनगरी घोषित करने की माँग की गई। उसमें यह भी कहा गया है कि अयोध्या की प्राचीन शास्त्रीय सांस्कृतिक सीमा में अहिंदू उपासना स्थल का निर्माण न होने देने के लिए संत समाज कटिबद्ध है। प्रस्ताव चार में हिंदू संगठनों पर रोक लगाने की निंदा की गई है, साथ ही चुनी गई चार बीजेपी सरकारों की बर्खास्तगी पर भी संतों ने रोष जताया है। इस प्रस्ताव में मुस्लिम लीग पर रोक लगाए जाने और गुजरात व महाराष्ट्र की सरकारों को बर्खास्त करने की माँग की गई है। लोकसभा व विधानसभा के भी फौरन चुनाव की माँग की गई है।

प्रस्ताव पाँच में केंद्र में रामभक्त सरकार के लिए भी संतों से अपील है। इसमें यह

प्रस्ताव छह में पाकिस्तान और बाँग्लादेश को शत्रु देश घोषित करने की माँग भारत सरकार से की गई है। अयोध्या के सवाल पर इन देशों ने जो उन्माद भड़काए हैं, उसे देखकर भारत को उनको सार्क से निकलवाना चाहिए।

भी कहा गया है कि साम्यवाद, समाजवाद और धर्मनिरपेक्षतावाद का पाखंड अब निरर्थक हो गया है। प्रस्ताव छह में पाकिस्तान और बांग्लादेश को शत्रु देश घोषित करने की माँग भारत सरकार से की गई है। अयोध्या के सवाल पर इन देशों ने जो उन्माद भड़काए हैं, उसे देखकर भारत को उनको सार्क से निकलवाना चाहिए।

प्रस्ताव सात में संविधान के प्रति आस्था जताते हुए भारतीय संविधान को भारतीय लोकतंत्र की अस्मिता का निर्णायक और संरक्षक बताया गया है। प्रस्ताव आठ में नवरात्रि को प्रमुख धार्मिक और सामाजिक उत्सव के रूप में मनाने की पौराणिक परंपरा को फिर जीवित करने की बात कही गई है।

आज के संत सम्मेलन में करीब एक हजार साधु-संत और लगभग दस हजार श्रद्धालु हिंदू जनता मौजूद थी। प्रमुख संतों में जगद्गुरु शंकराचार्य स्वामी वासुदेवानंद, महंत अवेद्यनाथ, परमहंस रामचंद्रदास, हरिदास पुरी, अयोध्यादास, धर्मदास रामविलास वेदांती, वियोगानंद, पुरुषोत्तमदास, अवधेशानंद, स्वामी रामदास, सच्चिदानंद हरि साक्षीजी, विवेकानंद, ओंकारानंद, सांसद उमा भारती, सांसद चिन्मयानंद, सांसद विश्वनाथ शास्त्री व लंदन से आए श्रीराम भी थे।

■

मंत्रिमंडलीय उपसमिति से अर्जुन सिंह ने इस्तीफा दिया, बीजेपी के प्रति नरम रुख अपनाने का आरोप लगाया

नई दिल्ली, 3 फरवरी, 1993 : केंद्रीय मानव संसाधन विकास मंत्री अर्जुन सिंह ने अयोध्या मुद्दे पर श्वेतपत्र तैयार करने के लिए बनी मंत्रिमंडलीय उपसमिति की अध्यक्षता से इस्तीफा दे दिया है। इससे नरसिंह राव सरकार के अंदरूनी मतभेद सामने आ गए हैं। श्री सिंह ने अपने इस्तीफे की घोषणा मंगलवार को उपसमिति की बैठक में की। उन्होंने आरोप लगाया कि प्रधानमंत्री पी.वी. नरसिंह राव उनके तमाम आग्रहों के बावजूद अयोध्या से संबंधित संपूर्ण तथ्य सामने लाने में दिलचस्पी नहीं ले रहे हैं।

समझा जाता है कि श्री सिंह की घोषणा से उपसमिति के दो सदस्य—विदेश मंत्री दिनेश सिंह और वाणिज्य मंत्री प्रणब मुखर्जी भौंचक रह गए। बैठक में कई वरिष्ठ अधिकारी भी मौजूद थे, जिनमें अयोध्या पर प्रधानमंत्री के वरिष्ठ सलाहकार नरेश चंद्रा, गृह सचिव माधव गोडबोले, विधि सचिव पी.सी. राव, प्रधानमंत्री दफ्तर के अयोध्या प्रकोष्ठ के संयुक्त सचिव एन.के. सिन्हा और गृह मंत्रालय में संयुक्त सचिव विनोद ढल

शामिल थे। दिनेश सिंह और प्रणब मुखर्जी ने अर्जुन सिंह को इस्तीफा न देने के लिए मनाने का प्रयास किया, लेकिन वे नहीं माने।

प्रधानमंत्री पी.वी. नरसिंह राव ने श्वेतपत्र के मसले पर केंद्रीय मंत्रियों के बीच मतभेदों को देखते हुए मंत्रिमंडलीय उपसमिति की स्थापना की थी। प्रधानमंत्री को भेजे अपने इस्तीफे में अर्जुन सिंह ने इस बात पर क्षोभ जाहिर किया कि उनके बार-बार आग्रह के बावजूद सरकार श्वेतपत्र में विवादित ढाँचा गिराने की घटना पर संपूर्ण तथ्य पेश करने में नाकाम रही। इसकी बजाय इसे ऐतिहासिक और गैरजरूरी सामग्री से भर दिया गया। विश्वास किया जाता है कि उन्होंने मंगलवार की बैठक में अपने सहयोगियों से कहा कि श्वेतपत्र में बीजेपी के प्रति नरम रुख अपनाया गया है। उनका कहना था कि इससे उनके कई मंत्रिमंडलीय सहयोगियों को ठेस पहुँचेगी, खासकर मुस्लिम मंत्रियों को।

श्वेतपत्र जारी करने की घोषणा प्रधानमंत्री पी.वी. नरसिंह राव ने 12 दिसंबर को की थी। उन्होंने विवादित ढाँचा गिराए जाने को कल्याण सिंह सरकार का विश्वासघात करार दिया था। कांग्रेस (इ) में 'धर्मनिरपेक्षता का झंडाबरदार' गुट माँग करता रहा है कि श्वेतपत्र में अयोध्या के मसले पर बीजेपी, विश्व हिंदू परिषद, आरएसएस और मुस्लिम नेताओं से प्रधानमंत्री की बैठकों का ब्योरा भी प्रकाशित किया जाना चाहिए। श्री सिंह का इस्तीफा इस गुट की नाराजगी का प्रतीक है। यह गुट चाहता है कि श्वेतपत्र में बीजेपी का सांप्रदायिक चेहरा भी दिखाया जाना चाहिए। उसका कहना है कि केवल कल्याण सिंह सरकार पर दोषारोपण करने से काम नहीं चलेगा।

दूसरी तरफ पार्टी के एक और गुट का मानना है कि 'हिंदुत्व की लहर' के इस मौके पर अयोध्या की घटना को ज्यादा बड़ा मुद्दा बनाना उचित नहीं होगा। यह गुट अयोध्या मसले को निपटाने के श्री राव के रुख का समर्थक है।

अर्जुन सिंह के इस्तीफे के गंभीर राजनैतिक परिणाम हो सकते हैं। अयोध्या की घटनाओं के बाद के हालात से श्री राव जिस तरह निपटे हैं, उसे लेकर पार्टी में पहले ही असंतोष के स्वर मुखर हो चुके हैं। वरिष्ठ पार्टी नेताओं की तरफ से अखिल भारतीय कांग्रेस कमेटी की बैठक बुलाने की ताजा माँग ने इन्हें और मजबूती दे दी है। अर्जुन सिंह के इस कदम से प्रधानमंत्री की परेशानी और बढ़ेगी। विश्वास किया जाता है कि श्री राव ने प्रणब मुखर्जी और दिनेश सिंह को उपसमिति में इसीलिए शामिल किया था, ताकि श्वेतपत्र अत्यधिक आक्रामक न बन जाए और अर्जुन सिंह इसके जरिए बीजेपी से सीधे न भिड़ जाए। श्री सिंह को बीजेपी का धुर विरोधी माना जाता है।

दिनेश सिंह और प्रणब मुखर्जी को उपसमिति में शामिल करने से पार्टी पर्यवेक्षकों को ताज्जुब हुआ था, खासकर इसलिए कि इन दोनों में से कोई भी अयोध्या मसले से निपटने की प्रक्रिया से जुड़ा हुआ नहीं था। जानकारों का मानना है कि इस समिति में गृह

मंत्री को शामिल किया जाना चाहिए था। असल में अयोध्या पर श्वेतपत्र तैयार करने के मामले में पहले दिन से ही पच्चर फँसा हुआ था। मुस्लिम नेताओं और कुछ मंत्रियों ने इस पर यह कहते हुए आपत्ति की थी कि प्रधानमंत्री इसके जरिए अपने को पाक-साफ साबित करने का रास्ता निकालना चाहते हैं, जबकि उन्होंने अयोध्या में कारसेवा रोकने के लिए कुछ नहीं किया।

श्वेतपत्र का प्रारूप तैयार होने के बाद इसे मंत्रियों के बीच बाँटा गया था। कई मंत्रियों ने इस बात पर नाखुशी जाहिर की थी कि इसमें संबंधित पक्षों के साथ प्रधानमंत्री पी.वी. नरसिंह राव की बातचीत का ब्योरा नहीं दिया गया है। फिर इसमें जरूरी संशोधनों के लिए अर्जुन सिंह और दो दूसरे मंत्रियों को नियुक्त किया गया था।

■

आडवाणी और जोशी ने भावनाएँ भड़काई–श्वेतपत्र

नई दिल्ली, 24 फरवरी, 1993 : केंद्र सरकार ने कहा है कि भारतीय जनता पार्टी के लालकृष्ण आडवाणी और मुरली मनोहर जोशी जैसे नेताओं ने छह दिसंबर को अयोध्या में राम जन्मभूमि-बाबरी मस्जिद ढाँचे को ढहाए जाने का माहौल तैयार करने के लिए भावनाएँ भड़काईं। तमाम हालात को ध्यान में रखते हुए मंत्रिमंडल की राजनैतिक मामलों की समिति ने संविधान की धारा 356 के तहत उत्तर प्रदेश की कल्याण सिंह सरकार को बर्खास्त करने के विकल्प पर भी विचार किया, लेकिन ढाँचे की सुरक्षा के बारे में राज्य सरकार की ओर से दिए गए आश्वासनों और राज्यपाल की सलाह की वजह से इस पर अमल नहीं हो सका। सरकार की ओर से आज राज्यसभा में अयोध्या की घटनाओं पर जारी किए गए श्वेतपत्र में यह खुलासा किया गया है।

केंद्रीय गृहमंत्री शंकरराव चह्वाण ने श्वेतपत्र जारी किया, जिसमें कहा गया है कि अयोध्या में ढाँचा ढहाकर संविधान और कानून की रक्षा की शपथ लेने वालों ने गैर जिम्मेदारी और सत्ता के दुरुपयोग का घटिया उदाहरण पेश किया है।

केंद्रीय गृहमंत्री शंकरराव चह्वाण ने श्वेतपत्र जारी किया, जिसमें कहा गया है कि अयोध्या में ढाँचा ढहाकर संविधान और कानून की रक्षा की शपथ लेनेवालों ने गैर-जिम्मेदारी और सत्ता के दुरुपयोग का घटिया उदाहरण पेश किया है। श्वेतपत्र में कहा गया है कि सरकार ने अयोध्या की घटनाओं के पीछे गहरी साजिश की आशंका जाहिर की है। यह संकल्प भी दोहराया गया है कि साजिश का पर्दाफाश करने के लिए हर संभव कदम उठाएगी और ढाँचा ढहाने वालों के खिलाफ सख्त कार्रवाई करेगी। इस ब्योरे में कल्याण सिंह सरकार की कड़ी खिंचाई की गई है और कहा गया है कि एक तरफ आपराधिक कार्रवाई चल

रही थी तो वहीं पर उत्तर प्रदेश के मुख्यमंत्री के निर्देशों के अनुसार स्थानीय प्रशासक और पुलिस मूक दर्शक बने खड़े थे। यह काम करने की तैयारी में जुटे लोगों ने एक पूजास्थल पर ही नहीं, बल्कि धर्मनिरपेक्षता, जनतंत्र और कानून तंत्र पर भी हमला किया। श्वेतपत्र में ज्यादातर तथ्यों को दोहराया गया है। ऐसी कोई नई बात इस श्वेतपत्र के जरिए सामने नहीं आ पाई है, जिससे कोई रहस्य खुलता हो।

श्वेतपत्र में अयोध्या विवाद को लेकर जुलाई 1992 में प्रधानमंत्री पी.वी. नरसिंह राव और संत-महंतों के बीच हुई बातचीत से शुरुआत की गई है। इस घटना में लालकृष्ण आडवाणी और मुरली मनोहर जोशी की भूमिका पर पूरा एक अध्याय है। कहा गया है कि भारतीय जनता पार्टी ने वाराणसी से आडवाणी और मथुरा से मुरली मनोहर जोशी की रथयात्रा शुरू करने का फैसला किया था, ताकि दोनों जगहों पर मंदिर बनवाने की माँग भविष्य में उठाए जाने की भूमिका बने। दोनों नेताओं ने अपनी रथयात्रा के दौरान भड़काऊ भाषण दिए और कारसेवकों से ज्यादा-से-ज्यादा संख्या में अयोध्या पहुँचने की अपील की। आडवाणी ने लगातार कारसेवकों से कल्याण सिंह की सरकार के भविष्य की चिंता किए बिना सक्रिय हो जाने का आह्वान भी किया। उन्होंने यह भी स्पष्ट कर दिया था कि कारसेवा भजन-कीर्तन से नहीं, बल्कि शारीरिक श्रम से की जाएगी। इसी तरह मुरली मनोहर जोशी लगातार कहते रहे कि बीजेपी सरकार कारसेवकों के खिलाफ ताकत का इस्तेमाल नहीं करेगी। कारसेवा के स्वरूप के बारे में उन्होंने कहा कि यह धर्माचार्य तय करेंगे, क्योंकि अयोध्या का मामला धार्मिक मामला है।

केंद्र सरकार ने कहा कि सुप्रीम कोर्ट को दिए गए उत्तर प्रदेश सरकार के वचन के बाद यह आशा की गई कि उत्तर प्रदेश सरकार के मंत्री और बीजेपी-विहिप के वरिष्ठ नेता ऐसा कोई काम नहीं करेंगे, जिससे अदालत को दिया उनका वचन झूठा साबित हो, जबकि वास्तव में अयोध्या में बढ़ते जमावड़े व बीजेपी के वरिष्ठ नेताओं के बयानों को देखा जाए तो प्रतीकात्मक कारसेवा ज्यादा ही अवास्तविक हो गई थी। दिसंबर की पहली तारीख को 25 हजार कारसेवक पहुँच चुके थे, अगले ही दिन यह संख्या 60 हजार हुई और तीन दिसंबर को एक लाख से ज्यादा कारसेवक अयोध्या में थे। पाँच दिसंबर को वहाँ दो लाख लोग पहुँच चुके थे।

इतने ज्यादा लोगों की मौजूदगी से ढाँचे को खतरा बढ़ने की आशंका मजबूत हुई और एक दिसंबर को ही गृहमंत्री ने उत्तर प्रदेश सरकार को चिट्ठी लिखकर यह आशंका जाहिर भी कर दी, साथ ही गुजारिश की कि ढाँचे की सुरक्षा के लिए इंतजाम करने के केंद्र सरकार के सुझाव पर तुरंत विचार करें। तीन दिसंबर को फिर एक चिट्ठी लिखकर गृहमंत्री ने केंद्रीय सुरक्षा बल तैनात किए जाने पर कल्याण सिंह की आपत्तियों का जवाब दिया और कहा कि केंद्रीय बलों का इस्तेमाल किया जाए। यही नहीं पाँच दिसंबर को

भी गृहमंत्री ने कल्याण सिंह को चेतावनी दी कि कारसेवक उत्तेजित हैं और बड़ी संख्या में त्रिशूल खरीदे जा रहे हैं, जिनका इस्तेमाल हमले के लिए भी किया जा सकता है। इसी चिट्ठी में आगे कहा गया है कि राज्य सरकार की ओर से किए गए सुरक्षा इंतजाम नाकाफी सिद्ध हो सकते हैं, खासतौर पर हिंसा की स्थिति में ऐसा हो सकता है।

122 पन्नों के श्वेतपत्र में छह दिसंबर की घटनाओं का भी ब्योरा दिया गया है। कहा गया है कि बाबरी मस्जिद पर हमले के बाद माहौल में तनाव फैला था और कारसेवक वहाँ जमा थे, ऐसी हालत में सुरक्षा बल भेजने से हालात और खराब हो सकते थे। सबेरे साढ़े नौ बजे से रात साढ़े सात बजे तक का ब्योरा श्वेतपत्र में दिया गया है। इसके मुताबिक दोपहर साढ़े तीन बजे से साढ़े चार बजे के बीच केंद्रीय गृह सचिव ने थलसेना अध्यक्ष और रक्षा सचिव से अनुरोध किया कि अयोध्या की घटनाओं की वजह से हालात बिगड़ने पर फौज की मदद तैयार रखी जाए। थलसेना अध्यक्ष ने गृह सचिव को बताया था कि इस सिलसिले में जरूरी निर्देश दिए जा चुके हैं।

122 पन्नों के श्वेतपत्र में छह दिसंबर की घटनाओं का भी ब्योरा दिया गया है। कहा गया है कि बाबरी मस्जिद पर हमले के बाद माहौल में तनाव फैला था और कारसेवक वहाँ जमा थे, ऐसी हालत में सुरक्षा बल भेजने से हालात और खराब हो सकते थे।

श्वेतपत्र में कहा गया है कि छह दिसंबर को सवेरे साढ़े ग्यारह बजे तक सब कुछ सामान्य था और बीजेपी-विहिप के नेता 50-60 हजार कारसेवकों के सामने भाषण दे रहे थे। दोपहर ठीक 12 बजे गृह मंत्रालय को सूचना मिली कि करीब डेढ़ सौ कारसेवक विवादित परिसर के भीतर घुस गए हैं और अफसरों की मौजूदगी के बावजूद पी.एस.सी. ने उन्हें नहीं रोका। कारसेवकों ने मस्जिद को तोड़ना शुरू कर दिया था और यह सूचना प्रधानमंत्री और गृहमंत्री को दे दी गई थी। दोपहर 12 बजकर दस मिनट पर गृह सचिव ने उत्तर प्रदेश के पुलिस महानिदेशक से अनुरोध किया कि अयोध्या में तैनात केंद्रीय बलों की मदद से कारसेवकों को बाहर निकाला जाए। पंद्रह मिनट बाद ही गृहमंत्री ने उत्तर प्रदेश के मुख्यमंत्री से टेलीफोन पर बात की और ढाँचे पर हुए हमले के लिए चिंता जाहिर की। उन्होंने केंद्रीय सुरक्षा बलों को इस्तेमाल करने का आग्रह भी किया।

एक महत्त्वपूर्ण जानकारी यह दी गई है कि कल्याण सिंह ने गृहमंत्री से कहा कि परिसर में कारसेवकों के घुसने के बारे में परस्पर विरोधी खबरें मिल रही हैं और तथ्यों का पता लगाने के बाद हालात से निबटा जाएगा। उन्होंने गृहमंत्री शंकरराव चह्वाण को दुबारा फोन करने का वचन दिया, लेकिन इसके बावजूद फोन नहीं किया। इसके दस मिनट बाद ही गृह सचिव ने भारत-तिब्बत सीमा पुलिस के महानिदेशक को निर्देश दिया कि स्थानीय प्रशासन के कहने पर तुरंत मदद दी जाए, लेकिन 12 बजकर चालीस

मिनट पर ही महानिदेशक ने कह दिया कि दो बटालियनें कूच के लिए तैयार हैं, पर वरिष्ठ अफसर जैसे पुलिस महानिरीक्षक, उपमहानिरीक्षक, जिलाधीश या वरिष्ठ पुलिस अधीक्षक बाबरी मस्जिद को पहुँचाए जा रहे नुकसान को रोकने के लिए कोई कार्रवाई नहीं कर रहे हैं।

■

सोमनाथ से अयोध्या

...वो घटनाक्रम जिसके बाद विवादित ढाँचा टूट गया

अक्तूबर-दिसंबर, 1992 की खबरें

कारसेवा की तैयारियाँ

6 दिसंबर, 1992 का ध्वंस कोई अनायास घटना नहीं थी। इसके पीछे हिंदू ध्रुवीकरण की लंबी कोशिशें थीं। भावनाओं को उग्रता के चरम तक पहुँचा देने की सुनियोजित रूपरेखा थी। अहम बात यह थी कि इस रूपरेखा को बेहद करीने से जमीन पर उतारा गया था। आगे के पृष्ठों में इसी पृष्ठभूमि और रूपरेखा के एक-एक सिरे को बेपरदा करने की कोशिश है।

जनसत्ता

नगर नई दिल्ली: बुधवार, ८ अप्रैल, १९९२ रु. १.५० दिल्ली, चंडीगढ़, मुंबई और कलकत्ता से प्रकाशित

केंद्रीय टीम ने अयोध्या का दौरा किया

उप्र सरकार की सफाई से संतुष्ट नहीं, रपट तीन-चार दिन में

कोई तूफान नहीं उठा पा रहा है विहिप का चरण पादुका अभियान

लखनऊ, 9 अक्तूबर, 1992 : विश्व हिंदू परिषद के चरण पादुका पूजन से कोई तूफान नहीं उठ रहा है। इससे विश्व हिंदू परिषद काफी निराश है। अयोध्या में मंदिर निर्माण के लिए फिर से माहौल खड़ा करने और जनसमर्थन जुटाने के लिए विहिप ने यह अभियान शुरू किया था। पर चरण पादुका कार्यक्रम को मिलने वाले उत्साहहीन 'रिस्पांस' से विश्व हिंदू परिषद में परेशानी है। पूजन अभियान के चौथे रोज बीजेपी के नेता और विधायक तो अभी यही नहीं जान पाए हैं कि चरण पादुका पूजन क्या है और कहाँ हो रहा है ? दरअसल भारतीय जनता पार्टी अबकी दफा इस अभियान से एकदम अलग है। जबकि परिषद ने यह कार्यक्रम शिला पूजन और ज्योति-यात्राओं की तर्ज पर बनाया था। दोनों कार्यक्रमों में बीजेपी ने बढ़-चढ़कर हिस्सा लिया था। इस बार ऐसा नहीं हो रहा है। इससे विहिप मुश्किल में है, क्योंकि चरण पादुका कार्यक्रम की सफलता को ही देख कारसेवा की अगली तारीख की घोषणा होनी है।

इस अभियान में पार्टी का शामिल न होना चौंकाने वाला है। अब तक पार्टी की तरफ से इसे मान्यता नहीं मिली है। दूसरी तरफ राज्य के खुफिया संगठन ने यह रिपोर्ट दी है कि पादुका पूजन समारोहों से शांति और सद्भाव को खतरा पैदा हो गया है, यानी विहिप के इस कार्यक्रम से उनकी अपनी ही सरकार की शांति खतरे में पड़ गई है। राज्य सरकार के खुफिया विभाग ने एक गोपनीय पत्र भेजकर जिलाधिकारियों से कहा है कि वे इन पादुका पूजन समारोहों के प्रति सतर्क रहें। यह दशहरे से शुरू होकर दीपावली तक चलेगा। इन समारोहों से शांति व्यवस्था बिगड़ सकती है। इसलिए सतर्कता के विशेष उपाय किए जाएँ। पत्र में यह भी कहा गया है कि इस कार्यक्रम के मद्देनजर सांप्रदायिक संगठनों की गतिविधियों पर खास नजर रखी जाए। खुफिया रिपोर्ट में साफ कहा गया है कि पादुका पूजन कार्यक्रम से शांति और सुरक्षा को खतरा है।

राम जन्मभूमि आंदोलन के प्रति लोगों के उत्साह को परखने के लिए विहिप ने नए सिरे से यह अभियान चलाया था। इसी कार्यक्रम में कारसेवकों की भरती भी होनी थी। कोई 6 लाख गाँवों/कस्बों में पादुकाएँ पहुँचनी थीं। हर जगह से दस कारसेवकों की भरती की योजना थी। कारसेवकों की भरती का नया कार्यक्रम विहिप ने पिछली बार कारसेवकों की कमी को देखते हुए किया, हालाँकि चरण पादुका कार्यक्रम राम शिलापूजन कार्यक्रम से ज्यादा व्यापक है, पर वैसा माहौल और उत्साह दोनों नहीं हैं। ऐसा शायद बीजेपी के सरकार में होने से भी हो रहा है। विहिप ने कोई बारह हजार पादुकाओं को बाकायदा मंत्रों से पूजित कर देश भर में हर प्रखंड स्तर पर भेजा था। चरण पादुकाओं की पूजा फैजाबाद के नंदीग्राम में नवरात्र के पहले रोज हुई थी।

रामशिलाएँ देश भर में सिर्फ तीन लाख गाँवों में गई थीं। जबकि चरण पादुकाओं को

छह लाख जगहों पर जाना है। इस कार्यक्रम के लिए आरएसएस ने देश को छह हिस्सों में बाँटा है। अपने आंदोलन को व्यापक जनाधार देने और मंदिर निर्माण को निर्णायक लड़ाई के लिए परिषद के लोग जनता से संकल्प पत्र भी भरवा रहे हैं, लेकिन इस स्टंटबाजी का भी कोई असर नहीं हो रहा है। बीजेपी ने इस कार्यक्रम की खस्ता हालत देख अपना संगठनात्मक चुनाव दस रोज के लिए टाल दिया है।

रामशिलाएँ देश भर में सिर्फ तीन लाख गाँवों में गई थीं। जबकि चरण पादुकाओं को छह लाख जगहों पर जाना है। इस कार्यक्रम के लिए आरएसएस ने देश को छह हिस्सों में बाँटा है। अपने आंदोलन को व्यापक जनाधार देने और मंदिर निर्माण को निर्णायक लड़ाई के लिए परिषद के लोग जनता से संकल्प पत्र भी भरवा रहे हैं, लेकिन इस स्टंटबाजी का भी कोई असर नहीं हो रहा है।

सबसे बड़ा संकट इस बात का है कि अगर इस मुद्दे पर पहले सा ज्वार न पैदा हुआ या लोग इकट्ठे न हुए, तो कारसेवा की अगली तारीख के ऐलान से पहले दस बार सोचना पड़ेगा, क्योंकि तीस अक्तूबर को दिल्ली में होने वाली धर्मसंसद की बैठक में ही कारसेवा की तारीख तय होनी है। परिषद के महामंत्री अशोक सिंघल को इस बात का पूरा भरोसा भी था कि यह कार्यक्रम राम शिलापूजन और राम ज्योति यात्राओं से ज्यादा सफल होगा। क्योंकि तब से स्थितियों में फर्क है, लेकिन इस स्थिति से नुकसान ही हो रहा है।

एक हफ्ते के पूजन के बाद ये पादुकाएँ गाँव-गाँव घुमाई जाएँगी। 25 अक्तूबर तक पादुकाओं की शोभायात्रा निकलेगी। 25 के बाद इन पादुकाओं की वहीं किसी मंदिर में स्थापना होगी। पहले चरण में ये सभी पादुकाएँ उत्तर प्रदेश के बड़े शहरों में पहुँच चुकी हैं, पर त्योहारों का मौसम और जनसमर्थन की कमी से अब तक ये यात्राएँ निष्प्रभावी हैं।

■

विहिप की चेतावनी : अब नहीं रुकेगी कारसेवा

लखनऊ, 29 अक्तूबर, 1992 : विश्व हिंदू परिषद ने ऐलान किया है कि अब की बार शुरू हुई कारसेवा किसी भी सूरत में नहीं रोकी जाएगी। परिषद का मानना है कि राम जन्मभूमि मंदिर का मसला हल करने के लिए प्रधानमंत्री में इच्छा का अभाव है। लिहाजा अब सरकार को और समय दिए जाने का कोई मतलब नहीं है, लेकिन क्योंकि कारसेवा नवंबर के आखिरी हफ्ते से पहले शुरू नहीं हो रही है, सरकार को खुद-ब-खुद एक और महीने का समय मिल जाएगा। वैसे सरकार ने अयोध्या विवाद से जुड़े सभी पक्षों से अपील की है कि वे ऐसी कोई कार्रवाई न करें, जिससे चालू बातचीत पर बुरा असर पड़े।

इस बीच परिषद के केंद्रीय मार्गदर्शक मंडल ने कल शुरू होने वाली धर्मसंसद से अनुरोध किया है कि कारसेवा दोबारा शुरू करने की तारीख का शुक्रवार को ऐलान कर

दिया जाए। वैसे इस बाबत फैसला श्रीराम जन्मभूमि मंदिर जीर्णोद्धार समिति आज देर रात होने वाली अपनी असाधारण बैठक में ही ले सकती है। दूसरी तरफ परिषद के सूत्रों के मुताबिक एक विचार यह भी है कि तारीख तय करने का मामला फिलहाल एक समिति पर छोड़ दिया जाए। यानी धर्मसंसद कारसेवा शुरू करने के बारे में सिद्धांत: फैसला कर ले, लेकिन उससे जुड़े सभी पहलुओं पर यह समिति विचार करे। सूत्रों के मुताबिक यह समिति कारसेवा के लिए मकर संक्रांति के आस-पास की कोई तारीख तय कर सकती है। परिषद के इस कदम से उत्तर प्रदेश के मुख्यमंत्री कल्याण सिंह की प्रधानमंत्री से उस अपील को भी बल मिल सकता है, जिसमें उन्होंने नरसिंह राव से ऐसा कोई संकेत देने को कहा था, जिससे संतों में उनके प्रति विश्वास पैदा हो और वे कोई मोहलत देने पर मजबूर न हों।

धर्मसंसद की पूर्व संध्या पर सरकार ने अयोध्या विवाद से जुड़े सभी पक्षों से संयम बरतने की अपील की है। त्रि-तरफा बातचीत में सरकार का प्रतिनिधित्व कर रहे संसदीय कार्य राज्य मंत्री पी.आर. कुमार मंगलम ने कहा कि दोनों पक्षों ने सौहार्द और समझदारी के साथ अब तक वार्त्ता की है, इससे समाधान की दिशा में स्पष्ट और माकूल प्रगति हुई है। दोनों पक्षों ने सबूत की आखिरी तारीख तय की। अगली बैठक 8 नवंबर को है। इस बैठक में सबूत के आधार पर फैसला कौन करे, इस पर विचार होना है। क्या संविधान के अनुच्छेद 143 के तहत सरकार सुप्रीम कोर्ट की राय लेने की पेशकश करेगी। जवाब था—तरीका हमें तय नहीं करना है। यह दोनों पक्ष तय करेंगे।

प्रधानमंत्री ने 23 जुलाई को संतों से बातचीत में मोहलत ली थी। उन्होंने 27 जुलाई को संसद में कहा था, "पिछली सरकारों के शुरू किए गए प्रयासों को, जो अधूरे ही रह गए थे, फिर से चालू करूँगा और इस दिशा में अपने प्रारंभिक प्रयासों को आगे बढ़ाऊँगा। इस सबका प्रयोजन बातचीत के जरिए मैत्रीपूर्ण हल निकालना है। यदि जरूरी हुआ तो विभिन्न न्यायालयों में इस विषय पर लंबित मामलों को एक साथ मिलाकर उन पर एक ही न्यायिक प्राधिकारी द्वारा विचार किया जा सकता है, जिसके फैसले को सभी पक्षों को मानना पड़ेगा। इस सबके लिए सरकार के स्तर पर काफी मेहनत करनी पड़ेगी और न्यायालयों के विचारार्थ उपयुक्त निवेदन प्रस्तुत किए जाने होंगे। सरकार के स्तर पर इस काम को तेज किया जा सकता है और इसे चार महीने के समय में पूरा किया जा सकता है।"

दूसरी तरफ मार्गदर्शक मंडल में मंजूर प्रस्तावों की जानकारी देते हुए विहिप महामंत्री अशोक सिंघल और श्रीराम जन्मभूमि मुक्ति यज्ञ समिति के अध्यक्ष महंत अवेद्यनाथ ने बताया कि सभी कारसेवकों से अपील की जा रही है कि वे योजनानुसार निश्चित समय पर कारसेवा के लिए तैयार रहें। मार्गदर्शक मंडल ने सभी संप्रदायों के धर्माचार्यों से अपील की है कि वे एकजुट होकर रहें और कांग्रेसी एजेंटों से सावधान रहें। दरियागंज में दोपहर बाद ढाई बजे शुरू हुई मार्गदर्शक मंडल की बैठक में 160 में से 150 सदस्यों ने भाग लिया। महंत अवेद्यनाथ और श्री सिंघल के अलावा जो प्रमुख लोग इसमें मौजूद थे, वे हैं कारसेवा

समिति के अध्यक्ष जगद्गुरु शंकराचार्य, स्वामी वासुदेवानंद सरस्वती, श्रीराम जन्मभूमि न्यास के प्रमुख परमहंस रामचंद्रदास, जीर्णोद्धार क्रम समिति के अध्यक्ष स्वामी वामदेव, जगद्गुरु शंकराचार्य (करवीर मठ–महाराष्ट्र) स्वामी भारती तीर्थ, जगद्गुरु रामानुजाचार्य बासुदेवाचार्य, मणिरामदास छावनी के महंत नृत्यगोपालदास, जगद्गुरु रामानंदाचार्य रामभद्राचार्य, जगद्गुरु मध्वाचार्य विश्वेश्वरतीर्थ, आचार्य महामंडलेश्वर विद्यानंद महाराज, सत्यमित्रानंद महाराज, युगपुरुष परमानंद, स्वामी चिन्मयानंद, आचार्य राघवाचार्य वेदांती और आचार्य धर्मेंद्र।

इससे पहले आज सुबह विहिप मुख्यालय संकटमोचन मंदिर, रामाकृष्णपुरम् में जीर्णोद्धार क्रम समिति की बैठक हुई, जहाँ मार्गदर्शक मंडल में रखे जाने वाले प्रस्तावों का मसौदा तैयार किया गया। यह समिति मंडल का कोर ग्रुप है। इसके तैयार किए गए सभी प्रस्ताव आम राय से पास कर दिए गए। परिषद सूत्रों के मुताबिक मार्गदर्शक मंडल की बैठक में सभी संतों के तेवर गरम थे। कोई भी संत सरकार को और अधिक समय दिए जाने के पक्ष में नहीं था। कुछ संतों का तो यहाँ तक कहना था कि पहले ही मुहूर्त में कारसेवा शुरू कर देनी चाहिए।

■

छह दिसंबर से फिर शुरू होगी निर्णायक कारसेवा

नई दिल्ली, 30 अक्तूबर, 1992 : साधु–संतों की धर्मसंसद ने छह दिसंबर से कारसेवा शुरू करने का फैसला कर लिया है। राम जन्मभूमि मंदिर जीर्णोद्धार क्रम समिति के अध्यक्ष स्वामी वामदेव ने पाँचवीं धर्मसंसद की ओर से आज इसका ऐलान किया। इससे टकराव के रास्ते फिर खुल गए हैं। सरकार की ओर से की जा रही बातचीत को इस फैसले ने बेमतलब बना दिया है।

राजधानी के उत्तरी छोर पर बने रानी झाँसी स्टेडियम में चल रही धर्मसंसद से बाहर आकर स्वामी वामदेव ने अखबार वालों के सामने ऐलान किया। उनके साथ विश्व हिंदू परिषद के महामंत्री अशोक सिंघल भी थे। उन्होंने स्वामी वामदेव का परिचय कराया। अशोक सिंघल ने पत्रकारों से कहा, "स्वामी वामदेव जी महाराज आप को बताएँगे कि संतों को यह फैसला क्यों करना पड़ा?" स्वामी वामदेव ने अपने ऐलान में पहले पूरा ब्योरा सुनाया कि प्रधानमंत्री पी.वी. नरसिंह राव ने पहली मुलाकात से भरोसा दिया था कि वे मंदिर के मसले को राजनीति से परे कर हल कराएँगे, यह आठ मई, 1991 की बात है, जब संतों का छोटा समूह उनसे अपनी पहल पर मिला था। उसके बाद का पूरा किस्सा बताने के बाद उन्होंने कहा कि अब संतों ने तय कर लिया है कि कारसेवा वहीं से शुरू की जाएगी, जहाँ से जुलाई में प्रधानमंत्री के अनुरोध पर स्थगित की गई थी।

क्या प्रधानमंत्री बुलाएँगे तो आप आएँगे? इस पर स्वामी वामदेव को जवाब ढूँढ़ने के लिए सोचना नहीं पड़ा। उनका अपने लिए जवाब था, "मैं नहीं आऊँगा।" एक सेकेंड रुककर वे फिर बोले, "मैं अपने साथियों से भी कहूँगा कि प्रधानमंत्री के बुलावे पर वे कान न दें।" उनके रुख से सरकार के बारे में संतों का मानस समझा जा सकता है। किसी पत्रकार ने उनका ध्यान उत्तर प्रदेश के मुख्यमंत्री कल्याण सिंह के उस बयान पर खींचना चाहा तो उनका सपाट तरीके से कहना था कि हम नहीं जानते कि वे यानी कल्याण सिंह क्या कह रहे हैं। हम यानी साधु-संत विश्व हिंदू परिषद से सहयोग कर रहे हैं। यह हमारा निर्णय है।

अब संतों ने तय कर लिया है कि कारसेवा वहीं से शुरू की जाएगी, जहाँ से जुलाई में प्रधानमंत्री के अनुरोध पर स्थगित की गई थी। क्या प्रधानमंत्री बुलाएँगे तो आप आएँगे? इस पर स्वामी वामदेव को जवाब ढूँढ़ने के लिए सोचना नहीं पड़ा। उनका अपने लिए जवाब था, 'मैं नहीं आऊँगा।' एक सेकेंड रुककर वे फिर बोले, "मैं अपने साथियों से भी कहूँगा कि प्रधानमंत्री के बुलावे पर वे कान न दें।

स्वामी वामदेव करीब सौ की उम्र के हैं। धर्मसंसद के फैसले का ऐलान करते वक्त उनके हाथ में दिल के रोग की दवा थी। एक पत्रकार ने उनसे पूछा कि उत्तर प्रदेश के मुख्यमंत्री के सहयोग के बगैर क्या कारसेवा आप करेंगे। स्वामी वामदेव को इस सवाल ने 1990 को याद करने का मौका दे दिया। उन्होंने कहा कि हमने एक जालिम सरकार के जमाने में भी कारसेवा की चुनौती सफलतापूर्वक स्वीकार की। अशोक सिंघल ने पत्रकारों को याद दिलाया कि महाराज जी यानी स्वामी वामदेव 1990 में शुरू से आखिर तक अयोध्या में बने रहे।

धर्मसंसद के फैसले पर सरकार की निगाह लगी थी। राज्यमंत्री पी.आर. कुमार मंगलम ने सरकार की ओर से अपील की थी। उसे खारिज कर संतों ने फैसला किया है। धर्मसंसद में देश भर से छह हजार संत तमाम धार्मिक संप्रदायों से आए हैं। प्रधानमंत्री से बातचीत के बाद संतों ने सरकार को तीन महीने का वक्त दिया या चार महीने का, यह सवाल भी उठा। इस बारे में अशोक सिंघल ने जानकारी दी कि उनके पास एक मध्यस्थ के हाथों का लिखा कागज है, जिसमें तीन महीने का वक्त माँगा गया है। उसे प्रधानमंत्री की मंजूरी से मध्यस्थ ने अशोक सिंघल को पहुँचाया था। वे उसी कागज को लेकर अयोध्या गए, जहाँ उसे पढ़कर कारसेवा स्थगित की गई।

कारसेवा के फैसले के लिए आचार्य रामनाथ सुमन ने मुहूर्त निकालकर तीन तारीखें सुझाईं। 29 और 30 नवंबर के अलावा तीसरी तारीख छह दिसंबर थी। उसे वामदेव ने चुना। स्वामी वामदेव ने यह भी दोहराया कि मंदिर का जीर्णोद्धार विश्व हिंदू परिषद की योजना और नक्शे के मुताबिक किया जाएगा।

छह दिसंबर से उसी विवादित भूमि पर कारसेवा शुरू होगी, जहाँ स्थायी निर्माण पर अदालत ने रोक लगा रखी है। वह मुकदमा लखनऊ पीठ के इलाहाबाद उच्च न्यायालय में

सुनवाई के लिए पड़ा है, खासकर राज्य सरकार की ओर से अधिग्रहीत 2.77 एकड़ जमीन पर कारसेवा होगी। इसका एक मुकदमा सुप्रीम कोर्ट में भी है। उसमें सुप्रीम कोर्ट को फैसला करना है कि क्या राज्य सरकार ने कारसेवा के कारण अदालत की मानहानि की। विश्व हिंदू परिषद के महामंत्री अशोक सिंघल का कहना है कि छह दिसंबर को कारसेवा शुरू करने से सरकार को तीन महीने के बजाय सवा चार महीने का वक्त मिल जाता है।

संतों की ओर से स्वामी वामदेव ने घोषणा की कि अब छह दिसंबर से कारसेवा जो शुरू होगी, वह मंदिर निर्माण तक चलती रहेगी।

■

धर्मसंसद में राजनीति और श्रीराम

नई दिल्ली, 30 अक्तूबर, 1992 : विश्व हिंदू परिषद की पाँचवीं धर्मसंसद में शुक्रवार को 'जय श्रीराम' और कारसेवा की राजनीति ही छाई रही। देश के सभी राज्यों से आए पाँच हजार से ज्यादा साधु-संतों की सिर्फ एक ही बात में रुचि थी—कारसेवा दोबारा शुरू होने की तारीख और शायद इसे भाँपकर परिषद के नेताओं ने संसद के पहले घंटे में सस्पेंस बनाए रखा। तारीख का ऐलान होना था कि बस रानी झाँसी स्टेडियम में बना विश्व पंडाल 'जय श्रीराम' के उद्घोष से गूँज उठा। भक्तों को सहनशीलता का संदेश देने वाले संतों की तनी हुई मुट्ठियाँ उनके गुस्से का परिचय दे रही थीं। विहिप नेता आज धर्मसंसद में साइड रोल अदा कर रहे थे। शासद किसी रणनीति के तहत। भारतीय जनता पार्टी ने खुद को इस आयोजन से पूरी तरह अलग कर रखा था, लेकिन उसके आठ सांसद मंच पर बैठे थे। इनमें से छह परिषद से जुड़े रहे हैं।

कारसेवा शुरू होने की तारीख का फैसला कल रात ही श्रीराम जन्मभूमि मंदिर जीर्णोद्धार क्रम समिति की बैठक में कर लिया गया था। क्योंकि यह ऐलान कर दिया गया था कि इस दफा तय की गई तारीख आखिरी होगी, इसलिए उसे जानने की उत्सुकता सभी संतों में बनी हुई थी। रामनामी दुपट्टे ओढ़े जब ये साधु-संत आज सुबह पंडाल में पहुँचे, तभी से इस बाबत कानाफूसी शुरू हो गई थी, लेकिन पहला प्रस्ताव आया 30 अक्तूबर और 2 नवंबर, 1990 को मारे गए कारसेवकों की श्रद्धांजलि देने के लिए। चौथी धर्मसंसद में भी यही प्रस्ताव पहला था। इससे पहले परिषद के महामंत्री अशोक सिंघल ने पिछली धर्मसंसद के बाद से संगठन की गतिविधियों का ब्योरा दिया और आगे की कार्रवाई संतों के लिए छोड़ दी।

दूसरा प्रस्ताव पेश करने के लिए परिषद में मॉडर्न धर्मगुरु माने जाने वाले आचार्य धर्मेंद्र खड़े हुए। उन्होंने अपने भाषण के शुरू में ही संकेत दे दिया कि वे तारीख का ऐलान करने वाले प्रस्ताव को पेश कर रहे हैं, लेकिन तारीख घोषित करने से पहले आचार्य धर्मेंद्र प्रधानमंत्री पी.वी. नरसिंह राव पर बुरी तरह बरसे। उनके हरेक वाक्य पर जमकर तालियाँ

बजीं। उन्होंने कहा कि श्री राव ने संतों के साथ विश्वासघात किया है। अगर उन्हें लाल किले से विवादित ढाँचे को मस्जिद ही बताना था और उसकी रक्षा का संकल्प ही अगला था, तो फिर उन्होंने संतों से समय किस चीज के लिए माँगा था।

उन्होंने कहा कि ऐसी हिम्मत तो इंदिरा गांधी व राजीव गांधी और जून के महीने में ऊन की टोपी पहनने वाले वी.पी. सिंह या भोंडसी बाबा ने भी नहीं दिखाई थी। आचार्य धर्मेंद्र ने श्री राव की हैसियत पर भी सवाल उठाया और कहा कि वे छोटी सी बात पर भी फैसला लेने में सक्षम नहीं हैं। जय श्रीराम के उद्घोष के बीच उन्होंने एक नया नारा दिया, उन्होंने कहा कि भारत छोड़ो के स्वर्ण जयंती साल में हमारा नारा होना चाहिए, 'रामद्रोहियो, भारत छोड़ो।' फिर आचार्य धर्मेंद्र ने बहुप्रतीक्षित प्रस्ताव पढ़कर सुनाया। उसके भी आखिरी पैरे में लिखा था कि देश की राजधानी दिल्ली में आयोजित धर्मसंसद का यह पाँचवाँ अधिवेशन आगामी मार्गशीर्ष शुक्ल द्वादशी, रविवार तदनुसार छह दिसंबर, 1992 को राम जन्मभूमि परिसर में कारसेवा दोबारा शुरू करने का ऐलान करता है। प्रस्ताव में यह भी कहा गया कि इस बार शुरू हुई कारसेवा लगातार जारी रहेगी।

फिर आचार्य धर्मेंद्र ने बहुप्रतीक्षित प्रस्ताव पढ़कर सुनाया। उसके भी आखिरी पैरे में लिखा था कि देश की राजधानी दिल्ली में आयोजित धर्मसंसद का यह पाँचवाँ अधिवेशन आगामी मार्गशीर्ष शुक्ल द्वादशी, रविवार तदनुसार छह दिसंबर, 1992 को राम जन्मभूमि परिसर में कारसेवा दोबारा शुरू करने का ऐलान करता है।

प्रस्ताव का अनुमोदन किया जीर्णोद्धार क्रम समिति के अध्यक्ष स्वामी वामदेव महाराज ने। जुलाई में प्रधानमंत्री के बुलावे पर उनसे मिलने वाले प्रतिनिधिमंडल की अगुआई भी उन्होंने ही की थी। प्रधानमंत्री से मिलने और उन्हें समय देने की बाबत खुलासा करते हुए स्वामी वामदेव ने कहा कि श्री राव के विनीत शब्दों से उन्हें कुछ उम्मीद बँधी थी, लेकिन हिंदू समाज को प्रधानमंत्री से निराशा ही हाथ लगी है। उन्होंने कहा कि उन्हें मुसलमानों से कोई बैर नहीं है, लेकिन देश को इस समय जरूरत है एम.सी. छागला, सिकंदर बख्त, आरिफ बेग और एजाज रिजवी जैसे मुसलमानों की, जो देश को सर्वोपरि मानते हैं। फिर उन्होंने राजनीति की बात भी छेड़ी। स्वामी वामदेव ने कहा कि जो दल राम जन्मभूमि मंदिर बनाने का समर्थन करता आ रहा है, हमें उसी को दिल्ली की कुरसी पर बैठाने का मन बना लेना चाहिए। चुनाव के समय कई और दल मंदिर बनाने का वायदा कर सकते हैं, लेकिन हमें बरसाती मेढकों से सावधान रहना है।

कर्नाटक में उडुपि मठ के विश्वेश्वरतीर्थ ने धाराप्रवाह संस्कृत में इस प्रस्ताव का समर्थन किया। उन्होंने कहा कि श्रीराम के वास्ते कारसेवा का सौभाग्य सबसे पहले दक्षिण के लोगों को ही मिला था, जब उन्होंने रामचंद्रजी की सेना के लिए सेतु बनाया था। आगे भी दक्षिण के लोग इसमें पीछे नहीं रहेंगे। पिछली दो बार कारसेवा के दौरान खबरों में

रहे मणिराम छावनी के नृत्यगोपालदास ने कहा कि धर्माचार्यों पर आरोप लगाया जाता है कि वे राजनीति कर रहे हैं। इसके जवाब में उनका मानना था कि राजनीति, धर्मनीति से अनुशासित रहनी चाहिए।

और अगर कोई राजनीति राममंदिर के लिए काम करती है तो हम अपनी मर्यादाओं का उल्लंघन करके भी उसे आशीर्वाद देने को तैयार हैं। राम जन्मभूमि मंदिर मुक्ति यज्ञ समिति के अध्यक्ष व सांसद महंत अवेद्यनाथ ने इसे अंतिम लड़ाई करार दिया। संसद ने इस प्रस्ताव को एक राय से पास कर दिया। धर्मसंसद में पास तीसरे प्रस्ताव में कारसेवकों से योजनानुसार तय तारीख को तैयार रहने को कहा गया है।

विहिप की पाँचवीं धर्मसंसद की अध्यक्षता कर रहे हैं महामंडलेश्वर कैलाशपीठाधीश्वर विद्यानंद महाराज। इसमें जो दूसरे प्रमुख धर्माचार्य भाग ले रहे हैं, वे हैं, जगद्गुरु शंकराचार्य वासुदेवानंद सरस्वती, रामानुजाचार्य वासुदेवाचार्य, परमहंस रामचंद्रदास, युगपुरुष परमानंद, निवर्तमान शंकरचार्य सत्यमित्रानंद और महाराष्ट्र के वरकरी संप्रदाय के जयराम भोंसले व भानुदास तुपे। इनके अलावा बीजेपी उपाध्यक्ष राजमाता विजयाराजे सिंधिया, सांसद बैकुंठलाल शर्मा 'प्रेम', चिन्मयानंद, उमा भारती, विहिप अध्यक्ष विष्णुहरि डालमिया और परिषद के उपाध्यक्ष व सांसद श्रीशचंद्र दीक्षित भी मंच पर मौजूद थे।

राम जन्मभूमि आंदोलन से जुड़े संतों में फूट की कोशिशों पर भी धर्मसंसद में चर्चा हुई। इस पर बाकायदा एक प्रस्ताव पास किया गया, जिसमें फूट डालने की कोशिश करने वालों को कांग्रेसी एजेंट करार दिया गया। आज के सत्र में बोलने वाले लगभग सभी संतों ने इस कोशिश का जिक्र किया और कहा कि परिषद से उनका नाता अटूट है। पिछले दिनों हरिद्वार के नित्यानंद महाराज के परिषद से नाता तोड़ने की खबरें प्रेस में आ रही थीं, लेकिन आज वे अपने कई शिष्यों के साथ पत्रकारों से घिरे हुए थे। उन्होंने किसी भी तरह की फूट से इनकार किया।

■

पीएम को लेकर एक-दूसरे के खिलाफ कल्याण-जोशी

लखनऊ, 1 नवंबर, 1992 : भारतीय जनता पार्टी के अध्यक्ष डॉ. मुरली मनोहर जोशी ने कहा है कि प्रधानमंत्री पी.वी. नरसिंह राव अयोध्या मसला सुलझाने में नाकाम रहे हैं। उन्हें अब और समय नहीं दिया जाना चाहिए, लेकिन उत्तर प्रदेश के मुख्यमंत्री कल्याण सिंह ने सुझाव दिया है कि श्री राव को और समय दिया जाना चाहिए, साथ ही उन्होंने सफाई दी कि बीजेपी, विश्व हिंदू परिषद और संतों के बीच कोई मतभेद नहीं है।

जयपुर में पत्रकारों से बातचीत में बीजेपी अध्यक्ष मुरली मनोहर जोशी ने कहा कि प्रधानमंत्री अगर चाहें तो अयोध्या मंदिर विवाद एक दिन में हल किया जा सकता है, पर

तीन महीने पहले साधु-संतों से बात करने के बाद वे इस पर अब तक एक शब्द भी नहीं बोले। अब जब उनकी ओर से कोई कोशिश ही नहीं हो रही तो उन्हें और समय किसलिए दिया जाए, लेकिन लखनऊ में उत्तर प्रदेश के मुख्यमंत्री कल्याण सिंह ने फिर कहा है कि अगर प्रधानमंत्री अपनी कोशिशों से साधु-संतों को संतुष्ट कर दें तो इस समस्या के हल के लिए उन्हें कुछ और समय दिया जा सकता है।

श्री सिंह ने कहा, ऐसा लगता है कि प्रधानमंत्री या उनका कार्यालय साधु-संतों को संतुष्ट करने में नाकाम रहा है, जिस कारण धर्मसंसद को कारसेवा शुरू करने की तारीख तय करनी पड़ी। मुख्यमंत्री ने कहा कि प्रधानमंत्री जानते थे कि 30 और 31 अक्तूबर को धर्मसंसद की बैठक है, इसलिए उन्हें समस्या हल करने की दिशा में पहल करनी चाहिए थी। अभी बहुत देर नहीं हुई है। प्रधानमंत्री को इस विषय को अपने कार्य एजेंडा में प्राथमिकता देनी चाहिए।

श्री कल्याण सिंह ने कहा—वैसे भी धर्मसंसद ने प्रधानमंत्री को इस समस्या का हल ढूँढ़ने के लिए और 35 दिन का समय दे दिया है। यह बड़ा कीमती समय है और प्रधानमंत्री को अब इस समस्या को और ज्यादा नहीं लटकने देना चाहिए। आशा है कि प्रधानमंत्री इस अवधि का पूर्ण सदुपयोग करेंगे।

मुख्यमंत्री ने कहा कि इस समस्या का एकमात्र हल है कि जन्मभूमि हिंदुओं को सौंपकर मंदिर निर्माण के मार्ग में आने वाली बाधाएँ दूर कर दी जाएँ। इसकी शुरुआत वे राज्य सरकार की ओर से अधिग्रहीत 2.77 एकड़ भूमि पर मंदिर निर्माण का मार्ग प्रशस्त करके कर सकते हैं, जिसका मुसलमानों से कोई लेना-देना नहीं है।

श्री कल्याण सिंह ने कहा, अगर 2.77 एकड़ भूमि पर मंदिर निर्माण के पृथक् चरण को मंजूरी मिल जाती है तो प्रधानमंत्री को इस समस्या का हल ढूँढ़ने के लिए करीब दो वर्ष का समय मिल जाएगा, क्योंकि इतना समय तो इस भूमि पर निर्माण में लग ही जाएगा।

यह उल्लेख किए जाने पर कि 2.77 एकड़ भूमि संबंधी विवाद भी न्यायालय में विचाराधीन है। श्री सिंह ने कहा, मैं अदालत का पूरा सम्मान करते हुए यह आग्रह तो कर ही सकता हूँ कि इस अतिमहत्त्व के मामले का निबटारा जल्दी कर दिया जाए, जिससे करोड़ों लोगों की भावनाएँ जुड़ी हैं।

■

विश्व हिंदू परिषद और कल्याण सिंह में दूरियाँ बढ़ीं

लखनऊ, 1 नवंबर, 1992 : कारसेवा की तारीख के ऐलान से विश्व हिंदू परिषद और उत्तर प्रदेश के मुख्यमंत्री कल्याण सिंह के बीच दूरी और बढ़ गई है। परिषद ने राज्य सरकार के प्रति अपना रवैया बदला है। वजह, कल्याण सिंह अयोध्या मामले पर केंद्र

सरकार को और तीन महीने की मोहलत देना चाहते थे। उन्होंने धर्मसंसद से दो दिन दिन पहले इसकी सार्वजनिक घोषणा भी कर दी थी। विश्व हिंदू परिषद एक माह से ज्यादा समय देने को राजी नहीं थी। इसी से भड़ककर परिषद के महामंत्री अशोक सिंघल ने साधु-संतों को हवा भरी कि केंद्र और राज्य सरकार मिलकर संतों को गुमराह कर रही हैं। नतीजतन धर्मसंसद ने कारसेवा के लिए तारीख का ऐलान कर दिया। यही परिषद चाहती थी।

दरअसल मुख्यमंत्री कल्याण सिंह हाईकोर्ट में 2.77 एकड़ जमीन के अधिग्रहण मामले की सुनवाई तक कारसेवा का ऐलान टलवाना चाहते थे। रोजाना सुनवाई के कारण सरकार को उम्मीद है कि इस मामले पर एक महीने में फैसला हो जाएगा। उसे यह भी उम्मीद है कि फैसला उसके हक में होगा। कल्याण सिंह ने इसीलिए बार-बार कहा कि इस मुकदमे को बाकी मुकदमों से अलग रखा जाए, क्योंकि इसके निपटते ही ढाँचे को छोड़कर विवादित जगह पर कारसेवा शुरू हो सकती थी, पर विश्व हिंदू परिषद में कल्याण सिंह विरोधी खेमे ने उनकी योजना को कामयाब नहीं होने दिया। धर्मसंसद में आए साधु-संत पहले से ही मंदिरों में सरकारी दखल के आदेश के कारण मुख्यमंत्री से खफा थे।

28 अक्तूबर को उन्होंने कहा था कि प्रधानमंत्री को और समय दिया जाना चाहिए। परिषद की नाराजगी इस बात को लेकर ज्यादा थी कि जब तारीख के ऐलान के लिए धर्मसंसद की बैठक दो रोज बाद ही होनी थी, फिर कल्याण सिंह ने यह बयान क्यों दिया।

इधर श्री सिंघल ने नई दिल्ली में अखबार वालों से बातचीत के दौरान यह भी कह दिया है कि हालात कल्याण सिंह सरकार की बर्खास्तगी के बन रहे हैं, पर कारसेवा नहीं रुकेगी। इस बार कारेसवा इतनी तैयारी और नियोजित तरीके से शुरू होगी कि सरकार के लिए उस पर काबू पाना मुश्किल होगा। पिछली बार कारसेवकों की कमी को देखते हुए इस बार परिषद ने 11 लाख नए कारसेवक भरती किए हैं। इनकी भरती चरण पादुका पूजन कार्यक्रम के दौरान हुई है। उत्तर प्रदेश में इस कार्यक्रम के संयोजक गुलाब सिंह परिहार के मुताबिक ये कारसेवक सिर्फ उत्तर प्रदेश के हैं। परिहार ने कहा कि यह भरती एक लाख से ज्यादा गाँवों, कस्बों और शहरों से की गई है। इसलिए अबकी बार कारसेवा शुरू हुई तो उसे रोकना कठिन होगा।

परिषद की कल्याण सिंह से नाराजगी की खास वजह उनका वह बयान है, जो अयोध्या के बाबत प्रधानमंत्री पी.वी. नरसिंह राव को संतों की तरफ से दी गई मोहलत खत्म होते ही उन्होंने जारी किया था। 28 अक्तूबर को उन्होंने कहा था कि प्रधानमंत्री को और समय दिया जाना चाहिए। परिषद की नाराजगी इस बात को लेकर ज्यादा थी कि जब तारीख के ऐलान के लिए धर्मसंसद की बैठक दो रोज बाद ही होनी थी, फिर कल्याण सिंह ने यह बयान क्यों दिया।

उधर कारसेवा की तारीख के इकतरफा ऐलान से प्रधानमंत्री की तरफ से दोनों पक्षों

में कराई जा रही बातचीत भी खटाई में पड़ गई है। बाबरी मस्जिद एक्शन कमेटी ने रविवार को लखनऊ में कहा कि अब परिषद से बातचीत बेमतलब है। एक्शन कमेटी के संयोजक जफरयाब जिलानी ने कहा कि इस इकतरफा घोषणा ने बातचीत को लेकर बँधी सारी उम्मीदों पर पानी फेर दिया। अब आठ नवंबर की अगली बैठक में मुस्लिम नेताओं के शामिल होने, न होने पर नए सिरे से विचार किया जाएगा। इसका फैसला सात नवंबर को दिल्ली में होगा।

श्री जिलानी ने बताया कि तारीख के ऐलान से उपजे हालात पर विचार के लिए बाबरी आंदोलन से जुड़े नेता सात नवंबर को दिल्ली में बैठक करेंगे। आंदोलन से जुड़े दूसरे नेता अब्दुल मन्नान का कहना है कि अब तो प्रधानमंत्री को दोनों पक्षों की बातचीत से दूर रहना चाहिए, ताकि कानून को अपना काम करने का मौका मिले।

■

हाईकोर्ट के फैसले से विहिप फायदे में

लखनऊ, 7 नवंबर, 1992 : कारसेवा को लेकर केंद्र और राज्य सरकार में संभावित टकराव टलता नजर आ रहा है। अयोध्या में राज्य सरकार ने जो जमीन अधिग्रहीत की है, उस पर हाईकोर्ट के आने वाले फैसले से ही टकराव के टलने की उम्मीद बन रही है। यह फैसला राज्य सरकार के पक्ष में हो या खिलाफ, दोनों ही स्थितियों में कानूनी तौर पर यह विश्व हिंदू परिषद के माफिक बैठेगा। हाईकोर्ट का फैसला 6 दिसंबर से पहले हो, इसी उम्मीद में राज्य सरकार अपनी रणनीति तय कर रही है। इस मामले पर बुधवार को बहस खत्म होने के बाद हाईकोर्ट ने अपना फैसला सुरक्षित रखा है। अब सारे कयास इस बात को लेकर हैं कि फैसला कब होता है।

अधिग्रहण को चुनौती देती मो. हाशिम की याचिका पर 70 दिन तक चलने वाली सुनवाई चार नवंबर को खत्म हुई है। इस दौरान दोनों तरफ से करीब ढाई हजार पेज की अपने-अपने कहे के समर्थन में दलीलें और सबूत पेश हुए और डेढ़ सौ के आस-पास मुकदमों के फैसलों का हवाला दिया गया।

अधिग्रहीत 2.77 एकड़ का मसला जल्दी ही सुलटे, राज्य सरकार इसे लेकर परेशान है। अयोध्या विवाद की सुनवाई कर रही विशेष पीठ से पिछले महीने राज्य सरकार ने लिखकर जल्दी ही सुनवाई का अनुरोध किया था। तीन जजों की पीठ में से एक जज साहब छुट्टी पर जा रहे थे। उन्होंने अपनी छुट्टी रद्द करा दी। अगली सुनवाई की तारीख दो नवंबर लगी थी, पर उसे पीछे लौटा 28 अक्तूबर को ही सुनवाई की तारीख रख दी गई, जो बाद में 22 अक्तूबर हुई। इस वजह से अधिग्रहण को चुनौती देती मो. हाशिम की याचिका पर 70 दिन तक चलने वाली सुनवाई चार नवंबर को खत्म हुई है। इस दौरान दोनों तरफ से

करीब ढाई हजार पेज की अपने-अपने कहे के समर्थन में दलीलें और सबूत पेश हुए और डेढ़ सौ के आस-पास मुकदमों के फैसलों का हवाला दिया गया। अब इतने दस्तावेजों से गुजरकर फैसला देने में कितना वक्त लगता है। दोनों पक्षों को उसी का इंतजार है, क्योंकि अगर 6 दिसंबर से पहले फैसला आता है तो कारसेवा के लिए कानूनी अड़चन दूर हो जाएगी, पर अगर कहीं तब तक फैसला न आया तो एक बार फिर टकराव की जुलाई 1992 जैसी स्थितियाँ बन जाएँगी।

अगर हाईकोर्ट ने अधिग्रहीत 2.77 एकड़ जमीन पर अपने पुराने फैसले (अधिग्रहण को प्रथम दृष्टया जायज) को बहाल करते हुए अधिग्रहण को उचित करार दिया तो राज्य सरकार इस जमीन को राम जन्मभूमि-न्यास को सौंपने के लिए स्वतंत्र होगी। और फैसला होते ही कारसेवा में कानूनी रुकावट दूर होगी तथा यथास्थिति का आदेश बेअसर होगा। अगर कहीं हाईकोर्ट अधिग्रहण के खिलाफ फैसला देता है, तो विश्व हिंदू परिषद इस जमीन पर न सिर्फ काबिज है, बल्कि 90 प्रतिशत हिस्से पर उसका स्वामित्व भी है। छोटे-छोटे भूखंडों का करार राम जन्मभूमि न्यास के नाम विहिप ने पहले ही करा रखा है। जो जमीन न्यास के स्वामित्व में नहीं है, वह नजूल की है। राज्य सरकार ने ये 2.77 एकड़ पिछले साल नौ और दस अक्तूबर को एक अधिसूचना के जरिए अधिग्रहीत की थी। 17 अक्तूबर को मो. हाशिम ने राज्य सरकार के अधिग्रहण को हाईकोर्ट में चुनौती दी। 9 मई, 1992 से राज्य सरकार ने इस पर अपना पक्ष रखना शुरू किया और 6 सितंबर से मो. हाशिम की तरफ से जवाबी तर्क रखे गए।

विश्व हिंदू परिषद का कहना है कि कारसेवा उसी जगह से शुरू होगी, 26 जलाई को जहाँ बंद हुई थी। फिलहाल अगर 2.77 एकड़ से कानूनी अड़चन दूर हुई तो कारसेवा का काम चल जाएगा। विवादित इमारत को कब्जे में लेकर कारसेवा का अभी कोई इरादा विहिप का नहीं है। मुख्यमंत्री कल्याण सिंह भी बार-बार कह चुके हैं कि अगर अधिग्रहीत जमीन पर कारसेवा शुरू हो जाए, तो ढाँचे पर बातचीत के लिए कम-से-कम दो साल का समय मिल जाएगा। उधर बाबरी कमेटी के नेताओं का मानना है कि अधिग्रहण रद्द करने के हाईकोर्ट के फैसले के बाद भी कारसेवा नहीं शुरू हो सकती, क्योंकि तब वे सब मुकदमे और उसके बाबत पास आदेश जीवित हो जाएँगे। जो अधिग्रहण से पहले लागू थे। मसलन शिलान्यास स्थल पर ही 14 अगस्त, 1989 को इलाहाबाद हाईकोर्ट ने यह यथास्थिति का आदेश दिया था, जिसे बाद में हाईकोर्ट ने शिलान्यास से ठीक पहले सात नवंबर को साफ किया। ऐसी स्थिति में पुराना यथास्थिति का आदेश जारी रहेगा, जो हाईकोर्ट ने मूल मुकदमे के बाबत दिया था। यह मुद्दा सरकार की परेशानी का कारण हो सकता है।

■

उत्तर प्रदेश सरकार केंद्र से टकराव को तैयार

लखनऊ, 23 नवंबर, 1992 : अयोध्या के सवाल पर उत्तर प्रदेश सरकार केंद्र से टकराने को पूरी तरह तैयार है। सोमवार को राज्य सरकार की तरफ से चेतावनी दी गई कि अगर उसे बर्खास्त किया गया तो ढाँचे की हिफाजत की जिम्मेदारी केंद्र सरकार की होगी। राज्य के वरिष्ठ मंत्री लालजी टंडन ने सोमवार को कहा कि सरकार बर्खास्त हुई तो कारसेवा और उग्र होगी। विवादित ढाँचे की जिम्मेदारी फिर हमारी नहीं होगी। विश्व हिंदू परिषद ने पहले ही कहा है कि अगर राज्य सरकार गई तो कारसेवा विवादित ढाँचे में होगी, पर बीजेपी सरकार की तरफ से पहली बार यह रुख सामने आया है।

दूसरी तरफ मुख्यमंत्री कल्याण सिंह ने सोमवार को फिर कहा कि अयोध्या मसले का हल ढूँढ़ना राष्ट्रीय एकता परिषद के बूते का नहीं है। उन्होंने कहा, "जब प्रधानमंत्री नरसिंह राव ने निजी बातचीत में मुझसे खुद यह स्वीकार किया है कि विवादित स्थल पर पहले मंदिर था, तो अब किस बात की टालमटोल और किस बात के लिए एकता परिषद की बैठक।" मुख्यमंत्री ने आरोप लगाया कि अयोध्या मसले पर केंद्र सरकार जानबूझकर टकराव का रास्ता अख्तियार कर रही है और राज्य सरकार को भी टकराव के लिए मजबूर कर रही है। प्रधानमंत्री नासमझ सलाहकारों और पार्टी के भीतर गुटीय दबावों के कारण इस मुद्दे पर कोई फैसला नहीं ले पा रहे हैं।

राज्य बीजेपी ने अपने सभी कार्यकर्ताओं को 27 नवंबर तक अयोध्या पहुँचने के निर्देश जारी किए हैं। पार्टी के संगठनात्मक चुनाव टाले जा चुके हैं। इन दिनों पार्टी के मंडल अध्यक्षों का चुनाव हो रहा था। 8 दिसंबर को प्रदेश अध्यक्ष का चुनाव होना था, पर सभी चुनाव टाल दिए गए हैं। पार्टी सूत्रों के मुताबिक योजना के अनुसार केंद्र की किसी कार्रवाई से पहले अयोध्या में दो लाख लोग पहुँच जाएँगे।

उत्तर प्रदेश में माहौल को गरमाने के लिए संतों और तेज-तर्रार भाषण करने वाले नेताओं के दौरे सोमवार से शुरू हो गए। साध्वी ऋतंभरा ने लखनऊ से अपने अभियान की शुरुआत की। सोमवार को लखनऊ में नगर विकास मंत्री लालजी टंडन ने कहा कि राज्य सरकार केंद्र की धमकियों के आगे नहीं झुकेगी। हम कारसेवा किसी भी कीमत पर शुरू करेंगे। सरकार बर्खास्त होती है तो हमें कारसेवा में और भी आसानी होगी। राज्य सरकार साधु-संतों पर बल प्रयोग नहीं करेगी। केंद्र सरकार अगर ऐसा करना चाहती है तो हमारी सरकार के रहते यह नहीं हो पाएगा।

पर कल्याण सिंह को अब भी उम्मीद है कि नरसिंह राव राज्य सरकार को बर्खास्त करने का जोखिम नहीं लेंगे। अब टकराव टालने का रास्ता सिर्फ यही है कि अगर अधिग्रहण के मुद्दे पर हाईकोर्ट कोई फैसला नहीं देता है तो केंद्र सरकार समूचे क्षेत्र का

अधिग्रहण कर 2.77 एकड़ जमीन (जिसे राज्य सरकार ने अधिग्रहीत किया था) राज्य सरकार को सौंपे, ताकि वहाँ कारसेवा हो और ढाँचे को बातचीत तक केंद्र अपने पास सुरक्षित रखे। प्रधानमंत्री और कल्याण सिंह में हुई अंतिम बैठक में इस फॉर्मूले पर चर्चा भी हुई थी। बीजेपी अब इसी फॉर्मूले पर उम्मीद टिकाए बैठी है। कारसेवा की डोर भी अब राज्य सरकार के पास नहीं है। विश्व हिंदू परिषद और राष्ट्रीय स्वयंसेवक संघ पूरे आंदोलन का सूत्र संचालन कर रहे हैं।

उधर अयोध्या में मुकाबले की जोरदार तैयारियाँ चल रही हैं। कारसेवा जहाँ 24 जुलाई को रुकी थी, वहाँ बालू, मिट्टी, सरिया और सीमेंट बड़े पैमाने पर इकट्ठे किए जा रहे हैं। कारसेवकों की तादाद के हिसाब से उन्हें ठहराने और भोजन का प्रबंध भी किया जा रहा है। अयोध्या के सभी मठ, मंदिर और आश्रम कारसेवकों के लिए सुरक्षित हैं। उनके भोजन का प्रबंध कारसेवकपुरम् में हो रहा है। कारसेवकों को जुटाने के लिए परिषद की सभाएँ और सम्मेलन भी राज्य में जोरों पर चल रहे हैं।

अजित सिंह ने प्रधानमंत्री से माँग की कि वे वक्त रहते उत्तर प्रदेश सरकार को बर्खास्त कर दें। उन्होंने कहा कि नरसिंह राव वी.पी. सिंह की गलती न दुहराएँ, क्योंकि अगर वी.पी. सिंह ने लालकृष्ण आडवाणी की रथयात्रा को सोमनाथ में ही रोक दिया होता तो बीजेपी देश भर में धार्मिक उन्माद न फैला पाती। प्रधानमंत्री इस गलती से सबक लें।

कारसेवा को रोकने के लिए विपक्षी पार्टियाँ लामबंद हो रही हैं। सोमवार को लखनऊ में अलग-अलग प्रेस कॉन्फ्रेंस कर जद (अ) के अध्यक्ष अजित सिंह और समाजवादी पार्टी के विधानसभा में नेता बेनी प्रसाद वर्मा ने कहा कि अगर कारसेवा हुई तो उनका दल इसे रोकेगा। कारसेवा में लोग न जाएँ, यह बताने के लिए दोनों पार्टियाँ जन-जागरण भी करेंगी। अजित सिंह ने प्रधानमंत्री से माँग की कि वे वक्त रहते उत्तर प्रदेश सरकार को बर्खास्त कर दें। उन्होंने कहा कि नरसिंह राव वी.पी. सिंह की गलती न दुहराएँ, क्योंकि अगर वी.पी. सिंह ने लालकृष्ण आडवाणी की रथयात्रा को सोमनाथ में ही रोक दिया होता तो बीजेपी देश भर में धार्मिक उन्माद न फैला पाती। प्रधानमंत्री इस गलती से सबक लें। इससे पहले कि अयोध्या में कारसेवकों का जमाव हो, कल्याण सिंह सरकार को बर्खास्त किया जाना चाहिए, ताकि कारसेवा की नौबत ही न आए।

विधानसभा में समाजवादी पार्टी के नेता बेनी प्रसाद वर्मा ने कहा, "हर हाल में कारसेवा करने का ऐलान दिखाता है कि बीजेपी का लोकतांत्रिक प्रक्रिया में विश्वास नहीं है। उन्होंने कहा कि 16 माह के अपने निकम्मेपन को छुपाने के लिए बीजेपी कारसेवा के नाम पर वोट की राजनीति कर रही है। समाजवादी पार्टी कारसेवा रोकेगी।

राज्य विधानसभा में विपक्ष के नेता रेवतीरमण सिंह ने भी सोमवार को प्रेस कॉन्फ्रेंस कर कहा कि केंद्र सरकार की अनिश्चितता का फायदा उठाकर राष्ट्रीय

स्वयंसेवक संघ उत्तर प्रदेश में सांप्रदायिक फसाद की तैयारी कर रहा है। रेवती रमण सिंह ने माँग की कि अदालत और संविधान की अवहेलना करने वाली सरकार को केंद्र समय रहते बर्खास्त करे।

नरसिंह राव परमहंस की बातचीत टूटी टकराव टालने की एक अहम कोशिश नाकाम

लखनऊ, 24 नवंबर, 1992 : अयोध्या मसले पर टकराव टालने की एक और कोशिश मंगलवार की शाम नाकाम हो गई। परमहंस रामचंद्रदास प्रधानमंत्री पी.वी. नरसिंह राव के बुलावे पर दिल्ली आए। उन्होंने प्रधानमंत्री से भेंट की। उसके बाद उन्होंने मंदिर आंदोलन के नेताओं को पूरी बात बताई। अयोध्या मसले पर इस बार जुलाई की तरह टकराव की नौबत न आए। इसके लिए सरकार की तरफ से कई 'फॉर्मूले' उछाले जा रहे हैं।

परमहंस रामचंद्रदास के जरिए अयोध्या पर सुलह-सफाई की ताजा कोशिश में अमिताभ बच्चन ने भी प्रमुख भूमिका निभाई।

सरकार और मंदिर आंदोलन में टकराव टालने की कई कोशिशों में से यह एक थी। कांग्रेस के एक पूर्व सांसद ने परमहंस रामचंद्रदास से संपर्क साधा। उन्हें एक पत्र दिया गया था, जिसमें प्रस्ताव था कि संत कारसेवा का ऐलान इस शर्त के साथ करें कि उनका विश्व हिंदू परिषद से कोई संबंध नहीं रहेगा। परमहंस रामचंद्रदास को बताया गया था कि यह प्रधानमंत्री का प्रस्ताव है। उन्होंने प्रधानमंत्री से पूछा कि क्या यह उनका प्रस्ताव है, प्रधानमंत्री ने मना कर दिया।

परमहंस रामचंद्रदास मंदिर आंदोलन के जनक हैं। उन्होंने पहले भी ऐसा बयान दिया था, जिससे सरकार को उम्मीद बँधी थी। उन्होंने कहा था कि संत सरकार को थोड़ा वक्त दे सकते हैं, बशर्ते सरकार की नेकनीयती पर भरोसा हो। उन्हें इस मौके पर सरकार के विमान से यहाँ लाया गया। वे दिल्ली आकर फौरन प्रधानमंत्री निवास पर गए। वहाँ से लौटकर वे महंत अवेद्यनाथ के निवास पर स्वामी चिन्मयानंद, श्रीशचंद्र दीक्षित और आचार्य गिरिराज किशोर से मिले।

सरकार की ओर से स्वामी सत्यमित्रानंद से भी एक सज्जन ने मंगलवार को भेंट की। उनके पास एक 'फॉर्मूला' भेजा गया। स्वामी सत्यमित्रानंद ने उसकी जानकारी स्वामी चिन्मयानंद को दी। इस 'फॉर्मूले' को स्वामी सत्यमित्रानंद ने खारिज कर दिया। सरकार की ओर से अनेक 'फॉर्मूले' हवा में उछाले जा रहे हैं।

परमहंस रामचंद्रदास के जरिए अयोध्या पर सुलह-सफाई की ताजा कोशिश में अमिताभ बच्चन ने भी प्रमुख भूमिका निभाई। आज जो व्यक्ति राम जन्मभूमि न्यास के

अध्यक्ष स्वामी रामचंद्रदास परमहंस को लेकर दिल्ली पहुँचा, वह उन्हीं का और केंद्रीय मंत्री पी.आर. कुमारमंगलम का दूत बताया जाता है। इसके लिए अयोध्या के पूर्व महाराजा को मध्यस्थ बनाया गया। वे भी विशेष विमान से स्वामी परमहंस के साथ यहाँ पहुँचे।

लेकिन विश्व हिंदू परिषद के संयुक्त महासचिव आचार्य गिरिराज किशोर ने यह जानकारी देते हुए कहा कि प्रधानमंत्री को इस तरह के प्रयासों में निराशा ही हाथ लगेगी। उन्होंने कहा कि पहले के प्रयास में नाकामयाब रहने के बावजूद पी.वी. नरसिंह राव थैलियों के जरिए धर्माचार्यों को आकर्षित करने के हथकंडे अपना रहे हैं।

आचार्य किशोर ने बताया कि 6 दिसंबर की कारसेवा टालने के लिए प्रधानमंत्री ने अहमदाबाद में प्रवास कर रहे महंत नृत्यगोपाल दास से संपर्क करने के भी प्रयास किए हैं, पर कारसेवकों के अयोध्या पहुँचने की तैयारियाँ पूरी कर ली गई हैं। सभी प्रमुख संतों और विहिप पदाधिकारियों के दौरे रद्द कर दिए गए हैं और उन्हें हालात का जायजा लेने के बाद अयोध्या पहुँचने के लिए कहा गया है। परिषद नेता ने दावा किया कि दूरदराज के इलाकों में भी कारसेवकों के भारी संख्या में आने की सूचना मिल रही है। आचार्य किशोर ने बताया कि हाल ही में परिषद की प्रबंध समिति की बैठक में किए गए आकलन के मुताबिक इस बार 15 लाख 96 हजार 559 कारसेवकों के कारसेवा में शामिल हाने की उम्मीद है। बैठक से पहले 11 लाख से कुछ ज्यादा कारसेवकों के आने की सूचना मिली थी। उन्होंने बताया कि हर कारसेवक को चार दिन का सूखा अल्पाहार और पीने का पानी लाने को कहा गया है। परिषद नेता ने बताया कि शिव सेना प्रमुख बाल ठाकरे ने भी कारसेवा में शामिल होने के लिए हामी भर ली है।

■

एकता परिषद का राजनैतिक इस्तेमाल हुआ—कल्याण सिंह

लखनऊ, 24 नवंबर, 1992 : उत्तर प्रदेश के मुख्यमंत्री कल्याण सिंह ने राष्ट्रीय एकता परिषद के राजनैतिक इस्तेमाल के खिलाफ केंद्र सरकार को चेतावनी दी है। मुख्यमंत्री ने मंगलवार को अयोध्या मसले पर विधानसभा में कहा कि एकता परिषद में जो भाषण दिए गए हैं, उससे देश का माहौल बिगड़ा है। उन्होंने आरोप लगाया कि साढ़े पाँच घंटे की परिषद की बैठक से अयोध्या विवाद का कोई समाधान नहीं निकला है, बल्कि भाषणों ने समस्या को और उलझा दिया है। विधानसभा में दिन भर के हंगामे और बार-बार स्थगन के बाद मुख्यमंत्री एकता परिषद की बैठक पर बरसे। यह मामला कांग्रेस (इ) ने उठाया। उसकी दलील थी कि मुख्यमंत्री ने परिषद की बैठक में न जाकर सदन और संविधान का अपमान किया है।

कल्याण सिंह ने दो टूक लहजे में कहा कि अगर केंद्र ने राज्य सरकार को बर्खास्त

करने का माहौल बनाने की खातिर परिषद की बैठक बुलाई थी तो वह भ्रम में है। हम किसी से डरते नहीं हैं। मंदिर का जनादेश हमारे पास है। इसलिए कारसेवा का पुनर्विचार पर कोई सवाल नहीं है। मुख्यमंत्री ने कहा कि एकता परिषद की बैठक किसी समाधान के लिए नहीं, सिर्फ बीजेपी को कोसने के लिए बुलाई गई थी। इसलिए वे नहीं गए।

एकता परिषद की बैठक के औचित्य पर सवाल खड़ा करते कल्याण सिंह ने कहा कि इस मामले में प्रधानमंत्री ने लगातार हमें धोखे में रखा। बार-बार कहा कुछ और किया कुछ। मुख्यमंत्री ने जानकारी दी कि 13 नवंबर को आपराधिक न्याय प्रशासन की बैठक में वे प्रधानमंत्री से मिले थे। उनसे अयोध्या मसले पर बात भी हुई। मैंने प्रधानमंत्री से पूछा कि इस सेवा पर आप क्या राष्ट्रीय एकता परिषद की बैठक बुला रहे हैं। अगर बुला रहे हैं तो मेरा मानना है कि इससे समस्या और बढ़ेगी। समाधान ढूँढ़ने में अड़चन आएगी। मुख्यमंत्री ने बताया कि प्रधानमंत्री ने बार-बार कहा कि उनका ऐसा कोई इरादा नहीं है। अगर हुआ ही तो राज्य सरकार को भरोसे में लिये बगैर वे ऐसा कुछ नहीं करेंगे। कल्याण सिंह ने कहा कि प्रधानमंत्री से उनकी फिर 18 नवंबर को बात हुई, जिसमें इन दोनों के अलावा गृहमंत्री और रक्षामंत्री भी थे। इन बैठकों में भी यही बात हुई थी। मैंने साफ कहा था—परिषद मामले को और उलझा देगी। कल्याण सिंह ने कहा कि लालकृष्ण आडवाणी से भी श्री नरसिंह राव की ऐसी ही बात हुई थी। इसके बावजूद बैठक बुलाई गई।

■

राज्य सरकार को नहीं पता पर अर्धसैनिक बलों की तीन सौ बसें अयोध्या भेजने की तैयारी

नई दिल्ली, 24 नवंबर, 1992 : केंद्रीय बलों को बड़े पैमाने पर अयोध्या भेजने की तैयारी हो रही है। मंगलवार को आधी रात यहाँ इंडिया गेट पर केंद्रीय बलों को अयोध्या भेजने के लिए कोई तीन सौ बसें जमा हो गई थीं। बसों के ड्राइवरों ने बताया कि ये बसें केंद्रीय रिजर्व पुलिस बल, सीमा सुरक्षा बल और प्रोविंसियल आर्म्ड कांस्टेबुलरी (पी. एस.सी.) के जवानों को लेकर अयोध्या जाएँगी।

मंगलवार को आधी रात यहाँ इंडिया गेट पर केंद्रीय बलों को अयोध्या भेजने के लिए कोई तीन सौ बसें जमा हो गई थीं।

कुछ अर्धसैनिक कर्मचारियों ने बताया कि केंद्रीय बलों का यह जत्था बुधवार तड़के से पहले अयोध्या रवाना हो जाएगा। उन्होंने कहा, "हमें कम-से-कम 20 दिन बाहर रहने के लिए तैयार रहने को कहा गया है।" अर्धसैनिक बलों के वाहन रात को इंडिया गेट पर इधर-उधर डोल रहे थे और कुछ अधिकारी वार्त्तालाप में व्यस्त थे। आधी रात तक जवान वहाँ नहीं पहुँचे थे। बहरहाल, बसों के ड्राइवरों का कहना था कि वे किसी भी समय वहाँ पहुँच सकते हैं।

■

केंद्र को कारसेवा रोकने लिए उचित कार्रवाई का अधिकार, सुप्रीम कोर्ट

नई दिल्ली, 25 नवंबर, 1992 : सुप्रीम कोर्ट ने कहा है कि केंद्र सरकार को अयोध्या में विवादास्पद ढाँचे की स्थिति का अपने तौर पर आकलन करने का अधिकार है। वह छह दिसंबर से होने वाली कारसेवा रोकने के लिए उचित संवैधानिक कदम उठा सकती है। सुप्रीम कोर्ट ने साफ किया है कि अगर उत्तर प्रदेश सरकार ने अदालती आदेश का उल्लंघन रोकने का पक्का आश्वासन नहीं दिया तो वह विवादित स्थल के लिए 'रिसीवर' नियुक्त करने का निर्देश दे सकता है। अदालत ने राज्य सरकार का यह अनुरोध ठुकरा दिया कि हिंदू धार्मिक गुटों को कारसेवा टालने के लिए मनाने के वास्ते उसे सात दिन का समय दिया जाए। उसने निर्देश दिया कि राज्य सरकार दो दिन के भीतर इस बात का पक्का आश्वासन दे कि अयोध्या में निर्माण पर रोक से संबंधित अदालती आदेशों का उल्लंघन नहीं होने दिया जाएगा।

न्यायमूर्ति एम.एन. वैंकटचलैया और न्यायमूर्ति जी.एन. राय की खंडपीठ उत्तर प्रदेश सरकार और मुख्यमंत्री कल्याण सिंह के खिलाफ अदालत की अवमानना के मामले की सुनवाई कर रही है। याचिका दाखिल करने वालों ने कहा था कि अयोध्या में एक बार फिर अदालती आदेशों के उल्लंघन के आसार बन रहे हैं। बुधवार को उत्तर प्रदेश सरकार ने सुप्रीम कोर्ट में एक हलफनामा दाखिल किया, लेकिन उसने इस बात का साफ-साफ आश्वासन नहीं दिया कि वह छह दिसंबर से अयोध्या में विवादास्पद स्थल पर निर्माण रुकवा देगी। आपको याद होगा, सुप्रीम कोर्ट ने पिछले सोमवार को निर्देश दिया था कि उत्तर प्रदेश सरकार कारसेवा रोकने का साफ आश्वासन दे। खंडपीठ ने बुधवार को देर तक इस मामले की सुनवाई की। अगली सुनवाई शुक्रवार दोपहर दो बजे तक के लिए स्थगित कर दी गई।

अयोध्या की ताजा घटनाओं को देखते हुए मोहम्मद असलम उर्फ भूरे ने अनुरोध किया है कि भारतीय जनता पार्टी, विश्व हिंदू परिषद और बजरंग दल वगैरह को अदालती आदेश की अवमानना से रोका जाए। उन्होंने यह भी आग्रह किया है कि केंद्र सरकार को अयोध्या में कारसेवकों का जमावड़ा रोकने के लिए रिसीवर नियुक्त करने और विवादित स्थल अपने कब्जे में लेने का निर्देश दिया जाए। अदालत ने उत्तर प्रदेश सरकार के रवैए पर कड़ा रुख अपनाते हुए कहा कि उससे संतोषजनक आश्वासन न मिलने की हालत में वह मोहम्मद असलम का अनुरोध मंजूर कर सकती है।

उत्तर प्रदेश सरकार की तरफ से वरिष्ठ वकील के.के. वेणुगोपाल ने भरोसा दिलाया कि राज्य सरकार धार्मिक समूहों को कारसेवा स्थगित करने के लिए राजी करने में लगी है। उन्होंने उम्मीद जताई कि वह इस मामले पर अंतिम फैसला करने या पर्याप्त समय तक कारसेवा स्थगित करने के लिए धार्मिक समूहों को मना लेगी। न्यायमूर्ति वैंकटचलैया ने अपने आदेश में साफ किया कि अगर राज्य सरकार ने कोई ठोस जवाब दिया तो सुप्रीम कोर्ट

इलाहाबाद हाईकार्ट से अनुरोध कर सकता है कि वह अधिग्रहीत 2.77 एकड़ जमीन के बारे में अपना फैसला जल्द सुनाए। आप जानते हैं कि इस मामले पर हाईकोर्ट में सुनवाई पूरी हो चुकी है और उसने अपना फैसला सुरक्षित रखा है। एटॉर्नी जनरल मिलन बनर्जी ने अदालत को बताया कि अयोध्या में हालात विस्फोटक हैं। हालात हाथ से निकलने वाले हैं और ज्यादा देर हो गई तो फिर कुछ नहीं किया जा सकेगा। न्यायमूर्ति वेंकटचलैया ने इस सिलसिले में कहा कि अदालती आदेशों का उल्लंघन रोकने और उन्हें प्रभावी ढंग से लागू करने के लिए केंद्र सरकार हमेशा ही स्वतंत्र है। उसे इस तरह के मामलों का अपने तौर पर आकलन करने और उचित कार्रवाई करने का पूरा अधिकार है। अगर अदालत के आदेश का उल्लंघन रोकने और आदेश को प्रभावी तरीके से लागू करने के लिए कोई ठोस आश्वासन नहीं मिला तो इस पर अमल के लिए जरूरी कार्रवाई का निर्देश देना हमारा संवैधानिक दायित्व होगा। न्यायमूर्ति वेंकटचलैया ने कहा, हमारा मानना है कि संविधान की सार्वभौमिकता, राष्ट्रीय एकता और जनता की रक्षा के लिए ऐसा कदम उठाना जरूरी होगा।

अदालत ने कहा कि वादी के मुताबिक अयोध्या में विवादित स्थान पर मंदिर बनाने के इच्छुक धार्मिक समूहों से राज्य सरकार की सहानुभूति है। ऐसी हालत में अगर सरकार ने कोई कार्रवाई न की और इन समूहों को अदालती आदेश का उल्लंघन करने दिया तो सारी न्यायिक प्रक्रिया ही बेमानी हो जाएगी।

■

विश्व हिंदू परिषद से सीधे बातचीत की आखिरी कोशिश नाकाम

लखनऊ, 25 नवंबर, 1992 : विश्व हिंदू परिषद से सीधे बातचीत का आखिरी सरकारी प्रयास भी आज नाकाम हो गया। कल राम जन्मभूमि न्यास के अध्यक्ष स्वामी रामचंद्रदास परमहंस से प्रधानमंत्री की बातचीत असफल हो जाने के बाद आज राम जन्मभूमि जीर्णोद्धार क्रम समिति के अध्यक्ष स्वामी वामदेव ने भी दिल्ली आने का प्रधानमंत्री का न्योता ठुकरा दिया। अयोध्या विवाद में प्रधानमंत्री का प्रतिनिधित्व कर रहे केंद्रीय मंत्री पी.आर. कुमार मंगलम खुद यह न्योता लेकर आज दोपहर वृंदावन गए थे। उधर सुप्रीम कोर्ट के उत्तर प्रदेश सरकार को बुधवार के आदेश के बाद राज्य सरकार और केंद्र सरकार में टकराव के आसार बढ़ गए हैं।

लेकिन इस बीच गैर-सरकारी स्तर पर समझौते की कोशिश आज और तेज हो गई। राष्ट्रीय एकता परिषद के दो पत्रकार सदस्य समझौते का नया मसविदा तैयार कर रहे हैं। पहला मसविदा खारिज होने से बातचीत पहले ही एक कदम पीछे हट गई थी। बहरहाल, वरिष्ठ पत्रकार आर.के. मिश्रा को अभी भी समझौते की आशा है। उन्होंने कहा कि दोनों तरफ से सद्भावना दिखाई पड़ रही है। उनके साथ पत्रकार निखिल

चक्रवर्ती भी इस कोशिश में सक्रिय हैं। दो दूसरे वरिष्ठ पत्रकार भी इन लोगों का सहयोग कर रहे हैं।

उधर महंत परमहंस ने दावा किया है कि प्रधानमंत्री कारसेवा रोकने के पक्ष में नहीं हैं, लेकिन उनकी शर्त यह है कि राम जन्मभूमि आंदोलन से राजनीति को अलग कर दिया जाए। आज उन्होंने एक प्रेस कॉन्फ्रेंस में बताया कि कल वे प्रधानमंत्री पी.वी. नरसिंह राव से उनके बुलावे पर मिले थे। तब श्री राव ने यह पेशकश की थी, महंत परमहंस ने प्रधानमंत्री से साफ-साफ कह दिया कि अब इसमें से राजनीति को अलग करना मुश्किल है। इस बीच विश्व हिंदू परिषद ने आरोप लगाया है कि प्रधानमंत्री अभी भी संतों में तोड़फोड़ की कोशिश कर रहे हैं। आज भी केंद्रीय मंत्री पी.आर. कुमार मंगलम राम जन्मभूमि जीर्णोद्धार क्रम समिति के अध्यक्ष स्वामी वामदेव से मिलने वृंदावन गए हैं। परिषद ने प्रधानमंत्री से कहा है कि वे अपना दूत भेजने से पहले यह साफ कर दें कि उन्होंने उसे अधिकृत किया है कि नहीं, क्योंकि वे अपना प्रस्ताव ठुकराए जाने पर उससे मुकर जाते हैं।

महंत परमहंस ने पत्रकारों से कहा कि जैसे-जैसे कारसेवा की तारीख नजदीक आ रही है, सरकार में घबराहट बढ़ रही है। अब वह महसूस कर रही है कि मसले को जल्दी सुलझाया जाना चाहिए। इसीलिए वह अलग-अलग धर्माचार्यों से अलग-अलग मिल रही है। उन्होंने कहा कि वैसे इसका कोई मतलब नहीं है, साथ ही प्रधानमंत्री की नीयत पर उन्हें एतबार नहीं था।

■

ध्वंस से ठीक पहले कल्याण सिंह का इंटरव्यू

राज्य सरकार की बर्खास्तगी आत्मघाती कदम होगा—कल्याण

लखनऊ 25 नवंबर, 1992 : उत्तर प्रदेश के मुख्यमंत्री कल्याण सिंह ने कहा है कि अयोध्या मसले पर राज्य सरकार की बर्खास्तगी केंद्र के लिए आत्मघाती कदम होगा। उन्होंने चेताया है कि एक तरफ तो राज्य सरकार को बर्खास्त कर केंद्र को विवादित ढाँचे की जिम्मेदारी अपने ऊपर लेनी पड़ेगी। दूसरी तरफ उसे राम से लड़ना पड़ेगा और उग्र हिंदू विरोध नरसिंह राव की लँगड़ी सरकार झेल नहीं पाएगी। मुख्यमंत्री ने 'जनसत्ता' से मुलाकात में कहा कि केंद्र उत्तर प्रदेश को टकराव के रास्ते पर ले जाकर गृहयुद्ध कराना चाहता है, पर केंद्र का यह टकराव सिर्फ उत्तर प्रदेश सरकार से नहीं बल्कि संविधान और देश के संघीय ढाँचे के सिद्धांत के साथ होगा। उन्होंने कहा कि राज्य सरकार की मर्जी के खिलाफ अयोध्या में भेजे जाने वाला अर्धसैनिक बल संविधान की संघीय अवधारणा के खिलाफ है। सभी राज्य सरकारों को इसका विरोध करना चाहिए, क्योंकि कल उनकी भी बारी आ सकती है।

कल्याण सिंह की राय में हाईकोर्ट को अपनी सामाजिक जिम्मेदारी समझते हुए 6 दिसंबर से पहले अधिग्रहण के मामले में अपना फैसला सुनाना चाहिए, क्योंकि टकराव टालने का अब यही एकमात्र रास्ता है। हाईकोर्ट को इस मामले की संवेदनशीलता समझते हुए देश की चिंता करनी चाहिए। भले ही उसका फैसला कुछ भी हो। पर फैसला जल्दी हो, कारसेवा के सवाल पर पार्टी के उग्र कट्टरपंथी तत्त्वों से परेशान कल्याण सिंह फिलहाल दृढ़ हैं, पर हड़बड़ी में जरूर हैं। उन्हें अब भी उम्मीद है कि रास्ता निकलेगा। इतिहास बनाने का मौका कभी-कभी आता है और प्रधानमंत्री को इस मौके का इस्तेमाल करना चाहिए, अयोध्या में प्रस्तावित कारसेवा पर कल्याण सिंह से हुई बातचीत के खास अंश—

विवादित ढाँचा मंदिर तोड़कर बना है या नहीं, इस पर सुप्रीम कोर्ट की राय लेने से आप पीछे क्यों हट गए?

प्रधानमंत्री जिस अनुच्छेद के तहत सुप्रीम कोर्ट से राय लेना चाहते थे, वह उनके लिए मुसीबत होती। देश में पूजा-स्थलों को लेकर बड़े पैमाने पर नए विवाद खड़े होते। संविधान के अनुच्छेद 138 (2) में सुप्रीम कोर्ट की राय नहीं, फैसला होता। इसके तहत जो फैसला होता, वह 'केस लॉ' बनता। प्रधानमंत्री ने मुझसे कहा कि सुप्रीम कोर्ट अगर कह देता कि वहाँ पहले मंदिर था, तो हम कानून बनाकर उसे हासिल कर न्यास को सौंप देंगे। अब अगर सुप्रीम कोर्ट ऐसा फैसला सुना भी देता तो फिर बाकी के तीन हजार मामलों पर भी कोई इस मामले की नजीर ले अदालत में जाता और विवादों का नया पिटारा खुलता। गड़े मुरदे उखड़ते। इसलिए हम अनुच्छेद 143 के तहत सुप्रीम कोर्ट की राय के हिमायती थे, जिसकी नजीर भविष्य के लिए न बनती। प्रधानमंत्री का यह प्रस्ताव न तो सिद्धांत: ठीक था, न व्यवहार में ठीक था।

क्या विवादित स्थल की 2.77 एकड़ अधिग्रहीत जमीन ने मामले को और उलझा दिया है?

अधिग्रहण में हमारी नीयत और मंशा एकदम साफ थी। हमने अपने अधिग्रहण से ढाँचे, कोर्टयार्ड और विवादित ढाँचे में जाने के रास्ते को अलग रखा, पर वी.पी. सिंह सरकार ने ऐसा नहीं किया था। उन्होंने अपनी अधिसूचना में ढाँचे का भी अधिग्रहण किया था। हमारी सरकार की शुरू में यह राय थी कि ढाँचे का मामला बातचीत से तय हो या बातचीत फेल हो जाती है तो विधिक प्रक्रिया अपनाई जाए। हमने इसी को ध्यान में रखकर अधिग्रहण भी किया था। हमारा अधिग्रहण पहली नजर में हाईकोर्ट ने जायज भी करार दिया। इस पर कारसेवा शुरू होने में क्या एतराज हो सकता है? मेरा अब भी मानना है कि समस्या का कोई भी समाधान 2.77 और विवादित ढाँचे को अलग करके ही हो सकता है।

प्रधानमंत्री को इस मसले पर कुछ हताश और निराश लोग उलझा रहे हैं और पार्टी का गुटीय दबाव उन पर जबरदस्त है। उससे असलियत जानकर भी वे लाचार दिखते हैं। प्रधानमंत्री को उन तत्त्वों से सावधान रहना चाहिए, जो उन्हीं की पार्टी में उन्हें नीचा दिखाना चाहते हैं।

जब केंद्र सरकार इस बात पर राजी है कि वहाँ पहले मंदिर था तो दिक्कत किस बात की?

हाँ, 18 नवंबर की बैठक में मुझसे रक्षामंत्री ने कहा कि हमने सारे दस्तावेज देख लिये हैं। हम इस बात से सहमत हैं कि वहाँ हिंदू ढाँचा था। फिर हमें मुँह दिखाने के लिए कोई राय (सुप्रीम कोर्ट से) तो लेनी ही पड़ेगी। मैंने कहा था कि पूजा-स्थल विधेयक पास किया तो किससे पूछा था। किस अदालत से राय ली थी। कौन सी राष्ट्रीय एकता परिषद की बैठक बुलाई थी और मनमाने ढंग से 15 अगस्त, 1947 की स्थिति को पूरे देश की छाती पर लाद दिया। दरअसल, प्रधानमंत्री को इस मसले पर कुछ हताश और निराश लोग उलझा रहे हैं और पार्टी का गुटीय दबाव उन पर जबरदस्त है। उससे असलियत जानकर भी वे लाचार दिखते हैं। प्रधानमंत्री को उन तत्त्वों से सावधान रहना चाहिए, जो उन्हीं की पार्टी में उन्हें नीचा दिखाना चाहते हैं।

आप इस मुद्दे पर प्रधानमंत्री नरसिंह राव से आधा दर्जन बार मिल चुके हैं। उनकी सोच और इस मुद्दे के प्रति बरताव कैसा है?

प्रधानमंत्री से लगातार चार बार मिलने के बाद मुझे लगा कि उनमें राजनैतिक इच्छा शक्ति का अभाव है। कई सारी बातों के लिए कानूनी पेचों या तकनीकी प्रक्रिया में फँसने की जरूरत नहीं है। इसकी व्यावहारिकता देखनी पड़ेगी, क्योंकि इस मामले में करोड़ों लोगों की भावनाएँ जुड़ी हैं। यह मसला मजबूत राजनैतिक इच्छाशक्ति या सुविधाजनक बातचीत से ही हल होगा। हालाँकि अब थोड़ा सोच बदला है। एकता परिषद और प्रधानमंत्री दोनों ने पहली बार ढाँचे को मस्जिद न कहकर विवादित ढाँचा कहा है। मेरी फिर राय है कि

प्रधानमंत्री को अपनी पार्टी की गुटबाजी, वामपंथियों की साजिश और वी.पी. सिंह जैसे की हताशा से उबरना चाहिए।

आप लगातार समाधान की उम्मीद लगाए बैठे हैं, आपके हिसाब से अभी भी इस मामले का हल क्या है?

हल तो आज भी है। 2.77 एकड़ पर कारसेवा की अनुमति मिले। इसके बाद माहौल बदलेगा। ढाँचे पर बातचीत तब चल सकती है। इसके बाद हम विश्व हिंदू परिषद को भी अनुच्छेद 143 के तहत सुप्रीम कोर्ट की राय के लिए राजी कर सकते हैं। समाधान का रास्ता खुल जाएगा।

क्या आपको नहीं लगता कि इस मुद्दे पर प्रधानमंत्री को कम समय दिया गया?

समय तो हमेशा ही कम रहेगा। तीन महीने में प्रधानमंत्री 2.77 का भी समाधान नहीं निकाल पाए। हमारी कल्पना भी पूरे मामले में समाधान निकालने की नहीं है। हमारी सोच यही थी कि 2.77 एकड़ पर समाधान निकलेगा और कारसेवा शुरू होगी। अगर इसी समय में कोई ढाँचे का भी समाधान प्रधानमंत्री से करवाने की सोचता, तब जल्दी होती। फिर प्रधानमंत्री को 35 दिन का समय और मिल गया था, पर प्रधानमंत्री के सलाहकार समाधान का कोई रास्ता न सुझा, इसे उलझाने की दिशा में ही आगे बढ़े।

उत्तर प्रदेश में आज केंद्रीय अर्धसैनिक बल की 70 कंपनी भेजी गई हैं। क्या संकेत हैं इसके?

प्रधानमंत्री गृहयुद्ध चाहते हैं लगता है। इतनी फोर्स न तो मैंने माँगी, न मेरा कोई परामर्श लिया गया। न ही सहमति से भेजी गई है। यह संविधान के संघीय ढाँचे पर चोट है, क्योंकि कानून-व्यवस्था बनाए रखने का दायित्व हमारा है। राज्य सरकारों को इसका विरोध करना चाहिए। नहीं तो कल ऐसा ही दूसरों के साथ होगा। केंद्र सरकार ऐसा करके जो तनाव और अराजकता पैदा कर रही है, वह वांछनीय नहीं है। प्रतिक्रिया गंभीर होगी। बेवजह उत्तर प्रदेश में तनाव पैदा होगा। केंद्र सरकार ऐसा कर गलत मिसाल भी कायम कर रही है।

प्रधानमंत्री गृहयुद्ध चाहते हैं लगता है। इतनी फोर्स न तो मैंने माँगी, न मेरा कोई परामर्श लिया गया। न ही सहमति से भेजी गई है। यह संविधान के संघीय ढाँचे पर चोट है, क्योंकि कानून-व्यवस्था बनाए रखने का दायित्व हमारा है। राज्य सरकारों को इसका विरोध करना चाहिए। नहीं तो कल ऐसा ही दूसरों के साथ होगा।
—कल्याण सिंह, तत्कालीन मुख्यमंत्री

राज्य सरकार बर्खास्त हुई तो?

फिर तो राव बताएँगे, पूरे देश में क्या होगा। इसका अहसास आपको पहली तारीख तक हो जाएगा। कारसेवा और उग्र होगी, हम भी बंधनमुक्त होंगे। पूरे देश में कारसेवा होगी। यह सौदा भारत सरकार को बहुत महँगा पड़ेगा। इसलिए मैं नहीं समझता कि केंद्र सरकार जनभावना के साथ कोई खिलवाड़ करेगी। केंद्र सरकार को ढाँचे की रक्षा की

जिम्मेदारी लेनी पड़ेगी। दूसरी तरफ प्रखर हिंदू भावनाओं का विरोध झेलना पड़ेगा, पर हम तो इतिहास लिखेंगे।

■

कारसेवा को लेकर केंद्र और राज्य आमने-सामने

लखनऊ, 26 नवंबर, 1992 : कारसेवा के सवाल पर केंद्र और राज्य सरकार में गुरुवार को टकराव शुरू हो गया। इसी के साथ केंद्र सरकार ने उत्तर प्रदेश सरकार की बर्खास्तगी की तैयारियाँ शुरू कर दी हैं। राज्य सरकार से पूछे बिना गुरुवार को फैजाबाद में अर्धसैनिक बलों की 90 कंपनियाँ पहुँच गईं। 40 और कंपनियाँ फैजाबाद के लिए रवाना हो चुकी हैं। अयोध्या अर्धसैनिक बलों की छावनी की शक्ल ले चुकी है। मुख्यमंत्री कल्याण सिंह ने गृहमंत्री को चिट्ठी लिखकर न सिर्फ बड़े पैमाने पर अर्धसैनिक बलों को भेजे जाने पर आपत्ति की है, बल्कि इसे राज्य की स्वायत्तता पर हमला बताया है। उन्होंने कहा है कि केंद्र सरकार उत्तर प्रदेश के साथ जबरन टकराव की स्थिति पैदा करना चाहती है। इसी बीच अर्धसैनिक बलों का रसद और सामान ला रही बसों को राज्य सरकार ने दिल्ली-गाजियाबाद सीमा पर रोक दिया है। दिल्ली परिवहन निगम की उन बसों को राज्य सरकार परमिट जारी नहीं कर रही है।

इसी बीच अर्धसैनिक बलों का रसद और सामान ला रही बसों को राज्य सरकार ने दिल्ली-गाजियाबाद सीमा पर रोक दिया है। दिल्ली परिवहन निगम की उन बसों को राज्य सरकार परमिट जारी नहीं कर रही है।

बुधवार की रात दिल्ली में प्रधानमंत्री और राज्य के नगर विकास मंत्री की बातचीत फेल होने के बाद केंद्र सरकार तेजी से हरकत में आई है। हालाँकि बातचीत के अंतिम प्रयास के लिए गुरुवार की रात प्रधानमंत्री ने बजरंग दल प्रमुख विनय कटियार को दिल्ली बुलाया है। इस बीच ताजा स्थिति से निपटने के लिए आज रात राज्य कैबिनेट की बैठक हो रही है। इस बैठक में यह भी तय होना है कि कल सुप्रीम कोर्ट में सरकार क्या जवाब दे। मंत्रिपरिषद की बैठक के बाद सरकारी पक्ष की जानकारी के लिए अशोक सिंघल को अयोध्या से लखनऊ बुलाया गया है। इसी बैठक में सरकार की बर्खास्तगी की स्थिति में कारसेवा के स्वरूप पर विचार भी होना है।

इस बीच सुप्रीम कोर्ट की तरफ से विवादित स्थल के लिए रिसीवर बैठाने की संभावना को देखते हुए केंद्र सरकार ने विवादित स्थल को अपने कब्जे में लेने की पूरी तैयार कर ली है। भारत-तिब्बत सीमा पुलिस के महानिदेशक आर.के. वडेरा और केंद्रीय रिजर्व पुलिस फोर्स के महानिदेशक डी.पी.एन. सिंह इस काम के लिए अयोध्या पहुँच गए हैं।

ध्वंस से ठीक पहले विवादित इमारत का आखिरी चित्र। फोटो : राजेंद्र कुमार

सुरक्षा बलों ने अयोध्या को छावनी में बदल दिया था। फिर भी ढाँचा टूट गया।

मुख्यमंत्री कल्याण सिंह ने कहा है कि अगर उनकी सरकार को बेवजह बर्खास्त करने की कोशिश की गई तो इसके देशव्यापी परिणाम होंगे। उन्होंने कहा कि प्रदेश में कानून-व्यवस्था को देखना उनका काम है। प्रदेश सरकार तय करेगी कि उसे अयोध्या में कितनी फोर्स लगानी है। अगर केंद्र उसकी अनदेखी कर सुरक्षा बलों को तैनात करता है तो यह प्रदेश की संवैधानिक स्वायत्तता को कुचलने जैसा होगा।

केंद्र की योजना कल सुप्रीम कोर्ट के आदेश के फौरन बाद उस पूरे इलाके को अपने कब्जे में लेकर केंद्र शासित बनाने की है, पर ऐसा राज्य सरकार को बर्खास्त किए बिना संभव नहीं है।

■

छावनी जैसा लगने लगा फैजाबाद

अयोध्या, 26 नवंबर, 1992 : केंद्रीय सुरक्षा बलों के बड़ी संख्या में पहुँच जाने से फैजाबाद शहर छावनी जैसा नजर आ रहा है। अर्धसैनिक बलों की 90 कंपनियाँ यहाँ पहुँच चुकी हैं। जिधर देखिए, सुरक्षा बलों के जवान और उनके वाहन आते-जाते दिख रहे हैं। सुरक्षा बलों के अधिकारियों ने गुरुवार को विवादास्पद स्थल का मुआयना किया। एक अधिकारी ने बताया कि यह निरीक्षण सही समय पर सही कार्रवाई के लिए किया जा रहा है। जो सुरक्षा बल यहाँ पहुँचे हैं, उनमें केंद्रीय रिजर्व पुलिस बल, सीमा सुरक्षा बल, त्वरित कार्रवाई बल और औद्योगिक सुरक्षा बल शामिल हैं। वे सभी जरूरी साज-सामान से लैस हैं। जिला प्रशासन ने इतनी बड़ी संख्या में सुरक्षा बलों के अयोध्या पहुँचने पर अनभिज्ञता जताई है।

सुरक्षा बलों के आने से फैजाबाद और अयोध्या में एक अजीब तरह का सन्नाटा दिखाई दे रहा है। बाजारों में ग्राहक नहीं दिख रहे हैं। सब्जी, तेल, अंडों और दूध के दाम एकाएक डेढ़ गुने तक बढ़ गए हैं। फैजाबाद के लोगों ने एहतियात के तौर पर रोजमर्रा की जरूरतों का सामान जुटाना शुरू कर दिया है। सुरक्षा बलों के जवान भी बाजार से बड़े पैमाने पर सामान की खरीद-फरोख्त कर रहे हैं। जवानों को छावनी क्षेत्र, बीकापुर और दर्शन नगर के पास ठहराया जा रहा है।

अयोध्या में विवादास्पद परिसर, रामकथा कुंज और कारसेवकपुरम् में कारसेवक नहीं दिख रहे हैं। विश्व हिंदू परिषद के नेताओं ने दावा किया है कि बड़ी संख्या में कारसेवक आस-पास के गाँवों से आ चुके हैं, लेकिन वे उनकी निश्चित संख्या नहीं बताते। अयोध्या के प्रमुख संत रामविलास वेदांती गुरुवार को अयोध्या आ गए। 'जनसत्ता' के साथ बातचीत में प्रधानमंत्री पी.वी. नरसिंह राव के प्रति उनका रुख नरम दिखाई दिया। उन्होंने कहा कि श्री राव तो मंदिर बनाना चाहते हैं, पर उनके दल के लोग

बवाल मचा रहे हैं। बातचीत में परमहंस ने भारतीय जनता पार्टी के नेताओं से कहा कि वे भी मंदिर के नाम पर राजनीति कर रहे हैं। उन्होंने कारसेवा रोकने की संभावना पर कहा कि क्या ऐसी भी कोई ट्रेन है, जिसमें ब्रेक न हों।

विश्व हिंदू परिषद के नेता विनय कटियार ने कहा है कि कारसेवा जरूर होगी। उन्होंने आरोप लगाया कि प्रधानमंत्री न्यायपालिका को भी राजनीति का माध्यम बना रहे हैं। उन्होंने हैरत जाहिर की कि जिस मामले की पेशी शुक्रवार को थी, उस पर बुधवार को ही सुनवाई कर फैसला सुना दिया गया। विश्व हिंदू परिषद के नेताओं का एक दल बुधवार को अयोध्या आया था। वह यहाँ के हालात का अध्ययन कर लखनऊ लौट गया। गुरुवार को विहिप नेताओं की राज्य सरकार के साथ बैठक होने वाली है।

विश्व हिंदू परिषद ने कारसेवकों को ठहराने के लिए इंतजाम करने शुरू कर दिए हैं, पर अभी तक कारसेवकों का पहुँचना शुरू नहीं हुआ है। जहाँ जुलाई में कारसेवा की गई थी, वहाँ अभी तक निर्माण सामग्री भी नहीं पहुँची है। प्रदेश के वरिष्ठ पुलिस अधिकारियों ने भी गुरुवार को विवादित स्थल पर काफी देर तक मुआयना किया। लखनऊ परिक्षेत्र के पुलिस महानिरीक्षक ए.के. शरण ने बताया कि विवादास्पद स्थल की सुरक्षा के लिए पी.एस.सी. की दस कंपनियाँ और केंद्रीय सुरक्षा बलों की चार कंपनियाँ तैनात हैं। बताया जाता है कि फैजाबाद जिला प्रशासन ने ढाँचे की सुरक्षा के लिए पी.एस.सी. की 15 कंपनियाँ और भेजने की माँग की है।

■

टकराव टालने की कोशिशें और तेज, पर विहिप बातचीत के लिए नहीं आई

नई दिल्ली, 26 नवंबर, 1992 : अयोध्या मसले पर सरकार और मंदिर आंदोलन में टकराव टालने की कोशिशों का दायरा रोज बढ़ रहा है, पर टकराव टलता नजर नहीं आ रहा है। मंदिर आंदोलन के नेता स्वामी वामदेव गुरुवार को प्रधानमंत्री का न्योता ठुकराकर अयोध्या रवाना हो गए। लालकृष्ण आडवाणी ने लंबी लड़ाई के लिए बीजेपी सांसदों को हिदायतें दीं, दूसरी तरफ उनके एक प्रस्ताव पर संघ परिवार में सोच-विचार जारी है। अगर वह मान लिया गया तो टकराव टालने की एक सूरत बन सकती है।

विश्व हिंदू परिषद के नेताओं पर लंदन निवासी उद्योगपति हिंदुजा (गोपीचंद) अलग से दबाव डाल रहे हैं। राष्ट्रीय एकता परिषद की बैठक के दिन यानी 23 नवंबर की सुबह शरद पवार ने प्रधानमंत्री से लंबी बात की। उस बातचीत के बाद पटना से पूर्व अटॉर्नी जनरल लाल नारायण सिन्हा से संपर्क किया गया। उन्होंने एक 'फॉर्मूला' भेजा। उस 'फॉर्मूले' में विवादित ढाँचा सहित पूरे इलाके का केंद्र सरकार को अधिग्रहण करना

है। यथास्थिति को मानना है। सारे मुकदमे दस साल के लिए स्थगित कर दिए जाने हैं। प्रधानमंत्री ने इस फॉर्मूले पर रजामंदी दिखाई, लेकिन अफसरशाही उसके खिलाफ थी। लिहाजा वह फॉर्मूला अब नरेशचंद्र के ठंडे बस्ते में है।

सरकार और मंदिर आंदोलन में टकराव टालने के लिए पहलकदमी की भरमार हो गई है। प्रधानमंत्री उन्हें हतोत्साहित नहीं कर रहे। हर व्यक्ति या समूह को लगता है कि वह महान कार्य में लगा है। उसके प्रयास से देश पर मँडरा रहा खतरा टल जाएगा, लेकिन ऐसे प्रयासों की विडंबना यह है कि कोई भी प्रस्ताव एक दिन से ज्यादा नहीं चलता। सरकार में अयोध्या मसले पर प्रयासों की अराजकता है। सरकार के स्तर पर एहतियाती उपायों की पूरी तैयारी है। दूसरी तरफ टकराव टालने के लिए सब दरवाजे खुले हैं।

प्रधानमंत्री मंदिर आंदोलन पर अखबारी दबाव बनाने का तरीका अपना रहे हैं। जनमत के दबाव से वे आंदोलन के नेताओं का हौसला ढीला करना चाहते हैं। प्रधानमंत्री का सार्वजनिक वायदा जिस तरह कांग्रेस का घोषणा-पत्र है, उसी तरह आंदोलन का वायदा मंदिर निर्माण है। टकराव टालने की कोशिश में लगे लोग मंदिर आंदोलन का मर्म समझे बगैर ऊपरी बातों के लिए प्रयास कर रहे हैं, जो विफल होनी ही हैं। अयोध्या में 3200 मंदिर हैं। यह आंदोलन राम जन्मभूमि पर मंदिर बनाने के लिए है। यह इसका मर्म है। सरकार और विपक्षी दल अगर एक वक्त का अपवाद बनाने के लिए मुसलमानों को राजी करें तो रास्ता निकालना उनके लिए आसान होगा।

प्रधानमंत्री दफ्तर ने आज सांसद और बजरंग दल के अध्यक्ष विनय कटियार को दिल्ली बुलाने की विफल कोशिश की। उन्हें इनकार करने पर पुनः शनिवार के लिए आने का आग्रह किया गया। विपक्ष के नेता लालकृष्ण आडवाणी ने एक प्रस्ताव परिषद के सामने रखा है। उसके मुताबिक कारसेवा के लिए ऐसी तरकीब निकाली जाए, जिससे अदालत की अवमानना से भी बचें। उस पर आज शाम आपस में मशविरा जारी रहा।

अयोध्या में 3200 मंदिर हैं। यह आंदोलन राम जन्मभूमि पर मंदिर बनाने के लिए है। यह इसका मर्म है।

अगर टकराव होता है तो उत्तर प्रदेश की सरकार बर्खास्त करने की केंद्र ने तैयारी कर रखी है। उसके साथ ही प्रधानमंत्री दफ्तर का अयोध्या प्रकोष्ठ ऐसे संतों की तलाश कर रहा है, जो उनकी योजना में विवादित स्थल से दूर कारसेवा कराएँ।

■

ऐसा होगा अयोध्या का नया 'फॉर्मूला'

नई दिल्ली, 27 नवंबर, 1992 : कारसेवा की वृहद् परिभाषा ने अयोध्या में फिलहाल टकराव टालने का रास्ता खोल दिया है। राष्ट्रीय एकता परिषद के कुछ पत्रकार सदस्यों

के 'फॉर्मूले' से यह परिभाषा तैयार हुई। विश्व हिंदू परिषद ने इस आधार पर उत्तर प्रदेश सरकार को लिखित आश्वासन भी दिया है। राज्य सरकार की तरफ से सुप्रीम कोर्ट में दिए गए हलफनामे के साथ विहिप का यह पत्र भी नत्थी किया गया। इसका नतीजा यह हुआ कि राज्य में 'रिसीवर' नियुक्त करने की जो संभावना दिख रही थी, वह टल गई लगती है और केंद्र व राज्य सरकार के बीच टकराव भी। वैसे सुप्रीम कोर्ट इस बाबत अपना फैसला कल देगा। यह बात अलग है कि दोनों पक्षों में संदेह का माहौल अभी भी बना हुआ है। यह इसी बात से जाहिर है कि जहाँ केंद्र सरकार अपनी तैयारियों में कमी नहीं छोड़ रही है, वहीं विहिप भी ढील के संकेत नहीं दे रही है। प्रदेश के राज्यपाल बदले जाने की चर्चाएँ आज और तेज हो गईं।

अयोध्या में विवादित ढाँचे से जुड़ी 2.77 एकड़ जमीन पर अवमानना के मामले में सुप्रीम कोर्ट ने उत्तर प्रदेश सरकार से हलफनामा देने को कहा था। केंद्र सरकार का तर्क था कि अयोध्या में बड़े भारी पैमाने पर कारसेवकों के जमाव से अदालत की अवमानना का खतरा पैदा हो गया है। अदालत ने 2.77 एकड़ जमीन पर उसके अधिग्रहण का मामला तय हो जाने तक स्थायी निर्माण पर रोक लगाई हुई थी, लेकिन कारसेवा पर कोई पाबंदी नहीं थी। आज राज्य सरकार ने अपने हलफनामे में कोर्ट को बताया कि विहिप ने उसे एक चिट्ठी लिखकर कहा है कि कारसेवक वहाँ काम तो करेंगे, लेकिन अदालत के आदेश की अवमानना नहीं की जाएगी। हलफनामे के साथ इस बाबत कारसेवा समिति के वरिष्ठ सदस्य स्वामी चिन्मयानंद की चिट्ठी भी लगाई गई थी।

विहिप के संयुक्त महासचिव आचार्य गिरिराज किशोर ने भी शुक्रवार दोपहर में एक प्रेस कॉन्फ्रेंस में संकेत दिया था कि कारसेवा का मतलब सिर्फ निर्माण करना ही नहीं है। निर्माण सामग्री को ढोना भी कारसेवा मानी जाएगी। कारसेवा करने वाले लोग कोई कुशल कारीगर तो हैं नहीं, उनसे भवन निर्माण की अपेक्षा भी नहीं की जानी चाहिए। सूत्रों के मुताबिक विहिप के रुख में यह बदलाव कल रात राष्ट्रीय स्वयंसेवक संघ की बैठक के बाद आया। इस बैठक में उस 'फॉर्मूले' पर विचार हुआ था, जो बीजेपी नेता लालकृष्ण आडवाणी ने भेजा था। बाद में इस पर विहिप की बैठक में भी विचार हुआ। यह 'फॉर्मूला' पत्रकार आर.के. मिश्र और निखिल चक्रवर्ती की कल प्रधानमंत्री पी.वी. नरसिंह राव से लंबी बातचीत के बाद तय हुआ था। बुधवार को दिल्ली बुलाए गए राजस्थान के मुख्यमंत्री भैरोंसिंह शेखावत भी कल पूरे दिन इस बातचीत में शरीक रहे। इस फॉर्मूले पर सहमति की गुंजाइश इसलिए बनी, क्योंकि इससे विहिप को कारसेवा नहीं रोकनी पड़ रही थी और प्रधानमंत्री का वह वचन भी रख लिया गया कि वे किसी भी कीमत पर अदालत के आदेश की अवमानना नहीं होने देंगे।

इस बीच केंद्र सरकार ने प्रशासनिक स्तर पर कारसेवा से निपटने की अपनी तैयारियाँ जारी रखीं। अर्धसैनिक बलों का अयोध्या भेजा जाना आज भी जारी रहा। इस बाबत राज्य सरकार की कड़ी प्रतिक्रिया से निपटने के लिए राजनैतिक गतिविधियाँ भी तेज हो गईं। कल

राज्य के मुख्यमंत्री कल्याण सिंह ने श्री राव को पत्र लिखकर अपनी नाराजगी जाहिर की थी। गुरुवार को ही केंद्र ने राज्य के राज्यपाल बी सत्यनारायण रेड्डी को राजधानी तलब कर लिया था। शुक्रवार को गृहमंत्री शंकरराव चह्वाण ने उनसे मंत्रणा की। इसके बाद राज्य में राज्यपाल बदले जाने की चर्चा और तेज हो गई। खुफिया ब्यूरो के पूर्व प्रमुख एम.के. नारायणन का नाम इस पद के लिए संबंधित उम्मीदवारों में सबसे ऊपर पहुँच गया।

इस बीच आचार्य गिरिराज किशोर ने सरकार पर राम जन्मभूमि आंदोलन के बारे में झूठा प्रचार करने का आरोप लगाया है। उन्होंने बताया कि सरकार के एक दूत ने वृंदावन में राम जन्मभूमि जीर्णोद्धार क्रम समिति के अध्यक्ष स्वामी वामदेव को यहाँ तक कहा कि न्यास के अध्यक्ष स्वामी रामचंद्रदास परमहंस को दिल्ली आने को राजी होने के लिए आचार्य गिरिराज किशोर ने फटकारा, हालाँकि स्वामी वामदेव ने इस बात पर विश्वास नहीं किया, लेकिन इससे जाहिर होता है कि सरकार संतों को विहिप से दूर करने के लिए हर हथकंडे पर उतर आई है।

कानूनी पेंच से बचने के लिए स्थायी निर्माण बिना कारसेवा की बात पहली दफा की गई है। मालूम हो कि 2.77 एकड़ जमीन पर रोक स्थायी निर्माण को लेकर है। अस्थायी प्रकृति का निर्माण उस चबूतरे की धुलाई, सफाई और पुताई की जा सकती है।

■

मंदिर के लिए उ.प्र. सरकार को बर्खास्तगी भी मंजूर

लखनऊ, 27 नवंबर, 1992 : केंद्र को लगातार चुनौती देती उत्तर प्रदेश सरकार मंदिर के सवाल पर अपनी बर्खास्तगी के लिए तैयार है, पर केंद्र सरकार इसके लिए तकनीकी बहाना ढूँढ़ रही है। केंद्र सरकार सुप्रीम कोर्ट के आदेशों के तहत ही राज्य सरकार की बर्खास्तगी चाहती है। राज्य सरकार उससे बचने के लिए अब तकनीकी लड़ाई लड़ रही है। राज्य सरकार यह बताना चाहती है कि मंदिर निर्माण में रुकावट डालने के लिए केंद्र सरकार उसे बर्खास्त कर रही है, जबकि केंद्र राज्य सरकार की संभावित बर्खास्तगी का बहाना सुप्रीम कोर्ट के आदेश को बनाना चाहती है। सुप्रीम कोर्ट में राज्य सरकार की तरफ से आज दिया गया हलफनामा यही साबित करता है।

प्रदेश सरकार की तरफ से आज दिए गए हलफनामे में कहा गया है कि वह बिना स्थायी निर्माण के कारसेवा के लिए साधु-संतों को राजी कर रही है। मतलब साफ है कि राज्य सरकार की योजना इस मामले में कानूनी पेंच से बचने के लिए स्थायी निर्माण बिना कारसेवा की बात पहली दफा की गई है। मालूम हो कि 2.77 एकड़ जमीन पर रोक स्थायी निर्माण को लेकर है। अस्थायी प्रकृति का निर्माण उस चबूतरे की धुलाई,

सफाई और पुताई की जा सकती है। कारसेवक इसी महीने वहाँ इकट्ठा हों, राज्य सरकार इस आशय का आश्वासन कल सुप्रीम कोर्ट को दे देगी कि वहाँ मशीनरी और निर्माण सामग्री ले जाने नहीं दी जाएगी। राज्य सरकार के इस बदले पैंतरे से केंद्र सरकार की मुसीबत बढ़ेगी, क्योंकि इससे न सरकार जाएगी और न ही कारसेवकों को इकट्ठा होने से रोका जा सकेगा। खबर है कि किसी भी टकराव से पहले केंद्र सरकार राज्य में राज्यपाल को बदलने जा रही है। कांग्रेस सूत्रों के मुताबिक पंजाब के राज्यपाल सुरेंद्रनाथ संभवत: उत्तर प्रदेश की कमान सँभालेंगे। सुरेंद्रनाथ कोई 15 रोज पहले लखनऊ आकर राज्य के पुलिस महानिदेशक, मुख्य सचिव सहित सभी आला नेताओं और अफसरों से मिले भी थे। राजभवन के सूत्रों ने राज्यपाल को दिल्ली तलब किए जाने पर कोई टिप्पणी से इनकार कर दिया है।

राज्य सरकार की संभावित बर्खास्तगी, केंद्र द्वारा अर्धसैनिक बलों की बड़े पैमाने पर रवानगी की खबर से आज प्रदेश के कई शहर तनाव की गिरफ्त में आ गए। लखनऊ में तो दंगा होते-होते बचा। श्रीराम कारसेवा समिति के जुलूस पर पथराव के बाद आगजनी हुई। इस फसाद पर बाद में काबू पा लिया गया। कानपुर, वाराणसी, इलाहाबाद और मेरठ में भी तनाव है। गृहविभाग के एक सूत्र के मुताबिक तनाव वाले संवेदनशील शहरों में सुरक्षा के दौरान उपाय कर उन पर लगातार नजर रखी जा रही है। मेरठ में भी कारसेवा के सवाल पर दंगा होते-होते बचा। कल देर रात तक चली मंत्रिमंडल की बैठक में राज्य का सांप्रदायिक माहौल न बिगड़ने देने और टकराव टालने के लिए मुख्यमंत्री कल्याण सिंह को अधिकृत किया गया। फौरन बाद मुख्यमंत्री कल्याण सिंह ने प्रधानमंत्री नरसिंह राव को नए सिरे से बातचीत जारी रखने के लिए चिट्ठी लिखी।

फिलहाल कारसेवा के सवाल पर राज्य में तनाव बढ़ रहा है। इस तनाव में आज और बढ़ोतरी हुई, जब गैर-कांग्रेसी और गैर-बीजेपी विपक्षी दलों ने बैठकर कारसेवा को रोकने के लिए संघर्ष का ऐलान किया। बैठक में तय हुआ कि राज्य की धर्म निरपेक्षता राष्ट्रभक्त और लोकतांत्रिक ताकतें एकजुट हो कारसेवा को रोकने का संघर्ष करेंगी। बैठक में बीजेपी सरकार के कारसेवा के लिए सरकारी तंत्र के इस्तेमाल की निंदा की गई। राज्य में सांप्रदायिक तनाव और शांति व्यवस्था पर आसन्न खतरे पर चिंता जताते इन राजनैतिक दलों ने तय किया कि पाँच दिसंबर को कारसेवा रोकने के लिए प्रदेशव्यापी अयोध्या मार्च का आयोजन होगा, जिसके सभी जिला मुख्यालयों में विपक्षी दलों के संयुक्त जत्थे अयोध्या की तरफ मार्च करेंगे। इस सिलसिले में तीन दिसंबर को भी जिला मुख्यालयों पर प्रदर्शन और धरने आयोजित होंगे और 28 नवंबर को राज्यपाल को ज्ञापन दिया जाएगा।

आज भी बैठक में भाकपा के मित्रसेन यादव, माकपा के रामसुमेर यादव, समाजवादी पार्टी के रामशरण दास, बेनीप्रसाद वर्मा, आईपीएफ के अखिलेंद्र प्रताप सिंह, जनता दल (अ) के सुंदर लाल, सजपा के रामगोविंद चौधरी, शोषित समाज दल के रामचंद्र कटियार,

फारवर्ड ब्लॉक के अमर सिंह कुशवाहा, सोशलिस्ट पार्टी के गिरीश पांडेय ने हिस्सा लिया। बैठक की अध्यक्षता रामशरण दास ने की।

■

अयोध्या पर सुरक्षा बलों के टेंटों का घेरा

अयोध्या, 27 नवंबर, 1992 : केंद्रीय सुरक्षा बलों ने कैंप डालकर अयोध्या-फैजाबाद को चारों तरफ से घेर रखा है। उन्होंने अयोध्या से 20 किलोमीटर की दूरी में टेंट लगाकर रहना शुरू कर दिया है। उनके अधिकारी आपस में विचार-विमर्श कर रहे हैं, पर जिला प्रशासन को किसी तथ्य की जानकारी नहीं दे रहे हैं। इस बीच करीब बीस हजार कारसेवकों के अयोध्या पहुँचने की खबर है। सुरक्षा बलों की 150 कंपनियाँ वहाँ पहुँच चुकी हैं।

गुरुवार को पुलिस महानिरीक्षक ए.के. शरण ने अयोध्या का दौरा किया था और यहाँ के अफसरों की बैठक की थी। इसके बाद से पी.एस.सी. का आना शुरू हो गया है। उधर लखनऊ में घोषणा की गई है कि उत्तर प्रदेश सरकार अयोध्या में पी.एस.सी. की और 15 कंपनियाँ भेज रही है।

शुक्रवार सुबह सात बजे रैपिड एक्शन फोर्स के सैकड़ों जवानों ने मोटर साइकिलों से काफिले में फैजाबाद से अयोध्या तक मार्च किया। अयोध्या-फैजाबाद के केंद्रीय सुरक्षा बलों के बड़ी संख्या में आ जाने से दूध, सब्जी, अनाज, तेल के भाव दोगुने हो गए हैं। कर्फ्यू के अंदेशे से मिट्टी के तेल की दुकानों पर लंबी लाइनें लगी देखी गईं। अयोध्या पूरी तरह शांत है। कारसेवकपुरम्, रामकथा कुंज में बलिया, महाराष्ट्र, बंगाल के कुछ कारसेवक पहुँचे हैं।

बजरंग दल के नेता और सांसद विनय कटियार प्रधानमंत्री से बातचीत के लिए शुक्रवार को दिल्ली नहीं गए।

सुप्रीम कोर्ट इस आश्वासन से संतुष्ट हो गया और प्रतीकात्मक कारसेवा की अनुमति दे दी, लेकिन उसने इलाहाबाद हाईकोर्ट के मुख्य न्यायाधीश से एक न्यायिक अधिकारी की नियुक्ति करने को कहा, जो अयोध्या की हालत पर निगाह रखे और जब उसे लगे कि वहाँ स्थिति बिगड़ रही है तो फौरन सुप्रीम कोर्ट को इसकी सूचना दे।

■

केवल सांकेतिक कारसेवा होगी, उ.प्र. सरकार का सुप्रीम कोर्ट को भरोसा

नई दिल्ली, 28 नवंबर, 1992 : उत्तर प्रदेश सरकार ने शनिवार को सुप्रीम कोर्ट को आश्वासन दिया कि अयोध्या में अधिग्रहीत 2.77 एकड़ जमीन पर छह दिसंबर से होने वाली कारसेवा केवल प्रतीकात्मक होगी और वह वहाँ कोई भी स्थायी या अस्थायी निर्माण

नहीं होने देगी। सुप्रीम कोर्ट इस आश्वासन से संतुष्ट हो गया और प्रतीकात्मक कारसेवा की अनुमति दे दी, लेकिन उसने इलाहाबाद हाईकोर्ट के मुख्य न्यायाधीश से एक न्यायिक अधिकारी की नियुक्ति करने को कहा, जो अयोध्या की हालत पर निगाह रखे और जब उसे लगे कि वहाँ स्थिति बिगड़ रही है तो फौरन सुप्रीम कोर्ट को इसकी सूचना दे। सुप्रीम कोर्ट ने छुट्टी के दिन चार घंटे 20 मिनट की अभूतपूर्व बैठक के बाद यह आदेश दिया, लेकिन न्यायमूर्ति एम.एन. वैंकटचलैया और जी.एन. राय की डिवीजन बेंच ने न्यायिक अधिकारी की नियुक्ति के लिए कोई समय-सीमा तय नहीं की। न्यायिक अधिकारी की नियुक्ति का आग्रह केंद्र सरकार की ओर से अटॉर्नी जनरल मिलन बनर्जी ने किया था।

डिवीजन बेंच ने फिलहाल 'रिसीवर' नियुक्त करने से इनकार कर दिया, पर जजों ने राज्य सरकार को चेताया कि अगर वह दिए आश्वासन से पीछे हटी तो कोर्ट फिर 'रिसीवर' नियुक्त करने के आग्रह पर विचार कर सकता है। उन्होंने कहा कि यह आग्रह फिलहाल लंबित रखा जा रहा है, ताकि भविष्य में किसी आपात हालत में इस पर आदेश जारी किया जा सके। उन्होंने कहा कि हाईकोर्ट के मुख्य न्यायाधीश जिस जिला जज को नियुक्त करेंगे, वह सुप्रीम कोर्ट के पर्यवेक्षक के रूप में काम करेगा और देखेगा कि राज्य सरकार ने जो आश्वासन दिया है, उसका उल्लंघन न हो।

राज्य सरकार की एक अपील पर सुप्रीम कोर्ट ने इलाहाबाद हाईकोर्ट की पूर्ण बेंच से भूमि अधिग्रहण के मामले पर जल्द फैसला देने की संबंधित पक्षों की इच्छा पर विचार करने का अनुरोध किया। जजों ने कहा कि इस तरह के मामले में हाईकोर्ट को किसी खास समय-सीमा में फैसला देने के लिए कहना उचित नहीं है, लेकिन राज्य सरकार ने छह दिसंबर की कारसेवा के मामले में चूँकि सकारात्मक रुख अपनाया है, इसलिए वे हाईकोर्ट से अनुरोध कर रहे हैं। कोर्ट ने मामले की सुनवाई सोमवार तक टाल दी।

न्यायमूर्ति वैंकटचलैया और न्यायमूर्ति राय ने अपने आदेश में कहा कि राज्य सरकार के इतने साफ आश्वासन को देखते हुए केंद्र सरकार का रिसीवर नियुक्त करने का अनुरोध फिलहाल मंजूर नहीं किया जा सकता। इसलिए इस मामले को लंबित रखा गया। ■

टकराव हुआ तो केंद्र जिम्मेदार
सुरक्षा बलों को फौरन वापस बुलाया जाए : कल्याण सिंह

लखनऊ, 30 नवंबर, 1992 : उत्तर प्रदेश के मुख्यमंत्री कल्याण सिंह ने चेतावनी दी है कि अगर अयोध्या में मौजूद अर्धसैनिक बलों और लोगों में टकराव पैदा हुआ तो इसकी जिम्मेदारी केंद्र सरकार की होगी। श्री सिंह ने प्रधानमंत्री पी.वी. नरसिंह राव को लिखी चिट्ठी में यह चेतावनी दी है। उन्होंने माँग की है कि केंद्र सरकार अयोध्या में तैनात

सुरक्षा बलों को वापस बुलाए, क्योंकि वे आतंक और उत्तेजना फैला रहे हैं। मुख्यमंत्री की चिट्ठी से लगता है कि अयोध्या में सुप्रीम कोर्ट के निर्देश के बावजूद कारसेवा होगी और संभव है, टकराव भी हो। इस बीच श्रीराम जन्मभूमि न्यास के कार्यकारी अध्यक्ष महंत परमहंस रामचंद्रदास ने कहा है कि कारसेवा गैर विवादास्पद भूमि पर भी की जा सकती है। अयोध्या में कारसेवा और उसके स्वरूप को लेकर अनिश्चय का माहौल बना हुआ है। वहाँ कारसेवकों का आना जारी है।

मुख्यमंत्री कल्याण सिंह के पत्र को अयोध्या में होने वाले टकराव की भूमिका माना जा रहा है। मंगलवार को वाराणसी से शुरू होने जा रही लालकृष्ण आडवाणी और मथुरा से शुरू होने वाली मुरली मनोहर जोशी की यात्राएँ भी बीजेपी की तरफ से हमला बोले जाने का संकेत हैं। मुख्यमंत्री ने अयोध्या में केंद्र के दखल को लोकतंत्र के लिए घातक, राज्य की स्वायत्तता पर हमला और संघीय ढाँचे पर कुठाराघात बताया है। अपने पत्र की प्रतियाँ उन्होंने सभी मुख्यमंत्रियों को भेजी हैं। इसमें जो मुद्दे उठाए गए हैं, उनमें बड़ी चतुराई से राज्य सरकार की तरफ से सुप्रीम कोर्ट में दाखिल किए गए हलफनामे से बचने की कोशिश की गई है। आप जानते हैं कि उसने हलफनामे में इस बात की गारंटी दी थी कि अयोध्या में कोई गड़बड़ी नहीं होने दी जाएगी और कानून-व्यवस्था भी बनी रहेगी। अपने पत्र के जरिए कल्याण सिंह ने यह जिम्मेदारी केंद्र के पाले में ढकेलने की कोशिश की है। इसके लिए उन्होंने सुरक्षा बलों की तैनाती को ढाल बनाया है। कल्याण सिंह ने अपने पत्र में अर्धसैनिक बलों की तीन-चार करतूतों का भी जिक्र किया है, जिन्हें अवांछनीय और भड़काऊ मानते हैं।

सोमवार को दिन भर राज्य सरकार और बीजेपी कारसेवा के स्वरूप पर विचार करती रही। राज्य सरकार के रवैये से पैदा गलतफहमी दूर करने के लिए मुख्यमंत्री पार्टी दफ्तर भी गए। उन्होंने डेढ़ घंटे तक पार्टी पदाधिकारियों और कार्यकर्ताओं को समझाया कि सुप्रीम कोर्ट में दाखिल किया गया हलफनामा जन्मभूमि को बचाने की उनकी रणनीति का हिस्सा था। अगर वे ऐसा नहीं करते तो केंद्र सरकार विवादास्पद स्थल पर कब्जे के चक्कर में थी। संतों और कारसेवकों में यही विश्वास पैदा करने सोमवार को नगर विकास मंत्री लालजी टंडन और पार्टी के प्रदेशाध्यक्ष कलराज मिश्र हेलीकॉप्टर से अयोध्या गए। दोनों ने सरकार और पार्टी की दुविधा बताई। कारसेवकों और कार्यकर्ताओं को समझाया गया कि सरकार में रहने के नाते उन पर कुछ संवैधानिक जिम्मेदारियाँ हैं। कारसेवकों को यह समझाने का प्रयास किया जा रहा है कि कारसेवा होगी और निर्माण भी होगा। कारसेवकों में उत्साह बनाए रखने के लिए ही पार्टी के दो वरिष्ठ नेताओं श्री आडवाणी और श्री जोशी की अयोध्या यात्राओं का कार्यक्रम बनाया गया है।

कारसेवा के सवाल पर अनिश्चितता का माहौल साफ नजर आ रहा है। श्रीराम जन्मभूमि न्यास के कार्यकारी अध्यक्ष महंत परमहंस रामचंद्रदास ने हाल ही में प्रधानमंत्री

पी.वी. नरसिंह राव से मुलाकात की थी। उन्होंने कहा कि निजी तौर पर उनका मानना है कि जरूरत पड़े तो कारसेवा विवादास्पद स्थल के पास किसी गैर-विवादित स्थान पर शुरू करनी चाहिए, लेकिन उन्होंने साफ किया कि इस बारे में अंतिम फैसला अयोध्या में चार दिसंबर को होने वाली विश्व हिंदू परिषद के मार्गदर्शक मंडल की बैठक में किया जाएगा। उन्होंने कहा कि बैठक जो भी फैसला करेगी, उन्हें मान्य होगा। महंत रामचंद्रदास ने कहा कि मंदिर आंदोलन में बढ़-चढ़कर हिस्सा लेने के कारण बीजेपी की छवि हीरो जैसी बन गई है, वरना उसकी सरकारों ने भी दूसरों की तरह जात-पाँत जैसी बुराइयों को बढ़ावा ही दिया है। ■

सुप्रीम कोर्ट ने उ. प्र. सरकार से कहा—आदेश का पूरा पालन हो

नई दिल्ली, 30 नवंबर, 1992 : सुप्रीम कोर्ट ने सोमवार को उत्तर प्रदेश सरकार को निर्देश दिया कि वह अयोध्या में अधिग्रहीत भूमि पर कोई निर्माण कार्य न होने देने के बारे में अदालत के आदेशों को शब्दश: और उनकी भावना के मुताबिक लागू करने के लिए अपने तंत्र को चुस्त-दुरुस्त करे। कोर्ट ने आदेश राज्य सरकार से यह आश्वासन मिलने के बाद जारी किए थे कि वह अधिग्रहीत भूमि पर कोई निर्माण कार्य नहीं होने देगी। न्यायमूर्ति एम.एन. वैंकटचलैया और न्यायमूर्ति जी.एन. राय की डिवीजन बेंच ने एक याचिकाकर्ता की अर्जी पर सोमवार को यह निर्देश दिया। अर्जी में अपील की गई थी कि राज्य सरकार को सुप्रीम कोर्ट को शनिवार को दिए उसके आश्वासन का बड़े पैमाने पर प्रचार करने का निर्देश दिया जाए, ताकि कारसेवकों को उसकी जानकारी हो सके और कोर्ट के आदेशों के उल्लंघन की हालत न आए, लेकिन न्यायालय ने कुछ धार्मिक नेताओं के बयानों के मद्‌देनजर कार्रवाई करने की अपील नहीं मानी।

याचिकाकर्ता अच्छन रिजवी ने कहा कि सोमवार को अखबारों में भारतीय जनता पार्टी, विश्व हिंदू परिषद और राष्ट्रीय स्वयंसेवक संघ के नेताओं के उत्तर प्रदेश सरकार के कोर्ट को दिए आश्वासन के बारे में परस्पर विरोधी बयान छपे हैं। इन बयानों का हवाला देते हुए न्यायमूर्ति वैंकटचलैया ने राज्य सरकार के वकील के वेणुगोपाल को सलाह दी कि राज्य सरकार ऐसे कदम उठाए कि किसी को शिकायत का मौका न मिले। सुप्रीम कोर्ट ने राज्य सरकार को यह निर्देश भी दिया कि अयोध्या की घटनाओं पर निगाह रखने के लिए इलाहाबाद हाईकोर्ट के नियुक्त पर्यवेक्षक तेज शंकर को वह हर जरूरी सहायता दे। श्री शंकर मुरादाबाद के सत्र व जिला न्यायाधीश हैं और हाईकोर्ट ने सुप्रीम कोर्ट के शनिवार के आदेश के मुताबिक उन्हें अयोध्या में न्यायिक पर्यवेक्षक नियुक्त किया है। राज्य सरकार से कहा गया है कि वह श्री शंकर को रहने, दफ्तर व सुरक्षा की सुविधाओं के अलावा वायरलेस और फैक्स की सुविधा भी मुहैया कराए।

कोर्ट ने अपने रजिस्ट्रार को आदेश दिया कि वे अदालत के सोमवार के निर्देश को पर्यवेक्षक को वायरलेस से बता दें, ताकि वे आश्वस्त होकर आज से ही ठीक ढंग से काम शुरू कर सकें। श्री वेणुगोपाल ने भरोसा दिया कि कोर्ट ने जो सुविधाएँ देने का आदेश दिया है, वे फौरन पर्यवेक्षक को मुहैया करा दी जाएँगी। अदालत इस बारे में निश्चिंत रहे। ■

निकला फॉर्मूला होगी कारसेवा अधिग्रहीत क्षेत्र से बाहर निर्माण

लखनऊ 1 दिसंबर, 1992 : कारसेवा को लेकर भारतीय जनता पार्टी में छाई अनिश्चितता छँट गई है। छह दिसंबर को प्रस्तावित कारसेवा होगी। कारसेवा केवल प्रतीकात्मक नहीं होगी। उस दौरान पक्का निर्माण होगा और जिस चबूतरे पर यह रुकी थी, वहीं से शुरू होगी। विश्व हिंदू परिषद और बीजेपी की इस योजना को मंगलवार को राज्य मंत्री परिषद ने अंतिम रूप दिया। खास बात यह है कि इतना सब कुछ होने पर भी अदालत के आदेशों की अनदेखी नहीं होगी। ताजा योजना के मुताबिक पिछली कारसेवा के दौरान बने चबूतरे का दाहिना हिस्सा अधिग्रहीत 2.77 एकड़ जमीन में नहीं पड़ता है। इस पर हाईकोर्ट के आदेश लागू नहीं होते। 2.77 एकड़ से बाहर पड़ने वाला चबूतरे का हिस्सा कुल क्षेत्रफल का 20 प्रतिशत है। प्रस्तावित मंदिर के नक्शे के अनुसार पूरे चबूतरे पर उठने वाले 40 खंभों में से इस हिस्से पर लगभग दस खंभे पड़ेंगे। छह दिसंबर को कारसेवा यहीं पर होगी और सीमेंट–मिट्टी के काम के बाद नौ फुट ऊँचे खंभे खड़े होंगे।

इस हिस्से में छह फुट ऊँचा कंक्रीट का चबूतरा जुलाई में बन चुका है। अब इस पर खंभे खड़े होंगे। चबूतरे का यह हिस्सा विवादित ढाँचे के उत्तर–पूर्व में है। यह हिस्सा राज्य सरकार के अधिग्रहण से बाहर है, इसलिए इस पर हाईकोर्ट या सुप्रीम कोर्ट के आदेश लागू नहीं होते। राज्य सरकार और विहिप की यह योजना उस हालात के लिए है, जब छह दिसंबर तक अधिग्रहण के मामले में हाईकोर्ट का फैसला नहीं आता है। अगर फैसला पहले आ गया तो कारसेवा कहीं से भी शुरू हो सकती है।

बजरंग दल के प्रमुख विनय कटियार ने मंगलवार को यहाँ कहा कि कारसेवा सिर्फ प्रतीकात्मक नहीं होगी, बल्कि यह नींव से शिखर तक होगी और यह पूरी होने के बाद ही रुकेगी, हालाँकि अभी तक के कार्यक्रम के मुताबिक कारसेवा फिलहाल 27 दिन चलनी है। उसके बाद का कार्यक्रम मार्गदर्शक मंडल तय करेगा। बीजेपी अभी अपनी योजना जाहिर नहीं कर रही है। पिछले तीन दिन में प्रधानमंत्री पी.वी. नरसिंह राव और विनय कटियार के बीच दो बार बातचीत हो चुकी है। श्री राव थोड़ा वक्त और चाहते हैं। विहिप की इस कारसेवा से उन्हें और वक्त मिल जाएगा और कारसेवा भी शुरू हो जाएगी। विहिप और बीजेपी के आला लोग इस योजना के पीछे मजबूती से जुटे हैं।

मुख्यमंत्री कल्याण सिंह ने मंगलवार को फिर पत्र लिखकर प्रधानमंत्री से शिकायत की कि केंद्रीय गृह मंत्रालय राज्य सरकार के प्रति जहर घोल रहा है। सुप्रीम कोर्ट में अटॉर्नी जनरल की कही बातों का एक-एक कर खंडन करते हुए उन्होंने कहा कि सुप्रीम कोर्ट में केंद्र की ओर से जो भी कहा जाता है, वह माननीय जजों के मन में राज्य सरकार के प्रति जहर घोलने के इरादे से कहा जाता है। उन्होंने इसके लिए केंद्रीय गृह मंत्रालय की निंदा की।

मंगलवार को अयोध्या में चार धाम मंदिर में संतों और विहिप के नेताओं के बीच एक घंटे तक बैठक हुई। इसमें आम राय बनी कि कारसेवा चार दिसंबर को होने वाली धर्मसंसद के निर्णय के मुताबिक होगी। निर्माण वहीं से शुरू किया जाएगा, जहाँ जुलाई में रोका गया था। बैठक में स्वामी वामदेव जी महाराज, गिरिराज किशोर, रामविलास वेदांती, महंत नृत्यगोपाल दास, स्वामी रामानंदजी, महंत अवेद्यनाथ, ओंकारानंद आदि संत शामिल थे।

■

कल्याण सिंह को देर रात मिला केंद्र का पत्र, दी चेतावनी

लखनऊ, 30 नवंबर : केंद्र ने मंगलवार को उत्तर प्रदेश सरकार से आग्रह किया कि अयोध्या में विवादित ढाँचे की सुरक्षा को पूरी तरह सुनिश्चित करने के लिए वह राज्य में भेजे गए अर्धसैनिक बलों पर एतराज उठाने के बजाय उनका उचित ढंग से इस्तेमाल करे। यह बहुत ही जरूरी है। अगले कुछ दिनों में अयोध्या में लाखों की संख्या में कारसेवक इकट्ठे हो रहे हैं। केंद्र ने आगाह किया है कि धार्मिक जुनून में हिंसा फैलने पर अगर इस ढाँचे को कोई नुकसान पहुँचता है तो ऐसी सूरत में न सिर्फ उत्तर प्रदेश, बल्कि पूरे देश में कानून-व्यवस्था की गंभीर स्थिति पैदा हो सकती है। केंद्र ने राज्य सरकार को साफ कहा है कि वह उसके विवादित ढाँचे की सुरक्षा के लिए किए गए इंतजाम से संतुष्ट नहीं है।

ये बातें केंद्रीय गृहमंत्री शंकरराव चह्वाण ने राज्य के मुख्यमंत्री कल्याण सिंह को देर रात भेजे एक पत्र में कहीं। वे श्री सिंह के सोमवार के उस पत्र का जवाब दे रहे हैं, जिसमें उन्होंने राज्य सरकार की बिना पूर्व अनुमति के अयोध्या के आस-पास अर्धसैनिक बलों के भारी जमाव पर एतराज किया था। मुख्यमंत्री ने अपने पत्र में इन अर्धसैनिक बलों को फौरन वापस बुलाने की माँग की थी, क्योंकि वे आतंक और उत्तेजना फैलाकर, नशेबाजी कर और घोर अनुशासनहीनता का परिचय देते हुए अयोध्या में टकराव पैदा कर रहे हैं। श्री चह्वाण ने एक अलग पत्र में इन आरोपों को बेबुनियाद बताते हुए कहा है कि अर्धसैनिक बलों की निष्पक्षता, कर्तव्यशीलता, अनुशासन और लगन की शानदार परंपरा रही है।

मुख्यमंत्री को भेजे इन दोनों पत्रों पर शाम को प्रधानमंत्री पी.वी. नरसिंह राव के तमिलनाडु से लौटने पर उच्च स्तर पर विचार हुआ। इसमें केंद्रीय मंत्रिमंडल की राजनैतिक मामलों की समिति के सदस्य उपस्थित थे। इस बैठक के बाद ये पत्र प्रेस को जारी किए गए। श्री राव तमिलनाडु के बाढ़-पीड़ित क्षेत्रों के दौरे से समय से पूर्व राजधानी लौट आए, ताकि अयोध्या विवाद के संदर्भ में होने वाली किसी भी बातचीत के लिए वे उपलब्ध हो सकें। इस विवाद के हल की एक और कोशिश में राजस्थान के मुख्यमंत्री भैरोंसिंह शेखावत की रक्षा मंत्री शरद पवार से बात हुई। बाद में उन्होंने राष्ट्रीय स्वयंसेवक संघ मुख्यालय में राजेंद्र सिंह, मोरोपंत पिंगले और के.एस. सुदर्शन से सलाह-मशविरा किया। श्री शेखावत की अटल बिहारी वाजपेयी से भी बात हुई। समझा जाता है कि मुख्यमंत्री और श्री पवार की बातचीत का कोई नतीजा नहीं निकाला।

बाबरी मस्जिद की सुरक्षा की गारंटी के लिए मुख्यमंत्री कल्याण सिंह को लिखे पत्र में श्री चह्वाण ने साफ-साफ कहा है कि ऐसी कई वजहें हैं, जिनसे उसकी सुरक्षा को खतरा होने की आशंका पैदा हो गई है। गृहमंत्री ने विश्व हिंदू परिषद और बजरंग दल के नेताओं के भड़काऊ भाषणों का जिक्र किया है।

■

अयोध्या में दोनों पक्षों ने बदली रणनीति

अयोध्या, 1 दिसंबर, 1992 : सुरक्षा बलों और विश्व हिंदू परिषद ने प्रस्तावित कारसेवा को लेकर अपनी रणनीतियाँ बदल ली हैं। इसीलिए 1990 की कारसेवा और 1992 की कारसेवा से जुड़े हालात में काफी अंतर है। तब की विश्वनाथ प्रताप सिंह सरकार और आज की नरसिंह राव सरकार का रुख भी अलग-अलग है। विवादास्पद परिसर भी बदला-बदला सा है। अब वहाँ मैदान है, जहाँ पहले संकटमोचन मंदिर, पुलिस चौकी और दुकानें थीं। तब विवादित स्थल तक पहुँचने का मार्ग एक सँकरी गली थी और आज गली के साथ 80 फुट चौड़ी सड़क है।

1990 की कारसेवा और 1992 की कारसेवा से जुड़े हालात में काफी अंतर है। तब की विश्वनाथ प्रताप सिंह सरकार और आज की नरसिंह राव सरकार का रुख भी अलग-अलग है। विवादास्पद परिसर भी बदला-बदला सा है।

दो साल पहले विश्व हिंदू परिषद ने कारसेवकों को एक किलोमीटर दूर मणिदास की छावनी में टिकाया था और इस बार उन्हें विवादित स्थल से दो सौ मीटर दूर ही ठहराया जा रहा है। पिछली बार कारसेवक कारसेवा के लिए दो सँकरी गलियों से आए थे। इस बार वे चारों तरफ से आ सकते हैं। सुरक्षा दीवार के नाम पर बनी राम दीवार उत्तर दिशा में बनी ही नहीं है। पश्चिम और पूर्व में दरवाजे खुले हैं, जो कारसेवकों के प्रवेश को आसान बना देंगे।

कारसेवकों की पिछली दफा भोजन के लिए भी एक किलोमीटर जाना पड़ता था, लेकिन इस बार परिसर के पास रामकथा कुंज में ही उनके लिए भोजन और विश्राम की व्यवस्था की गई है।

कारसेवकों को पिछली बार हुई गलतियों से बचने के निर्देश दिए गए हैं। इस बार कारसेवकों के आने के लिए सरयू पुल के बजाय दूसरा मार्ग खोजा गया है, क्योंकि सरयू पुलवाला रास्ता बंद कर दिया गया है। स्थानीय कारसेवकों की बजाय दक्षिणी राज्यों के कारसेवकों को पहले जत्थे में भेजने का फैसला किया गया है। विश्व हिंदू परिषद का मानना है कि दक्षिण भारतीय कारसेवक ज्यादा समर्पित भाव रखते हैं।

कारसेवकों का जत्था गलियों से न चलकर एक साथ ही जत्थों में मुख्य मार्ग से परिसर की तरफ बढ़ेगा। सुरक्षा बलों से बचने के मकसद से कारसेवक रेलवे के जरिए नहीं आएँगे, क्योंकि सुरक्षा बल रेलवे स्टेशनों पर निगरानी रखे हुए हैं। पिछली बार फैजाबाद-अयोध्या-बस्ती राजमार्ग की ओर जन्मभूमि के पश्चिमी क्षेत्र में सुरक्षा बलों का और पूर्वी भाग पर कारसेवकों का कब्जा रहा था। इस बार स्थिति उलटी है। कारसेवकों का पूरा दबाव परिसर के इर्द-गिर्द राम कथाकुंज में बना हुआ है। गए साल कारसेवा में सामान्य जनता भी टूट पड़ी थी। इस बार केवल समर्पित कार्यकर्ता हैं। ये प्रशिक्षित हैं और अनुशासित भी।

परिसर के आस-पास रामनामी, राम के बैज, पट्टी और टोपियाँ बेचने वालों की दुकानें सज गई हैं। यहाँ कारसेवक खरीद-फरोख्त कर रहे हैं। पिछली बार सुरक्षा बलों को लाने-ले जाने के लिए उत्तर प्रदेश परिवहन की बसें और स्थानीय जीपें लगी थीं। इस बार दिल्ली परिवहन निगम की बसें और दिल्ली की ही कार-टैक्सियाँ लगी हुई हैं। सुरक्षा बल अभी अपने ठिकानों में टिके हैं। उनके अधिकारी रोजाना अयोध्या का दौरा कर रहे हैं और आपस में राय-मशविरा कर रहे हैं। सुरक्षा बलों के जवान भी सादे वेश में परिसर में जाकर रामलला की मूर्ति के दर्शन कर रहे हैं।

दूरसंचार विभाग की लापरवाही से फैक्स, फोन और टेलेक्स व्यवस्थाएँ बीच-बीच में गड़बड़ाती रहती हैं। इससे पत्रकार परेशान हैं। यहाँ के सांसद विनय कटियार का आरोप है कि अयोध्या-फैजाबाद की संचार व्यवस्था केंद्र के निर्देश पर खराब करवा दी गई है।

पिछली बार की ही तरह देश-विदेश के पत्रकारों ने यहाँ के दो प्रमुख होटलों पर कब्जा जमा लिया है। दूरसंचार विभाग की लापरवाही से फैक्स, फोन और टैलेक्स व्यवस्थाएँ बीच-बीच में गड़बड़ाती रहती हैं। इससे पत्रकार परेशान हैं। यहाँ के सांसद विनय कटियार का आरोप है कि अयोध्या-फैजाबाद की संचार व्यवस्था केंद्र के निर्देश पर खराब करवा दी गई है।

कारसेवकों को ठहराने के लिए रामकथा कुंज में जगद्गुरु शंकराचार्य नगर बनाया गया है। इसमें दक्षिणी प्रांतों—केरल, कर्नाटक, आंध्र प्रदेश और तमिलनाडु के लोगों

को ठहराया जा रहा है। पूर्वांचल क्षेत्र के लोगों के लिए शंकरदेव नगर, उत्तरी प्रांतों के कारसेवकों के लिए गुरु गोविंद नगर बनाया गया है। रानी लक्ष्मीबाई नगर में महिलाओं को टिकाया गया है। इसमें थाणे, बंबई की छात्राएँ भी ठहराई गई हैं।

■

अयोध्या में कुछ भी कर सकते हैं कारसेवक

अयोध्या, 2 दिसंबर, 1992 : कारसेवकों के उमड़े सैलाब में उत्साह और गुस्सा है। इससे इस बात की पूरी संभावना है कि इस बार कारसेवा होकर रहेगी। कारसेवकों का गुस्सा कोई अनहोनी घटना भी करवा सकता है, जिसकी अभी किसी को कल्पना नहीं है। विश्व हिंदू परिषद ने अपनी रणनीति के मुताबिक दक्षिण भारतीय प्रांतों के कारसेवकों को अग्रिम पंक्ति में रखने का निर्णय लिया है। जिनके बारे में विहिप का मानना है कि वे राममंदिर के प्रति मरने-मिटने को उतारू हैं।

कारसेवकों का गुस्सा कोई अनहोनी घटना भी करवा सकता है, जिसकी अभी किसी को कल्पना नहीं है। विश्व हिंदू परिषद ने अपनी रणनीति के मुताबिक दक्षिण भारतीय प्रांतों के कारसेवकों को अग्रिम पंक्ति में रखने का निर्णय लिया है। जिनके बारे में विहिप का मानना है कि वे राममंदिर के प्रति मरने-मिटने को उतारू हैं।

मंगलवार को दोपहर से अयोध्या में कारसेवकों का सैलाब उमड़ा। उसके बाद से उत्साहित कारसेवकों ने कई घटनाएँ कर दी हैं, जो उनके गुस्से का एक हिस्सा हैं। कल चार बजे के आस-पास नेहरू युवक केंद्र के कार्यकर्ता दो जिप्सी गाड़ियों और मोटर साइकिल से शांति-सद्भाव यात्रा के सिलसिले में अयोध्या पहुँचे। वे जन्मभूमि के दर्शन के लिए जा रहे थे। तभी रामकथा कुंज में ठहरे कारसेवकों को पता चल गया। कारसेवक उन पर टूट पड़े। मारा-पीटा, गाड़ियों का शीशा तोड़ा और वीडियो कैमरा वगैरह छीन ले गए। राम जन्मभूमि थाने में इस आशय की रिपोर्ट दर्ज करा दी गई। मारपीट करने वाले कारसेवकों का दल आंध्र का बताया गया है।

मंगलवार को ही कारसेवकों ने रामकथा कुंज में बनी पुरानी मजारों को नुकसान पहुँचाया और वहाँ अपने आवास बना लिये। कारसेवकों ने धर्मकाँटा के पास एक मस्जिद को भी नुकसान पहुँचाने की कोशिश की। इन घटनाओं की रपट राम जन्मभूमि थाने में मो. हाशिम ने दर्ज कराई। रपट पुलिस कप्तान के निर्देश पर दर्ज हुई है। इन घटनाओं को देखते हुए पुलिस प्रशासन ने अयोध्या-फैजाबाद की सभी मस्जिदों की सुरक्षा में पी.एस.सी. लगा दी है। अयोध्या के मुसलिम नेताओं हाजी महबूब, मो. हाशिम ने प्रधानमंत्री को तार भेजकर पूरी स्थिति की जानकारी दी है। कारसेवक मंगलवार की रात दस बजे के करीब प्रधानमंत्री

नरसिंह राव का पुतला कारसेवकपुरम् से निकालकर शहीद गली होते हुए हनुमानगढ़ी चौराहे ले गए और पुतले को जूतों से पीट-पीटकर जला दिया।

मंगलवार को ही चार बजे के आस-पास कारसेवकों के हुजूम ने राम जन्मभूमि-बाबरी मस्जिद के मुकदमे में वादी मो. हाशिम अंसारी के घर पर हमला कर दिया। घर पर हाशिम अंसारी मिल भी गए, लेकिन उन्होंने मौके की नजाकत समझते हुए कहा कि अभी बुलाकर ला रहा हूँ और आगे निकल गए। बाद में पड़ोस के हिंदुओं ने पहुँचकर कारसेवकों से जय श्रीराम किया, तब उनका घर सुरक्षित हुआ। फिर भी चलते-चलते एक कारसेवक ने उनके भाई को पीट ही दिया।

मंगलवार को ही चार बजे के आस-पास कारसेवकों के हुजूम ने राम जन्मभूमि-बाबरी मस्जिद के मुकदमे में वादी मो. हाशिम अंसारी के घर पर हमला कर दिया। घर पर हाशिम अंसारी मिल भी गए, लेकिन उन्होंने मौके की नजाकत समझते हुए कहा कि अभी बुलाकर ला रहा हूँ और आगे निकल गए। बाद में पड़ोस के हिंदुओं ने पहुँचकर कारसेवकों से जय श्रीराम किया, तब उनका घर सुरक्षित हुआ। फिर भी चलते-चलते एक कारसेवक ने उनके भाई को पीट ही दिया।

घटना के बाद से हाशिम अंसारी के घर पर पुलिस टुकड़ी तैनात हो गई है। वहाँ पर एक दरोगा और एक पुलिस उपअधीक्षक भी तैनात किए गए। पुलिस कप्तान ने बताया कि अयोध्या-फैजाबाद शहर के सभी धार्मिक स्थलों की सुरक्षा व्यवस्था कर दी गई है। इसके लिए पी.एस.सी. की चार कंपनियाँ, छह दरोगा, 30 कांस्टेबल, 25 होमकार्ड पिकेट गस्त, दो राजपत्रित अधिकारियों के स्क्वैड अलग से तैनात कर दिए गए हैं। उन्होंने उम्मीद जताई है कि अब फैजाबाद-अयोध्या में कोई गड़बड़ी नहीं होगी।

कारसेवकों के पिछले कारनामों से जिला प्रशासन ने कोई सीख नहीं ली। हर बार की तरह घटनाएँ होने के बाद ही मस्जिदों पर सुरक्षा व्यवस्था कड़ी की गई। अयोध्या में पिछले साल जब भी कारसेवकों की भीड़ आई, तब-तब घटनाएँ हुई हैं, चाहे मुलायम सिंह का कार्यकाल रहा है अथवा कांग्रेस का कार्यकाल। मंगलवार की घटनाओं ने इस फेहरिस्त में कल्याण सिंह का नाम जुड़वा दिया। अयोध्या में मुस्लिम आबादी बहुत कम है, जो है, वह विवादित परिसर के पीछे दक्षिण और कनीगंज मुहल्ले में है। मुलायम सिंह के कार्यकाल में कारसेवा और सत्याग्रह के दौरान कनीगंज मुहल्ले में कारसेवकों ने हल्ला बोलकर मकानों को तोड़ा था। इसके पूर्व कांग्रेस के राज में लाला टेलर की दुकान जलाई गई थी और सरकारों ने क्षतिपूर्ति के रूप में अनुदान भी दिया था। उसी समय से मुस्लिम आबादी में हर बार अयोध्या की पुलिस सुरक्षा में जुटा दी जाती रही है, लेकिन इस बार प्रशासन ने एहतियात नहीं बरती।

कारसेवक झुंड में अयोध्या की गलियों में पीली पट्टियाँ बाँधे नारेबाजी करते घूम रहे हैं। कारसेवकों में 90 फीसदी कारसेवक 18 से 30 साल के नौजवान हैं।

मोहम्मद हाशिम अंसारी, जो मंदिर-मस्जिद मुकदमे के वादी थे। फोटो : पवन कुमार

कुछ भी करने पर आमादा कारसेवक। फोटो : राजेंद्र कुमार

महिलाओं में भी युवतियों की तादाद ज्यादा है। कारसेवक मौज-मस्ती करते अयोध्या की गलियों में घूम रहे हैं। विहिप बार-बार उन्हें अनुशासित ढंग से रहने की सीख दे रही है। उत्साहित महाराष्ट्र के दर्जनों कारसेवकों ने सिर मुड़ाया हुआ है और सिर पर राम शब्द लिखाकर घूम रहे हैं। फोटोग्राफरों ने उनकी खूब तस्वीरें खींचीं।

चार दिसंबर को जिले के कांग्रेसियों के अयोध्या मार्च की घोषणा से टकराव पक्का हो चुका है। कांग्रेस के जिला अध्यक्ष सुरेंद्र प्रताप सिंह और पूर्व सांसद निर्मल खत्री भी मार्च में हिस्सा लेंगे।

कारसेवकों की घटनाओं को पुलिस वाले बड़े हल्के ढंग से ले रहे हैं। पत्रकारों ने अयोध्या के डीएस.पी. से जब इस बारे में पूछा तो उन्होंने कहा कि यह सब तो होता ही रहता है। कारसेवकों के इतने बड़े हुजूम में किससे पूछताछ की जाए। अफसरों के चेहरों पर 1990 वाली कारसेवा जैसा तनाव नहीं है। कांग्रेस सरकार के दौरान शिलान्यास कराने वाले अपर जिला मजिस्ट्रेट प्रशासन उमेश चंद्र तिवारी यहीं बने हुए हैं। वे ही अयोध्या मामले के प्रभारी हैं, जिन्होंने मुलायम सिंह यादव की सरकार का बंदोबस्त कराया और बाद में बीजेपी सरकार के दौरान चबूतरे के निर्माण में यही रहे। वे अब भी कारसेवा के लिए यहाँ का सरकारी कामकाज देख रहे हैं। विवाद के चलते श्री तिवारी हवाई जहाज से सैकड़ों बार दिल्ली बुलाए जा चुके हैं। बुधवार को भी श्री तिवारी उत्साह से कहते हैं कि देखते चलिए, अभी क्या-क्या दायित्व मैं निभाता रहूँगा और कौन-कौन सरकार रहेगी। श्री तिवारी को फैजाबाद से लखनऊ तक एडीएम (रामलला) के नाम से पुकारा जाता है।

केंद्र की कांग्रेस सरकार अयोध्या में कानून-व्यवस्था बनाए रखने और उत्तर प्रदेश की बीजेपी सरकार मंदिर निर्माण करने के लिए कृत-संकल्प है। वहीं फैजाबाद जिले के प्रशासनिक अफसर निश्चिंत भाव से बैठे हुए हैं। जिले के आला अफसरों—कलेक्टर, पुलिस कप्तान को अयोध्या की घटनाओं के बाबत कोई जानकारी न हो, यह अविश्वसनीय लगता है। पत्रकारों से बातचीत के दौरान यहाँ के अफसर कहते भी हैं कि कारसेवा रोकने लिए यहाँ नए अफसर आएँगे। जिले के अन्य प्रशासनिक पुलिस अफसर अपने-अपने दफ्तरों और बँगलों में जमे हुए हैं। जो भी मिलने गया, उसी से अयोध्या का हालचाल पूछते हैं। अयोध्या में उमड़ती भीड़ की नागरिक सुविधाओं से भी उत्तर प्रदेश सरकार के अफसर बेखबर हैं। फैजाबाद में पानी-बिजली न होना स्थायी हो चुका है। फैजाबाद-अयोध्या में केंद्रीय सुरक्षाबलों के बड़े अफसर, केंद्रीय गुप्तचर एजेंसियाँ जरूर सक्रिय हैं। अयोध्या में बड़ी तादाद में केंद्रीय गुप्तचर दिखते हैं। अयोध्या की घटनाओं की सूचनाएँ पल-पल दिल्ली को केंद्रीय सुरक्षा बलों के ठिकानों से भेजी जा रही हैं। जिले के प्रशासनिक पुलिस अफसर धर्मसंकट में हैं कि क्या किया जाए।

■

कारसेवा होगी, पर खूनी टकराव नहीं, पीएम और संघ की बातचीत

नई दिल्ली, 3 दिसंबर, 1992 : अयोध्या में कारसेवा होगी, पर खूनी टकराव टल सकता है। प्रधानमंत्री पी.वी. नरसिंह राव और राष्ट्रीय स्वयंसेवक संघ के सह सरकार्यवाह प्रो. राजेंद्र सिंह (रज्जू भैया) के बीच आज शाम हुई बातचीत से यह संभावना उभरी है।

प्रधानमंत्री पी.वी. नरसिंह राव के बुलावे पर प्रो. राजेंद्र सिंह उनसे मिलने प्रधानमंत्री निवास गए। उनके साथ संघ के सहप्रचार प्रमुख मदन दास भी थे। उनमें आधे घंटे बातचीत हुई। प्रधानमंत्री निवास में जब बातचीत हो रही थी, उसी वक्त लोकसभा में अयोध्या मसले पर बहस जारी थी। विश्वनाथ प्रताप सिंह लोकसभा में गृहमंत्री शंकरराव चह्वाण से पूछ रहे थे कि अगर उत्तर प्रदेश के मुख्यमंत्री कल्याण सिंह ने पाँच दिसंबर की रात इस्तीफा देकर कारसेवा में शरीक होने की घोषणा की तो आप बताइए, केंद्र सरकार वहाँ संविधान और अदालत की मर्यादा का मान कैसे बचा पाएगी?

प्रधानमंत्री निवास में जब बातचीत हो रही थी, उसी वक्त लोकसभा में अयोध्या मसले पर बहस जारी थी। विश्वनाथ प्रताप सिंह लोकसभा में गृहमंत्री शंकरराव चह्वाण से पूछ रहे थे कि अगर उत्तर प्रदेश के मुख्यमंत्री कल्याण सिंह ने पाँच दिसंबर की रात इस्तीफा देकर कारसेवा में शरीक होने की घोषणा की तो आप बताइए केंद्र सरकार वहाँ संविधान और अदालत की मर्यादा का मान कैसे बचा पाएगी?

प्रधानमंत्री निवास में संघ के नेता करीब सात बजे शाम को पहुँचे थे। उन्हें प्रधानमंत्री दफ्तर से शाम पाँच बजे बुलावा आया। उससे पहले राजस्थान के मुख्यमंत्री भैरोंसिंह शेखावत दिल्ली आए। उन्होंने बातचीत का दौर फिर चलाया। कल रात में यह मोड़ आया। प्रधानमंत्री का अनुकूल रुख देखकर तीन पत्रकारों ने भैरोंसिंह शेखावत से दिल्ली पहुँचने का अनुरोध किया। दो दिन पहले इनकी कोशिश नाकाम होती नजर आई। भैरोंसिंह शेखावत निराश होकर दिल्ली से बीकानेर चले गए थे। प्रधानमंत्री और संघ के नेताओं में दृष्टिकोण का तब बहुत फर्क था, जिसे वे लोग एक पटरी पर नहीं ला सके।

आखिरकार प्रधानमंत्री पी.वी. नरसिंह राव कारसेवा और विवादित स्थल के मसले को असंबद्ध करने पर सहमत हो गए। प्रो. राजेंद्र सिंह ने जनसत्ता से कहा कि सरकार ने सकारात्मक रुख अपनाया है, लेकिन मूल विवाद का हल निकालने के लिए सद्भाव का माहौल बनना चाहिए। उसकी पहली शर्त है कि कारसेवा शुरू हो। अयोध्या में एक लाख कारसेवक एकत्र हो गए हैं। उन्हें छह दिन तक कैसे रोके रखा जाएगा?

आपसी बातचीत से तीन सूत्री 'फॉर्मूला' उभरा है। एक, 2.77 एकड़ जमीन पर अदालत का फैसला जल्दी हो। इलाहाबाद हाईकोर्ट की लखनऊ पीठ ने 11 दिसंबर की तारीख घोषित की है। संघ और विश्व हिंदू परिषद की ओर से कल सुप्रीम कोर्ट से फिर

अनुरोध किया जाएगा कि वह निर्देश देकर छह दिसंबर से पहले फैसला कराए, ताकि कारसेवा वहीं शुरू हो सके। दो, विवादित ढाँचे के बारे में एक सूत्री संदर्भ सुप्रीम कोर्ट को सौंपकर सरकार उससे संविधान के अनुच्छेद 143 के तहत सलाह माँगे। तीन, विवादित ढाँचे की सुरक्षा राज्य सरकार करे। जरूरत पड़े तो वह इसके लिए केंद्र सरकार की मदद माँगे।

कल शाम से टकराव टालने की कोशिश तेज हो गई थी। बीजेपी नेता अटल बिहारी वाजपेयी ने कल लोकसभा में कहा कि रास्ता निकालने का प्रयास अब भी हो रहा है। अब बदले माहौल के कारण एक अप्रिय विवाद भी टाला जा सका। उत्तर प्रदेश सरकार की ओर से यह याचिका सुप्रीम कोर्ट में दायर की जानी थी। उसमें अदालत से अनुरोध किया जाना था कि वह केंद्र सरकार को निर्देश दे कि राज्य में सरकार की बगैर इजाजत के भेजे गए केंद्रीय बलों की टुकड़ियों को वापस बुलाए। अगर यह याचिका दायर को जाती तो एक नया संवैधानिक और केंद्र-राज्य संबंध का विवाद शुरू हो जाता। केंद्र के बदले रुख से वह टला।

राष्ट्रीय एकता परिषद की बैठक से पहले ही तीन संपादक—निखिल चक्रवर्ती, आर.के. मिश्रा और प्रभाष जोशी आशंकित टकराव को टालने के प्रयास में जुटे थे। उन्हें राष्ट्रीय एकता परिषद के कुछ अन्य सदस्यों का सहयोग हासिल था। परिषद के मंच को राजनैतिक दाँवपेच से बचाकर एक वाक्य का प्रस्ताव बनाने में भी इनकी भूमिका थी। उससे प्रधानमंत्री को परिषद ने पूरा अधिकार दे दिया। उसके बाद इनको कठिन उतार-चढ़ावों से गुजरना पड़ा। कल अटल बिहारी वाजपेयी ने बातचीत में कहा कि संपादकगण सक्रिय हैं। मैं चाहता हूँ कि वे अपने प्रयास में सफल हों। अगर वे विफल होते हैं तो उन्हें ईमानदारी से यह कबूल करना चाहिए कि उन्हें सरकार की हठधर्मिता से नाकामी मिली है।

राष्ट्रीय एकता परिषद की बैठक से पहले ही तीन संपादक—निखिल चक्रवर्ती, आर.के. मिश्रा और प्रभाष जोशी आशंकित टकराव को टालने के प्रयास में जुटे थे। उन्हें राष्ट्रीय एकता परिषद के कुछ अन्य सदस्यों का सहयोग हासिल था।

इनकी कामयाबी का पहला संकेत आज लोकसभा में उभरा, जब अध्यक्ष शिवराज पाटिल ने बीच में रोककर जानकारी दी कि गृहमंत्री शंकरराव चह्वाण राज्यसभा में जा रहे हैं। उन्हें वहाँ बयान देना है। अध्यक्ष की इस घोषणा के बावजूद गृहमंत्री सदन में रुक गए। इसका कारण परदे के पीछे की कोशिशों की सफलता थी। प्रधानमंत्री की ओर से गृहमंत्री को संदेश आया। उसके बाद गृहमंत्री ने सरकार का रुख साफ किया। उन्होंने कहा, मैं स्थिति पहले ही साफ कर देना चाहता हूँ, जिससे भ्रम नहीं रहे। राज्य सरकार की ओर से अधिग्रहीत 2.77 एकड़ जमीन के मामले पर इलाहाबाद हाईकोर्ट की लखनऊ पीठ जल्दी-से-जल्दी फैसला सुनाए। गृहमंत्री की ओर से अपने आप लोकसभा में यह कहा जाना सरकार के बदले रुख का प्रमाण माना गया। उसके बाद संघ के नेतागण प्रधानमंत्री से मिले।

प्रो. राजेंद्र सिंह ने कहा कि उन्होंने प्रधानमंत्री से मिलकर जल्दी फैसले का अनुरोध

दोहराया। उनकी बातचीत में प्रधानमंत्री यह कहते रहे कि सरकार अदालत को जल्दी फैसले के लिए कैसे कह सकती है। किसी मौके पर राज्यमंत्री पी.आर. कुमारमंगलम ने संघ के नेताओं को यह आश्वासन दिया था। उनकी ओर से यह भी कहा गया था कि राज्य सरकार अगर सुप्रीम कोर्ट से जल्दी फैसले का अनुरोध करेगी तो उसके समर्थन में केंद्र सरकार भी एक दरखास्त देगी। संघ के नेताओं को ऐसा नहीं किए जाने से गहरी शिकायत है।

टकराव टालने के प्रयास में नानाजी देशमुख ने दो बार प्रधानमंत्री से बातचीत की। दो दिन पहले वे प्रधानमंत्री से एक घंटे बात करने के बाद भोपाल चले गए थे। उन्होंने प्रधानमंत्री को भरोसा दिलाया कि संघ और परिषद टकराव नहीं चाहते। संपादकगण ने भी संघ नेताओं से बातचीत के बाद यह पाया कि वे लोग टकराव नहीं चाहते। लेकिन वे लोग अपनी विश्वसनीयता की रक्षा भी करना चाहते हैं। कारसेवा से ही वह संभव है।

संघ नेताओं से बातचीत के बाद प्रधानमंत्री पी.वी. नरसिंह राव ने स्वामी चिन्मयानंद को बुलाया। आपस में बनी सहमति को समझकर स्वामी चिन्मयानंद अयोध्या के लिए रवाना हो गए। अयोध्या में संघ के सरकार्यवाह एच.वी. शेषाद्रि बने हुए हैं। उनकी वहाँ उपस्थिति से उम्मीद की जा रही है कि कारसेवा के दौरान अप्रिय घटनाएँ रोकी जा सकेंगी। संघ के दो वरिष्ठ नेता के.एस. सुदर्शन और मोरोपंत पिंगले भी अयोध्या पहुँच गए हैं।

अयोध्या में संघ के सरकार्यवाह एच.वी. शेषाद्रि बने हुए हैं। उनकी वहाँ उपस्थिति से उम्मीद की जा रही है कि कारसेवा के दौरान अप्रिय घटनाएँ रोकी जा सकेंगी। संघ के दो वरिष्ठ नेता के. एस. सुदर्शन और मोरोपंत पिंगले भी अयोध्या पहुँच गए हैं।

■

अधिग्रहीत जमीन पर इलाहाबाद हाईकोर्ट का फैसला 11 को

लखनऊ, 3 दिसंबर, 1992 : इलाहाबाद हाईकोर्ट की लखनऊ बेंच राम जन्मभूमि स्थल के पास की 2.77 एकड़ जमीन के अधिग्रहण पर अपना फैसला 11 दिसंबर को देगी। यह जानकारी हाईकोर्ट के एडीशनल रजिस्ट्रार आलोक कुमार सिंह ने आज दी। इस फैसले के बाद कारसेवा पर छाई अनिश्चितता के बादल टल जाएँगे। राज्य सरकार द्वारा इस जमीन 2.77 एकड़ के अधिग्रहण को हाईकोर्ट में मोहम्मद हाशिम और निर्मोही अखाड़े ने चुनौती दी थी। हाईकोर्ट ने अपने अंतरिम फैसले में इस जमीन पर स्थायी निर्माण करने और इसको हस्तांतरित करने पर रोक लगा दी। इसी रोक के आदेश के चलते ही कारसेवा में रुकावट आ रही थी और विहिप केंद्र सरकार में टकराव की स्थिति बनी थी। अब हाईकोर्ट को फैसला चाहे पक्ष में हो या खिलाफ, दोनों ही स्थिति में 2.77 एकड़ पर कारसेवा को कानूनी वैधता मिलेगी।

■

अधिग्रहीत क्षेत्र के बाहर कारसेवा की योजना

अयोध्या, 4 दिसंबर, 1992 : विश्व हिंदू परिषद ने अधिग्रहीत 2.77 एकड़ क्षेत्र से बाहर छह दिसंबर को कारसेवा करने की योजना बना ली है। इसके लिए शुक्रवार को बाकायदा तीन दफा मंदिर निर्माण क्रम समिति की बैठक हुई। 2.77 एकड़ से बाहर के इलाके को चिह्नित कर कारसेवा की योजना बनाने के लिए जिला प्रशासन के साथ वामदेव महाराज, विनय कटियार और गिरिराज किशोर की बात हुई, मगर कारसेवा के स्थान और स्वरूप को बदलने के इरादे पर साधु-संतों का विरोध बरकरार है। मंदिर क्रम समिति की बैठक में महंत अवेद्यनाथ, रामचंद्र परमहंस व नृत्यगोपालदास ने 2.77 एकड़ में ही कारसेवा करने के लिए कहा। क्रम समिति की राय को शनिवार को मार्गदर्शक मंडल की बैठक में रखा जाएगा। विहिप पदाधिकारियों को उम्मीद है कि मार्गदर्शक मंडल 6 से 11 दिसंबर तक 2.77 एकड़ क्षेत्र से बाहर सामान्य कारसेवा की योजना को मान लेगा।

75 हजार की आबादी वाले अयोध्या में अब तक करीब दो लाख कारसेवक पहुँच चुके हैं। इससे विहिप और स्थानीय प्रशासन के तमाम बंदोबस्त चरमरा गए हैं।

कारसेवा के नए स्थान, नए स्वरूप के लिए साधु-संतों को मनाने के साथ विहिप नेता आज दिन भर कारसेवकों के उमड़ते सैलाब को रोकने के लिए जूझते रहे। अयोध्या में कारसेवकों का सैलाब अब पूरी तरह बेकाबू हो गया है। केंद्र या राज्य सरकार कोई इस भीड़ को नहीं सँभाल सकती। विहिप के महामंत्री अशोक सिंघल ने शाम को प्रेस कॉन्फ्रेंस में कारसेवकों को उत्तर प्रदेश के सात शहरों में जमाव बनवाने की योजना बनाई। विहिप ने सभी संगठकों को, कारसेवकों को अयोध्या नहीं भेजने के निर्देश दिए हैं। बाहरी राज्यों के कारसेवकों को वाराणसी, इलाहाबाद, झाँसी, बाँदा, आगरा, कानपुर में रखा जाएगा। ये 11 दिसंबर तक यहाँ रहते हुए आगे के निर्देश की प्रतीक्षा करेंगे। 75 हजार की आबादी वाले अयोध्या में अब तक करीब दो लाख कारसेवक पहुँच चुके हैं। इससे विहिप और स्थानीय प्रशासन के तमाम बंदोबस्त चरमरा गए हैं।

शुक्रवार को कारसेवकों के बीच कांग्रेस (इ) के शांति मार्च की सनसनी रही। जिला प्रशासन के गरीब 500 कांग्रेसजनों के साथ पार्टी महासचिव नवलकिशोर शर्मा, महावीर प्रसाद, जितेंद्र प्रसाद के नेतृत्ववाली रैली को फैजाबाद में रोककर बात नहीं बढ़ने दी। दरअसल अब प्रशासन और विश्व हिंदू परिषद व साधु-संतों की प्रमुख चिंता कारसेवकों को संयत और अनुशासित करने की हो गई है। विहिप-संघ-बीजेपी के अयोध्या पहुँचे तमाम नेता कारसेवकों को नियंत्रित करने और आवास-भोजन की चरमराई व्यवस्था को ठीक कराने में जुटे हुए हैं। प्रशासन ने स्कूलों-कॉलेजों की छुट्टी कर दी है और सभी जगह कारसेवकों के डेरे लग गए हैं।

मंदिर निर्माण क्रम समिति की बैठक के बाद विहिप के महामंत्री अशोक सिंघल ने

शाम को प्रेस कॉन्फ्रेंस में बताया कि कारसेवक इलाहाबाद हाईकोर्ट के 11 दिसंबर के फैसले का इंतजार नहीं करेंगे, कारसेवा पूर्व निर्धारित कार्यक्रम के अनुसार रविवार को शुरू कर दी जाएगी। पर साथ में उनका यह भी कहना था कि अब तक कारसेवा के स्वरूप के बारे में फैसला नहीं हुआ है। यह फैसला शनिवार को अयोध्या में विश्व हिंदू परिषद के 160 सदस्यीय मार्गदर्शक मंडल की बैठक में लिया जाएगा। फैसले की घोषणा शानिवार को ही संत सम्मेलन में कर दी जाएगी।

मार्गदर्शक मंडल की बैठक में रखे जाने वाले मसौदे पर आज मंदिर निर्माण क्रम समिति में मतभेद थे। सूत्रों के अनुसार महंत अवेद्यनाथ, रामचंद्र परमहंस और नृत्यगोपालदास ने 2.77 एकड़ से बाहर कारसेवा का इस दलील पर विरोध कर रहे थे कि मंदिर का मामला अदालत के दायरे से बाहर है। अदालत की चिंता में अगर 11 दिसंबर तक स्थान और स्वरूप बदला गया तो हमें हमेशा अदालत की चिंता करनी होगी। इससे विहिप की विश्वसनीयता को धक्का लगेगा। अशोक सिंघल आदि का कहना था कि कारसेवा के साथ 11 दिसंबर तक इंतजार करने में कोई हर्ज नहीं है। बैठक में वामदेव महाराज, वासुदेवानंद सरस्वती, जगद्‌गुरु वासुदेवाचार्य, विद्यानंद भी मौजूद थे। अस्वस्थता के कारण सवेरे की बैठक में रामचंद्र परमहंस उपस्थित नहीं थे, पर शाम को वे मौजूद थे। एक तरफ बैठक चल रही थी, दूसरी ओर विनय कटियार के घर पर गिरिराज किशोर आदि जिला प्रशासन के साथ 2.77 एकड़ के बाहर छह दिसंबर को कारसेवा की रूपरेखा तैयार करवा रहे थे।

विहिप की योजना का संकेत फैजाबाद के अपर जिलाधिकारी व प्रशासन के इस आत्मविश्वास से भी जाहिर हुआ कि अयोध्या के विवादित भूखंड पर अदालती फैसले से पहले कोई निर्माण नहीं होगा। राज्य सरकार ने सुप्रीम कोर्ट को जो आश्वासन दिया है, उस पर अमल के हर संभव उपाय किए गए हैं। इस संबंध में विहिप के प्रवक्ता ने भी संकेत दिए। उसने कहा कि छह दिसंबर तक कारसेवकों की इतनी भीड़ जमा हो जाएगी कि दो-चार दिन प्रतीकात्मक कारसेवा के अलावा कुछ कर सकना संभव नहीं होगा।

विहिप के पदाधिकारियों की 11 दिसंबर तक प्रतीकात्मक कारसेवा की तैयारी के कारण ही कारसेवकों को अनुशासित करने की सघन कोशिश हो रही है। रामकथा कुंज में जमा कारसेवकों के सामने भाषणों के तेवर बदल गए हैं। कल तक किसी भी सीमा तक संघर्ष मरने-मारने के भाषण होते थे, आज संयम और अनुशासन की सीखवाले भाषणों का जोर था। इस कारण दो-चार दिन पहलेवाला जोश व उन्माद नहीं रहा। वातावरण तनावमुक्त हो गया है। कारसेवकों की भीड़ जुलाई से निश्चित रूप से ज्यादा है। माहौल अक्तूबर 1990 जैसा बन गया है। कारसेवकों का सैलाब संगठनों के अनुमान से ज्यादा होने के कारण प्रबंध गड़बड़ा गए हैं। व्यवस्था को लेकर पदाधिकारियों की लगातार बैठकें हो रही हैं। अयोध्या में ज्यादा कारसेवक नहीं आने देने की एक तरफ चिंता है, वहीं कारसेवकों की संख्या से केंद्र सरकार पर दबाव बनाए रखने की रणनीति भी है। उत्तर प्रदेश के बाहर से

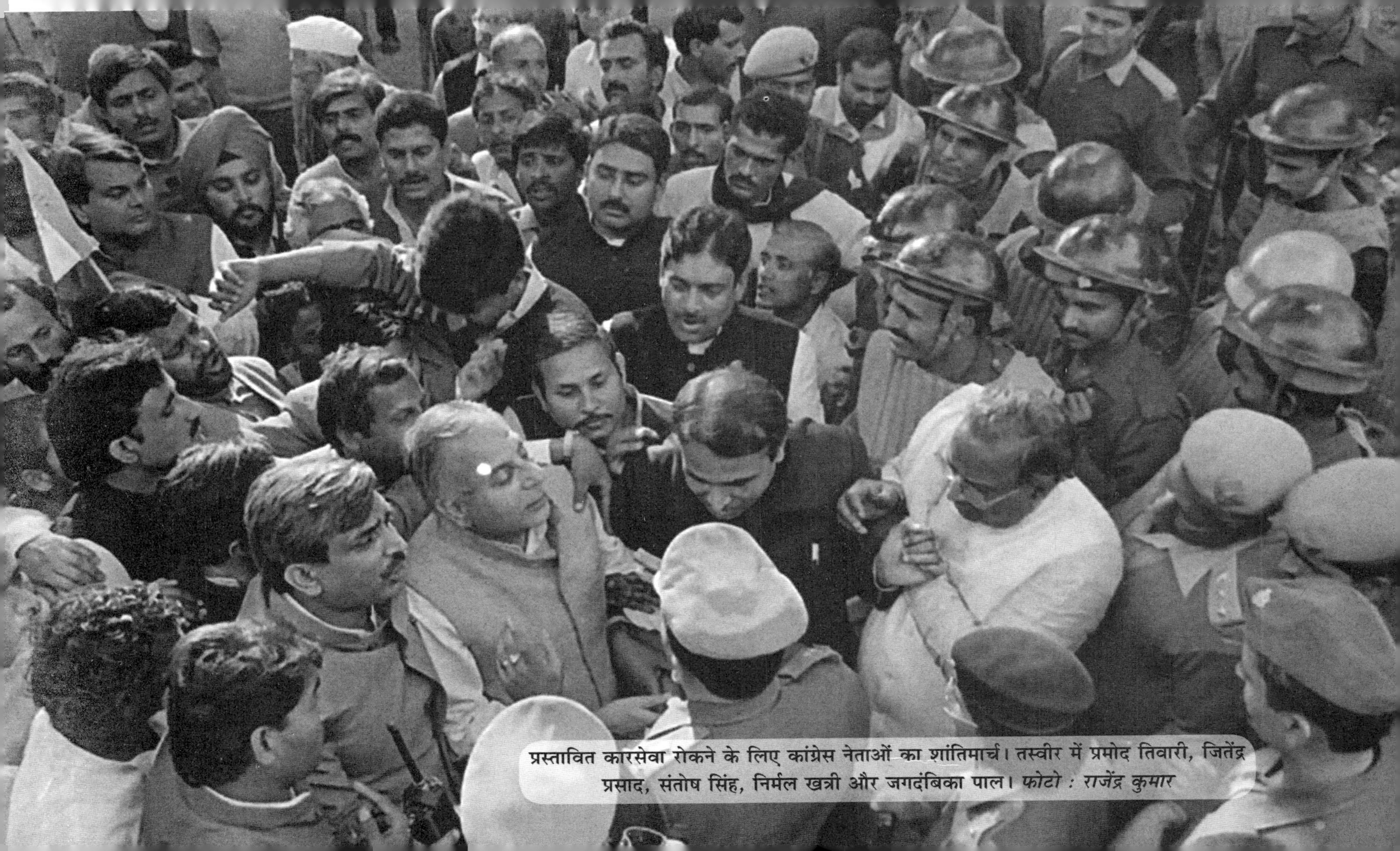

प्रस्तावित कारसेवा रोकने के लिए कांग्रेस नेताओं का शांतिमार्च। तस्वीर में प्रमोद तिवारी, जितेंद्र प्रसाद, संतोष सिंह, निर्मल खत्री और जगदंबिका पाल। *फोटो : राजेंद्र कुमार*

जो कारसेवक चले हैं, उन्हें राज्य के सात बड़े नगरों में 11 दिसंबर तक टिकाए रखने के निर्देश गए हैं। जरूरत पड़ने पर उन्हें अयोध्या पहुँचने के लिए कहा जाएगा। ■

आर-पार की कारसेवा सवा बारह बजे से तय, टकराव टालने की अंतिम कोशिश

लखनऊ, 5 दिसंबर, 1992 : अयोध्या में रविवार को दोपहर सवा बारह बजे कारसेवा होगी, मगर इस तरह, जिससे न तो अदालत की अवमानना हो और न कारसेवकों के उत्साह को ठेस लगे। 2.77 एकड़ अधिग्रहीत क्षेत्र के राम चबूतरे की साफ-सफाई, बालू ढुलाई वाली कारसेवा की योजना को शनिवार को साधु-संतों के मार्गदर्शक मंडल ने मंजूरी दी। इसी फैसले को लखनऊ में बीजेपी के तीन आला नेताओं—लालकृष्ण आडवाणी, अटल बिहारी वाजपेयी और मुरली मनोहर जोशी ने अपने-अपने ढंग से एक जनसभा में दोहराया। मार्गदर्शक मंडल की योजना से अयोध्या के माहौल में तनाव कुछ कम हुआ है। कारसेवा के स्थान और स्वरूप की घोषणा से राज्य व जिला प्रशासन की चिंता कुछ घटी है। इसके बावजूद कारसेवकों के बढ़ते सैलाब की परेशानियाँ कम नहीं हुई हैं। केंद्रीय गृह मंत्री एस.बी. चह्वाण ने कारसेवा के मद्देनजर विवादित ढाँचे की सुरक्षा की कमियों को लेकर मुख्यमंत्री कल्याण सिंह को फिर एक पत्र भेजा है। ढाँचे के आस-पास सुरक्षा बढ़ा दी गई है। सुप्रीम कोर्ट के पर्यवेक्षक तेज शंकर ने अयोध्या की मौजूदा स्थिति को संतोषजनक बताया है, पर वे भी कारसेवकों की बढ़ती संख्या से चिंतित हैं।

विहिप सूत्रों के अनुसार रविवार को सवेरे दस बजे कारसेवक सरयू नदी के तट पर पहुँचकर कारसेवा संकल्प लेंगे और सरयू तट से कतार में खड़े होकर चार किलोमीटर लंबे रास्ते को तय कर राम जन्मभूमि परिसर में प्रवेश करेंगे। वहाँ से प्रस्तावित सिंहद्वार के पूर्व में बने ईंट के गड्ढे में बालू डालेंगे और सरयू के जल से चबूतरे की धुलाई करेंगे। साधु-संत और मार्गदर्शक मंडल के सदस्य चबूतरे पर मौजूद रहेंगे।

मार्गदर्शक मंडल की योजना का खुलासा शनिवार को स्वामी वामदेव ने किया। प्रेस कॉन्फ्रेंस में दावा किया गया कि कारसेवा पूरे परिसर में होगी, यानी 2.77 एकड़ में भी कारसेवा होनी है। इसके लिए सभी तरह की स्थितियों का सामना करने की तैयारी होने की बात भी कही गई, लेकिन वास्तुविदों की रपट के अनुसार काम करने की दलील के साथ विहिप-संघ-बीजेपी के नेताओं और साधु-संतों ने जो खाका बनाया है, उसमें फिलहाल अदालत की अवमानना या टकराव की संभावना नहीं बनती है। योजना का ब्योरा देते वक्त रामचंद्र परमहंस, महंत अवेद्यनाथ, श्रीशचंद्र दीक्षित, विनय कटियार और अशोक सिंघल भी प्रेस कॉन्फ्रेंस में मौजूद थे। अशोक सिंघल का कहना था कि हम वास्तुविदों

के निर्देशों के मुताबिक कारसेवा करने जा रहे हैं, हमारा कोर्ट से कोई मतलब नहीं है।

बैठक में कहने को 110 सदस्य आए, मगर पाँच-छह से ज्यादा सदस्य नहीं बोले। बैठक सिर्फ घंटा भर चली। बैठक की अध्यक्षता के लिए जगद्गुरु वासुदेवानंद का नाम प्रस्तावित किया गया। फिर उन्हीं का स्वागत होता रहा। जानकारों के अनुसार पहले वक्ता स्वामी चिन्मयानंद थे। उन्होंने पहले अदालत में दिए गए अपने बयान की सफाई दी। उनके बाद विश्वेश्वर तीर्थ ने कहा कि अब तमाम भ्रांतियाँ दूर हो गई हैं। कारसेवा के स्वरूप को बदलने के बारे में अशोक सिंघल ने बताया। उन्हीं के रखे प्रस्ताव का समर्थन आचार्य धर्मेंद्र व चिन्मयानंद ने और अनुमोदन स्वामी वामदेव तथा विश्वेश्वर तीर्थ ने किया।

जानकारों के अनुसार बैठक से पहले अशोक सिंघल की फोन पर मुख्यमंत्री कल्याण सिंह और लालकृष्ण आडवाणी से बात हुई। बहुत सवेरे संघ के पदाधिकारी मोरोपंत पिंगले, के.एस. सुदर्शन, गिरिराज किशोर, विनय कटियार और अशोक सिंघल ने विवादित परिसर का निरीक्षण किया। उसी समय रविवार की कारसेवा का स्थान तय हुआ।

कारसेवा के घोषित स्थान और स्वरूप को लेकर कारसेवकों में नाराजगी कम नहीं है। इसी को समझते हुए शनिवार को रामकथा कुंज में साधु-संतों और विहिप नेताओं ने कारसेवकों को अनुशासित और संयमित रहने के लिए बार-बार कहा। कारसेवकों को नियंत्रित करने के लिए आज भोर से प्रांत प्रचारकों व संगठन मंत्रियों की बैठकें शुरू हुईं। संघ पदाधिकारी पूरे दिन अनुशासन का पाठ पढ़ाते रहे। इसके बावजूद कई कारसेवक यह कहते सुनाई दिए कि वे सरयू तट से बालू और जल लाने की कारसेवा के लिए नहीं आए हैं, बल्कि वे मंदिर निर्माण के लिए चबूतरे पर कंक्रीट, सीमेंट डालकर निर्माण के लिए आए हैं।

कई कारसेवक यह कहते सुनाई दिए कि वे सरयू तट से बालू और जल लाने की कारसेवा के लिए नहीं आए हैं, बल्कि वे मंदिर निर्माण के लिए चबूतरे पर कंक्रीट, सीमेंट डालकर निर्माण के लिए आए हैं।

कारसेवक कहीं बेकाबू नहीं हो जाएँ, इस चिंता को लखनऊ में बीजेपी नेताओं ने अपनी आम सभा में भी प्रकट किया। सभा लालकृष्ण आडवाणी और मुरली मनोहर जोशी की अयोध्या यात्रा के बीच लखनऊ पहुँचने पर आयोजित की गई। इसमें अटल बिहारी वाजपेयी का भी भाषण हुआ। लखनऊ से शनिवार सवेरे श्री आडवाणी और श्री जोशी अयोध्या में कारसेवा के लिए रवाना होंगे। बीजेपी के तीनों नेताओं ने मार्गदर्शक मंडल के फैसले के अनुसार चलने और संयम से काम लेने की कारसेवकों से अपील की। श्री आडवाणी का कहना था कि अदालत के आदेशों की अनदेखी करके कारसेवा नहीं होनी चाहिए। राज्य सरकार ने जो हलफनामा दिया है, उसका भी ध्यान रखना है। अटल बिहारी वाजपेयी का कहना था कि कारसेवा प्रस्तावित मंदिर परिसर में ही होगी। अभी 2.77 एकड़ क्षेत्र में कारसेवा जरूरी नहीं है।

लखनऊ की सभा में श्री आडवाणी, श्री जोशी और श्री वाजपेयी ने कहा कि कारसेवा

को मिले जन–समर्थन से साफ है कि मंदिर निर्माण से इस देश का आम जनमानस जुड़ा है। इसलिए इसका निर्माण अब कोई नहीं रोक सकता। श्री वाजपेयी ने संकेत दिया कि अधिग्रहीत भूमि से जो क्षेत्र बाहर है, कारसेवा के तहत निर्माण कार्य रविवार को वहाँ शुरू किया जाएगा। उन्होंने कहा, "अगर कल इसी जगह से निर्माण शुरू होता है तो किसी को कोई एतराज नहीं होना चाहिए।"

आडवाणी ने कहा कि इस समय रामरथ पर न तो आडवाणी सवार है, न बीजेपी सवार है, न ही विश्व हिंदू परिषद सवार है, इस समय इस रथ पर पूरा राष्ट्र सवार है। उन्होंने कहा कि यह रथ तब तक नहीं रुकनेवाला, जब तक निर्माण पूरा नहीं हो जाता। उन्होंने कहा–रामलला का विरोध करने वाले वे ही लोग हैं, जिन्होंने वंदे मातरम् का विरोध किया। ये सब विकृत धर्मनिरपेक्ष हैं। हमारा जिहाद इन्हीं के खिलाफ है।

बीजेपी अध्यक्ष मुरली मनोहर जोशी ने पी.वी. नरसिंह राव सरकार को चेताया कि वह अदालत की आड़ लेकर देश के संघीय ढाँचे पर चोट न करे। कारसेवा को लेकर चल रही अनिश्चितता के दौरान तीनों नेताओं की एक मंच से यह पहली सभा थी। इसमें अयोध्या जाने वाले हजारों कारसेवक मौजद थे। तीनों नेताओं ने सुप्रीम कोर्ट में दिए कल्याण सिंह सरकार के हलफनामे पर भी सफाई दी। तीनों ने कहा कि ऐसा कर कल्याण सिंह ने केंद्र सरकार की चाल नाकाम कर दी है।

लालकृष्ण आडवाणी ने कहा कि कल्याण सिंह सरकार साथ–साथ अदालत के आदेश और जनादेश दोनों का पालन करेगी। इसलिए कारसेवा जरूर होगी, पर अदालती आदेशों का उल्लंघन नहीं होगा। राज्य सरकार न तो कारसेवा रोकेगी, न ही कारसेवकों पर ताकत का इस्तेमाल कर मुलायम सिंह के कुकृत्य को दोहराएगी। अयोध्या रवाना होने से पहले से श्री आडवाणी की यह अंतिम जनसभा थी। उन्होंने कहा कि शुक्रवार को सुप्रीम कोर्ट ने साफ कह दिया है, जब तक अदालत के आदेश का उल्लंघन होने के बारे में उसे पर्यवेक्षक की रिपोर्ट नहीं मिल जाती है, तब तक वह इस बात को नहीं मानेगा। इस निर्णय से केंद्र सरकार की उम्मीदों पर पानी फिर गया है।

श्री आडवाणी ने कहा कि केंद्र सरकार ने इसी उम्मीद पर अपनी रणनीति बनाई थी। उसने सोचा था कि कारसेवकों के अदालत के आदेश का उल्लंघन करने का बहाना बनाकर वह राज्य सरकार को बर्खास्त कर देगी। श्री आडवाणी ने कहा, पर बीजेपी एक जिम्मेदार पार्टी है। चार राज्यों में हमारी सरकार है। हमारी कल्पना है कि देश पर हमारा शासन हो, इसलिए हम ऐसी कोई गलती नहीं करेंगे, लेकिन हम जनादेश का पालन भी जरूर करेंगे।

आडवाणी ने कहा कि इस समय रामरथ पर न तो आडवाणी सवार है, न बीजेपी सवार है, न ही विश्व हिंदू परिषद सवार है, इस समय इस रथ पर पूरा राष्ट्र सवार है। उन्होंने कहा कि यह रथ तब तक नहीं रुकनेवाला, जब तक निर्माण पूरा नहीं हो जाता। उन्होंने

कहा—रामलला का विरोध करने वाले वे ही लोग हैं, जिन्होंने वंदे मातरम् का विरोध किया। ये सब विकृत धर्मनिरपेक्ष हैं। हमारा जिहाद इन्हीं के खिलाफ है।

श्री वाजपेयी ने कहा कि सुप्रीम कोर्ट ने कारसेवा पर रोक नहीं लगाई। उसने कारसेवा की इजाजत दी है। उसने केवल अधिग्रहीत 2.77 एकड़ जमीन पर कारसेवा रोकी है। बीजेपी नेताओं ने शनिवार को अयोध्या में हुए मार्गदर्शक मंडल की बैठक में लिये गए फैसले से सहमति जताई। उन्होंने इस बारे में सफाई भी दी कि मार्गदर्शक मंडल ने ढुलाई, पुताई और निर्माण-पूर्व कार्ययोजना को लागू करने का फैसला क्यों किया है।

लखनऊ के अमीनाबाद के झंडेवालान पार्क में हुई जनसभा में तीनों नेताओं ने राम जन्मभूमि मंदिर आंदोलन के एक-एक बिंदु की चर्चा की और कारसेवकों का मनोबल बनाए रखने की पूरी कोशिश की। श्री आडवाणी और श्री जोशी का वहाँ पहुँचने पर गर्मजोशी से स्वागत किया गया। तीनों नेताओं ने कल्याण सिंह की खूब तारीफ की। श्री आडवाणी ने उन्हें दूरदृष्टि और सूझ-बूझ का अद्‌भुत समीकरण बताया। श्री जोशी ने कहा कि कल्याण सिंह सरकार ने राज्य में सांप्रदायिक सद्‌भाव का रिकॉर्ड बनाया है। उन्होंने राज्य सरकार के दूसरे कार्यों का भी जिक्र किया। इनमें राज्य में अपराधी तत्त्वों से निपटने और नकल विरोधी अभियान का खास जिक्र किया गया।

अपनी छवि के विपरीत श्री वाजपेयी मंदिर मुद्दे पर सबसे ज्यादा हमलावर मुद्रा में बोले। उन्होंने कहा कि प्रधानमंत्री और मंदिर विरोधी राम जन्मभूमि पर बने ढाँचे में रखी रामलला की मूर्तियों को हटाने की बात कर रहे हैं। उन्होंने चेतावनी भरे लहजे में कहा कि जब वाराणसी में दो कब्रें सुप्रीम कोर्ट के आदेश के बावजूद नहीं हट सकीं, तब रामलला की मूर्तियों को कौन हटा सकता है? उन्होंने कहा यह वोटों का मामला नहीं है, आस्था का विषय है। उन्होंने पूछा कि क्या राम के बिना इस देश की सांस्कृतिक विरासत की कल्पना की जा सकती है।

उधर अयोध्या में कारसेवकों के बीच बिना परिचय-पत्र के घुसे 10-12 लोगों को शनिवार को पकड़ लिया गया। उनके शिविरों पर निगाह रखी जा रही है। रविवार को कारसेवा को कवर करने वाले पत्रकारों को मानस भवन की छत पर बैठाया जाएगा। उनके घेरे के भीतर भी खड़े होने की व्यवस्था की जाएगी। कारसेवकों का आना अभी जारी है। शनिवार को कुछ कारसेवक गुस्से में नजर आए। बाहर से आए साधु-संत भी कारसेवा के स्वरूप को लेकर गुस्से में हैं। बातचीत में कारसेवक कहते हैं कि हम कारसेवा के लिए आए हैं। हम बार-बार लौटनेवाले नहीं हैं।

जिला प्रशासन सफाई और पीने के पानी के इंतजाम में जुटा है। इंतजामों के लिए राज्य सरकार ने 21 लाख रुपए दिए हैं। हर साल अयोध्या में तीन बार बड़े मेले लगते हैं। ये मेले रामनवमी, कार्तिक पूर्णिमा और सावन झूला के मौके पर लगते हैं। इस बार मंदिर निर्माण के लिए कारसेवा के रूप में चौथा मेला लगा है।

■

6 दिसंबर से कुछ महीने पहले की वो स्थितियाँ जिनमें विध्वंस के बीज पनपे

मार्च 1992 से लेकर अक्तूबर 1992 की खबरें

अभी तक आपने 6 दिसंबर, 1992 को हुए विध्वंस से लेकर जनवरी 1993 तक की खबरें पढ़ीं। इसके बाद के हिस्से में 6 दिसंबर, 1992 से ठीक पहले के माहौल, चुनौतियों एवं विवादों की खबरें पढ़ीं। अब इस हिस्से में पढ़िए 6 दिसंबर, 1992 यानी विध्वंस से करीब 9 महीने पहले तक देश में इस मुद्‍दे को लेकर क्या-कुछ घट रहा था। एक तरह से आजाद भारत के सबसे बड़े विवाद की चाहे-अनचाहे नींव पड़ती चली गई। इस खंड में आपको मार्च 1992 से लेकर अक्तूबर 1992 तक प्रकाशित खबरें पढ़ने को मिलेंगी। भूलिएगा नहीं कि विवादित ढाँचा अभी तक सुरक्षित था।

जनसत्ता

धर्म संसद का फैसला

कारसेवा छह दिसंबर से फिर

अब बातचीत बेमतलबः टकराव के रास्ते खुलेंगे

तितरफा बातचीत में

शर्मा का झुकाव नक्सलियों की तरफ रहा है : पटवा

मार्च 1992

भारतीय जनता पार्टी 'एकता यात्रा' नाकाम होने के कारण ढूँढ़ेगी

सारनाथ (वाराणसी), 13 मार्च, 1992 : भारतीय जनता पार्टी अपनी 'एकता यात्रा' की विफलता के कारण ढूँढ़ेगी। आज यहाँ पार्टी की केंद्रीय कार्यसमिति के ज्यादातर सदस्यों का कहना था कि एकता यात्रा की उतनी उपलब्धि नहीं रही, जितनी पार्टी को अपेक्षा थी। न ही पार्टी एकता यात्रा पर लगने वाले आरोपों का सख्ती से जवाब दे पाई।

आज सारनाथ में पार्टी की केंद्रीय समिति की तीन रोज की बैठक के शुरुआती सत्र में ही यह मामला उठा। सदस्यों की राय थी कि मुद्दा जोरदार होने के बावजूद एकता यात्रा उतना रंग नहीं दिखा पाई, जितना तूफान आडवाणी की रथयात्रा ने खड़ा किया था। कन्याकुमारी से कश्मीर तक की बीजेपी की एकता यात्रा के बाद केंद्रीय कार्यसमिति की यह पहली बैठक थी। इसलिए अपने शुरुआती भाषण में ही पार्टी की बाबत अपनी बात रखी, उपलब्धियाँ गिनाईं। गाड़ी लेट होने के कारण अटल बिहारी वाजपेयी इस बहस में हिस्सा नहीं ले पाए, पर पार्टी के सभी प्रमुख नेताओं की उपस्थिति में सदस्यों ने कहा कि यात्रा के प्रचार में भी हम चूके या कोई और कारण था, पार्टी को इसकी विवेचना करनी चाहिए।

कार्यसमिति के 61 सदस्यों के अलावा स्थायी आमंत्रित और विशेष निमंत्रित कुल (137) सदस्यों में से कोई सौ सदस्यों ने आज की बैठक में हिस्सा लिया। बीजेपी के चार राज्यों के मुख्यमंत्रियों में से एक भैरोंसिंह शेखावत को छोड़ बाकी तीनों आए। बैठक में भाग लेनेवालों में लालकृष्ण आडवाणी, मुरली मनोहर जोशी, अटल बिहारी वाजपेयी, सिकंदर बख्त, विजयाराजे सिंधिया, सुंदर सिंह भंडारी प्रमुख थे।

शुरुआती बहस के बाद कार्यसमिति ने अगले तीन रोज तक विचारणीय मुद्दों को रखा। देश की राजनैतिक स्थिति के मद्देनजर नरसिंह राव सरकार से रिश्ते, बिगड़ते आर्थिक हालात, राष्ट्रीय एकता और कश्मीर का मुद्दा बैठक के एजेंडा में रखे गए। पार्टी के अध्यक्ष मुरली मनोहर जोशी ने कहा, इन मुद्दों पर निकलने वाले निष्कर्ष को बड़ौदा में होने वाली पार्टी की राष्ट्रीय परिषद में मंजूरी मिलेगी, साथ ही चालू बजट सत्र में सरकार के प्रति पार्टी के रवैये को दिशा-निर्देश भी मिलेगा।

देश की आर्थिक हालत और देश की जरूरतों, संसाधनों और संस्कृति को देखते हुए एक माफिक अर्थनीति पर दूसरे सत्र में चर्चा शुरू हुई। पार्टी के महासचिव जे.पी. माथुर ने बीजेपी की आर्थिक नीतियों का खुलासा करते हुए आर्थिक प्रस्ताव के लिए चार पेज की पृष्ठभूमि रखी, जिस पर बहस जारी है। पार्टी अध्यक्ष श्री जोशी ने प्रस्ताव की बाबत अखबार वालों से कहा कि दुनिया के बदलते आर्थिक हालत और सोवियत संघ के पतन

के बाद हमें यह सोचना पड़ेगा कि देश की जरूरतों के मुताबिक हमारा आर्थिक मॉडल कैसा बने। उन्होंने कहा, हमारा प्रयास शोषण विहीन आर्थिक ढाँचा तैयार करना है, जो हमारे मानस और सांस्कृतिक जीवन-मूल्यों के अनुरूप हो, क्योंकि अब तो लगभग सभी यह मानने लगे हैं कि चालीस साल से चल रही व्यवस्था कारगर नहीं रही है।

■

अयोध्या में विवादित स्थल के आसपास के मंदिर तोड़े

अयोध्या, 23 मार्च, 1992 : राममंदिर बनाने की दिशा में विश्व हिंदू परिषद आगे बढ़ती जा रही है। अधिग्रहीत की गई पौने तीन एकड़ जमीन से भवनों को तोड़कर साफ करने का काम आज दूसरे दिन भी जारी रहा। संकटमोचन मंदिर में स्थापित हनुमानजी की प्रतिमा को मंदिर के पुजारी रामआसरे दास आज-कल में हटाएँगे। ऐसी संभावना है कि कल समतलीकरण का काम शुरू होगा। इस बीच आज इलाहाबाद हाईकोर्ट में तीन याचिकाएँ दायर कर अयोध्या में राज्य सरकार की कारगुजारियों को रोकने की माँग की गई।

विश्व हिंदू परिषद के महामंत्री अशोक सिंघल और गिरिराज किशोर आज यहाँ पहुँच गए हैं। देर रात तक शंकराचार्य, महंत अवेद्यनाथ, महंत नृत्यगोपालदास भी अयोध्या पहुँचेंगे। कल इस मसले पर चर्चा होगी। अशोक सिंघल तीन दिन तक अयोध्या में बने रहेंगे। राम जन्मभूमि न्यास के प्रबंधक की हैसियत से उन्होंने कहा कि कल ही न्यास की अनौपचारिक बैठक होगी, जिसमें शुरुआती बातचीत होगी। पहले चरण में पचास लाख रुपए से रामकथा पार्क बनाने का काम शुरू हो जाएगा। उन्होंने कहा—राम जन्मभूमि के क्षेत्र को पूरा राममय बनाने का काम न्यास पूरा करेगा। धन के लिए पूरा देश है और हिंदू शक्ति के लिए धन का कोई मतलब नहीं है।

श्री सिंघल ने आज साफ किया कि साक्षी गोपाल मंदिर बना रहेगा। कल तक स्वामी वामदेव भी पहुँच रहे हैं, जो कि मंदिर निर्माण उपसमिति के अध्यक्ष हैं। शायद कल-परसों में मंदिर निर्माण के लिए नींव की खुदाई शुरू की जा सकती है। अधिग्रहीत भूमि के हस्तांतरण पर श्री सिंघल ने कहा कि वहाँ का सारा स्थान भगवान राम का है। राम के काम के लिए उन्हें कौन मना कर सकता है।

अशोक सिंघल ने राम जन्मभूमि परिसर में छोटे-बड़े भवनों, ढाँचों को गिराया जाना जन्मभूमि के जीर्णोद्धार के पावन कार्य में सबसे बड़ा कदम कहा है। उन्होंने कहा है कि इस महत्त्वपूर्ण काम से मंदिर के निर्माण का काम शुरू हो चुका है। उन्होंने केंद्र सरकार को चेतावनी देते हुए कहा कि अगर मंदिर बनाने में कोई बाधा खड़ी की गई तो वह इसके नतीजे भुगतने को तैयार रहे।

उधर सुन्नी सेंट्रल वक्फ बोर्ड और मोहम्मद हाशिम की तरफ से दायर याचिका में

हाईकोर्ट से दरखास्त की गई है कि वह अदालत की अवमानना का मामला चलाकर उत्तर प्रदेश सरकार को दंडित करे, क्योंकि सरकार वहाँ राम दीवार बनाकर यथास्थिति बिगाड़ रही है। विशेष खंड पीठ के सामने दायर पहली याचिका में कहा गया है कि फैजाबाद के एडीएम उमेश तिवारी की राम जन्मभूमि के बतौर 'रिसीवर' की नियुक्ति अवैधानिक है। उन्हें फौरन हटाकर पुजारी लालदास को बहाल किया जाए।

सेंट्रल सुन्नी वक्फ बोर्ड ने अदालत से कहा है कि फैजाबाद में पर्यटन विभाग बजरंग दल के निर्देशन में राम दीवार बना रहा है। इसे फौरन रोका जाए और दीवार का जो हिस्सा बन गया है, उसे गिरा दिया जाए। इस याचिका पर सुनवाई कल होगी।

■

गृहमंत्री चह्वाण ने उ.प्र. सरकार को बर्खास्त करने की धमकी दी

नई दिल्ली, 23 मार्च, 1992 : संसद के दोनों सदनों में आज अयोध्या की रामकथा पार्क भूमि राम जन्मभूमि न्यास को दिए जाने और वहाँ मकान व मंदिर गिराने का मामला उठा। गृहमंत्री शंकरराव चह्वाण ने कहा कि अगर राज्य सरकार ने उनके निर्देश का पालन न किया तो उसे बर्खास्त करने के अलावा कोई विकल्प नहीं होगा। भारतीय जनता पार्टी के प्रमोद महाजन ने सभी राजनैतिक दलों को चुनौती दी कि वे इस मसले पर जनमत संग्रह करा लें। जबकि गैर-बीजेपी सदस्यों ने अयोध्या की घटनाओं पर चिंता जताई।

भारतीय जनता पार्टी के प्रमोद महाजन ने सभी राजनैतिक दलों को चुनौती दी कि वे इस मसले पर जनमत संग्रह करा लें।

राज्यसभा में आज शून्यकाल में कांग्रेस के सुरेश कलमाड़ी ने विशेष उल्लेख के रूप में यह मामला उठाया। कांग्रेस के ही रत्नाकर पांडे, एस.एस. अहलूवालिया और केदारनाथ सिंह ने भी इस पर बोलने की कोशिश की। उपसभापति नजमा हेपतुल्ला ने कहा कि उन्होंने केवल सुरेश कलमाड़ी को इजाजत दी है।

श्री कलमाड़ी ने आरोप लगाया कि उत्तर प्रदेश सरकार ने अयोध्या में पाँच मंदिर गिरा दिए हैं। अदालत ने यथास्थिति बनाए रखने का आदेश दिया था। लेकिन सरकार इसका उल्लंघन कर रही है। पूरा जन्मभूमि परिसर विश्व हिंदू परिषद और बजरंग दल के कब्जे में है। उन्होंने कहा कि केंद्र सरकार ने बीजेपी और बाबरी मस्जिद एक्शन कमेटी के लोगों को बातचीत के लिए बुलाया था। इसके खिलाफ दबाव बनाने के लिए विहिप ने यह सब किया है। पर्यटन विकास के नाम पर मंदिर गिराए जा रहे हैं।

जनता पार्टी के डॉ. सुब्रह्मण्यम स्वामी ने कहा कि उत्तर प्रदेश सरकार को बर्खास्त किया जाना चाहिए। इसके बाद हंगामा शुरू हो गया। कांग्रेस और बीजेपी सदस्यों में नोक-झोंक होने लगी। उपसभापति ने बीजेपी नेता सिकंदर बख्त को बोलने के लिए कहा, पर

कांग्रेसी सदस्य खासतौर से रत्नाकर पांडे और सुरेश कलमाड़ी उन्हें बोलने नहीं दे रहे थे। नाराज श्री बख्त ने कहा, 'आप लोग तमाशा कर रहे हैं।' उन्होंने कांग्रेस सदस्यों की ओर इशारा करके कहा कि इन्हें शोर मचाने के अलावा कुछ नहीं मालूम।

विपक्ष के नेता जयपाल रेड्डी ने कहा कि मसला महत्त्वपूर्ण है, इसलिए सभी दलों के प्रतिनिधियों को बोलने का मौका दिया जाए। समाजवादी जनता पार्टी के यशवंत सिन्हा ने कहा, 'सारा काम रोककर इस पर चर्चा कराई जाए। गृहमंत्री सदन में मौजूद हैं, वे बताएँ कि तथ्य क्या है।' इस पर श्री चह्वाण ने कहा कि उत्तर प्रदेश सरकार से अभी तक कोई संदेश नहीं मिला है। राज्य सरकार की रपट के बिना कुछ कहना ठीक नहीं होगा। बीजेपी के प्रमोद महाजन ने रोकते हुए कहा कि ये लोग राममंदिर के मुद्दे पर एक और चुनाव कराना चाहते हैं।

उप सभापति ने सुझाव रखा कि इस पर बाद में चर्चा हो जाए, पर सदस्य तैयार नहीं हुए। इस बीच पूरे सदन में विभिन्न सदस्यों के बीच नोक-झोंक चलती रही। श्री महाजन ने कहा—इनको पता नहीं कि रामकथा पार्क की कल्पना राजीव गांधी की थी। ये लोग राजीव गांधी को भूल रहे हैं। राम जेठमलानी ने कहा—पंजाब का मसला मंदिर से ज्यादा महत्त्वपूर्ण है।

अंत में तय हुआ कि इस पर सभी दलों के लोग बोलें। श्री बख्त ने कहा कि उत्तर प्रदेश सरकार ने अदालत के किसी फैसले की अवमानना नहीं की है। श्री कलमाड़ी की टोका-टाकी जारी रही। श्री बख्त ने कहा—इनमें सच सुनने का माद्दा नहीं है। उन्होंने कहा—बीजेपी मंदिर बनाने के लिए कटिबद्ध है। उसे इसका जनादेश मिला है।

कांग्रेस के एन.के.पी. साल्वे ने कहा कि देश की जनता का जनादेश इस मुद्दे को आम राय से तय करने का है। जो कुछ उत्तर प्रदेश में हो रहा है, उससे धर्म निरपेक्षता खतरे में है। उन्होंने गृहमंत्री से पूछा कि राज्य सरकार ने उनका आदेश न माना तो वे क्या करेंगे। जनता दल के राजमोहन गांधी ने कहा कि हमारी प्रतिबद्धता धर्मनिरपेक्षता के साथ-साथ जनतंत्र के प्रति भी है। इसलिए बीजेपी के लोगों को बोलने का ज्यादा मौका मिलना चाहिए।

■

संकटमोचन मंदिर टूटा : मूर्ति हटाई

अयोध्या, 24 मार्च, 1992 : राम जन्मभूमि के ठीक सामने संकटमोचन मंदिर आज टूट गया। संकटमोचन मंदिर भी 2.77 एकड़ के तहत अधिग्रहीत जमीन पर था। यह मंदिर भी सैकड़ों साल पुराना था। देर रात मंदिर तोड़ने से पहले वहाँ से हनुमानजी की मूर्ति हटाई गई। यह काम कल रात 12 बजे के आस-पास हुआ। संकटमोचन के सर्वराहकार राम

आसरे दास की अगुवाई में मंदिर गिरा। उन्होंने कल कलेक्टर को श्रीराम जन्मभूमि मंदिर निर्माण के लिए हनुमान की प्रतिमा हटाने के लिए प्रार्थना पत्र देकर अनुमति ली थी। इस बीच बाबरी मस्जिद एक्शन कमेटी ने अयोध्या की हाल की घटनाओं को देखते हुए बाबरी मस्जिद को ढहाने की आशंका जताई है। कमेटी ने केंद्र से मस्जिद की हिफाजत की जिम्मेदारी फौरन अपने हाथ में लेने की अपील की है।

तय कार्यक्रम के मुताबिक आज सुबह पाँच बजे शिलान्यास स्थल के बगल में पूजा-पाठ करके नींव खुदाई और समतलीकरण का कार्य शुरू होना था। लेकिन केंद्र सरकार की धमकी को देखते हुए सिर्फ पूजापाठ हुआ। विश्व हिंदू परिषद के अयोध्या में पहुँचे सभी बड़े नेता केंद्र सरकार की घुड़की से निपटने की रणनीति बनाने लगे हैं। आज प्रात: शिलान्यास स्थल पर स्वामी वामदेव जी महाराज चंपतराय, परमहंस रामचंद्रदास, अवेद्यनाथ, नृत्यगोपालदास, ओंकारभावे, पुरुषोत्तम नारायण सिंह, गिरिराज किशोर, अशोक सिंघल, विनय कटियार सभी मौजूद थे। परमहंस जी ने श्लोक पढ़ा, पूजा-पाठ हुआ और सब वापस लौट गए। सूत्रों के मुताबिक केंद्र के रवैए से विहिप के नेताओं ने रणनीति बदल दी है। अब टूटे भवनों, मकानों का मलबा हटाने का काम जारी रहेगा, जिसे विहिप महामंत्री अशोक सिंघल मंदिर निर्माण की प्रक्रिया बता रहे हैं। सूत्रों के मुताबिक विहिप ने कल केंद्र सरकार के कड़े रुख के कारण अपनी अगली योजना स्थगित कर दी है, वरना आज समतलीकरण और नींव की खुदाई की जानी थी।

संकटमोचन मंदिर तोड़े जाने पर महंत अवेद्यनाथ ने कहा कि समाज में गलतफहमियाँ फैलाई जा रही हैं। संसद और अखबार कह रहे हैं कि मंदिर तोड़े जा रहे हैं। हाईकोर्ट के आदेश के खिलाफ काम हो रहा है। यह बिल्कुल गलत है। अयोध्या में न मंदिर तोड़े जा रहे हैं, न ही हाईकोर्ट के आदेश की अवमानना की जा रही है। उन्होंने कहा कि किसी भी शहर में छोटा भी मंदिर टूटता है तो पूरा शहर गरम हो जाता है, लेकिन अयोध्या में न तनाव है, न ही गरमाहट है। उन्होंने कहा कि आज जो लोग चिंतित हैं, वे कब से रामभक्त हो गए? कश्मीर में जब मंदिर तोड़े जा रहे थे, तब उनकी रामभक्ति कहाँ गई थी? अवेद्यनाथजी ने कहा कि केंद्र सरकार की तरफ से धारा 356 के तहत भंग करने की धमकी के पीछे राष्ट्रपति के भावी चुनाव की रणनीति झलक रही है। केंद्र उत्तर प्रदेश सरकार को भंग करके विधायकों को राष्ट्रपति के चुनाव में वोट देने से वंचित करना चाहता है। जिससे राष्ट्रपति की कुरसी हथियायी जा सके। उन्होंने कहा कि हम कांग्रेस की चुनौती स्वीकार करते हैं और पूरे देश में यह मामला ले जाएँगे।

लोकसभा और विधानसभा में अयोध्या के मामलों को लेकर हो-हल्ला होने के बाद आज तीसरे दिन जिला प्रशासन ने अपनी स्थिति साफ की। आज हड़बड़ी में बुलाई गई प्रेस कॉन्फ्रेंस में कलेक्टर आर.एस. श्रीवास्तव और पुलिस कप्तान डी.बी. राय ने बताया कि पर्यटन विभाग अधिग्रहीत 2.77 एकड़ भूमि पर से स्थायी/अस्थायी निर्माण हटाने और

भूमि समतलीकरण का काम 22 मार्च की सुबह नौ बजे से कर रहा है। वहाँ शांति व्यवस्था के लिए मजिस्ट्रेट और पुलिस की व्यवस्था की गई है। भूमि समतलीकरण और निर्माण हटाने में कोर्ट के आदेश बाधक नहीं हैं। संकटमोचन मंदिर से हनुमानजी की मूर्ति खुद निकालकर उनके महंत रामआसरे दास ले गए हैं। कोई विवाद समतलीकरण के दौरान नहीं पैदा हुआ।

■

अयोध्या में मंदिर तोड़ने पर चह्वाण राज्यसभा में बयान देने से कतराए

नई दिल्ली, 24 मार्च, 1992 : अयोध्या में मंदिर तोड़े जाने के मामले पर सरकार आज राज्यसभा में बयान नहीं दे पाई। गृहमंत्री शकर राव चह्वाण लगातार कोई-न-कोई बहाना बनाते रहे। करीब एक घंटे के हंगामे के बाद उपसभापति नजमा हेपतुल्ला ने सदन की कार्रवाई कल तक के लिए स्थगित कर दी। इससे पहले आज प्रश्नकाल रद्द करके अयोध्या के मसले पर चर्चा हुई। प्रश्नकाल रद्द करने के मामले में कांग्रेस पार्टी में एक राय नहीं थी। पार्टी ने चालीस मिनट में तीन बार रुख बदला। भारतीय जनता पार्टी और विश्व हिंदू परिषद ने केंद्र को चेताया है कि वह उत्तर प्रदेश सरकार को बर्खास्त न करे। उन्होंने ऐसा होने पर देश में आंदोलन की चेतावनी दी है।

आज सदन की कार्रवाई शुरू होने पर लोकसभा के पूर्व अध्यक्ष गुरुदयाल सिंह ढिल्लो को श्रद्धांजलि दी गई। इसके बाद कांग्रेस के सुरेश कलमाड़ी ने अयोध्या का मामला उठाया। उन्होंने सभापति शंकर दयाल शर्मा से पूछा कि उन्होंने प्रश्नकाल रद्द करके इस विषय पर चर्चा कराने का नोटिस दिया था, उसका क्या हुआ ? इस पर सदन के नेता और गृहमंत्री श्री चह्वाण ने कहा कि वे प्रश्नकाल रद्द करने के पक्ष में नहीं हैं, लेकिन जनता दल, द्रमुक, समाजवादी जनता पार्टी और वामपंथी दलों ने श्री कलमाड़ी के प्रस्ताव का समर्थन किया।

इस मुद्दे पर कांग्रेस पार्टी में बिखराव नजर आया। सभापति डॉ. शर्मा ने कहा कि सदन का मूड देखकर उन्हें लगता है कि इस प्रस्ताव पर मत ले लिया जाए। श्री चह्वाण ने कहा कि उन्होंने कल रात उत्तर प्रदेश के मुख्य सचिव से रिपोर्ट भेजने को कहा था, पर अभी तक राज्य सरकार की रिपोर्ट नहीं आई। जैसे ही रिपोर्ट आएगी कि सदस्यों के सामने तथ्य रख दूँगा, लेकिन प्रश्नकाल रद्द करने के प्रस्ताव से पार्टी अपने को अलग करती है।

ध्वनिमत से विपक्ष ने (बीजेपी को छोड़कर) प्रस्ताव का समर्थन किया। कांग्रेस ने अपने ही सदस्य के प्रस्ताव का विरोध किया।

■

अदालत ने अयोध्या में 31 तक यथास्थिति बनाए रखने को कहा

लखनऊ, 27 मार्च, 1992 : इलाहाबाद हाईकोर्ट में आज फैजाबाद जिला प्रशासन से विवादास्पद स्थान के आस-पास के उस जमीन के प्लॉट नंबर बताने को कहा है। जहाँ इन दिनों दीवार बनाई जा रही है। अदालत ने सभी संबंधित पक्षों को 31 मार्च तक यथास्थिति बनाए रखने का भी निर्देश दिया। इस बीच अयोध्या में विवादास्पद स्थान के आस-पास मलबा हटाने का काम आज भी जारी रहा। अधिग्रहीत स्थान पर जमीन समतल करने का काम भी जारी रहा है।

हाईकोर्ट की विशेष पीठ ने फैजाबाद के अतिरिक्त जिला मजिस्ट्रेट (कार्यकारी) उमेश चंद्र तिवारी को पूरक जवाबी दावा पेश करने के लिए अगले मंगलवार तक का समय दिया। उन्हें इसमें संबंधित जमीन के प्लॉट नंबर बताने होंगे। विशेष पीठ में न्यायमूर्ति एस.सी. माथुर, न्यायमूर्ति बृजेश कुमार और न्यायमूर्ति सैयद हैदर अब्बास रजा शामिल हैं।

इससे पहले सुन्नी सेंट्रल वक्फ बोर्ड के वकील आर.के. गर्ग ने अनुरोध किया कि अदालत को अयोध्या में अपने आदेशों के उल्लंघन की जाँच करने के लिए एक आयोग नियुक्त करना चाहिए। वह सुप्रीम कोर्ट के आदेश के उल्लंघन की भी जाँच करे और अधिग्रहीत भूमि पर और इमारतों को गिराए जाने से रोके। हाईकोर्ट की विशेष पूर्ण पीठ की अब मंगलवार को बैठक होगी, जिसमें वक्फ बोर्ड और मोहम्मद हाशिम की याचिकाओं का निपटारा किए जाने की उम्मीद है। इन याचिकाओं में आग्रह किया गया है कि विवादास्पद स्थल के चारों ओर दीवार बनाने का काम रोका जाए। अब तक बन चुकी दीवार गिराई जाए और अधिग्रहीत जमीन पर मंदिरों को गिराना बंद किया जाए।

इससे पहले राज्य के एडवोकेट जनरल वी.के.एस. चौधरी ने सरकार की कार्रवाई को सही ठहराते हुए कहा कि सरकार अदालती आदेशों का उल्लंघन नहीं कर रही है। ■

जाँच दल अयोध्या गया तो इसके गंभीर नतीजे : बीजेपी की चेतावनी

नई दिल्ली, 27 मार्च, 1992 : लोकसभा में विपक्ष के नेता लालकृष्ण आडवाणी का आरोप है कि गृहमंत्री शंकरराव चह्वाण उत्तर प्रदेश की बीजेपी सरकार को बर्खास्त करने का कुत्सित इरादा रखते हैं। संसदीय प्रतिनिधिमंडल और राष्ट्रीय एकता परिषद की टीम को अयोध्या भेज बर्खास्तगी के लिए आधार बनाया जाएगा। उन्होंने इसके गंभीर नतीजों की चेतावनी दी।

लोकसभा में अयोध्या विवाद शुक्रवार को फिर हंगामे का कारण बना। शून्यकाल में सवा घंटे तक इस बात पर विवाद, हंगामा, आरोप-प्रत्यारोप और इस बात पर बहस

चलती रही कि क्या ससंदीय प्रतिनिधिमंडल को अयोध्या जाना चाहिए? शुरू में भारतीय कम्युनिस्ट पार्टी (भाकपा) के इंद्रजीत गुप्त ने अध्यक्ष शिवराज पाटिल से जिज्ञासा प्रकट की। उनके बाद पूरे तेवर और तैयारी से उठे अटल बिहारी वाजपेयी। वे 40 मिनट तक बोले। उनका कहना था कि यह गलत परंपरा होगी। उनके भाषण के दौरान ही हंगामा हुआ, लेकिन वे पूरी बात कहकर ही बैठे।

सरकार अयोध्या में संसदीय प्रतिनिधिमंडल भेजना चाहती है। यह बात संसदीय मामलों के मंत्री गुलाम नबी आजाद ने कही। आखिर में श्री आडवाणी ने गृहमंत्री शंकरराव चह्वाण के इरादे पर अपनी शंका जाहिर कर श्री वाजपेयी के कथन का समर्थन किया। उन्होंने कहा कि बीजेपी हर पहलू पर विचार कर फैसला करेगी। उनके रुख से साफ था कि अगर प्रतिनिधिमंडल भेजा गया तो बीजेपी की ओर से कोई नहीं जाएगा। गृहमंत्री ने मंत्रिमंडल की बैठक के बाद संविधान के अनुच्छेद 356 के इस्तेमाल की धमकी दी। केंद्र सरकार उत्तर प्रदेश की सरकार को बर्खास्त करने का बहाना खोज रही है। वह संसदीय प्रतिनिधिमंडल को हथियार बनाना चाहती है। 'हम सरकार को इसकी इजाजत नहीं देंगे।' उन्होंने चेतावनी दी कि सरकार संसद को अपना हथियार बनाने की कोशिश न करे। अगर उसे उत्तर प्रदेश की बीजेपी सरकार को बर्खास्त करना है तो ऐसा ईमानदारी से कहे और करे।

श्री वाजपेयी ने गृहमंत्री के अलावा केंद्र सरकार पर आरोप लगाया कि वह अयोध्या विवाद को हल करने की कोई कोशिश नहीं कर रही है।

श्री आडवाणी के इस आरोप से लोकसभा का हर पक्ष सन्न रह गया। कांग्रेसी चुप थे। मार्क्सवादी कम्युनिस्ट पार्टी (माकपा) के नेता सोमनाथ चटर्जी को अपनी सफाई में कहना पड़ा कि अगर केंद्र सरकार धारा 356 का नाजायज इस्तेमाल करेगी तो उनकी पार्टी सबसे पहले विरोध में खड़ी होगी। वे अपील कर रहे थे कि प्रतिनिधिमंडल जरूर जाए, भले ही उसका नेतृत्व अटल बिहारी वाजपेयी करें।

श्री वाजपेयी ने अपने लंबे भाषण के आखिर में कहा कि गृहमंत्री शंकरराव चह्वाण अयोध्या जाएँ। वे अपने अनुभव और तथ्य संसद को बताएँ। अगर उसके बाद जरूरी हो तो प्रतिनिधिमंडल जाए। उन्होंने आशंका जताई कि अगर कोई प्रतिनिधिमंडल पूर्वग्रह से अयोध्या जाता है तो वहाँ लंकाकांड कराएगा। वे इसे गलत परंपरा भी बता रहे थे। उन्होंने पूछा कि बिहार में रोज जनसंहार हो रहा है, क्या उसकी जाँच के लिए संसदीय प्रतिनिधिमंडल भेजा जाएगा? बिहार का नाम लेते ही जनता दल के कई सांसद उत्तेजित होकर बोलने लगे। बीजेपी में उसकी प्रतिक्रिया हुई। आरोपों की एक-दूसरे पर बौछार की जाने लगी। अध्यक्ष शिवराज पाटिल उस वक्त शांत होने का आग्रह कर रहे थे। उनका आग्रह देर तक अनसुना रहा।

शुरू में भाकपा के नेता इंद्रजीत गुप्त ने अध्यक्ष से पूछा कि सरकार ने जिस

प्रतिनिधिमंडल को भेजने की घोषणा की है, वह कब जा रहा है? उनका सुझाव था कि उसे जल्दी भेजना चाहिए। श्री वाजपेयी के भाषण के दौरान उन्होंने फिर पूछा कि आप का निर्देश क्या है? अध्यक्ष ने कहा कि आपने मेरा निर्देश नहीं माँगा है। श्री वाजपेयी ने गृहमंत्री के अलावा केंद्र सरकार पर आरोप लगाया कि वह अयोध्या विवाद को हल करने की कोई कोशिश नहीं कर रही है। पूजास्थल विधेयक में भी अयोध्या को विशेष दर्जा दिया गया है। अयोध्या में मैदान साफ किया जा रहा है। यात्रियों की सुविधा के लिए व्यवस्था की जा रही है। रामनवमी आने वाली है। जब अयोध्या के काम पर अदालत को एतराज नहीं है तो अदालत की दुहाई देने वाले क्यों शोर मचा रहे हैं?

पूर्व प्रधानमंत्री विश्वनाथ प्रताप सिंह ने सरकार से कहा कि वह अपना रुख साफ करे। बीजेपी की सरकार अपनी घोषणा पर अमल कर रही है। केंद्र सरकार को अपना मौन तोड़ना चाहिए।

■

अप्रैल 1992

केंद्रीय टीम ने अयोध्या का दौरा किया, विवादित स्थल का मुआयना किया

अयोध्या, 7 अप्रैल, 1992 : अयोध्या में तथ्यों का पता लगाने के लिए राष्ट्रीय एकता परिषद और सांसदों की साझा टीम भेजने पर आज केंद्र सरकार ने अपना पैंतरा बदला। राष्ट्रीय एकता परिषद की स्थायी समिति के महज तीन सदस्यों और 33 सांसदों के एक दल ने आज अयोध्या के विवादित स्थल का मुआयना किया। एकता परिषद की 22 सदस्यीय स्थायी समिति से न तो केंद्र सरकार का कोई मंत्री आया और न ही कोई मुख्यमंत्री। इस साझा तथ्यखोजी टीम के अध्यक्ष एस.आर. बोम्मई को कहना पड़ा कि केंद्र ने इस प्रतिनिधिमंडल के दौरे को गंभीरता से नहीं लिया है। उन्होंने केंद्रीय गृहमंत्री या किसी और मंत्री के प्रतिनिधिमंडल के साथ न आने पर नाराजगी भी जताई।

संसदीय इतिहास में शायद पहली बार राज्य सरकार के किसी आचरण की जाँच करने या तथ्यों का पता लगाने के लिए केंद्र की यह भारी-भरकम टीम अयोध्या गई थी

इस साझा टीम ने आज अयोध्या का विवादित स्थल, सरकार द्वारा अधिग्रहीत जमीन, रामकथा पार्क और राम दीवार को न सिर्फ मौके पर जाकर देखा, वरन् दस्तावेज भी देखे। यह समझा जा रहा था कि तथ्यों का पता लगा टीम राज्य सरकार की गलतियों पर उँगली रखेगी, पर टीम के तमाम सदस्य इस दौरे पर केंद्र सरकार की भूमिका को लेकर उलझ पड़े। बाद में मौके को देखने के बाद बुलाई गई प्रेस कॉन्फ्रेंस में तो कांग्रेस (इ) के पी.एम. सईद और मदन भाटिया जनता दल के एस.आर. बोम्मई और माकपा के हरिकिशन सिंह सुरजीत से उलझ पड़े। ये दोनों ही नेता केंद्रीय गृहमंत्री के न आने और केंद्र सरकार के किसी मंत्री को न भेजने पर सरकार को आड़े हाथों ले रहे थे।

संसदीय इतिहास में शायद पहली बार राज्य सरकार के किसी आचरण की जाँच करने या तथ्यों का पता लगाने के लिए केंद्र की यह भारी–भरकम टीम अयोध्या गई थी, पर आपसी फूट के चलते यह दौरा मजाक बन गया। कोई महत्त्वपूर्ण व्यक्ति नहीं आया। परिषद की स्थायी समिति के केवल तीन सदस्य, एस.आर. बोम्मई, नारायण दत्त तिवारी और हरिकिशन सिंह सुरजीत ही आए। संसदीय समिति में भी जो सांसद आए, उन्हें किसी बात की जानकारी नहीं थी। ज्यादातर पहली बार अयोध्या आए थे। बाकी सुलेमान सेत, सलाउद्दीन ओवैसी और सैयद शहाबुद्दीन जैसे लोगों की इस मुद्दे पर राय पहले से निश्चित थी, यानी तथ्यों का पता लगाने ज्यादातर सदस्य अपनी राय पहले से ही बनाकर आए थे।

मौका मुआयने के बाद प्रतिनिधिमंडल के अध्यक्ष बोम्मई ने अखबार वालों से कहा, "हमने जो तथ्य देखे हैं और राज्य सरकार ने जो दस्तावेज दिए हैं, उनके आधार पर हम

तीन दिन के भीतर अपनी रिपोर्ट केंद्रीय गृहमंत्री को दे देंगे।" उन्होंने कहा कि इस बीच हमने उत्तर प्रदेश सरकार से कुछ जानकारी और चाही है। हमने 1952 से अब तक के सारे अदालती आदेश माँगे हैं। राज्य सरकार के दो मंत्री, जो इस टीम की आवभगत में लगे थे, उन्होंने एक-दो रोज में इन दस्तावेजों को उपलब्ध कराने को कहा है। बोम्मई ने कहा कि हमने उत्तर प्रदेश सरकार से 'साइड प्लान' भी माँगा है।

बोम्मई ने कहा कि संसदीय कमेटी के बहुत सारे सदस्यों ने राज्य सरकार की तरफ से तैनात दोनों मंत्रियों से कई सवाल किए। मंत्रियों और अफसरों ने भरसक जानकारी भी दी, पर सभी सदस्य तर्कों से संतुष्ट नहीं थे। सबके अपने-अपने तर्क हैं। हम तथ्यों की जाँच कर रहे हैं, उन्होंने कहा। बोम्मई ने यह भी कहा कि कमेटी समस्या के समाधान के लिए केंद्र सरकार को सुझाव भी देगी। उन्होंने इस बात पर नाराजगी जताई कि गृहमंत्री आने से कतरा गए। उन्होंने कहा, यह तथ्य है कि एकता परिषद की स्थायी समिति के सिर्फ तीन सदस्य ही यहाँ आ पाए। इसका कारण क्या था? इस सवाल के जवाब में बोम्मई ने कहा—यह तो गृहमंत्री ही बता पाएँगे। उन्होंने कहा, "जब कोई आने को तैयार नहीं हुआ तो मैं आया हूँ।"

उन्होंने कहा कि हम यहाँ कोई फैसला लेने नहीं वरन् तथ्यों का पता लगाने आए हैं। इस बीच जद, सजपा और कांग्रेस के प्रतिनिधिमंडल ने भी इस टीम से मिल उन्हें अपना ज्ञापन दिया। समतलीकरण के दौरान तोड़े गए भवन सुमित्रा भवन के महंत ने भी केंद्रीय टीम को अपने साथ हुई जोर-जबर्दस्ती का दुःखड़ा सुनाया।

एकता परिषद के दूसरे सदस्य हरिकिशन सिंह सुरजीत ने अयोध्या में केंद्रीय टीम भेजने में केंद्र सरकार द्वारा बरती गई देरी पर खेद जताया। खास बात यह थी कि टीम के ज्यादातर सदस्यों ने विवादित ढाँचे के भीतर रामलला से प्रसाद ग्रहण किया। कांग्रेस (स.) के के.पी. उन्नीकृष्णन, जो हमेशा से इस इमारत को विवादास्पद कहते रहे, उन्होंने भी जन्मभूमि मंदिर में बाकायदा पूजा-अर्चना की। चढ़ावा चढ़ाया और अपने साथ प्रसाद ले गए। तेलगु देशम के के.पी. रेड्डरिपा यादव ने भी पूजा की।

खास बात यह थी कि टीम के ज्यादातर सदस्यों ने विवादित ढाँचे के भीतर रामलला से प्रसाद ग्रहण किया। कांग्रेस (स.) के के.पी. उन्नीकृष्णन, जो हमेशा से इस इमारत को विवादास्पद कहते रहे, उन्होंने भी जन्मभूमि मंदिर में बाकायदा पूजा-अर्चना की। चढ़ावा चढ़ाया और अपने साथ प्रसाद ले गए। तेलुगु देशम के के.पी. रेड्डरिपा यादव ने भी पूजा की।

राम जन्मभूमि परिसर में पहुँचते ही साझे प्रतिनिधिमंडल का स्वागत संकटमोचन मंदिर के महंत राम आसरे दास, बाबा धर्मदास, सांसद विनय कटियार और विधायक लल्लू सिंह ने किया। बाबाओं और बजरंग दल के कार्यकर्ताओं ने 'जय श्रीराम' के नारे लगाए। सैयद शहाबुद्दीन को देखकर जमकर नारेबाजी हुई। 1949 से चल रहे अखंड कीर्तन में 'राम विमुख अस हाल तुम्हारा। रहा न कुल कोई रोवन हारा।।' का ही जाप होता रहा, जब तक प्रतिनिधिमंडल के लोग वापस नहीं चले गए।

इससे पहले फैजाबाद हवाई अड्डे पर प्रतिनिधिमंडल की अगवानी राज्य सरकार की तरफ से बिजली मंत्री लालजी टंडन और राजस्व मंत्री ब्रह्मदत्त द्विवेदी ने की। दो एवरो जहाज से आए इन 36 सदस्यों को हवाई अड्डे पर ही तथ्यों का खुलासा करने वाला 14 पेज का एक दस्तावेज दिया गया। बाद में एक बड़े नक्शे को दिखाकर बिजली मंत्री लालजी टंडन ने वस्तुस्थिति की जानकारी दी। केंद्रीय टीम में अकेले नारायण दत्त तिवारी ही राज्य सरकार के मंत्री लालजी टंडन से गले मिलने वालों में थे। स्वागत करते हुए श्री टंडन ने कहा, "राम की नगरी में आप सबका स्वागत है।" उन्होंने कहा कि विधानमंडल का सत्र चल रहा है, इसलिए मुख्यमंत्री नहीं आ पाए हैं।

बाद में कांग्रेस नेता नारायण दत्त तिवारी ने शिलान्यास स्थल को लोगों को दिखाते हुए समझाया कि मेरी राय यहीं मंदिर बनाने की थी। इसमें कोई विवाद नहीं था, पर शहाबुद्दीन का कहना था कि शिलान्यास वाली जगह भी विवादित है। सलाउद्दीन ओवैसी ने कहा कि सुरक्षा के नाम पर राम दीवार बहाना है, यह एक निश्चित योजना के तहत बनाई जा रही है। कब्रिस्तान पर बुलडोजर चलाने से अदालती आदेशों की अनदेखी हुई है। शहाबुद्दीन का तर्क था कि जब अभी कानूनी प्रक्रिया पूरी नहीं हुई है। हाईकोर्ट का अंतरिम आदेश है। ऐसे में स्थायी परिवर्तन, यानी भवनों और मंदिरों का गिराया जाना गैर-कानूनी है। यह कमेटी आई जरूर एक साथ हवाई जहाज में, पर सबकी राय अलग-अलग थी। ज्यादातर सदस्यों की यही भावना थी कि यह केंद्र द्वारा मामले की लीपा-पोती का प्रयास है।

इस संसदीय समिति के सदस्यों में शरद यादव, सैयद शहाबुद्दीन, मौलाना ओबेदुल्ला आजमी (जनता दल), सैफुद्दीन चौधरी (सी.पी.एम.), विश्वनाथ शास्त्री (सी.पी.आई.), वेंकेटेश्वर डी. राव (तेलुगु देशम), सत्य प्रकाश मालवीय (सजपा), सत्तकुमार मंडल (आर.एस.पी.), अमर राय (फारवर्ड ब्लॉक), पी.जी. नारायणन (ए.आई.ए.डी.एम.के.), इब्राहिम सुलेमान सेत (मु. लीग), छोटे सिंह यादव (जनता पार्टी), के.पी. उन्नीकृष्णन (कांग्रेस स.), सलाउद्दीन ओवैसी (ए.आई.एम.आई.एम.), पी.सी. थॉमस (केरल कांग्रेस), श्रीमती दिलकुमारी भंडारी (एस.एस.पी.), मुहीराम सैकिया (ए.जी.पी.) वाई. रेभा सिंह (एम.पी.पी.), जगवीर सिंह (एस.वी.पी.), एन.जे. रथावा (जनता दल जी.), इमचलंबा (एन.पी.सी.), के.पी. रेड्डरिपा यादव (टी.डी.पी.), राम अवधेश सिंह (लोकदल), एस.एन. ब्रह्म चौधरी (बोडोलैंड एक्शन कमेटी), एन. गणेशन (ए.डी.एम.), पी. उपेंद्र (निर्दलीय), हरपाल पंवार (जनता दल अजीत गुट), मणिशंकर अय्यर, मदन भाटिया, पी.एम. सईद, इब्राहम चार्ल्स (सभी कांग्रेस), कांशीराम (बी.एस.पी.), जगजीतसिंह अरोड़ा, नारायण दत्त तिवारी, हरिकिशन सिंह सुरजीत तथा एस.आर. बोम्मई थे। इन सदस्यों में सैयद शहाबुद्दीन, विश्वनाथ दास शास्त्री (सी.पी.आई.), शरद यादव, ओबेदुल्ला आजमी, सलाउद्दीन ओवैसी, सत्त कुमार मंडल समेत कुछ सांसद फैजाबाद के कसाईबाड़े मुहल्ले में बम विस्फोद से क्षतिग्रस्त मस्जिद को देखने भी गए। क्षतिग्रस्त

मस्जिद के निरीक्षण का कार्यक्रम पहले से भी तय नहीं था, फिर भी प्रशासन ने कल-परसों एहतियात के तौर पर वहाँ पर इसके लिए व्यवस्था कर रखी थी। मुख्यमंत्री कल्याण सिंह ने प्रधानमंत्री को पत्र लिखकर अनुरोध किया था कि संसदीय दल को कसाईबाड़े का दौरा नहीं करना चाहिए। समिति के सदस्यों से जिले के विपक्षी दलों, समाजवादी जनता पार्टी, जनता पाटी, मुस्लिम मजलिस, बाबरी एक्शन कमेटी, इंकाइयों के कई प्रतिनिधिमंडल मिले और उन्होंने ज्ञापन दिए। अयोध्या राम जन्मभूमि परिसर में तथ्यों को बताने जा रहे इंकाइयों के एक दल को गिरफ्तार कर लिया गया, जिसकी अगुवाई पूर्व सांसद निर्मल खत्री कर रहे थे, बाद में इन्हें भी समिति से मिलाया गया, जहाँ ज्ञापन दिया गया। समिति का काफिला फैजाबाद-अयोध्या के लिए आज कौतूहल का विषय बना रहा।

■

राम जन्मभूमि के बारे में पांडुलिपियाँ मिलीं

लखनऊ, 14 अप्रैल, 1992 : अयोध्या में राम जन्मभूमि से संबंधित 18वीं सदी की दो महत्त्वपूर्ण पांडुलिपियाँ मिली हैं। इनमें राम जन्मभूमि और उसके आस-पास की इमारतों के नाप-जोख का भी उल्लेख है। सन् 1732 में संत लालदास की लिखी किताब 'अवध विलास' के छंदों और दोहों से साबित होता है कि विवादित इमारत में 1949 में रामलला के प्रकट होने से कोई तीन सौ साल पहले भी इस ढाँचे में राम की पूजा-अर्चना होती थी। यह पांडुलिपि बाँदा के चंद्रहास साहित्य शोध संस्थान में उपलब्ध है।

दूसरी किताब इतिहासकार आर. नाथ की 'आर्किटेक्चर ऑफ बाबरी मस्जिद' है। इसमें 1717 का एक नक्शा छपा है। नक्शे में राम जन्मस्थान परिसर के भवन का भी उल्लेख है और एक भवन से दूसरे भवन की दूरी भी दरशाई गई है। बताने के लिए धनुष का इस्तेमाल किया गया है। जन्मभूमि का यह नक्शा जयपुर के सिटी पैलेस में मौजूद है।

इस किताब के मुताबिक मुगल बादशाह औरंगजेब ने अयोध्या में सन् 1717 में जयपुर के राजा सवाई जयसिंह को 1883 एकड़ जमीन, एक उद्यान और एक बड़ा परिसर बनाने के लिए दी थी। जो कि बाद में रामकोट के नाम से जाना गया। सवाई राजा जयसिंह ने ही राम जन्मभूमि मंदिर के जीर्णोद्धार के लिए वह नक्शा बनवाया था, ये दो तथ्य मंदिर-मस्जिद विवाद के कुछ और रहस्य खोलते हैं।

'आर्किटेक्चर ऑफ बाबरी मस्जिद' में राम जन्मस्थान,

सन् 1732 में संत लालदास की लिखी किताब 'अवध विलास' के छंदों और दोहों से साबित होता है कि विवादित इमारत में 1949 में रामलला के प्रकट होने से कोई तीन सौ साल पहले भी इस ढाँचे में राम की पूजा-अर्चना होती थी। यह पांडुलिपि बाँदा के चंद्रहास साहित्य शोध संस्थान में उपलब्ध है।

लक्ष्मण कुंड, अग्निकुंड जहाँ सीता ने परीक्षा दी थी, चक्रतीर्थ, अयोध्या देवी, भरतकुंड, दशरथ महल, जानकी कुंड, स्वामी राघवदास का स्थान आदि कपड़े पर बने नक्शे में अंकित हैं। सवाई राजा जयसिंह के शासनकाल में ऐसा नक्शा बनाने की प्रथा थी। दूसरी पांडुलिपि बाँदा स्थित साहित्य शोध संस्थान में रखी है। संवत् 1732 में संत लालदास ने यह किताब लिखी है। इस पांडुलिपि में राम के जन्मोत्सव मनाने और जन्मभूमि का वर्णन है। किताब की चौपाइयों में कहा गया है कि राम जन्मस्थान का जो भी दर्शन करता है, उसे स्वर्ग मिलता है।

इस पांडुलिपि के अनुसार राम जन्मभूमि स्थान विघ्नेश्वर के पूर्व की ओर 8000 धनुष की दूरी पर है तथा ऋषि भवन के पश्चिम में लगभग पचास चैन की दूरी पर है। जन्मस्थान के उत्तर की ओर बीस धनुष दूरी पर कैकेयी भवन और तीन धनुष दक्षिण की ओर सुमित्रा महल बताए गए हैं। 'अवध विलास' नामक रामायण में धनुष की लंबाई साढ़े तीन हाथ बताई गई है। इस ग्रंथ में राम जन्मभूमि का हिसाब सही निकल रहा है। ■

चार भाजपाई मुख्यमंत्रियों ने केंद्र को गंभीर नतीजों की चेतावनी दी

अयोध्या, 26 अप्रैल, 1992 : भारतीय जनता पार्टी की सरकार वाले चार राज्यों के मुख्यमंत्रियों ने केंद्र सरकार को चेतावनी दी है कि अयोध्या विवाद पर पूर्वग्रह से ग्रस्त होकर अगर उसने कोई कार्रवाई की तो उसके नतीजे गंभीर होंगे। इन मुख्यमंत्रियों ने केंद्र को आगाह किया है कि वह अपनी सीमा में रहे और रोज छोटी-छोटी बातों पर उत्तर प्रदेश सरकार से जवाब तलब न करे।

मध्य प्रदेश, राजस्थान और हिमाचल प्रदेश के मुख्यमंत्रियों ने आज अयोध्या के विवादित स्थल के दौरे के बाद राज्य सरकार को 'क्लीन चिट' देते हुए कहा कि अयोध्या में न तो कहीं संविधान का उल्लंघन हुआ है, न अदालत की अवमानना। इन परिस्थितियों में केंद्रीय गृहमंत्री द्वारा संविधान के अनुच्छेद 356 के इस्तेमाल की धमकी को वाहियात बताते हुए उत्तर प्रदेश के मुख्यमंत्री समेत चारों मुख्यमंत्रियों ने साझे तौर पर एक प्रेस कॉन्फ्रेंस में कहा कि अगर केंद्र की ऐसी कोई बदनीयत है तो उसका डटकर मुकाबला किया जाएगा।

राष्ट्रीय एकता परिषद में अयोध्या की बाबत उत्तर प्रदेश सरकार के बचाव के लिए बीजेपी के तीनों मुख्यमंत्री अयोध्या का मौका मुआयना करने आए थे। राजस्थान के मुख्यमंत्री भैरोंसिंह शेखावत ने कहा भी कि वे राष्ट्रीय एकता परिषद के सदस्य हैं। चूँकि राष्ट्रीय एकता परिषद की टीम अयोध्या आई थी, अब उसकी रपट पर परिषद में चर्चा होगी। चर्चा में असरदार भूमिका निभाने के लिए उनका यहाँ आना जरूरी था। मध्य प्रदेश के मुख्यमंत्री सुंदरलाल पटवा, हिमाचल के मुख्यमंत्री शांता कुमार और उत्तर प्रदेश के मुख्यमंत्री कल्याण

सिंह के साथ शेखावत ने कहा कि संसद में इतनी गंभीर चर्चा और केंद्र के फौरन दखल की माँग के बावजूद यहाँ आई सर्वदलीय टीम ने 15 रोज बाद अब तक रिपोर्ट नहीं दी है।

बीजेपी के तीन मुख्यमंत्री पहली बार अयोध्या आए थे। उनकी इस यात्रा का मकसद केंद्र सरकार को यह संकेत देना था कि इस मुद्दे पर उत्तर प्रदेश सरकार से किसी भी छेड़छाड़ का असर बाकी के राज्यों पर भी पड़ेगा। शेखावत ने कहा कि हम केंद्र को संकेत देना चाहते हैं कि केंद्र और राज्य की अपनी-अपनी जिम्मेदारियाँ हैं। केंद्र राज्यों के अधिकार क्षेत्र में अतिक्रमण न करे। इस मुद्दे पर हम चार तो एक साथ हैं ही, बाकी के मुख्यमंत्री भी इस बेजा दखलंदाजी को गलत मानते हैं। मध्य प्रदेश के मुख्यमंत्री सुंदरलाल पटवा ने कहा, "अब कोई ताकत मंदिर निर्माण को नहीं रोक सकती। सवाल सिर्फ समय का है। अनुच्छेद 356 के इस्तेमाल की धमकी से राज्यों में अपने अधिकारों के प्रति जागरूकता आई है।"

मुख्यमंत्री कल्याण सिंह ने बाकी के तीन मुख्यमंत्रियों को शिलान्यास स्थल की छतरी का वह हिस्सा दिखाया, जिसे मुलायम सिंह सरकार ने कटवा दिया था। इससे पहले चारों मुख्यमंत्री हनुमानगढ़ी में पूजा करने गए। वे उस चौबुर्जी आश्रम में भी गए, जहाँ तोड़े गए संकटमोचन मंदिर के हनुमानजी स्थापित हैं, पर उन स्थलों को नहीं देखा, पिछले दिनों जहाँ तोड़फोड़ की गई।

बीजेपी के मुख्यमंत्रियों का यह दौरा उत्तर प्रदेश सरकार के बचाव की पेशबंदी के लिए था, क्योंकि यह दौरा कांग्रेस के तिरुपति अधिवेशन में पास उस प्रस्ताव के बाद बना, जिसमें बीजेपी को घोर सांप्रदायिक पार्टी घोषित करके बढ़ती सांप्रदायिकता के लिए उसे जिम्मेदार माना गया था। इस प्रस्ताव से कांग्रेस ने राष्ट्रीय एकता परिषद की अगली बैठक में अपने इरादे जता दिए हैं। इसलिए पार्टी के सभी मुख्यमंत्रियों का अयोध्या दौरा बना।

चारों मुख्यमंत्री विवादित ढाँचे के अलावा उस गली को भी देखने गए, जहाँ 30 अक्तूबर और 2 नवंबर, 1990 को कारसेवक पुलिस की गोलियों से मारे गए थे। मुख्यमंत्री कल्याण सिंह ने बाकी के तीन मुख्यमंत्रियों को शिलान्यास स्थल की छतरी का वह हिस्सा दिखाया, जिसे मुलायम सिंह सरकार ने कटवा दिया था। इससे पहले चारों मुख्यमंत्री हनुमानगढ़ी में पूजा करने गए। वे उस चौबुर्जी आश्रम में भी गए, जहाँ तोड़े गए संकटमोचन मंदिर के हनुमानजी स्थापित हैं, पर उन स्थलों को नहीं देखा, पिछले दिनों जहाँ तोड़फोड़ की गई।

देखने-सुनने के इस पूरे कार्यक्रम में सांसद विनय कटियार की शिकायत रही कि वे पत्रकारों और फोटोग्राफरों की वजह से अपनी बात नहीं कह पा रहे हैं। लिहाजा बाद में विश्व हिंदू परिषद के कार्यालय में इन सबकी एक बंद कमरे में बैठक भी हुई, जिसमें आगे की रणनीति की विनय कटियार ने जानकारी दी। इस बैठक में राज्य के ऊर्जा मंत्री लालजी टंडन, राजस्व मंत्री ब्रह्मदत्त द्विवेदी और बीजेपी के प्रदेश अध्यक्ष कलराज मिश्र भी मौजूद थे। ■

उ.प्र. सरकार मानती है विवादित ढाँचा ही मंदिर

लखनऊ, 29 अप्रैल, 1992 : उत्तर प्रदेश सरकार ने अयोध्या के विवादित इमारत को मंदिर मानते हुए विवादित ढाँचे को हटा मंदिर बनाने के अपने रवैए में महत्त्वपूर्ण परिवर्तन किया है। राज्य सरकार की तरफ से हाईकोर्ट के विशेष पीठ के सामने एक हलफनामा दायर किया गया है, जिसमें राज्य के पर्यटन सचिव आलोक सिन्हा ने साफ कहा—अयोध्या में रामलला विराजमान वाले मंदिर के जीर्णोद्धार और पुनरुद्धार के लिए राज्य सरकार ने जमीन का अधिग्रहण किया है। इमारत के सामने गैरजरूरी ढाँचे हटाए हैं। हलफनामे में कही नहीं कहा गया है कि नया मंदिर बनाना है।

विजय राघव साक्षी गोपाल मंदिर और दूसरी याचिकाओं के सिलसिले में 12 अप्रैल को हाईकोर्ट की विशेष पीठ के सामने राज्य सरकार का यह हलफनामा दायर हुआ है। इन याचिकाओं में राज्य सरकार के फैसले को चुनौती दी गई थी। हलफनामे में कहा गया है कि पर्यटन को बढ़ावा देने का प्राथमिक उद्देश्य रामलला विराजमान मंदिर का जीर्णोद्धार है। हलफनामे में माना गया कि साक्षी गोपाल मंदिर का कुछ हिस्सा जीर्णोद्धार की प्रस्तावित योजना के तहत हटाया गया है। क्योंकि भविष्य में मंदिर निर्माण की योजना में इस हिस्से की जरूरत थी।

हलफनामे में कहा गया है कि यह सब कार्य राज्य सरकार की योजना के तहत और उसके धन से होना है। उसमें विवादित इमारत को मंदिर मानते हुए उसके जीर्णोद्धार की बात भी कही गई है। यानी नया मंदिर बनाने का सवाल नहीं है। हलफनामे में कहा गया है कि इसी मकसद से पहले चरण के तहत उस पूरे परिसर की सफाई कराई गई, गैरजरूरी इमारतों को हटाया गया और अब रामलला मंदिर के जीर्णोद्धार का काम शुरू होगा।

आज विधानसभा में सजपा के मोहम्मद आजम खाँ के इस सवाल पर कि अयोध्या में विवादित इमारत के चारों तरफ बनने वाली दीवार क्या राममंदिर का हिस्सा कहलाएगी, मुख्यमंत्री कल्याण सिंह ने साफ-साफ कहा—राममंदिर का निर्माण नहीं कराया जा रहा है। इसालिए यह प्रश्न नहीं उठता। इस दीवार के उद्देश्य के बारे में मुख्यमंत्री ने जवाब दिया कि अयोध्या में विवादित स्थल के पूरब, पश्चिम व दक्षिण की ओर जो दीवार बन रही है, वह 10 अक्तूबर, 1991 की अधिसूचना के तहत अधिग्रहीत जमीन के बाहर दीवार के निर्माण की योजना के तहत है। अधिग्रहीत जमीन की सुरक्षा के मकसद से यह दीवार बनाई जा रही है।

उन्होंने कहा कि दीवार से विवादास्पद ढाँचे की सुरक्षा भी और मजबूत होगी। क्या दीवार कब्रिस्तान पर बन रही है, आजम खाँ के सवाल पर उन्होंने कहा कि जिस भूमि पर दीवार का निर्माण हो रहा है, वहाँ कोई कब्रिस्तान नहीं पाया गया है।

■

मई, 1992

अपनी ही बातों का खंडन करती है अध्ययन दल की रपट

लखनऊ, 6 मई, 1992 : अयोध्या गई राष्ट्रीय एकता परिषद और सांसदों की साझा टीम अपनी ही बातों का खंडन करने और मामले की अधकचरी जानकारी के कारण मजाक बनकर रह गई है। बगैर किसी नतीजे पर पहुँचे दल के अध्यक्ष एस.आर. बोम्मई की अठारह पेज की रिपोर्ट हड़बड़ी, दुविधा और आपाधापी में कई गलत तथ्यों का हवाला देती है, जबकि विवादित राम दीवार पर कोई भी राय देने से कतराती कमेटी इस दीवार के सही-गलत का फैसला केंद्र सरकार पर छोड़ती है।

रिपोर्ट में कोई आधा दर्जन ऐसे झूठे तथ्य हैं, जो उसकी विश्वसनीयता पर सवालिया निशान खड़े करते हैं। मसलन रिपोर्ट के पेज 12 के दसवें बिंदु में कहा गया है कि राज्य सरकार ने शिलान्यास स्थल तोड़कर बराबर कर दिया है। इसी पैरे में साक्षी गोपाल मंदिर को भी मैदान बनाने की बात कही गई है, जबकि दोनों मंदिर और शिलान्यास स्थल तथा उसका मंडप आज भी बरकरार हैं। 38 सदस्यीय इस दल के अध्यक्ष एस.आर. बोम्मई हैं। उनकी 18 पेज की रिपोर्ट में 20 संलग्नक हैं, यह रिपोर्ट गृहमंत्री एस.बी. चह्वाण को सौंपी गई है। रिपोर्ट ऐसे ही आधारहीन तथ्यों से भरी पड़ी है, पर जलते सवालों पर अपनी राय देने से कतरा गई है।

हालाँकि मौका मुआयना करने आए इस तथ्य-खोजी दल की जाँच का दायरा और दिशा तय नहीं थी। फिर भी दल की यात्रा के मुख्य बिंदुओं में से एक विवादित ढाँचे के इर्द-गिर्द बन रही दीवार थी, जिस पर रिपोर्ट के पेज सोलह के पैरा चार में कहा गया है, "इस दीवार के बारे में हम कोई राय देने की स्थिति में नहीं हैं। दीवार की वैधानिकता की जानकारी की जरूरत अगर केंद्र सरकार समझती है तो खुद जाँच करे।" जबकि यही मुख्य आरोप था कि दीवार तीन विवादित प्लॉटों से गुजरती है, जो यथास्थिति का उल्लंघन है। केंद्रीय दल ने इस पर चुप्पी साध ली।

साझे दल ने राज्य सरकार के साथ ही दल से सहयोग न करने और दस्तावेज उपलब्ध न कराने पर केंद्र सरकार को कोसा है। तीन अध्यायों में बँटी इस रिपोर्ट के शुरू में ही कहा गया है, "यह कहना जरूरी है कि दल को केंद्र सरकार द्वारा न तो कोई खास दिशा-निर्देश और न ही जाँच का दायरा बताया गया। अयोध्या जाने से पहले कोई भी दस्तावेज केंद्र सरकार ने दल को नहीं दिया।" (पेज, आठ)

इस जाँच दल को शिकायत है कि उत्तर प्रदेश सरकार ने दल को जरूरी दस्तावेज—राजस्व अभिलेख और साइट प्लान उपलब्ध नहीं कराए, जबकि रिपोर्ट के ही अध्याय तीन के छठे पैरे में साफ कहा गया है, "कमेटी की मजबूरी है कि उन्हीं सूचनाओं और

दस्तावेजों के आधार पर रिपोर्ट देने की, जो उ.प्र. सरकार ने उपलब्ध कराए हैं।" यह मामला तब और हास्यास्पद हो जाता है, जब कमेटी रिपोर्ट में लिखती है, "आठ, ग्यारह और तेरह अप्रैल को चिट्ठी तथा चार टैलेक्स संदेश जानकारी के लिए राज्य सरकार को गृहमंत्री के जरिए भेजे गए। ये जरूरी दस्तावेजों और नक्शों की खातिर थे। राज्य सरकार ने उसका उत्तर नहीं दिया, जबकि राज्य सरकार के रिकॉर्ड के मुताबिक 13 अप्रैल की चिट्ठी छोड़ बाकी सबके जवाब गृहमंत्री को भेज दिए गए हैं। जवाबों की फैक्स रसीद मौजूद है, यानी गृहमंत्री ने इस जाँच दल को राज्य सरकार द्वारा भेजे गए जवाब नहीं उपलब्ध कराए। शायद यह केंद्र सरकार के मनमाफिक नहीं था।

राज्य सरकार से जानकारी माँगने में केंद्रीय गृह मंत्रालय किस सनक से काम ले रहा था, इस बात का इससे अच्छा उदाहरण कोई दूसरा नहीं हो सकता, जब गृह मंत्रालय ने भूमि अधिग्रहण अधिनियम की एक प्रति भी माँगी। मालूम हो कि यह अधिनियम केंद्र सरकार का है। इसे वहाँ से भी लिया जा सकता था।

राज्य सरकार से जानकारी माँगने में केंद्रीय गृह मंत्रालय किस सनक से काम ले रहा था, इस बात का इससे अच्छा उदाहरण कोई दूसरा नहीं हो सकता, जब गृह मंत्रालय ने भूमि अधिग्रहण अधिनियम की एक प्रति भी माँगी। मालूम हो कि यह अधिनियम केंद्र सरकार का है। इसे वहाँ से भी लिया जा सकता था।

बोम्मई ने अपनी रिपोर्ट में निष्कर्ष बताते हुए कहा है, "राष्ट्रीय एकता परिषद को दिए गए वायदों (2 नवंबर, 1991) को पूरा करने में उ.प्र. सरकार नाकाम रही है।" पर उसी रिपोर्ट के अध्याय तीन के पैरा दो में साफ लिखा है, "विवादित इमारत, जिसे राम जन्मभूमि और बाबरी मस्जिद कहा जाता है, वह पूरी तरह बरकरार है।" आगे यह जरूर कहा गया है, "वहाँ कुछ कब्रें बताई जाती थीं, जो मौके पर नहीं थीं। उन्हें भी शायद बराबर कर दिया गया है, जबकि हाईकोर्ट ने जो सर्वे कमिश्नर भेजा था, उसने मौके पर कोई कब्र नहीं पाई थी।"

जाहिर है, अधकचरी जानकारी और पूर्वग्रह से युक्त होकर यह रिपोर्ट बनाई गई है। केंद्रीय गृह मंत्रालय ने उत्तर प्रदेश सरकार से जो सफाई या जानकारी माँगी है, उसके पीछे बाबरी मस्जिद एक्शन कमेटी के नेताओं और वकीलों का दिमाग रहा है, क्योंकि ज्यादातर ऐसे मुद्दे पर ही सफाई माँगी गई थी, जो विधिक थे और न्यायालय की परिधि में आते थे। उच्च न्यायालय में इन्हीं मुद्दों पर याचिकाएँ लंबित हैं। ऐसी स्थिति में किसी भी जाँच दल या राजनैतिक पार्टी को उन मुद्दों पर कोई रिपोर्ट देना कहाँ तक उचित है। यह तो रिपोर्ट पेश होने के बाद ही पता चलेगा, पर राज्य सरकार ने जिन विधिक मुद्दों पर जानकारी देने से इनकार किया है, उन्हीं मुद्दों पर केंद्र सरकार के एटॉर्नी जनरल ने भी अपनी राय देने से मना कर दिया। रिपोर्ट में कहा गया है, "कमेटी के अध्यक्ष ने विधिक मामलों पर एटॉर्नी जनरल की राय जानने के लिए 22 अप्रैल को गृहमंत्री को चिट्ठी

लिखी। पर रिपोर्ट दिए जाने तक उसका भी कोई जवाब नहीं आया।" (पेज दस पैरा सात) यानी कानूनी पहलुओं पर राय देने से एटॉर्नी जनरल भी कतरा गए, क्योंकि मामला इलाहाबाद हाईकोर्ट की विशेष पीठ में लंबित है।

सात अप्रैल को अयोध्या में मौका मुआयने के बाद साझे दल के नेता बोम्मई ने अखबार वालों से कहा था कि उनका काम सिर्फ तथ्यों का पता लगाकर केंद्र सरकार को इस भयावह विवाद का हल बताना है। वे कोई उपाय जरूर ढूँढ़ेंगे, पर 18 पेज की पूरी रिपोर्ट में इस विवाद के निपटारे के लिए कोई उपाय नहीं सुझाया गया है। जो छह संस्तुतियाँ की गई हैं, उनमें सबसे पहली संस्तुति है, "केंद्र सरकार इस रिपोर्ट को गंभीरता से ले।"

■

जुलाई 1992

मंदिर का निर्माण नहीं, जीर्णोद्धार करेगी विहिप

लखनऊ, 6 जुलाई, 1992 : अयोध्या में मंदिर निर्माण की बात करने वाली विश्व हिंदू परिषद और मार्गदर्शक मंडल ने अब अपनी रणनीति बदल दी है। अब वे विवादित ढाँचे को न गिराकर उसी का जीर्णोद्धार करेंगे। मार्गदर्शक मंडल की आज की बैठक से यही पता चलता है। बैठक में कहा गया कि विवादित इमारत ही राम जन्मभूमि है। इसलिए इसे गिराने का अब कोई विचार नहीं है। बैठक में एक प्रस्ताव पास कर राम जन्मभूमि मंदिर निर्माण समिति का नाम बदलकर 'मंदिर जीर्णोद्धार समिति' कर दिया गया।

इस बीच आज राज्य सरकार की तरफ से अधिग्रहीत 2.77 एकड़ जमीन में खड़े इकलौते ढाँचे पुलिस कंट्रोलरूम को गिराया जाना भी शुरू हो गया। आज की बैठक में मार्गदर्शक मंडल ने केंद्र सरकार को चेतावनी दी कि अगर उसने बीजेपी सरकार को बर्खास्त करने की सोची भी तो इसके परिणाम भयंकर होंगे। संतों का मानना था कि राज्य सरकार ने मंदिर जीर्णोद्धार में आने वाली कई बाधाएँ दूर कर दी हैं। अगर इस सरकार के खिलाफ कुछ भी हुआ तो संतों का भगवा ब्रिगेड नरसिंह राव सरकार के खिलाफ देशव्यापी आंदोलन छेड़ेगा।

आज यकायक पुलिस कंट्रोल-रूप को ढहाए जाने और विवादित इमारत के चारों तरफ से कँटीली बाड़ के प्रयासों से साफ है कि विश्व हिंदू परिषद ने निर्माण की बाबत गुप्त योजनाएँ तैयार कर रखी हैं। इसकी शुरुआत एक-दो दिन में हो जाएगी। अब उस पूरे परिसर में विवादित ढाँचे को छोड़कर कुछ नहीं बचा है। चारों तरफ की बाड़ भी हटाई जा रही है।

बजरंग दल की भगवा सेना के हजारों कार्यकर्ता खुदाई वाले हिस्से में मौजूद हैं। बाहर से कारसेवकों की आमद जारी है। विहिप को केंद्र की कांग्रेस सरकार से टकराव की आशंका है। उसके महामंत्री अशोक सिंघल का कहना है कि अगर केंद्र ने कोई बाधा पहुँचाने की कोशिश की तो 30 अक्तूबर, 1990 की कहानी दोहराई जाएगी। संत कोई भी टकराव मोल लेने के लिए तैयार हैं।

मंदिर निर्माण के लिए मार्गदर्शक मंडल की अयोध्या में यह पहली बैठक है। आज पास किए गए दूसरे प्रस्ताव में कल्याण सिंह सरकार को इस बात के लिए बधाई दी गई कि उसने पिछले तीन महीनों में निर्माण में आ रही बाधाएँ दूर कर दी हैं। मार्गदर्शक मंडल के तीसरे प्रस्ताव में मुसलमानों को अंतिम चेतावनी दी गई है कि वे विवादित इमारत से अपना दावा छोड़ दें, क्योंकि खुदाई में मिले अवशेषों से साबित हो गया है कि विवादित इमारत से पहले मंदिर था।

आज जो बाड़ हटाई गई है, वह केंद्र सरकार ने पिछले महीने विवादित इमारत की सुरक्षा के लिए और ऊँची करने के निर्देश दिए थे।

श्रीराममंदिर का जीर्णोद्धार सर्वदेव अनुष्ठान के साथ विश्व हिंदू परिषद 9 जुलाई से शुरू करेगी। विहिप सूत्रों के मुताबिक नौ जुलाई को तड़के ही नींव की भराई शुरू हो जाएगी। इसी दिन सर्वदेव यज्ञ भी शुरू हो रहा है। कारसेवा के लिए रामभक्तों को अयोध्या पहुँचने का आमंत्रण दिया जा चुका है। कहा गया है कि रामभक्त अपने साथ दो दिन का भोजन भी लेकर आएँ। अयोध्या में विहिप की गतिविधियाँ काफी तेज हो गई हैं। अधिग्रहीत जमीन में सर्वदेव अनुष्ठान का विशाल मंडप बना हुआ है। रामकथा पार्क में कारीगरों के रहने के लिए भवन तेजी से बन रहा है।

शिलान्यास स्थल की छतरी हटाई जा चुकी है। नौ तारीख को यहीं से नींव में मिट्टी भराई का काम शुरू होगा।

■

बाबरी ढाँचे की सुरक्षा के लिए केंद्र दखल देने से भी नहीं चूकेगा

नई दिल्ली, 8 जुलाई, 1992 : मानसून सत्र के पहले दिन आज संसद के दोनों सदनों में अयोध्या में विवादित पूजास्थल के पास चल रही खुदाई को लेकर भारी शोर-शराबा हुआ। गृहमंत्री शंकरराव चह्वाण ने उत्तर प्रदेश सरकार को आगाह किया कि बाबरी मस्जिद के ढाँचे की सुरक्षा को पक्का करने के लिए केंद्र दखल देने में नहीं चूकेगा। वह किस तरह का दखल देगा या कार्रवाई करेगा, इसका उन्होंने खुलासा नहीं किया, लेकिन राज्यसभा में दिए उनके बयान पर हुई बहस के जवाब में उनका तेवर लगभग वैसे ही था, जैसे कुछ महीने पूर्व संसद में उत्तर प्रदेश सरकार को यह चेतावनी देते वक्त था कि जरूरत पड़ने पर केंद्र संविधान की धारा 356 का उपयोग कर सकता है, यानी उसे बर्खास्त किया जा सकता है।

आज अपने बयान में उन्होंने उत्तर प्रदेश सरकार को सिर्फ यही चेतावनी दी कि केंद्र की कानूनी व संवैधानिक जिम्मेदारियाँ होती हैं। उसे यह भी देखना होता है कि देश का धर्मनिरपेक्ष ढाँचा सुरक्षित रहे। अयोध्या में खुदाई से अगर मस्जिद के ढाँचे को खतरा पैदा होता है तो इसका असर देश के धर्मनिरपेक्ष ढाँचे पर भी होगा।

लोकसभा में गृहमंत्री ने अयोध्या के मसले पर लिखित बयान दिया। गैर-बीजेपी विपक्षी दलों ने उनसे आश्वासन माँगा कि केंद्र सरकार विवादित स्थल पर यथास्थिति बनाए रखेगी। श्री चह्वाण ने अपने लिखित बयान से बाहर कोई भी बात करने से इनकार कर दिया। इसे लेकर हुए हंगामे की वजह से पीठासीन अध्यक्ष को सदन की बैठक तीन बार स्थगित करनी पड़ी।

लेकिन राज्यसभा में श्री चह्वाण अयोध्या पर अपने लिखित बयान पर हुई संक्षिप्त चर्चा में उठे मुद्दों का जवाब देते हुए काफी खुल गए। इसके बावजूद राष्ट्रीय व वाम मोर्चा के सदस्यों ने अपना विरोध जाहिर करते हुए सदन से वाकआउट कर दिया। उनकी माँग थी कि सरकार इस मामले में जो भी कार्रवाई करने का इरादा रखती है, उसके बारे में वह सदन को विश्वास में ले। लगभग एक घंटे की बहस के अंत में विपक्ष के नेता सिकंदर बख्त ने संयत व नपे-तुले शब्दों में इतना ही कहा कि गृहमंत्री का इस तरह की धमकी किसी भी राज्य सरकार को देना ठीक नहीं है।

श्री चह्वाण का कहना है कि केंद्र राज्य सरकार से मधुर व सहयोग के रिश्ते बनाए रखने को उत्सुक है। यह इस बात के बावजूद है कि कल्याण सिंह सरकार उसकी सलाह पर ध्यान देना नहीं चाहती। अयोध्या में निर्बाध खुदाई जारी है। केंद्र की जानकारी में यह खुदाई 20 से 24 फुट तक गहरी की गई है। विशेषज्ञों की राय में वहाँ बारिश का पानी जमा होने पर पास खड़ी बाबरी मस्जिद के ढाँचे को खतरा पैदा हो सकता है।

श्री चह्वाण ने कहा, 'केंद्र हड़बड़ी में कोई कदम नहीं उठाना चाहता, पर अब ज्यादा देर करना भी ठीक नहीं है। अयोध्या में जो चल रहा है, उसे लगता है कि मामला हद से बाहर जा रहा है। वहाँ की खुदाई के खिलाफ अदालत में उत्तर प्रदेश सरकार के खिलाफ अवमानना का मामला चल रहा है। हम चाहते हैं कि अदालत जल्द फैसला दे, ताकि हम कोई कदम उठा सकें।' राज्यसभा में यह टिप्पणी करते हुए गृहमंत्री ने उसी साँस में इतनी बात और जोड़ दी कि केंद्र इस मामले में ज्यादा इंतजार नहीं करेगा, क्योंकि उसके सामने इस समय सबसे अहम सवाल यह है कि बाबरी मस्जिद की सुरक्षा निश्चित कर सांप्रदायिक सद्भाव बनाए रखा जाए।

इसके पहले लोकसभा में शून्यकाल के दौरान दो पूर्व प्रधानमंत्रियों—विश्वनाथ प्रताप सिंह और चंद्रशेखर ने अयोध्या की स्थिति पर सरकार से बयान की माँग की। श्री सिंह ने कहा कि अयोध्या में विवादास्पद धर्मस्थल के संबंध में राष्ट्रीय एकता परिषद के प्रस्ताव का उल्लंघन हो सकता है। उन्होंने कहा कि इस विषय को कल तक के लिए टाला नहीं जा सकता। श्री सिंह ने इस पर गृहमंत्री के बयान की माँग की और कहा कि सरकार को यह बताना चाहिए कि वह विवादास्पद धर्मस्थल की यथास्थिति बनाए रखने के लिए क्या कदम उठा रही है।

चंद्रशेखर ने कहा कि केंद्र सरकार और राज्य सरकार के बीच में लगातार पत्राचार होता रहा है। इस पर सरकार को बयान देने में कोई मुश्किल नहीं होनी चाहिए। जनता दल के चंद्रजीत यादव ने उनका समर्थन किया। अध्यक्ष शिवराज पाटिल ने कहा कि गृह राज्यमंत्री एम.एम. जैकब ने उन्हें सूचित किया है कि वे बयान देने को तैयार हैं।

राष्ट्रीय मोर्चा और वामपंथी सदस्यों ने यथास्थिति बनाए रखने की माँग के नारे लगाते हुए अध्यक्ष के आसन के पास धरना भी दिया। धरना देने वालों में मुस्लिम लीग के ई.

अहमद, जनता दल के सैयद शहाबुद्दीन, मार्क्सवादी पार्टी के सुदर्शन चौधरी व कम्युनिस्ट पार्टी के तेज नारायण सिंह शामिल थे।

राज्यसभा में बहस शुरू करते हुए मार्क्सवादी सदस्य सुकुमल सेन ने पूछा कि केंद्र के निर्देशों पर उत्तर प्रदेश सरकार के अमल नहीं करने और अल्पसंख्यकों के मन में असुरक्षा की भावना को देखते हुए सरकार क्या कदम उठाने जा रही है। कांग्रेस (इ) के सैयद सिब्ते रजी ने गृहमंत्री से पूछा कि खुदाई से क्या बाबरी मस्जिद के गिर जाने का खतरा हो गया है। उन्होंने पूछा कि क्या वहाँ प्राचीन मूर्तियाँ मिलने की बात की पुष्टि पुरातत्त्व विभाग ने की है। उन्होंने कहा कि फैजाबाद के पड़ोसी जिलों में तनाव फैल रहा है। हाल में आजमगढ़ और रामपुर जिलों में हुई हिंसक घटनाएँ क्या उसी से जुड़ी हैं?

जनता दल के एस. जयपाल रेड्डी ने गृहमंत्री से पूछा कि केंद्र सरकार क्या संविधान के तहत विवादास्पद स्थल को अपने अधिकार में लेने के लिए कार्रवाई करेगी। उन्होंने कहा कि गृहमंत्री का बयान जनता को गुमराह करने वाला है, क्योंकि मंदिर का शिलान्यास तब हुआ था, जब उत्तर प्रदेश में कांग्रेस की सरकार थी।

श्री चह्वाण ने अपने लिखित बयान में माना कि राम जन्मभूमि-बाबरी मस्जिद परिसर में कुछ नया विकास और निर्माण करने की योजना बनाए जाने की खबरों से गंभीर स्थिति पैदा हो गई है। उन्होंने कहा कि दिसंबर, 1991 के बाद राम जन्मभूमि-बाबरी मस्जिद परिसर में अनेक सुरक्षा ठिकानों को गिरा दिया गया है और बताया गया है कि कुछ अन्य सुरक्षा प्रबंध भी संतोषजनक ढंग से नहीं चल रहे हैं।

उन्होंने यह भी सूचित किया कि राम जन्मभूमि-बाबरी मस्जिद विवाद पर 18 जुलाई को संपूर्ण राष्ट्रीय एकता परिषद की बैठक आयोजित की जाएगी।

■

राम जन्मभूमि मंदिर के सिंहद्वार की नींव की भराई आज से शुरू

लखनऊ, 8 जुलाई, 1992 : राम जन्मभूमि के प्रस्तावित नक्शे के मुताबिक कल सिंहद्वार नृत्यमंडप के लिए नींव की भराई का काम शुरू हो जाएगा। इसके लिए आज युद्धस्तर पर नींव से मलबा हटाने का काम जारी रहा। कारसेवकों के झुंड 'जय श्रीराम' के नारों के साथ अयोध्या में पहुँच रहे हैं।

विश्व हिंदू परिषद के सचिव अशोक सिंघल ने आज कहा कि राममंदिर का 'जीर्णोद्धार' कल से औपचारिक रूप से शुरू हो सकता है। उन्होंने कहा, 'विश्व हिंदू परिषद मंदिर का जीर्णोद्धार करने जा रही है, निर्माण नहीं। उन्होंने कहा कि मार्गदर्शक मंडल ने जीर्णोद्धार शुरू करने की तारीख गुप्त रखने का फैसला किया है।'

कल सुबह सर्वदेव अनुष्ठान भी शुरू होने जा रहा है, जिसके लिए संत व महंत यहाँ

ठहरे हुए हैं। कल संतों-महंतों की टोली दिगंबर अखाड़े से सात बजे चलकर गाजे-बाजे के साथ राम जन्मभूमि पहुँचेगी और शिलान्यास स्थल से ही मंदिर का बेसमेंट तैयार करने के लिए कंक्रीट भराई शुरू हो जाएगी। कंक्रीट, सीमेंट लाने और नींव की सफाई का काम देर रात तक चलता रहेगा। प्रस्तावित नक्शे के एक तिहाई भाग में बनने वाले सिंहद्वार और नृत्यमंडप के निर्माण के लिए खुदाई हुए भाग की लिपाई-पुताई के बाद कल सुबह कारसेवा शुरू होगी।

आज तीसरे दिन केंद्रीय मार्गदर्शक मंडल की बैठक की आवश्यकता वाराणसी के स्वामी सर्वनंदजी ने की। मार्गदर्शक मंडल ने प्रस्ताव पास कर कहा है हिंदू धर्मस्थानों के प्रबंध और सुरक्षा के लिए स्वायत्तशासी समितियाँ बनें और हर राज्य में पाँच महात्माओं और उत्तर प्रदेश में दस महात्माओं की हिंदू धर्मस्व परिषद बने, जो धर्मस्थानों के लिए सर्वोच्च निर्णायक समिति हो।

दूसरे प्रस्ताव में कहा गया है, गोरक्षा के विषय में कानून बनने के बाद राष्ट्रपति के दस्तखत न करने पर पहले उनसे आग्रह किया जाए। फिर उनके आवास पर धरना प्रदर्शन किया जाए। उत्तर प्रदेश सरकार गोशालाओं को दो लाख रुपए सालाना अनुदान भी दे। तीसरे प्रस्ताव में सरकारी पर्यटन विभाग का नाम बदलकर तीर्थाटन व पर्यटन विभाग रखने का सुझाव दिया गया है। राम जन्मभूमि न्यास के लिए जगद्गुरु रामानुजाचार्य और डॉ. रामविलास वेदांती को आम राय से फिर सदस्य नामजद किया गया।

सर्वदेव अनुष्ठान में महाराष्ट्र से 500 संत अगस्त में आएँगे। इनमें संत नामदेव और तुकारामजी भक्ति परंपरा के संत होंगे। जैन धर्म और सिख धर्म के लोग 20 जुलाई से अयोध्या में निवास करेंगे और अपने धर्मों के मुताबिक पाठ करेंगे।

■

कोर्ट के आदेशों की अनदेखी कर अयोध्या में मंदिर निर्माण शुरू

अयोध्या, 9 जुलाई, 1992 : अदालती आदेशों की अनदेखी करते हुए अयोध्या में आज मंदिर निर्माण शुरू हो गया। मंदिर निर्माण राज्य सरकार द्वारा अधिग्रहीत 2.77 एकड़ पर शुरू हुआ है। चौदह सौ वेदपाठी पंडितों के वेद मंत्रों के सस्वर पाठ के बीच आज सवेरे 8 बजकर 40 मिनट पर प्रस्तावित मंदिर के सिंहद्वार और नृत्यमंडप के प्लेटफॉर्म बनने शुरू हुए। कंक्रीट, सीमेंट और बालू का पहला तसला सांसद विनय कटियार और विश्व हिंदू परिषद के नेता अशोक सिंघल ने डाला। पूरी तरह से सरकारी देख-रेख में शुरू इस निर्माण कार्यक्रम के साक्षी राम जन्मभूमि न्यास, विश्व हिंदू परिषद, केंद्रीय मार्गदर्शक मंडल से जुड़े संतों-महात्माओं के अलावा राज्य सरकार के दो मंत्री भी बने।

निर्माण शुरू होने के बाद विहिप के महामंत्री अशोक सिंघल ने कहा, "अब निर्माण बिना रुके अनवरत जारी रहेगा। सिंहद्वार और नृत्यमंडप की बाधाएँ हट गई हैं।

कारसेवा में लड़कियों ने भी बढ़-चढ़कर हाथ बँटाया। फोटो : इंडियन एक्सप्रेस अभिलेखागार

कोर्ट के आदेशों की अनदेखी कर अयोध्या में मंदिर निर्माण शुरू

राजनैतिक मामलों की समिति ने अयोध्या के हालात

इसलिए फिलहाल इसी का निर्माण पहले होगा।" सिंघल ने कहा, "राज्य सरकार द्वारा अधिग्रहीत इस जमीन के हस्तांतरण पर कोई रोक की बात हम इसलिए नहीं मानते, क्योंकि हमारा मानना है कि सारी जमीन 'रामलला' की है। इस पर निर्माण से हमें न तो सरकार रोक सकती है, न अदालत।"

आज शिलान्यास स्थल के पास जिस जमीन पर राम जन्मभूमि न्यास ने निर्माण शुरू किया, वह राज्य सरकार के कब्जे में है। 2.77 एकड़ अधिग्रहीत इस जमीन के हस्तांतरण पर इलाहाबाद हाईकोर्ट ने रोक लगा दी है। यह भूखंड विवादित प्लॉटों में भी आता है। 9 नवंबर, 1990 में यहीं शिलान्यास हुआ था। अदालत ने यहाँ किसी स्थायी निर्माण पर भी रोक लगा रखी है, पर अशोक सिंघल का कहना था, "हमने पहले कह रखा था; यह मामला अदालत के दायरे से बाहर है। मंदिर के सामने की यह जमीन राममंदिर की है, हमें नहीं मालूम राज्य सरकार ने क्या अधिग्रहीत किया, क्या नहीं। विश्व हिंदू परिषद का आज का तेवर पहले से बदला और टकराव वाला लग रहा था। सौ फीट लंबे और अस्सी फीट चौड़े जिस चबूतरे पर आज काम शुरू हुआ है, उसमें खंभे भी बनने हैं। इन्हीं खंभों पर मंदिर का सिंहद्वार और नृत्यमंडप टिका रहेगा। उसके बाद सभामंडप और गर्भगृह बाद में बनेगा। मंदिर (नए बनने वाले) की उम्र कम-से-कम एक हजार साल हो, इसलिए निर्माण कार्य में लोहे का इस्तेमाल नहीं हो रहा है। आधार तक आने में 90 हजार घन मीटर मिट्टी लगेगी। 90 ट्रक मिट्टी आज तक मौके पर आ चुकी थी। इस काम में राज्य सरकार का सेतु निगम दिन-रात लगा है। प्रबंधकर्ता विनय कटियार का कहना है कि मंदिर निर्माण का काम जन्मभूमि न्यास कर रहा है, पर सेतु निगम के ट्रक और मिक्सिंग प्लांट दिन-रात काम कर रहे हैं। अशोक सिंघल के अनुसार पूरे काम में दो महीने लगेंगे। नींव योजना रुड़की इंजीनियरिंग विश्वविद्यालय के पूर्व कुलपति के साथ पाँच इंजीनियरों की देखरेख में बनी है।

चौदह सौ वेदपाठी पंडितों के वेद मंत्रों के सस्वर पाठ के बीच आज सवेरे 8 बजकर 40 मिनट पर प्रस्तावित मंदिर के सिंहद्वार और नृत्यमंडप के प्लेटफॉर्म बनने शुरू हुए। कंक्रीट, सीमेंट और बालू का पहला तसला सांसद विनय कटियार और विश्व हिंदू परिषद के नेता अशोक सिंघल ने डाला।

मंदिर निर्माण शुरू होने के ऐतिहासिक क्षण में संतों और बाबाओं में उत्साह 1990 की कारसेवा जैसा ही था, पर भीड़ नहीं थी। अशोक सिंघल कहते हैं कि भीड़ आती तो स्थिति नियंत्रण से बाहर हो सकती थी। इसलिए हमने इस कारसेवा के लिए संतों-महात्माओं और कार्यकर्ताओं को ही बुलाया। भीड़ आती तो विवादित ढाँचे को बचाए रखने में विहिप की रणनीति के लिए मुश्किलें पैदा होतीं और हो सकता है कि विहिप की इस बात को कारसेवक न मानते, पर आज का नजारा बिल्कुल बदला था, ढाँचे की हिफाजत में लगी पुलिस साधु-संतों का सामान ढो रही थी और संत कारसेवा के लिए

अपनी बारी का इंतजार कर रहे थे। कारसेवा के लिए शुरू में मची अफरातफरी से तो कोई आधे घंटे तक अव्यवस्था फैली रही। धक्का-मुक्की में आचार्य गिरिराज किशोर को चक्कर आ गया। मंदिर के निर्माण के लिए आज गारा, सीमेंट, बालू ढोने वालों में राजमाता विजयाराजे सिंधिया, अशोक सिंघल, आचार्य गिरिराज किशोर, महंत नृत्यगोपाल दास, परमहंस रामचंद्रदास, महंत अवेद्यनाथ, उमा भारती, साध्वी ऋतंभरा, स्वामी वामदेव, आचार्य धर्मेंद्र, दाऊ दयाल खन्ना, विष्णुहरि डालमिया के अलावा सैकड़ों साधु-संत थे। सांसद श्रीशचंद्र दीक्षित, फैजाबाद के जिलाधिकारी आर.एस. श्रीवास्तव और एस.एस.पी. डी.बी. राय समारोह का संचालन कर रहे थे। कारसेवा से पहले सरयू के पानी से जमीन को पवित्र कर बीएचयू के वेद विभाग के प्रमुख विश्वनाथ वामदेव ने गणेशपूजा कराई।

इससे पहले कल पूरी रात जमीन समतलीकरण का काम जारी रहा। शिलान्यास स्थल से कल रात ही छतरी उखाड़ दी गई थी। आज सवेरे दिगंबर अखाड़े (यहीं पर कारसेवकों का स्मारक है) पर इकट्ठा हो सभी संत जुलूस की शक्ल में मानस भवन आए, जिसके बाद निर्माण कार्य शुरू हुआ। बाद में सांसद विनय कटियार ने कहा कि अब कोई बाधा नहीं रही। आज काम ठीक ढंग से चल रहा है। मुझे नहीं लगता कि केंद्र सरकार कोई रुकावट डालने की हिम्मत करेगी। कुछ दिनों पहले तक अधिग्रहीत जमीन न्यास को सौंपने की माँग करने वाली विहिप को अचानक यह क्या हुआ कि वह अधिग्रहीत जमीन का जबरन कब्जा जमा सर्व भूमि गोपाल की कहने लगी? इसके जवाब में विनय कटियार ने कहा, 'यह युद्ध है; कब कौन दाँव लगेगा, कहा नहीं जा सकता।' कटियार ने संकेत दिए कि अभी विहिप कोई और दाँव खेल सकती है।

मंदिर निर्माण के साथ ही अयोध्या में आज विवादित ढाँचे के बगल में सर्वदेव अनुष्ठान भी शुरू हुआ। इसमें जैन, बौद्ध, सिख और आर्यसमाजी अपनी-अपनी पद्धति से पांथिक एकता के लिए अनुष्ठान कर रहे हैं। यह अनुष्ठान सात दिन चलेगा। अशोक सिंघल का दावा है कि सदी में पहली बार ऐसे अनुष्ठान एक साथ हो रहे हैं। सिंघल ने कहा कि अनुष्ठानों के जरिए हम बाकी धर्म और संप्रदायों को मंदिर निर्माण से जोड़ेंगे। क्योंकि उन सभी धर्मों का राम से नाता है। राम इक्ष्वाकु वंश में हुए थे। भगवान बुद्ध और जैनों के आदिनाथ इसी वंश में हुए थे और तो और गुरु नानक देव और गुरुगोविंद सिंह का भी वंश यही है। उन्होंने कहा चूँकि राम से इन सभी का रक्त का संबंध है, इसलिए हम सबको साथ लेकर चलेंगे।

मंदिर निर्माण के विरोध में मुसलमानों द्वारा बंदूक उठाने के धमकी भरे शहाबुद्दीन के बयान की बाबत श्री सिंघल ने कहा कि शहाबुद्दीन अप्रामाणिक व्यक्ति हैं। वह हिंदुस्तान के नए जिन्ना बनना चाहते हैं, मगर अब वे दिन लद गए। क्या केंद्र सरकार मंदिर निर्माण को रोकेगी? अशोक सिंघल ने कहा, 'नरसिंह राव सरकार पिछली सरकारों की तुलना में ज्यादा संवेदनशील है। प्रधानमंत्री परिस्थिति को समझ रहे हैं। वे ऐसा कोई

संकट मोल लेना नहीं चाहेंगे, जो पिछले प्रधानमंत्रियों ने लिया है।' फिलहाल काम जारी है। आज संतों की कारसेवा के बाद कल से मजदूर और राजगीर निर्माण का व्यवस्थित काम अपने हाथ में लेंगे।

■

विहिप केंद्र से टकराने को तैयार

अयोध्या, 10 जुलाई, 1992 : मंदिर निर्माण को लेकर विश्व हिंदू परिषद केंद्र सरकार से टकराने की तैयारियाँ कर चुकी है। देश भर के कारसेवकों को अयोध्या पहुँचने का न्योता भेज दिया गया है। परिषद नेता अशोक सिंघल ने ऐलान किया है कि अगर केंद्र सरकार ने मंदिर निर्माण रोकने की कोशिश की तो उसे 30 अक्तूबर और 2 नवंबर, 1990 जैसी घटना से निपटने के लिए तैयार रहना चाहिए।

विहिप के आक्रामक तेवरों से राज्य की कल्याण सिंह सरकार साँसत में है। मंदिर के प्रति अपनी पार्टी की प्रतिबद्धता को देखते हुए न तो वह यह कह पा रही है कि अयोध्या में चल रहे निर्माण कार्य से मंदिर का कोई वास्ता नहीं है और न ही कानूनी पेचों के चलते वह अयोध्या में मंदिर निर्माण शुरू होने की बात मान पा रही है।

विश्व हिंदू परिषद के महामंत्री अशोक सिंघल और बजरंग दल प्रमुख विनय कटियार राज्य सरकार को हाथ नहीं धरने दे रहे। मंदिर निर्माण आज पूरी रफ्तार से शुरू हो गया। सर्वदेव अनुष्ठान चल रहा है। कारसेवकों को अयोध्या बुलाने के लिए यहाँ कारसेवकपुरम् से फोन, तार वगैरह से संदेश भेजे जा रहे हैं। इस बार कारसेवकपुरम् में देश के विभिन्न हिस्सों से आए कारसेवकों के ठहरने की पूरी व्यवस्था है, मंदिर बन जाने तक कारसेवक यहीं रहेंगे।

कल से मंदिर निर्माण के लिए शुरू नींव भराई के काम को रात-दिन चलाया जा रहा है। अब चार के स्थान पर आठ मिक्स्चर मशीनें लगा दी गई हैं। ट्रैक्टर और ट्रकों से श्रद्धालु कारसेवा कर रहे हैं। लोग पहुँचते हैं, दर्शन करते हैं और तसला लेकर 'मिक्स्चर' सिर पर ढोकर लाते हैं। अयोध्या में आज कारसेवकों और भक्तजनों का हुजूम उमड़ा पड़ा है।

अयोध्या में महंत अवेद्यनाथ, स्वामी वामदेव आदि संत डेरा डाले हुए हैं और दिल्ली से पल-पल की खबरों पर अगली रणनीति तय कर रहे हैं। महंत अवेद्यनाथ ने कहा कि केंद्र सरकार चाहे सरकार भंग करे या अधिग्रहण करे, पर मंदिर का निर्माण अब नहीं रुक सकता। अब हम संघर्ष के लिए तैयार हैं। हमने मंदिर का निर्माण भविष्य में होने वाले परिणामों को ध्यान में रखकर ही शुरू किया है। उन्होंने कहा कि विरोधी दल के लोग केंद्र की कांग्रेस (इ) सरकार को उकसाकर उत्तर प्रदेश की सरकार भंग करना चाहते हैं, ताकि हिंदू समाज का गुस्सा कांग्रेस (इ) को ही झेलना पड़े, पर नरसिंह राव सरकार इतनी बेवकूफ नहीं है। उसे विपक्षियों का खिलौना नहीं बनना चाहिए।

राम जन्मभूमि न्यास के कार्यकारी अध्यक्ष परमहंस रामचंद्रदास ने कहा है कि अब मंदिर निर्माण रुकेगा नहीं। पूरे राम जन्मभूमि क्षेत्र पर राम भक्तों का कब्जा है। मंदिर निर्माण और रफ्तार से चलेगा। उत्तर प्रदेश की बीजेपी सरकार भंग हुई तो राज्य कर्मचारी खुलकर हमारा साथ देंगे।

विश्व हिंदू परिषद के कार्यालय और कारसेवकपुरम् के विहिप के नेताओं की दौड़-भाग तेज हो गई है। विश्व हिंदू परिषद का हर नेता कह रहा है कि इस बार केंद्र सरकार ने कुछ गड़बड़ करके मंदिर निर्माण रोकने की कोशिश की तो भीषण रक्तपात होगा। 30 अक्तूबर और 2 नवंबर, 1990 से भी बड़ा संघर्ष होगा। अशोक सिंघल ने एक प्रेस बयान में कहा है कि जनता द्वारा निर्वाचित राज्य सरकार को भंग करने की कोई कोशिश हुई तो नतीजा भयंकर होगा। अगर इसके कारण प्रदेश और देश की कानून व्यवस्था बिगड़ी तो इसकी पूरी जिम्मेदारी केंद्र सरकार की होगी। उन्होंने केंद्रीय गृह मंत्री को संयम और समझदारी से बयान देने का सुझाव दिया है।

सर्वदेव अनुष्ठान यज्ञ ग्यारह मंडपों में कल से प्रारंभ हुआ है, जिसमें गणेश और विष्णुयोग अनुष्ठान, महापरियाण पाठ अनुष्ठान, बौद्धगया परंपरा अनुष्ठान आदि बराबर चल रहे हैं। कल से मंदिर निर्माण की नींव भराई से मुस्लिम संप्रदाय में काफी तीखी प्रतिक्रिया है। इस निर्माण के खिलाफ फैजाबाद-अयोध्या के मुसलमान अपने कारोबार बंद रखेंगे। यह ऐलान स्थानीय बाबरी मस्जिद एक्शन कमेटी तथा मुस्लिम संगठनों का है। ■

विहिप के बदलते तेवरों से कल्याण सिंह साँसत में

लखनऊ, 10 जुलाई, 1992 : मंदिर निर्माण की बाबत विश्व हिंदू परिषद के बदलते तेवर से उत्तर प्रदेश सरकार मुश्किल में पड़ गई है। अदालत के आदेशों और राज्य सरकार के वायदों के खिलाफ विश्व हिंदू परिषद से राज्य सरकार अब तक अपना रवैया साफ नहीं कर पाई है। मुख्यमंत्री कल्याण सिंह अजीब दुविधा में हैं। मंदिर के प्रति अपनी प्रतिबद्धता देख वे यह भी नहीं कह पा रहे हैं कि अयोध्या में जो निर्माण हो रहा है, वह मंदिर निर्माण नहीं है और न ही कानूनी पेंचों के चलते वे यह मानते हैं कि अयोध्या में मंदिर निर्माण शुरू हो गया है।

मुख्यमंत्री कल्याण सिंह विश्व हिंदू परिषद को विश्वास में ले राज्य सरकार का रवैया साफ करना चाहते हैं, पर विहिप राज्य सरकार की कुछ न सुन पूरी तरह टकराव के मूड में है। कल्याण सिंह ने कल देर रात विहिप नेता अशोक सिंघल और विनय कटियार से कई बार टेलीफोन से बात की। आज वे विजयाराजे सिंधिया और विष्णु हरि डालमिया से भी मिले। इस बीच अयोध्या में मंदिर निर्माण आज भी जारी रहा।

अब तक सरकारी तौर पर यह नहीं कहा जा सकता है कि अयोध्या में जो निर्माण

चल रहा है, उसे कौन करा रहा है—राज्य सरकार या राम जन्मभूमि न्यास (विहिप की तरफ से निर्माण का काम न्यास ही कर रहा है)? न्यास का दावा है कि कल से शुरू निर्माण वही करा रहा है। कानूनी पेंच यह है कि जमीन राज्य सरकार की है, उस पर कोई दूसरा निर्माण कैसे करा सकता है, जब तक राज्य सरकार इस जमीन को किसी को हस्तांतरित न करे, क्योंकि निर्माण 2.77 एकड़ जमीन के ही एक हिस्से में हो रहा है। इसे राज्य सरकार ने 7 अक्तूबर, 1991 को तीर्थयात्री और पर्यटकों की सुविधा के लिए अधिग्रहीत किया था। 25 अक्तूबर, 1991 में ही इलाहाबाद हाईकोर्ट की विशेष बेंच ने इस जमीन पर यथास्थिति बनाए रखने, राज्य सरकार द्वारा किसी दूसरे को हस्तांतरित न करने और स्थायी निर्माण न करने के आदेश दिए। राजस्व रिकॉर्डों में यह जमीन मौजा रामकोट परगना हवेली अवध तहसील जिला फैजाबाद में दर्ज है और अदालत में चल रहे विवादित प्लॉटों में आती है। कल से जो प्लेटफॉर्म बन रहा है, वह सिंहद्वार से विवादित ढाँचे की तरफ सौ फुट तक जाएगा। उसके बाद विवादित ढाँचा बन रहे प्लेटफॉर्म से बीस फुट की दूरी पर ही रहेगा। अशोक सिंघल का कहना है कि वे फिलहाल विवादित ढाँचे को एकदम नहीं छुएँगे।

प्रस्तावित मंदिर के चार हिस्से हैं—सिंहद्वार, नृत्यमंडप, सभामंडप और गर्भगृह। विहिप की फिलहाल केवल सौ फुट की लंबाई में सिंहद्वार और नृत्यमंडप ही बनवाने की योजना है। बाकी सभामंडप और गर्भगृह का नक्शा अपने में विवादित ढाँचे को समेटता है। इसलिए अभी इस पर कोई काम नहीं होगा। राज्य सरकार ने विवादित ढाँचे की पूरी सुरक्षा का फिर से वायदा किया है, पर सरकार की ओर से अधिग्रहीत जमीन पर जबरिया निर्माण के सवाल पर वह चुप्पी साधे है। आज जारी सरकारी बयान में भी बार-बार विवादित इमारत की सुरक्षा की बात तो कही गई है, पर जो निर्माण हो रहे हैं, इस पर एक शब्द भी नहीं कहा गया।

दरअसल विहिप अपनी तय रणनीति के मुताबिक अधिग्रहीत जमीन पर निर्माण कर राज्य सरकार पर बेजा दबाव बनाना और देश भर में माहौल गरमाना चाहती है। इसलिए आनन-फानन में यह फैसला लिया, क्योंकि विश्व हिंदू परिषद लगातार सरकार पर यह दबाव डाल रही थी कि वह अधिग्रहीत जमीन विहिप को सौंप दे। परिषद के एक प्रमुख नेता ने तो परसों मुख्यमंत्री कल्याण सिंह को यहाँ तक कह दिया कि परिषद मंदिर के लिए सरकार का कोई खयाल नहीं रखेगी। अगर सरकार निर्माण में मदद नहीं करती तो हम ढाँचे की एक ईंट खिसका समूची सरकार खिसका सकते हैं।

आज मुख्यमंत्री कल्याण सिंह ने विवादित ढाँचे की हिफाजत के लिए गृहमंत्री एस.बी. चह्वाण की दोनों चिट्ठियों का जवाब भेज दिया है, जो उन्होंने मुख्यमंत्री को कल देर रात और परसों भेजी थीं। कल्याण सिंह ने अपने जवाब में कहा है कि राज्य सरकार विवादित इमारत की पूरी हिफाजत कर रही है, राज्य में सांप्रदायिक सद्भाव बना हुआ है और सरकार कानून व्यवस्था बिगाड़ने की किसी भी साजिश को सफल नहीं होने देगी।

प्रस्तावित राममंदिर का मॉडल। फोटो : महेंद्र त्रिपाठी

उधर बीजेपी को छोड़ सभी राजनैतिक पार्टियों ने केंद्र सरकार से राज्य सरकार के खिलाफ उसके असंवैधानिक अदालत विरोधी और देश की एकता तोड़ने वाले आचरण के लिए कार्रवाई की माँग की है। जनता दल (अ) और जनता दल (ब), बहुजन समाज पार्टी, सजपा, भाकपा, माकपा ने तो आरोप लगाया है कि राज्य सरकार के इस संविधान विरोधी कदम में केंद्र सरकार की भी मिलीभगत है, वरना केंद्र अब तक चुप्पी क्यों साधे है ? इन पार्टियों की एक साझा बैठक में इस आशय का एक प्रस्ताव भी पास हुआ। प्रस्ताव में कहा गया है कि अयोध्या में विश्व हिंदू परिषद, बीजेपी और राज्य सरकार ने पर्यटन के लिए अधिग्रहीत जमीन पर पहले चरण में मंदिर को ध्वस्त किया। अदालत की यथास्थिति के फैसले को नकार 15 फुट गहरा गड्ढा खोदा और फिर कल नींव की भराई शुरू कर दी है। यह हाईकोर्ट के आदेशों के उलट राष्ट्रीय एकता परिषद के प्रस्ताव और धार्मिक मामलों में भारतीय संविधान के अनुच्छेदों का खुल्लम-खुल्ला उल्लंघन है। प्रस्ताव में केंद्र सरकार से फौरन दखल की माँग की गई है। ■

अयोध्या को लेकर दोनों सदनों में हंगामा, कई बार कार्रवाई रुकी

नई दिल्ली, 10 जुलाई, 1992 : अयोध्या कांड पर आज संसद के दोनों सदनों में भारी हंगामा हुआ। राष्ट्रीय मोर्चा, वाम मोर्चा, मुस्लिम लीग के हंगामे और अध्यक्ष के आसन तक आने के कारण लोकसभा की कार्रवाई चार बार और राज्यसभा की तीन बार स्थगित करनी पड़ी। लोकसभा में कोई कामकाज नहीं हो पाया, जबकि राज्यसभा में सिर्फ उपसभापति का चुनाव और सदस्यों के गैर-सरकारी संकल्पों पर चर्चा हो पाई। सदन के बाहर सरकार रास्ता निकालने के लिए विपक्षी नेताओं से बातचीत करती रही, पर लगातार तीन दिनों से हंगामा बरपा रहे अयोध्या कांड पर रास्ता नहीं निकल पा रहा है। मंत्रिमंडल की राजनैतिक मामलों की समिति ने सुबह और शाम को हालात का जायजा लिया। उधर कांग्रेस के दस सांसदों ने उत्तर प्रदेश सरकार को बर्खास्त करने की माँग की है।

सुबह सदन की बैठक शुरू होने से पहले प्रधानमंत्री को छोड़ राजनैतिक मामलों की समिति के अन्य सदस्यों—अर्जुन सिंह, शरद पवार, शंकरराव चह्वाण और गुलाम नबी आजाद के पहले राष्ट्रीय मोर्चा और वाम मोर्चा, बाद में बीजेपी नेताओं से बातचीत की। अध्यक्ष शिवराज पाटिल के कक्ष में भी माकपा संसदीय दल के नेता सोमनाथ चटर्जी और विपक्ष (बीजेपी) के नेता लालकृष्ण आडवाणी ने अलग-अलग प्रेस कॉन्फ्रेंस कर बातचीत में अपना पक्ष रखा।

राष्ट्रीय मोर्चा और वाम मोर्चा समन्वय समिति की आज शाम हुई बैठक में हालात का जायजा लिया गया। केंद्र सरकार की निकम्मेपन के लिए निंदा की गई। बैठक में जनता

दल से एस.आर. बोम्मई, विश्वनाथ प्रताप सिंह, एस. जयपाल रेड्डी, रामविलास पासवान, श्रीकांत जैना, माकपा के सोमनाथ चटर्जी, तेलगु देशम से एन. पद्मनाभम, फारवर्ड ब्लॉक से चित्त बसु, द्रमुक से मुरासोली मारन और कांग्रेस (स) से के.पी. उन्नीकृष्णन थे। श्री पासवान के मुताबिक रामो-वामो नेता कल 11 बजे प्रधानमंत्री से मिलने के बाद अपनी बैठक कर भावी रणनीति तय करेंगे। बैठक में केंद्र सरकार से उस 2.77 एकड़ के अधिग्रहण की माँग की गई, जिसका उत्तर प्रदेश सरकार ने अधिग्रहण किया था। एक घंटे चली बैठक में कांग्रेस और बीजेपी में मिलीभगत का आरोप लगाया गया।

लोकसभा में विपक्ष के नेता लालकृष्ण आडवाणी ने कहा कि भारतीय जनता पार्टी राममंदिर निर्माण के जनादेश को पूरा करने के लिए कोई भी 'राजनैतिक कीमत' चुकाने को तैयार है। अयोध्या में शुरू निर्माण कार्य से करोड़ों लोग खुशियाँ मना रहे हैं। उन्होंने पूछा कि इस निर्माण कार्य से अदालत के आदेश का किसी भी तरह से उल्लंघन कैसे हुआ है। अदालत के आदेश का उल्लंघन कोई राजनैतिक दल या सरकार तय नहीं कर सकती। यह अदालत ही तय करेगी। केंद्र के संवैधानिक या किसी और तरीके से दखल को कभी भी जायज नहीं ठहराया जा सकता है।

श्री आडवाणी ने कहा कि प्रधानमंत्री को छोड़कर केंद्रीय मंत्रिमंडल की राजनैतिक समिति के सदस्यों ने आज यहाँ पार्टी के नेताओं से मुलाकात की। इनमें पार्टी अध्यक्ष मुरली मनोहर जोशी, राज्यसभा में विपक्ष के नेता सिकंदर बख्त और अटल बिहारी वाजपेयी शामिल थे। समिति के सदस्यों ने किसी ठोस कार्रवाई योजना पर चर्चा नहीं की, केवल कहा कि निर्माण कार्य को रोक दिया जाना चाहिए। बीजेपी इससे सहमत नहीं है। केंद्र के बुलावे पर उत्तर प्रदेश के मुख्यमंत्री कल्याण सिंह कल यहाँ पहुँच रहे हैं।

वी.पी. सिंह ने इस मसले पर केंद्र सरकार और बीजेपी में मिलीभगत का आरोप लगाया। उन्होंने कहा कि बीजेपी नेता लालकृष्ण आडवाणी ने लोकसभा अध्यक्ष के कक्ष में बताया कि एक महीने पहले साधु-संत प्रधानमंत्री पी.वी. नरसिंह राव से मिले थे। और उस बैठक के बाद ही अयोध्या में निर्माण कार्य शुरू करने का फैसला किया गया। उन्होंने कहा कि केंद्र सरकार अब अदालत में जाने की बात कह रही है, लेकिन वह अब तक चुप्पी क्यों साधे हुए थी, जबकि सबको पता था कि विश्व हिंदू परिषद नौ जुलाई से मंदिर निर्माण शुरू करनेवाली है।

माकपा नेता सोमनाथ चटर्जी ने विवादास्पद ढाँचे और भूमि के अधिग्रहण की माँग केंद्र से की है। उनके मुताबिक इसके अलावा और कोई चारा नहीं है। भारतीय जनता पार्टी को छोड़कर सभी पार्टियाँ इसके पक्ष में हैं। जमीन अधिग्रहण के लिए केंद्र को शीघ्र ही विधेयक लाना चाहिए। अध्यादेश के जरिए ऐसा करने से कुछ कानूनी कठिनाइयाँ आ सकती हैं।

■

केंद्र ने रोड़ा अटकाया तो विवादित ढाँचा भी गिरेगा

अयोध्या, 11 जुलाई, 1992 : अयोध्या में टकराव का माहौल बन गया है। विश्व हिंदू परिषद आज एक कदम और आगे बढ़ गई। उसने चेतावनी दी है कि अगर केंद्र सरकार ने मंदिर निर्माण में कोई रोड़ा अटकाया तो कारसेवकों को विवादित ढाँचे पर भी कारसेवा से कोई रोक नहीं पाएगा। कल देर रात और आज सवेरे राम जन्मभूमि न्यास और संतों की साझा बैठक में तय हुआ कि केंद्र की किसी भी गड़बड़ के जवाब में संत गजब का खून-खच्चर करेंगे। परिषद को सोमवार तक अयोध्या में पचास हजार कारसेवकों के पहुँचने की उम्मीद है। निर्माण के खिलाफ बाबरी कमेटी का फैजाबाद बंद आज बेअसर रहा।

इस बीच मंदिर निर्माण का काम आज और तेज हो गया। प्रस्तावित प्लेटफॉर्म का अगला हिस्सा सतह से तीन फुट ऊँचा हो गया है। मार्गदर्शक मंडल और न्यास की बैठक में पहुँचे संतों को अयोध्या में ही रुकने को कहा गया है। सोमवार तक बड़े पैमाने पर आने वाले कारसेवकों को ठहराने के लिए कल अयोध्या में संतों और अखाड़ों के प्रमुखों की बैठक है।

विहिप के आक्रामक तेवर का खुलासा करते हुए विनय कटियार ने आज कहा कि फिलहाल तो हमारा कार्यक्रम चरणबद्ध है। हम सिंहद्वार से कारसेवा कर रहे हैं, पर अगर किसी ने इसमें बाधा पहुँचाई तो हम गर्भगृह से भी निर्माण शुरू कर सकते हैं। परिणाम क्या होगा, यह लखनऊ और दिल्ली की सरकारें जानती हैं। कटियार ने कहा कि गृहमंत्री एस.बी. चह्वाण अपनी सनक से इस 'धर्मक्षेत्र' को 'कुरुक्षेत्र' बनाना चाहते हैं। हम ऐसा नहीं चाहते, पर अगर मजबूर किया गया तो हम कर्मक्षेत्र में उतरेंगे।

कटियार ने कहा कि गृहमंत्री एस.बी. चह्वाण अपनी सनक से इस 'धर्मक्षेत्र' को 'कुरुक्षेत्र' बनाना चाहते हैं। हम ऐसा नहीं चाहते, पर अगर मजबूर किया गया तो हम कर्मक्षेत्र में उतरेंगे।

श्री कटियार ने साफ किया कि संसद का सत्र चलते केंद्र सरकार इस बाबत कोई अध्यादेश नहीं ला सकती। अगर वह कोई विधेयक लाती है तो उस पर संसद में बहस होगी। दरअसल केंद्र सरकार के लिए अयोध्या में जारी निर्माण को रोकना बहुत आसान नहीं होगा, क्योंकि निर्माण के साथ ही उसी परिसर में विहिप सभी धर्मों का सर्वदेव अनुष्ठान करा रही है। यह अनुष्ठान दो महीने चलेगा। इसी अवधि में चबूतरा और खंभे बनकर तैयार होंगे। विहिप के महामंत्री अशोक सिंघल भी यही कहते हैं कि निर्माण रोकने से पहले यज्ञ और अनुष्ठान रोकना पड़ेगा। ऐसा करने की हिम्मत किसी सरकार में नहीं है। वहाँ सिख, बौद्ध, जैन; सभी धर्मों के अनुष्ठान चल रहे हैं।

श्री सिंघल का कहना है कि अब कोई कैसे मंदिर निर्माण रोक सकता है। राम जन्मभूमि न्यास और विहिप इस परिसर पर काबिज हैं। पहले यहाँ पर पूरा नियंत्रण तीन किलोमीटर दूर चारधाम मंदिर से होता था। अब तो परिसर में ही विहिप और न्यास का केंद्र

है। कोई हमें परिसर से कैसे हटा सकता है। अशोक सिंघल उन खतरों पर उँगली रखते हैं, जो केंद्र के किसी भी दखल से बढ़ेंगे। उनका कहना है कि अभी तो अयोध्या में केवल कारसेवक बुलाए गए हैं। अगर जनता टूट पड़ी तो आंदोलन किसी के हाथ में नहीं रहेगा। आज तो यह आंदोलन नियंत्रित है, पर उकसाने वाली किसी भी कार्रवाई से विवादित ढाँचे की सुरक्षा खतरे में पड़ेगी।

संविधान के अनुच्छेद 355 के तहत विशेष सुरक्षा बल अयोध्या भेजने की बाबत विहिप नेता ने कहा कि परिषद इसका विरोध करेगी। यह राज्य सरकार को तय करना है कि कौन सा पुलिस बल कहाँ लगेगा। पहले से ही तमाम केंद्रीय सुरक्षा बल यहाँ आकर पड़े हैं। अगर केंद्र किसी और बल को भेजता है तो वह भी यहाँ आकर पड़ा रहेगा, पर उसकी तैनाती का अधिकार तो राज्य सरकार के पास ही होगा।

इस बीच आज राज्य के पुलिस महानिदेशक ने विवादित इमारत की सुरक्षा व्यवस्था का जायजा लिया, उन्होंने तलाशी का काम और कड़ा कर दिया। राज्य सरकार की असाधारण चुप्पी पर विहिप नेता कहते हैं कि सरकार अपना काम कर रही है। इसने बाधाएँ हटा ली हैं। मंदिर निर्माण का काम तो हमारा है। आज शाम तक तीन हजार वर्ग फुट इलाका मिट्टी और सीमेंट से भरा जा चुका था, जिसकी ऊँचाई तीन फुट थी।

आज बाबरी कमेटी के फैजाबाद बंद के ऐलान पर फैजाबाद के मुसलमानों ने अपने कारोबार बंद रखे। ऑल इंडिया मुस्लिम मजलिस निर्माण रोकने का अभियान 12 जुलाई से छेड़ेगी। मजलिस के राज्य सचिव नरीम सिद्दकी के अनुसार मजलिस के जत्थे मुहर्रम की दसवीं से अयोध्या पहुँचेंगे और बाबरी मस्जिद के आस-पास हो रहे निर्माण को रोकने की कोशिश करेंगे। इस काम में सभी मुस्लिम संगठनों का सहयोग लिया जाएगा।

अयोध्या में गुरुवार से शुरू कर निर्माण कार्य के सिलसिले में आए भारतीय जनता पार्टी के एक को छोड़ सभी सांसद और विधायक राष्ट्रपति चुनाव में अपना वोट डालने चले गए हैं। निर्माण कार्य के लिए अयोध्या में कई दिन तक शिविर लगाए रखने वाले इन निर्वाचकों में बीजेपी की वरिष्ठ नेता विजयाराजे सिंधिया समेत पार्टी के पाँच सांसद शामिल थे। लोकसभा के लिए गुना से चुनी गई श्रीमती सिंधिया, खजुराहो से उमा भारती, वाराणसी से श्रीशचंद्र दीक्षित, फैजाबाद से चुने गए विनय कटियार और दूसरे सांसद एवं विधायक आज दिल्ली या लखनऊ के लिए रवाना हो गए।

■

बाबरी मस्जिद एक्शन कमेटी का 16 को अयोध्या मार्च

अयोध्या, 11 जुलाई, 1992 : बाबरी मस्जिद की रक्षा और अदालती आदेश की अवहेलना के विरोध में बाबरी मस्जिद एक्शन कमेटी ने 16 जुलाई को अयोध्या मार्च की

अपील की है। बाबरी मस्जिद एक्शन कमेटी के स्थानीय संयोजक यूनुस एडवोकेट के घर पर हुई एक बैठक में यह फैसला किया गया। बैठक में जफरयाब जिलानी, आजम खान, मुश्ताक अहमद के अलावा, शाहजहाँपुर, लखनऊ के एक्शन कमेटी के अध्यक्षों ने हिस्सा लिया।

बैठक में यह भी विचार हुआ कि अदालतों में विवादित राम जन्मभूमि-बाबरी मस्जिद मामले में मुसलमानों की तरफ से दाखिल वादों को वापस ले लिया जाए, क्योंकि जब सरकार खुद अदालत के आदेश का पालन नहीं करा सकती तो भविष्य में मुकदमों के फैसला होने का आदेश का पालन कौन कराएगा।

बैठक में केंद्र सरकार की ढुलमुल नीति पर चिंता जाहिर की गई और कहा गया कि केंद्र की कांग्रेस (इ) सरकार को चुप्पी तोड़नी चाहिए। अयोध्या में आंदोलन के लिए 19 जुलाई को नरेंद्रालय में धर्मनिरपेक्ष पार्टियों के नेताओं, मौलवियों व मौलानाओं की बैठक बुलाई गई है। इसमें अगली कार्रवाई की विस्तृत रूपरेखा तय होगी। बैठक के लिए वी.पी. सिंह, चंद्रशेखर, मुलायम सिंह, पी.वी. नरसिंह राव, शंकरराव चह्वाण, माधवराव सिंधिया, रामविलास पासवान, लालू यादव आदि बड़े नेताओं को भी न्योता भेजा गया है।

आज अयोध्या-फैजाबाद में मुसलमानों ने विरोधस्वरूप अपनी दुकानें और कारोबार बंद रखा। कांग्रेस (इ) के दो पूर्व सांसदों निर्मल खत्री व रामकिशोर सुमन ने अयोध्या में मंदिर निर्माण को संविधान विरुद्ध बताते हुए माँग की कि केंद्र सरकार धर्मनिरपेक्ष मूल्यों की रक्षा के लिए प्रदेश की बीजेपी सरकार को फौरन बर्खास्त करे। ■

विवादित परिसर की सुरक्षा व्यवस्था से चह्वाण नाखुश

अयोध्या, 12 जुलाई, 1992 : केंद्रीय गृहमंत्री शंकरराव चह्वाण ने यहाँ राम जन्मभूमि-बाबरी मस्जिद परिसर की सुरक्षा व्यवस्था पर नाखुशी जताई है, लेकिन उन्होंने इस बात पर संतोष जाहिर किया है कि विवादास्पद इमारत सुरक्षित है। तीन घंटे तक अयोध्या के हालात का जायजा लेकर श्री चह्वाण दिल्ली लौट गए। उनके साथ गए कुछ वरिष्ठ अधिकारी यहीं रह गए हैं। वे यहाँ सुरक्षा इंतजामों और निर्माण कार्य का विस्तार से जायजा लेंगे।

गृहमंत्री ने अयोध्या से लौटने के बाद रात में ही केंद्रीय मंत्रिमंडल की राजनीतिक मामलों की समिति को राम जन्मभूमि-बाबरी मस्जिद परिसर में जारी निर्माण कार्य के बारे में जानकारी दी। समिति की दो घंटे तक चली बैठक में केंद्रीय गृहमंत्री की रपट को लेकर हालात की समीक्षा की गई। श्री चह्वाण संभवत: कल संसद में बयान देंगे।

आज विवादित इमारत के सुरक्षा इंतजामों को देखने के बाद गृहमंत्री ने कहा कि 'सुरक्षा में अनेक खामियाँ हैं। दर्शनार्थियों का आना-जाना ठीक ढंग से नियंत्रित नहीं है।

इसके कारण कोई भी गड़बड़ हो सकती है।' गृहमंत्री ने ऐलान किया कि विवादित ढाँचे की सुरक्षा के लिए केंद्र सरकार अर्धसैनिक बलों की पाँच कंपनियाँ और भेजेगी।

गृहमंत्री का अयोध्या-दौरा अप्रत्याशित रहा। कोई इसके लिए तैयार नहीं था। वे अपनी पंजाब की निर्धारित यात्रा रद्द कर यहाँ पहुँचे। दोपहर एक बजे जब गृहमंत्री विवादित इमारत में गए तो वातावरण तनावपूर्ण था। निर्माण स्थल पर मौजूद कोई दस हजार कारसेवक 'जय श्रीराम' का उद्घोष कर रहे थे। गृहमंत्री सिर्फ विवादित इमारत में गए। वे निर्माण स्थल पर नहीं आए। उन्होंने सिर्फ दूर से ही देखा, जबकि निर्माण स्थल पर आज अयोध्या के साधुओं की कारसेवा की बारी थी और केंद्रीय गृहमंत्री का इंतजार कर रहे थे।

आज विवादित इमारत के सुरक्षा इंतजामों को देखने के बाद गृहमंत्री ने कहा कि 'सुरक्षा में अनेक खामियाँ हैं। दर्शनार्थियों का आना-जाना ठीक ढंग से नियंत्रित नहीं है। इसके कारण कोई भी गड़बड़ हो सकती है।'

गृहमंत्री ने इस बात पर नाराजगी जताई कि इमारत की सुरक्षा में लगे 'क्लोज सर्किट टेलीविजन' काम नहीं कर रहे थे। वे पुलिस कंट्रोलरूम की खस्ता हालत पर भी बरसे। उन्होंने पूछा कि अस्त-व्यस्त हालत में यह कंट्रोलरूम यहाँ कब बना है। पुलिस प्रमुख ने कहा, '1990 से।' जबकि यह गलत है। विवादित ढाँचे के बाहर का पुलिस कंट्रोलरूम ढहाए जाने के बाद कोई हफ्ते भर पहले ही पुलिस कंट्रोलरूम सीता रसोई में स्थानांतरित किया गया था।

विवादित इमारत देखने के बाद शंकरराव चह्वाण इस बात पर आश्वस्त थे कि विवादित ढाँचा बरकरार है। उसे कोई नुकसान नहीं पहुँचा है, पर क्या इस निर्माण से अदालत की अवमानना हुई है? उन्होंने कहा, कैबिनेट की बैठक के बाद ही कुछ कह पाऊँगा। अयोध्या में जो कुछ हो रहा है, पहली नजर में उसे क्या गैर-कानूनी मानते हैं? केंद्रीय गृह मंत्री इस सवाल को यह कहकर टाल गए कि अभी वे कोई प्रतिक्रिया नहीं जताएँगे।

गृहमंत्री की अगवानी और उन्हें तथ्यों की जानकारी देने के लिए राज्य सरकार के पाँच मंत्री अयोध्या में मौजूद थे। उनके साथ सांसद विनय कटियार भी थे। विवादित ढाँचा देखने के बाद उन्होंने लोहे के सींखचों के पास से ही मंदिर निर्माण देखा, पूछा कि जहाँ निर्माण चल रहा है, वह किसकी जमीन है?

राज्य के ऊर्जामंत्री लालजी टंडन ने कहा, "वही है, जिसका अधिग्रहण सरकार ने किया है।"

श्री चह्वाण, "किस एजेंसी से निर्माण कार्य करवाया जा रहा है?"

लालजी टंडन, "साधु-संत निर्माण करा रहे हैं।"

शंकरराव चह्वाण, "किसकी इजाजत से, राज्य सरकार ने रोका नहीं?"

लालजी टंडन निरुत्तर थे। इसके बाद गृहमंत्री पुलिस कंट्रोलरूम देखने चले गए। इसके पहले उन्होंने विवादित परिसर में पूजा की, प्रसाद लिया और रामनामी ओढ़ी।

विवादित ढाँचे के निरीक्षण के दौरान कई बार सुरक्षा कवच टूट गया और तमाम लोग अंदर घुसते रहे। कल पुलिस प्रमुख ने पत्रकारों से कहा था कि कंट्रोलरूम की वजह से सुरक्षा व्यवस्था पर कोई प्रभाव नहीं पड़ेगा। जल्दी ही पुलिस कंट्रोलरूम नया बनेगा, जिसके लिए हमारे पास जमीन व धन उपलब्ध है और निर्माण कार्य जारी है।

गृहमंत्री से मिलने वाले संतों में से एक स्वामी वामदेव ने बताया कि गृहमंत्री ने कहा कि हम तो आप संतों को सुनने आए हैं। हम क्या कह सकते हैं। गृहमंत्री ने संतों की बात बड़े ध्यान से सुनी, पर कोई जवाब नहीं दिया। परमहंस रामचंद्रदास ने कहा कि आप महाराष्ट्र के रहने वाले हैं, अयोध्या में राममंदिर बनवाने का काम पूरा कराइए। गृहमंत्री के मुआयने के वक्त निर्माण कार्य तेजी से चल रहा था। साधु-संत भी लगे थे। विहिप नेता अशोक सिंघल समेत मार्गदर्शक मंडल के तमाम नेता निर्माण वाली जगह मौजूद थे। आज एक बदलाव दिखा। निर्माण के ठीक ऊपर यहाँ से विवादित इमारत शुरू होती है, वहाँ विहिप के मार्गदर्शक मंडल की तरफ से एक बैनर लगा था। बैनर पर कारसेवकों के लिए निर्देश था—'इस इमारत को कोई नुकसान न पहुँचाए। यहाँ रामलला विराजमान हैं।' अशोक सिंघल के मुताबिक ऐसा इसलिए किया गया है, ताकि किसी कारसेवक के मन में कोई भ्रम हो भी तो दूर हो जाए। निर्माण स्थल के पास ही 11वीं-12वीं शती का जो चबूतरा मिला है, उसे पुराविद् प्रो. बी.आर. ग्रोवर ने छह जगह पर चिह्नित करके रखा था। पर गृहमंत्री ने उसे नहीं देखा। उन्होंने उन पुरावशेषों को भी नहीं देखा, जो खुदाई में मिले।

आज एक बदलाव दिखा। निर्माण के ठीक ऊपर यहाँ से विवादित इमारत शुरू होती है, वहाँ विहिप के मार्गदर्शक मंडल की तरफ से एक बैनर लगा था। बैनर पर कारसेवकों के लिए निर्देश था–'इस इमारत को कोई नुकसान न पहुँचाए। यहाँ रामलला विराजमान हैं।'

गृहमंत्री की आज की यात्रा से और कल मुख्यमंत्री से हुई बातचीत से संकेत मिलते हैं कि केंद्र सरकार राज्य सरकार के खिलाफ तब तक कोई कार्रवाई नहीं करेगी, जब तक ढाँचा सुरक्षित है और फिलहाल राज्य सरकार और विहिप ने ढाँचे की सुरक्षा की गारंटी दी हुई है। अशोक सिंघल इस बात से आश्वस्त हैं कि नारायण दत्त तिवारी और नरसिंह राव जैसों के रहते केंद्र सरकार इस मामले में टकराव से अलग रहेगी। सिंघल ने आज कहा कि निर्माण का काम अब किसी हालत में बंद नहीं होगा। इसमें समय लग सकता है, पर इसका भी फैसला संत ही लेंगे।

विवादित इमारत को देखने के बाद गृहमंत्री संतों के एक प्रतिनिधिमंडल से मिले। मिलनेवालों में संत वामदेव, महंत नृत्यगोपाल दास, धर्मानंद, स्वामी चित्त प्रकाश और धर्मदास थे। संतों ने गृहमंत्री से अपील की कि वे निर्माण में रोड़ा न अटकाएँ। उनकी दलील थी कि राम का मंदिर अयोध्या में नहीं बनेगा तो कहाँ बनेगा। गृहमंत्री के साथ गृह मंत्रालय के छह अफसरों का एक दल था। राज्य सरकार की तरफ से लालजी टंडन के

अलावा वित्त मंत्री राजेंद्र गुप्त, सिंचाई मंत्री ओमप्रकाश सिंह और शिक्षा मंत्री नरेंद्र सिंह गौड़ मौके पर मौजूद थे।

■

अयोध्या में निर्माण तो विवादित हिस्से पर ही हो रहा है

लखनऊ, 13 जुलाई, 1992 : अयोध्या में जो आठ हजार वर्ग फीट का चबूतरा (प्लेटफार्म) बन रहा है, वह समूचा विवादित हिस्से में है। राज्य सरकार ने इस जमीन का अधिग्रहण किया हुआ है। कुल 23 विवादित प्लॉटों में से राज्य सरकार के अधिग्रहीत 2.77 एकड़ के दायरे में विवादित प्लॉट आते हैं। जिस पर विश्व हिंदू परिषद मंदिर का निर्माण करा रही है।

विश्व हिंदू परिषद की योजना के मुताबिक शिलान्यास स्थल से मौजूदा मंदिर के गर्भगृह की दूरी कुल 192 फुट है, यानी अभी जहाँ रामलला विराजमान हैं। शिलान्यास स्थल से विवादित ढाँचे की तरफ सौ फुट दूर तक चबूतरा बन रहा है, यानी बन रहे चबूतरे से गर्भगृह की दूरी महज 92 फुट रह जाएगी, जबकि 192 फुट दूर हुआ शिलान्यास भी अब विवादित माना गया था। विश्व हिंदू परिषद तो सौ फुट और आगे बढ़ गई है। राज्य सरकार ने 10 अक्तूबर, 1991 में जो 2.77 एकड़ जमीन अधिग्रहीत की थी, उसमें चालाकी से अधिग्रहीत जमीन के बंदोबस्त प्लॉट नं. 159, 160, 171, 172 दर्शाए गए थे, जबकि मूल वाद में 1931 के नजूल खसरा नंबर दिए गए हैं। ऐसा सरकार ने भ्रम बनाने के लिए किया था। राज्य सरकार ने जो जमीन अधिग्रहीत की थी, उसमें विवादित ढाँचा, उसमें जाने के लिए रास्ता और परिसर स्थित पुलिस कंट्रोलरूम को छोड़ दिया था।

राज्य सरकार की अधिग्रहीत इस जमीन का (जहाँ निर्माण चल रहा है) मालिकाना हक राज्य के पर्यटन विभाग के पास है। अधिग्रहीत जमीन में मूल मुकदमे के विवादित प्लॉट नंबर 580, 581, 582, 583, 584, 585, 586, 590 और 593 आते हैं। 586 पर शिलान्यास हुआ था, जो अब इस प्लेटफार्म में समा गया है। प्लॉट नं. 583 पर विवादित ढाँचा है, जिसका कुछ हिस्सा भी राज्य सरकार द्वारा अधिग्रहीत 2.77 एकड़ में आता है। इमारत की भीतरी और बाहरी दीवार के बीच में राम चबूतरा वाला हिस्सा अधिग्रहण के भीतर है। इन सभी प्लॉटों पर सात नवंबर, 1989 को इलाहाबाद हाईकोर्ट ने यथास्थिति बनाए रखने के आदेश देते हुए दोनों पक्षों से कहा था कि वे इसमें कोई छेड़छाड़ न करें।

मुहल्ला कोट रामचंद्र तहसील अवध खास के इन प्लॉटों का अधिग्रहण गए साल दस अक्तूबर को राज्य सरकार ने पर्यटन विभाग के लिए सुविधा और सहूलियतें उपलब्ध कराने के लिए किया। विवादित बताए गए प्लॉटों के बारे में तय नहीं हो पा रहा है कि वे अधिग्रहीत जमीन में हैं या नहीं, लेकिन यह झूठ है, क्योंकि शिलान्यास स्थल अधिग्रहीत जमीन में ही है

और राज्य सरकार के ही मुताबिक यह प्लॉट नं. 586 पर है। छह नवंबर, 1989 को तब के संयुक्त सचिव रोहित नंदन के अदालत में सरकार की तरफ से एक दरख्वास्त लगाई थी कि प्लॉट नं. 586 पर एक झंडा गाड़ा गया है, जहाँ शिलान्यास होना है। प्लॉट नं. 586 विवादित प्लॉटों की सूची में ही है। इससे साबित होता है कि शिलान्यास स्थल प्लॉट नं. 586 पर है और उसका अधिग्रहण हुआ है। प्लॉट नं. 581 विवादित है, इतना तो सरकार ही मानती है।

अब जब विवादित ढाँचे से 192 फुट दूर की जगह विवादित मानी गई है तो 583, 584, 585 तो ढाँचे से सटे ही प्लॉट हैं, जहाँ निर्माण चल रहा है। राज्य सरकार ने बंदोबस्त नक्शा 160 नंबर के जिस प्लॉट का अधिग्रहण किया है, उसी में नजूल खसरा का प्लॉट 586 आता है। यह बात राज्य सरकार के जवाबी हलफनामे से साबित होती है।

अब अगर यह मान भी लें कि इन विवादित प्लॉटों का राज्य सरकार ने अधिग्रहण कर लिया है, जिसका उसे अधिकार है, तब भी राज्य सरकार उसे निर्माण के लिए किसी और को कैसे दे सकती है ? क्योंकि अधिग्रहण की कार्रवाई पर हाईकोर्ट के फैसले अंतरिम है, अंतिम नहीं। राज्य सरकार का अधिग्रहण अदालत के अंतरिम निर्णय के शर्त के तहत है, यानी अगर कल अदालत अधिग्रहण अधिसूचना को खारिज कर दे तो क्या 'यथास्थिति' फिर से कायम की जा सकती है ? नजूल के जिन प्लॉट नंबर का हमने जिक्र किया है, उन प्लॉटों के नंबरों का जिक्र राज्य सरकार ने 1983 में रामकथा पार्क में अधिग्रहण के वक्त किया था।

राज्य सरकार जिस अधिग्रहीत जमीन पर राम जन्मभूमि न्यास से निर्माण करा रही है, उसके अधिग्रहण पर अंतिम आदेश में हाईकोर्ट ने साफ कहा था—'एक, राज्य सरकार अधिसूचित जमीन का कब्जा लेकर अधिसूचना में दर्शाए गए प्रयोजनों के लिए व्यवस्था कर सकती है, लेकिन इस जमीन पर किसी तरह के स्थायी ढाँचे का निर्माण नहीं किया जाएगा। हालाँकि अस्थायी ढाँचे का निर्माण हो सकता है। दो, कब्जा न्यायालय के अगले आदेशों के विचाराधीन होगा। तीन, अधिग्रहीत जमीन का न तो कोई हस्तांतरण, न ही अन्यांतरण किया जाएगा। यह आदेश रिट याचिकाओं पर भी लागू होगा।' साफ है कि हाईकोर्ट और सुप्रीम कोर्ट ने राज्य सरकार को सिर्फ जमीन पर कब्जा ले तीर्थयात्रियों के लिए सुविधा जुटाने की ही इजाजत दी थी। फिर इस जमीन पर विश्व हिंदू परिषद और राम जन्मभूमि न्यास किस अधिकार से निर्माण करा रहे हैं ?

यह कहना भी सही नहीं है कि ढाँचा सुरक्षित रहेगा। 192 फुट की पूरी गहराई में अभी सिर्फ सौ फीट का ही निर्माण हो रहा है, यानी सीढ़ियों, सिंहद्वार और नृत्यमंडप का 92 फुटा जो हिस्सा बाकी बचा है, विवादित इमारत तक उस पर काम बाद में लगेगा। चबूतरे का निर्माण जिस नक्शे से हो रहा है, उसी में राम चबूतरा (विवादित ढाँचे के भीतर) वाले हिस्से का सभा मंडप और आज जहाँ रामलला की मूर्तियाँ रखी हैं, यानी गर्भगृह की जगह पर निर्माण भी शामिल है। अब इसी नक्शे से निर्माण हो रहा है तो ढाँचे की सुरक्षा की गारंटी कौन ले सकता है ?

अधिग्रहीत जमीन पर विहिप अगर राज्य सरकार की मर्जी के खिलाफ निर्माण करा रही है तो फिर परिसर का पुलिस कंट्रोलरूम क्यों तोड़ा गया? पुलिस कंट्रोलरूम का तो अधिग्रहण नहीं हुआ था। इसके तोड़े जाने के खिलाफ आईजी जोन डी.बी. मेहता ने पुलिस प्रमुख को चिट्ठी भी लिखी थी। इस सख्त चिट्ठी में यह कहा गया था कि यहाँ कंट्रोलरूम हटाने से ढाँचे की सुरक्षा को तो खतरा होगा ही, साथ ही परिसर से पुलिस का नियंत्रण खत्म हो जाएगा। जिन नौ मुद्दों को आईजी जोन ने उठाया था, उसमें एक यह भी था कि इस कंट्रोलरूम को हटाए जाने का मुआवजा कौन देगा। राज्य के पुलिस महानिदेशालय के सूत्रों के मुताबिक आईजी जोन की यह चिट्ठी गृह सचिव को भेज दी गई थी, लेकिन उसे कोई महत्त्व दिए बिना राज्य सरकार ने पुलिस कंट्रोलरूम तुड़वा दिया। उस रास्ते की भी खुदाई करा दी गई, जिसे अधिग्रहण में छोड़ दिया गया था। अब विवादित इमारत में जाने के लिए दूसरा रास्ता खोल दिया गया है। ऐसा किस व्यवस्था के तहत किया गया है, यह भी राज्य सरकार बताने की स्थिति में नहीं है।

■

अयोध्या में निर्माण अदालती आदेशों के खिलाफ—चह्वाण

नई दिल्ली, 13 जुलाई, 1992 : गृहमंत्री शंकरराव चह्वाण के मुताबिक उत्तर प्रदेश सरकार ने अधिग्रहीत जमीन पर निर्माण की छूट देकर पहली नजर में अदालती आदेशों का उल्लंघन किया है। हालाँकि इस बारे में सुप्रीम कोर्ट का पक्का फैसला अभी आना है। पाँच दिन से संसद में जारी हंगामे और स्थगन के बीच गृहमंत्री का यह दूसरा बयान भी विपक्ष को शांत नहीं कर पाया। बयान से असंतुष्ट विपक्ष को अध्यक्ष शिवराज पाटिल ने करीब घंटे भर तक व्यवस्था के प्रश्नों की इजाजत दी। इसके जरिए विपक्ष ने अपनी आशंकाएँ और आरोप बताए। ज्यादा उम्मीद है कि गृहमंत्री के बयान पर आगे बहस हो।

गृहमंत्री ने कहा, 'चल रहे निर्माण और राम जन्मभूमि-बाबरी मस्जिद ढाँचे की सुरक्षा के लिए किए गए इंतजामों को सीधे देखने के लिए मैंने 12 जुलाई, 1992 को अयोध्या का दौरा किया। सरसरी तौर पर मेरी राय बनी है कि उत्तर प्रदेश सरकार ने अधिग्रहीत जमीन पर निर्माण कार्य जारी रहने की इजाजत देकर अदालत के आदेश का उल्लंघन किया है। हालाँकि सुप्रीम कोर्ट के अंतिम फैसले का हमें इंतजार करना होगा।'

श्री चह्वाण ने कहा—सुप्रीम कोर्ट में पड़े मामले को देखते हुए मैंने उत्तर प्रदेश के मुख्यमंत्री को हर तरह से समझाने की कोशिश की है कि याचिकाओं पर अंतिम फैसला होने तक राम जन्मभूमि-बाबरी मस्जिद परिसर में निर्माण कार्य रोक दिया जाए। सरकार अपनी यह कोशिश जारी रखेगी और स्थिति पर नजर बनाए रखेगी।

आज प्रश्नकाल की शुरुआत ही हंगामे से हुई। नतीजतन, अध्यक्ष ने लोकसभा को

शाम चार बजे तक और राज्यसभा दिन भर के लिए स्थगित पर दी गई। लोकसभा की कार्रवाई चार बजे शुरू होने पर दो मंत्रियों के परस्पर विरोधी बयानों ने विपक्ष को भड़का दिया। राष्ट्रीय मोर्चा और वाम मोर्चा सदस्य मुस्लिम मजलिस और मजलिस-ए-इत्तेहादुल मुसलमीन के सदस्य अध्यक्ष के आसन के पास जम गए। फिर कार्रवाई पाँच बजे तक के लिए स्थगित कर दी गई। पाँच बजे गृहमंत्री के बयान से पिछले कई दिनों से जारी बवाल ठिठका।

चार बजे सदन की कार्रवाई शुरू होने पर अध्यक्ष ने सत्तापक्ष से पूछा कि क्या गृहमंत्री बयान देने आ रहे हैं? कृषि मंत्री बलराम जाखड़ ने कहा—वे आ रहे हैं। इतने में संसदीय कार्य मंत्री गुलाम नबी आजाद आए। अध्यक्ष ने अपना सवाल दोहराया। इस पर श्री आजाद ने कहा—गृहमंत्री आ तो रहे हैं, पर फिलहाल उनका बयान तैयार नहीं है। इस पर स्वास्थ्य मंत्री माखनलाल फोतेदार ने श्री आजाद को रोककर जवाब ठीक करवाना चाहा, पर तब तक देरी हो चुकी थी। गैर-बीजेपी विपक्ष के हंगामे के कारण कार्रवाई पाँच बजे तक स्थगित करनी पड़ी।

गृहमंत्री श्री चह्वाण का पाँच बजे बयान हुआ। बयान पूरा होते ही एक तरफ बीजेपी के राम नाईक और मदनलाल खुराना अपनी आपत्तियों के साथ खड़े हो गए, तो दूसरी ओर राष्ट्रीय मोर्चा और वाम मोर्चा के सदस्य। सदन की कार्रवाई आगे बढ़ाने और मंत्रियों को सदन के पटल पर कागजात रखने देने की अध्यक्ष की कोशिश नाकाम रही। इस हंगामे के बीच काफी देर खड़े रहने के बाद पूर्व प्रधानमंत्री चंद्रशेखर ने बयान पर बात आगे बढ़ाई।

चंद्रशेखर ने कहा कि चार दिनों से सदन स्थगित हो रहा है। विश्व भर में टेलीविजन के जरिए अयोध्या की घटनाएँ दिखाई जा रही हैं, प्रतिष्ठा दाँव पर है, पर प्रधानमंत्री को सदन में आने के लिए पाँच मिनट का वक्त नहीं मिला। गृहमंत्री ने अयोध्या जाकर पूजा की। प्रसाद लिया। उनका कहना है कि राज्य सरकार अदालती आदेश का उल्लंघन कर रही है, तो फिर गृहमंत्री के दिमाग में क्या योजना है? इतने में बीजेपी सदस्य बैकुंठ लाल शर्मा 'प्रेम' बार-बार कहने लगे, 'एक बार राम भक्तों और राम विरोधियों में फैसला हो जाने दो।' चंद्रशेखर ने अंत में कहा कि यह सरकार देश को सत्यानाश की ओर ले जा रही है।

बीजेपी के मदनलाल खुराना और राम नाईक ने कहा कि सुप्रीम कोर्ट का पक्का फैसला 15 जुलाई को आना है। ऐसे में गृहमंत्री का यह कहना कि आदेश का उल्लंघन हुआ है, न्यायालय को प्रभावित करना है। दूसरी ओर आज इलाहाबाद हाईकोर्ट ने निर्माण को अदालत के आदेशों का उल्लंघन मानने से इनकार कर दिया, इसका उल्लेख गृहमंत्री ने अपने बयान में क्यों नहीं किया? विपक्ष के नेता लालकृष्ण आडवाणी ने कहा कि ऐसी कोई मिसाल नहीं मिलती कि जिस बारे में दो दिन बाद सुप्रीम कोर्ट का फैसला होना हो, उसके बारे में सरकार का कोई मंत्री कहे कि फलाँ दोषी है? इसके पहले अटल बिहारी

वाजपेयी ने इस मसले पर बहस कराने को कहा। अध्यक्ष का कहना था कि वे उसके विरोध में नहीं हैं, पर बहस के लिए पहले कार्यमंत्रणा समिति समय तय करे।

सोमनाथ चटर्जी (सीपीएम) ने कहा कि जिस सवाल पर सारा देश उद्वेलित है, उसे यों ही नहीं छोड़ा जा सकता। विचाराधीन मामलों पर चर्चा नहीं करने पर कोई कानूनी रोक नहीं है। सवाल है कि सरकार किस उल्लंघन पर क्या करने जा रही है?

■

तैनात अफसर भी निर्माण अवैध मानने लगे

अयोध्या, 14 जुलाई, 1992 : अयोध्या पहुँची केंद्रीय गृह मंत्रालय की टीम से यहाँ के अफसरों में हड़कंप मचा हुआ है। अफसर यह कहने लगे हैं कि केंद्र और राज्य सरकार की लड़ाई में अफसरों का गला पकड़ा जाएगा, इसलिए उनका सुर भी बदलने लगा है। ये अफसर मानते हैं कि अधिग्रहीत जमीन पर हो रहा निर्माण गैर-कानूनी है। जिला प्रशासन को वहाँ यथास्थिति से छेड़छाड़ नहीं करनी चाहिए थी।

जिले के पुलिस और प्रशासनिक अफसर केंद्रीय गृह मंत्रालय की टीम की जाँच-पड़ताल और पूछताछ से सहमे हुए हैं। सूत्रों के मुताबिक केंद्रीय टीम के सदस्यों ने जब पुलिस अफसरों से पूछा कि दस कंपनी पी.एस.सी. यहाँ होने के बावजूद निर्माण कार्य अवैध रूप से कैसे चल रहा है और निर्माण रोकने का प्रयास क्यों नहीं हुआ तो अफसर लाजवाब हो गए।

टीम ने पुलिस अफसरों से कंट्रोलरूम और घेरेबंदी को लेकर कई तीखे सवाल किए, जिनका पुलिस प्रशासन जवाब नहीं दे पाया। टीम ने कल देर रात तक पुलिस और प्रशासनिक अफसरों की क्लास ली। प्रशासनिक अफसरों से नजूल विभाग के खसरा-खतौनी को हासिल किया गया और पूछा गया कि अधिग्रहीत जमीन पर अवैध निर्माण क्यों नहीं रोका गया और रोकने की क्या कोशिश हुई। टीम के सदस्यों की आवभगत से आज सुबह छह बजे से ही अफसर जुटे रहे। टीम के सदस्य आठ बजे के आस-पास दिल्ली के लिए उड़ गए।

अफसरों में बेचैनी इस बात को लेकर है कि अधिग्रहीत जमीन पर नाजायज निर्माण के मामले में केंद्र सरकार उत्तर प्रदेश सरकार को कोई कार्रवाई करने का निर्देश दे सकती है। प्रशासनिक और पुलिस अफसर आज पहले की तरह बीजेपी के कार्यकर्ता बनकर बात नहीं कर रहे हैं। राम जन्मभूमि मामलों को देख रहे अपर जिला मजिस्ट्रेट (प्रशासन), जिन्हें जनता एडीएम (रामलला) के नाम से जानती है, बहुत मायूस दिखे। उन्हें भय है कि कहीं उन पर ही गाज न गिर जाए। वे मुलायम सिंह के राज से राम जन्मभूमि का मामला देख रहे हैं। अब तक इस मामले में उन्हें दर्जन बार दिल्ली और कई बार लखनऊ तलब किया जा चुका है।

केंद्रीय गृह मंत्रालय के निर्देश पर उत्तर प्रदेश सरकार विवादित ढाँचे की सुरक्षा कड़ी करने में जुटी हुई है। विवादित ढाँचे में कई महीनों के बाद राजपत्रित पुलिस और प्रशासनिक अधिकारी ड्यूटी दे रहे हैं। केंद्रीय गृहमंत्री ने अतिरिक्त पाँच कंपनी अर्धसैनिक बल देने की बात कही है, जिसे मुख्यमंत्री ने लेने से इनकार कर दिया है। उन्होंने कहा कि ज्यादा फोर्स लगाने से रामभक्तों को आने-जाने में परेशानी होगी।

आज लगभग दस हजार कारसेवक अयोध्या पहुँचे हैं। अयोध्या में आज अशोक सिंघल नहीं दिखे। प्रेस कॉन्फ्रेंस में उनके इलाहाबाद जाने की बात कही गई, लेकिन सूत्र बताते हैं कि वे दिल्ली आरएसएस की एक गुप्त बैठक में गए हुए हैं।

गृहमंत्री की अयोध्या यात्रा से परिषद व बीजेपी के कार्यकर्ता भी बातचीत में सरकार के बर्खास्त होने को लेकर आशंकित हैं। कारसेवकों का आना जारी है। वर्षा के कारण कल स्थगित नींव भराई का काम आज जारी रहा। आज लगभग दस हजार कार सेवक अयोध्या पहुँचे हैं। अयोध्या में आज अशोक सिंघल नहीं दिखे। उनके इलाहाबाद जाने की बात कही गई, लेकिन सूत्र बताते हैं कि वे दिल्ली आरएसएस की एक गुप्त बैठक में गए हुए हैं। सर्वदेव अनुष्ठान आज भी जारी रहा। ■

निर्माण तेज, सुरक्षा और चुस्त

अयोध्या, 14 जुलाई, 1992 : अयोध्या में विवादित इमारत के पास चल रहे निर्माण काम में दो दिन से बारिश से रुकावट के बाद आज काफी तेजी आई। उधर केंद्रीय गृहमंत्री की आपत्तियों को देखते हुए राज्य सरकार ने विवादित परिसर की सुरक्षा व्यवस्था और मजबूत कर दी।

राम जन्मभूमि न्यास की तरफ से चल रहे निर्माण में कल की भारी वर्षा के कारण आई रुकावट भी दूर हो गई है। कारसेवकों ने परिसर में जल भराव हटा दिया और कीचड़ वगैरह पर मोरंग डालकर उसे भी लगभग खत्म कर दिया। अधिग्रहीत परिसर में दूसरी तरफ सर्वदेव अनुष्ठान जारी है।

अनुष्ठान वाली जगह के पीछे और नई सुरक्षा दीवार के अंदर अस्थायी तौर पर कुछ बड़े पंडाल भी लगाए जा रहे हैं। विश्व हिंदू परिषद के लोग इसे बजरंग छावनी का निर्माण बता रहे हैं। इसके दक्षिणी और प्रस्तावित शेषावतार मंदिर के स्थल पर आज पानी भरा रहा।

विश्व हिंदू परिषद के नेता 270 फीट लंबे 270 फीट चौड़े और 132 फीट ऊँचे निर्माणाधीन फर्श को प्रस्तावित श्रीराम जन्मभूमि मंदिर ही बता रहे हैं। उनके अनुसार इस फर्श से प्रस्तावित मंदिर की नींव डाली जा रही है। इस अधिग्रहीत परिसर में ही 9 नवंबर,

1989 को कांग्रेस शासन के दौरान प्रस्तावित मंदिर के लिए शिलान्यास किया गया था। वहाँ भी आज कंक्रीट डाल दी गई है।

मालूम हो कि उसी दिन केंद्रीय गृहमंत्री एस.बी. चह्वाण ने विवादित धर्मस्थल का निरीक्षण किया था। निर्माणस्थल से पहले ही हटाए जा चुके पुलिस कंट्रोलरूम एवं पुलिस चौकी के पुराने भवन तोड़ने में भी कारसेवक पूरे उत्साह से जुटे हैं। दो दिन से हो रही बारिश ने कारसेवकों को इस काम में और मदद पहुँचाई है, क्योंकि वर्षा से जमीन काफी नम हो गई है।

सुरक्षा मजबूत : केंद्रीय गृहमंत्री एस.बी. चह्वाण की तरफ से विवादित स्थल पर सुरक्षा व्यवस्था के संबंध में उठाए गए सवालों को देखते हुए राज्य सरकार ने आज विवादित परिसर की सुरक्षा व्यवस्था और अधिक मजबूत कर दी। विवादित स्थल की सुरक्षा के लिए चार और क्लोज सर्किट टीवी लगाए जा रहे हैं। दो क्लोज सर्किट टीवी यहाँ पहले से लगे हुए थे। एक वरिष्ठ अधिकारी ने बताया कि विवादित परिसर की सुरक्षा व्यवस्था के लिए आस-पास के भवनों की छतों और पेड़ों पर अतिरिक्त सशस्त्र पुलिस जवान तैनात कर दिए गए हैं, ताकि सुरक्षा में किसी प्रकार की कोई खामी न रहे।

अब नए सुरक्षा उपायों के तहत विवादित स्थल पर जाने वाले दर्शनार्थियों के लिए बनाए गए प्रवेश द्वार को और चौड़ा किया गया है। इस बीच केंद्रीय अधिकारियों का दल कल लखनऊ में प्रदेश अधिकारियों से विचार-विमर्श कर आज यहाँ वापस आया और वहाँ की स्थिति का फिर जायजा लेने के बाद दिल्ली लौट गया।

■

मंदिर बना अखाड़ा

लखनऊ, 15 जुलाई, 1992 : कानूनी पेंचों से बचने के लिए उत्तर प्रदेश सरकार अयोध्या में अधिग्रहीत 2.77 एकड़ जमीन को मुक्त करने जा रही है। अधिग्रहण वापस लेने की अधिसूचना अगले एक दो-रोज में जारी होगी। अयोध्या में चल रहे निर्माण को जायज ठहराने के लिए राज्य सरकार ने यह रास्ता निकाला है। अधिग्रहण से मुक्त होने के बाद वह जमीन नजूल की रह जाएगी, जिसे राज्य सरकार राम जन्मभूमि न्यास को सौंप निर्माण कार्य को कानूनी जामा पहना देगी।

राज्य सरकार के इस फैसले से विवादित ढाँचे का एक हिस्सा (भीतरी और बाहरी दीवार के बीच जहाँ राम चबूतरा है) भी न्यास के कब्जे में आ जाएगा, क्योंकि अधिग्रहीत जमीन में यह हिस्सा भी आता है। इस कार्रवाई से अधिग्रहण पर हाईकोर्ट में चल रही कार्रवाई और रोक भी बेअसर हो जाएगी, क्योंकि राज्य सरकार सिर्फ इसी मुद्दे पर कठघरे में आ गई थी कि राज्य सरकार की जमीन पर कोई दूसरा (विहिप या न्यास) कैसे निर्माण

करा सकता है, जबकि पूरी अधिग्रहण प्रक्रिया को अदालत में चुनौती दी गई और हाईकोर्ट ने जमीन के हस्तांतरण पर रोक लगा रखी है। शायद इसी से बचने के लिए राज्य सरकार ने यह रास्ता ढूँढ़ा है।

राज्य सरकार के पर्यटन विभाग के लिए अधिग्रहीत 2.77 एकड़ जमीन पर ही निर्माण कार्य चल रहा है। अधिग्रहण से मुक्ति के बाद यह जमीन नजूल की हो जाएगी। पहले भी नजूल संपत्ति थी। इस पर जिनका कब्जा था, सरकार उनके ढाँचे को हटा मुआवजा दे चुकी है। नजूल की इस संपत्ति का पट्टा जिलाधिकारी किसी को भी दे सकता है। राम जन्मभूमि न्यास को नजूल पट्टा मिलने के बाद मंदिर निर्माण में कोई रुकावट नहीं होगी। मुख्यमंत्री कल्याण सिंह ने कल मंत्रिमंडल के कोर ग्रुप और आरएसएस विहिप नेताओं के साथ बैठक में यह तय किया।

एक असाधारण सरकारी गजट के जरिए अधिसूचना जारी कर राज्य सरकार ने गए साल 10 अक्तूबर में यह जमीन अधिग्रहीत की थी। अधिग्रहीत जमीन बंदोबस्त नक्शे के मुताबिक प्लॉट नं. 159, 160, 171, 172 का कुल रकबा 2.77 एकड़ था। इसके तहत विवादित ढाँचे के भीतरी दीवार तक का इस अधिग्रहण में आ गए थे। इस अधिग्रहण को इलाहाबाद हाईकोर्ट की लखनऊ बेंच में चुनौती दी गई थी, जिस पर हाईकोर्ट ने 25 अक्तूबर, 1991 को इस मुद्दे पर अंतरिम फैसला देते हुए अधिग्रहीत जमीन के किसी भी तरह के हस्तांतरण पर रोक लगा रखी थी। बाद में 15 नवंबर को उच्चतम न्यायालय ने भी हाईकोर्ट के फैसले को जारी रखा।

आरएसएस के सह-सरकार्यवाह प्रो. राजेंद्र सिंह 'रज्जू भैया' के साथ कल और परसों हुई कई दौर की बैठक में भी निर्माण कार्य किसी भी दशा में न रोके जाने पर ही जोर रहा। यह भी कहा गया कि अगर केंद्र सरकार या कोई अदालत भी निर्माण रोकने का निर्देश दे तो भी राज्य सरकार अपनी असमर्थता जताकर गेंद केंद्र के ही पाले में डालेगी कि वह खुद संतों को निर्माण से रोके।

इस रणनीति के बाद राज्य सरकार के रवैए में बदलाव आया है। पहली दफा सरकारी तौर पर यह कहा जा रहा है कि अयोध्या में निर्माण कार्य साधु-संत कर रहे हैं। राज्य सरकार किसी भी कीमत पर उन्हें नहीं रोकेगी, क्योंकि उन्हें रोकने का मतलब है निर्माण स्थल पर चल रहे यज्ञ और अनुष्ठान को रोकना। जिसके लिए राज्य सरकार तैयार नहीं है।

इस बीच गृहमंत्री शंकरराव चह्वाण के आचरण की निंदा करते हुए बीजेपी के प्रदेश अध्यक्ष कलराज मिश्र ने आज चेतावनी दी कि गृहमंत्री के गैर-जिम्मेदार वक्तव्यों से तनाव पैदा हो रहा है। कलराज मिश्र ने एक बयान में कहा है कि गृहमंत्री अपने पद के दायित्व के अनुसार व्यवहार करने के बजाय घटिया आचरण पर उतर आए हैं। उन्होंने कहा कि संविधान की मर्यादाओं से खिलवाड़ करते अब उन्होंने पुलिसिया अंदाज में न्यायाधीश

की भूमिका निभानी शुरू कर दी है। बीजेपी अध्यक्ष ने कहा कि लोकसभा में गृहमंत्री का वक्तव्य अदालती आदेशों का उल्लंघन है।

■

न मस्जिद गिरने देंगे, न गिराने देंगे : राव

नई दिल्ली, 15 जुलाई, 1992 : प्रधानमंत्री पी.वी. नरसिंह राव ने कहा है कि सरकार बाबरी मस्जिद को न तो कभी गिरने देगी और न ही किसी को गिराने देगी। मानव संसाधन विकास मंत्री अर्जुन सिंह ने बीजेपी नेता लालकृष्ण आडवाणी से अयोध्या में निर्माण पाँच साल के लिए टालने की अपील की।

प्रधानमंत्री और अर्जुन सिंह ने अयोध्या अविश्वास प्रस्ताव पर बहस के दौरान अयोध्या का मामला आने पर दखल दिया। संसद में लगातार बवाल और काम नहीं होने व भारी विवाद के बीच इस मसले पर प्रधानमंत्री की पहली टिप्पणी थी, पर प्रधानमंत्री ने अयोध्या में जारी निर्माण के बारे में कुछ नहीं कहा।

प्रधानमंत्री पी.वी. नरसिंह राव ने कहा है कि सरकार बाबरी मस्जिद को न तो कभी गिरने देगी और न ही किसी को गिराने देगी।

लेकिन अर्जुन सिंह ने कहा, "लालकृष्ण आडवाणी जी देश के बारे में बड़े गंभीर हैं। आप एक घोषणा कर देश को शांत कर सकते हैं कि वहाँ जो कुछ हो रहा है, उसे आप पाँच साल तक रोक दें। इस देश की जनता को साथ बैठने दीजिए। हर न्यायप्रिय और ईमानदार व्यक्ति को उस कोशिश को कामयाब करने दीजिए, जो श्री चंद्रशेखर ने शुरू की।"

यह सब उस समय हुआ, जब रामविलास पासवान (जनता दल) बोल रहे थे। उन्होंने कांग्रेस चुनाव घोषणा-पत्र और बीजेपी-विश्व हिंदू परिषद नेताओं की घोषणा में समानता बताई—मस्जिद नहीं गिरने देंगे, पर मंदिर बनने देंगे। इस पर अर्जुन सिंह और गुलाम नबी आजाद ने उनसे पूछा—क्या आप मंदिर बनाने के विरोधी हैं। इस बारे में लोकसभा की कार्रवाई ज्यों की त्यों पेश है—

गुलाम नबी आजाद (कांग्रेस) : हम मस्जिद को बचाकर, उस जगह को छोड़कर मंदिर बनाने के पक्ष में हैं। जहाँ अभी मस्जिद है, उसको छोड़कर दूसरी जगह के पक्ष में हैं। आप यह बताएँ कि मंदिर बनना चाहिए या नहीं।⋯(व्यवधान)

रामविलास पासवान (जनता दल) : जहाँ शिलान्यास स्थान है, तो क्यों वहाँ आप मंदिर बनाने की इजाजत दे रहे हैं।⋯(व्यवधान)

चंद्रशेखर : श्री राम विलासजी ने एक बहुत ही सही सवाल उठाया है। वे कहते हैं कि जो आज अर्जुन सिंह जी कह रहे हैं, वही आडवाणी जी कह रहे हैं। आडवाणी जी कह रहे हैं कि तीस बरस तक हम मस्जिद नहीं गिराएँगे और उस मंदिर को बनाते रहेंगे। अगर

यही कह रहे हो तो दोनों में कोई अंतर नहीं।···(व्यवधान), देखिए, दुनिया के बड़े काम चालाकी से नहीं होते और राष्ट्रीय निर्णय तिकड़म से नहीं हुआ करते। इसलिए आप यह तय करें कि यदि आपका कहना सही है तो आडवाणी जी जो कह रहे हैं, वह सही है। मैं आडवाणीजी के कहने को सही इसलिए नहीं मानता (व्यवधान) आप कहते हैं कि आप हर जगह मंदिर बनाने के खिलाफ हो। हर जगह का सवाल नहीं है, सवाल विवाद का है। जो विवाद बरसों से है और जिससे देश में उत्तेजना है। आडवाणी जी या विश्व हिंदू परिषद के लोग कहते हैं कि हम मस्जिद को नहीं छुएँगे, हमको मंदिर बनाने दो। अंत में देखा जाएगा कि मस्जिद गिराएँगे या नहीं···(व्यवधान) मुझे श्री वी.पी. सिंह से कोई मतलब नहीं है। श्री वी.पी. सिंह आपसे कम कन्फ्यूज नहीं थे, वह बात अलग है। कन्फ्यूजन जितना श्री वी.पी. सिंह में था, उतना आप में है। आज श्री वी.पी. सिंह नहीं है, बल्कि आज श्री नरसिंह रावजी हैं। इस मामले पर कांग्रेस पार्टी को अपना दिमाग साफ करना चाहिए, जो वह कह रहे हैं और वह भी आप कह रहे हैं या उससे अलग है।···(व्यवधान)

प्रधानमंत्री पी.वी. नरसिंह राव : बहुत अच्छी बात सुनी। मैं सोच रहा था कि बाद में मुझे कल या परसों कहना पड़ेगा। अभी दूध का दूध पानी का पानी हो गया। मैं इस पक्ष में हूँ···कांग्रेस पार्टी इस पक्ष में है कि वहाँ राममंदिर बने···(व्यवधान) सुनिए और बाबरी मस्जिद कभी भी न टूटे। दो-तीन साल के लिए नहीं···(व्यवधान) हमारे मैनिफेस्टो का मतलब यही है। जहाँ का मतलब उस जगह नहीं···(व्यवधान) सोमनाथ चटर्जी (बोलपुर) अब हम जानते हैं, क्यों वे देश को धोखे में रखे हुए हैं।··· (व्यवधान)

चंद्रशेखर : महोदय, मैं चाहता हूँ कि अर्जुन सिंह अपनी धर्मनिरपेक्षता की व्याख्या करें।

लालकृष्ण आडवाणी : अध्यक्ष जी, मैं आभारी हूँ श्री रामविलास पासवान जी का, जिन्होंने कांग्रेस पार्टी के घोषणा-पत्र का उदाहरण देकर और इस अविश्वास प्रस्ताव की बहस के बीच में एक बहुत महत्त्वपूर्ण बात को छेड़ दिया, जिसका खुलासा कराने के लिए श्री चंद्रशेखरजी ने सवाल पूछा और प्रधानमंत्री जी ने कहा कि अच्छा है, मुझे मौका मिला है और मैं उसका खुलासा करता हूँ। मैं यह निवेदन करूँगा कि इस बात को सत्ता पक्ष कभी न भूले कि शिलान्यास का स्थान इस कारण चुना गया, क्योंकि जिस मंदिर की रचना करने की कल्पना विश्व हिंदू परिषद ने की है, वह सिंहद्वार शिलान्यास का स्थान है और सिंहद्वार से रचना आरंभ हो/करके···(व्यवधान) यह सारा विवाद राममंदिर का नहीं है। यह विवाद का मुख्य मुद्दा है और देश के लोगों की यह धारणा है कि राम जन्मस्थान यह है, इसीलिए यहाँ पर मंदिर बनना चाहिए। वह राम जन्मस्थान है कि नहीं, ऐतिहासिक तथ्य है या नहीं, यह इस विवाद के विषय का समय नहीं है···(व्यवधान) लेकिन इसके आधार पर वह सारी बहस शुरू हुई है।

■

हाईकोर्ट ने अयोध्या में निर्माण कार्य फौरन रोकने का निर्देश दिया

लखनऊ, 15 जुलाई, 1992 : इलाहाबाद हाईकोर्ट ने आज अयोध्या में कारसेवा रोकने का आदेश दिया। हाईकोर्ट ने राम जन्मभूमि-बाबरी मस्जिद विवाद में शामिल किसी भी पक्ष के कोई निर्माण कार्य करने पर रोक लगा दी। उधर सुप्रीम कोर्ट ने उत्तर प्रदेश सरकार को निर्देश दिया कि वह अयोध्या में विवादास्पद जगह पर चल रहे कथित निर्माण कार्य के बारे में गुरुवार को विस्तृत हलफनामा दायर करे।

इलाहाबाद हाईकोर्ट की लखनऊ बेंच ने आज अपने अंतरिम फैसले में कहा कि अयोध्या में चल रहा निर्माण अगली सुनवाई तक रोक दिया जाए। हाईकोर्ट में अगली सुनवाई 20 जुलाई को है। हाईकोर्ट ने कहा कि यह फैसला इसी मुद्दे पर सुप्रीम कोर्ट में चल रही सुनवाई के फैसले पर आधारित होगा।

हाईकोर्ट की विशेष बेंच के न्यायमूर्ति एस.सी. माथुर, न्यायमूर्ति बृजेश कुमार और न्यायमूर्ति सैयद हैदर अब्बास रजा ने अपने फैसले में कहा कि उनका यह अंतरिम फैसला सुप्रीम कोर्ट में चल रही सुनवाई के फैसले से अलग नहीं होगा। इन न्यायमूर्तियों ने इस याचिका पर राज्य सरकार को 17 जुलाई तक जवाबी हलफनामा पेश करने को कहा है।

राज्य सरकार के अधिग्रहीत जमीन पर निर्माण कार्य रोकने के लिए मोहम्मद हाशिम ने हाईकोर्ट में अर्जी दी थी। उन्होंने 13 जुलाई को हाईकोर्ट में एक याचिका दायर कर अयोध्या में चल रहे निर्माण को रोकने की दरख्वास्त की थी। आज की सुनवाई में रामलला विराजमान की तरफ से देवकी नंदन अग्रवाल ने पैरवी की।

सोमवार को हाईकोर्ट की इसी पीठ ने अयोध्या में खुदाई रोकने की एक दरख्वास्त को बहुमत से खारिज कर दिया था। 9 जुलाई से विश्व हिंदू परिषद और राम जन्मभूमि न्यास अयोध्या में राज्य सरकार की अधिग्रहीत जमीन पर प्रस्तावित मंदिर के चबूतरे का निर्माण कर रहे हैं। चबूतरे पर दिन-रात काम लगा है और इसका एक बड़ा हिस्सा बनाया जा चुका है।

सुप्रीम कोर्ट ने उत्तर प्रदेश को निर्देश दिया कि वह अयोध्या में विवादित राम जन्मभूमि-बाबरी मस्जिद परिसर में कथित निर्माण कार्य के संबंध में कल तक विस्तृत हलफनामा दाखिल करे। न्यायाधीश एम.एम. वैंकटचलैया और न्यायाधीश जी.एन. राय ने उत्तर प्रदेश सरकार, मुख्यमंत्री कल्याण सिंह और विश्व हिंदू परिषद के खिलाफ अवमानना कार्रवाई शुरू करने की माँग को लेकर दायर तीन याचिकाओं की सुनवाई के बाद यह आदेश दिया।

इन याचिकाओं में कहा गया है कि विवादित स्थल पर स्थायी निर्माण पर रोक लगाने के अदालत के 15 नवंबर, 1991 के अंतरिम आदेश का उल्लंघन किया गया है। नबीद यार खान, मुहम्मद असलम और अच्छन रिजवी की इन याचिकाओं में कहा गया

है कि उत्तर प्रदेश सरकार ने विवादित स्थल की अधिग्रहीत भूमि के समतलीकरण के नाम पर वास्तव में प्रस्तावित राममंदिर का निर्माण शुरू कर दिया है।

न्यायाधीशों ने कहा कि कल राज्य सरकार को अदालत को साफ-साफ बताना होगा कि विवादित स्थल या अधिग्रहीत भूमि पर कंक्रीट से बनाया जा रहा चबूतरा स्थायी निर्माण है या अस्थायी। उन्होंने सवाल किया कि आखिर क्या वजह है कि राज्य सरकार यह नहीं बता सकती कि किस किस्म का निर्माण किया जा रहा है। न्यायाधीशों ने यह भी कहा कि अगर राज्य सरकार कल तक हलफनामा दाखिल करने में नाकाम रही तो उसे यह वायदा करना होगा कि विवादित स्थल के आस-पास या उस पर सभी निर्माण कार्य रोक दिए जाएँगे। निर्माण कार्य तब तक बंद रखने का वायदा करना होगा, जब तक कमिश्नर अपनी रिपोर्ट अदालत को नहीं सौंप देते हैं।

■

हाईकोर्ट के फैसले से साधु-संत भी नाराज, कारसेवा जारी रखने का फैसला

अयोध्या, 15 जुलाई, 1992 : इलाहाबाद हाईकोर्ट के राममंदिर के निर्माण पर रोक लगाने पर यहाँ साधु-संतों में तीखी प्रतिक्रिया हुई है। कारसेवकों में गुस्सा है। अयोध्या की गलियों में 30 हजार से ज्यादा कारसेवक जमे हुए हैं और कल वे जोरदार ढंग से कारसेवा करेंगे। कल ही फैजाबाद बार एसोसिएशन के सारे वकील कारसेवा के लिए अयोध्या पहुँच रहे हैं। राम जन्मभूमि न्यास के कार्यवाहक अध्यक्ष परमहंस रामचंद्रदास ने कहा कि इसके पहले भी अदालत के आदेश पर मंदिर निर्माण नहीं रुका था। इसलिए निर्माण कल जारी रहेगा। कारसेवा हर हालत में चालू रहेगी। उन्होंने कहा—मुलायम सिंह यादव के राज में जब हमने कारसेवा की तो अब कौन रोक सकता है?

स्वामी परमानंद ने कहा कि निर्माण कार्य जारी रहेगा चाहे लाशों के ढेर लग जाएँ। अब तो राम खुद आ जाएँ, तब भी निर्माण रुकने वाला नहीं है।

विश्व हिंदू परिषद के महामंत्री अशोक सिंघल ने कहा कि किसी भी आदेश को परिषद मानने को तैयार नहीं है। यह आस्था और विश्वास का प्रश्न है, जो न्यायालय के दायरे से बाहर है। उन्होंने कहा कि कल कारसेवा जारी रहेगी।

सांसद विनय कटियार ने कहा कि मंदिर का निर्माण किसी भी सूरत में नहीं रुकेगा। चाहे गोली ही खानी पड़े। स्वामी परमानंद ने कहा कि निर्माण कार्य जारी रहेगा, चाहे लाशों के ढेर लग जाएँ। अब तो राम खुद आ जाएँ, तब भी निर्माण रुकने वाला नहीं है। फैजाबाद में अदालत के निर्णय की खबर मिलने पर कुछ मुहल्लों की दुकानें बंद हो गईं।

अशोक सिंघल ने कहा कि शिलान्यास स्थल को निर्विवाद मानते हुए कांग्रेस ने 9

नवंबर, 1989 को उस स्थल पर शिलान्यास कराया था। तब से आज तक इस स्थान पर विश्व हिंदू परिषद व राम जन्मभूमि न्यास समिति का ही अधिकार है। इस अधिकार को आज तक किसी ने चुनौती नहीं दी तो निर्माण कार्य रोकने का आदेश कैसे दिया जा सकता है। उन्होंने कहा कि यह जमीन न तो उत्तर प्रदेश सरकार की है और न ही केंद्र सरकार की, यह जमीन रामलला की है। श्री सिंघल ने कहा कि यह संपत्ति का विवाद नहीं है, बल्कि हिंदू समाज की आस्था और विश्वास का मसला है। यह हर तरह से अदालत की परिधि से परे है। बाबरी मस्जिद संघर्ष समन्वय समिति ने इलाहाबाद हाईकोर्ट के आदेश का स्वागत किया है। समिति के संयोजक सैयद शहाबुद्दीन ने नई दिल्ली में एक बयान में उत्तर प्रदेश सरकार से अदालत के आदेश का उल्लंघन नहीं करने की अपील की। उन्होंने कहा कि राज्य सरकार तुरंत अयोध्या में चल रहे गैर-कानूनी निर्माण को रोकने के लिए सभी तरह के कदम उठाए। उन्होंने कहा कि अगर उत्तर प्रदेश सरकार टकराव का रास्ता अपनाती है, तब केंद्र को चाहिए कि उसके खिलाफ संवैधानिक कार्रवाई करे।

■

अयोध्या में टकराव के हालात : स्टे के बाद निर्माण और तेज

16 जुलाई, 1992 : विश्व हिंदू परिषद ने मंदिर निर्माण पर इलाहाबाद हाईकोर्ट का स्टे मानने से इनकार कर दिया है। इससे टकराव की स्थिति बनती जा रही है। अयोध्या में निर्माण कार्य आज और तेज हो गया और परिषद ने केंद्र को चेतावनी दी कि अगर उसे निर्माण स्थल से ताकत के जोर से हटाया गया तो उसका जबरदस्त विरोध किया जाएगा। विहिप के महामंत्री अशोक सिंघल ने कहा, 'अब टकराव तय है। हम मुकाबले के लिए तैयार हैं, जिसके गंभीर नतीजों की जिम्मेदारी केंद्र पर होगी।' बाबरी कमेटी के नेता 18 जुलाई को होने वाली राष्ट्रीय एकता परिषद की बैठक का इंतजार कर रहे हैं। वे इसके बाद ही अपनी रणनीति घोषित करेंगे। अयोध्या में निर्माण कार्य के बारे में सुप्रीम कोर्ट ने उत्तर प्रदेश सरकार को विस्तृत हलफनामा दायर करने के लिए आज सोमवार तक मोहलत बढ़ा दी। गृह मंत्री शंकरराव चह्वाण ने उत्तर प्रदेश सरकार से इलाहाबाद हाईकोर्ट के आदेश पर अमल की गारंटी देने को कहा है।

अदालत की रोक के बाद आज निर्माण कार्य और तेज हो गया। अदालत की रोक के बाद निर्माण का काम अब उग्रवादी तत्त्वों के हाथ में चला गया है। इलाहाबाद हाईकोर्ट के फैसले के बाद आज सबेरे ही बजरंग दल के उग्र कारसेवकों ने निर्माण परिसर को पूरी तरह अपने कब्जे में ले लिया। पुलिस और सुरक्षा में लगे बाकी लोगों को परिसर से बाहर कर दिया गया। सुबह जब जिलाधिकारी कुछ अफसरों के साथ आए तो उन्हें भी नहीं घुसने दिया गया। अशोक सिंघल ने बाद में कहा—ऐसा हमने यह बताने के लिए किया है कि इस

परिसर पर हमारा कब्जा है और हमें कोई भी अदालत निर्माण से नहीं रोक सकती। राज्य सरकार की तरफ से बिजली मंत्री लालजी टंडन सुबह ही सरकारी विमान से फैजाबाद आए। उन्होंने संतों से कहा कि सरकार का निर्माण रोकने का कोई इरादा नहीं है। राज्य सरकार संतों के निर्देश मानेगी।

अशोक सिंघल ने आज संत, महात्माओं, धर्माचार्यों और मार्गदर्शक मंडल के संतों से अपील की कि जो लोग निर्माण शुरू करवाकर लौट गए हैं, वे फौरन अयोध्या पहुँचें। हाईकोर्ट के फैसले के कारण आज कारसेवकों की आवक बढ़ गई। अब तक कोई 25 हजार कारसेवक अयोध्या पहुँच चुके हैं। इनमें बड़ी संख्या में महिलाएँ भी हैं। फैजाबाद बार एसोसिएशन की अपील पर आज फैजाबाद के वकीलों ने हाईकोर्ट के फैसले के खिलाफ अदालतों का बायकॉट कर कारसेवा की। उस वक्त ये सभी अपना काला कोट पहने थे। आज तनाव के माहौल में कारसेवकों में जोश, उत्साह और उग्रता पहले से कहीं ज्यादा थी। शायद ऐसा हाईकोर्ट के फैसले की प्रतिक्रिया में था।

आज तड़के से ही फैजाबाद के आस-पास से झुंड-के-झुंड लोग कारसेवा के लिए आ रहे थे। विवादित जगह के बाहर कारसेवकों ने प्रधानमंत्री पी.वी. नरसिंह राव, गृहमंत्री शंकरराव चह्वाण और इलाहाबाद हाईकोर्ट के पुतले जलाए। इसके बाद कारसेवकों ने निर्माण-स्थल से पुलिस को बाहर कर दिया। कोई जानकारी लेने आए जिलाधिकारी और एडीएम को भी उन्होंने खदेड़ दिया। उन्हें शायद यह आशंका थी कि ये अफसर अदालत का आदेश लेकर आए हैं।

बाबरी मस्जिद एक्शन कमेटी का मानना है कि एकता परिषद की बैठक एक मौका दे रही है, जिसमें गैर-सांप्रदायिक ताकतें इस बात का फैसला कर सकती हैं कि देश में अशोक सिंघल की मनमर्जी चलेगी या संविधान और कानून का शासन होगा। मिल-जुलकर भाईचारे से रहने की बात होगी कि जोर-जबरदस्ती चलेगी और देश की एकता के सूत्र टूटेंगे।

मुस्लिम नेतृत्व 18 जुलाई की राष्ट्रीय एकता परिषद की बैठक के इंतजार में है। बाबरी मस्जिद एक्शन कमेटी का मानना है कि एकता परिषद की बैठक एक मौका दे रही है, जिसमें गैर-सांप्रदायिक ताकतें इस बात का फैसला कर सकती हैं कि देश में अशोक सिंघल की मनमर्जी चलेगी या संविधान और कानून का शासन होगा। मिल-जुलकर भाईचारे से रहने की बात होगी कि जोर-जबरदस्ती चलेगी और देश की एकता के सूत्र टूटेंगे।

बाबरी एक्शन कमेटी और बाबरी मस्जिद आंदोलन समन्वय समिति को जोड़ने की कोशिश भी तेज हो गई है। इसके नेताओं की कल बैठक हुई थी और आज रात भी बैठक हो रही है। दोनों एक ही इरादे से बने संगठन हैं, पर मोटे तौर पर राजनीति से दोनों को अलग कर रखा था। दोनों को एक करने की प्रक्रिया जरूरी है। फिलहाल दोनों मिला-जुला कार्यक्रम बनाने को तैयार हैं। मुस्लिम समुदाय इस मामले पर एकजुट रहे, इसलिए

यह कोशिश तेज हुई है। दोनों ही संस्थाओं के प्रतिनिधियों पर इस बात के लिए मुस्लिम सांसदों और नेताओं सहित गैर-सांप्रदायिक राजनैतिक दलों का भी दबाव है। एकता परिषद का रुख देखने के बाद मिला-जुला कार्यक्रम तय होगा। वैसे अगस्त के दूसरे हफ्ते में सभी शाखाओं के उलेमाओं की बैठक साझे तौर पर बुलाई जा रही है।

अशोक सिंघल ने चुनौती दी कि अगर केंद्र में संतों का विरोध और दमन की ताकत है तो वह हमें रोके, क्योंकि अब कोई भीषण खून-खराबा ही निर्माण रोक सकता है। उन्होंने कहा, 'अदालत को अपनी मर्यादा का खयाल नहीं है। उसने अपने दायरे से बाहर जाकर फैसला दिया है। इस फैसले को लागू किया गया तो 1990 में 30 अक्तूबर और 2 नवंबर, जो सिर्फ अयोध्या में हुआ था, अबकी सारे देश में दोहराया जाएगा।'

आज शाम तक निर्माण पर रोक वाला हाईकोर्ट का आदेश फैजाबाद के जिला प्रशासन के पास नहीं पहुँचा था, पर अगर आदेश आया भी तो निर्माण रोकना प्रशासन के बूते से बाहर होगा। कई अफसर भी इस तथ्य को मंजूर करते हैं कि बड़े पैमाने पर खून-खराबे के बिना निर्माण कार्य अब नहीं रोका जा सकेगा और अब तो इस आंदोलन में उग्रवादी हावी हो रहे हैं।

■

राममंदिर को लेकर अयोध्यावालों में इस बार पहले सा उत्साह नहीं

अयोध्या, 16 जुलाई, 1992 : यहाँ श्रीराममंदिर निर्माण को लेकर अयोध्या-फैजाबाद के नागरिकों में पहले जैसा उत्साह और जोश अब नहीं रह गया है।

30 अक्तूबर, 1990 को कारसेवा के दिन अयोध्या-फैजाबाद में कर्फ्यू के बावजूद घर-घर से लोग कारसेवा के लिए निकल पड़े थे। सुबह होते ही पूरे शहर से लोग झुंडों में निकल पड़े थे, इसमें महिलाओं ने बड़ी संख्या में भाग लिया था, पूरा शहर राममय हो गया था। कर्फ्यू की जितनी दुर्गति हुई, वैसी इतिहास में मिसाल नहीं मिलती। फिर जनवरी में जब कारसेवा सत्याग्रह चला तो उसमें विश्व हिंदू परिषद के सारे नियम-कानून भीड़ से टूट गए थे। भीड़ से परेशान विहिप नेताओं ने सबको कारसेवा के लिए अनुमति दे दी थी। उस दिन भी संख्या 50 हजार आँकी गई थी।

कारसेवा सत्याग्रह के लिए महिलाएँ भोर में ही घर का कामकाज निपटाकर निर्धारित स्थानों पर जुटनी शुरू हो गई थीं और अयोध्या प्रस्थान किया था। आज वही मंदिर निर्माण जब शुरू हो गया तो फैजाबाद शहर में कारसेवा का दिन होने के बावजूद वह नजारा देखने को नहीं मिला। विहिप और राष्ट्रीय स्वयंसेवक संघ के लोगों के परिवार की महिलाएँ ही इसमें शामिल हुईं। आम भागीदारी नहीं दिखी, न ही युवकों व पुरुषों में पहले जैसा तेवर दिखा। इक्का-दुक्का लोग पहुँच गए और कारसेवा की रस्म पूरी करके लौट आए।

अलबत्ता बार एसोसिएशन के वकील काफी संख्या में गए और प्रतीकात्मक कारसेवा की।

विहिप और बीजेपी के प्रतिबद्ध लोग सुबह से ही गली-सड़कों पर भीड़ जुटाने के लिए घूमते नजर आए, पर लोग जुटे नहीं। आज रह-रहकर बरसात भी होती रही। 9 जुलाई से शुरू हुआ मंदिर निर्माण रात-दिन जारी है। केवल बरसात कभी-कभी बाधा बन रही है।

■

बीजेपी 20 जुलाई को अयोध्या दिवस मनाएगी

नई दिल्ली : राम जन्मभूमि के मसले पर जनसमर्थन जुटाने की कोशिश में भारतीय जनता पार्टी ने 20 जुलाई को पूरे देश में 'अयोध्या दिवस' मनाने का फैसला किया है। आज पार्टी की कार्यकारिणी की बैठक में अयोध्या के मामले पर लंबी चर्चा हुई। बाद में पार्टी अध्यक्ष डॉ. मुरली मनोहर जोशी ने पत्रकारों से कहा, 'हम भारत सरकार को चेतावनी देते हैं कि वह आग से न खेले और भावनाएँ भड़काने तथा शांति भंग करने का काम न करे।'

उन्होंने कहा कि उत्तर प्रदेश सरकार अपनी संवैधानिक जिम्मेदारियों को निभाएगी और साथ ही 'पवित्र जनादेश' का पालन भी करेगी, लेकिन जब उनसे सीधा सवाल किया कि उत्तर प्रदेश सरकार ये दोनों काम किस तरह कर सकती है, तब डॉ. जोशी ने कह दिया, 'यह देखना उत्तर प्रदेश सरकार की जिम्मेदारी है।' उन्होंने कहा कि पार्टी की प्रतिबद्धता को दोहराया और इस राह में आने वाली अड़चनों को दूर करने के लिए उत्तर प्रदेश सरकार को बधाई दी गई।

पार्टी की कार्यकारिणी ने कुछ जगहों पर अदालतों के खिलाफ प्रदर्शन किए जाने और न्यायमूर्तियों का पुतला जलाए जाने की निंदा की। पार्टी अध्यक्ष ने कहा कि हम न्यायपालिका की कद्र करते हैं और अगर अदालतों के खिलाफ किसी ने प्रदर्शन किए भी हैं तो हमारा उससे कुछ लेना-देना नहीं है; लेकिन उन्होंने साथ ही यह भी कहा कि अदालतों ने ही इस मामले में पूरे 40 वर्ष बिता दिए और अभी तक कोई फैसला नहीं हो पाया है। 'देर से मिला न्याय अन्याय के बराबर होता है।'

कार्यकारिणी की बैठक में 'केंद्र सरकार पर आरोप लगाया गया कि पिछले एक साल में इस विवाद का समाधान ढूँढ़ने की कोई कोशिश नहीं की गई। दूसरी तरफ केंद्र सरकार जन्मस्थान की जमीन को अधिग्रहीत करने और उत्तर प्रदेश सरकार को बर्खास्त करने की, भड़कानेवाली धमकियाँ दे रही है।' कार्यकारिणी की बैठक में पार्टी अध्यक्ष के अलावा लालकृष्ण आडवाणी, अटल बिहारी वाजपेयी, विजयाराजे सिंधिया, सिकंदर बख्त, सुंदरसिंह भंडारी, राजस्थान के मुख्यमंत्री भैरोंसिंह शेखावत, हिमाचल के मुख्यमंत्री शांता कुमार आदि लोग मौजूद थे।

डॉक्टर जोशी ने बताया कि 20 जुलाई को पूरे देश में 'अयोध्या दिवस' मनाने का फैसला किया गया, ताकि जनसमर्थन जुटाया जा सके। इस दिन पूरे देश में जगह-जगह बीजेपी कार्यकर्ता जुलूस, प्रदर्शन और सभा आदि करेंगे। बैठक में महसूस किया गया कि अयोध्या में राम जन्मभूमि मंदिर के निर्माण की शुरुआत से देश भर में उल्लास की लहर फैल गई है। ■

अविश्वास प्रस्ताव नाकाम

राजनैतिक उलट-फेर भी हुआ। पिछले मौकों पर विपक्ष के साथ मत देने वाले झारखंड मुक्ति मोर्चा के छह सांसदों में से एक कृष्णा मरांडी सदन में नहीं थे। बाकी पाँच ने सदन में रहते हुए तटस्थता का बटन दबाया। बहुजन समाज पार्टी के तीन सदस्य भी तटस्थ रहे। हैरतअंगेज तटस्थता मुस्लिम लीग के दो सदस्यों की थी। इन्होंने अयोध्या पर सरकार के रवैए से असंतुष्ट होकर वोट नहीं दिया। हालाँकि अभी तक मुस्लिम लीग सरकार का हर मामले में साथ देती रही है।

नई दिल्ली, 17 जुलाई, 1992 : अल्पमत की राव सरकार ने अपने शासन के 393वें दिन पहले अविश्वास प्रस्ताव पर आसान जीत हासिल कर ली। तीन दिन तक चली चर्चा की तरह ही प्रधानमंत्री पी.वी. नरसिंह राव के जवाबी भाषण में भी नया कुछ खास नहीं था। उलटे नीरसता इतनी थी कि उनके समर्थकों को भी सराहने का मौका नहीं मिला। अविश्वास प्रस्ताव पर मतदान के रुख से राजनीति के कुछ पेंच प्रकट हुए हैं। अविश्वास प्रस्ताव के पक्ष में 215 और विरोध में 267 मत पड़े। दस लोकसभा सदस्यों ने सदन में रहते हुए तटस्थता का बटन दबाया।

विपक्ष अपने अविश्वास प्रस्ताव के प्रति ज्यादा गंभीर नहीं था। विहिप की औपचारिकता के बावजूद जनता दल के पाँच, बीजेपी के तीन, शिव सेना के एक, आर.एस.पी. के एक सदस्य अनुपस्थित थे। इनमें से ज्यादातर ने अपनी अनुपस्थिति के बारे में नेतृत्व को बता दिया था। इस कारण राष्ट्रीय मोर्चा, वाम मोर्चा गठबंधन और बीजेपी-शिवसेना गठबंधन के 139 मत होने के बावजूद प्रस्ताव के पक्ष में महज 215 मत थे। विपक्ष के साथ मत देते रहे मजलिस-ए-इत्तेहादुल मुसलमीन के सलाउद्दीन ओवैसी दिल्ली में रहते हुए मतदान में शरीक नहीं हुए।

दूसरी ओर कांगेस को अपने 244, अन्नाद्रमुक के 11, जनता दल (अजित) के चार, तेलुगु देशम (वि) के 6 के अलावा भी मत मिले। अजित सिंह बुखार के बावजूद सरकार बचाने को सदन में थे। वहीं राजनैतिक उलट-फेर भी हुआ। पिछले मौकों पर विपक्ष के साथ मत देने वाले झारखंड मुक्ति मोर्चा के छह सांसदों में से एक कृष्णा मरांडी सदन में नहीं थे। बाकी पाँच ने सदन में रहते हुए तटस्थता का बटन दबाया। बहुजन समाज पार्टी के तीन सदस्य भी तटस्थ रहे। हैरतअंगेज तटस्थता मुस्लिम लीग के दो सदस्यों की

थी। इन्होंने अयोध्या पर सरकार के रवैए से असंतुष्ट होकर वोट नहीं दिया। हालाँकि अभी तक मुस्लिम लीग हर मामले में सरकार का साथ देती रही है।

सबसे विचित्र रवैया समाजवादी जनता पार्टी का रहा। सजपा नेता और पूर्व प्रधानमंत्री चंद्रशेखर ने राव सरकार को देश के लिए विनाशकारी बताया, पर यह बात वे अपने ही दल के बाकी चार सदस्यों को नहीं समझा पाए। इतना अवश्य हुआ कि पहले की तरह चंद्रशेखर सरकार के खिलाफ धुआँधार कर सदन से गायब नहीं थे। उन्होंने अविश्वास प्रस्ताव के पक्ष में मत दिया। बाकी चार अनुपस्थित रहे।

अविश्वास प्रस्ताव पर प्रधानमंत्री का सवा घंटे का भाषण इतना उबाऊ था कि सत्तापक्ष से केवल तीन बार तालियाँ बजीं। एक बार भाषण के लिए प्रधानमंत्री के उठते समय। दो बार बैंक घोटाले पर जार्ज फर्नांडीज के प्रश्न का उत्तर देते समय, शायद पहली बार प्रधानमंत्री को अपने भाषण में कई बार टोका-टाकी झेलनी पड़ी। सबसे ज्यादा शोर तब हुआ, जब प्रधानमंत्री ने कश्मीर में अब तक हुए सभी चुनावों को निष्पक्ष घोषित कर डाला। धारावाहिक टोका-टाकी में बाजी नीतीश (जनता दल) ने मारी। उनकी एक टिप्पणी थी, अफसरों की तरह बोल रहे हैं, नेता की तरह बोलिए।

इस बोरियत के बीच बरबस हँसी के भी कुछ क्षण थे। के.पी. उन्नीकृष्णन (कांग्रेस स) सदन के शायद सबसे वजनी सदस्य हैं। वे देर से आए। उनकी बेंच पर तीन सदस्य पहले से थे। श्री उन्नीकृष्णन बीच में ऐसे घुसे कि मनोहर देवड़ा पिस से गए। उन्होंने उठकर दरवाजे की राह ली।

शायद बोरियत के कारण ही प्रधानमंत्री के मंत्रिमंडलीय सहयोगी बी. शंकरानंद को नींद आ गई। वे प्रधानमंत्री के साथ ही बैठे थे। नीतीश कुमार ने टोका, हम लोग सुन रहे हैं और आपके साथी सो रहे हैं। उमा भारती (बीजेपी) ने श्री शंकरानंद का नाम लिया। हड़बड़ाकर उठे श्री शंकरानंद ने साबित करना चाहा कि वे तो जगे हैं। इस पर प्रधानमंत्री ने हँसते हुए कहा—आपके जैसे श्रोता कहाँ मिलेंगे, इन्हें तो मैं कभी भी सुना लूँगा।

■

कारसेवकों को मनाने की कोशिशें

लखनऊ, 20 जुलाई, 1992 : भारतीय जनता पार्टी ने अदालती फैसले पर अमल के लिए संतों को मनाने के वास्ते वरिष्ठ नेता विजयाराजे सिंधिया को अयोध्या भेजा है। अभी तक साधु-संत और कारसेवकों पर इन कोशिशों का असर नहीं पड़ा है। अयोध्या में आज भी कारसेवा जारी रही और राम चबूतरे के निर्माण का दूसरा दौर शुरू हो गया। इस बीच भारतीय जनता पार्टी ने फैसला किया है कि अगर उसे उत्तर प्रदेश सरकार के इस्तीफे और बर्खास्तगी में से कोई विकल्प चुनना पड़ा तो वह बर्खास्तगी को चुनेगी। मुख्यमंत्री कल्याण

सिंह ने न्यायपालिका का फैसला लागू करवाने की प्रतिबद्धता दोहराई है। अयोध्या में जिला प्रशासन और निर्माण कार्य में लगे लोगों के बीच बातचीत जारी है।

फैजाबाद के जिलाधिकारी आर.एस. श्रीवास्तव ने आज सुबह साधु-संतों से बातचीत कर अदालत के स्टे के पालन का आग्रह किया, लेकिन निर्माण कार्य से जुड़े सभी लोगों ने इसे मानने से इनकार कर दिया। श्री श्रीवास्तव ने बाद में बताया कि 'फिलहाल' इस संबंध में कोई 'सकारात्मक नतीजा' नहीं निकल सका है, लेकिन प्रयास अभी भी जारी है। इलाहाबाद हाईकोर्ट की लखनऊ खंडपीठ ने 15 जुलाई को शिलान्यास स्थल पर चल रहा निर्माण कार्य रोकने के आदेश दिए थे। इसके क्रियान्वयन के लिए उत्तर प्रदेश सरकार ने अगले दिन फैजाबाद जिला प्रशासन को आदेश दिए थे।

आज भारतीय जनता पार्टी के सांसदों और विधायकों ने भी कारसेवा में हिस्सा लिया। पार्टी की एक राय यह भी बनी कि फिलहाल कुछ दिन विवादित 2.77 एकड़ से हटकर कारसेवा हो, पर संतों ने उसे नकार दिया है। विहिप में राजमाता सिंधिया का बड़ा आदर है। इसीलिए उन्हें वहाँ संतों को मनाने भेजा गया है। ताजा स्थिति पर विचार के लिए मंत्रिमंडल के कोर ग्रुप की शाम से बैठक चल रही है।

विजयाराजे सिंधिया को भेज मुख्यमंत्री कल्याण सिंह ने प्रधानमंत्री नरसिंह राव और गृहमंत्री एस.बी. चह्वाण से टेलीफोन पर बातचीत की। उन्हें इस बात की जानकारी दी गई कि पार्टी ने संतों से बातचीत और अदालती आदेश लागू कराने में उनकी मदद लेने के लिए राजमाता को अयोध्या भेजा है। ऐसा शायद यह बताने के लिए किया गया है कि राज्य सरकार हाईकोर्ट के फैसले को लागू कराने की किस हद तक कोशिश कर रही है।

राष्ट्रीय सवयंसेवक संघ भी अब कारसेवा में सीधा कूद पड़ा है। अब तक संघ दूर-दूर रहकर आंदोलन को संचालित कर रहा था। इसे महत्त्वपूर्ण घटना माना जा रहा है। आरएसएस के दो प्रमुख नेता एच.वी. शेषाद्रि और के.एस. सुदर्शन अब अयोध्या में ही निर्माण तक रुके रहेंगे। आज ये दोनों अयोध्या रवाना हो गए। रवाना होने से पहले दोनों ने साफ किया कि मंदिर निर्माण अब किसी भी कीमत पर नहीं रुकेगा।

इस बीच हालात का जायजा लेने आज एक केंद्रीय टीम भी अयोध्या पहुँची। इस टीम में गृह मंत्रालय के दो अफसर, भारत-तिब्बत सीमा पुलिस के दो और सी.आर.पी. एफ. के अफसर थे। इस टीम ने बिना किसी से पूछे मौके का मुआयना किया। टीम के मुआयना करते वक्त कारसेवक टीम के खिलाफ नारे लगाते रहे। इस टीम के यकायक बिना किसी कार्यक्रम के आने और मौका देखने से लगता है कि केंद्र कोई कदम उठाने जा रहा है।

आज बीजेपी और राष्ट्रीय स्वयंसेवक संघ के शिखर नेताओं की यहाँ छह घंटे तक बैठक चली। बैठक में पार्टी अध्यक्ष मुरली मनोहर जोशी, लालकृष्ण आडवाणी, विजयाराजे सिंधिया के अलावा संघ के प्रमुख नेता एच.वी. शेषाद्रि, मुख्यमंत्री कल्याण

सिंह, बिजली मंत्री लालजी टंडन और वित्त मंत्री राजेंद्र गुप्ता ने हिस्सा लिया। बाद में लालकृष्ण आडवाणी और एच.वी. शेषाद्रि भी अयोध्या की ताजा घटनाएँ जानने और विहिप नेताओं से मशविरा करने के लिए अयोध्या चले गए। दीनदयाल शोध संस्थान में सुबह सात बजे से शुरू कर बैठक दोपहर एक बजे तक चली। बैठक में इलाहाबाद हाईकोर्ट के फैसले और कारसेवा के सवाल पर विहिप के अड़ियल रवैए से उपजे हालात पर विचार हुआ। यह भी तय हुआ कि बीजेपी अदालत का फैसला मानेगी।

मुख्यमंत्री कल्याण सिंह ने आज फिर दोहराया कि उनकी सरकार न्यायपालिका के सम्मान के प्रति पूरी तरह प्रतिबद्ध है। उन्होंने कहा कि हमारी सरकार कोर्ट के फैसले को लागू कराने के लिए लगातार प्रयास कर रही है। पर कल्याण सिंह ने यह भी कहा कि वे गोली चलाकर संतों और कारसेवकों का खून नहीं बहाएँगे, क्योंकि इससे उत्तर प्रदेश को ही नहीं, समूचे देश को इसके दुष्परिणाम भुगतान होंगे। मुख्यमंत्री ने चेतावनी दी कि खून-खराबे की यह स्थिति देश के लिए घातक होगी। इसलिए राज्य सरकार समझा-बुझाकर निर्माण रोकने का शांतिपूर्ण समाधान खोजने में लगी है।

राज्य सरकार की चिंता इस वजह से भी बढ़ रही है कि अयोध्या में कारसेवकों का दबाव लगातार बढ़ रहा है। आज सावन का पहला सोमवार होने की वजह से निर्माण स्थल और अयोध्या में कोई 50 हजार लोग इकट्ठा थे। निर्माण स्थल पर स्थिति तनावपूर्ण और बेकाबू होती जा रही है। अशोक सिंघल और विनय कटियार लगातार निर्माण स्थल पर ही रुककर कारसेवकों को नियंत्रित कर रहे हैं। शाम सात बजे तक राजमाता और विहिप नेताओं की अयोध्या में बातचीत जारी थी। पर संतों के रुख से इस वार्त्ता से कोई समाधान निकलता नहीं मालूम पड़ता है। स्थानीय सांसद और बजरंग दल के प्रमुख विनय कटियार ने कहा कि अगर केंद्र जबरिया यहाँ चल रहे निर्माण कार्य को रोकने का कोई प्रयास करेगा तो देश में हिंसा का माहौल पैदा हो जाएगा। अदालत के आदेश के विरोध में आज विश्व हिंदू परिषद से संबंधित लोगों ने प्रस्तावित विरोध दिवस शांतिपूर्ण ढंग से मनाया।

इस बीच शिलान्यास स्थल पर 'राम चबूतरे' के निर्माण का पहला चरण आज सवेरे पूरा कर लिया गया। दूसरे चरण का काम भी तेजी से शुरू हो गया है। निर्माण कार्य में सैकड़ों कारसेवक जुटे हुए हैं। आज सवेरे नौ बजे तक राम चबूतरे को तीन फुट ऊँचा कर दिया गया था। दूसरे चरण में इसे चार फुट और ऊँचा किया जाएगा। चबूतरे का निर्माण सिंचाई विभाग के पूर्व अधीक्षण अभियंता सत्यवीर सिंह की देखरेख में चल रहा है। उन्होंने बताया कि दूसरे चरण का काम एक हफ्ते में पूरा हो जाएगा। अभी तक दस हजार घन फुट कंक्रीट बिछाई जा चुकी है। पिछले चार-पाँच दिनों से इस काम में लगभग पाँच सौ कारसेवक व मजदूर जुटे हुए हैं।

■

संत और हाईकोर्ट आमने-सामने। कोर्ट का आदेश मानने को राजी नहीं

लखनऊ, 21 जुलाई, 1992 : उत्तर प्रदेश के मुख्यमंत्री कल्याण सिंह ने आज प्रधानमंत्री पी.वी. नरसिंह राव से अपील की कि वे अपने स्तर पर साधु-संतों से बातचीत करें और उन्हें हाईकोर्ट के आदेश का पालन करने पर राजी करें। उन्होंने केंद्रीय गृहमंत्री एस.बी. चह्वाण से भी टेलीफोन पर बातचीत की और राज्य सरकार से मशविरा किए बिना राज्य भर में अर्धसैनिक बलों की भारी तैनाती पर कड़ा एतराज किया। अर्धसैनिक बलों की छह कंपनियाँ अयोध्या पहुँच चुकी हैं। राज्य भर में केंद्रीय बलों की 63 कंपनियाँ तैनात की जा चुकी हैं। उत्तर प्रदेश पुलिस ने भी अपने अधिकारियों और कर्मचारियों की छुट्टियाँ रद्द कर दी हैं। केंद्र सरकार की आकस्मिक योजना पर अमल की तैयारियाँ पूरी हो चुकी हैं। जवाब में विश्व हिंदू परिषद ने भी एक आकस्मिक योजना तैयार की है। कारसेवक और साधु-संत आज रात विवादित परिसर में ही रुके रहे। उन्हें अंदेशा था कि केंद्र सरकार रात में अधिग्रहण की कोशिश कर सकती है। उधर साधु-संतों की मनाने की कोशिश नाकाम होने के बाद राजमाता विजयाराजे सिंधिया भोपाल लौट गईं। इस बीच केंद्र सरकार ने राज्यपाल बी. सत्यनारायण रेड्डी को दिल्ली बुलाया है।

मुख्यमंत्री कल्याण सिंह ने संतों को मनाने के लिए प्रधानमंत्री से पहल की अपील की है। गृहमंत्री को भेजी एक चिट्ठी में कल्याण सिंह ने कहा है कि वे हाईकोर्ट के फैसले को मनवाने के सभी संभव प्रयास कर चुके हैं। 'अब आप और प्रधानमंत्री पी.वी. नरसिंह राव अपने स्तर पर साधु-संतों को समझा-बुझाकर हाईकोर्ट का आदेश मानने के लिए राजी करें।' उन्होंने यह भी कहा है कि अयोध्या में इकट्ठा जनसमूह पर बल प्रयोग से सारे देश में हिंसा भड़क सकती है।

हाईकोर्ट का आदेश लागू करने के प्रयासों की जानकारी देते हुए कल्याण सिंह ने अपने पत्र में गृहमंत्री को लिखा कि जिलाधिकारी, पुलिस अधीक्षक और दूसरे अफसरों ने 17 जुलाई को अयोध्या में निर्माण कार्य रोकने के तमाम प्रयास किए। पर वहाँ मौजूद 10-12 हजार साधु-संतों व दर्शनार्थियों में फैली उत्तेजना के कारण यह संभव न हो सका। उन्होंने कहा कि इन प्रयासों के नाकाम होने के बावजूद अधिकारियों ने रात में फिर अयोध्या के प्रमुख साधु-संतों और विशिष्ट व्यक्तियों से संपर्क कर निर्माण कार्य रोकने का प्रयास किया, लेकिन वहाँ जमा लोगों पर बार-बार समझाने का असर नहीं हो रहा है और बल प्रयोग से निर्माण रोकना संभव नहीं है।

मुख्यमंत्री ने पूरे घटनाक्रम की तफसील से जानकारी देते हुए लिखा है कि जब जिला प्रशासन ने 19 जुलाई को अदालती आदेश मनवाने में असमर्थता जताई तो प्रदेश सरकार ने फिर उसी दिन हाईकोर्ट के आदेशों के पालन के लिए फिर निर्देश दिए। उसने कहा कि

जिला प्रशासन अपने प्रयासों को जारी रखे और सरकार को लगातार हालात की जानकारी दी जाए।

गृहमंत्री की भेजी गई दूसरी चिट्ठी में मुख्यमंत्री ने साफ किया कि अयोध्या में राम जन्मभूमि परिसर में बड़ी संख्या में लोगों द्वारा निर्माण कार्य करने के बावजूद कारसेवकों से विवादित ढाँचे की सुरक्षा को कोई खतरा नहीं है। इसके लिए सुरक्षा के पर्याप्त इंतजाम किए गए हैं।

■

राज्यपाल ने कहा, हाईकोर्ट का फैसला लागू करने की इच्छाशक्ति सरकार में नहीं

लखनऊ, 22 जुलाई, 1992 : अयोध्या के सवाल पर उत्तर प्रदेश सरकार घिर गई है। राज्यपाल बी. सत्यनारायण रेड्डी ने अपनी रपट में कहा है कि अयोध्या मसले पर हाईकोर्ट का फैसला लागू करने की इच्छाशक्ति राज्य सरकार में नहीं है। कल केंद्रीय गृह मंत्रालय ने राज्यपाल से इस मुद्दे पर अपनी रपट माँगी थी। मुख्यमंत्री कल्याण सिंह ने चेतावनी दी है कि राज्य सरकार की बर्खास्तगी की हालत में उत्तर प्रदेश में कश्मीर और पंजाब जैसे हालात बन सकते हैं। मुख्यमंत्री ने आज एक बयान में कहा कि राज्य सरकार हाईकोर्ट के आदेश को मनवाने के लिए निरंतर साधु-संतों से संपर्क बनाए हुए है। ऐसे में केंद्र राज्य सरकार पर बेवजह दबाव डाल रहा है। उधर अयोध्या में ऐसी अटकलें लगाई जा रही हैं कि केंद्र सरकार किसी भी क्षण निर्माण कार्य रुकवाने के लिए कार्रवाई कर सकती है। वहाँ अब तक सुरक्षा बलों की 12 कंपनियाँ पहुँच चुकी हैं।

बदलते हालात में आज मुख्यमंत्री कल्याण सिंह ने पैंतरा बदला, जिस जगह को राज्य सरकार अब तक 'चबूतरा' कह रही थी, उसे आज मुख्यमंत्री ने 'मंदिर' कहा। अपने बयान में मुख्यमंत्री ने कहा, "ऐसा लगता है कि केंद्र सरकार आकस्मिक योजना के तहत ताकत के जरिए मंदिर निर्माण रोकने का फैसला कर चुकी है।

आज चौदहवें दिन भी अयोध्या में कारसेवा जारी रही। आज विश्व हिंदू परिषद के बड़े नेता निर्माण स्थल पर नहीं थे। सी.आर.पी.एफ. के आईजी के नेतृत्व में केंद्रीय सुरक्षा बलों के अफसरों की एक टोली आज राज्य के पुलिस महानिदेशक से मिली। इस अफसरों ने अयोध्या और राज्य के दूसरे हिस्सों में हो रही गतिविधियों की जानकारी ली। अनिश्चितता के इस दौर में आज राज्य सरकार पूरी तरह ठहर गई। सरकार की बर्खास्तगी का अहसास पूरे मंत्रिमंडल को हो गया है। भारी संख्या में अर्धसैनिक बलों के अयोध्या कूच की खबर से आज कारसेवकों में भी तमाशबीनों की कमी रही। सी.आर.पी.एफ. के आईजी एस.सी. चौबे

के मुताबिक सुरक्षा बलों की यह तैनाती रुटीन ट्रांसफर है। पर बाराबंकी, इलाहाबाद और कानपुर में अर्धसैनिक बलों के भारी जमाव की खबर है।

बदलते हालात में आज मुख्यमंत्री कल्याण सिंह ने पैंतरा बदला, जिस जगह को राज्य सरकार अब तक 'चबूतरा' कह रही थी, उसे आज मुख्यमंत्री ने 'मंदिर' कहा। अपने बयान में मुख्यमंत्री ने कहा, "ऐसा लगता है कि केंद्र सरकार आकस्मिक योजना के तहत ताकत के जरिए मंदिर निर्माण रोकने का फैसला कर चुकी है। मुख्यमंत्री ने खेद जताया कि सुप्रीम कोर्ट का फैसला सुने बिना इस योजना के जरिए केंद्रीय गृहमंत्री ने इकतरफा फैसला सुना दिया है। जैसे राज्य सरकार ने हाईकोर्ट के आदेशों की अवमानना की हो।"

मुख्यमंत्री कल्याण सिंह ने राज्य सरकार की बर्खास्तगी के सवाल पर कहा कि असंवैधानिक ढंग से राज्य सरकारों की बर्खास्तगी के बुरे नतीजे केंद्र सरकार कश्मीर, पंजाब और आंध्र प्रदेश में देख चुकी है। इससे पूरे देश में गुस्सा और उन्माद फैला था। कल्याण सिंह ने उम्मीद जताई कि केंद्र राजनैतिक फायदे के लिए ऐसा कदम नहीं उठाएगा। उन्होंने कहा कि हाईकोर्ट के आदेश तभी लागू कराए जा सकेंगे, जब मौके पर हजारों की संख्या में मौजूद साधु-संतों और कारसेवकों को विश्वास में लेकर समाधान ढूँढ़ा जाए। अगर केंद्र सरकार सुरक्षा बलों की ताकत से समाधान ढूँढ़ेगी तो यह खतरनाक होगा।

मुख्यमंत्री ने केंद्र सरकार की तरफ से विवादित ढाँचे को बार-बार मस्जिद कहे जाने पर एतराज उठाया। उन्होंने कहा कि ऐसा कहकर सरकार लोगों को गुमराह कर रही है। इससे जहाँ एक तरफ उत्तेजना फैलती है, वहीं दूसरी तरफ विदेशों में गलत संकेत पहुँचते हैं। असलियत तो यह है कि जहाँ बरसों से रामलला की मूर्तियाँ रखी हों, पूजा-अर्चना अबाध गति से जारी हो, वहाँ क्या कोई मूर्तियों को हटा सकता है? अगर मूर्तियाँ नहीं हट सकतीं तो राष्ट्रहित में उस ढाँचे को मस्जिद की संज्ञा देना लोगों को गुमराह करना होगा।

राज्यपाल की तरफ से राज्य सरकार से अयोध्या की बाबत माँगी गई जानकारी भी आज राज्य सरकार ने उन्हें दिल्ली भेज दी। राज्यपाल फिलहाल दिल्ली में हैं। राज्यपाल को ताजा जानकारी राज्य के मुख्य सचिव वी.के. सक्सेना की तरफ से भेजी गई है।

सुप्रीम कोर्ट की इस हिदायत के बाद कि राज्य सरकार अयोध्या में चल रहे निर्माण को रोके या फिर उसके परिणामों के लिए तैयार रहे, सरकार में अफरातफरी मच गई है। मुख्यमंत्री देर शाम तक अपने सहयोगी मंत्रियों से इस बाबत मशविरा कर रहे थे। मंत्रिमंडल सुप्रीम कोर्ट के इस फैसले से सन्न था। मंत्रियों की राय थी कि या तो अदालत का फैसला मानते हुए निर्माण फिलहाल रुकवा दिया जाए या फिर घोषित तौर पर अदालती आदेशों की अनदेखी कर जनता की अदालत में चला जाए, पर ज्यादातर मंत्रियों की राय अदालत के आदेश मानते हुए कारसेवा रुकवाने की थी। मुख्यमंत्री ने देर रात आरएसएस नेताओं

की बैठक बुलाई है, पर संघ के ज्यादातर नेताओं की राय अब पीछे लौटने की नहीं है। इनका मानना है कि अदालत से बड़ी जनता की अदालत है। हमें फिर इस मुद्दे पर जनता की अदालत में जाना चाहिए।

केंद्रीय सुरक्षा बलों की 12 कंपनियाँ पहुँच जाने से अयोध्या में ऐसी अटकलें लगाई जा रही हैं कि केंद्र किसी भी क्षण शिलान्यास स्थल पर निर्माण कार्य रोक सकता है। हालाँकि सरकारी सूत्रों ने साफ किया है कि ये कंपनियाँ यहाँ पहले से तैनात सुरक्षा बल की टुकड़ियों के स्थान पर बुलाई गई हैं और इन्हें बदलते रहना एक नियमित प्रक्रिया है। सूत्रों ने इस बात का भी खंडन किया कि इन्हें केंद्र में आकस्मिक योजना के तहत यहाँ भेजा गया है।

विश्व हिंदू परिषद के एक प्रवक्ता ने इस पर टिप्पणी करते हुए कहा, 'हम गोलियाँ झेलने के लिए तैयार हैं।' निर्माण कार्य किसी भी हालत में रुकने न पाए, इस बात को ध्यान में रखते हुए विश्व हिंदू परिषद और साधु-संतों ने कारसेवकों को निर्माण स्थल के आस-पास बड़ी संख्या में इकट्ठा होने के निर्देश दिए हैं, साथ ही अब रात को होने वाले निर्माण कार्य के समय भी प्रमुख साधु-संत मौजूद रहने लगे हैं। ये साधु-संत और विश्व हिंदू परिषद के वरिष्ठ नेता गृह-विभाग का यह तर्क मानने के लिए तैयार नहीं हैं कि भेजी गई छह कंपनियाँ सी.आर.पी.एफ. की यहाँ पहले से मौजूद चार कंपनियों के स्थान पर तैनात होंगी।

■

पहले काम रोका जाए, तभी सुनवाई होगी

नई दिल्ली, 22 जुलाई, 1992 : सुप्रीम कोर्ट ने उत्तर प्रदेश सरकार को निर्देश दिया है कि अगर वह अधिग्रहीत जमीन पर मंदिर निर्माण की वैधता का सवाल जल्दी सुलझाना चाहती है तो अयोध्या में जारी निर्माण कार्य फौरन बिना शर्त रोक दे। अदालत ने कहा है कि राज्य सरकार संबंधित पक्षों से बात कर कल तक उसे सूचित करे कि निर्माण रोकने पर समझौता होगा या नहीं।

सुप्रीम कोर्ट ने अयोध्या में भूमि अधिग्रहण की वैधता और दूसरे-संबंधित मुद्दों का निपटारा करने के लिए एक बड़ी खंडपीठ की स्थापना की पेशकश भी की है, लेकिन इस शर्त पर कि राज्य सरकार को अयोध्या में चल रहा निर्माण कार्य रोकना होगा। अदालत का कहना था कि इस मसले को जल्दी-से-जल्दी, एक ही बार में और हमेशा के लिए सुलझाना जरूरी है। राज्य सरकार के वकील के.के. वेणुगोपाल ने कहा कि वे राज्य सरकार, मुख्यमंत्री कल्याण सिंह और संभवत: विश्व हिंदू परिषद से बात कर कल उनके रुख की जानकारी अदालत को देंगे।

न्यायमूर्ति एम.एन. वैंकटचलैया और न्यायमूर्ति जी.एन. राय की खंडपीठ ने श्री वेणुगोपाल की इस बात से सहमति जाहिर की कि समस्या की जड़ भूमि अधिग्रहण की वैधता का विवाद है, क्योंकि कुछ पक्षों का दावा है कि अधिग्रहीत जमीन नजूल और वक्फ की है, जिसका अधिग्रहण नहीं किया जा सकता। अदालत ने कहा कि इस विवाद का फौरन निपटारा किया जाना चाहिए, लेकिन निर्माण कार्य रुके बिना यह संभव नहीं है। ऐसा होने पर सुप्रीम कोर्ट उत्तर प्रदेश सरकार के किसी प्रस्ताव को महत्त्व नहीं देगा। न्यायमूर्ति वैंकटचलैया ने साफ किया कि भूमि अधिग्रहण के मामले को तेजी से सुलझाने की पेशकश का यह अर्थ नहीं लगाया जाना चाहिए कि अदालत राज्य सरकार के साथ कोई सौदेबाजी करने जा रही है। हम चाहते हैं कि अदालत के तमाम आदेशों का पालन हो। लेकिन अगर ऐसा नहीं किया गया तो हम जानते हैं कि इनका क्रियान्वयन कैसे कराया जाए, लगभग दो घंटे की सुनवाई के दौरान उन्होंने कहा।

श्री वैंकटचलैया ने कहा कि हमारे जैसे धर्मनिरपेक्ष और बहुलवादी समाज में सभी मुद्दे संवैधानिक तौर-तरीकों से सुलझाए जाने चाहिए, लेकिन अयोध्या की घटनाओं से संविधान की अवज्ञा हो रही है। इस मामले में शामिल एक पक्ष के दुराग्रह से अदालत को लगता है कि अब और ऐसे आदेश दे पाना संभव नहीं है, जिनका पालन कराया जा सके। सुनवाई के दौरान न्यायमूर्ति वैंकटचलैया ने टिप्पणी की—संविधान मंदिर तोड़ने की इजाजत किसी को नहीं देता, भले ही वह कोई भी हो। राज्य सरकार के वकील श्री वेणुगोपाल ने कहा कि अदालत के आदेशों का जानबूझकर उल्लंघन नहीं किया जा रहा और न ही विवादास्पद स्थान पर कोई स्थायी ढाँचा खड़ा किया गया है।

न्यायमूर्ति वैंकटचलैया ने एक मौके पर सवाल उठाया, 'मंदिर बनाने पर किसे एतराज हो सकता है। मुझे नहीं लगता कि कोई मुस्लिम अयोध्या में राममंदिर बनाने पर आपत्ति करेगा। आपत्ति केवल विवादास्पद ढाँचे को ढहाने के मुद्दे को लेकर है।' उन्होंने कहा कि मंदिर बनाना किसी भी तरह से गलत नहीं है, तो फिर यह काम गलत तरीके से क्यों किया जा रहा है। श्री वैंकटचलैया ने कहा कि राज्य सरकार द्वारा अधिग्रहीत भूमि को लेकर अदालत का आदेश एकदम साफ है। इसे न तो हस्तांतरित किया जा सकता है और न ही उस पर स्थायी निर्माण किया जा सकता है, लेकिन राज्य सरकार ने अधिग्रहीत जमीन पर कुछ और लोगों को ढाँचा खड़ा करने की इजाजत दे दी है।

उन्होंने कहा, अदालत कल तक इंतजार करेगी कि उत्तर प्रदेश सरकार इस पेशकश और बिना शर्त निर्माण बंद करने के बारे में सभी संबद्ध पक्षों से बातचीत कर ले। अदालत इसके बाद ही आदेश जारी करेगी। अगर काम बंद नहीं होता है तो अधिग्रहण के मुद्दे पर जल्द फैसले की अदालत की पेशकश बेमायने हो जाएगी।

■

मंदिर निर्माण टलवाने में जुटे राव

लखनऊ, 22 जुलाई, 1992 : प्रधानमंत्री पी.वी. नरसिंह राव अयोध्या में मंदिर निर्माण कार्य को अस्थायी तौर पर रुकवाने के लिए अनेक स्तरों पर कई माध्यमों से कोशिश कर रहे हैं। इसके लिए बातचीत चल रही है। संभावना है कि संत-महात्मा कुछ शर्तों के साथ काम को कल शाम रोकने का ऐलान कर सकते हैं। वे उसे रोकने के बजाय 'धीमा काम' कहना चाहेंगे।

अयोध्या में निर्माण कार्य को रुकवाने के लिए केंद्र सरकार अगर बल प्रयोग का फैसला करती है तो खून-खच्चर की आशंका है। इससे टकराव का सिलसिला शुरू होगा। पी.वी. नरसिंह राव उसे हर तरह से टालना चाहते हैं। हाईकोर्ट के आदेश और सुप्रीम कोर्ट के निर्देश को लागू कराने के लिए वहाँ काम को रोकना जरूरी है। राज्य सरकार संतों और महात्माओं को समझाने का प्रयास कर रही है। दूसरी तरफ मुस्लिम भावनाओं का आदर करने और अदालत की मर्यादा का पालन कराने के लिए गैर-बीजेपी दलों का दबाव है कि केंद्र राज्य सरकार को बर्खास्त करे।

राष्ट्रीय एकता परिषद की बैठक के बाद सुप्रीम कोर्ट के फैसले का केंद्र इंतजार कर रहा है। इस दौरान बीजेपी नेता लालकृष्ण आडवाणी और संघ के सरकार्यवाह शेषाद्रि लखनऊ होकर आए हैं। बीजेपी के नेता सीधे इस विवाद में नहीं कूदे हैं। केंद्र अगर राज्य सरकार को बर्खास्त करेगा तो वे सत्याग्रह करेंगे।

आज प्रधानमंत्री ने बीजेपी नेताओं—लालकृष्ण आडवाणी, अटल बिहारी वाजपेयी, डॉ. मुरली मनोहर जोशी और राजमाता विजयाराजे सिंधिया से बात की। प्रधानमंत्री ने उनसे निर्माण काम रुकवाने की अपील की। वे यह कई बार कह चुके हैं। राष्ट्रीय एकता परिषद में पी.वी. नरसिंह राव ने चेतावनी के तौर पर कहा था कि अगर सुप्रीम कोर्ट के फैसले के बाद निर्माण कार्य नहीं रुकता है तो मानेंगे कि वहाँ संविधान की व्यवस्था विफल हो गई है। उसमें संकेत साफ था कि 'केंद्र राज्य सरकार को बर्खास्त करेगा।'

केंद्र सरकार संविधान के अनुच्छेद 249, 256, 356 के तहत कदम उठा सकती है। केंद्र सरकार 256 के तहत राज्य सरकार को निर्देश दे सकती है। उस पर अमल कराने के लिए वह अगले कदम के बतौर राज्य सरकार को बर्खास्त करेगी। 249 के तहत राज्य सूची के विषय को अपने अधीन कर संसद से केंद्र कानून बना सकता है। यह संवैधानिक उपाय है, लेकिन अयोध्या विवाद में भावनाएँ शामिल हैं।

प्रधानमंत्री कोशिश में लगे हैं कि हिंदू-मुस्लिम आस्था को आहत किए बगैर रास्ता निकले। कांग्रेस में भी उन पर दबाव बढ़ा है। राजनैतिक मामलों की मंत्रिमंडलीय समिति में प्रधानमंत्री अकेले हैं। कार्यसमिति में भी उन पर दबाव कल बहुत था। इसके बावजूद प्रधानमंत्री बातचीत से रास्ता निकालने की हर कोशिश कर रहे हैं। पेजावर मठ के स्वामी

विश्वेसर तीर्थ प्रधानमंत्री की ओर से अयोध्या गए थे। वे वहाँ से लौट आए। उन्होंने अयोध्या में निर्माण के नेताओं से बातचीत की।

प्रधानमंत्री से बातचीत के बाद देर शाम को बीजेपी और संघ के नेताओं में मशविरा हुआ। केंद्र सरकार सुप्रीम कोर्ट में पक्ष में नहीं है। अगर केंद्र सरकार अयोध्या विवाद को सुप्रीम कोर्ट में लाने की पहल करती है तो धीमे काम की शर्त पर निर्माण रोकने की संभावना पर बातचीत चल रही है। बीजेपी नेताओं ने प्रधानमंत्री से पूछा भी कि उनके पास ठोस सुझाव क्या है?

अगर बातचीत से कोई रास्ता नहीं निकला तो निर्वाचित राष्ट्रपति डॉ. शंकर दयाल शर्मा को संभवत: पहला काम यही करना पड़े कि वे उत्तर प्रदेश की बीजेपी सरकार को बर्खास्त कर दें। वैसी स्थिति में कांग्रेसी विधायकों के सुझाव को ध्यान में रखकर विधानसभा को निलंबित रखा जाएगा। उस फैसले से टकराव का दौर शुरू होगा। केंद्र ने टकराव के मद्देनजर अनेक एहतियाती कदम उठाए हैं। उत्तर प्रदेश में अयोध्या, मनकापुर और सेमर डामा में केंद्रीय रिजर्व पुलिस की छह कंपनियों को भेजा जाना एक कदम है। दूसरी तरफ बीजेपी ने सत्याग्रह के लिए निर्देश दे रखा है।

■

अदालती आदेश लागू होगा, कारसेवा भी होगी तो अब लक्ष्मण के मंदिर पर चलेगी कारसेवा

अयोध्या, 24 जुलाई, 1992 : अयोध्या पर विश्व हिंदू परिषद ने अपनी रणनीति बदल ली है। कारसेवा के पहले चरण के बाद सोमवार से कारसेवा की जगह बदल जाएगी। पहले चरण में निर्माण स्थल पर छह फीट ऊँचा चबूतरा बनाना है, उसके बाद कारसेवा मंदिर परिसर के दक्षिण-पश्चिम कोने पर स्थिति शेषावतार (लक्ष्मण) मंदिर में होगी। यह स्थान अधिग्रहीत 2.77 एकड़ जमीन से बाहर है। ऐसा करने से अदालती आदेश भी लागू हो जाएँगे और कारसेवा भी जारी रहेगी।

विहिप और संतों की यह राय प्रधानमंत्री नरसिंह राव से बातचीत के बाद बनी है। प्रधानमंत्री से बात के बाद संत आज अयोध्या लौट आए, पर विश्व हिंदू परिषद के महामंत्री अशोक सिंघल अभी दिल्ली में ही हैं। वे प्रधानमंत्री के साथ हुई बातचीत का लिखित ब्योरा लेकर आएँगे। प्रधानमंत्री की तरफ से जो कुछ लिखित मिलेगा, उसी पर कल अयोध्या में संत विचार करेंगे और औपचारिक फैसले का ऐलान किया जाएगा। यह ऐलान शनिवार की रात तक हो जाएगा, इस बीच निर्माण स्थल पर जारी कारसेवा का पहला चरण भी पूरा हो जाएगा।

विश्व हिंदू परिषद कारसेवा के लिए उन गाँवों का आह्वान कर रही है, जहाँ से राम शिलाएँ 1989 में अयोध्या भेजी गई थीं। विनय कटियार ने आज कहा कि हम चाहेंगे कि इन गाँवों से लोग आकर अपनी-अपनी शिलाएँ रखें, क्योंकि अब रामशिलाओं को लगाने का समय आ गया है। मालूम हो कि रामशिलाएँ 1989 में देश के हर गाँव से समारोहपूर्वक मंत्रों से अभिषेकित और पूजित होकर अयोध्या पहुँची थीं।

अयोध्या में आज भी कारसेवा जारी रही। प्रस्तावित मंदिर के चबूतरे के साथ ही विवादित ढाँचे के सामने कँटीली बाड़ से लगी एक तीन फीट चौड़ी दीवार भी बननी शुरू हुई, ताकि ढाँचा खुदाई से खिसके नहीं। यह दीवार विवादित ढाँचे की सुरक्षा के लिए बन रही है। सर्वदेव अनुष्ठान में रुद्रपाठ कर रहे छह सौ भक्तों के अलावा रामरक्षा स्रोत, विष्णुसहस्रनाम, श्रीहनुमान वाहुक और हनुमान चालीसा का निरंतर पाठ हो रहा है। श्रीनारायण कवच और दुर्गा सप्तशती का अनुष्ठान भी शुरू हो गया है। वहीं पर दूसरे पंडाल में आर्यसमाज का चतुर्वेद परायण यज्ञ और प्रज्ञापरिवार गायत्री जाप भी चल रहा है। ये सारे अनुष्ठान अभी 40 दिन और चलेंगे।

प्रधानमंत्री से बात कर लौटे महंत नृत्यगोपालदास का कहना है कि कारसेवा जारी रहेगी, पर जगह बदल सकती है। तो क्या कारसेवक इसके लिए तैयार होंगे? इस सवाल पर नृत्यगोपालदास ने कहा, 'सेना का काम है सेनापति के आदेश का पालन।' अब शेषावतार मंदिर, जो मंदिर परिसर में ही बनेगा, पर कारसेवा शुरू होगी। शेषावतार लक्ष्मण को कहते हैं। यह उन्हीं का मंदिर होगा। यह मंदिर राज्य सरकार द्वारा अधिग्रहीत 2.77 एकड़ भूमि से बाहर पड़ता है। इस मंदिर का शिलान्यास पिछले महीने हो चुका है। विनय कटियार कहते हैं, इस मंदिर की कारसेवा कल ही शुरू होनी थी, पर मजदूरों के अभाव में नहीं हो पाई। जल्दी ही शुरू होगी।

नृत्यगोपाल दास और दूसरे संत प्रधानमंत्री से हुई बातचीत से प्रभावित हैं। पर साथ ही यह भी कहते हैं कि इस बातचीत का क्या अर्थ, जब तक लिखित में कुछ न हो। पर उन्हें उम्मीद है कि प्रधानमंत्री समस्या सुलझाना चाहते हैं। नृत्यगोपाल दास कहते हैं कि प्रधानमंत्री से हुई बातचीत में उन्होंने कारसेवा न रोक पाने की लाचारी बताई। इस पर प्रधानमंत्री का कहना था कि ठीक है, कारसेवा के लिए बहुत जगह बाकी है। कारसेवा की मौजूदा जगह पर थोड़े दिन काम बंद रखें। तब तक सुप्रीम कोर्ट अधिग्रहण के मामले को निपटा देगा। बाकी बचे सभी मुकदमों को सुप्रीम कोर्ट की विशेष पीठ को सौंप जल्दी फैसला काराया जाएगा।

इस बीच आज खुदी हुई जगह पर दीवार बनाने के लिए थोड़ी और खुदाई हुई। इस खुदाई में 20 फीट नीचे दीवारें मिलीं। पुराविद् डॉ. एस.पी. गुप्ता की देखरेख में हो रही इस खुदाई में मिली दीवार की ईंटें 9वीं और 10वीं शती की हैं। डॉ. गुप्ता के मुताबिक इन ईंटों की बनावट और मोटाई मुगलकाल से पहले की है, क्योंकि मुगलकाल

में लखौरी ईंटों का प्रयोग होता था। जबकि ये ईंटे उनसे चार गुनी बड़ी हैं, फिलहाल अयोध्या में साधु-संत और कारसेवकों को कल अशोक सिंघल के आने का इंतजार है। ■

सोमवार से कारसेवा रुकेगी

नई दिल्ली, 24 जुलाई, 1992 : सोमवार से अयोध्या में विवादित स्थल पर निर्माण रोक दिया जाएगा। यह प्रधानमंत्री पी.वी. नरसिंह राव की अपील का असर होगा। उन्होंने पूरे विवाद को एक समय सीमा में हल करने का संतों को भरोसा दिया है। वे टकराव टालने में सफल हो गए हैं।

प्रधानमंत्री पी.वी. नरसिंह राव ने संत-महात्मा समूह को कल बातचीत में जो आश्वासन दिए, उन्हें आज एक अपील में रूपांतरित कर दिया गया है। उस अपील का अयोध्या में इंतजार हो रहा है। विश्व हिंदू परिषद के महामंत्री अशोक सिंघल उसे लेकर रात में अयोध्या रवाना हो गए। उस अपील के आधार पर कारसेवा को विवादित स्थल पर रोकने का कल फैसला किया जाएगा।

प्रधानमंत्री की अपील कल की बातचीत का अगला हिस्सा है। उनकी अपील आज देर शाम को जारी की गई। वह 14 पंक्तियों की है। उसमें कहा गया है कि संतों-महात्माओं से प्रधानमंत्री की कल सौहार्द के वातावरण में बातचीत हुई। ऐसा लगा कि वे (संत) अयोध्या विवाद का शांतिपूर्ण हल चाहते हैं। वे पूरे विवाद को एक समय सीमा में हल करने के हिमायती हैं। प्रधानमंत्री ने उनसे अपील की कि वे अधिग्रहीत जमीन पर निर्माण कार्य रुकवाएँ, क्योंकि वह अदालत के आदेश का उल्लंघन है। उस जमीन पर कारसेवा हो रही है। इसके मद्देनजर प्रधानमंत्री ने अपील की कि संत समूह पहले कारसेवा रुकवाए, ताकि विवादित ढाँचा वगैरह के मसले का एक समयावधि में हल ढूँढ़ा जा सके।

संत समूह से बातचीत औपचारिक थी। उसमें विश्वास का एक रिश्ता बना। प्रधानमंत्री के सकारात्मक दृष्टिकोण से संतों को यकीन हुआ कि वे विवाद को हल कराने में दिलचस्पी लेंगे। इस विवाद के तूफानी दौर में पी.वी. नरसिंह राव चौथे प्रधानमंत्री हैं। पहले तीन प्रधानमंत्री जहाँ नाकामयाब रहे, वहीं से पी.वी. नरसिंह राव ने शुरुआत की है।

प्रधानमंत्री की अपील कल की बातचीत को अमलीजामा पहनाने के लिए आधार बनेगी। अयोध्या विवाद के इस दौर में अदालत के आदेश के बाद केंद्र सरकार मंच पर केंद्रीय भूमिका में आ गई। उससे पहले करीब एक साल तक इस सरकार ने अयोध्या विवाद को राज्य सरकार के जिम्मे छोड़ रखा था। 15 जुलाई को अदालत ने अधिग्रहीत

भूमि पर कारसेवा रोकने का आदेश दिया। उसके बाद राजनैतिक दलों और कांग्रेस का केंद्र सरकार पर सीधे हस्तक्षेप के लिए दबाव पड़ा।

केंद्र सरकार कई विकल्पों पर कार्य कर रही थी, लेकिन पी.वी. नरसिंह राव ने बातचीत के विकल्प को पहली वरीयता दी, हालाँकि कांग्रेस में और केंद्रीय मंत्रिमंडल में अन्यथा दबाव बहुत था। पी.वी. नरसिंह राव ने उन दबावों को बेअसर कर बातचीत के रास्ते टकराव को टाला अन्यथा माना जा रहा था कि केंद्र सरकार खूनी टकराव को न्योता देने जा रही है।

■

अयोध्या संकट फिलहाल टला
कारसेवा रुकी, शेषावतार मंदिर पर निर्माण शुरू

अयोध्या, 26 जुलाई 1992 : विश्व हिंदू परिषद और साधु-संतों ने पूर्व घोषणा के मुताबिक आज यहाँ विवादास्पद स्थान पर निर्माण कार्य रोक दिया। अब शिलान्यास स्थल से करीब दो सौ मीटर की दूरी पर शेषावतार (लक्ष्मण) मंदिर पर कारसेवा का नया दौर शुरू किया गया है। यह स्थान विवादित क्षेत्र से बाहर पड़ता है। कारसेवा रोके जाने से अयोध्या विवाद को लेकर उपजे संकट का ताजा दौर फिलहाल टल गया लगता है। इस बीच बजरंग दल ने केंद्र को चेतावनी दी है कि वह अयोध्या विवाद का तीन माह के भीतर निपटारा कर दे।

इस विवाद के तूफानी दौर में पी.वी. नरसिंह राव चौथे प्रधानमंत्री हैं। पहले तीन प्रधानमंत्री जहाँ नाकामयाब रहे, वहीं से पी.वी. नरसिंह राव ने शुरुआत की है।

विहिप और साधु-संतों ने कल घोषणा की थी कि विवादास्पद क्षेत्र में आज (रविवार) शाम चार बजे से कारसेवा रोक दी जाए। लेकिन इसे तय समय से आधा घंटा पहले, साढ़े तीन बजे ही रोक दिया गया। कारसेवा छह फुट ऊँचे राम चबूतरे के निर्माण के लिए की जा रही थी। निर्माण रोकने की घोषणा के समय शिलान्यास स्थल पर हजारों कारसेवक मौजूद थे। बाद में वे सभी शेषावतार मंदिर पहुँच गए। इस बीच दिल्ली से मिली खबरों के मुताबिक सरकार की तरफ से कल संसद में इस मुद्दे पर बयान दिया जाएगा।

विवादित धर्मस्थल के पास राज्य सरकार की अधिग्रहीत 2.77 एकड़ भूमि पर मंदिर के लिए नींव रखने का काम गत नौ जुलाई को शुरू हुआ था। आज निर्माण कार्य में लगे सैकड़ों लोगों की सभा में विश्व हिंदू परिषद के महामंत्री अशोक सिंघल के इशारा करते ही निर्माण कार्य रोक दिया गया। बाद में श्री सिंघल के नेतृत्व में ये सभी लोग गैर-विवादित स्थान पर चले गए। वहीं शेषावतार मंदिर के लिए कारसेवा शुरू कर दी गई।

निर्माण कार्य रोके जाने के समय विवादित धर्मस्थल की सुरक्षा व्यवस्था कड़ी कर

दी गई थी। जिला प्रशासन ने एहतियातन अतिरिक्त सुरक्षा बलों को आस-पास के क्षेत्रों में तैनात किया था। दमकल की कुछ गाड़ियाँ भी मँगाकर रखी गई थीं। फैजाबाद के जिलाधिकारी और वरिष्ठ पुलिस अधीक्षक कुछ दूरी पर बने जन्मस्थान मंदिर की छत पर खड़े होकर निर्माण कार्य रोके जाने का जायजा ले रहे थे। विवादित स्थल से सड़क पार उत्तर दिशा में इसी जन्मस्थान मंदिर के एक भाग में पुलिस का अस्थायी कंट्रोलरूम खोला गया है।

श्री सिंघल ने निर्माण कार्य रोकने के फैसले को उचित ठहराते हुए कुछ स्पष्टीकरण भी दिए। उन्होंने बताया कि यह फैसला प्रधानमंत्री से पिछले शुक्रवार को नई दिल्ली में बातचीत करने वाले जीर्णोद्धार क्रम समिति के साधु-संतों ने लिया है। मंदिर निर्माण समर्थक सभी संगठन और लोग इस फैसले से सहमत हैं। विश्व हिंदू परिषद के महामंत्री ने कहा कि कारसेवा बंद नहीं की गई है, सिर्फ उसका स्थान बदला गया है। उन्होंने शेषावतार मंदिर के लिए निर्धारित गैर-विवादित स्थान और अधिग्रहीत भूखंड को एक ही परिसर बताया। उन्होंने कहा कि इस परिसर में जो कुछ भी हो रहा है, वह श्रीराममंदिर के निर्माण का ही अंग है।

बीजेपी सांसदों—श्रीशचंद्र दीक्षित और विनय कटियार ने भी जनसभा को संबोधित किया। दोनों ने कहा कि साधु-संतों ने विवादित स्थल पर निर्माण रोकने का फैसला रक्षामंत्री के इस आश्वासन पर लिया कि अयोध्या विवाद का सर्वमान्य हल तीन माह के भीतर ढूँढ़ लिया जाएगा। उनका यह भी कहना था कि अगर इस दौरान कोई हल नहीं निकला तो निर्माण कार्य फिर शुरू कर दिया जाएगा। जनसभा से पहले एक प्रेस कॉन्फ्रेंस में श्री सिंघल ने बताया कि मंदिर निर्माण कार्य का दूसरा चरण तय करने के लिए अगले माह मंदिर जीर्णोद्धार क्रम समिति की बैठक होगी। अगले तीन माह के लिए वास्तुकारों की तरफ से तैयार योजना पहले ही मंजूर की जा रही है और शेषावतार मंदिर निर्माण इसी के तहत शुरू किया जा रहा है।

श्री सिंघल ने एक सवाल के जवाब में जोर देकर कहा कि शेषावतार मंदिर का स्थान विवादित नहीं है। उनका कहना था कि यह स्थान उस रामकथा कुंज का हिस्सा है, जिसे बीजेपी सरकार ने इसी साल के शुरू में राम जन्मभूमि न्यास को शाश्वत पट्टे पर दिया था।

उन्होंने माना कि शेषावतार मंदिर का स्थान विवादित धर्मस्थल के इर्द-गिर्द राज्य सरकार की बनवाई दीवार के भीतर है, लेकिन यह दीवार राम जन्मभूमि न्यास को रामकथा कुंज दिए जाने से पहले बनाई गई थी। जब यह पूछा गया कि क्या शेषावतार मंदिर के लिए चुना गया स्थान लक्ष्मणजी का जन्मस्थान है तो श्री सिंघल ने कहा, "प्रमाणपूर्वक तो नहीं कहा जा सकता, पर यह स्थान अजगर टीला या शेषगिरी के नाम से प्रचलित रहा है और वहाँ पहले सुमित्रा भवन नाम का मंदिर था। उन्होंने बताया कि शेषावतार मंदिर के लिए 10 जून को ही भूमि पूजन भी कर लिया गया था। श्री सिंघल ने कहा कि शेषावतार मंदिर की

लंबाई 60 फुट होगी और इसके निर्माण के लिए कारसेवकों को पहले से तय और सीमित संख्या में अयोध्या पहुँचने के लिए कहा जाएगा। विश्व हिंदू परिषद के महामंत्री ने निर्माण कार्य रोकने से कारसेवकों में किसी तरह का असंतोष फैलने की बात को निराधार बताया। उन्होंने कहा कि कारसेवकों ने नौ जुलाई से अब तक जिस धैर्य और संयम का परिचय दिया है, वह सराहनीय है।

प्रेस कॉन्फ्रेंस में विश्व हिंदू परिषद के संयुक्त सचिव आचार्य गिरिराज किशोर और बीजेपी के चार सांसद श्रीशचंद्र दीक्षित, बैकुंठ लाल शर्मा 'प्रेम', विश्वनाथ दास शास्त्री और विनय कटियार भी मौजूद थे। श्री दीक्षित विश्व हिंदू परिषद के उपाध्यक्ष भी हैं।

■

बीजेपी की अंदरूनी राजनीति का अखाड़ा यानी कारसेवा

लखनऊ, 27 जुलाई, 19992 : अयोध्या की कारसेवा में बीजेपी का नफा हुआ या नुकसान, यह तो बाद में पता चलेगा, पर इसमें दो राय नहीं कि कारसेवा बीजेपी की भीतरी राजनीति का अखाड़ा बन गई। कारसेवा को लेकर यह अनुशासित पार्टी बुरी तरह बँट गई और पार्टी की आपसी कलह अपनी ही सरकार को बर्खास्तगी की हद तक ले गई। पार्टी अध्यक्ष मुरली मनोहर जोशी ने संतों और विहिप को अदालती आदेशों को ठेंगा दिखा कारसेवा किसी भी हालत में न रोकने के लिए अंत तक दम भर रखा था। इसके लिए डॉ. जोशी हाईकोर्ट के रोक के आदेश के बावजूद अयोध्या गए और निर्माण जारी रखने की घोषणा की, जबकि इस वक्त तक मुख्यमंत्री कल्याण सिंह संतों से अदालत के आदेश मानने की अपील कर चुके थे। बावजूद इसके डॉ. जोशी ने अपना रवैया नहीं बदला और स्थिति बिगड़ी। ऐन वक्त पर वरिष्ठ नेता लालकृष्ण आडवाणी की सलाह पर मुख्यमंत्री कल्याण सिंह द्वारा प्रधानमंत्री से पहल करने की अपील से मामला सँभला। उन दोनों की राय थी कि सत्ता में रहते राज्य की संवैधानिक मशीनरी को फेल होने देना पार्टी के लिए घातक है।

दरअसल अयोध्या के सवाल पर उत्तर प्रदेश सरकार को फाँसने और अपनी सबसे कट्टर हिंदू तस्वीर उभारने की योजना डॉ. मुरली मनोहर जोशी की थी। कल्याण सरकार से निजी खुन्नस के चलते डॉ. जोशी ने कारसेवा को विस्फोटक बिंदु तक पहुँचा दिया। वस्तुत: यहाँ तक जाने की योजना न तो विश्व हिंदू परिषद की थी, न बीजेपी की। निर्माण रोके जाने के हाईकोर्ट के आदेश के बाद भी डॉ. जोशी खुद कारसेवा के लिए अयोध्या गए। कारसेवा नहीं की, पर निर्माण स्थल पर मौजूद कारसेवकों में भाषण दिया—"अदालत की परवाह नहीं, कारसेवा नहीं रुकेगी।" मकसद साफ था; संतों में मंदिर को लेकर अपनी कट्टर छवि बनाना और दूसरा अगर कल्याण सरकार कारसेवा से हटती है, तो संतों और

कारसेवकों के बीच उत्तर प्रदेश सरकार के बारे में यह बात साबित कराना कि कल्याण सिंह और उनके सहयोगियों में रामभक्ति से बड़ी सत्ता भक्ति है। यही वजह है कि जब राज्य सरकार ने अधिग्रहीत स्थल पर निर्माण शुरू करने से पहले विहिप से बात करनी चाहिए तो बजरंग दल के एक बड़बोले बड़े नेता ने मुख्यमंत्री से कहा, "विवादित ढाँचे की एक ईंट खिसका दूँगा तो लालबत्ती उतर जाएगी।"

तथ्य यह है कि राज्य सरकार द्वारा अधिग्रहीत 2.77 एकड़ पर कारसेवा की कोई योजना नहीं थी। कारसेवा शुरू में ही शेषावतार मंदिर पर होनी थी। उसी कारण दस जून को इस मंदिर का शिलान्यास भी हुआ था, पर यहाँ भी बीजेपी की गुटीय राजनीति से मामला उलझा। राममंदिर के सवाल पर आडवाणी को पीछे ढकेलने की कोशिश में डॉ. जोशी ने बदनीयती से 2.77 एकड़ जमीन पर ही कारसेवा का दम संतों में भर दिया और अपने एक करीबी भानु प्रताप शुक्ल को संतों का हौसला बनाए रखने के लिए अयोध्या में ही रख छोड़ा, ताकि बीजेपी या राज्य सरकार संतों को समझा न पाए।

जब राज्य सरकार ने अधिग्रहीत स्थल पर निर्माण शुरू करने से पहले विहिप से बात करनी चाहिए तो बजरंग दल के बड़बोले बड़े नेता ने मुख्यमंत्री से कहा, "विवादित ढाँचे की एक ईंट खिसका दूँगा तो लालबत्ती उतर जाएगी।"

तभी 15 जुलाई को इलाहाबाद हाईकोर्ट ने निर्माण फौरन रोकने का आदेश दे दिया। राज्य सरकार इस अदालती आदेश पर अपना रवैया साफ कर पाती कि उत्तर प्रदेश में डॉ. जोशी के एक समर्थक महामंत्री ने यह बयान जारी कर दिया, "पार्टी ने कल्याण सरकार को निर्देश दिया है कि वह कानून और व्यवस्था को सर्वोच्च प्राथमिकता दे तथा अदालत की कोई परवाह न करे।" इस बयान के पीछे भी कल्याण सरकार को मुश्किल में डालना एक मकसद था। लखनऊ से छपनेवाले 'स्वतंत्र भारत' ने तो यह तक लिखा कि इसी पार्टी पदाधिकारी ने अखबार वालों को बताया कि 'कल्याण सरकार अगस्त माह का मुँह नहीं देख पाएगी।' हालाँकि उन्होंने इतना और जोड़ा था, "इसे ऑफ द रिकॉर्ड रखिएगा।" यानी भीतरघातियों ने कोई मौका नहीं छोड़ा था।

निर्माण रोकने के अदालती आदेश और कारसेवा के लिए संतों की जिद का गतिरोध डॉ. जोशी के अयोध्या जाने से और बढ़ा, हालाँकि दिल्ली में विहिप अध्यक्ष विष्णु हरि डालमिया के घर पर हुई बैठक के बाद उन्हें संतों को राजी करने अयोध्या भेजा गया था, पर अयोध्या पहुँच डॉ. जोशी ने न सिर्फ उत्तेजक भाषण दिया, बल्कि कारसेवा न रोकने के लिए और अदालत की परवाह न करने की बात कह स्थिति को और उलझा दिया। राज्य सरकार अभी हाईकोर्ट के फैसले पर ऊहापोह की स्थिति में ही थी। हालाँकि मुख्यमंत्री कल्याण सिंह यह खेल समझ गए थे। डॉ. जोशी के अयोध्या पहुँचते ही मुख्यमंत्री कल्याण सिंह ने फौरन हाईकोर्ट के फैसले के प्रति अपनी प्रतिबद्धता जताई। मुख्यमंत्री होने के नाते लगातार वे केंद्र सरकार से कमलनाथ और राजेश पायलट के जरिए संपर्क साधे रहे।

बाद में 20 जुलाई को लालकृष्ण आडवाणी और संघ नेताओं के लखनऊ आने के बाद हाईकोर्ट के फैसले के सम्मान की व्यापक राय बनी, पर बीजेपी अध्यक्ष इस बैठक की राय से सहमत नहीं थे। उनकी दलील थी कि संकट से निकलने के लिए सरकार को इस्तीफा देकर कारसेवा करनी चाहिए, बाद में इसी बैठक में राय बनी कि राजमाता सिंधिया को संतों को कारसेवा रोकने के लिए राजी करने को भेजा जाए, क्योंकि संतों और विहिप में उनका आदर है।

उधर पार्टी के वरिष्ठ नेता आडवाणी की सलाह पर कल्याण सिंह ने केंद्र के प्रति अपना रवैया बदल प्रधानमंत्री नरसिंह राव से अपील की कि राज्य सरकार के साथ प्रधानमंत्री भी संतों और साधु समाज से बातचीत की पहल करें, ताकि अदालत का फैसला मनवाने के लिए उन्हें राजी किया जा सके। इसी अपील से बाद में रास्ता ढूँढ़ा गया। लखनऊ में पाँच घंटे तक चली बैठक में जोशी और आडवाणी की राय साफ तौर पर भिन्न थी। आडवाणी के मुताबिक अदालत का फैसला न मान पार्टी की छवि अदालत और संविधान के प्रति अनास्था की बनेगी, जो घातक है। वहीं डॉ. जोशी का रवैया कुछ ज्यादा ही कट्टर और आक्रामक था। सबसे ज्यादा मुसीबत कल्याण सिंह की थी। अदालत का सम्मान। मंदिर के प्रति प्रतिबद्धता पार्टी के भीतर गरमपंथियों के अनावश्यक दबाव के बावजूद कानून और व्यवस्था की गाड़ी पटरी पर रखने का आग्रह। पार्टी के भीतर गुटीय राजनीति पनपने के बावजूद फिलहाल कल्याण सिंह इन सबसे उबर गए हैं।

■

अगस्त 1992

कल्याण सिंह के खिलाफ असंतुष्ट गतिविधियाँ फिर तेज

लखनऊ, 1 अगस्त, 1992 : अयोध्या विवाद के थमते ही मुख्यमंत्री कल्याण सिंह के खिलाफ असंतुष्ट गतिविधियाँ फिर जोर पकड़ने लगी हैं। पार्टी के एक केंद्रीय नेता के इशारे पर कल्याण सिंह के खिलाफ विधायकों का हस्ताक्षर अभियान फिर शुरू हो गया है। राज्य पार्टी और सरकार के बीच पड़ी इस दरार की जाँच के लिए आज बीजेपी के महासचिव कुशाभाऊ ठाकरे लखनऊ आए। उन्होंने मंत्रिपरिषद और पार्टी पदाधिकारियों से पाँच घंटे तक साझा पूछताछ की। इसी बैठक में असंतुष्टों ने सरकार के कामों की समीक्षा के लिए एक कमेटी भी बनवाई। इस बीच विधानसभा अध्यक्ष केसरी नाथ त्रिपाठी ने विधानमंडल का सत्र बुलाए जाने के लिए मुख्यमंत्री को चिट्ठी लिख दी है। राज्य में यह पहला मौका है, जब विधानसभा अध्यक्ष ने ऐसी माँग की है।

अयोध्या में कारसेवा के सवाल पर मुख्यमंत्री को पार्टी के भीतर जो लोग घेरने की कोशिश कर रहे थे, वही अब विधायकों को न सुने जाने, कार्यकर्ताओं की उपेक्षा, नौकरशाही बेकाबू होने और मंत्रियों के भ्रष्टाचार का सवाल उठाने की कोशिश में हैं। उन्हें आज सफलता भी मिली। पाँच घंटे तक चली हंगामी बैठक के बाद पार्टी के राज्य प्रभारी महासचिव कुशाभाऊ ठाकरे ने वित्तमंत्री राजेंद्र गुप्ता की अध्यक्षता में एक नौ सदस्यीय कमेटी बनाई, जो सरकार के विकास कार्यों और विधायकों की शिकायतों की समीक्षा करेगी। पार्टी अध्यक्ष कलराज मिश्र के मुताबिक सदस्यों की घोषणा बाद में होगी। यह कमेटी संगठन की तालमेल कमेटी के साथ भी तालमेल रखेगी, जिसे पार्टी अध्यक्ष मुरली मनोहर जोशी की शिकायत पर बनाया गया है। संगठन की तालमेल कमेटी महासचिव राजनाथ सिंह के नेतृत्व में बनाई गई है। संगठन और सरकार की इन कमेटियों की बैठक महीने में दो बार होगी। मुख्यमंत्री आवास पर आज बैठी इस पंचायत में राज्य मंत्रिमंडल के सभी सदस्य, पार्टी अध्यक्ष कलराज मिश्र और पदाधिकारी मौजूद थे।

28, 29 व 30 जुलाई को बरेली में राष्ट्रीय स्वयंसेवक संघ की शीर्ष बैठक संघ के सर कार्यवाह एच.वी. शेषाद्रि की अध्यक्षता में हुई थी। इस बैठक में भी मुख्यमंत्री सहित मंत्रिमंडल के सभी सदस्य मौजूद थे। यहाँ भी पार्टी पदाधिकारियों ने संघ प्रमुख से अपनी उपेक्षा का रोना रोया। संघ की इसी बैठक में तय हुआ कि संगठन और सरकार मिल-बैठकर आपस में यह मसला तय करें। दरअसल इस बैठक में कुछ राज्यमंत्री भी मुख्यमंत्री से खफा दिखे। उनके पास न तो कोई काम है, न अधिकार। मुख्यमंत्री की कार्यशैली के कारण अफसर भी नहीं सुनते।

आज की बैठक से ठीक पहले मुख्यमंत्री कल्याण सिंह और पार्टी अध्यक्ष कलराज

पुलिस की टुकड़ी दर्शनार्थियों पर नजर रखती है। ढाँचे की निगरानी उसके जिम्मे है। एक साल पहले वहाँ पहुँचने के लिए घुमावदार तकलीफदेह रेलिंग लगाई गई थी। उसकी जगह नए रास्ते ने ले ली। दर्शनार्थियों को पहले की तरह जाँच-परख से होकर गुजरना पड़ता है, पर पुलिस का रुख बदला हुआ है। वह दर्शनार्थियों की मदद में तैनात की गई लगती है।

करीब 18 दिन तक चली कारसेवा रोक दी गई है। हजारों कारसेवक लौट गए हैं, फिर भी सूनेपन का अहसास नहीं है। सावन के महीने में वैसे भी दर्शनार्थी अयोध्या में बढ़ जाते हैं। उनकी भीड़ बनी हुई है। विवादित ढाँचे की ओर वे भी आते हैं। एक अफसर के मुताबिक सुबह दर्शनार्थियों की लंबी कतार लगती है। अयोध्या में आने वाला हर दर्शनार्थी सबसे पहले राम जन्मभूमि की ओर आने लगा है। यह सिलसिला नया है। 1986 से नया उभार आया है। 1990 के बाद इस स्थान का आकर्षण बढ़ गया है। प्रशासन के अफसर इस बदलाव का बातचीत में जिक्र करते हैं।

राम जन्मभूमि नामक स्थान के लिए आने और जाने के रास्ते अलग-अलग हैं। सुविधा और सुरक्षा के खयाल से ऐसा किया गया है। अयोध्या में विवादित ढाँचा राम जन्मभूमि हो गया है। हनुमानगढ़ी की ओर से आने वाले व्यक्ति की निगाह सबसे पहले एक सरकारी तख्ती पर पड़ेगी। उस पर अंग्रेजी में लिखा है—राम जन्मभूमि टेलीफोन एक्सचेंज। फैजाबाद से अयोध्या की सड़क पर जहाँ से अयोध्या शुरू होती है, वहाँ तीन दिशासूचक पट्ट लगाए गए हैं। एक पट्ट यात्री को बताता है कि राम जन्मभूमि इधर है। दूसरा बताता है कि किधर राम जन्मभूमि मंदिर के कारसेवक ठहरे हैं। तीसरे पट्ट से राम जन्मभूमि मार्ग की जानकारी मिलती है।

विवादित ढाँचे की चौहद्दी में दीवार खड़ी हो गई है। बीते एक साल में यह निर्माण किया गया है। राज्य सरकार उसे सुरक्षा दीवार कहती है। मुख्यमंत्री कल्याण सिंह कहते हैं कि उसे दस फीट और ऊँची कराना है। ज्यादा ऊँचाई वह दीवार सँभाल सके, इसलिए उसे पुख्ता करने का काम चल रहा है। कल दोपहर में ढाँचे के आस-पास सुरक्षा दीवार को पुख्ता करने का काम होता नजर आया। सुरक्षा दीवार असल में ढाँचे की सुरक्षा में समर्थ नजर नहीं आती। अगर उसकी कोई उपयोगिता है तो इतनी है कि एक ढाँचे के चारों ओर की खाली जमीन को वह अहाते में बाँधती है।

उस अहाते में शेषावतार के मंदिर के निर्माण का काम शुरू हुआ है। प्रधानमंत्री पी.वी. नरसिंह राव और साधु-संतों की बातचीत के बाद 26 जुलाई को जीर्णोद्धार समिति ने अधिग्रहीत स्थल पर कारसेवा रोक दी। उसके बाद नैर्ऋत्य कोण पर शेषावतार मंदिर बनाने के लिए प्रारंभिक काम के प्रमाण दिखाई दे रहे हैं। एक जगह कंकरीट और सीमेंट की भराई की गई है। आम आदमी की समझ से वह परे है।

विवादित ढाँचे के सामने तीन स्तरों पर पक्का चबूतरा वह निर्माण है, जिसे लेकर संसद में एक हफ्ते तक हंगामा होता रहा। वह 116 फीट लंबा और 138 फीट चौड़ा है।

मिश्र ने एकांत में एक घंटे बात की। कलराज मिश्र भी आजकल कल्याण सिंह की कार्यशैली से नाखुश हैं। इस बीच राज्य विधानसभा के अध्यक्ष केसरी नाथ त्रिपाठी की उस चिट्ठी से सरकार की मुश्किलें और बढ़ गई हैं, जिसमें उन्होंने लिखा है कि वे फौरन विधानसभा का सत्र बुलाएँ। विधानसभा अध्यक्ष का पत्र 15 जुलाई को मुख्यमंत्री को लिखा गया है। 15 जुलाई को ही असंतुष्ट विधायकों ने एक बैठक कर मुख्यमंत्री के खिलाफ अध्यक्ष कलराज मिश्र से शिकायत की थी। यह पत्र इसी बैठक के बाद लिखा गया। जब मुख्यमंत्री ने इस पत्र पर कोई गौर नहीं किया तो कल यह पत्र लीक करा दिया गया।

बदल गया है राम जन्मभूमि-बाबरी मस्जिद के आस-पास का नक्श

अयोध्या, 1 अगस्त, 1992 : राम जन्मभूमि-बाबरी मस्जिद के आस-पास का माहौ एक साल पहले जैसा नहीं रहा। यहाँ का नक्शा बदल गया है। विवादित ढाँचे की अं पहुँचने के तीन रास्ते हो गए हैं। उनमें एक को राजमार्ग कह सकते हैं। वह नया खुला पहले दो सँकरे रास्ते थे।

यहाँ पहुँचने पर दो दृश्य अपनी ओर ध्यान खींचते हैं। विवादित ढाँचे से थो दूर पर कहीं किसी ओर से खड़े होकर देखिए। ऊबड़-खाबड़ खाली जमीन सामने नजर आ रही है। ऊपर आकाश फैला है। यह नया दृश्य है। इसमें मुक्ति का अहसास है। दूसरा दृश्य भिन्न है। वह विवादित ढाँचे का है। उसकी ओर बरबस ध्यान जाता है। वह अकेले खड़ा है। विवाद का वह मुख्य सवाल है। पहले वह आस-पास की इमारतों से घिरा होता था। अब वह अकेला है, यानी सीधे सवाल वह उछाल रहा है। भावी घटनाएँ उससे जुड़ी हैं।

1990 में शिल स्थल की जिर को मुलायम रातोरात चुपवे कटवाकर हट और जो बाद दी थी, वह छ जगह यों ही ऐसा लगता उसकी कोई नहीं पड़ेगी।

एक साल पहले राम जन्मभूमि-बाबरी मस्जिद के आस-पास जो माहौल था, वह 1949 से चला आ रहा था। केवल दो फर्क गिनाए जा सकते हैं। 1986 में ताला खुला था। 1989 में एक स्थान पर शिलान्यास हुआ था। पिछले साल उस स्थल को पहचाना जा सकता था। अब उसका रूप बदल गया है। उसकी पहचान एक झंडे से गई है। 1990 में शिलान्यास स्थल की जिस छतरी को मुलायम सिंह ने रातोरात चुपवे कटवाकर हटा दिया था और जो बाद में लगा दी थी, वह छतरी एक जगह यों ही पड़ी ऐसा लगता है कि आगे उसकी कोई जरूरत नहीं पड़ेगी।

विवादित ढाँचे के बीचोबीच सालों से हिंदू जाकर दर्शन करता है। वहाँ केंद्रीय

सरकारी तख्ती पर भी राम जन्मभूमि ही लिखा हुआ था। फोटो : राजेंद्र कुमार

उस पर राम जन्मभूमि मंदिर (प्रस्तावित) की सीढ़ियाँ, सिंहद्वार और नृत्यमंडप बनेगा। अदालत को तय करना है कि वह स्थायी निर्माण है या नहीं। उसे देखकर उत्तर प्रदेश सरकार और विश्व हिंदू परिषद के दावे पर यकीन हो सकता है। 9 से 26 जुलाई तक इसी स्थल पर कारसेवा चली। उत्तर प्रदेश सरकार की ओर से अधिग्रहीत 2.77 एकड़ जमीन का यह हिस्सा है। हाईकोर्ट ने उस पर पक्के निर्माण को रोका है।

इस स्थान से विवादित ढाँचा थोड़ी दूर पर है। वह ऊँचाई पर है। मंदिर निर्माण के हिसाब से अगर देखें तो कह सकते हैं कि विश्व हिंदू परिषद को अपनी मंजिल की ओर एक कदम बढ़ाने का मौका मिला है, लेकिन उन्हें भी मालूम है कि मंजिल दूर है।

■

मंदिर को वैध बताने के लिए अवैध खुदाई क्यों?

लखनऊ, 13 अगस्त, 1992 : अयोध्या में विवादित स्थल के पास खुदाई में मंदिर होने के जिन सबूतों के मिलने का दावा किया जा रहा है, उसकी वैधता पर सवाल खड़े हो रहे हैं, क्योंकि वहाँ हो रही खुदाई गैर-कानूनी तो है ही, उसमें पुरातात्त्विक उत्खनन की संवैधानिक प्रक्रिया का भी पालन नहीं हो रहा है, यहाँ तक कि इस उत्खन्न की जानकारी राज्य सरकार के पुरातत्त्व विभाग और भारतीय पुरातत्त्व सर्वेक्षण को भी नहीं है, जबकि कोई भी वैध उत्खनन भारतीय पुरातत्त्व सर्वेक्षण की इजाजत के बिना नहीं हो सकता। इन संस्थाओं को भरोसे में लिये बिना विहिप और बजरंग दल के लोग मंदिर के प्रमाण मिलने का दावा कर रहे हैं और पुराविदों व इतिहासकारों का एक गुट इस पर मुहर भी लगा रहा है।

सवाल यह है कि अगर विवादित स्थल के पास मंदिर के प्रमाण भी मिल रहे हैं, तो वहाँ खुदाई इन दोनों विभागों की जानकारी के बिना लुके-छिपे तौर पर क्यों की जा रही है? और अगर सबूत और पुरावशेष मिले भी तो उन्हें वहीं जस-का-तस छोड़ क्यों नहीं दिया गया, ताकि दुनिया देखती और पुरातत्त्व उत्खनन की यही प्रक्रिया भी है। कई स्तर पर उसकी खुदाई होती है। खुदाई में मिले सभी अठारह अवशेषों को रातोरात निकालकर अलग रख दिया गया। चौंकाने वाला तथ्य तो यह है कि इस गैर-कानूनी काम में भारतीय पुरातत्त्व सर्वेक्षण के दो पूर्व निदेशक लगे हैं, जो पुरातात्त्विक खुदाई के जायज तरीकों और संवैधानिक प्रक्रिया से पूरी तरह परिचित हैं।

'द एशिएंट मानोमोंट साइट एंड रिमेन ऐक्ट 1950' के तहत कोई भी पुरातत्त्व खुदाई कोई व्यक्ति, संस्था या सरकार करना चाहे तो उसे राज्य सरकार के जरिए भारतीय पुरातत्त्व सर्वेक्षण से इजाजत लेनी पड़ेगी। भारतीय पुरातत्त्व सर्वेक्षण की सहमति से ही खुदाई जायज मानी जाएगी, जो अयोध्या में नहीं हुई है। विहिप और कुछ इतिहासकारों

के एक गुट ने जाने किस डर या बदनीयती से न तो भारतीय पुरातत्त्व सर्वेक्षण को भरोसे में लिया और न राज्य सररकार को। ऐक्ट के मुताबिक, "अगर ऐसी कोई महत्त्व की जानकारी या सबूत कहीं से उत्खनन में मिलते हैं, तो राज्य सरकार का पुरातत्त्व विभाग या भारतीय पुरातत्त्व सर्वेक्षण विभाग उसे अपने हाथ में लेगा या अपनी देखरेख में आगे का उत्खनन करवाएगा, पर राज्य और केंद्र दोनों के विभागों ने इस मसले पर चुप्पी साध ली। राज्य के पुरातत्त्व विभाग के निदेशक और राज्य की सांस्कृतिक कार्य निदेशक प्रोमिला शंकर दोनों इस मसले पर कुछ भी कहने से इनकार करते हैं। सिर्फ उन्हें इतना पता है कि हमारा विभाग उस खुदाई में कुछ नहीं कर रहा है।"

शुक्रवार को बीजेपी अध्यक्ष मुरली मनोहर जोशी ने एक प्रेस कॉन्फ्रेंस कर विवादित स्थल के पास मिली मूर्तियों और पत्थर के टुकड़ों की तस्वीरें जारी कीं। उन्होंने बताया कि भारतीय पुरातत्त्वीय सर्वेक्षण के पूर्व निदेशकों डॉ. यज्ञदत्त शर्मा, डॉ. के.एम. श्रीवास्तव और आई.सी.एच.आर. के पूर्व निदेशक बी.आर. ग्रोवर ने 18 जून से 23 जुलाई के बीच हुई खुदाई में मिले अवशेषों से साबित किया है कि ये सभी अवशेष 11वीं शती के किसी हिंदू मंदिर के हैं। 22 और 23 जुलाई को डॉ. के.एम. श्रीवास्तव और इलाहाबाद संग्रहालय के पूर्व निदेशक डॉ. स्वराज प्रकाश गुप्ता की निगरानी में कुछ और अवशेष मिले, चबूतरा और दीवार इत्यादि। इन पुरातत्त्वविदों की राय प्रोफेसर बी.बी. लाल की उस समय की राय की पुष्टि करते हैं, जो उन्होंने सन् 1974 से 78 तक विवादित इमारत के पीछे खुदाई के बाद दी थी। डॉ. लाल ने कहा था कि ग्यारहवीं शताब्दी में राम जन्मभूमि स्थल पर ईंटों के आधार-स्तंभ पर रखे पत्थर के खंभों के ऊपर एक विशाल भवन बना हुआ था। उसे सोलहवीं शती के पूर्वार्ध में गिरा दिया गया था। मालूम हो कि डॉ. लाल की इस मान्यता को लोगों ने इसलिए माना कि डॉ. लाल ने उत्खनन की संवैधानिक प्रक्रिया के तहत उत्खनन कार्य किया था।

डॉ. जोशी के मुताबिक ये पुरातात्त्विक सबूत राम जन्मभूमि के इतिहास, साहित्य और परंपरा की पुष्टि करते हैं। मुसलमानों को इस इमारत से अपना दावा छोड़ देना चाहिए, क्योंकि पुरातत्त्वविदों की राय इस मामले में मिल गई है।

■

सितंबर 1992

1992 में ऑल इंडिया मुस्लिम पर्सनल लॉ बोर्ड के अध्यक्ष का इंटरव्यू

मंदिर-मस्जिद का झगड़ा अदालत तय नहीं कर सकती—अली मियाँ नदवी

लखनऊ, 9 सितंबर, 1992 : ऑल इंडिया मुस्लिम पर्सनल लॉ बोर्ड के अध्यक्ष मौलाना सैयद अबुल हसन नदवी (अली मियाँ) भी मानते हैं कि मंदिर-मस्जिद का झगड़ा अदालत नहीं तय कर सकती है। उनका कहना है कि यह धार्मिक मसला है और दोनों तरफ के धार्मिक लोग इसे अदालत के बाहर ही तय करें। इस्लाम के विद्वान और धार्मिक नेता अली मियाँ इस राय के भी नहीं हैं कि अयोध्या की विवादित इमारत को खोदकर देखा जाए और अगर साबित हो कि उसके नीचे मंदिर हैं तो उसे हिंदुओं को सौंपा जाए। अली मियाँ ने 'जनसत्ता' से लंबी बातचीत में आशंका जताई कि अगर ऐसी मिसाल बनी तो तमाम मस्जिदें खोदी जा सकती हैं, जिसके नीचे मंदिर मिलेंगे, क्योंकि मुसलमान जब इस देश में आए तो यहाँ मस्जिदें पहले से नहीं बनी थीं। ज्यादातर मस्जिदें ऐसे ही बनाई गई होंगी।

अली मियाँ नदवी धार्मिक नेता के साथ-साथ भारत में इस्लाम के बड़े विद्वान हैं। उनकी गिनती उदारवादी और सुधारवादी लोगों में होती है। लखनऊ के अरबी विश्वविद्यालय नदवा-तुल-उलमा के वे नाजिम (कुलपति) हैं। इस्लाम और उसके सुधारवादी आंदोलन पर अली मियाँ की दो दर्जन से ज्यादा किताबें हैं। राम जन्मभूमि-बाबरी मस्जिद झगड़े पर उनकी कई दफा प्रधानमंत्रियों से बात हुई है। नरसिंह राव से उनकी तीन बार मुलाकात हो चुकी है। इस विवाद पर उनकी राय साफ है। वे कहते हैं कि केंद्र या राज्य सरकार विवादित ढाँचे का अधिग्रहण नहीं कर सकती है, क्योंकि अधिग्रहण का सिलसिल शुरू हुआ तो रुकेगा नहीं।

अली मियाँ इस राय के हैं कि किसी मस्जिद में कितने ही साल से नमाज न पढ़ी जाए तो इससे उनके मस्जिद होने पर सवाल नहीं खड़ा हो सकता है। अली मियाँ भी विवाद का यही हल मानते हैं कि ढाँचा सुरक्षित रहे और पास में भव्य मंदिर बने। उनसे बातचीत का यही निचोड़ है कि अगर वोटों की चिंता छोड़कर इस मामले में ईमानदारी से पहल हो या इसे धार्मिक नेताओं पर छोड़ दिया जाए तो हल संभव है, पर अली मियाँ इसके खिलाफ हैं कि मस्जिद के आस-पास की खुदाई कर यह साबित किया जाए कि वह मंदिर पर बनी है या नहीं? उनका कहना है कि मस्जिद है तो है, अब इसे साबित क्या करना है। उनसे हुई बातचीत के अंश।

मौलाना अली मियाँ नदवी। फोटो : पवन कुमार

जामा मस्जिद के नायब इमाम अहमद बुखारी और सैयद शहाबुद्दीन, दोनों ने कहा है कि अगर यह साबित हो जाए कि वहाँ मंदिर था तो वे आलिमों की राय लेकर उसे हिंदुओं को सौंप देंगे।

इन पर मैं कोई राय देना नहीं चाहता। यह उनकी जाती राय है। मैं इससे इत्तेफाक नहीं करता। किसी भी मस्जिद की ऐसी टोह लगाना खतरनाक है। अगर ऐसी नजीर पड़ी तो आगे भी रास्ता खुलेगा। हजारों मस्जिदों के नीचे मंदिर निकल सकते हैं। मुसलमान जब भारत में आए तो यहाँ मस्जिदें बनी-बनाई नहीं थीं। मेरी राय में अगर वहाँ मस्जिद है तो उसे साबित करना सिर्फ मुश्किल है, बल्कि उससे गलत मिसाल भी कायम होगी। लोग हमारे मकबरों को भी खोदकर देखना शुरू करेंगे, यह सफर खत्म नहीं होगा और यह तोड़-फोड़ मंदिर और मस्जिद की नहीं, आदमी और नेशन की होगी। मेरी राय में तारीख का उल्टा सफर नहीं करना चाहिए। ऐसा हुआ तो दुनिया खत्म हो जाएगी।

हजारों मस्जिदों के नीचे मंदिर निकल सकते हैं। मुसलमान जब भारत में आए तो यहाँ मस्जिदें बनी-बनाई नहीं थी। मेरी राय में अगर वहाँ मस्जिद है तो उसे साबित करना सिर्फ मुश्किल है, बल्कि उससे गलत मिसाल भी कायम होगी। लोग हमारे मकबरों को भी खोदकर देखना शुरू करेंगे, यह सफर खत्म नहीं होगा और यह तोड़-फोड़ मंदिर और मस्जिद की नहीं, आदमी और नेशन की होगी। मेरी राय में तारीख का उल्टा सफर नहीं करना चाहिए। ऐसा हुआ तो दुनिया खत्म हो जाएगी।

—अली मियाँ नदवी

एक फॉर्मूला यह भी आया है कि अयोध्या का हल संभव है, अगर बाकी मस्जिदों पर विवाद न हो तो?

मैं उसे नहीं मानता। यह कोई सौदा नहीं है, न ही कोई रास्ता है। अगर आप बाबरी मस्जिद पर हमारा हक तसलीम करते हैं तो उसे हमारे पास होना चाहिए।

पर अभी तो यह मसला अदालत में है। अदालत क्या कोई इस पर फैसला कर सकती है?

मैंने प्रधानमंत्री को साफ बता दिया है कि यह मसला अदालत नहीं तय कर सकती। यह झगड़ा अदालत के दायरे से बाहर है, इसलिए इसका फैसला अदालत से बाहर होना चाहिए। फिर मालूम नहीं कि अदालत के फैसले माने जाएँगे कि नहीं। हाँ, अगर बाहर कोई बात नहीं बनती तो अदालत आखिरी रास्ता है, पर अदालत को जल्दी फैसले का वादा कर हिम्मत से काम लेना होगा। देश की चिंता कर इस मसले को जल्दी निपटाना होगा, क्योंकि नेता लोग इसे जल्दी हल होने देना नहीं चाहते हैं।

मान लीजिए, अदालत से ही कोई फैसला हुआ तो क्या इसमें 'शरीयत' बाधक नहीं बनेगी?

शायद नहीं। मुसलमान अब मजबूरी में इसे मान लेंगे, क्योंकि वे इससे ज्यादा कुछ

कर नहीं सकते थे। कुर्बानी दी, सबूत दिया। लड़ाई लड़ी। अब वे और क्या करते। यह समझकर कि उन्होंने अपना फर्ज निभा दिया है। यह फैसला मान लेना पड़ेगा।

यह मसला धार्मिक है या राजनैतिक?

यकीनन धार्मिक मसला है, जिसे राजनैतिक लोग इस्तेमाल कर रहे हैं। मंदिर और मस्जिद तो इस देश में लाखों हैं। पर किसी को कोई परेशानी नहीं है। कहीं झगड़ा नहीं है। इसे ही वोट के खातिर राजनैतिक लोगों ने उलझा दिया है।

किसने इसे सबसे ज्यादा उलझाया है?

(हँसकर) खुदगर्जी ने, यह वो हस्ती है, जो दोनों फिरकों में है और कई दफा मुझसे मिली है। इसी ने इस मसले को सबसे ज्यादा उलझाया है।

अगर यह मसला धार्मिक है तो क्या इसका हल धार्मिक लोग ही निकालेंगे?

जी हाँ, दोनों तरफ के धार्मिक लोगों से ही राय ली जानी चाहिए। ऐसे लोगों को आगे करना चाहिए, जो अभी तक पार्टी न बने हों, पर साथ ही दोनों तरफ के उन लोगों को भी लेना पड़ेगा, जो अभी तक इस आंदोलन में लगे हैं। नहीं तो लोग बनती बात बिगाड़ेंगे। इसलिए जब हमारे इस विवाद के हल के लिए शंकराचार्य से बात की थी तो बाबरी मस्जिद एक्शन कमेटी और राबता कमेटी से बात करने के बाद ही हम कुछ बताने की स्थिति में होंगे, पर मैं जोर दूँगा कि विवाद के निपटारे के लिए जो कमेटी बने, उसमें नेता कम, धार्मिक लोग ही ज्यादा हों। जिन्हें अपने कॅरियर की या वोट के लिए जमीन बनाने की चिंता न हो।

किसने इसे सबसे ज्यादा उलझाया है? (हँसकर) खुदगर्जी ने, यह वो हस्ती है, जो दोनों फिरकों में है और कई दफा मुझसे मिली है। इसी ने इस मसले को सबसे ज्यादा उलझाया है।

केंद्र सरकार क्या विवादित ढाँचे का अधिग्रहण कर इस झगड़े को खत्म कर सकती है?

केंद्र सरकार को उस इमारत के अधिग्रहण का कोई हक नहीं है। यह मामला पेचीदा है। अगर यह सिलसिला शुरू हुआ तो फिर किसी भी चीज का बचना मुश्किल है। फिर तो हमारे मकबरों का भी अधिग्रहण हो सकता है। कोई भरोसा नहीं है। लोकतंत्र में सरकार में पार्टियाँ बदलती रहती हैं। किसी दूसरी पार्टी की सरकार आए और हमारी कुछ दूसरे धार्मिक इमारतों का अधिग्रहण कर ले। यह जोखिम बराबर बना रहेगा। इसलिए हम अधिग्रहण का विरोध करेंगे।

क्या आप इस विवाद के सिलसिले में अंतिम बार 18 अगस्त को प्रधानमंत्री से मिले थे?

हाँ, हमने कह दिया अकीदा और मस्जिद बेची या बदली नहीं जा सकती, न ही कहीं और ले जाई जा सकती है। मस्जिद में जब एक बार नमाज अदा कर दी जाती है, तब से वह खुदा की हो जाती है। खुदा की चीज को हम कैसे किसी को दे सकते हैं।

आपकी राय में फिर इस समस्या का हल क्या है ?

सच्चाई और 'खुलूस' के रास्ते अगर मसले का हल ढूँढ़ने की कोशिश की गई तो हल तो जरूर निकलेगा, बशर्तें हल की फिक्र और धुन हो। दुनिया में ऐसा कोई मसला नहीं है, जिसका हल न निकल सके, पर सियासत और 'पावर' हासिल करने की चिंता छोड़ देश बचाने का खयाल करना होगा। हम चाहेंगे कि मस्जिद बची रहे और कुछ फासले पर मंदिर बने। इसके अलावा और कोई चारा नहीं है।

पर वहाँ तो बयालीस साल से लगातार पूजा-अर्चना हो रही है और कोई साठ बरस से नमाज नहीं पढ़ी गई। कहते हैं 12 बरस जिस मस्जिद में नमाज न पढ़ी जाए तो वह अपनी पवित्रता खो देती है। फिर वहाँ इबादत नहीं हो सकती ?

यह सही नहीं है। मस्जिद मस्जिद रहती है, चाहे कितने ही साल से वहाँ नमाज न पढ़ी जाए। इसमें कोई धार्मिक अड़चन नहीं है। दुनिया की ऐसी तमाम मस्जिदें हैं, जहाँ दशकों से नमाज नहीं पढ़ी गई। बारह साल नमाज न पढ़ी जाए तो मस्जिद इबादत के लायक नहीं रहती, यह जानबूझकर झूठा प्रचार किया गया है।

चार प्रधानमंत्रियों में विवाद के हल के लिए सबसे ज्यादा गंभीर और जिम्मेदार प्रयास किसने किए ?

मैं तो सबकी कदर करता हूँ, पर राजशेखरजी (उनका मतलब चंद्रशेखर से था) ने अच्छे प्रयास किए थे। हालाँकि उन्हें मौका नहीं मिला। नरसिंह रावजी ने मुझसे कई दफा बात की है। वे झगड़े के निपटारे के लिए 'सीरियस' मालूम पड़ते हैं, पर उन पर भी कई तरह के दबाव हैं।

अली मियाँ का कहना है कि देश को बचाने के लिए प्रधानमंत्री को भी दबावों से निकल हिम्मत से काम लेना पड़ेगा। ईमानदारी और समझदारी के साथ ही हिम्मत के साथ वोट की चिंता छोड़नी पड़ेगी और सभी को मिलाकर यह संकेत भी देना होगा कि इस विवाद के हल से किसी भी संप्रदाय की धार्मिक आस्था को मुद्दा बना भविष्य में राजनीति न हो। अवाम से नफरत और खौफ का खात्मा हो। दोनों पक्ष तसल्ली और सब्र से काम लें। फालतू की बयानबाजी से बचें, बल्कि बयानबाजी न करें तो ज्यादा अच्छा है। फारसी का एक पुराना शेर है—

आहिस्ता खराम बल्कि मखराम
जेरे कदयत हजार जान अस्त्।

तुम्हारे कदमों के नीचे हजार जानें हैं, आहिस्ता चलिएगा बल्कि न चलिए तो बेहतर है।

■

अयोध्या विवाद का हल शाहजहाँ के फरमान में

लखनऊ, 20 सितंबर, 1992 : अयोध्या विवाद का हल मुगलकालीन इतिहास के पन्नों में मौजूद है। उन्हें एक व्यक्ति ने खोज निकला है। ऐसे नौ ऐतिहासिक प्रमाण मिले हैं, जिनके आधार पर बाबरी मस्जिद का ढाँचा हिंदुओं को सौंपने का आग्रह सरकार मुसलमानों से कर सकती है। मीर बाकी का पत्थर मुसलमानों को सौंपा जा सकता है। इन ऐतिहासिक प्रमाणों को मानकर हिंदू-मुस्लिम भाईचारे की नींव डाली जा सकती है।

प्रधानमंत्री पी.वी. नरसिंह राव के अयोध्या प्रकोष्ठ को ये ऐतिहासिक प्रमाण पिछले हफ्ते मिले हैं। ये प्रमाण प्रधानमंत्री की कार्ययोजना में मदद के लिए एकत्र किए गए हैं। इन प्रमाणों में राम जन्मभूमि-बाबरी मस्जिद विवाद के हर सवाल के समाधान हैं। 'जनसत्ता' में पिछले दिनों सैयद अहमद बुखारी (नायाब इमाम), जावेद हबीब, सैयद शहाबुद्दीन, मौलाना सैयद अबुल हसन नदवी (अली मियाँ) के इंटरव्यू (23, 26 अगस्त और 10 सितंबर) छपे। उनसे दो धाराएँ उभरती हैं। एक विचार है कि अगर यह प्रमाणित हो जाए कि मंदिर को तोड़कर मस्जिद बनाई गई है तो वे उसे हिंदुओं को सौंप देना चाहेंगे। दूसरा विचार है कि एक बार जो उपासना स्थल मस्जिद बन गया, वह हमेशा मस्जिद रहेगा।

इन्हें एक साथ रख दीजिए। वह मुस्लिम समाज का विचार होगा। राजीव गांधी के जमाने में इन दोनों विचारों के समाधानकारक प्रमाण खोजने की कोशिशें शुरू हुईं। यह खुला रहस्य है कि इस्लामिक देशों से सबूत के कागजात लाने की कोशिश में सरकार की खासी रकम कुछ लोगों ने खर्च की। उस वक्त भी मुसलमानों में से ही कुछ लोग मदद कर रहे थे।

समाधानकारक ऐतिहासिक प्रमाणों में पहला शाहजहाँ के जमाने का है। औरंगजेब ने अपनी सूबेदारी में अहमदाबाद के करीब सरसपुर के चिंतामणि पार्श्वनाथ मंदिर को तुड़वा मस्जिद बनवा दी। औरंगजेब वहाँ 1645 में सूबेदार था। वह अगले साल वापस बुला लिया गया। उसके हटते ही मुल्ला अब्दुल हकीम ने बादशाह शाहजहाँ को लिखित शिकायत भेजी। उनकी शिकायत का आधार इस्लामिक है। शाहजहाँ ने शिकायत को सुना। उसने शादूस्ता खाँ को निर्देश भेजा कि यह उपासना स्थल खाली कराकर हिंदुओं को वापस लौटा दो। इतिहास के विद्यार्थी जानते हैं कि शाइस्ता खाँ बादशाह का रिश्तेदार भी था। उसने आदेश पर कोई कार्रवाई नहीं की। थोड़े दिनों बाद वह मालवा का सूबेदार बना दिया गया। अमदाबाद के सूबेदार गैरत खाँ हुए।

शाहजहाँ ने दूसरा फरमान जारी किया। वह 3 जुलाई, 1648 का है। वह अयोध्या विवाद के संदर्भ में अत्यंत महत्त्वपूर्ण है। उसके चार अंश हैं। पहले हिस्से में फरमान

बताता है कि मंदिर को मस्जिद बनाने की शिकायत आई है। उपासना स्थल को जबरन बदलना इस्लाम के खिलाफ है। इस आधार पर मंदिर को पुनः बनाने का आदेश दिया गया। दूसरे अंश में यह बताया गया है कि पहले आदेश का पालन नहीं हुआ। तीसरे हिस्से में कहा गया है कि बादशाह ने मंदिर को वापस देने का फैसला किया है, ताकि वहाँ हिंदू पूजा कर सकें। आखिर में दो बातों का आदेश है। फकीर और भिखारियों से उसे खाली करा दो। बोहरा वगैरह ने मंदिर की ईंट उखाड़ ली हैं। उनसे वापस कराओ या हर्जाना वसूलो। फरमान में हिदायत है कि उसे फौरन लागू कराओ। चेतावनी है कि आदेश पर घालमेल नहीं हो।

इस फरमान में दूसरी कतार के बीच हाथ से लिखा गया है। पूरा फरमान फारसी में है। बादशाह ने उसमें हाथ से जोड़ा है। शिकायत और उस पर फरमान की छानबीन से तथ्य प्रकट होते हैं। एक यह कि शिकायत एक मुल्ला ने की थी। फरमान से यह साबित होता है कि दूसरे की जमीन पर जबरन मस्जिद बनाना गैर-इस्लामिक है। फरमान इस बात का भी निपटारा कर देता है कि मस्जिद को मंदिर नहीं बनाया जा सकता। मुस्लिम पर्सनल लॉ बोर्ड के फैसले को भी यह गलत ठहराता है। अली मियाँ को इस फरमान से नई रोशनी मिलेगी। यह फरमान मुसलमानों के उन नेताओं को भी झूठा साबित करता है, जो हनीफी कानून के आधार पर दावा करते हैं कि मस्जिद का स्थानांतरण नहीं किया जा सकता। यह फरमान सुन्नी बादशाह शाहजहाँ ने हनीफी कानून के तहत जारी किया था। चिंतामणि पार्श्वनाथ मंदिर एक जौहरी शांतिदास ने 1621 से 1625 के दौरान नौ लाख रुपए की लागत से बनवाया था। वहाँ लोग बोलचाल में उसे नौ लखा मंदिर कहते थे। अली मोहम्मद खाँ ने 'मिराती अहमदी' (गुजरात का फारसी में लिखा इतिहास) ने मंदिर को मस्जिद में बदलने का ब्योरा लिखा है। अली मोहम्मद खाँ मुगलों के आखिरी दीवान थे। फ्रेंच यात्री एम.डी. थेवेनोट ने 1666 में अहमदाबाद की यात्रा की। उसने पार्श्वनाथ मंदिर को मस्जिद बनाने का वर्णन लिखा है।

खलीफा हादी ने अपनी सूबेदारी में मिस्र के तमाम चर्चों को तुड़वा दिया। हारुन जब सत्ता में आए, उन्होंने मौलवियों से मशविरा किया। चर्च तोड़ने के कार्य को गैर-इस्लामिक पाने पर उसने जमींदोज किए गए सभी चर्चों को सरकारी खजाने से बनवाया। अरबी इतिहास-ग्रंथ के दूसरे खंड में 511 पृष्ठ पर यह वर्णन इतिहास में दर्ज है। यह दूसरा प्रमाण है। देवगिरि के कालिका देवल मंदिर का उदाहरण तीसरा है। यह दौलताबाद में है। यह हैदराबाद के निजाम की रियासत में था। अब यह महाराष्ट्र के औरंगाबाद जिले में है। 1948 में निजाम के आदेश से मस्जिद को पुनः मंदिर बनाया गया, जिसे अलाउद्दीन खिलजी के सेनापति मलिक काफुर ने मस्जिद बनवा दिया था। महाराष्ट्र में औरंगाबाद जिले के गजेटियर में उसका वर्णन है।

शाहजहाँ, 1628–1658 तक हिंदुस्तान पर राज करने वाला पाँचवाँ मुगल बादशाह।

निजाम हैदराबाद ने इसी तरह बीयर के चस्मा को सिखों को सौंपा, जिस पर सिख और मुसलमान दोनों अपना धार्मिक हक जता रहे थे। सिखों का तर्क था कि गुरु गोविंदसिंह ने वहाँ साधना की थी, इस कारण वह स्थान उनके लिए पवित्र है। मुसलमानों का तर्क था कि फकीर सईद साहब वहाँ दफनाए गए थे, उन्हें उस जमीन पर कब्जा मिलना चाहिए। निजाम हैदराबाद ने जाँच के बाद उसे सिखों को सौंपा, वहाँ आज विशाल गुरुद्वारा बना हुआ है।

लाहौर के शहीदगंज गुरुद्वारे का मसला मशहूर है। उस सिलसिले में याद दिलाया जाना चाहिए कि लाहौर हाईकोर्ट के फैसले के बाद मुसलमानों ने हनीफी कानून की आड़ नहीं ली। वह फैसला बाबरी मस्जिद के बारे में भी प्रासंगिक माना जाना चाहिए। दुनिया के अनेक देशों में नहर या बाँध के रास्ते में पड़ी मस्जिदों को हटवाने के उदाहरण हैं। मिस्र में आसवान बाँध बनाते वक्त मस्जिदें हटाई गई थीं। पाकिस्तान के लरकाना जिले में नहर बनाते समय मस्जिदों को दूसरी जगह ले जाने के उदाहरण हैं। पांडिचेरी में एम.ओ. फारूकी के मुख्यमंत्रित्व काल में सड़क बनाने के लिए कई मस्जिदें हटाई गईं। चार्ल्स हेमिल्टन के आदेश से हनीफी कानून का अनुवाद हुआ। वह लंदन से 1791 में पुस्तक के रूप में छपाया गया। उस कानून में मस्जिद के स्थानांतरण पर पाबंदी नहीं है।

मंदिर तोड़ने को बेबुनियाद मानने वाले इतिहासकारों का दूसरा सहारा बाबरनामा है, लेकिन वे यह नहीं बताते कि बाबरनामा से 2 अप्रैल, 1528 से 17 सितंबर, 1528 के पन्ने गायब हैं। वे इतिहासकार यह भी अनदेखी करते हैं कि 1526 का पन्ना है, जिसमें जामा मस्जिद (संभल) के बनाने का जिक्र नहीं है।

क्या बाबरी मस्जिद मंदिर को तोड़कर बनाई गई? इतिहासकारों का एक खेमा अपने तर्क को इस आधार पर प्रमाणित करता है कि बाबरी मस्जिद को बनाने में जो पत्थर लगवाया गया, उसमें मंदिर तोड़ने का जिक्र नहीं है। इसे तत्कालीन इतिहास का सबसे बड़ा प्रमाण माना जाता है। इसका खंडन सामने आया है। 1526 में सेनापति हिंदू बेग ने उत्तर प्रदेश के ही एक मंदिर को तुड़वाकर मस्जिद बनवा दी। संभल का वह मशहूर हरि मंदिर था। उस मस्जिद में भी पत्थर लगा है। उस पर लिखा है कि बाबर के आदेश से मस्जिद बनवाई गई, लेकिन उसमें यह कहीं नहीं लिखा है कि मंदिर को तोड़ा गया।

मंदिर तोड़ने को बेबुनियाद मानने वाले इतिहासकारों का दूसरा सहारा बाबरनामा है, लेकिन वे यह नहीं बताते कि बाबरनामा से 2 अप्रैल, 1528 से 17 सितंबर, 1528 के पन्ने गायब हैं। वे इतिहासकार यह भी अनदेखी करते हैं कि 1526 का पन्ना है, जिसमें जामा मस्जिद (संभल) के बनाने का जिक्र नहीं है।

इतिहासकार बाबू लाल सक्सेना के बेटे डॉ. राधेश्याम इलाहाबाद विश्वविद्यालय में अध्यापक हैं। उनका मंदिर आंदोलन से कोई नाता नहीं है। उनकी पुस्तक 'बाबर' 1978 में

छपी। उसमें राम जन्मभूमि मंदिर तोड़ने का वर्णन है। यह भी जिक्र है कि मंदिर के पुजारी श्यामानंद की भी बाकी ने हत्या कर दी थी। नौवाँ प्रमाण हैंस बैकर की पुस्तक 'अयोध्या' में है। वह 1884 में छपी। नीदरलैंड के इस शोध छात्र ने गहरी छानबीन में पाया कि बाबरी मस्जिद मंदिर तोड़कर बनाई गई। ये सारे प्रमाण पूरे ब्योरे के साथ प्रधानमंत्री के अयोध्या प्रकोष्ठ में हैं। उस प्रकोष्ठ का काम प्रधानमंत्री पी.वी. नरसिंह राव के वरिष्ठ सलाहकार नरेश चंद्रा देख रहे हैं।

■

विवादित ढाँचा ढहने के बाद का हाल

1993 मार्च से नवंबर तक की खबरें

विध्वंस और उसके तुरंत बाद घटी घटनाओं की खबरें आपने अभी तक पढ़ीं। अब विध्वंस के करीब तीन महीने बीत चुके थे। सरकार, भारतीय जनता पार्टी, विश्व हिंदू परिषद, बजरंग दल एवं साधु-संत समाज ने अपनी-अपनी रणनीति बना ली थी। इस हिस्से की खबरें उन रणनीतियों की हर परत को खोलेंगी।

अयोध्या में मंदिर बनाने वाले के लिए सरकार ने सरकारी न्यास की पहल की। इसे बनाया भी गया, इस खंड की खबरें उसी पर हैं।

साधुओं ने सरकारी ट्रस्ट नकारा

हेमंत शर्मा
जनसत्ता संवाददाता

अयोध्या, १० अप्रैल। अयोध्या के संतों और धर्माचार्यों ने राम मंदिर के निर्माण के लिए सरकारी ट्रस्ट को नकार दिया है। आज अयोध्या में संत सम्मेलन कर संतों ने अपनी एकता जताते हुए सरकारी ट्रस्ट के प्रयासों की न सिर्फ निंदा की बल्कि यह भी कहा कि जो भी साधु मंदिर और मसजिद एक ही परिसर में बनाने के लिए सरकारी ट्रस्ट में शामिल होगा देश की जनता उसका मुंह काला कर देश के बाहर कर देगी।

छह दिसंबर की घटनाओं के बाद अयोध्या में यह पहला संत सम्मेलन था। इस सम्मेलन में अयोध्या के पांच संतों को छोड़ कर बाकी सभी मौजूद थे। वे पांच संत अब तक रामजन्मभूमि आंदोलन से अलग रहे हैं और इनके सरकारी ट्रस्ट में शामिल होने की चर्चा है। दिगंबर अखाड़े के परिसर में राम जन्म भूमि न्यास मंच की ओर से आयोजित इस सम्मेलन में संतों की उपस्थिति बता रही थी कि रामजन्म भूमि आंदोलन में शुरू से जुड़े संतों में सरकारी ट्रस्ट को लेकर कोई दुविधा नहीं है। सम्मेलन उसी दिगंबर अखाड़े में हुआ था जहां दो रोज पहले सीबीआई ने छापा मारा था।

रामजन्म भूमि न्यास मंच ने मंदिर निर्माण के [illegible] सरकारी ट्रस्ट के खिलाफ संत जागरण अभियान छे[illegible] आज का संत सम्मेलन उसकी शुरूआत था। [illegible] के खिलाफ साधु-संतों ने देशव्यापी अभि[illegible] कल वाराणसी में १३ और १४ को हरिद्[illegible] वृंदावन में, २० से २१ अप्रैल तक दक्षि[illegible] लिए मद्रास में संत सम्मेलन हो रहे हैं [illegible]

२२ अप्रैल को तांत्रिक चन्द्रस्वामी ने अयोध्या में एक यज्ञ आयोजित किया है। इस यज्ञ के जरिए वे सरकारी ट्रस्ट के लिए साधु संतों से संपर्क करेंगे। आज के संत सम्मेलन ने यह भी तय किया कि अगर मंदिर मसजिद एक परिसर में बनाने के लिए यह यज्ञ हो रहा है तो अयोध्या का संत समाज इसका विरोध करेगा। सम्मेलन में कहा गया कि २२ अप्रैल का चंद्रस्वामी का यज्ञ समाज के विभाजन का षड्यंत्र है। सम्मेलन में प्रस्ताव पास कर कहा गया कि संत अब फिर धोखा नहीं खाएंगे। सरकार के बहकावे में न आकर वे अपनी एकता बनाए रखेंगे।

संत सम्मेलन को शक्ति परीक्षण मान राम जन्मभूमि न्यास मंच ने सम्मेलन में संतों की उपस्थिति खासी कर ली थी। सम्मेलन की अध्यक्षता परमहंस वामदेव ने की। सम्मेलन में ज्योतिपीठधीश्वर जगतगुरु शंकराचार्य, वासुदेवानंद सरस्वती, नृत्यगोपाल दास, महंत अवैधनाथ, परमहंस राम चंद्र दास, मुक्तानंद सरस्वती के अलावा अयोध्या के दूसरे प्रमुख संतों में रामविलास वेदांति, अशर्फी भवन के मध्वाचार्य, हनुमान गढ़ी के ऊधवदास, सुग्रीव किला के पुरुषोत्तमा[illegible]र्य, कौशल भवन के कौशल किशोर दास [illegible] अखिलेश्वर दास मानस मार्तंड मंदिर के प्रेमदास महाराज, बजरंगदास महाराज, विश्वमित्र आश्रम के रामशरण दास, कृपाशंकर रामायणी, चौगुजी के महंत राम आसरेदास, साक्षी गोपाल मंदिर के राम कृपाल दास, मौजूद थे। सम्मेलन में विश्व हिंदु परिषद के सचिव महेश नारायण सिंह, सांसद उमा श्री भारती, भी उपस्थित थीं। सम्मेलन से साफ है कि अयोध्या का संत समाज राम जन्म भूमि न्यास मंच के साथ है और मंदिर निर्माण के लिए सरकारी ट्रस्ट के खिलाफ है। इस सम्मेलन के लिए आरएसएस और विश्व हिंदु परिषद ने कड़ी मेहनत की थी। एक-एक मंदिर और मठों में जाकर संतों महंतों से आने का आग्रह किया था।

संत सम्मेलन में छह प्रस्ताव भी पास किए गए। पहले प्रस्ताव में संतों की एकता किसी भी कीमत पर न टूटे इसका जिक्र था। दूसरे प्रस्ताव में मांग की गई थी कि जहां अभी रामलला विराजमान हैं, वहां मंदिर बने और रामजन्म भू[illegible] न्यास मंच को ही मंदिर निर्माण का अधिकार और दायित्व सौंपा जाए। क्योंकि यह न्यास जनता से समर्थित है और पूर्व सरकारों ने इसे अधिकृत किया है। पूर्व की सरकार ने इसी न्यास से शिलान्यास और मंदि[illegible] के [illegible] [illegible] बनवाया था।

मार्च 1993

वाजपेयी चाहते हैं अयोध्या पर संघ पहल करे

लखनऊ, 4 मार्च, 1993 : बीजेपी के शिखर नेता अटल बिहारी वाजपेयी चाहते हैं कि अयोध्या मसले पर आपसी बातचीत की पहल राष्ट्रीय स्वयंसेवक संघ करे। उसकी विश्वसनीयता मुसलमानों में बची हुई है। उसकी पहल से अयोध्या विवाद का ऐसा हल खोजा जा सकता है, जिससे भाईचारे की पक्की नींव रखी जा सकेगी।

श्री वाजपेयी आज 'जनसत्ता' से बात कर रहे थे। उन्होंने 2 फरवरी को लोकसभा में कहा था कि अयोध्या मसले को अदालत से बाहर सुलझाया जाना चाहिए। उनके इस सुझाव का सदन में तुरंत अनेक सदस्यों ने स्वागत किया। उनमें चंद्रशेखर और अब्दुल गफूर भी हैं। श्री वाजपेयी के भाषण में अयोध्या का अंश इस प्रकार था : 'उपाध्यक्ष महोदय, राष्ट्रपति के भाषण में अयोध्या का भी उल्लेख है। मामला सुप्रीम कोर्ट को सौंपा गया है। मैं नहीं जानता कि सुप्रीम कोर्ट ऐसे मामले में निर्णय देना स्वीकार करेगा या नहीं। वह अस्वीकार भी कर सकता है और निर्णय भी दे सकता है। निर्णय एक पक्ष में भी जा सकता है, निर्णय अनिर्णय की स्थिति भी पैदा कर सकता है। क्या यह मामला अभी भी अदालत के बाहर आपस की बातचीत से, सद्भावना से तय नहीं हो सकता?'

उनके इस वाक्य से अनेक संभावनाएँ उभरी हैं। बीजेपी नेता अटल बिहारी वाजपेयी ने यह क्यों कहा? क्या यह वाक्य हिंदू-मुस्लिम संबंधों की पुनर्रचना की आहट देता है, क्या परदे के पीछे की घटनाओं का इसमें संकेत है? छह दिसंबर के बाद आपसी बातचीत का यह पहला सुझाव है। श्री वाजपेयी इस बारे में कहते हैं—'मैंने यह सुझाव व्यक्तिगत तौर पर रखा है। इस बारे में मैंने पार्टी में चर्चा नहीं की। मैं इस पर प्रतिक्रियाएँ देख रहा हूँ। हर वर्ग की ओर से प्रतिक्रियाएँ आ रही हैं।'

वे इस बारे में सवालों से कतरा रहे थे। यह नाजुक मामला जो है। श्री वाजपेयी से बात करने के बाद यह महसूस होता है कि उन्होंने लोकसभा में सोच-समझकर सुझाव दिया था। वे अपने सुझाव का पूरा खुलासा अभी नहीं करना चाहते। कौन पहल करेगा, यह पूछे जाने पर उनके जवाब शुरू होते हैं। वे वर्जना से शुरू कर रहे हैं। छह दिसंबर के बाद यह जरूरी भी है। क्या प्रधानमंत्री को पहल करनी चाहिए? श्री वाजपेयी एक क्षण भी सोचने के लिए नहीं रुकते। उनका साफ कहना है कि प्रधानमंत्री के वश का यह मसला नहीं रहा। अगर सरकार ने पहल की तो बात ज्यादा बिगड़ेगी। क्या विश्व हिंदू परिषद और मुस्लिम नेताओं की बात हो? वे कहते हैं कि जब तक परिषद पर पाबंदी लगी है, तब तक वह कैसे शामिल हो सकती है, उन्होंने कहा कि मैं पुरानी कमेटियों की बातचीत का सुझाव नहीं दे रहा हूँ।

अयोध्या विवाद में हिंदू-मुस्लिम दोनों समुदायों के अच्छे लोग पहल करें, जिनका इससे किसी भी प्रकार का स्वार्थ नहीं है। ऐसे लोग पहल करें, जो सचमुच देशभक्त हैं। क्या ऐसे नाम आप सुझाएँगे? इस सवाल पर वे कहते हैं कि मेरे ध्यान में अनेक नाम हैं। उनसे बात भी हो रही है।

श्री वाजपेयी के नुस्खे के दो हिस्से हैं। पहला यह कि राष्ट्रीय स्वयंसेवक संघ पहल कर मुसलमानों को भरोसा दिलाए। मुस्लिम चाहते हैं कि उन्हें कोई भरोसा दिलाए कि राष्ट्रीय स्वयंसेवक संघ की हिंदू राष्ट्र की कल्पना में उनके मजहब पर कोई आँच नहीं आएगी। उनके साथ समानता का बरताव होगा। मुसलमान याद करते हैं कि बीजेपी शासित राज्य सरकारों के कार्यकाल में दंगे अपेक्षाकृत कम हुए। उन्हें पूरी सुरक्षा मिली थी। इस प्रकार का आश्वासन श्री वाजपेयी के सुझाव का पहला भाग है। वे चाहते हैं कि राष्ट्रीय स्वयंसेवक संघ ऐसी पहलकदमी करे। उनका मानना है कि इस वक्त मुसलमानों में सुरक्षा की चिंता सबसे ज्यादा है। उनके मन में तमाम कोनों से गहरा भय बैठाया गया है कि वे खतरे में हैं। संघ उन्हें भरोसा दिला सकता है कि उन्हें डरने की जरूरत नहीं है।

एक बड़े अभिनेता भी पिछले दिनों वाजपेयी से मिले। वे उनका नाम नहीं बताते, परंतु उनके नाम का अनुमान लगाना आसान है। उन्होंने श्री वाजपेयी से कहा कि मुसलमान अयोध्या में विवादित स्थल पर मस्जिद नहीं चाहता। उनके शब्द हैं—'अगर सरकार ने वहाँ मस्जिद बनवाई तो वहाँ कौए बोलेंगे। लोग नमाज पढ़ने वहाँ नहीं जाएँगे।'

संघ की पहल के बाद दूसरा चरण खुद शुरू हो जाता है। हिंदू-मुस्लिम समाज के बढ़िया लोग सामने आएँ, जो अदालत से बाहर मसले का हल ढूँढ़ें। इस्लाम मजहब के विद्वान मौलाना वहीदुद्दीन खाँ के सुझाव को श्री वाजपेयी सार्थक और साहस की पहल मानते हैं। दिल्ली में श्री खाँ रहते हैं। उन्होंने लिखकर अपना सुझाव पेश किया है। एक बड़े अभिनेता भी पिछले दिनों वाजपेयी से मिले। वे उनका नाम नहीं बताते, परंतु उनके नाम का अनुमान लगाना आसान है। उन्होंने श्री वाजपेयी से कहा कि मुसलमान अयोध्या में विवादित स्थल पर मस्जिद नहीं चाहता। उनके शब्द हैं—'अगर सरकार ने वहाँ मस्जिद बनवाई तो वहाँ कौए बोलेंगे। लोग नमाज पढ़ने वहाँ नहीं जाएँगे।'

छह दिसंबर के बाद मुस्लिम मानस में उथल-पुथल मची है। श्री वाजपेयी बताते हैं कि मुझे अनेक मुस्लिम नेता मिले हैं। बड़ी संख्या में मुस्लिम समुदाय से चिट्ठियाँ आई हैं। उनमें यह भाव व्यक्त किया गया है कि ढहाए हुए ढाँचे की जगह नई मस्जिद बनाना जरूरी नहीं है। उसे कहीं भी बनाया जा सकता है। श्री वाजपेयी कहते हैं कि मुस्लिम मत में बदलाव नजर आ रहा है। वह इस अहसास के कारण है कि राम जन्मस्थान पर राममंदिर बनाने के बारे में हिंदू समाज की भावनाएँ सचमुच गहरी और तीव्र हैं। वे महसूस कर रहे हैं कि इस बारे में हिंदुओं की भावनाओं को ध्यान में रखा जाना चाहिए। मुसलमानों ने यह

भी महसूस किया है कि उनके नेताओं ने गुमराह किया है। उनमें राजनैतिक और धार्मिक, दोनों तरह का नेतृत्व शामिल है।

श्री वाजपेयी मुस्लिम मानस के बदलाव पर कोई टीका करने के बजाय सवाल उभारते हैं। अब यह देखना है कि मुस्लिम मन में आया बदलाव क्या सतही है, क्या वह परिस्थिति के दबाव में है। क्या इस बदलाव की जड़ में यह अहसास भी हो सकता है कि जब हिंदू-मुस्लिम को साथ-साथ रहना है तो भाईचारे की भावना कायम करने के लिए मुसलमान ही बढ़कर क्यों नहीं संकेत दें?

बीजेपी नेता अटल बिहारी वाजपेयी की यह पक्की राय है कि अयोध्या मसले का हल अदालत नहीं दे सकती। वह कानूनी रास्ता दिखा सकती है। उन्होंने कहा कि जिस अयोध्या ने हिंदू-मुस्लिम के बीच गहरी खाई पैदा कर दी है, उसी अयोध्या में भाईचारे की पक्की नींव पड़नी चाहिए। वे कहते हैं कि मेरा निश्चित मत है कि अदालत से अपने पक्ष में फैसला कराने से यह बेहतर तरीका है। उन्हें भरोसा है कि अदालत सबूतों के आधार पर यह फैसला करेगी कि वहाँ मंदिर था। इसके अलावा भी दो विकल्प हैं। अदालत यह भी कह सकती है कि प्रामाणिक प्रमाण नहीं हैं। वह अनिश्चय की स्थिति भी पैदा कर सकती है। अगर अदालत दो टूक राय नहीं देती तो सवाल पैदा होगा कि वहाँ पर कायम मंदिर को क्या कोई सरकार हटा सकेगी?

■

तो मस्जिद अब सहनवा में बनेगी

लखनऊ, 5 मार्च, 1993 : केंद्र सरकार अयोध्या में वहीं मस्जिद बनाने के अपने ऐलान से पीछे हट रही है। सरकार ने मस्जिद को 'पंचकोसी परिक्रमा' के आगे बनाने का इरादा बना लिया है। इसी योजना के तहत फैजाबाद के सहनवा गाँव में 40 एकड़ जमीन के अधिग्रहण की तैयारी हो रही है। आई.बी. सहित केंद्रीय अफसरों की टीम एक पखवाड़े के भीतर सहनवा जाकर मौका मुआयना कर चुकी है। फैजाबाद के जिला प्रशासन ने सहनवा की 40 एकड़ जमीन की नाप-जोख कर उसे चिह्नित कर दिया है। यह जमीन राजस्व दस्तावेजों में मीर बाकी के परिवार के नाम दर्ज है। केंद्र सरकार इसी जमीन का मस्जिद निर्माण के लिए इस्तेमाल करेगी और बनने वाली मस्जिद मीर बाकी की याद से भी जुड़ी हुई है। अपनी इसी योजना के तहत गुपचुप ढंग से कागजी तैयारी पूरी कर ली गई है।

फैजाबाद से चार किलोमीटर दूर सहनवा गाँव मुस्लिम बहुल है। इस गाँव में मीर बाकी की मजार भी है। मीर बाकी बाबर का सिपहसालार था। उसी ने अयोध्या का वह विवादित ढाँचा बनवाया था, जिसे छह दिसंबर को तोड़ा गया। सहनवा में एक मस्जिद मीर बाकी की मजार और मकबरे के साथ पहले से ही मौजूद है। अब इसी सहनवा गाँव में दूसरी मस्जिद बनेगी।

आई.बी. टीम और फिर गृह मंत्रालय के अफसरों की टीम बारी-बारी से सहनवा का दौरा कर चुकी है और केंद्र के निर्देश के बाद ही सहनवा में 40 एकड़ जमीन को चिह्नित किया गया है।

अयोध्या में सात जनवरी को 67 एकड़ जमीन अधिग्रहण करने के बाद केंद्र सरकार के प्रवक्ता ने कहा भी था कि अयोध्या में अभी कुछ और जमीन का अधिग्रहण होगा। कांग्रेस प्रवक्ता चंदूलाल चंद्राकर ने तो साफ तौर पर कहा था कि अयोध्या में 40 एकड़ जमीन का और अधिग्रहण होगा। ये सारे ऐलान इस योजना की भूमिका में थे। छह दिसंबर को अपने इस ऐलान के बाद कि बाबरी मस्जिद का पुनर्निर्माण कराया जाएगा, प्रधानमंत्री मुसीबत में पड़ गए थे। कांग्रेस पार्टी में ऐलान का विरोध शुरू हो गया था। इन्हीं सारी स्थिति पर गौर करते हुए कांग्रेस पार्टी ने बीच का रास्ता निकालते हुए दोबारा मस्जिद के निर्माण की जगह सहनवा तलाशी है।

फैजाबाद की बाबरी मस्जिद एक्शन कमेटी ऐसी किसी भी योजना का खुलकर विरोध कर रही है। कमेटी ने एक बयान जारी कर केंद्र सरकार की तैयारी पर चिंता जताई है। बयान में कहा गया है कि बाबरी मस्जिद शहीद हो जाने के बाद भी हमारी निगाह में वह मस्जिद है। किसी और जगह पर मस्जिद के निर्माण की योजना का मुसलमान विरोध करेंगे। कमेटी ने कहा है, शहीद मस्जिद की जगह पर ही मस्जिद को दुबारा बनाकर प्रधानमंत्री को अपने वायदे को पूरा करना चाहिए।

■

रासुका के लिए बीजेपी नेताओं की सूची तो बन गई है, लेकिन...

लखनऊ, 6 मार्च, 1993 : उत्तर प्रदेश में बड़े पैमाने पर नेताओं की गिरफ्तारी को लेकर पुलिस और प्रशासन में एक राय नहीं बन पा रही है। राज्य पुलिस महानिदेशक ने बीजेपी नेताओं की गिरफ्तारी की जो जिलेवार सूची बनाई है, उस पर राज्य के गृह विभाग की अनुमति नहीं मिल पा रही है। इस संबंध में 15 फरवरी को पुलिस महानिदेशक और मुख्य सचिव की मौजूदगी में सचिवों की एक बैठक हुई थी, पर उसमें प्रशासन का मानना था कि अनावश्यक गिरफ्तारी से बेवजह का तनाव और सुधरे माहौल में टकराव पैदा होगा, लेकिन पुलिस महानिदेशक नेताओं की लंबी सूची पर 'रासुका' लगाने पर डटे हैं। विनय कटियार पर 'रासुका' लगाने के बाद आठ और बड़े नेताओं पर 'रासुका' लगाने के लिए फाइल शासन में अटकी पड़ी है।

जिन बड़े नेताओं पर 'रासुका' लगाने के लिए पुलिस ने जरूरी कार्रवाई की है, उनमें अशोक सिंघल, गिरिराज किशोर, महंत अवेद्यनाथ, साध्वी ऋतंभरा, पुरुषोत्तम नारायण सिंह और कल्याण सिंह हैं। ये सभी नेता छह दिसंबर के बाद अयोध्या कभी-न-कभी गए हैं। पहले चरण की पुलिसिया कार्रवाई पर सिर्फ उन्हीं पर 'रासुका' लगाने की योजना

है, जिन लोगों ने छह दिसंबर के बाद अयोध्या जाकर कुछ भाषण दिए हैं। पुलिस उनके अयोध्या जाने की तारीख पर भाषण दे, सांप्रदायिक उन्माद फैलाने के मुकदमे दर्ज कर रही है। ये सारे मुकदमे पिछली तारीखों में दर्ज हो रहे हैं। पुलिस की इस सूची में शिव सेना के पूर्व विधायक पवन पांडेय भी थे, जिन्हें कल रासुका के तहत फैजाबाद में गिरफ्तार कर लिया गया। बाकी नेताओं की पत्रावली प्रशासन के पास है।

राज्य के मुख्य सचिव टी.एस.आर. सुब्रह्मण्यम लिस्ट बनाकर बीजेपी नेताओं की गिरफ्तारी के खिलाफ हैं। पिछले दिनों एक संवाददाता सम्मेलन में उन्होंने इस बात से इनकार किया कि प्रशासन लिस्ट बनाकर कुछ नेताओं की गिरफ्तारी की तैयारी कर रहा है। उन्होंने कहा था कि राज्य का माहौल इस वक्त बिल्कुल ठीक है। वे किसी की गैरजरूरी गिरफ्तारी के पक्ष में नहीं हैं। उन्होंने यह भी कहा कि अगर ऐसी लिस्ट पुलिस बना रही है तो वे नहीं जानते।

फिलहाल गिरफ्तारियों की आशंका से बीजेपी के लोग बेचैन हैं, पर पार्टी में रज्जू भैया से जुड़े लोग अपने को सुरक्षित महसूस कर रहे हैं। प्रशासन भी ऐसी गिरफ्तारियों से माहौल के बिगड़ने के अंदेशे से चिंतित है।

गृह विभाग द्वारा तैयार किए गए रासुका के आरोप-पत्र कानूनी आधार पर खरे नहीं उतर रहे हैं। विधि विभाग को इस बात पर आपत्ति है। इस कारण विधि विभाग इन गिरफ्तारियों की संस्तुति नहीं कर रहा है। जिन नेताओं पर एनएसए की तैयारी है, उनमें से कल्याण सिंह के अलावा ज्यादातर जमानत पर हैं। दिसंबर के भाषणों के लिए उनकी चार्जशीट ललितपुर के कोर्ट में दाखिल की जा चुकी है।

इन गिरफ्तारियों को लेकर राज्य के पुलिस और विधि विभाग में जबरदस्त खींचतान चल रही है। पुलिस की सूची में सबसे आगे कल्याण सिंह हैं, हालाँकि पुलिस सूत्रों का कहना है कि ऐसे निर्देश उन्हें केंद्र सरकार से मिले हैं। इसलिए पुलिस पूरी तरह से कल्याण सिंह को कानून की गिरफ्त में लेने के जुगाड़ में है। इसलिए सुप्रीम कोर्ट में दिए हलफनामों की बारीकी से जाँच भी हो रही है, ताकि उसमें कोई गलती पकड़ उनके विरोध में आरोप-पत्र तैयार किया जा सके। इसी कशमकश के चलते राज्य के विधि सलाहकार पी.के. सरीन को हटाया जा चुका है। उनसे इन मामले में अनुकूल टिप्पणी माँगी गई थी, पर उन्होंने ऐसा करने के लिए मना कर दिया। नतीजतन ग्यारह फरवरी को उन्हें हटाकर सहारनपुर के जिला जज को नया विधि सलाहकार बनाया गया। ■

सिर्फ राम जन्मभूमि ट्रस्ट का बनाया मंदिर ही होगा मंजूर : आरएसएस

लखनऊ 21 मार्च, 1993 : आरएसएस राम जन्मभूमि न्यास के अलावा और किसी ट्रस्ट से अयोध्या में मंदिर नहीं बनने देगा। संघ के सहकार्यवाह राजेंद्र सिंह 'राज्जू भैया' ने

कहा कि प्रधानमंत्री को इस योजना में सफलता नहीं मिलेगी। हालाँकि वे हाथ-पाँव बहुत मार रहे हैं। प्रतिबंधित संगठन के सह प्रमुख ने कहा कि अगर नरसिंह राव चाहें तो उनके दो-चार संतों को राम जन्मभूमि न्यास में रखा जा सकता है। हमें कोई आपत्ति नहीं होगी। उन्होंने कहा, जहाँ तक स्वरूपानंद का सवाल है, संत समाज में उनकी बड़ी प्रतिष्ठा है। सरकारी साधन या सुविधा लेनेवाले संत की संत समाज में कोई इज्जत नहीं होती। जब 90 में मुलायम सिंह ने इन्हें गिरफ्तार किया तो 500 लोग भी नहीं खड़े हुए थे। राज्जू भैया ने कहा।

रज्जू भैया ने कहा, अयोध्या में राम जन्मभूमि स्थल पर राममंदिर निर्माण हेतु चलाए जा रहे हस्ताक्षर अभियान में पूरे देश में अब तक लगभग आठ करोड़ हस्ताक्षर पूरे हो चुके हैं। आगामी एक सप्ताह में लगभग 10 करोड़ हस्ताक्षर होने की संभावना है। यह अभियान विश्व का सबसे बड़ा मत प्रदर्शन करने वाला हस्ताक्षर अभियान साबित हुआ है। इस अभियान में अब तक साढ़े तीन लाख गाँवों में संपर्क हुआ है।

पाबंदी लगने के बाद रज्जू भैया ने आज लखनऊ में पहली बार प्रेस कॉन्फ्रेंस की। प्रेस कॉन्फ्रेंस उन्होंने आरएसएस के सह सरकार्यवाह की हैसियत से बुलाई थी। इसके बावजूद पुलिस और प्रशासन ने इस पर कोई ध्यान नहीं दिया, बल्कि पुलिस की सुरक्षा में रज्जू भैया ने प्रेस कॉन्फ्रेंस की। उन्होंने कहा, "इस बार की पाबंदी से संघ के कार्यक्रमों पर कोई खास असर नहीं पड़ा है। पाबंदी से हमें कोई कठिनाई नहीं हो रही है। सारे प्रदेश में छह हजार शाखाएँ लगती थीं, वे आज भी लग रही हैं। थोड़ी सावधानी जरूर बरतनी पड़ती है।" उन्होंने कहा, "जहाँ-जहाँ कार्यालय सील किए गए थे। वे भी अब खुल गए हैं। हमारे सारे लोग लगभग छूट गए हैं। प्रतिबंध के बाद हमने सिर्फ सार्वजनिक स्थानों पर शाखाएँ लगाना स्थगित किया है। बाकी कार्यक्रम जारी हैं।"

अयोध्या के बहीद्दीन फॉर्मूले पर सह सरकार्यवाह का कहना था कि इससे रास्ता निकल सकता है, पर इसमें काशी, मथुरा छोड़ने को कहा गया है। विश्व हिंदू परिषद इतनी दफा काशी और मथुरा पर दावा जता चुकी है कि अब उसके लिए इसे छोड़ने का प्रश्न नहीं है, लेकिन काशी और मथुरा पर आरएसएस का क्या रुख होगा? इस पर रज्जू भैया ने कहा, "यह हम बाद में तय करेंगे। पहले हम यह देखेंगे कि अयोध्या पर केंद्र सरकार कैसा बरताव करती है।"

रज्जू भैया ने इस बात से इनकार किया कि अयोध्या में विवादित ढाँचा गिराए जाने की पहले से कोई योजना थी। उन्होंने कहा कि सी.बी.आई. ने कोई दो सौ लोगों से पूछताछ की है और इस मामले पर सरकार ने श्वेत-पत्र भी प्रस्तुत कर दिया है। पर दोनों किसी साजिश या योजना से इनकार करते हैं। रज्जू भैया ने कहा कि देश में मध्यावधि चुनाव होंगे। कांग्रेस की कलह और देश की परिस्थितियों से चुनाव की मजबूरी होगी।

संघ के सहकार्यवाह ने दावा किया कि हिंदुत्ववादी विचारधारा का प्रसार तेजी से

हो रहा है। इसे देख बीजेपी को केंद्र में आने की पूरी संभावना है। उन्होंने कहा, दक्षिण में बीजेपी को अच्छी बढ़त मिली है, खासकर तमिलनाडु और कर्नाटक में। उन्होंने उम्मीद जताई कि बंगाल में भी पार्टी बढ़ेगी, क्योंकि वहाँ घुसपैठ का मुद्दा सबसे बड़ा है और उसे इसी पार्टी ने उठाया है।

रज्जू भैया ने कहा, अयोध्या में राम जन्मभूमि स्थल पर राममंदिर निर्माण हेतु चलाए जा रहे हस्ताक्षर अभियान में पूरे देश में अब तक लगभग आठ करोड़ हस्ताक्षर पूरे हो चुके हैं। आगामी एक सप्ताह में लगभग 10 करोड़ हस्ताक्षर होने की संभावना है। यह अभियान विश्व का सबसे बड़ा मत-प्रदर्शन करने वाला हस्ताक्षर अभियान साबित हुआ है। इस अभियान में अब तक साढ़े तीन लाख गाँवों में संपर्क हुआ है।

संपूर्ण देश में इकट्ठे किए जा रहे इन हस्ताक्षर युक्त ज्ञापनों को अलग-अलग प्रदेशों में राज्यपाल के माध्यम से राष्ट्रपति को भेंट किया जाएगा। राज्यपाल को ज्ञापन देने से पहले सभी जगह सभाएँ होंगी। लखनऊ में 28 मार्च को राज्यपाल को ज्ञापन दिया जाएगा।

सहकार्यवाह ने कहा, राष्ट्रीय स्वयंसेवक संघ पर पाबंदी के संदर्भ में ट्रिब्यूनल एवं उच्च न्यायालयों में जो अलग-अलग मुकदमे चल रहे हैं, उसमें यह पता चल रहा है कि संघ को प्रतिबंधित करने के आधारस्वरूप उनके पास कोई सबूत नहीं है। साध्वी ऋतंभरा के कैसेट संघ पर प्रतिबंध लगाने के सबूत के रूप में पेश करना हास्यास्पद है। केंद्र सरकार के अलोकतांत्रिक निर्णयों के विरुद्ध जो जनजागरण या मत प्रदर्शन हो रहे हैं, उससे पंथ-निरपेक्षता एवं राष्ट्रवाद के विषय खूब उभरकर सामने आए हैं। विचित्र-विचित्र धारणाएँ प्रकट हुई हैं। जस्टिस रजा साहब ने अभी हाल ही में यह कहा है कि भारत में रामायण एवं महाभारत का सीरियल नहीं दिखाना चाहिए। यह सीरियल भारत में नहीं दिखाया जाएगा तो कहाँ दिखाया जाएगा। पिछले दिनों बंबई एवं कलकत्ता में जो बम विस्फोट की घटना हुई, यह राष्ट्रीय एवं अंतरराष्ट्रीय साजिश का परिणाम है।

विचित्र-विचित्र धारणाएँ प्रकट हुई हैं। जस्टिस रजा साहब ने अभी हाल ही में यह कहा है कि भारत में रामायण एवं महाभारत का सीरियल नहीं दिखाना चाहिए। यह सीरियल भारत में नहीं दिखाया जाएगा तो कहाँ दिखाया जाएगा।

■

अयोध्या बना साधु-संतों का अखाड़ा

लखनऊ, 24 मार्च, 1993 : अयोध्या फिर साधु-संतों की जोर आजमाइश का केंद्र बनने जा रहा है। राममंदिर के लिए सरकारी ट्रस्ट-समर्थक और सरकारी ट्रस्ट-विरोधी संतों का शक्ति परीक्षण आज से अयोध्या में शुरू हो गया। संतों की यह जोर आजमाइश राम

नवमी तक चलेगी। इस खातिर देश भर से साधु-संतों का अयोध्या पहुँचना शुरू हो गया है। हालाँकि सरकारी ट्रस्ट समर्थक साधु अयोध्या में अलग-थलग पड़ गए हैं।

विहिप की योजना राम नवमी मेले के दौरान ही संतों की बैठक की है। यह बैठक झोंटेश्वर के संत सम्मेलन के जवाब में होगी। द्वारकापीठ के शंकराचार्य स्वामी स्वरूपानंद इस राय के हैं कि विहिप की योजना को नाकाम करने के लिए सरकार राम जन्मभूमि परिसर को दूसरा ट्रस्ट बनाकर मंदिर निर्माण का काम कराए। झोंटेश्वर के संत सम्मेलन में इस काम के लिए एक उपसमिति भी बना दी गई है। समिति में स्वरूपानंद के अलावा अयोध्या के रामानंदाचार्य रामनरेशाचार्य हैं। रामनरेशाचार्य की अयोध्या में कोई खास। समिति के अध्यक्ष स्वरूपानंदजी को यह अधिकार दिया गया है कि वे दूसरे सदस्यों को भी नामित करें। समिति में दूसरे संतों को शामिल करने के लिए ही रामनवमी मेले के दौरान स्वरूपानंद अयोध्या आ रहे हैं।

शंकराचार्य स्वरूपानंद के इस अभियान को रोकने के लिए विहिप और बीजेपी के नेता अयोध्या में सक्रिय हैं। बीजेपी के नेता कुशाभाऊ ठाकरे, कलराज मिश्र (प्रदेश अध्यक्ष) और विहिप महामंत्री अशोक सिंघल अयोध्या जाकर संतों को सरकारी ट्रस्ट में न शामिल होने के लिए कह चुके हैं। संघ के प्रमुख नेता मोरोपंत पिंगले भी इस बाबत अयोध्या गए थे। राम जन्मभूमि आंदोलन के लिए बने नए मंच राम जन्मभूमि न्यास मंच की बैठक रामनवमी के आस-पास अयोध्या में होगी। विहिप समर्थक संत मंडली उन संतों के खिलाफ कुछ कड़े फैसले लेने जा रही है, जो सरकारी ट्रस्ट के समर्थक हैं या इसमें शामिल होने की इच्छा रखते हैं।

इस बैठक की रणनीति बनाने आए आरएसएस के सह सरकार्यवाह रज्जू भैया ने पिछले इतवार को कहा कि राम जन्मभूमि न्यास अपने अलावा और किसी ट्रस्ट को अयोध्या में मंदिर नहीं बनाने देगा। उन्होंने कहा कि प्रधानमंत्री को इस योजना में सफलता नहीं मिलेगी। रज्जू भैया ने साफ कहा कि अयोध्या का कोई संत राजी नहीं है। सरकारी ट्रस्ट अयोध्या के साधुओं के बिना कैसे मंदिर बनाएगा?

पहली अप्रैल को रामनवमी है। देश भर से भक्तों और संतों का अयोध्या पहुँचने का सिलसिला शुरू हो गया है। अयोध्या में रामनवमी का मेला हफ्ते भर चलता है। राज्य सरकार और जिला प्रशासन ने सुरक्षा के बंदोबस्त चौकस कर दिए हैं। बंबई और कलकत्ता के बम विस्फोटों को देखते हुए बम खोजी और बम बेकार करने वाले दस्ते भी तैनात किए गए हैं। इस दफा अयोध्या में भक्तों की भीड़ हर बार से ज्यादा होने की उम्मीद है। इसलिए जिला प्रशासन ने चौबीसों घंटे दर्शन की इजाजत दे दी है, पर सुरक्षा कार्यों से भक्तों को रामलला के दर्शन बिना जूता उतारे ही करने पड़ेंगे। एक किलोमीटर लंबी लोहे की पाइपों की रेलिंग से भक्तों को गुजरना पड़ेगा। सरयू के किनारे से लेकर साकेत महाविद्यालय तक अयोध्या के पूरे इलाके की जबरदस्त नाकेबंदी की गई है।

विहिप और उससे जुड़े साधु-संत अयोध्या में बड़ी भीड़ जुटाने की तैयारी कर रहे हैं। शंकराचार्य स्वरूपानंद द्वारा सरकारी ट्रस्ट बनवाए जाने के प्रयास के जवाब में विहिप समर्थक साधु-संत अखिल भारतीय रामानंदी संघ के साधुओं की एक बैठक कर चुके हैं। रामानंदी साधुओं का यह अखिल भारतीय संगठन है, जो मंदिर आंदोलन में विहिप के साथ आगे था। 6 मार्च को इस संगठन की हुई अयोध्या बैठक में तीन महत्त्वपूर्ण प्रस्ताव पास किए गए। रामानंदी साधुओं ने प्रस्ताव में कहा कि मंदिर के पास मस्जिद की बात साधुओं को स्वीकार्य नहीं होगी। साधुओं ने प्रस्ताव दिया कि प्रस्तावित मस्जिद मुस्लिम-बाहुल्य इलाके में बनाई जाए। तीसरे और सबसे महत्त्वपूर्ण प्रस्ताव में उन साधुओं को चेतावनी दी गई थी, जो मंदिर के लिए सरकारी ट्रस्ट में शामिल होंगे। संघ ने रामानंदी संप्रदाय के सभी साधुओं से अपील की कि वे ऐसे संतों का बायकाट करें, जो सरकारी ट्रस्ट में शामिल हों।

स्वरूपानंद और कांग्रेस नेतृत्व अयोध्या में सिर्फ चार संतों पर ही भरोसा कर रहे हैं। ये हैं लक्ष्मणकिलाधीश सीताराम शरण, विश्वनाथ प्रसादाचार्य, (बड़ा स्थान) स्वामी कौशल किशोर फलाहारी और हरिआचार्य। मंदिर आंदोलन में ये चारों विश्व हिंदू परिषद के शुरू से खिलाफ रहे हैं। 6 जून, 90 को स्वरूपानंदजी द्वारा दोबारा शिलान्यास के सवाल पर ये उनके साथ थे। कांग्रेस और सरकार इनके अलावा अयोध्या के किसी बड़े संत को नहीं तोड़ पाई है। इनके अलावा अयोध्या के सभी संत और अखाड़े आज भी विहिप के तीन संत, जो लोकसभा के सदस्य भी हैं। महंत अवेद्यनाथ, स्वामी चिन्यमयानंद और विश्वनाथ दास शास्त्री का सघन दौरा राज्य में हुआ है, वह भी सिर्फ संतों को समझाने-बुझाने के स्तर पर।

इस बीच राम जन्मभूमि न्यास मंच आज से राज्य के 85 हजार गाँवों में 'रामपताका' (भगवा झंडे) भेज रहा है और नवरात्र में ही गाँव के मंदिरों में ये पताकाएँ फहराई जाएँगी। इसके लिए गाँव-गाँव पताका रक्षा समिति बनाई गई है, जो पताका के फहराने और रामनवमी तक उसको न उतारने के बंदोबस्त की देखरेख करेगी। पहले विहिप की योजना राज्य के पूरे एक लाख बारह हजार गाँवों में राम पताकाएँ फहराने की थी, पर सत्ताईस हजार गाँवों में पताका रक्षा समितियाँ न बन पाने के कारण सिर्फ पचासी हजार गाँवों में ही राम पताकाएँ फहराने की योजना बनी। विहिप (मंच) का कहना है कि समय और साधनों की कमी के कारण ऐसा किया गया है, साथ ही इनमें से ज्यादातर मुस्लिम बाहुल्य गाँव हैं, जहाँ हिंसा की आशंका को देखते हुए पताका फहराने का कार्यक्रम छोड़ना पड़ा है।

■

अप्रैल 1993

राममंदिर ट्रस्ट बनाने की घोषणा खटाई में

लखनऊ, 2 अप्रैल, 1993 : केंद्र सरकार ने अयोध्या में राममंदिर बनाए जाने के लिए ट्रस्ट बनाने की जो घोषणा की थी, वह दो कारणों से खटाई में पड़ गई है। पहला, गृह सचिव का पद खाली पड़ा है और दूसरे, संतों व साधुओं ने ट्रस्टी बनने के प्रस्ताव का उत्तर ही नहीं दिया।

विश्वसनीय सूत्रों ने गुरुवार को यहाँ संकेत दिया कि ट्रस्ट का मसौदा तैयार है। उसे पूर्व गृह सचिव डॉ. माधव गोडबोले ही अंतिम रूप दे चुके थे। इस काम में उन्हें पूर्व मंत्रिमंडलीय सचिव नरेश चंद्रा और गृह मंत्रालय में अयोध्या के इंचार्ज संयुक्त सचिव विनोद ढल से मदद मिली थी।

इस मामले में श्री गोडबोले ने उत्तर प्रदेश के राज्यपाल के साथ तीन बैठकें की थीं। ट्रस्ट के मसौदे का ब्योरा अभी तक मालूम नहीं, लेकिन यह पहली नजर में ट्रस्टियों व दूसरे तकनीशियनों की संख्या के बारे में नौकरशाही की कसरत है। लेकिन श्री गोडबोले के हट जाने से इस दिशा में प्रगति की गति धीमी पड़ गई है।

दूसरी बड़ी बाधा यह है कि ट्रस्ट बनाने के लिए कौन से संत-नेताओं का चुनाव किया जाए। इस काम में सत्ताधारी पार्टी की तरफ से रेलवे राज्य मंत्री के.सी. लेंका और विवादास्पद तांत्रिक चंद्रास्वामी लगे हैं। बताया जाता है कि श्री चंद्रास्वामी ने लक्ष्मणकिलाधीश नाम से विख्यात प्रमुख धर्माचार्य सीताराम शरण दास को ट्रस्ट में शामिल होने के लिए राजी कर लिया है।

लक्ष्मणकिलाधीश वे दो शर्तें पूरी करते हैं, जिन्हें पार्टी ने ट्रस्ट के लिए मनोनीत किए जाने को रखा है। पहली, उस व्यक्ति का फैजाबाद संभाग की जनता पर खासा असर हो और दूसरी यह कि उसका कांग्रेस (इ) के साथ सीधा संबंध न हो। लक्ष्मणकिलाधीश प्रधानमंत्री पी.वी. नरसिंह राव से मिल चुके हैं। वे अयोध्या के एकमात्र ऐसे शीर्ष धार्मिक नेता हैं, जिन्होंने सरकार के प्रस्ताव को मान लिया है।

श्री लेंका को पुरी के शंकराचार्य के निकट समझा जाता है। वे उन्हें ट्रस्ट में लेने के लिए कोशिश कर रहे हैं, लेकिन विश्वसनीय सूत्रों के मुताबिक श्री लेंका से यह वचन माँगा जा रहा है कि राममंदिर विनष्ट ढाँचे के स्थान पर ही बनेगा, जिसमें गर्भगृह शामिल है और प्रस्तावित मस्जिद पंचकोसी परिक्रमा के बाहर बनेगी।

सरकार यह तय नहीं कर पाई है कि मंदिर किस जगह बनाया जाएगा। इसके कारण ट्रस्टियों को खोजने का काम कठिन हो गया है। चूँकि सरकार ने मंदिर और मस्जिद एक साथ बनाने का वायदा किया है, इसलिए वह विनष्ट ढाँचेवाले स्थान पर

ही मंदिर बनाने का वचन नहीं दे सकती। अगर ऐसा वचन दे दिया गया तो फिर उसे दूसरे ट्रस्ट के लिए ट्रस्टी नहीं मिलेंगे, जो मस्जिद बनाने के लिए गठित होने वाला है।

निष्ठाओं की परीक्षा अप्रैल के अंतिम सप्ताह में अयोध्या में होने की आशा है। चंद्रास्वामी शिविर वहाँ यज्ञ करने की योजना बना रहा है। विश्व हिंदू परिषद (विहिप) के नेतृत्व वाले गठबंधन ने समानांतर यज्ञ करने की धमकी दे रखी है।

दिगंबर अखाड़ा के रामचंद्र परमहंस शायद अयोध्या के सबसे ज्यादा प्रसिद्ध धार्मिक नेता हैं। वे इस विचार के ही एकदम खिलाफ हैं कि सरकार मंदिर बनाए। मणिराम दास की छावनी के नृत्यगोपाल दास भी इस मामले में सरकारी हस्तक्षेप के खिलाफ हैं। दोनों ही राममंदिर निर्माण के लिए चले विहिप आंदोलन के नेता हैं, लेकिन समय गुजरने के साथ ही यह बात साफ होती जा रही है कि विहिप-आरएसएस-बीजेपी गठबंधन विनष्ट ढाँचे के स्थान पर मंदिर बनाए जाने के किसी भी कदम का समर्थन करेगा, फिर चाहे उसे कोई भी क्यों न बनाए।

■

राम के 'सरकारी' ट्रस्ट पर भड़क उठे साधु

अयोध्या, 10 अप्रैल, 1993 : अयोध्या के संतों और धर्माचार्यों ने राममंदिर के निर्माण के लिए सरकारी ट्रस्ट को नकार दिया है। आज अयोध्या में संत सम्मेलन कर संतों ने अपनी एकता जताई। सम्मेलन में सरकारी ट्रस्ट के प्रयासों की निंदा करते हुए कहा कि जनता द्वारा समर्थित न्यास के अलावा जो भी साधु मंदिर और मस्जिद एक ही परिसर में बनाने के लिए सरकारी ट्रस्ट में शामिल होगा, देश की जनता उसका मुँह काला करेगी।

6 दिसंबर की घटनाओं के बाद अयोध्या में यह पहला संत सम्मेलन था। इस सम्मेलन में अयोध्या के पाँच संतों को छोड़कर बाकी सभी मौजूद थे। वे पाँच संत अब तक राम जन्मभूमि आंदोलन से अलग रहे हैं और इनके सरकारी ट्रस्ट में शामिल होने की चर्चा है। दिगंबर अखाड़े के परिसर में राम जन्मभूमि न्यास मंच द्वारा आयोजित इस सम्मेलन में संतों की उपस्थिति बता रही थी कि राम जन्मभूमि आंदोलन में शुरू से जुड़े संतों में सरकारी ट्रस्ट को लेकर कोई दुविधा नहीं है। सम्मेलन उसी दिसंबर अखाड़े में हुआ था, जहाँ दो रोज पहले सी.बी.आई. ने छापा मारा था।

राम जन्मभूमि न्यास मंच ने मंदिर निर्माण के लिए सरकारी ट्रस्ट के खिलाफ यह संत जागरण अभियान छेड़ा है। आज का संत सम्मेलन उसकी शुरुआत था। सरकारी ट्रस्ट के खिलाफ साधु-संतों के देशव्यापी अभियान के तहत ही कल वाराणसी में, 13 और 14 को हरिद्वार में, 15 को वृंदावन में, 20 से 21 अप्रैल तक दक्षिण के चारों राज्यों के लिए चेन्नई में संत सम्मेलन हो रहे हैं। सम्मेलन में पास प्रस्ताव में कहा गया कि लक्ष्य की प्राप्ति के

लिए हमारी एकता जरूरी है। जब-जब सरकारों ने संतों में फूट डाली है, संत समाज का नुकसान हुआ है। चाहे गोहत्या आंदोलन हो या गंगाघाट की सफाई के लिए आंदोलन। इन दोनों आंदोलनों को सरकार ने संत समाज में फूट डाल हिंदू समाज का अहित किया है।

22 अप्रैल को तांत्रिक चंद्रास्वामी ने अयोध्या में एक यज्ञ आयोजित किया है। इस यज्ञ के जरिए वे सरकारी ट्रस्ट के लिए साधु-संतों से संपर्क करेंगे। आज के संत सम्मेलन ने यह भी तय किया कि अगर मंदिर-मस्जिद एक परिसर में बनाने के लिए सोमयज्ञ हो रहा है, तो अयोध्या का संत समाज इसका विरोध करेगा। सम्मेलन में कहा गया कि 22 अप्रैल का चंद्रास्वामी का यज्ञ संत समाज के विभाजन का षड्यंत्र है। सम्मेलन में कहा गया कि संत अब फिर धोखा नहीं खाएँगे। वे सरकार के बहकावे में न आकर अपनी एकता बनाए रखेंगे।

संत सम्मेलन को शक्ति परीक्षण मान राम जन्मभूमि न्यास मंच ने सम्मेलन में संतों की उपस्थिति पर खासा ध्यान दिया था। सम्मेलन की अध्यक्षता परमहंस वामदेव जी ने की। सम्मेलन में ज्योतिष्पीठाधीश्वर जगद्गुरु शंकराचार्य वासुदेवाननंद सरस्वती, महंत नृत्यगोपाल दास, महंत अवेद्यनाथ परमहंस रामचंद्रदास, मुक्तानंद सरस्वती के अलावा अयोध्या के दूसरे प्रमुख संतों में डॉ. रामविलास वेदांती, अशर्फी भवन के मध्वाचार्य, हनुमानगढ़ी के ऊधवदास, सुग्रीव किला के पुरुषोत्तमाचार्य, कौशल भवन के कौशल किशोर दास महंत, रामकथा मंडप के अखिलेश्वरदास, मानस मार्तंड मंदिर के प्रेमदास महाराज, बजरंगदास महाराज, विश्वमित्र आश्रम के रामशरण दास, कृपाशंकर रामायणी, चौबुर्जी के महंत राम आसरेदास, साक्षीगोपाल मंदिर के रामकृपाल दास मौजूद थे। सम्मेलन में विश्व हिंदू परिषद के सचिव महेश नारायण सिंह, सांसद उमा भारती भी उपस्थित थीं। सम्मेलन से साफ है कि अयोध्या का संत समाज राम जन्मभूमि न्यास मंच के साथ है और मंदिर निर्माण के लिए सरकारी ट्रस्ट के खिलाफ है। इस सम्मेलन के लिए आरएसएस और विश्व हिंदू परिषद ने कड़ी मेहनत की थी। एक-एक मंदिर और मठ में जाकर संतों, महंतों को आने का आग्रह किया गया था।

संत सम्मेलन में छह प्रस्ताव पास किए गए। पहले प्रस्ताव में संतों की एकता किसी भी कीमत पर न टूटे, इसका उल्लेख था। दूसरे प्रस्ताव में माँग थी कि जहाँ अभी रामलला विराजमान हैं, वहीं मंदिर बने और राम जन्मभूमि न्यास मंच को ही मंदिर निर्माण का अधिकार और दायित्व सौंपा जाए, क्योंकि यह न्यास जनता द्वारा समर्थित और पूर्व की सरकारों द्वारा अधिकृत है। पूर्व की सरकारों ने इसी न्यास से शिलान्यास और मंदिर के नृत्य मंडप का चबूतरा बनवाया था। इसी प्रस्ताव में यह भी कहा है कि प्रस्तावित मंदिर अयोध्या की सीमा के बाहर बने। तीसरे प्रस्ताव में संसद द्वारा पारित अयोध्या विधेयक का विरोध है। इस प्रस्ताव में कहा गया है कि वर्तमान पूजास्थल को छोड़कर संत समाज वहीं आस-पास मंदिर और मस्जिद का निर्माण नहीं सहेगा। प्रस्ताव चार, हिंदू संगठनों

पर से प्रतिबंध हटे और बीजेपी-शासित चारों राज्य सरकारें बहाल हों। प्रस्ताव पाँच, हिंदू मनोबल को कमजोर करने के प्रयास से सरकार बाज आए। इस प्रस्ताव का इशारा सी.बी.आई. छापों की तरफ था। छठे प्रस्ताव में रामलला के दर्शन का समय बढ़ाए जाने की माँग की गई।

सम्मेलन में नृत्यगोपाल दास ने कहा कि अयोध्या की सीमा में मस्जिद किसी सूरत में नहीं बन सकती और अयोध्या की सीमा का निर्धारण हम करेंगे, कोई राज्यपाल या सरकार नहीं। लगभग सभी संतों का कहना था कि हमें कांग्रेस सरकार पर एतबार नहीं है, क्योंकि कांग्रेस सरकार ने संत समाज को हमेशा धोखा दिया है। चाहे गोरक्षा आंदोलन हो या अयोध्या में ही शिलान्यास, सरकार हमेशा अपने कहे से पीछे रही है। वामदेव जी ने तो कहा कि हो सकता है चुनाव को देखते हुए कांग्रेस मंदिर के निर्माण में रुचि ले। पर हमें धोखे में नहीं आना है।

■

अयोध्या का मुद्दा साधु-संत हाथ से नहीं निकलने देंगे

लखनऊ, 13 अप्रैल, 1993 : राम जन्मभूमि आंदोलन से जुड़े साधु-संत अयोध्या का मुद्दा अपने हाथ से निकलने नहीं देंगे। संतों और धर्माचार्यों की योजना है कि सारी कोशिशों के बावजूद अगर कोई सरकारी ट्रस्ट मंदिर बनाने के लिए बनता है और वह राम जन्मभूमि न्यास को अलग रख मंदिर-निर्माण की तारीख तय करता है तो राम जन्मभूमि न्यास मंच उसी समय देश भर में कारसेवकों से अयोध्या कूच की अपील करेगा।

संतों की दलील है, 'प्रधानमंत्री का कहना है कि मंदिर और कोई नहीं, जनता बनाएगी। उस अपील के बाद मंदिर निर्माण से जनता को रोक कौन सकता है?' उस योजना का खुलासा न्यास मंच के संरक्षक स्वामी वामदेव जी करते हैं। शनिवार को अयोध्या और रविवार को वाराणसी के संतों ने सम्मेलन कर इन संभावनाओं का पता लगाया। दूसरी तरफ बाबरी मस्जिद की बहाली के लिए अवाम को जगाने का काम मुस्लिम उलेमा करेंगे। मुस्लिम पर्सनल लॉ बोर्ड ने ऐसे उलेमाओं के दौरे तय किए हैं।

इन सम्मेलनों के जरिए संतों का यह समूह काशी और मथुरा पर भी बाकी संतों की राय ले रहा है। आंदोलन से जुड़े संत काशी और मथुरा को लेकर कोई दुविधा में नहीं हैं। संतों की योजना है कि काशी और मथुरा का मुद्दा तभी उठेगा, जब अयोध्या के सवाल पर आंदोलन से जुड़े संतों को सरकार अलग-थलग करने की कोशिश करेगी। काशी और मथुरा उनकी तुरुप होगी, दबाव बनाने के लिए। संतों ने इस बात के संकेत भी कल वाराणसी के संत सम्मेलन में दिए। कल वाराणसी में महंत अवेद्यनाथ ने घोषणा की अगर अयोध्या में सरकारी ट्रस्ट मंदिर बनाता है तो काशी में भी मंदिर बने, इस शर्त पर संत

समाज सरकारी ट्रस्ट पर राजी हो सकता है। अवेद्यनाथ ने कहा कि जिस रोज सरकारी ट्रस्ट की घोषणा हुई, हम काशी और मथुरा का मुद्दा उठाएँगे।

राम जन्मभूमि न्यास मंच अपनी इन योजनाओं के समर्थन में संत जागरण कर रहा है। देश भर में होने वाले संत सम्मेलन इसी की कड़ी हैं। इस काम के लिए देश भर में जागरण की खातिर संत समाज सितंबर में काशी से दिल्ली तक की पदयात्रा करेगा। इस पदयात्रा में देश भर के साधु-संत और महात्मा शामिल होंगे। साधु-संतों को उम्मीद है कि अक्तूबर के आस-पास मंदिर निर्माण की शुरुआत होगी।

आंदोलन से जुड़े साधु-संतों को भरोसा है कि प्रस्तावित सरकारी ट्रस्ट में मंदिर और मस्जिद एक ही परिसर में बनाने के लिए कोई भी साधु नहीं जाएगा। जो लोग उनके आंदोलन के विरोधी भी हैं, वे इस पर राजी नहीं होंगे। स्वामी वामदेव का कहना है कि मान लीजिए एकाध उसमें शामिल भी हो गया तो हम उन्हें कुछ नहीं कहेंगे, यह हमारी परंपरा नहीं है। हिंदू समाज खुद ऐसे संतों को खारिज कर देगा।

संतों की पदयात्रा में भी अयोध्या के साथ-साथ काशी और मथुरा की माँग होगी। इन्हें भरोसा है कि इस माँग पर उनके साथ शंकराचार्य भी आएँगे। तमिलनाडु में 21 अप्रैल को जो संत-सम्मेलन हो रहा है, कांची कामकोटि के शंकराचार्य जयेंद्र सरस्वती उसकी अध्यक्षता करेंगे। उन सम्मेलनों में सभी समुदायों और जातियों के धर्माचार्य शामिल होंगे।

संतों के इस अभियान से जाहिर है कि साधु-संतों की यह टोली टकराव चाहती है, पर दूसरी तरफ मुस्लिम उलेमा भी टकराव के लिए ताल ठोंक रहे हैं। दिल्ली में ऑल इंडिया मुस्लिम पर्सनल लॉ बोर्ड की बैठक के बाद बाबरी मस्जिद की बहाली के लिए आवाम को जगाने की खातिर मुस्लिम उलेमाओं का प्रदेश भर में दौरा तय हुआ है। उत्तर प्रदेश में मुस्लिमों को इकट्ठा करने की जिम्मेदारी पर्सनल लॉ बोर्ड ने काजी मुजाहिदुल इस्लाम और सांसद इब्राहिम सुलेमान सेत को सौंपी है। पर्सनल लॉ बोर्ड ने 3 अप्रैल की दिल्ली बैठक के बाद मुसलमानों के बीच सीधे जाने का फैसला लिया है। ये लोग अयोध्या के सवाल पर केंद्र सरकार के रवैए की जानकारी और बाबरी मस्जिद की बहाली के लिए लोगों को एकजुट करेंगे।

उलेमाओं के दौरे का पहला दौर 13 अप्रैल से शुरू होगा। ये दौरे पहले मेरठ, मुरादाबाद, अलीगढ़, रामपुर और मऊ आदि मुस्लिम बहुल आबादी में ही ज्यादा लगाए गए हैं। 17 से 20 अप्रैल तक इन उलेमाओं का दौरा मध्य उत्तर प्रदेश में लखनऊ, कानपुर में होना है। दौरे के वक्त में फैजाबाद होते हुए मऊ और अंत में वाराणसी जाने का कार्यक्रम है। इस दौरान जलसों के अलावा जनसंपर्क भी ये उलेमा करेंगे।

वामदेव का कहना है कि 'हो सकता है कि चुनाव देख कांग्रेस मंदिर निर्माण में रुचि ले और बाद में शिलान्यास की तरह लटका दे। स्वामी वामदेव नजीर देते हैं कि 1987 की 19 जुलाई को देश भर के सभी संप्रदाय के संत दिल्ली में प्रदर्शन को तैयार थे। इस प्रदर्शन

में शंकराचार्य भी शामिल थे, पर तब के प्रधानमंत्री ने 15 जुलाई को ही स्वरूपानंद को बुलाकर आंदोलन को तोड़ दिया। उन्होंने उस वक्त हमारी कुछ माँगें मान भी ली थीं, पर बाद में जब संत समाज खुद टूट गया तो सरकार ने अपने वायदे पूरे नहीं किए।

अयोध्या मसले का हल ढूँढ़ने में सरकार की रुचि नहीं थी : आडवाणी

नई दिल्ली, 18 अप्रैल, 1993 : लोकसभा में विपक्ष के नेता लालकृष्ण आडवाणी ने कहा कि राम जन्मभूमि मसले का सर्वमान्य हल निकालने में पी.वी. नरसिंह राव सरकार की कोई रुचि नहीं थी। हालाँकि उसके पास पूरे विवाद के प्रामाणिक तथ्य थे और यह जानकारी भी कि मुस्लिम समाज ढाँचे को हटाने के लिए तैयार हो सकता है। उन्होंने छह दिसंबर की घटना के लिए राव सरकार की कारगुजारियों और अदालत के रवैये को जिम्मेदार ठहराया। उन्होंने अयोध्या पर बीजेपी की ओर से श्वेतपत्र आज जारी किया। इसमें पूरे मुद्दे का विस्तार से ब्योरा दिया गया है।

श्री आडवाणी ने आरोप लगाया कि राव सरकार ने जानबूझकर तथ्यों को देश की जनता से छिपाया। उन्होंने कहा कि दोनों पक्षों से बातचीत के बाद गृह मंत्रालय ने जो रिपोर्ट तैयार की है, उसमें लिखा है कि बाबरी मस्जिद एक्शन कमेटी के लिए प्रमाणों में तथ्यों से ज्यादा आरोप हैं। कमेटी ने कहा है कि रामायण एक पौराणिक कथा है। वहाँ कभी मंदिर तोड़कर बाबरी मस्जिद नहीं बनी।

श्वेतपत्र में कहा गया है कि पूर्व कैबिनेट सचिव नरेश चंद्रा की अध्यक्षता में बने विशेष प्रकोष्ठ ने जो प्रमाण एकत्र किए थे, उन्हें सरकार ने छिपाया। उन्हें उजागर किया होता तो इस विवाद के समाधान में आसानी होती। इस साक्ष्य से यह साबित होता था मंदिर गिराकर बाबरी मस्जिद बनाई गई थी। इसके अलावा इस्लाम मस्जिद को एक स्थान से दूसरे स्थान पर ले जाने की इजाजत देता है। इस्लामिक देशों में इस तरह की घटनाएँ होती रहती हैं।

श्री आडवाणी ने कहा कि 1991 के बाद हमने कभी सरकार से टकराव की योजना नहीं बनाई। हमें उम्मीद थी कि सरकार योजना बनाकर इस मसले को हल कर लेगी। कल्याण सिंह सरकार विवादित ढाँचे के बारे में 1994 में विधेयक लाना चाहती थी। उससे पहले हम चाहते थे कि 2.77 एकड़ भूमि पर मंदिर निर्माण चले, उन्होंने 1994 का समय क्यों तय किया था? इसके जवाब में श्री आडवाणी ने कहा कि हमें उम्मीद थी, इस बीच मुसलमानों को अपना दावा छोड़ने या मस्जिद हटाने के लिए मनाया जा सकता है।

श्वेतपत्र में कहा गया है कि गृह मंत्रालय के दस्तावेजों के मुताबिक राजीव गांधी सरकार शहाबुद्दीन, बनातवाला और दूसरे मस्जिद समर्थकों से गुपचुप बातचीत कर रही थी। सरकार ने इन्हें आश्वासन दिए थे। इसी के कारण नरसिंह राव सरकार ने मथुरा

और वाराणसी पर कानून बनाया, लेकिन गृह मंत्रालय के इस सारांश में 1987 में मंत्रियों की कमेटी के मुखिया की भूमिका का उल्लेख न होना हैरानी की बात है। इस कमेटी के मुखिया पी.वी. नरसिंह राव थे।

छह दिसंबर की कारसेवा और ढाँचे को गिराए जाने के लिए बीजेपी ने सरकार और अदालतों को दोषी ठहराया है। श्वेतपत्र के मुताबिक ढाँचा गिराए जाने की घटना केवल अदालत के आदेशों या नरसिंह राव की कारगुजारियों के बावजूद नहीं, इन दोनों के कारण ही हुई। सरकार और अदालतों ने मंदिर निर्माण को सफलता से नाकाम कर दिया। प्रधानमंत्री की कारसेवकों से टकराव की नीति के कारण ही ढाँचा गिरा।

प्रधानमंत्री के कहने और कुछ आश्वासनों पर जुलाई 1982 में कारसेवा स्थगित कर दी गई। उसके बाद श्री राव ने पैंतरा बदल लिया। 'विवादित ढाँचा' फिर से 'मस्जिद' बन गया और 'तीन महीने में समाधान' की बात 'समयबद्ध ढंग से समाधान के लिए प्रयास' की बात हो गई। प्रधानमंत्री ने पेजावर स्वामी के जरिए संतों से वायदा किया था कि वे कारसेवा के रास्ते से बाधाएँ हटाएँगे। इस वायदे को उन्होंने छिपाए रखा।

श्वेतपत्र में कहा गया है कि अयोध्या के मुद्दे पर नरसिंह राव की रणनीति के तीन मकसद थे। एक—अदालत और उत्तर प्रदेश सरकार के बीच टकराव की स्थिति पैदा की जाए, ताकि इस बहाने उत्तर प्रदेश सरकार को बर्खास्त किया जा सके। दो—ऐसा न हो पाए तो अदालत के माध्यम से केवल प्रतीकात्मक कारसेवा होने दी जाए, जिससे अयोध्या आंदोलन को बदनाम किया जा सके। तीन—दोनों ही स्थितियों में मुस्लिम नेताओं को संकेत देना कि केवल नरसिंह राव उनके साथ हैं, जिससे मुस्लिम वोट कांग्रेस की झोली में आ जाएँ।

श्वेतपत्र कहता है कि प्रधानमंत्री जिस तथ्य को नहीं समझ सके, वह यह कि कारसेवकों का धैर्य टूट रहा था। उन्होंने लोगों के मनोभाव का सही अंदाज नहीं लगाया। नतीजे के तौर पर सुप्रीम कोर्ट के पर्यवेक्षक के शब्दों में—'छह दिसंबर को कोई निर्माण कार्य नहीं हुआ, केवल ढाँचा गिरा।' यह लोगों की भावनाओं के साथ खिलवाड़ का नतीजा था।

बीजेपी का कहना है कि नरसिंह राव की नीति थी कि इस मसले का कभी हल न निकलने पाए। पहले उन्होंने मामले को लटकाए रखने की नीति अपनाई। दुतरफा बातचीत शुरू हुई तो भैरोंसिंह शेखावत ने राव से इसके उद्देश्य के बारे में पूछा। उनका कहना था कि बातचीत जारी रखिए, फिर हम देखेंगे कि इसमें से हम क्या चाहते हैं?

बीजेपी के मुताबिक प्रधानमंत्री ने संदेशवाहकों के जरिए संत वामदेव से संपर्क किया। उनसे कहा गया कि वे विश्व हिंदू परिषद को मंदिर निर्माण से अलग कर दें। यही बात उन्होंने परमहंस रामचंद्रदास से भी कही। 30 नवंबर, 1992 को फरीदकोट के महंत सेवादास वामदेव से अयोध्या में मिले और कहा कि छह दिसंबर की कारसेवा की तारीख बदल दें। वामदेव ने कहा, यह असंभव है। सेवादास ने कहा, निर्माण कार्य संत-महात्मा अपने हाथ

में ले लें और विहिप को इससे अलग कर दें। उसी समय विहिप के गिरिराज किशोर पहुँचे। उन्होंने कहा कि कांग्रेस संसद में घोषणा कर दे कि यह राम जन्मभूमि है तो विहिप मंदिर निर्माण से अलग हो जाएगी। उसके बाद संत मंदिर निर्माण करें, विहिप को कोई आपत्ति नहीं होगी। सेवादास ने कहा कि वे प्रधानमंत्री से मिलकर आ रहे हैं। सरकार न तो इसे राम जन्मभूमि घोषित करेगी और न ही 2.77 एकड़ पर निर्माण की अनुमति देगी। उसके बाद वामदेव ने बात खत्म कर दी।

> **कारसेवकों की उत्तेजना के समर्थन में श्वेतपत्र में कहा गया है कि 1926 में गुलबर्गा में शिव मंदिर को अपवित्र किए जाने पर महात्मा गांधी जैसा व्यक्ति भी भड़क उठा था, तो एक साधारण कारसेवक की भावना समझी जा सकती है।**

श्वेतपत्र में कहा गया है कि 6 दिसंबर को जो हुआ, वह केवल इतिहासकारों के लिए ही नहीं, राजनीतिज्ञों और न्यायाधीशों के भी समझने की बात है। कारसेवकों को उत्तेजित करने वाले कई तथ्य थे, जिनमें छद्म धर्मनिरपेक्षता व अल्पसंख्यक तुष्टीकरण के प्रति बढ़ता आक्रोश, ज्यादातर राजनीतिक दलों में हिंदुओं के प्रति एलर्जी, धर्मनिरपेक्षता की आड़ में मार्क्सवादियों की राम और रामायण की अपमानजनक व्याख्या और राव सरकार का एक साल तक अयोध्या मुद्दे के प्रति उपेक्षा भाव प्रमुख थे। कारसेवकों की उत्तेजना के समर्थन में श्वेतपत्र में कहा गया है कि 1926 में गुलबर्गा में शिव मंदिर को अपवित्र किए जाने पर महात्मा गांधी जैसा व्यक्ति भी भड़क उठा था, तो एक साधारण कारसेवक की भावना समझी जा सकती है। सरकार के श्वेतपत्र में ढाँचे को मस्जिद की बजाय विवादित ढाँचा कहा गया है। इस सरकारी श्वेतपत्र से प्रधानमंत्री के षड्यंत्र के आरोप का खंडन होता है। इसमें स्वीकार किया गया है कि 1949 से ढाँचे का मस्जिद के रूप में प्रयोग नहीं हुआ। सबसे बड़ी बात यह कि इसमें कहा गया है कि 1991 से मंदिर निर्माण आंदोलन का केंद्र ढाँचे को ज्यों-का-त्यों बनाए रखकर मंदिर निर्माण का था। इस तरह सरकार ने मान लिया है कि बीजेपी-विहिप का इरादा ढाँचे को ढहाने का नहीं था। ■

बाबरी एक्शन कमेटी बँट गई, नायब इमाम व साथी अलग

नई दिल्ली, 19 अप्रैल, 1993 : ऑल इंडिया बाबरी मस्जिद एक्शन कमेटी का आज विभाजन हो गया। तीन महत्त्वपूर्ण सदस्यों ने आज कमेटी से इस्तीफा दे दिया। इनमें एक्शन कमेटी के उपाध्यक्ष और जामा मस्जिद के नायब इमाम सैयद अब्दुल्ला बुखारी, उत्तर प्रदेश कमेटी के अध्यक्ष व पूर्व सांसद मौलाना मुजफ्फर हुसैन कछौछवी और दिल्ली कमेटी के अध्यक्ष नवाबुद्दीन नक्शबंदी शामिल हैं। इन सदस्यों को लेकर एक नया संगठन बनाने की घोषणा भी की गई।

जामा मस्जिद में आज हुई प्रेस–कॉन्फ्रेंस में नायाब इमाम ने बाबरी मस्जिद वहीं बनवाने और मुसलमानों की दूसरी समस्याओं पर गौर करने के लिए नया संगठन बनाने की घोषणा की। यह संगठन ऑल इंडिया मुस्लिम पर्सनल लॉ बोर्ड के फैसलों पर निर्भर नहीं करेगा। कई नीतिगत मामलों में वह बोर्ड के फैसलों का विरोध भी कर सकता है।

बाबरी मस्जिद एक्शन कमेटी के विभाजन के पीछे कमेटी के संयोजक जफरयाब जिलानी और विधायक आजम खाँ का मुलायम सिंह यादव की ओर से राजनीति करना तो है ही, कमेटी के अध्यक्ष सुल्तान सलाहुद्दीन ओवैसी का मुस्लिम पर्सनल लॉ बोर्ड के साथ जुड़ जाना भी है। अब एक्शन कमेटी में कोई सक्रिय सदस्य नहीं बचा था। बुखारी न तो पर्सनल लॉ बोर्ड के पदाधिकारी हैं, न ही मिल्ली काउंसिल के। सिर्फ जामा मस्जिद ही अपनी बात कहने के लिए उनके पास एक मंच थी। अपनी बात पूरे देश तक पहुँचाने के लिए नया संगठन बनाने के अलावा कोई और उपाय उनके पास नहीं था।

विभाजन के पीछे दूसरा सबसे बड़ा कारण नायब इमाम का गणतंत्र दिवस का 'बायकॉट' था। इसे कमेटी के सदस्यों और पर्सनल लॉ बोर्ड के सदस्यों ने समर्थन नहीं दिया था। ओवैसी ने अपने को 'बायकॉट' से अलग रखा था। सैयद अहमद बुखारी ने आज कहा कि एक्शन कमेटी के पास अब कोई कार्यक्रम नहीं है। कमेटी के सदस्यों ने अपने को पर्सनल लॉ बोर्ड के हवाले कर दिया है। इसलिए उनके साथ जुड़े रहने की जरूरत वे महसूस नहीं करते। उन्होंने कहा कि श्री ओवैसी भी बोर्ड की सात सदस्यीय कमेटी में शामिल हो गए हैं। अब कमेटी क्या करेगी? बोर्ड कोई सख्त फैसला लेना नहीं चाहता। प्रधानमंत्री से मिलने से क्या होगा? उन्होंने कहा कि अब कमेटी को बने रहना चाहिए या नहीं, इस पर सदस्यों को सोचना चाहिए।

बाबरी मस्जिद गिराए जाने के बाद कमेटी के संयोजक जावेद हबीब ने भी इस्तीफा दे दिया था। कमेटी के सदस्यों के साथ उनकी तकरार हुई थी। कुछ सदस्यों ने उन्हें बाबरी मस्जिद के लिए नया आंदोलन शुरू न करने का जिम्मेदार ठहराया था। कमेटी में ऑल इंडिया बाबरी मस्जिद राबिता कमेटी के विलय की घोषणा भी की गई थी, लेकिन यह नाटक ही साबित हुआ। सैयद शहाबुद्दीन ने राबिता कमेटी का विलय नहीं होने दिया। जब दोनों कमेटियों का विलय नहीं हुआ तो कमेटी के सदस्य अबू बरकत नजमी ने जावेद हबीब को फिर से कमेटी में शामिल करने की माँग की।

नायब इमाम ने बताया कि 19 और 20 जून को देश भर के प्रतिनिधियों का सम्मेलन किया जाएगा। इसमें बुद्धिजीवी, राजनीतिक व सामाजिक कार्यकर्ता, उलेमाओं को दावत दी जाएगी। इस सम्मेलन में नए संगठन की रूपरेखा, नाम और रणनीति तय की जाएगी। इस बीच 21 सदस्यों की एक समिति बना दी गई है। कमेटी में श्री बुखारी के अलावा सांसद मोहम्मद अफजल, पूर्व सांसद मौलाना मुजफ्फर हुसैन कछौछवी, मोहम्मद मियाँ मजहरी, श्री नक्शबंदी, महफुजुर्र रहमान, शफीकुर्र रहमान बर्क आदि के

नाम हैं। यह कमेटी मुसलमानों की समस्याओं पर गौर करने के अलावा सम्मेलन की तैयारी भी करेगी।

नायब इमाम ने कहा कि नया संगठन बाबरी मस्जिद वहीं बनवाने के लिए सख्त कदम उठाएगा। सख्त कदम अयोध्या मार्च या देश भर में जेल भरो आंदोलन हो सकता है। उन्होंने कहा कि पर्सनल लॉ बोर्ड सख्त कदम उठाने से कतराता रहा है। उसने कुछ नहीं किया। नया संगठन किसी के मातहत नहीं होगा। अगर बोर्ड सही काम करेगा तो उसका समर्थन किया जाएगा और ऐसा नहीं करने पर उसका विरोध भी किया जाएगा। नया संगठन सरकार के आगे हाथ नहीं फैलाएगा।

श्री बुखारी ने बताया कि आज की बैठक में कई प्रस्ताव पास किए गए। इन प्रस्तावों में बाबरी मस्जिद वहीं बनवाने, विवादित स्थल पर हो रही तब्दीली को रोकने, अयोध्या पैकेज वापस लेने, दंगों की जाँच के लिए कमेटी बनाने, खासकर सरकारी तंत्र और पुलिस की कार्रवाई की जाँच करवाने की माँग की गई। एक प्रस्ताव में आरएसएस, बजरंग दल, विश्व हिंदू परिषद, भारतीय जनता पार्टी, शिवसेना आदि की गतिविधियों पर रोक न लगाने की निंदा की गई। पुरातत्त्व विभाग की देखरेख वाली मस्जिदों को नमाज पढ़ने के लिए खोलने और अलीगढ़ विश्वविद्यालय में स्थिति सुधारने की माँग भी की गई।

■

विचारों की खाई है दोनों श्वेतपत्रों के बीच

लखनऊ, 22 अप्रैल, 1993 : भारतीय जनता पार्टी का श्वेतपत्र राष्ट्रीयता के परिप्रेक्ष्य में अयोध्या आंदोलन की विस्तारपूर्वक कथा है। हालाँकि इसे पूरा नहीं माना जा सकता। सरकार का श्वेतपत्र इसके मुकाबले अधिक अधूरा और एकांगी है। सरकार का श्वेतपत्र छह दिसंबर के ध्वंस के अपराधियों की अँधेरे में तलाश है। बीजेपी का श्वेतपत्र प्रमाण सहित बताता है कि केंद्र सरकारें ही असली अपराधी हैं। इसमें पी.वी. नरसिंह राव की अयोध्या आंदोलन विरोधी भूमिका का ब्योरा है।

यह दस्तावेज आंदोलन के नेतृत्व की विश्वसनीयता पर उठे सवालों को खारिज करने का प्रयास करता है। इसमें बताया गया है कि आंदोलन की सहनसीमा टूट जाने से बाबरी ढाँचे का ध्वंस हो गया, वरना नेतृत्व उसे आदर सहित स्थानांतरित करने का आग्रही था। बाबरी ढाँचे के ध्वंस पर सरकार के श्वेतपत्र में साजिश के संकेत हैं। उसके प्रमाण जुटाने का काम केंद्रीय जाँच ब्यूरो के जिम्मे है। अब तक उसे कोई कामयाबी नहीं मिली है। वह जमीन-आसमान एक कर रहा है। बाबरी ढाँचे का ध्वंस ऐतिहासिक यथार्थ बन गया है। सरकार उसे मंजूर कर चुकी है। सरकार और बीजेपी में इस पर सहमति है। इनके श्वेतपत्र इस यथार्थ के कारणों में आमने-सामने हैं। बीजेपी

का श्वेतपत्र उस हिंदू समाज की पाँच सौ साल पुरानी तीव्र अभीप्सा से जोड़ा है। हिंदू समाज भारत का बहुसंख्यक हिस्सा है। दुनिया में कहीं भी उस देश का बहुसंख्यक ही राष्ट्र होता है।

लालकृष्ण आडवाणी की प्रस्तावना श्वेतपत्र को सही परिप्रेक्ष्य और दृष्टि देती है। वे इसे साजिश नहीं, राष्ट्रीय आंदोलन का नतीजा बताते हैं, जिसे समझने और महसूस करने में संवैधानिक तंत्र (सरकार, राजनैतिक दल और न्यायपालिका) में विराजमान नेतृत्व नाकाम रहा। बीजेपी इसका अपवाद है।

सरकार का श्वेतपत्र ध्वंस के यथार्थ से शर्मिंदा है। वह विफलता और विश्वासघात के दो आरोपों से उसका विश्लेषण करता है। वह बताना चाहता है कि कल्याण सिंह सरकार की विफलता और अयोध्या आंदोलन के नेतृत्व के विश्वासघात से बाबरी ढाँचा टूटा। बीजेपी का श्वेतपत्र इसे असत्य साबित करने के लिए सरकार की फाइलों का बाकायदा हवाला देता है। 1987 के प्रारंभ से अयोध्या मसला केंद्र सरकार के तहत था। जुलाई 1988 से सरकार की पहल पर बातचीत शुरू हुई, जो नवंबर 1992 के अंत तक चलती रही। इस क्रम में अंतराल राजनैतिक परिवर्तनों से पड़ा। इस दौरान चार सरकारें बदलीं। बीजेपी के श्वेतपत्र ने चंद्रशेखर सरकार की साफगोई के लिए सराहना की है, जबकि विश्वनाथ प्रताप सिंह और पी.वी. नरसिंह राव पर ताल-तिकड़म के सहारे का आरोप है। पी.वी. नरसिंह राव की सरकार चौथी है। उसका काम अपेक्षाकृत आसान था। गृह मंत्रालय में राम जन्मभूमि-बाबरी मस्जिद विवाद के ऐतिहासिक, पुरातात्त्विक, राजस्व और कानूनी प्रमाण मौजूद थे। इन आधारों पर सरकार हल निकाल सकती थी। इसके विपरीत पी.वी. नरसिंह राव ने टेढ़े रास्ते चुने। उन्हें गिनाकर बीजेपी का श्वेपपत्र कहता है कि प्रधानमंत्री ने इस राष्ट्रीय सवाल पर घटिया राजनीति की।

बीजेपी का श्वेतपत्र पी.वी. नरसिंह राव पर उलटवार कर आरोप लगाता है कि उनकी विफलता और विश्वासघात से बाबरी ढाँचा टूटा। उसका छठा अध्याय इसे साबित करने के लिए है। नौवें अध्याय में कांग्रेस और वामपंथी दलों की कथनी-करनी का विरोधाभास दिखाया गया है। वे निजी बातचीत में जो स्वीकार करते हैं, उसे सार्वजनिक मंच से खारिज कर देते हैं। इससे सत्य का गला घोंटा जाता है। पाँचवें अध्याय के प्रारंभ में आरोप है कि पी.वी. नरसिंह राव ने अपने मंत्रियों (बलराम जाखड़, कमलनाथ, रंगराजन कुमारमंगलम, शरद पवार), संतों, बीजेपी, विश्व हिंदू परिषद, राष्ट्रीय स्वयंसेवक संघ के नेताओं, मुस्लिम नेताओं और अंततः पूरे देश के साथ विश्वासघात किया। इसे बीजेपी के नजरिए से देखने के लिए श्वेतपत्र के तीन अध्याय (चार, पाँच और छह) पढ़ने पड़ेंगे। सरकार के श्वेतपत्र का चौथा अध्याय प्रधानमंत्री की भूमिका का मंत्रवत् वर्णन करता है। बीजेपी का श्वेतपत्र बताता है कि सरकार के श्वेतपत्र में काले धब्बे कहाँ-कहाँ हैं।

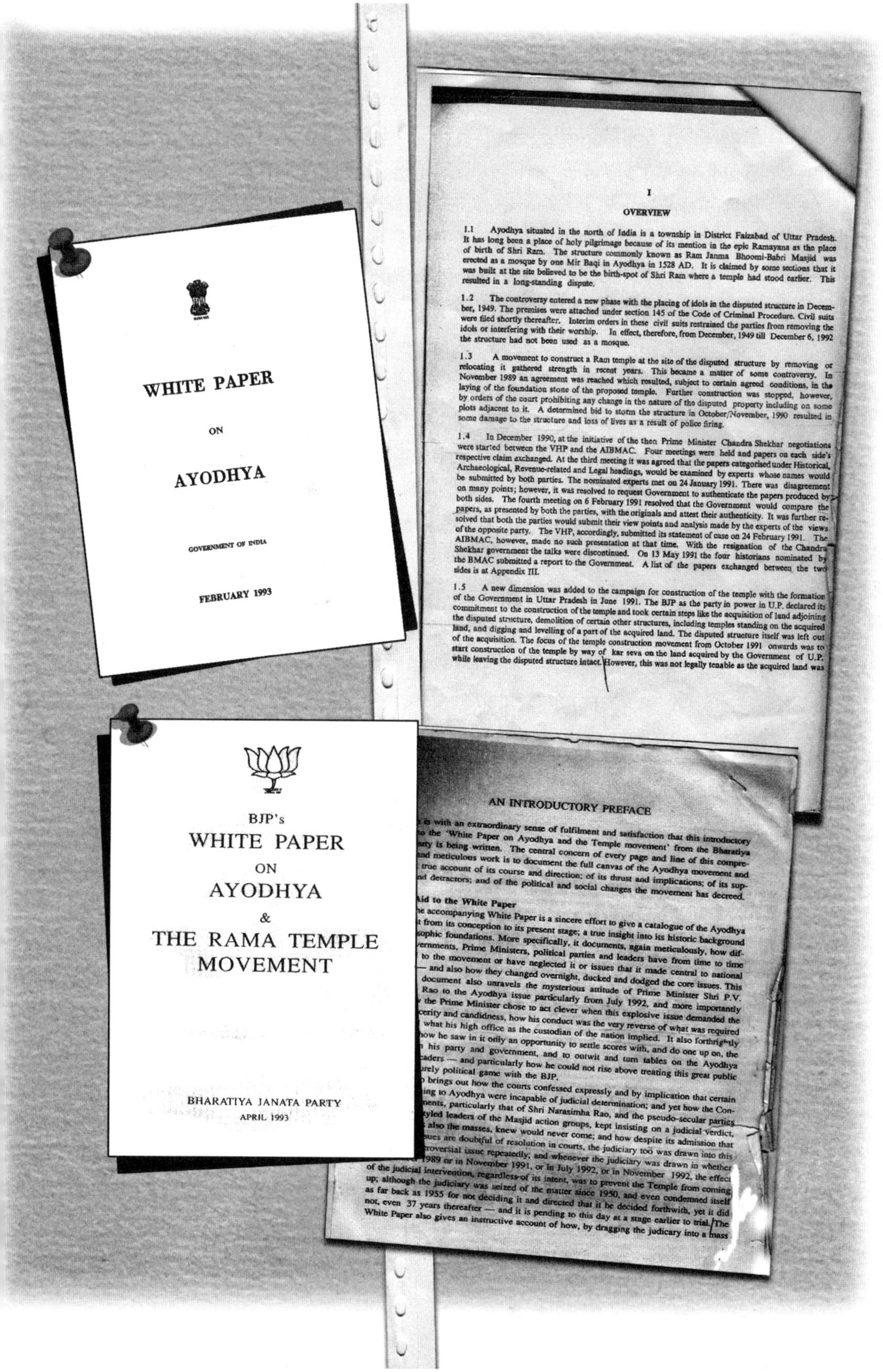
WHITE PAPER
ON
AYODHYA
GOVERNMENT OF INDIA
FEBRUARY 1993
BJP's
WHITE PAPER
ON
AYODHYA
&
THE RAMA TEMPLE
MOVEMENT
BHARATIYA JANATA PARTY
APRIL 1993
I
OVERVIEW
1.1 Ayodhya situated in the north of India is a township in District Faizabad of Uttar Pradesh. It has long been a place of holy pilgrimage because of its mention in the epic Ramayana as the place of birth of Shri Ram. The structure commonly known as Ram Janma Bhoomi-Babri Masjid was erected as a mosque by one Mir Baqi in Ayodhya in 1528 AD. It is claimed by some sections that it was built at the site believed to be the birth-spot of Shri Ram where a temple had stood earlier. This resulted in a long-standing dispute.
1.2 The controversy entered a new phase with the placing of idols in the disputed structure in December, 1949. The premises were attached under section 145 of the Code of Criminal Procedure. Civil suits were filed shortly thereafter. Interim orders in these civil suits restrained the parties from removing the idols or interfering with their worship. In effect, therefore, from December, 1949 till December 6, 1992 the structure had not been used as a mosque.
1.3 A movement to construct a Ram temple at the site of the disputed structure by removing or relocating it gathered strength in recent years. This became a matter of some controversy. In November 1989 an agreement was reached which resulted, subject to certain agreed conditions, in the laying of the foundation stone of the proposed temple. Further construction was stopped, however, by orders of the court prohibiting any change in the nature of the disputed property including on some plots adjacent to it. A determined bid to storm the structure in October/November, 1990 resulted in some damage to the structure and loss of lives as a result of police firing.
1.4 In December 1990, at the initiative of the then Prime Minister Chandra Shekhar negotiations were started between the VHP and the AIBMAC. Four meetings were held and papers on each side's respective claim exchanged. At the third meeting it was agreed that the papers categorised under Historical, Archaeological, Revenue-related and Legal headings, would be examined by experts whose names would be submitted by both parties. The nominated experts met on 24 January 1991. There was disagreement on many points; however, it was resolved to request Government to authenticate the papers produced by both sides. The fourth meeting on 6 February 1991 resolved that the Government would compare the papers, as presented by both the parties, with the originals and attest their authenticity. It was further resolved that both the parties would submit their view points and analysis made by the experts of the views of the opposite party. The VHP, accordingly, submitted its statement of case on 24 February 1991. The AIBMAC, however, made no such presentation at that time. With the resignation of the Chandra Shekhar government the talks were discontinued. On 13 May 1991 the four historians nominated by the BMAC submitted a report to the Government. A list of the papers exchanged between the two sides is at Appendix III.
1.5 A new dimension was added to the campaign for construction of the temple with the formation of the Government in Uttar Pradesh in June 1991. The BJP as the party in power in U.P. declared its commitment to the construction of the temple and took certain steps like the acquisition of land adjoining the disputed structure, demolition of certain other structures, including temples standing on the acquired land, and digging and levelling of a part of the acquired land. The disputed structure itself was left out of the acquisition. The focus of the temple construction movement from October 1991 onwards was to start construction of the temple by way of kar seva on the land acquired by the Government of U.P. while leaving the disputed structure intact. However, this was not legally tenable as the acquired land was
AN INTRODUCTORY PREFACE

सरकार का श्वेतपत्र कहता है कि पी.वी. नरसिंह राव ने अयोध्या विवाद पर बीजेपी से बातचीत की कोई कसर नहीं छोड़ी थी। उसका ब्योरा इस तरह है—

2 नवंबर, 1992 : शरद पवार, पी.आर. कुमारमंगलम ने प्रो. राजेंद्र सिंह, मोरोपंत पिंगले से भेंट की। भैरोंसिंह शेखावत भी वहाँ थे।

8 नवंबर, 1992 : प्रधानमंत्री पी.वी. नरसिंह राव और स्वामी चिन्मयानंद।

12 नवंबर, 1992 : प्रधानमंत्री और विपक्ष के नेता लालकृष्ण आडवाणी।

17 नवंबर, 1992 : गृह मंत्री शंकरराव चह्वाण और विपक्ष के नेता लालकृष्ण आडवाणी।

19 नवंबर, 1992 : प्रधानमंत्री और उत्तर प्रदेश के मुख्यमंत्री कल्याण सिंह।

20 नवंबर, 1992 : प्रधानमंत्री और प्रो. राजेंद्र सिंह।

25 नवंबर, 1992 : प्रधानमंत्री और स्वामी परमहंस रामचंद्रदास।

30 नवंबर, 1992 : प्रधानमंत्री की नानाजी देशमुख और अटल बिहारी वाजपेयी से मुलाकात।

3 दिसंबर, 1992 : प्रधानमंत्री और प्रो. राजेंद्र सिंह।

5 दिसंबर, 1992 : प्रधानमंत्री और नानाजी देशमुख।

इन मुलाकतों का पूरा ब्योरा बीजेपी के श्वेतपत्र में नहीं है। सिर्फ एक पैरे में बताया गया है कि इन मुलाकातों में आंदोलन की ओर से आग्रह था कि सरकार अनुरोध कर अदालतों से पहले फैसला कराए। यही एक नया तथ्य आया है। भारतेंदु सिंघल ने 5 दिसंबर को नरेश चंद्रा से मुलाकात की। उसमें सहमति हुई कि उसी दिन दोपहर बाद उत्तर प्रदेश सरकार के वकील इलाहाबाद हाईकोर्ट की लखनऊ पीठ के फैसले का अनुरोध करेंगे, जिसे केंद्र सरकार के वकील भी समर्थन देंगे। वहाँ केंद्र सरकार के वकील नहीं आए।

बीजेपी के श्वेतपत्र में प्रधानमंत्री पी.वी. नरसिंह राव के छह कामों का ब्योरा देकर यह साबित करने की कोशिश है कि वे अपनी बहुमुखी रणनीति से अयोध्या आंदोलन के नेतृत्व की विश्वसनीयता को खाक में मिलाना चाहते थे। वे बातचीत को लंबा खींचकर वक्त काट रहे थे। चंद्रशेखर को बातचीत शुरू कराने में 20 दिन का समय लगा, जबकि तमाम प्रारंभिक तैयारियों के रहते हुए भी पी.वी. नरसिंह राव को 70 दिन लग गए। प्रधानमंत्री ने 27 जुलाई को घोषणा की थी कि चंद्रशेखर के जमाने में बातचीत जहाँ रुकी थी, वे उससे आगे बढ़ाएँगे। इनमें उन्हें 70 दिन क्यों लगे, इसका स्पष्टीकरण सूत्र रूप में सरकार के श्वेतपत्र में है कि अयोध्या प्रकोष्ठ को तमाम दस्तावेज जुटाने और गृह मंत्रालय से ये दस्तावेज अयोध्या प्रकोष्ठ में पहुँचाने 70 दिन लग गए। सरकार को इन दस्तावेजों को प्रमाणित भी करना था।

सरकार के श्वेतपत्र के इस स्पष्टीकरण को बीजेपी का श्वेतपत्र सफेद झूठ कहता

है, "राम जन्मभूमि बाबरी मस्जिद विवाद पर 1990-91 के दौरान बातचीत पर टिप्पणी" से उद्धरण देकर बीजेपीई श्वेतपत्र दावा करता है कि सरकार झूठ कह रही है। इससे जाहिर हुआ कि दस्तावेजों का प्रमाणीकरण चंद्रशेखर सरकार के जमाने में हो गया था। ऐतिहासिक और पुरातात्त्विक प्रमाणीकरण बाकी था। सरकार देर करना चाहती थी। इसे जाहिर करने के लिए भैरोंसिंह शेखावत का हवाला दिया गया है। उन्हें प्रधानमंत्री ने सलाह दी थी कि बातचीत जारी रखिए।

बीजेपी के श्वेतपत्र में पेजावर स्वामी और आर. वेंकटरमन, कमलनाथ के प्रयासों का ब्योरा है कि वे क्या-क्या फॉर्मूले पेश कर रहे थे। इसके बाद आंदोलन को बाँटने की कोशिशों का ब्योरा है। सात उदाहरण देकर बताया गया है कि प्रधानमंत्री अयोध्या आंदोलन के विरोधी हैं। उन्होंने मस्जिद समर्थक रुख अपनाया। उनके इस रुख और जुलाई से दिसंबर तक के रवैए से कारसेवकों का भरोसा जाता रहा। यही ध्वंस का कारण बना। इस प्रकार प्रधानमंत्री पी.वी. नरसिंह राव को इसके लिए जिम्मेदार ठहराया गया। सरकार चाहती तो छह दिसंबर की राष्ट्रीय दुर्घटना टाली जा सकती थी। उसके पास प्रमाण था कि विवादित ढाँचा मंदिर तोड़कर बनाया गया है। इस्लाम में ऐसे स्थान को छोड़ने, गिराने या हटाने की व्यवस्था है। मुस्लिम देशों में ऐसा होता रहा है। अयोध्या प्रकोष्ठ के पास ये तीनों प्रमाण थे।

■

अयोध्या मुद्दा : श्वेतपत्र का सच शहाबुद्दीन और राव पैंतरे बदलते रहे

23 अप्रैल, 1993 : काशी-मथुरा के बजाय अयोध्या को क्यों चुना गया? इस सवाल के जरिए बीजेपी के श्वेतपत्र में हिंदू-मुस्लिम संबंध के केंद्र तक पहुँचने का प्रयास है। ये तीनों स्थान हिंदू संस्कृति में पवित्रता के प्रतीक हैं, फिर भी अयोध्या के विवादित ढाँचे को स्थानांतरित कर वहाँ राममंदिर बनाने का आंदोलन इसलिए है कि वह मुस्लिम भावनाओं का आदर करता है। बीजेपी के मुताबिक अयोध्या के विवादित ढाँचे से मुसलमानों की आस्था नहीं जुड़ी है। वह अमस्जिद थी। इसी कारण मथुरा और काशी के बजाय अयोध्या को आंदोलन के लिए चुना।

बीजेपी का श्वेतपत्र मस्जिदवादी कथित नेतृत्व के बदलते पैमाने का ब्योरा देता है, खासकर सैयद शहाबुद्दीन का जिक्र है। उन्होंने सबसे पहले कहा कि अगर वहाँ मंदिर तोड़कर मस्जिद बनाई गई तो मुसलमान उस ढाँचे को ढहा देंगे। इसके बाद उन्होंने एक के बाद दूसरे और इस सिलसिले में चार पैमाने रखे। पहले माँग की कि मंदिर तोड़ने का प्रमाण दो। अंग्रेजी जमाने के दस्तावेजों से इसे जब साबित करने की कोशिशें शुरू हुईं तो सैयद शहाबुद्दीन ने पैमाना बदल दिया। वे गैर-अंग्रेजी शासन यानी उससे पहले के प्रमाण की माँग करने लगे। मुस्लिम इतिहासकारों और विद्वानों के लेखन के प्रमाण भी उन्हें संतुष्ट नहीं

कर सके। तर्क था कि ये लोग अंग्रेजी के रास्ते पर हैं। आखिर में उनके पैमाने में तत्कालीन प्रमाण की जरूरत रखी गई। बीजेपी श्वेतपत्र कहता है कि वहाँ विष्णुहरि का मंदिर था। इस पर सैयद शहाबुद्दीन ने अपने पुराने पैमाने खारिज कर कहा कि वे अब बेमतलब हो गए हैं।

आरोप है कि सैयद शहाबुद्दीन ने ईमानदारी से इस मसले की गुत्थियों को सुलझाने के बजाय उलझाया। वे असंभव शर्तें पेश करते रहे। 1986-87 में हिंदू पक्ष ने बाबरी ढाँचे को आदरपूर्वक स्थानांतरित करने की पेशकश थी। तर्क था कि वह स्थान हिंदुओं की आस्था का केंद्र है कि वहीं राम जन्मस्थान है। सैयद शहाबुद्दीन ने उलटे तर्क दिया कि वह ढाँचा और स्थान मुसलमानों के लिए पवित्र है। बीजेपी श्वेतपत्र के मुताबिक यह झूठ है। अंजुम कदर ने 1987 में सुझाया कि मुसलमान बाबरी ढाँचे का स्थानांतरण मंजूर करें तो उन्हें 4 जुलाई को सैयद शहाबुद्दीन ने लिखा कि मेहरबानी कर ऐसा मत करें। इससे पिटारा खुल जाएगा। बाबरी ढाँचा शिया मुसलमानों का है। उन्हें फैसले का अधिकार होना चाहिए, लेकिन कठमुल्ले नेतृत्व ने टाँग अड़ा दी।

श्वेतपत्र के मुताबिक विश्व हिंदू परिषद का छह साल पहले का प्रस्ताव हर कसौटी पर उचित और तर्कसंगत था। समस्याओं का पिटारा किससे खुला? अगर 1957 में ढाँचे का स्थानांतरण आपसी सहमति से हो जाता तो हिंदू-मुस्लिम एकता का नया अध्याय शुरू हो सकता था। उस मौके से कठमुल्लों ने समाज को वंचित कर दिया। मुस्लिम समाज के कथित नेतृत्व ने अपने तर्कों के अँधेरेपन को नहीं देखा। उनके तर्क में मथुरा और काशी के स्थलों को बहुत पहले हिंदुओं को वापस मिलना चाहिए था। श्वेतपत्र कहता है कि प्रमाणों के आधार पर वहाँ हिंदुओं की दावेदारी बनती है, लेकिन मुस्लिम समाज की भावनाओं के मद्देनजर मथुरा और काशी से अयोध्या को वरीयता दी गई। अयोध्या में 1934 से विवादित ढाँचा एक गैर-मस्जिद है। 1949 से वह मंदिर है।

मथुरा और काशी के विवादित स्थल के बारे में हालाँकि निर्णायक प्रमाण हैं, फिर भी हिंदुओं ने अयोध्या को चुना, क्योंकि वहाँ नमाज नहीं होती। मस्जिद पर मंदिर के निर्माण से मुसलमानों (यहाँ तक वे भी, जो बाबरी ढाँचे के मुतवल्ली हैं) की धार्मिक संवेदना आहत नहीं होती। श्वेतपत्र इस आधार पर नतीजा निकालता है कि अयोध्या के चयन से हिंदू मानस स्पष्ट होता है कि वह मुसलमानों की धार्मिक भावनाओं का उस विवाद में भी आदर करना चाहता है, वहाँ उसके पवित्रतम स्थान दाँव पर लगे हैं। श्वेतपत्र आम मुसलमान को इसके लिए दोषी नहीं ठहराता। वह उसके प्रति पूरी संवेदना रखता है। वह नतीजा पेश करता है कि बाबरी समूह के रवैये से समस्याओं का पिटारा खुला है।

विपक्ष के नेता लालकृष्ण आडवाणी ने श्वेतपत्र की प्रस्तावना में अयोध्या आंदोलन को असली राष्ट्रीयता और धर्मनिरपेक्षता की राष्ट्रीय तलाश का प्रयास माना है। वे कहते हैं कि बाबरी ढाँचे के ध्वंस पर दो विपरीत प्रतिक्रियाओं से ऐसा लगता है कि इस देश में दो राष्ट्रीयता कायम हैं। अयोध्या आंदोलन ने मीर बाकी के विजय रूपी अहंकार के

तमगे को हटा दिया है। उससे राममंदिर के निर्माण का जहाँ रास्ता खुल गया है, वहीं देश में आत्मावलोकन की आवश्यकता भी उपस्थित हो गई है। सवाल उठा है कि असली धर्मनिरपेक्ष राजनीति कैसी हो, क्या उसे असली धर्मनिरपेक्षता कहेंगे, जिसमें बहुसंख्यक की आस्था कुचली जाती है। इस आत्मावलोकन प्रक्रिया में मुसलमान भी शामिल हैं।

बगैर विस्तार में गए संकेतों से लालकृष्ण आडवाणी हिंदू-मुस्लिम संबंध के केंद्र की ओर इशारा करते हैं। वे किसी फॉर्मूले का प्रस्ताव नहीं करते। उनकी प्रस्तावना का श्वेतपत्र में विस्तार है। मुस्लिम समाज के मौजूदा नेतृत्व पर आरोप है कि वह समाज को गुमराह कर रहा है। उसे वस्तुस्थिति को नए संदर्भ में समझना चाहिए। परोक्ष तरीके से श्वेतपत्र में सैयद शहाबुद्दीन को हमलावर मुसलमान का प्रतिनिधि बताया गया है, जबकि अंजुम कदर हिंदुस्तानी मुसलमान के प्रवक्ता माने गए हैं। हिंदू-मुस्लिम संबंध का केंद्रीय बिंदु भी सदियों से (कम-से-कम सात सौ साल) यही रहा है। इसे देशी बनाम विदेशी मुसलमान भी कह सकते हैं।

श्वेतपत्र छह दिसंबर के बाद के दंगों को नकली धर्मनिरपेक्षता का कुप्रभाव मानता है। इसके लिए वह प्रधानमंत्री पी.वी. नरसिंह राव को मुख्य जवाबदेह ठहराता है। छह दिसंबर को प्रधानमंत्री ने अपने भाषण में दूरदर्शन पर कहा कि मस्जिद ढहा दी गई। बीजेपी श्वेतपत्र के मुताबिक सरकार के श्वेतपत्र के पहले पृष्ठ पर लिखा है कि असल में दिसंबर 1949 से छह दिसंबर, 1992 यानी ढहाए जाने तक वह ढाँचा मस्जिद के बतौर इस्तेमाल नहीं हो रहा था। सरकार के श्वेतपत्र में हर जगह उसे विवादित ढाँचा बताया गया है। इसके विपरीत प्रधानमंत्री ने अपने भाषण में उसे मस्जिद कहा। बीजेपी के श्वेतपत्र में आरोप है कि प्रधानमंत्री के भाषण का नतीजा भयावह निकला। उससे भारत में हिंसा भड़काने में मदद मिली। मुस्लिम देशों ने प्रधानमंत्री के कथन को आधार मानकर निंदा अभियान छेड़ दिया। बीजेपी श्वेतपत्र के मुताबिक प्रधानमंत्री सच बोलकर इससे उल्टा वातावरण बना सकते थे। वह ज्यादा उचित होता।

प्रधानमंत्री ने ऐसा क्यों नहीं किया? बीजेपी श्वेतपत्र जानकारी देता है कि सिर्फ बीजेपी, विश्व हिंदू परिषद और संत ही उसे अमस्जिद बताते थे, प्रधानमंत्री राव सच बोलकर उनको सच साबित करते। उन्हें फिर नकली धर्मनिरपेक्ष राजनीतिक दलों और अर्जुन सिंह से भारी मुसीबत मोल लेनी पड़ती।

■

यह तो साढ़े चार सौ साल पुराना आंदोलन है

नई दिल्ली, 24 अप्रैल, 1993 : अयोध्या ऐतिहासिक प्रक्रिया में है। साढ़े चार सौ साल पुराना है। इसका यह दौर 1984 में शुरू हुआ। संवेदनारहित राजनीति और जड़

न्यायपालिका इसका ताजा संदर्भ है। इस आंदोलन को संघ परिवार, बीजेपी और यहाँ तक कि संतों ने भी नहीं रचा है। यह तो हिंदुओं का आंदोलन है।

बीजेपी श्वेतपत्र के दूसरे अध्याय का यह सारांश है। इस श्वेतपत्र में लालकृष्ण आडवाणी की प्रस्तावना के अलावा दस अध्याय हैं। पहले अध्याय में कहा गया है कि यह सिर्फ मंदिर का आंदोलन नहीं है। यह ज्ञात इतिहास का सबसे महान राष्ट्रीय पुनर्जागरण है। यह सत्य के दर्शन पर आधारित है। यह स्वाधीनता संग्राम के जीवन-मूल्यों में आजादी, खासकर सरदार पटेल के देहांत के बाद उभरे विकारों के परिष्कार का आंदोलन है। इस अर्थ में यह सोमनाथ सुधार की अगली कड़ी है। सरकार के श्वेतपत्र में अयोध्या आंदोलन 450 शब्दों में है, यानी हर साल पर एक शब्द। सरकार का श्वेतपत्र अयोध्या आंदोलन के इतिहास में नहीं जाता। वह पी.वी. नरसिंह राव सरकार की सफाई का वर्णन करते हुए जहाँ जरूरी है, वहाँ दूसरे संदर्भ का सहारा लेता है। वह पिछली सरकारों के काम का भी जिक्र नहीं करता है। इसी वजह से एक तथ्य बीजेपी के श्वेतपत्र में आया है कि पी.वी. नरसिंह राव 1988 में अयोध्या मसले के प्रभारी बनाए गए थे। बीजेपी का आरोप है कि सरकार इसे छिपाना चाहती थी।

इसका यह दौर 1984 में शुरू हुआ। संवेदनारहित राजनीति और जड़ न्यायपालिका इसका ताजा संदर्भ है। इस आंदोलन को संघ परिवार, बीजेपी और यहाँ तक कि संतों ने भी नहीं रचा है। यह तो हिंदुओं का आंदोलन है।

इस आधार पर सरकार का श्वेतपत्र (पेज 17 पैरा 3/10) अधूरी बात बताता है। उसमें परिस्थिति का वर्णन है, जिसमें प्रधानमंत्री ने जुलाई 1992 में पहल की। बीजेपी का श्वेतपत्र कल्याण सिंह का उसी आधार पर बचाव करता है, जिस आधार पर सरकार का श्वेतपत्र प्रधानमंत्री के कदम को उचित ठहराता है। उसका सवाल है कि क्या कोई जवाबदेह सरकार कारसेवकों पर गोलीबारी का आदेश दे सकती थी? बीजेपी श्वेतपत्र का आठवाँ अध्याय प्रधानमंत्री के हर कथन का खंडन है, जिसके जरिए यह साबित करने का प्रयास है कि प्रधानमंत्री नहीं, बीजेपी और संतों के कथन सही हैं।

सरकार का श्वेतपत्र आठ अध्यायों में है। बीजेपी के श्वेतपत्र में उससे दो अध्याय ज्यादा और अलग हैं। एक अध्याय राम जन्मभूमि के लिए समधर्म के इतिहास का है। अलग एक अध्याय में राजनीतिक दलों, नेताओं और प्रधानमंत्रियों की तुलना है। यह बीजेपी के श्वेतपत्र का चौथा अध्याय है। इस अध्याय के पहले पैरे में है कि 1989 से बीजेपी अयोध्या आंदोलन के समर्थन में आई। इसके बाद राजीव गांधी, विश्वनाथ प्रताप सिंह, चंद्रशेखर और पी.वी. नरसिंह राव सरकारों के दौरान हुए प्रयासों का सप्रमाण ब्योरा है। सबसे कम चंद्रशेखर सरकार के बारे में है, लेकिन उन्हें श्रेय दिया है कि सही दिशा में चंद्रशेखर ने कोशिश की। उनकी कोशिश को कांग्रेस ने नाकाम कर दिया। वह सरकार कांग्रेस के सहारे चल रही थी।

अयोध्या विवाद क्या अराजनैतिक प्रयासों से हल हो सकता है? बीजेपी के श्वेतपत्र

में विश्वनाथ प्रताप सिंह सरकार के दौरान इस दिशा में किए गए प्रयासों का वर्णन है। विश्वनाथ प्रताप सिंह ने पहले अली मियाँ और जयेंद्र सरस्वती के जरिए रास्ता निकालने की कोशिशें कीं। हिंदू संत और मुस्लिम उलेमा की एक बैठक हुई। उससे भी कोई नतीजा नहीं निकला। उसके बाद विश्वनाथ प्रताप सिंह ने 15 अक्तूबर को एस. गुरुमूर्ति को याद किया। इनमें चार बार कुल मिलाकर चार घंटे से ज्यादा देर तक बातें हुईं। एस. गुरुमूर्ति के सुझाव पर एक फॉर्मूला बना। उसमें विवादित ढाँचे का अधिग्रहण था। उसे विश्व हिंदू परिषद-संघ ने भी माना। उसके बाद एक ओर जार्ज फर्नांडीज और पी. उपेंद्र ने संघ नेताओं से प्रधानमंत्री के दूत के नाते भेंट की तो दूसरी ओर प्रधानमंत्री ने गोविंदाचार्य, अरुण जेटली और एक पत्रकार से अगले कदम के बारे में मशविरा किया। अध्यादेश इस प्रक्रिया का नतीजा था, जिसे सरकार ने वापस ले लिया। इस सिलसिले में बीजेपी श्वेतपत्र में सुंदरनगर के एक्सप्रेस गेस्ट हाउस की बातचीत का भी जिक्र है, जिसमें अपनी रथयात्रा पर जाने से पहले लालकृष्ण आडवाणी मौजूद थे। वे उसी दिन धनबाद के लिए निकले।

बीजेपी श्वेतपत्र में सरकारी दस्तावेज के आधार पर सरकारों का विश्लेषण किया गया है। राजीव गांधी सरकार ने कुछ रिकॉर्ड रखे। विश्वनाथ प्रताप सिंह के जमाने की ज्यादातर कोशिशें अनौपचारिक थीं। चंद्रशेखर सरकार ने पूरी कार्रवाई लिखा-पढ़ी में की। इन कागजातों से एक तथ्य उभरा कि 1989 की शुरुआत में सरकार ने यह महसूस कर लिया कि न्यायालय से रास्ता निकलेगा, क्योंकि दोनों पक्षों में मेल की कोई संभावना नहीं है। इसे सरकारें ठीक से समझ लेतीं तो न्यायिक प्रक्रिया में जल्दी कराई जा सकती थी। बीजेपी श्वेतपत्र के मुताबिक न्याय में देरी के मद्देनजर जुलाई 1992 की कारसेवा जरूरी हो गई थी। संतों ने मई में कारसेवा का फैसला किया। उसकी कड़ी 21 महीने पहले की घटनाओं से जुड़ी थी। इसके तेरह कारणों का जिक्र है। बीजेपी श्वेतपत्र में पी.वी. नरसिंह राव सरकार पर एक अध्याय है। उसमें बाबरी ढाँचे के ध्वंस की जिम्मेदारी केंद्र सरकार पर डाली गई है। पी.वी. नरसिंह राव सरकार की रणनीति थी—एक, अदालत और उत्तर प्रदेश सरकार टकराए। उस आधार पर केंद्र कल्याण सिंह को बर्खास्त करना चाहता था। दो—अगर ऐसा नहीं हो सके तो प्रतीकात्मक कारसेवा कराकर आंदोलन नेतृत्व की साख गिराने का इरादा था। तीन—इन माध्यमों से पी.वी. नरसिंह राव मुस्लिम नेताओं को अपने समर्थन का संकेत देना चाहते थे।

बीजेपी ने प्रधानमंत्री पर अयोध्या मसले में चतुराई बरतने का आरोप लगाया है, जबकि राष्ट्रीय नेता के नाते उन्हें ईमानदारी का सहारा लेना चाहिए था। बीजेपी श्वेतपत्र के पेज 107 पर गिनाया गया है कि पी.वी. नरसिंह राव ने कब-कब चतुराई बरती। जुलाई 26 को कारसेवा स्थगित कराने के लिए उन्होंने संतों से वायदे तो किए, पर उसके बाद बदल गए। प्रधानमंत्री ने एक चिट्ठी भिजवाई थी। उसमें विवाद को एक समय-सीमा में सुलझाने का वादा था। उसके आधार पर कारसेवा स्थगित हुई। तनाव ज्यों ही खत्म

हुआ कि प्रधानमंत्री बदलने लगे। श्वेतपत्र के मुताबिक तीन महीने में मसले का हल होना था। सरकार ने कहना शुरू किया कि मसले को हल करने के प्रयास के लिए तीन महीने का वक्त कम माँगा गया था। प्रधानमंत्री ने पेजावर स्वामी विश्वेश्वरतीर्थ को कहा कि वे कारसेवा की रुकावटें दूर करना चाहते हैं। इसका अर्थ था कि प्रधानमंत्री कारसेवा को विवादित ढाँचे से अलग करने पर राजी हैं। उसे वे याद नहीं रख सके।

विश्व हिंदू परिषद ने कारसेवा स्थगित करते वक्त साफ कर दिया था कि वह तीन महीने इंतजार करेगी। इसे नौ उदाहरणों से श्वेतपत्र में बताया गया है। यह कहना सरासर अन्याय है कि धर्मसंसद ने जल्दबाजी की। छह दिसंबर का कारसेवा का फैसला परिषद की घोषणा के मुताबिक था। कारसेवा के ऐलान के लिए सात कारण (पेज 121 पर) गिनाए गए हैं। सरकार का श्वेतपत्र कहता है कि परिषद ने बातचीत तोड़ दी। उसने संघर्ष का रास्ता अपनाया। दूसरा तर्क यह है कि कल्याण सिंह सरकार ने बल का प्रयोग कर कारसेवकों को नहीं रोका, लिहाजा ढाँचे का ध्वंस हो गया।

बीजेपी श्वेतपत्र में इसका जवाब है। बातचीत तोड़ने का आरोप चार धारणाओं पर है। एक—यह मान लिया गया है कि बातचीत से नतीजा निकल सकता था। दो—अगली बातचीत से ठोस नतीजा निकलता। वह 8 नवंबर, 1992 को होनी थी। तीन—कारसेवा की घोषणा अचानक थी। चार—कारसेवा का ऐलान बातचीत को तोड़ने के लिए था। बीजेपी श्वेतपत्र का एक अध्याय इसका खुलासा कर यह नतीजा निकालता है कि प्रधानमंत्री बातचीत को वक्त काटने के लिए चलाना चाहते थे। सबसे खास बात इसके समर्थन में बाबरी समूह के इतिहासकारों—डी.एन. झा, आर.एस. शर्मा, अजहर अली और सूरजभान की वह चिट्ठी है, जो 21 अक्तूबर को दी गई। उससे साफ है कि प्रमाणों को पेश करने में एक पक्ष ईमानदार नहीं रहा। सरकार ने अंतिम तिथि 21 अक्तूबर तय की थी। इसके बावजूद सरकार का श्वेतपत्र यह धारणा बनाना चाहता है कि आठ नवंबर की बातचीत निर्णायक हो सकती थी। बीजेपी श्वेतपत्र में भैरोंसिंह शेखावत का हवाला है। वे भी महसूस करने लगे थे कि 29 अक्तूबर को बातचीत असल में टूट गई।

क्या कल्याण सिंह की सरकार ने कारसेवकों पर बल प्रयोग नहीं कर धर्मनिरपेक्षता, लोकतंत्र और कानून के शासन की अवहेलना के अलावा विश्वासघात किया? इसका जवाब बीजेपी श्वेतपत्र में 145 पेज पर है। कल्याण सिंह के शपथपत्र को आधार बनाया गया है। वे केंद्रीय बलों की टुकड़ियों का इस्तेमाल भी करना चाहते थे, बशर्ते वे कारसेवकों पर गोली न चलाएँ। प्रधानमंत्री को मालूम था कि कल्याण सिंह कारसेवकों पर गोलीबारी नहीं कराने जा रहे हैं। बीजेपी श्वेतपत्र कहता है कि प्रधानमंत्री, यानी केंद्र सरकार ने क्यों नहीं फैसला किया?

न्यायपालिका की भूमिका के बारे में बीजेपी के श्वेतपत्र में नौवाँ अध्याय है। अयोध्या मसले का पहला मुकदमा 1885 का है। वह हिंदुओं के पक्ष में गया। उससे पहले

इस्लामिक कानून के कारण मुकदमे की कोई गुंजाइश नहीं थी। 1950 में फिर मुकदमा शुरू हुआ, जब बाबरी ढाँचे पर हिंदुओं का कब्जा हो गया। पहले 1950 और 1955 में अदालत के फैसले से वहाँ पूजा शुरू हुई। इसके बाद 1955 से विवाद हाईकोर्ट में है। सुन्नी वक्फ बोर्ड ने 1961 में मुकदमा दायर किया। बीजेपी श्वेतपत्र के मुताबिक सुन्नी वक्फ बोर्ड के मुकदमे का फैसला हो जाए तो अयोध्या विवाद का कानूनी पेंच खत्म हो जाएगा। इस्लाम के तहत मुतवल्ली ही मस्जिद के लिए मुकदमा कर सकता है। बाबरी ढाँचे का मुतवल्ली स्थानांतरण के पक्ष में है। मीर जावद हसन अयोध्या से दस किमी. दूर रहते हैं। वे मीर बाकी के वंशज हैं। पर मुकदमा उन्होंने नहीं, सुन्नी वक्फ बोर्ड ने दायर किया है। बीजेपी श्वेतपत्र के मुताबिक लाहौर कोर्ट ने 1930 में ऐसे विवाद का निपटारा किया। 1940 में प्रिवी काउंसिल ने उस फैसले को उचित ठहराया।

वक्फ बोर्ड को छह साल के भीतर मुकदमा करना चाहिए था। उसने करीब 12 साल बाद मुकदमा दायर किया। इस कारण उसका मुकदमा खारिज हो जाना चाहिए। 1966 में फैजाबाद के जज ने फैसला दिया कि बाबरी ढाँचा वक्फ की जायदाद नहीं है। सन् 1982 में लखनऊ में इलाहाबाद हाईकोर्ट की एक विशेष पीठ बनी। उसके पास पुराने सभी पाँच मुकदमे आए। बीजेपी का श्वेतपत्र कहता है कि 43 साल पहले जहाँ मुकदमा था, वहीं आज भी है। उसमें रत्ती भर प्रगति नहीं हुई।

■

राममंदिर पर सरकारी न्यास से खलबली

वाराणसी, 27 अप्रैल, 1993 : अयोध्या में राममंदिर के लिए प्रस्तावित सरकारी न्यास के गठन में केंद्र सरकार को सफलता मिल रही है। केंद्र सरकार सरकारी न्यास का नेतृत्व रामानंद संप्रदाय के सर्वोच्च आचार्य जगद्गुरु रामानंदाचार्य रामनरेशाचार्य को सौंपने जा रही है। रामनरेशाचार्य ने अपनी सहमति दे दी है। शास्त्रीय विधान के मुताबिक भी रामभक्ति शाखा की सर्वोच्च पीठ रामानंदाचार्य की ही है। अयोध्या के साथ ही देश भर में रामभक्ति शाखा के साधु-संत इसी पीठ से ताल्लुक रखते हैं। सरकार के इस प्रयास से राम जन्मभूमि न्यास और विश्व हिंदू परिषद को गहरा झटका लगेगा, क्योंकि अयोध्या के राममंदिर पर यही संप्रदाय दावा जता रहा है।

इस पीठ के महत्त्व को देखते हुए विश्व हिंदू परिषद ने भी राम जन्मभूमि न्यास की स्थापना के वक्त इस पीठ के आचार्य शिवरामाचार्य को राम जन्मभूमि न्यास का संस्थापक अध्यक्ष बनाया था। शिव रामाचार्य के निधन के बाद इस पीठ पर रामनरेशाचार्य बैठे हैं। रामनरेशाचार्य ने अब तक अपने को मंदिर आंदोलन से दूर रखा था। राम जन्मभूमि न्यास की स्थापना के वक्त जो विधान बना था, उसके अनुसार इस पीठ के रामानंदाचार्य ही

न्यास के अध्यक्ष होंगे। उनके न रहने पर काफी समय तक यह पद खाली था। परमहंस रामचंद्रदास को कार्यवाहक अध्यक्ष बनाया गया था, पर जब मौजूदा रामानंदाचार्य अध्यक्ष बनने को राजी नहीं हुए तो काफी समय बाद परमहंस रामचंद्रदास इसके अध्यक्ष हुए। अयोध्या के दोनों प्रमुख संत नृत्यगोपाल दास और परमहंस रामचंद्रदास न सिर्फ इस पीठ के अनुयायी हैं, बल्कि इस पीठ के न्यासी भी हैं।

रामनरेशाचार्य को नए ट्रस्ट का नेतृत्व देने के पीछे कई तर्क हैं। एक–वे रामानंदी पीठ के जगद्‌गुरु हैं। दो–चंद्रास्वामी की संत समाज में कोई प्रतिष्ठा नहीं है। तीन–द्वारका के शंकराचार्य एक तो शैव मत के हैं, दूसरे सभी लोगों में वे स्वीकार्य नहीं होंगे। खुद रामनरेशाचार्य बातचीत में कहते हैं, "चंद्रास्वामी कोई संत नहीं हैं।"

इसलिए सरकार को रामनरेशाचार्य से उम्मीद बन रही है, क्योंकि इस पैंतरे से विहिप का वह दावा भी बेअसर होता है, "शंकराचार्य स्वरूपानंद कैसे मंदिर निर्माण करा सकते हैं, वे तो शैव मत के हैं। अयोध्या का राममंदिर तो वैष्णव परंपरा के रामभक्ति शाखा का मामला है।" यह आपत्ति विश्व हिंदू परिषद के आचार्य गिरिराज किशोर ने उठाई थी। पहले भी मंदिर आंदोलन से जुड़े शंकराचार्यों पर इस बात को लकर एतराज किया जाता रहा है कि वे शैव मत के हैं और मंदिर तथा अयोध्या के लगभग सभी मंदिर और अखाड़े वैष्णव परंपरा में रामानंदी शाखा के तहत आते हैं।

सरकार के इस रवैए से राम जन्मभूमि न्यास में खलबली है, उधर रामनरेशाचार्य को भी यह उम्मीद है कि अयोध्या के संत उनके खिलाफ नहीं जाएँगे, क्योंकि वे उस संप्रदाय की सर्वोच्च पीठ पर हैं। उनका कहना है कि नृत्यगोपाल दास और परमहंस रामचंद्रदास तो उनके तहत ही हैं। रामानंदाचार्य रामनरेशाचार्य प्रधानमंत्री के सीधे संपर्क में हैं। कांग्रेस (इ) नेता मोतीलाल वोरा और प्रधानमंत्री दफ्तर में पुलिस अधिकारी किशोर कुणाल कई दफा उनसे सीधे संपर्क कर चुके हैं। उनका मानना है कि न्यास एकाध हफ्ते के भीतर ही बन जाएगा। रामनरेशाचार्य को नए ट्रस्ट का नेतृत्व देने के पीछे कई तर्क हैं। एक—वे रामानंदी पीठ के जगद्‌गुरु हैं। दो—चंद्रास्वामी की संत समाज में कोई प्रतिष्ठा नहीं है। तीन—द्वारका के शंकराचार्य एक तो शैव मत के हैं, दूसरे सभी लोगों में वे स्वीकार्य नहीं होंगे। खुद रामनरेशाचार्य बातचीत में कहते हैं, "चंद्रास्वामी कोई संत नहीं हैं।"

राम जन्मभूमि न्यास मंच ने अभी जो बनारस में संत सम्मेलन आयोजित किया, उसमें रामनरेशाचार्य शामिल नहीं हुए थे। हालाँकि संत सम्मेलन के दौरान श्रीशचंद्र दीक्षित, विजयाराजे सिंधिया और अशोक सिंघल ने इनसे संपर्क साधा था, पर वे नहीं गए। रामनरेशाचार्य स्वरूपानंद द्वारा आयोजित झोंटेश्वर के संत सम्मेलन में जरूर गए थे। उस संत सम्मेलन ने एक प्रस्ताव पास कर (अयोध्या में) मंदिर निर्माण की रणनीति बनाने के लिए दो सदस्यीय कमेटी बनाई गई थी। उसमें द्वारका के शंकराचार्य स्वरूपानंद के साथ

ही रामनरेशाचार्य भी हैं। रामनरेशाचार्य 'जनसत्ता' से कहते हैं, "मैं मंदिर निर्माण के लिए सरकार से सहयोग को तैयार हूँ, पर न्यास का नेतृत्व करने के पक्ष में नहीं हूँ।" हालाँकि उनके हावभाव बताते हैं कि न्यास या उन्होंने सहमति जता दी है।

राम जन्मभूमि न्यास मंच के संरक्षक डॉ. रामविलास वेदांती का कहना कुछ और है। वे कहते हैं, "उनकी सरकारपरस्ती को देखते हुए हमने काशी के संत सम्मेलन में उन्हें नहीं बुलाया था। जहाँ तक पीठ और उसके शास्त्रीय दायरे का सवाल है, यह सही है कि वह पीठ रामानंदाचार्य की महत्त्वपूर्ण और रामभक्तों की सर्वोच्च पीठ है, पर उस पर आदमी गलत बैठा है। जगद्गुरु रामानंदाचार्य शिवरामाचार्य के बाद पीठ के उत्तराधिकार पर विवाद है। दो-दो रामानंदाचार्य हैं। दूसरे रामानंदाचार्य श्री हरि आचार्य अयोध्या में ही रहते हैं। इस पीठ के प्रति देश के रामानंदी संप्रदाय के लोगों की मान्यता तो है, पर वर्तमान में जो पीठासीन हैं, उनका संत समाज में महत्त्व नहीं है और वे सरकारी न्यास में शामिल होने को उतावले हैं।" वेदांती की टिप्पणियाँ विहिप में मचे हड़कंप को ध्वनित करती हैं।

वाराणसी के पंचगंगा घाट पर रामानंदाचार्य की पीठ 'श्रीमठ' है। यह स्थान देश भर में रामानंदी वैष्णव समाज का मूल स्थान है। इस मठ की स्थापना आचार्य रामानंद ने की थी। इन्हीं पंचगंगा घाट की सीढ़ियों पर ही उन्होंने भक्तकवि कबीर को दीक्षा दी थी। देश भर में रामभक्तिधारा का प्रवाह यहीं से हुआ था। हालाँकि शंकराचार्य, रामानुजाचार्य, मध्वाचार्य, वल्लभाचार्य और निंबार्काचार्य, सभी आचार्य कभी-न-कभी काशी आए, पर किसी ने भी अपना मुख्यालय काशी को नहीं बनाया, रामानंद को छोड़कर। उन्हीं रामानंदाचार्य की पीठ पर इस वक्त रामनरेशाचार्य हैं। रामनरेशाचार्य सरकारी न्यास में जाने को पूरी तरह तैयार हैं। उनका कहना है, "यह मेरा सौभाग्य है कि मैं देश और धर्म के काम आऊँगा।" वे कहते हैं, "सरकारी ट्रस्ट द्वारा बनाया गया मंदिर जनता का नहीं होगा, यह कह विश्व हिंदू परिषद और उससे जुड़े संत ऐतिहासिक ब्लैकमेलिंग कर रहे हैं।" सरकार द्वारा मंदिर बनाए जाने के पूरी तरह समर्थक रामनरेशाचार्य कहते हैं, "प्रजातंत्र तो जनता का होता है। प्रधानमंत्री जनता का प्रतिनिधित्व करता है, जिन्होंने उसे वोट नहीं दिया है, उनका भी प्रतिनिधित्व करता है। इसलिए सरकारी ट्रस्ट द्वारा बनवाया गया मंदिर जनता का ही मंदिर होगा।"

रामनरेशाचार्य के पास पूरे तर्क हैं। वे मानते हैं, विहिप के आंदोलन का कोई धार्मिक असर नहीं है। उनकी राजनैतिक महत्त्वाकांक्षा है। इसलिए संतों को उनका मकसद और राष्ट्रहित में एक को चुनना पड़ेगा, क्योंकि उनका आंदोलन सिर्फ अयोध्या में मंदिर तक नहीं, हिंदू राष्ट्रवाद तक है। इसलिए हम उनके साथ शामिल नहीं हो सकते हैं। जवाहर लाल नेहरू के 'डिस्कवरी ऑफ इंडिया' को उद्धृत करते हुए रामानंदाचार्य कहते हैं, "विहिप हिंदू उग्रवाद की तरफ देश को ले जा रही है, जबकि इस किताब में लिखा है कि हिंदू उग्रवाद देश के धर्मनिरपेक्ष ताने-बाने के लिए ठीक नहीं है। ऐसी प्रवृत्ति की खिलाफत

होनी चाहिए। संतों को ही इस मुद्दे पर कमान सँभालनी होगी। चूँकि यह राष्ट्रीय समस्या है। इसलिए हम इसमें सहयोग को तैयार हैं।"

रामनरेशाचार्य कहते हैं, स्वरूपानंदजी के संत सम्मेलन में जो प्रस्ताव पास हुए हैं, वे उसके हिस्सेदार हैं, क्योंकि स्वरूपानंदजी के आग्रह पर वे इस सम्मेलन में गए थे, पर चंद्रास्वामी से वे कोई वास्ता रखना नहीं चाहते, क्योंकि चंद्रास्वामी संत नहीं हैं। रामनरेशाचार्य सिर्फ मस्जिद के सवाल पर आश्वस्त नहीं हैं। वे कहते हैं, "हम चाहते थे कि इस मुद्दे पर पूरी बात साफ हो जाए, पर स्वरूपानंदजी ने इस मुद्दे पर ज्यादा चर्चा सम्मेलन में नहीं कराई, क्योंकि उन्हें इस मुद्दे पर बिखराव का अंदेशा था।" वे यह भी कहते हैं, "देश की जो स्थिति है, उसमें कोई साधु-संत मस्जिद-मंदिर एक परिसर में बनवाने के लिए तैयार नहीं होगा।" इससे इतना तो साफ है कि सरकारी न्यास के समर्थक भी मस्जिद कहाँ बने, इस पर एकमत नहीं हैं; हालाँकि अयोध्या में अधिग्रहण मंदिर और मस्जिद को बनाने के लिए हुआ है, पर इनका यह भी कहना है कि जो कानून पास हुआ है, उसके तहत हम मस्जिद बनवाने को राजी नहीं होंगे।

■

मंदिर-मस्जिद का काम अक्तूबर से शुरू करने की तैयारी

नई दिल्ली, 30 अप्रैल, 1993 : केंद्र सरकार अयोध्या में मंदिर-मस्जिद बनाने का काम अक्तूबर से शुरू करने की तैयारी कर रही है। उससे पहले ये तीन काम पूरे होने चाहिए—सुप्रीम कोर्ट की सलाह अयोध्या अधिग्रहण कानून में संशोधन और मंदिर-मस्जिद के लिए ट्रस्ट बनने का काम। अगर ये काम वक्त से पूरे नहीं हुए तो कांग्रेस चार विधानसभाओं के चुनाव में उतरने की हिम्मत नहीं बटोर पाएगी।

कांग्रेस अध्यक्ष पी.वी. नरसिंह राव पर ही अयोध्या मसले का पूरा दारोमदार है। कांग्रेस के लिए यह आखिरी मौका है। कांग्रेस की केंद्र सरकार का भविष्य भी इससे जुड़ गया है। लिहाजा केंद्र सरकार की तमाम एजेंसियों के लिए अयोध्या मसले में काम तय होता जा रहा है। प्रधानमंत्री के वरिष्ठ सलाहकार नरेश चंद्रा ने पिछले चार महीने में कई गोपनीय बैठकों में अलग-अलग काम तय कराया है। वे अयोध्या प्रकोष्ठ के अनौपचारिक प्रधान हैं। अकसर हर हफ्ते एक उच्चस्तरीय गोपनीय बैठक हो रही है। उसमें खुफिया एजेंसियों के मुखिया बुलाए जाते हैं, क्योंकि अगले दौर में इन एजेंसियों को कारगर भूमिका अदा करनी है।

अयोध्या प्रकोष्ठ ने विवाद के द्विपक्षीय सबूतों को सुप्रीम कोर्ट के हवाले कर दिया है। मानव संसाधन मंत्रालय की अड़ंगेबाजी के बावजूद वह शिलालेख भी एक सबूत बन गया है। अयोध्या प्रकोष्ठ ने उसकी अंकित कॉपी और अनुवाद अदालत को भेजा है। अब सुप्रीम कोर्ट उसका सत्यापन कराएगा। इस बार सुप्रीम कोर्ट को व्यापक दायरे में

सलाह देती है। यह दायरा चंद्रशेखर सरकार के संदर्भ इरादे से बहुत भिन्न है। उस वक्त अगर सुप्रीम कोर्ट से सलाह ली जाती तो उससे पूछा जाना था कि क्या 1528 ई. से पहले विवादित स्थल पर राममंदिर था? इस बार सुप्रीम कोर्ट का काम अपेक्षाकृत आसान है। उसे मौजूद सबूतों से यह तथ्य निकालना है कि क्या वहाँ कोई मंदिर था? छह दिसंबर को बाबरी ढाँचे के मलबे से निकला शिलालेख अगर उसी समय का है और प्रामाणिक है तो वह बताता है कि विष्णु हरि का मंदिर वहाँ था। इस आधार पर सुप्रीम कोर्ट नतीजा निकाल सकेगा कि उसे तोड़कर बाबरी ढाँचा बनाया गया। क्या सुप्रीम कोर्ट इस मामले को बगैर विचार किए वापस कर देगा? यह कोई नहीं जानता।

इस विवाद के तीनों पक्ष—सरकार, मंदिर और मस्जिद निर्णायक दौर की तैयारी में जुट गए हैं। वे इस अवधि का इस्तेमाल अपनी तैयारियों के लिए कर रहे हैं। सरकार दो ट्रस्टों के जरिए अयोध्या में मंदिर-मस्जिद बनवाएगी। उसकी सबसे बड़ी समस्या अधिग्रहण कानून है। उसके मुताबिक 7 दिसंबर, 1992 की यथास्थिति विवादित स्थल पर बनाए रखनी है, जबकि दोनों पक्ष उसी जगह ढाँचा खड़ा करने पर अडिग हैं। सरकार किसी पक्ष को साफ आश्वासन नहीं दे सकती। इस कारण वह दोनों ट्रस्टों के लिए उपयोगी व्यक्ति नहीं खोज पा रही है। इसके मद्देनजर स्वामी चिन्मयानंद का आरोप है कि सरकार संतों को बाँटना चाहती है। उसे इस मकसद में कामयाबी नहीं मिली है।

सरकार की ओर से विभिन्न एजेंसियों के अलावा मंत्री के.सी. लेंका, चंद्रास्वामी, सुबोधकांत सहाय, स्वामी हरिनारायणानंद और अफसर किशोर कुणाल कोशिशों में लगे हैं। स्वामी स्वरूपानंद ने ज्योतेश्वर में 19 अप्रैल को संत सम्मेलन कराया। उसमें भी गर्भगृह पर मंदिर बनाने का आग्रह था। दिल्ली में अयोध्या के हनुमानगढ़ी के साधुओं का जमावड़ा हुआ। वह सुबोधकांत सहाय और चंद्रास्वामी का साझा प्रयास था। उसमें भी गर्भगृह पर मंदिर बनाने का आग्रह कायम रहा। सरकार ने साधु-संतों का बाकायदा एक चार्ट बनवाया है। यह चार्ट सरकार के अफसरों को बार-बार समझाना पड़ रहा है। उसमें हिंदू धर्म के सभी संप्रदायों का ब्योरा है।

मंदिर आंदोलन से परे के साधु-संत सरकार को उसकी शर्तों पर मदद के लिए तैयार नहीं हैं। इससे विश्व हिंदू परिषद को पिछले दिनों ताकत मिली है। उस पर कानूनी रोक है। इसके बावजूद संत सम्मेलनों के जरिए वह मंदिर आंदोलन की मुख्यधारा का नेतृत्व कर रही है। जयपुर, अयोध्या, काशी, ऋषिकेश, हरिद्वार, वृंदावन और एनकुर (तमिलनाडु) के सम्मेलनों से उसका भरोसा बढ़ा है। इन सम्मेलनों में गर्भगृह पर मंदिर बनाने का आग्रह खुलकर सामने आया। सरकार पर तमाम आरोप लगाए गए। उससे कहा गया कि वह मंदिर के लिए अलग ट्रस्ट बनाने की कोशिश नहीं करे। अगर उसे किसी व्यक्ति को रखवाना है तो राम जन्मभूमि न्यास में स्थान दिया जा सकता है।

रामानंद संप्रदाय के कथित जगद्गुरु रामनरेशाचार्य सरकार के ट्रस्ट में शामिल होने

के लिए तैयार बताए जाते हैं, लेकिन वे भी गर्भगृह पर मंदिर बनाने का आश्वासन चाहते हैं। रामनरेशाचार्य खुद अभी बेदखल हैं। रामानंद संप्रदाय की पीठ पर चार आचार्यों का दावा है। इस विवाद में रामनरेशाचार्य भी एक हैं। उनके अलावा हरि आचार्य, रामेश्वराचार्य और रामनंदाचार्य दौड़ में शरीक हैं। इनके विवाद के कारण रामानंद संप्रदाय के सबसे बड़े अखाड़े के प्रमुख परमहंस रामचंद्रदास को मंदिर आंदोलन ने राम जन्मभूमि न्यास का अध्यक्ष बनाया। उससे पहले कई मौकों पर विवाद सुलझाने की कोशिशें हुई थीं। रामानंद संप्रदाय वैष्णव पंथ में है। रामानंदी वैष्णव की मुख्य पीठ सीकर जिले में है। वह अग्रदेवाचार्य की पीठ है। वहाँ राघवाचार्य हैं। वे किसी होड़ में नहीं हैं। उनका अधिकार जगद्गुरु की पीठ पर सभी मानते हैं।

विश्व हिंदू परिषद के एक बड़े नेता का कहना है कि रामनरेशाचार्य वही कर रहे हैं, जो हम कहते रहे हैं। अयोध्या के संतों को बाँटने की नई कोशिश चंद्रास्वामी करने जा रहे हैं। लक्ष्मणकिलाधीश की मदद से अयोध्या में सोमयज्ञ कराने की तैयारी हो रही है। इसके लिए चंद्रास्वामी के दूत वहाँ होकर आए हैं। सात मई को यज्ञ होना है। क्या चंद्रास्वामी गर्भगृह के अलावा कहीं पर मंदिर बनाने के लिए संतों को राजी करा लेंगे।

सरकार ने मस्जिद के लिए ट्रस्ट बनाने की कोशिशें भी तेज कर दी हैं। मुस्लिम नेताओं और धार्मिक प्रतिनिधियों की एक सूची तैयार की गई है। उसे बनाने में खुफिया एजेंसियों की सक्रिय भूमिका है। उसमें मौलाना अरसद मदनी, मो. फुजेल अहमद, दीवान सैयद जैनुल अबेदिन अली खाँ (अजमेर शरीफ), मो. अब्दुल करीम पारीख (नागपुर), मौलाना वहीदुद्दीन खाँ (दिल्ली), ख्वाजा हसन सानी निजामी, अंजुम कदर, आबिद हुसैन, ए.एम. खुसरो, बेगम आबिदा अहमद, नजमा हेपतुल्ला, एम. लतीफी, एस.एम.एच. बर्नी, सलीम शेरवानी, प्रो. एस. नूरुल हसन, नक्शबंदी (फतेहपुर सीकरी), मौलाना अबू साहिब (बैंगलोर), सैयद अहमद हाशमी (बल्ली मारान), सैयद हामिद (हमदर्द नगर), सैयद अबुल बरकत नजमी, पी.एम. सईद, अब्दुल हमीद हाकिम, मौलाना मुशवी और मौलाना जमीन अहमद इलीयासी के नामों की प्रारंभिक सूची बनी है। इन महानुभावों से सरकार विभिन्न माध्यमों से संपर्क कर रही है कि क्या वे मस्जिद ट्रस्ट में शामिल होना चाहेंगे?

मस्जिद आंदोलन का नेतृत्व इस दौर में बदल गया है। मिल्ली कौंसिल ने नेतृत्व बाबरी कमेटियों से हड़प लिया है। कौंसिल ने बाबरी मस्जिद बनाने के लिए जनमत जगाने का अभियान छेड़ा है। उसे नए दौर में पहले जैसा समर्थन नहीं मिल रहा है। सरकार और बीजेपी के श्वेतपत्रों में बाबरी ढाँचे को गिराने के जो कारण बताए गए हैं, उसे कौंसिल के नेताओं ने अपनी ताकत माना है। उसी आधार पर वे ढाँचे को वहीं बनाने की माँग कर रहे हैं, हालाँकि वे उसे निर्णायक हद तक नहीं ले जाना चाहेंगे।

■

जून 1993

सोमयज्ञ के असली सूत्रधार सुबोधकांत सहाय

लखनऊ, 3 जून, 1993 : अयोध्या के सोमयज्ञ के असली सूत्रधार सुबोधकांत सहाय हैं। उनकी योजना में चंद्रास्वामी, संत समूह और केंद्र सरकार का सहयोग शामिल है। पूर्व गृहराज्य मंत्री सुबोधकांत सहाय इसे सहज ही स्वीकार करते हैं। उन्हें भरोसा है कि सोमयज्ञ में बड़ी संख्या में साधु-संत आएँगे। वे यह स्वीकार करना नहीं चाहते कि इससे विश्व हिंदू परिषद का मंदिर आंदोलन कमजोर होगा, क्योंकि साधु-संतों में फूट पड़ जाएगी।

सुबोधकांत सहाय के मुताबिक सोमयज्ञ शांति के लिए किया जा रहा है। वे विश्वशांति के दावे का पाखंड नहीं करते, जैसा कि पोस्टरों में जगह-जगह देखा जा सकता है। वे इसे जरूरी मानते हैं, क्योंकि विध्वंस के बाद शांति सहज कर्म होना चाहिए। क्यों लोग इसमें नकारात्मक उद्‌देश्य ढूँढ़ रहे हैं? उनका आलोचकों से सवाल है। कोई यकीन करे या नहीं, सुबोधकांत सहाय को इसकी परवाह नहीं है। वे तमाम राजनीतिकर्मियों को संदेश देना चाहते हैं कि यह अवसर है। वे पहचानें। अगर देश को मंदिर-मस्जिद मुद्‌दे से हमेशा के लिए आजाद कराना है तो इस सोमयज्ञ में मदद करें। डॉ. सुब्रह्मण्यम स्वामी और मुलायम सिंह की मदद से वे खुश हैं।

इस यज्ञ से क्या निकलेगा? सुबोधकांत सहाय कहते हैं कि वैदिक मंत्रों और हवन से शुद्धि होगी। उससे शांति फैलेगी। यहाँ वे बीजेपी के अध्यक्ष डॉ. मुरली मनोहर जोशी और महर्षि महेश योगी सरीखे निष्ठावान हैं। बीजेपी की राजनीति के विस्थापन के लिए वे आपद धर्म के नाते इस कर्म में जुटे हैं। गृहराज्य मंत्री बने रहने के दौरान इस विवाद में सरकारी तंत्र के इस्तेमाल का जो अनुभव उन्हें हासिल हुआ, उसका इन दिनों सोमयज्ञ के लिए वे 'सदुपयोग' कर रहे हैं। यह 'सदुपयोग' इतना पक्का है कि कोई सीधे एतराज नहीं कर सकता।

शांति के अलावा सबसे प्रमुख मकसद दूसरा है। उसे वे बातचीत में बताते हैं। साधु-संतों को पटरी पर लाना है। वे राजनीति के दलदल में फँसते जा रहे थे। विश्व हिंदू परिषद और बीजेपी ने उन्हें राजनैतिक दलदल में फँसाया। इस यज्ञ के बाद साधु-संत अपने मूल काम में जुट जाएँगे। उनका काम धर्मरक्षा है। इसके लिए उन्हें आश्रमों में रहना चाहिए। सुबोधकांत सहाय के मन में पीड़ा भी है। सत्ता राजनीति से बेदखल हो जाने की पीड़ा ही इसे मानेंगे। जब वे चेतावनी चलाएँगे तो मेरे जैसे व्यक्ति की जमानत जब्त होनी ही है। तमाम राजनीतिकर्मियों को आश्रमों की शरण में जाना पड़ेगा।

इस यज्ञ की योजना कब बनी? यहाँ वे पृष्ठभूमि की जानकारी देते हैं। चंद्रास्वामी

की माँ की तेरहवीं पर बहरोड़ में आए साधु-संतों को टटोला गया। इससे पहले सुबोधकांत सहाय ने देश भर में जगह-जगह जाकर साधु-संतों से भेंट की। वे पूरा ब्योरा नहीं बता सकते। कुछ जगहें उन्हें याद हैं। पर सब संत-महात्माओं को याद करना मुश्किल है। इस मायने में कहा जा सकता है कि यह काम उनकी दिलचस्पी और स्वभाव का नहीं है। वे इसे ढोने को मजबूर लगते हैं। बहरोड़ में आए साधु-संत 21 अप्रैल को रामलीला मैदान की हनुमान वाटिका में जमा किए गए। यह वह स्थान है, जो रामलीला मैदान को अवैध तरीके से सिकोड़ रहा है। वहाँ 35 साधु-संतों का एक जमावड़ा हुआ। उससे समानांतर धारा बनाने का प्रयास शुरू हुआ।

सुबोधकांत सहाय मानते हैं कि 'बीजेपी की बेईमानी पर उनका जवाबी हमला है।' धर्मरक्षा मंडल कब बना, यह उन्हें याद नहीं है, लेकिन हनुमान वाटिका की बैठक में जवाबी अभियान के फैसले में उनकी भूमिका थी। वे उस बैठक में मौजूद थे। विश्व हिंदू परिषद के अभियान से सोमयज्ञ की विश्वसनीयता पर संदेह किया जा रहा है। इन सबके जवाब में भानुपुरा पीठ के दिव्यानंद को सामने किया गया है। उन्हें 1990 में ही सरकार को तोड़ने में कामयाबी मिल गई थी। शंकराचार्य की पाँच पीठों के बाद बनी अनेक स्वयंभू पीठों में एक का वे प्रतिनिधित्व करने का दावा करते हैं। स्वामी दिव्यानंद ने पिछले दिनों धर्मरक्षा मंडल बनाया।

सुबोधकांत सहाय कहने लगे हैं कि मंदिर वहीं बनेगा, जहाँ रामलला की मूर्ति रखी है। वे उस स्थान को अब विवादित नहीं मानते। उनका यह भी दावा है कि मुस्लिम समाज भी यह स्वीकार करने की मन:स्थिति में है। उसे सिर्फ समझाना है। उन्हें भरोसा है कि इस यज्ञ से ऐसा माहौल बनेगा।

क्या सरकार ट्रस्ट बनाने जा रही है ? यह सवाल उन्हें चौंकाने के बजाय खिन्न करता है। सरकार के रवैए से उन्हें कोई उम्मीद नहीं है। सुबोधकांत सहाय जब सरकार का जिक्र करते हैं तो उसका मतलब प्रधानमंत्री पी.वी. नरसिंह राव होता है। प्रधानमंत्री की मंशा से सभी वाकिफ हैं।

यह नहीं कहा जा सकता है कि सरकार उदासीन है। वह तटस्थ भी नहीं है। उसकी कोशिशें परोक्ष तरीके से हो रही हैं। प्रधानमंत्री के दखल से फैजाबाद का जिलाधिकारी बदला गया। यह दावा चंद्रास्वामी के मामा सरेआम कर चुके हैं। गृह सचिव सुरेंद्र मोहन को इसी सुविधा के लिए लाया गया। भारत सरकार के गृह सचिव तमाम हिदायतें जारी कर रहे हैं। प्रधानमंत्री के अधीन अयोध्या प्रकोष्ठ की सलाह पर ये हिदायतें दी जा रही हैं। ताजा हिदायत कल दी गई। सीआईएसफ के डी.आई.जी. किशोर कुणाल को बोकारो में निर्देश भेजा गया कि वे अयोध्या पहुँचें।

■

समय से पहले सोमयज्ञ शुरू, रैपिड एक्शन फोर्स सुरक्षा करेगी

अयोध्या, 5 जून, 1993 : समय से तीन दिन पहले ही बहुचर्चित सोमयज्ञ शुरू हो गया है। आयोजकों ने कल देर शाम सोमयज्ञ के कुंड की अग्नि प्रज्वलित कर दी। ऐसा वैदिक विद्वानों की आलोचनाओं से बचने के लिए किया गया। कई वैदिक विद्वानों ने इस बिना पर आपत्ति उठाई थी कि यह यज्ञ शास्त्रसम्मत नहीं है, क्योंकि कोई भी सोमयज्ञ दो रोज में संपन्न नहीं हो सकता। इसलिए कल देर शाम आयोजकों ने यज्ञ को पाँच दिन का घोषित कर आनन-फानन में अग्नि प्रज्वलित करा दी। यज्ञ की अग्नि आचार्य मादुरी बैकंट भाजलू ने प्रज्वलित कराई है। सोमयज्ञ की रक्षा के लिए रैपिड एक्शन फोर्स भी भेजी जा रही है।

अब तक वहाँ न यज्ञशाला बन पाई है, न वेदिका। एक कोने में अस्थायी यज्ञशाला बना यज्ञाचार्य भाजलू अधरजीन पूजा-अर्चना कर रहे हैं। बाद में तांत्रिक चंद्रास्वामी के सचिव कैलाशनाथ अग्रवाल 'मामाजी' ने कहा कि अब हमने यज्ञ पाँच दिन का कर दिया है। उन्होंने कहा, चूँकि पूर्ण चंद्रग्रहण आज शुरू हुआ था, इसलिए यज्ञ का विधान आज ही शुरू करने का फैसला लिया गया।

अफरातफरी में और बिना किसी तैयारी के यकायक दो रोज का यज्ञ तीन दिन पहले शुरू करने से वैदिक विद्वान सकते में हैं। यज्ञाचार्य धरनीधर द्विवेदी का कहना है कि 'इससे क्या होता है, बाकी तो सब शास्त्र के खिलाफ ही हो रहा है। यकायक तीन दिन यज्ञ का समय बढ़ाए जाने से साफ है कि आयोजक किसी विधान का खयाल नहीं रख रहे हैं, बल्कि सब काम मनमाने तरीके से हो रहे हैं।' खास बात यह रही कि सोमयज्ञ के शुरू होने की बाबत आज भी कोई साफ-साफ बताने को तैयार नहीं है। सहयोगी वैदिक पंडित अभी पहुँचे नहीं हैं। चंद्रास्वामी खुद आज देर रात अयोध्या पहुँच रहे हैं। ले-देकर मामाजी सिर्फ इतना कर रहे हैं कि यज्ञ की औपचारिक शुरुआत हो गई है। यज्ञ आयोजन के प्रवक्ता सरयूदास भी ज्यादा जानकारी होने से इनकार करते हैं।

मुख्य पंडाल और मुख्य यज्ञशाला पर आज भी काम चल रहा था। कल सवेरे साढ़े छह बजे से ही आयोजन की शुरुआत है, इसलिए तैयारियों को अंतिम रूप 'मामाजी' दिलवा रहे थे। कल राज्यपाल के सलाहकार पी.एन. बहल और राज्य के पुलिस महानिदेशक प्रकाश सिंह भी तैयारियों का जायजा ले गए हैं। यज्ञ की औपचारिक शुरुआत कल हो गई। प्रक्रिया वैदिक रीति से हुई, पर 12 क्विंटल हवन सामग्री और यज्ञ के लिए जरूरी लकड़ी के पात्र आज रात अयोध्या पहुँच रहे हैं। हालाँकि आयोजक अब बात बना रहे हैं। उनकी दलील है कि यज्ञ के मुख्य दिवस छह और सात जून ही हैं। बाकी का कार्यक्रम पाँच रोज का ही है।

अब तक उज्जैन और इंदौर से छह बसों में लोग आ चुके हैं। बसों को भीड़ लाने के लिए विभिन्न दिशाओं में रवाना कर दिया गया है। यज्ञस्थल पर यज्ञ का प्रमुख स्थल निर्माणाधीन है। टेंट में काम-काज जारी है, जो रात तक पूरा हो जाएगा। टेंट के नीचे आज

इधर–उधर पुलिस वाले बैठे ताश खेलते दिखे, फायर ब्रिगेड की मशीनें धूल शांत करने का काम कर रही थीं। यज्ञस्थल पर कल हवन कुंड में प्रज्वलित की गई आग सुलगती रही। हवन कुंड के आस–पास 3–4 लोग मौजूद थे, जो व्यवस्था कर रहे थे। कोई पाठ और प्रवचन नहीं चल रहा। सोमयज्ञ के आयोजक अपने कार्यालय के बाहर भीड़–भाड़ में घिरे दिखे। भोजन, पीने के पानी की व्यवस्था तथा आवास को लेकर भाग–दौड़ चल रही थी। सोमयज्ञ की विज्ञप्ति में बताया गया है कि वेंकटेश्वर स्वामी मांजुली विजयवाड़ा याज्ञिक होंगे। सोमयज्ञ के सम्मेलन में बाहर से बसों में आने वाले ज्यादातर नौजवान हैं।

अयोध्या में आयोजित सोमयज्ञ के विरोध में पूरी अयोध्या के साधु-संत आज फिर एक मंच से बोले। दिगंबर अखाड़ा के खचाखच भरे मैदान में अयोध्या में आयोजित सोमयज्ञ को बाबरी मस्जिद समर्थकों का सम्मेलन बताया गया और उसे अशास्त्रसम्मत करार दिया।

राम जन्मभूमि परिसर की सुरक्षा व्यवस्था और कड़ी कर दी गई है। फैजाबाद अयोध्या के विद्यालयों में फोर्स टिकी हुई है, जो कल से ड्यूटी पर तैनात रहेगी। आई.जी. जोन श्रीराम अरुण यहीं पर डेरा डाले हुए हैं। अयोध्या की पल–पल की खबर प्रदेश मुख्यालय भेजी जा रही है। सोमयज्ञ के आयोजकों में पैसे को लेकर तू–तू, मैं–मैं भी चल रही है। जिले भर के कांग्रेसी नेता मामाजी के इर्द–गिर्द मँडरा रहे हैं। चंद्रास्वामी कल सुबह अयोध्या पहुँचनेवाले हैं, उनके स्वागत में राजेश्वर जायसवाल, राजेंद्र प्रताप सिंह, राजीव माथुर, राजेंद्र प्रसाद सिंह लगे हुए हैं। चंद्रास्वामी का कल जोरदार स्वागत करने की योजना है।

उधर काशी विद्वत् परिषद के बाद इलाहाबाद की संत समिति ने भी इस सोमयज्ञ को वैदिक परंपराओं के खिलाफ बताया है। कल इलाहाबाद में हुई संत समिति की एक बैठक में कहा गया है कि सोमयज्ञ एक राजनैतिक षड्यंत्र है। यह बैठक रामानंदाचार्य मठ में हुई थी।

दूसरी ओर सोमयज्ञ को लेकर फैजाबाद–अयोध्या में जो तनाव है, उससे अयोध्या के मुसलमानों का आज भी जाना जारी रहा। बाबरी मस्जिद एक्शन कमेटी ने मुसलमानों के पलायन पर गुस्सा जताया है। कमेटी ने आज जारी एक बयान में कहा है कि फैजाबाद के जिला प्रशासन ने अल्पसंख्यकों की सुरक्षा के लिए अब तक कोई कदम नहीं उठाया है। कमेटी को इस बात पर एतराज है कि यहाँ के मुस्लिम बहुल इलाकों में अब तक केंद्रीय अर्धसैनिक बल तैनात क्यों नहीं किए गए हैं, जबकि स्थानीय मुस्लिम नेताओं ने इस आशय की माँग की है। फैजाबाद का मुसलमान छह दिसंबर की घटनाओं के बाद उड़ रही अफवाहों से डरा हुआ है। कमेटी ने माँग की है कि मुस्लिम आबादी से पी.एस.सी. को फौरन हटाकर बी.एस.एफ. और आर.ए.एफ. की टुकड़ियाँ तैनात की जाएँ, ताकि सोमयज्ञ के दौरान मुसलमानों की हिफाजत हो सके। कमेटी ने चेताया है कि ऐसा नहीं हुआ तो होने वाली किसी भी गड़बड़ के लिए जिम्मेदार और जवाबदेह जिला प्रशासन और राज्य सरकार होगी।

अयोध्या की स्थिति के बारे में हाजी महबूब का कहना है कि अल्पसंख्यकों में दहशत तो है, पर हालात थोड़े बदले हैं। उनका कहना है कि छह दिसंबर की घटना के बाद यहाँ की स्थिति भयावह थी।

सोमयज्ञ का विरोध : अयोध्या में आयोजित सोमयज्ञ के विरोध में पूरी अयोध्या के साधु-संत आज फिर एक मंच से बोले। दिगंबर अखाड़ा के खचाखच भरे मैदान में अयोध्या में आयोजित सोमयज्ञ को बाबरी मस्जिद समर्थकों का सम्मेलन बताया गया और उसे अशास्त्रसम्मत करार दिया। आज की बैठक सभी विहिप समर्थित साधु-संतों ने संत सम्मेलन के नाम पर बुलाई, जिसमें पूरी अयोध्या के लगभग हजार साधुओं ने हिस्सा लिया। संत सम्मेलन की अध्यक्षता मणिराम दास की छावनी के महंत नृत्यगोपाल दास ने की। संत सम्मेलन को अखिलेश दास, परमहंस रामचंद्रदास, उर्मिला शरणजी हनुमानगढ़ी के वेदांत विभागाध्यक्ष, पं. शिवप्रसाद त्रिवेदी, वेद मंदिर के रामकुमार भगवान दास खंडेसरी, रामशरण दास रामायणी, मानस कोकिल रामदास रामायणी और सांसद विनय कटियार ने संबोधित किया।

संत सम्मेलन में पहुँचने के लिए साधु-संत अपने-अपने मठों से 'जय श्रीराम' का नारा लगाते हुए दिगंबर अखाड़ा पहुँचे। आज के संत सम्मेलन से फिर साफ हो गया कि पूरी अयोध्या विश्व हिंदू परिषद के साथ है। तांत्रिक चंद्रास्वामी और उनके आयोजित सोमयज्ञ में उँगलियों पर गिने हुए ही साधु-संत हैं। विहिप से जुड़े एक भी संत-महंत को चंद्रास्वामी के लोग तोड़ नहीं पाए हैं।

संत सम्मेलन में पहुँचने के लिए साधु-संत अपने-अपने मठों से 'जय श्रीराम' का नारा लगाते हुए दिगंबर अखाड़ा पहुँचे। आज के संत सम्मेलन से फिर साफ हो गया कि पूरी अयोध्या विश्व हिंदू परिषद के साथ है। तांत्रिक चंद्रास्वामी और उनके आयोजित सोमयज्ञ में उँगलियों पर गिने हुए ही साधु-संत हैं। विहिप से जुड़े एक भी संत-महंत को चंद्रास्वामी के लोग तोड़ नहीं पाए हैं।

संत सम्मेलन में कुल आठ प्रस्ताव पास किए गए हैं, जिसमें अयोध्या के लोगों से छह और सात जून को राजनैतिक सम्मेलन में जमा होने वाले मस्जिद समर्थकों के मनसूबों पर पानी फेरने, रामभक्त कारसेवकों के चरणों से पवित्र अपने घरों, मठों, मंदिरों से मस्जिद समर्थकों को शरण देकर अपवित्र न होने देने की बात भी कही गई है।

■

सोमयज्ञ की फीकी शुरुआत संतों और भक्तों ने बायकॉट किया, कड़ी सुरक्षा

अयोध्या, 6 जून, 1993 : समय से तीन दिन पहले शुरू हुआ सोमयज्ञ संत समाज में दरार पैदा नहीं कर पाया। अनौपचारिक रूप से परसों और औपचारिक तौर पर आज शुरू

यज्ञ साधु-संतों को जोड़ पाने में भी नाकाम रहा। अब तक इसके आयोजन में जुटे अयोध्या के दो संत लक्ष्मणकिलाधीश सीता रामशरण और फलाहारी बाबा ने आज सोमयज्ञ का 'बायकॉट' कर दिया।

सोमयज्ञ का पूरा तमाशा आज शुरू होने से पहले ही उखड़ने लगा। सुबह सवा छह बजे ध्वजारोहण के साथ यज्ञ की शुरुआत होनी थी, पर तय समय से ठीक एक घंटे बाद कार्यक्रम शुरू हुआ। उस वक्त सिर्फ 16 लोग मौजूद थे। यज्ञ और पूजा-पाठ शुरू होने पर वे ही 75 लोग थे, जिन्हें इस कार्य के लिए आंध्र प्रदेश से बुलाया गया था। बाद में कोई 60 फीसदी वेदपाठी पंडितों और छात्रों ने अलग से वेदपाठ किया, पर किसी भी कार्यक्रम में स्थानीय हिस्सेदारी नहीं रही। इस बहुप्रचारित और बहुचर्चित आयोजन में भानुपुरा पीठ के दिव्यानंदजी के साथ तीन और संतों के अलावा किसी संत ने हिस्सा नहीं लिया। भक्तों के लिए बना विशाल पंडाल पूरे समय खाली पड़ा रहा। मौके पर मौजूद जनता दल के सांसद मोहन सिंह ने इसे सत्ता पार्टी का 'फ्लाप शो' बताया।

चार विहिप विरोधी संत अयोध्या में पहले से ही रह रहे हैं। इन चारों को चंद्रास्वामी समर्थकों ने आगे भी किया था, पर इनमें से दो लक्ष्मणकिलाधीश और फलाहारी बाबा ने आज यज्ञ का बायकॉट कर दिया। कल किसी बात पर कैलाशनाथ अग्रवाल 'मामाजी' ने कह दिया था कि हम अयोध्या के संतों को खरीद सकते हैं। इससे नाराज ये दो संत यज्ञ में नहीं आए।

चंद्रास्वामी ने यज्ञ में दोपहर बाद हिस्सा लिया। उनके साथ पूर्व गृहमंत्री सुबोधकांत सहाय भी थे। जब ये दोनों लोग आए, तब जरूर पाँच-छह सौ लोगों की भीड़ उनके साथ आई। बाकी समय पूरा पंडाल खाली रहा। आयोजकों की दलील थी कि विहिप ने इस यज्ञ को लेकर इतना दुष्प्रचार कर दिया था कि डर से लोग नहीं आए। इस यज्ञ की विफलता की एक वजह यह भी थी कि इस आयोजन में सबसे आगे रहे चार स्थानीय संतों में से दो ने चंद्रास्वामी के निजी सचिव मामाजी की बदसलूकी के चलते कल ही आयोजन से हाथ खींच लिये थे। ज्ञानदास, लक्ष्मणकिलाधीश हरीराम शरण, फलाहारी बाबा और विश्वनाथ प्रसाद आचार्य, ये चार विहिप विरोधी संत अयोध्या में पहले से ही रह रहे हैं। इन चारों को चंद्रास्वामी समर्थकों ने आगे भी किया था, पर इनमें से दो लक्ष्मणकिलाधीश और फलाहारी बाबा ने आज यज्ञ का बायकॉट कर दिया। कल किसी बात पर कैलाशनाथ अग्रवाल 'मामाजी' ने कह दिया था कि हम अयोध्या के संतों को खरीद सकते हैं। इससे नाराज ये दो संत यज्ञ में नहीं आए।

सोमयज्ञ का पूरा का पूरा आयोजन चंद्रास्वामी के इर्द-गिर्द ही सिमटकर रह गया। कल जो समूचे आयोजन का कार्यक्रम जारी हुआ था, आज इसकी कोई परवाह नहीं की गई। सारा कुछ उसी तरह से होता रहा। वेदपाठी पंडितों को यह नहीं पता था कि उन्हें पाठ कहाँ करना है। यही हालत यज्ञ कराने आए पंडितों की थी। चंद्रास्वामी जब आए तो भीड़ का झोंका सा

आया, वे गए तो सब चले गए। मंच के बीच में वेदपाठ रोककर यह जरूर कहा जाता रहा कि जगदाचार्य चंद्रास्वामी आने वाले हैं। जब वे आए तो मंच पर वेद पाठ रुक गया। सारे वेदपाठी उनकी अगवानी में खड़े हो गए। यही स्थिति सोमयज्ञशाला की रही। याज्ञिकों ने खड़े होकर चंद्रास्वामी का अभिवादन किया। लोगों ने यज्ञवेदी की प्रदक्षिणा की।

इससे पहले आयोजक ज्ञानदास ने शिवदुर्गा आश्रम हरिद्वार के स्वामी महेशानंद सरस्वती को धक्के मारकर बाहर कर दिया। इससे पंडाल में अफरातफरी मच गई। महेशानंद पंडाल में ही पत्रकारों से कह रहे थे, "जो लोग ये यज्ञ करा रहे हैं, उन्हें सोमयज्ञ का मतलब ही नहीं पता है। सारे कार्य अशास्त्रीय विधि से हो रहे हैं। मैं चंद्रास्वामी के तीन दफा बुलाने पर आया हूँ, पर मुझे कल से आज तक कुछ खाने-पीने को नहीं दिया गया।" ज्ञानदास ने पहले इस पर एतराज किया, पर जब स्वामी जी और जोश में आए तो उन्हें धक्के मार पंडाल से बाहर किया गया। इस काम में ज्ञानदास की मदद वहाँ खड़े एस.एस.पी. ने भी की। बाद में उन्हें 'बड़ा स्थान' में ले जाकर एक कमरे में बंद कर दिया गया, ताकि वे अव्यवस्थाओं की शिकायत और लोगों से न कर करें। दूसरी तरफ वाराणसी से आए तारानाथ शास्त्री अपने वेदपाठी छात्रों को लेकर इधर-उधर धक्के खा रहे थे। उन्हें यह नहीं मालूम था कि उन्हें किससे मिलना है और कहाँ वेदपाठ करना है। इन सबको पूर्वमंत्री लोकपति त्रिपाठी के बेटे राजेशपति बनारस से लाए थे।

चंद्रास्वामी के यज्ञस्थल पर पहुँचते ही पूरा सरकारी अमला उनकी अगवानी में हाजिर हो गया। जिला मजिस्ट्रेट वी.पी. वर्मा टोपी लगाए आगे चल रहे थे। चंद्रास्वामी के यज्ञस्थल पर पहुँचते ही श्री वर्मा ने अपना परिचय देते हुए स्वामी जी के चरण छुए। वे चंद्रास्वामी की कृपा से ही फैजाबाद आए हैं। उनके जीवन की यह दूसरी पोस्टिंग कलेक्टर के रूप में हुई है।

यज्ञ मुख्य यज्ञशाला में सुबह शुरू हुआ। इस यज्ञशाला में चंडीयज्ञ शुरू हुआ। इसके बगल में छोटी यज्ञशाला में सोमयज्ञ परसों से शुरू हो गया, पर पूरे विधि-विधान से इसने आज रफ्तार पकड़ी। सोमयज्ञ के याज्ञिक मादुरी वेंकट भाजलू थे। उनके मुताबिक यज्ञ के लिए सोमलता भी इसी देश में मिल गई। आंध्र प्रदेश में खग्गाम जिले के भद्राचलम जंगल से सोमलता बाकायदा पूजा-अर्चना के बाद लाई गई है। यज्ञ वेदी में पाँच अलग-अलग यज्ञकुंड हैं। कुल 75 पंडित इस यज्ञ को संपन्न कर रहे हैं। सभी आंध्र प्रदेश के हैं। यज्ञ में बलि जरूरी है, इसलिए गेहूँ के आटे की बकरी बनाकर उसकी बलि दी गई। यज्ञ में पीपल और नीम की लकड़ियों का इस्तेमाल हो रहा है।

चंद्रास्वामी आज सरकारी कार से अयोध्या पहुँचे। यज्ञस्थल पर उनकी अगवानी जिलाधिकारी व जिले के दूसरे आला अफसरों ने की। चंद्रास्वामी जैसे ही मंच पर पहुँचे, वहाँ वेदपाठ कर रहे पंडितों में उन्हें माला पहनाने की होड़ में अफरातफरी मच गई। बाद में उन्हें किसी तरह धक्का-मुक्की कर अलग किया गया।

चंद्रास्वामी के यज्ञस्थल पर पहुँचते ही पूरा सरकारी अमला उनकी अगवानी में हाजिर हो गया। जिला मजिस्ट्रेट वी.पी. वर्मा टोपी लगाए आगे चल रहे थे। चंद्रास्वामी के यज्ञस्थल पर पहुँचते ही श्री वर्मा ने अपना परिचय देते हुए स्वामी जी के चरण छुए। वे चंद्रास्वामी की कृपा से ही फैजाबाद आए हैं। उनके जीवन की यह दूसरी पोस्टिंग कलेक्टर के रूप में हुई है।

चंद्रास्वामी के साथ बीस गाड़ियों का काफिला था। चंद्रास्वामी की एक झलक देखने के लिए ड्यूटी पर तैनात उँघते पुलिस अफसर भी जागकर मंच की तरफ बढ़े। फोटो लेने के लिए फोटोग्राफरों में होड़ लगी थी। मंच तक पहुँचने में चंद्रास्वामी को खासी मेहनत करनी पड़ी। वे यज्ञस्थल पर बाहर खड़े हो प्रणाम करके मंच की तरफ चले गए। मंच के नीचे जिला मजिस्ट्रेट वर्मा, मुख्य विकास अधिकारी आर.के. तिवारी, एसडीएम और एडीएम प्रशासन व नगर खड़े हुए थे। पूर्व गृहराज्य मंत्री सुबोधकांत सहाय की सुरक्षा के लिए मंच पर कमांडो भी तैनात थे।

एक कॉलेज में ठहराए गए ज्यादातर बाहरी संतों को यह पता ही नहीं था, वे क्यों आए हैं। उनमें से लगभग सभी का कहना था कि वैसे तो हम विहिप के साथ हैं, पर हम यहाँ भंडारे के लिए आए हैं। दिल्ली से आए आदित्यनाथ शास्त्री का कहना था कि 'अगर विहिप ने बुलाया तो हम इससे ज्यादा साधु लेकर आएँगे।' वहीं के तोतापुरी महाराज का कहना था कि 'हम सिर्फ मंदिर के लिए आए हैं। अगर किसी ने मंदिर-मस्जिद एक साथ बनाने की बात की तो हम मंच पर ही निबट लेंगे।' गुजरात के संत रामदास और जोरख गाँव आश्रम कपूरथला के शंभूनाथ शास्त्री की शिकायत एक ही थी, 'हमें बुलाया था काफी आग्रह से, पर अब बरताव कर रहे हैं भेड़-बकरियों की तरह। हम कल से आए हैं, न पीने का पानी है, न भोजन का कोई प्रबंध, न ही कोई पूछनेवाला।'

सोमयज्ञ पर अपनी प्रतिक्रिया में परमहंस रामचंद्रदास ने कहा कि सोमयज्ञ के यज्ञस्थल में ही एक संत की पिटाई की गई, जिससे संतों का अपमान हुआ। जो साधु-संत आए हैं, उन्होंने बताया कि उनके खाने-रहने की व्यवस्था नहीं की गई। नागदा, मध्य प्रदेश के संतों को उन्होंने (परमहंस) दिगंबर अखाड़ा में स्नान कराया, खाना खिलाया और वापस किया। अयोध्यावासियों ने कार्यक्रम का पूरी तरह 'बायकॉट' किया।

डॉ. रामविलास वेदांती ने कहा कि सोमयज्ञ के नाम पर राजनैतिक सम्मेलन किया गया, जिसे अयोध्या की जनता ने नकार दिया। पूरी अयोध्या संतों के साथ है। 'सैंट्रो डालर' के बल पर साधुओं को तोड़ने की साजिश नाकाम हो गई। अयोध्या के संतों ने पैसे को नकारा है। अब यह साबित हो गया है कि रामभक्त अयोध्या में बाबरी मस्जिद नहीं बनने देंगे। महंत नृत्यगोपालदास ने कहा कि अयोध्या में अशास्त्रीय यज्ञ का यही हाल होना था। ■

सोमयज्ञ के आयोजकों ने भी मंदिर बनाने की माँग की

अयोध्या, 7 जून, 1993 : संतों–महात्माओं के दबाव में सोमयज्ञ के आयोजक धर्म रक्षा मंडल ने विश्व हिंदू परिषद की लाइन पकड़ ली है। एक ही परिसर में मंदिर और मस्जिद बनाने के लिए चंद्रास्वामी के जरिए संतों को राजी करने का कांग्रेस का प्रयास नाकाम हो गया है। आज धर्म रक्षा मंडल ने अपनी बैठक कर जन्मभूमि पर मंदिर और मस्जिद एक परिसर में नहीं बना सकते, उसने राम जन्मभूमि परिसर पर मंदिर का निर्माण जल्द ही शुरू करने की माँग की। मंडल ने एक प्रस्ताव पास कर प्रधानमंत्री से माँग की है कि वे अयोध्या मसले को फौरन सुलझाएँ। मुसलमानों से अपील की गई है कि वे अयोध्या की मस्जिद को भूल जाएँ। प्रस्ताव में यह भी माँग की गई कि प्रस्तावित मस्जिद अयोध्या से बाहर बने। इस बीच सोमयज्ञ की पूर्णाहुति आज तय समय से छह घंटे पहले ही कर दी गई।

एक ही परिसर में मंदिर और मस्जिद बनाने के लिए चंद्रास्वामी के जरिए संतों को राजी करने का कांग्रेस का प्रयास नाकाम हो गया है। आज धर्म रक्षा मंडल ने अपनी बैठक कर जन्मभूमि पर मंदिर और मस्जिद एक परिसर में नहीं बना सकते, उसने राम जन्मभूमि परिसर पर मंदिर का निर्माण जल्द ही शुरू करने की माँग की।

'बड़ा स्थान' पर आज सवेरे हुई धर्मरक्षा मंडल की बैठक में चंद्रास्वामी भी मौजूद थे। इस बैठक में संतों के बहुमत के आगे चंद्रास्वामी को झुकना पड़ा। हालाँकि उनका कहना था कि अधिग्रहीत स्थल पर मंदिर–मस्जिद बनाने के प्रस्ताव पर धर्मरक्षा मंडल मुहर लगा दे। बैठक की अध्यक्षता भानुपुरा पीठ के शंकराचार्य स्वामी दिव्यानंदजी ने की। मस्जिद बनाने का पक्ष किसी ने नहीं लिया। ढाई घंटे की इस बैठक में जमकर चख–चख हुई। प्रस्ताव में कहा गया है कि प्रधानमंत्री इस मसले पर अपनी इच्छाशक्ति का परिचय दें।

इस बीच अव्यवस्था और भ्रम की स्थिति में आज दोपहर एक बजे ही सोमयज्ञ की पूर्णाहुति कर दी गई। यह शाम सात बजे होनी थी। जिस दुविधा और भ्रम में यज्ञ की शुरुआत हुई थी, उसी के बीच इसका अंत भी हुआ। किसी को पता नहीं था कि पूर्णाहुति कब होगी और कौन करेगा।

सोमयज्ञ का घोषित मकसद आज यकायक बदल गया। धर्मरक्षा मंडल की बैठक का मुख्य विषय राम जन्मभूमि मंदिर विवाद रहा। इसमें विश्व हिंदू परिषद की जोरदार आलोचना की गई। अशोक सिंघल का नाम लेकर उनकी निंदा की गई। इस बात पर एतराज जताया गया कि जो संत आज तक समाज को दिशा–निर्देश देते थे और जिनके चरणों में बैठकर गृहस्थ आशीर्वाद प्राप्त करते थे, उन संतों का निर्देशन आज अशोक सिंघल कर रहे हैं। बैठक में कहा गया कि हमें इससे छुटकारा पाना होगा। इस बैठक में पूर्व मंत्री सुबोधकांत सहाय भी मौजूद थे। बैठक में सोमयज्ञ की शास्त्रीयता पर भी सवाल उठे। सभी ने इसके

लिए चंद्रास्वामी के सचिव कैलाशनाथ अग्रवाल उर्फ मामाजी को दोषी ठहराया। हरिद्वार की अखाड़ा परिषद के एक सदस्य ने कहा कि मामाजी ने संतों का अपमान किया है। चंद्रास्वामी ने मामाजी को बैठक से उठकर चले जाने को कहा। वे बाहर चले गए।

बैठक के फौरन बाद एक प्रेस कॉन्फ्रेंस बुलाई गई। इसमें चंद्रास्वामी को बोलना था, पर आयोजन से खिन्न चंद्रास्वामी ने ऐन वक्त पर पत्रकारों से मिलने से ही इनकार कर दिया। वे कल से प्रेस से नहीं मिल रहे थे। प्रेस कॉन्फ्रेंस को भानुपुरा पीठ के शंकराचार्य दिव्यानंदजी और हरिद्वार के अर्जुन पुरी ने संबोधित किया। दोनों का कहना था कि सोमयज्ञ सफल रहा। सारी अफवाहों के बावजूद यह ठीक से हो गया। हम अपनी बात कहने में सफल रहे। इन दोनों संतों ने दावा किया कि यज्ञ के दौरान कोई तीन हजार साधु और दस हजार भक्त आए।

दिव्यानंदजी ने कहा कि राम जन्मभूमि परिसर के गर्भगृह में मंदिर का निर्माण जल्द शुरू होना चाहिए। सरकार को चाहिए कि वह इसका रास्ता साफ करे। इसके बाद ही देश में शांति संभव है। मंदिर निर्माण के बारे में धर्मरक्षा मंडल का मत विश्व हिंदू परिषद से किस तरह भिन्न है, इस सवाल पर दिव्यानंदजी ने कहा, "विश्व हिंदू परिषद के कदम राजनीति से प्रेरित हैं, जबकि हमारा मकसद राजनीति से अलग और शुद्ध रूप से धार्मिक है।" उन्होंने कहा कि अयोध्या का विवादित स्थल राम जन्मभूमि नहीं, बल्कि राम अवतार स्थली है। श्रीराम ईश्वर के अवतार थे। उनका जन्म नहीं हुआ था, बल्कि वे प्रकट हुए थे। गोस्वामी तुलसीदास ने भी कहा है, 'भए प्रकट कृपाला दीनदयाला।'

भानुपुरा पीठ के शंकराचार्य ने कहा कि अयोध्या विवाद तर्क और बुद्धि का नहीं, बल्कि हृदय और भावनाओं का मुद्दा बन गया है, जिसे जल्द हल किया जाना चाहिए। ■

अयोध्या विवाद पर सरकारी फैसले से सभी पक्ष असंतुष्ट

लखनऊ, 7 जून, 1993 : अयोध्या विवाद को संविधान के अनुच्छेद 138(2) के तहत सुप्रीम कोर्ट को सौंपने के संयुक्त मोर्चा सरकार के ऐलान से नया विवाद खड़ा हो गया है। दोनों पक्षों ने सरकार के इस फैसले पर नाखुशी जताई है। समाजवादी पार्टी के महासचिव आजम खाँ ने भी संयुक्त मोर्चा सरकार के इस फैसले पर विरोध जताया है। उनका कहना है कि यह इस मसले को लटकाने वाली कार्रवाई होगी। मालूम हो कि समाजवादी पार्टी केंद्र की संयुक्त मोर्चा सरकार का एक घटक है और संयुक्त मोर्चा ने अपना जो न्यूनतम साझा कार्यक्रम का खुलासा किया है, उसमें बाबरी मामले को संविधान के अनुच्छेद 138(2) के तहत फिर से सुप्रीम कोर्ट को सुपुर्द करने को कहा गया है। श्री आजम खाँ बाबरी मस्जिद एक्शन कमेटी के ओहदेदार भी हैं।

उन्होंने आज एक बयान जारी कर कहा, "सरकार के इस फैसले से इस मामले

में हाईकोर्ट में चल रहे मुकदमों की रफ्तार धीमी हो जाएगी, जिसमें 24 जुलाई, 1996 से गवाही शुरू होने की तारीख लग चुकी है। सुप्रीम कोर्ट पहले ही तय कर चुका है कि हाईकोर्ट में चल रहे मुकदमों में बाबरी मस्जिद के मिल्कियत का हक तय किया जाए।" श्री आजम खाँ ने कहा है, "सरकार अपने फैसले पर फिर से विचार करे।" आजम खाँ रक्षामंत्री मुलायम सिंह यादव के सबसे नजदीकी हैं और बाबरी मस्जिद के सवाल पर उन्हीं की लाइन की वकालत करते हैं। उन्होंने आज यह भी कहा, "24 अक्तूबर, 94 को जब इस सवाल पर सुप्रीम कोर्ट का फैसला आ गया और तब तक नरसिंह राव सरकार ने जब धारा 138(2) में संदर्भ करने के लिए तब की मुलायम सिंह सरकार से सूचना माँगी तो मुलायम सरकार ने अपनी सहमति देने से इनकार कर दिया था, क्योंकि तब राज्य सरकार का भी मानना था कि इससे मुकदमे के फैसले में ज्यादा देर होगी।"

संयुक्त मोर्चा सरकार के इस साझा कार्यक्रम से कांग्रेस सबसे ज्यादा मुसीबत में है। उसे कुछ सूझ नहीं रहा है कि वह इस फैसले का स्वागत करे या विरोध। कांग्रेस प्रवक्ता विट्ठल गाडगिल ने इस सवाल पर टिप्पणी करने से मना कर दिया है, पर कांग्रेस इस सवाल पर पूरी तैयारी से आने की सोच रही है कि कौन से कारण थे, जिनकी वजह से नरसिंह राव सरकार ने 138(2) में सुप्रीम कोर्ट को सौंपने से एतराज किया था और क्यों यह मामला 138(2) के तहत सुप्रीम कोर्ट को सुपुर्द नहीं किया जाना चाहिए। उधर इस मसले के दोनों पक्षकारों—राम जन्मभूमि न्यास और बाबरी मस्जिद एक्शन कमेटी ने इस फैसले की आलोचना की है, हालाँकि इन दोनों संगठनों ने 143 (2 में) इस मसले पर सुप्रीम कोर्ट की राय माँगने का भी विरोध किया था। उस अनुच्छेद के तहत सुप्रीम कोर्ट का फैसला महज राय माना जाता है और इस अनुच्छेद के तहत उसकी राय बाध्यकारी होगी।

उधर फैजाबाद में राम जन्मभूमि न्यास के महंत नृत्यगोपाल दास ने 'जनसत्ता' से कहा, "जो काम नरसिंह राव खुद नहीं कर पाए, उसे संयुक्त मोर्चा सरकार से करा रहे हैं। इस मुद्दे पर जो भी फैसला होगा, उससे दोनों पक्ष सहमत नहीं हो सकते। संयुक्त मोर्चा सरकार का यह कदम मामले को और उलझाकर वहाँ बाबरी मस्जिद फिर से बनवाने का षड्यंत्र है, जिसे हिंदू समाज स्वीकार नहीं करेगा।" ऑल इंडिया बाबरी मस्जिद एक्शन कमेटी ने केंद्र सरकार के अयोध्या मामले को सुप्रीम कोर्ट को सुपुर्द करने के फैसले पर गहरी नाराजगी जताई है। कमेटी के संयोजक जफरयाब जिलानी ने कहा है, "यह फैसला हमें कतई मंजूर नहीं है। यह एक तरह से इस विवाद को और लटकाने की साजिश है। यह मामला ऐसे ही राव सरकार ने सुलझाने की कोशिश की थी, पर तब मुलायम सिंह की आपत्ति से उनका मंसूबा पूरा नहीं हो पाया।" जिलानी ने आरोप लगाया—"केंद्र सरकार ने कांग्रेस के दबाव में अयोध्या विवाद को संविधान के अनुच्छेद 138(2) के तहत सुप्रीम कोर्ट के सुपुर्द करने की घोषणा की है।" कमेटी ने कहा कि इस मामले की सुनवाई दिन-प्रतिदिन करा मामले का निस्तारण शीघ्र हो।

समाजवादी पार्टी के प्रांतीय सचिव तथा बाबरी मस्जिद एक्शन कमेटी के फैजाबाद इकाई के संयोजक वसी खाँ कहते हैं, "अगर केंद्र की साझा सरकार इस मसले का ईमानदारी से हल चाहती है तो उसे हाईकोर्ट के फैसले का इंतजार करना चाहिए और इस मसले को सुप्रीम कोर्ट को नहीं सौंपना चाहिए। उधर बजरंग दल के प्रमुख तथा राम जन्मभूमि आंदोलन की अगली कतार के नेता-सांसद विनय कटियार ने कहा कि हाईकोर्ट में यह मसला लगभग फैसले की स्थिति में पहुँच चुका है।" ऐसे में 138(2) की कार्रवाई मामले को टालने के सिवा कुछ नहीं है। कटियार ने कहा, "अगर राम जन्मभूमि के साथ किसी तरह की छेड़छाड़ की कोशिश की गई तो हम बर्दाश्त नहीं करेंगे। बीजेपी सत्ता में नहीं है तो वह बहुसंख्यक समाज की भावनाओं का अपमान नहीं सहेगी।" बजरंग दल नेता ने कहा, "गृहराज्य मंत्री तस्लीमुद्दीन बहुसंख्यक समाज का अपमान कर रहे हैं।" उन्होंने कहा, "इस मसले का बस यही समाधान है कि लोकसभा में कानून बना मंदिर निर्माण का मार्ग प्रशस्त किया जाए।" उन्होंने कहा कि गृहराज्य मंत्री तस्लीमुद्दीन का यह बयान हास्यास्पद है, "6 दिसंबर, 1992 की घटनाओं की जाँच फिर से करवाई जाएगी।" उन्होंने कहा, "तो फिर 6 दिसंबर क्यों, 1528 ई. से जाँच करवाई जाए। क्या सरकार 1528 से अब तक के दोषियों को सजा दे सकती है?" विनय कटियार ने पूछा।

■

सोमयज्ञ की नाकामी 'मामाजी' के गले पड़ी

अयोध्या, 7 जून, 1993 : सोमयज्ञ में फेल होने की सारी जिम्मेवारी कैलाश नारायण अग्रवाल उर्फ मामाजी के गले मढ़ी जा रही है। मामाजी चंद्रास्वामी के निजी सचिव हैं। पैसे और ताकत के जोर पर इस आयोजन का पूरा जिम्मा मामाजी पर था। पिछले 25 दिन से अयोध्या में रहकर मामाजी पूरे आयोजन की सारी जिम्मेदारी सँभाले हुए थे, पर आयोजन की विफलता के बाद कल से ही वे भागे-भागे फिर रहे हैं।

कल चंद्रास्वामी ने जानकी महल ट्रस्ट में सार्वजनिक तौर पर उन्हें डाँटा। सबकी जिज्ञासा एक सी ही थी कि इतना पैसा खर्चने के बाद आखिर इतने दिनों में क्या हुआ? दो हजार बसें भेजने को कहा गया था, पर साढ़े सात सौ बसें ही भेजी गईं। बाकी पैसे का क्या हुआ, लेन-देन के हिसाब को ही लेकर कल रात मामाजी और 'बड़ा स्थान' के महंत विश्वनाथ प्रसाद आचार्य में भी विवाद हुआ। चंद्रास्वामी के चेले कई छात्र नेताओं का गुस्सा भी आज मामाजी पर उतरा। मामाजी मौके से खिसक गए, नहीं तो व्यवस्था से जुड़े छात्र नेता उनकी पिटाई पर आमादा थे।

बाहर से आए ज्यादातर साधु तो कल ही मामाजी की बदसलूकी से नाराज हो उल्टे

पाँव वापस चले गए। भोजन-पानी के अभाव में मध्य प्रदेश और गुजरात से आए संतों की टोली परमहंस राम चंद्रहास के दिगंबर अखाड़े में भोजन कर वापस चली गई। ये लोग यज्ञस्थल पर भी नहीं गए। मामाजी की जुबान से नाराज और अपमानित फलाहारी बाबा (कौशल किशोर दास) ने कल आयोजन का बायकॉट ही कर दिया। उन्होंने कहा, "यज्ञस्थल पर जाना ही पाप है। वहाँ संतों का अपमान हो रहा है।" लगभग यही सारी बातें आज धर्म सभा मंडल की बैठक में आयोजन से जुड़े संतों ने कहीं। तभी मामाजी को बैठक से चलता किया गया।

आयोजन के मुख्य कर्ता-धर्ता 'बड़ा स्थान' के महंत विश्वनाथ प्रसाद आचार्य का कहना था कि 'इज्जत तो मेरी गई। मामाजी को अयोध्या में कौन जानता है? जितना पैसा आयोजन के नाम पर आया था, वह सब इधर-उधर हो गया। भोजन के नाम पर दस लाख खर्च हुए, पर खाना किसी को नसीब नहीं हुआ। 'बड़ा स्थान' के बाहर यज्ञस्थल और पंडाल के लिए जमीन को दिन-रात एक कर समतल करने वाले 50 मजदूर सवेरे से धरना दिए रहे। उन्हें आज तक मजदूरी नहीं दी गई। मजदूरों की इस टोली का कहना है कि पाँच दिन-रात काम किया, अब पैसे के लिए दौड़ाया जा रहा है। इन लोगों के दस हजार और आठ सौ रुपए बाकी हैं।

वे कहते हैं कि मामाजी ने एक अनुभवहीन व्यक्ति राजेश्वर जायसवाल के जिम्मे काम सौंपकर रकम बना ली। "दो हजार बसें देने की बात थी भक्तों को लाने के लिए। जब बसें ही नहीं दीं तो लोग आएँगे कहाँ से?" राजेश्वर जायसवाल फैजाबाद के शराब व्यापारी हैं।

सोमयज्ञ के सारे स्थानीय आयोजक खर्च और पैसे के लेन-देन के सवाल पर मामाजी के प्रति भारी गुस्से में हैं। साकेत महाविद्यालय छात्रसंघ के पूर्व अध्यक्ष और चंद्रास्वामी के शिष्य राजेंद्र प्रताप सिंह खुला आरोप लगाते हैं—"सारी अव्यवस्था और आयोजन के 'फ्लॉप' होने के लिए मामाजी जिम्मेदार हैं।" वे कहते हैं कि मामाजी ने एक अनुभवहीन व्यक्ति राजेश्वर जायसवाल के जिम्मे काम सौंपकर रकम बना ली। "दो हजार बसें देने की बात थी भक्तों को लाने के लिए। जब बसें ही नहीं दीं तो लोग आएँगे कहाँ से?" राजेश्वर जायसवाल फैजाबाद के शराब व्यापारी हैं। वही इस आयोजन के प्रभारी थे। मामाजी के बाद लोगों के गुस्से का दूसरा निशाना वही हैं।

राजेंद्र सिंह कहते हैं, खाने का ठेका भी राजेश्वर जायसवाल के रिश्तेदार को दिया गया। दक्षिणा की जिम्मेदारी भी उन्हीं को सौंपी गई। पंडाल लगाना और गाड़ियाँ देना (जनसंपर्क के लिए) भी इन्हीं के जिम्मे रहा, पर हर कहीं अराजकता रही। पैसा कहाँ गया, सब इसी बात से चिंता में रहे। आयोजन क्यों फेल हुआ, इसकी किसी को परवाह नहीं है।

वाराणसी से वेद पाठ के लिए आए पंडितों को दक्षिणा देने के सवाल पर भी अनिश्चितता रही। उन्हें लेकर आए वेद पुराण केंद्र के अध्यक्ष पं. अशोक द्विवेदी का कहना था कि हालाँकि हम तो आए, पर सोमयज्ञ हुआ कहाँ, जो कुछ हुआ, वह सोमयज्ञ

नहीं था। सोमयज्ञ में कहीं वेद पाठ, मानस पाठ, राजनैतिक भाषण और धार्मिक प्रवचन नहीं होते। यह सोमयज्ञ के नाम पर तमाशा हुआ, जबकि वेद पुराण केंद्र काशी विद्वत् परिषद के 'बायकॉट' के आदेश के बावजूद आया था, पर सच्चाई जानने के बाद इनकी भी राय यही बनी।

■

यज्ञ की नाकामी ने कांग्रेसी मनसूबों पर पानी फेरा

लखनऊ, 9 जून, 1993 : कठौरा के बाद कांग्रेस के तंबू सोमयज्ञ में भी उखड़ गए। सोमयज्ञ की नाकामी ने कांग्रेसी मनसूबों पर पानी फेर दिया। सारी ताकत लगाने के बाद साधु–संतों में कांग्रेस पैठ की असलियत उजागर हो गई।

यज्ञ को किसी तरह पूरा कराने में कांग्रेस ने ताबड़-तोड़ कोशिश की। सरकार ने पूरे प्रशासन को हिला दिया था। यज्ञ की इजाजत न देने वाले जिलाधिकारी के तबादले से लेकर यज्ञ के लिए आए चंद्रास्वामी को राज्य सरकार का अतिथि बनाकर कोई कसर बाकी नहीं छोड़ी। राज्यपाल के एक सलाहकार ने तो एक जिले के एस.पी. को आदेश दिया कि वे एक बस भरकर साधु अयोध्या भेजें।

कांग्रेस इस यज्ञ के जरिए मंदिर के सवाल पर संघ परिवार की पकड़ ढीली कर एक और मंच बनाना चाहती थी। इसलिए शुरू में यज्ञ से दूर रहने का दावा करने वाले कांग्रेसी अंतिम दिन आते–आते यज्ञ के समर्थन में खुलकर सामने आ गए, पर आज वे हताश हैं। अब काफी कांग्रेसी यह भी कहने लगे हैं कि इस नाटक की जरूरत क्या थी?

यज्ञ को किसी तरह पूरा कराने में कांग्रेस ने ताबड़–तोड़ कोशिश की। सरकार ने पूरे प्रशासन को हिला दिया था। यज्ञ की इजाजत न देने वाले जिलाधिकारी के तबादले से लेकर यज्ञ के लिए आए चंद्रास्वामी को राज्य सरकार का अतिथि बनाकर कोई कसर बाकी नहीं छोड़ी। राज्यपाल के एक सलाहकार ने तो एक जिले के एस.पी. को आदेश दिया कि वे एक बस भरकर साधु अयोध्या भेजें। पूरा सरकारी अमला और स्थानीय तथा प्रदेश स्तर के नेता लगाए गए। जिलाधिकारी ने तीन दिन तक यज्ञशाला को ही अपना दफ्तर बनाए रखा। जिस व्यक्ति को कभी देश में आने में हिचक थी, उसे राज्य अतिथि बनाया गया। यज्ञ से ठीक एक दिन पहले राज्यपाल के सलाहाकार पी.एन. बहल ने चंद्रास्वामी से एक घंटा बात की। फैजाबाद की जिला कांग्रेस कमेटी आयोजन की हिस्सेदार थी।

प्रधानमंत्री और उनकी कांग्रेस ने अयोध्या की राम जन्मभूमि मंदिर की बाबत चंद्रास्वामी के मुँह से जो कुछ कहलवाया है, उससे कांग्रेस के बड़े वर्ग में नाराजगी है। उनका कहना है कि चंद्रास्वामी और उनका धर्मरक्षा मंडल तो मंदिर मुद्दा छीनने के लिए

विहिप से आगे बढ़ गया है। अब कांग्रेस की विश्वसनीयता का क्या होगा? विहिप तो मंदिर के साथ ही परिक्रमा के बाहर मस्जिद बनाने के बात कहती है, पर धर्मरक्षा मंडल ने मुसलमानों से अयोध्या में मस्जिद ही भूल जाने को कहा है। इससे मुद्दा तो हथियाया सकता है, पर पार्टी की विश्वसनीयता का क्या होगा?

उधर चंद्रास्वामी भी न तो संत समाज में कोई दरार डाल सके और न ही साधुओं को अपने पक्ष में कर पाए। विहिप के लोग अंत तक उन साधुओं पर अपना दबदबा कायम किए रहे। चंद्रास्वामी के साथ जो दो-चार साधु आए भी थे, वे सभी अपनी-अपनी पीठ से निर्वासित जीवन बिता रहे हैं। चंद्रास्वामी ने सबसे आगे किया था रामनंदी संप्रदाय के पीठाधीश्वर हरि आचार्य को। हरि आचार्य अपनी पीठ से बेदखल हैं। रामनंदाचार्य की पीठ पर इस वक्त रामनरेशाचार्य विराज रहे हैं। चंद्रास्वामी के साथ आने की उनकी वजह है कि वे रामानंदाचार्य की मान्यता उन्हें दिलाएँगे। यही स्थिति काशी सुमेरु पीठ के शंकराचार्य कपिलेश्वरनंद की है। उनके यज्ञ में आने को बहुप्रचारित किया गया कि शंकराचार्य आ गए। असलियत यह है कि झगड़े के कारण उनकी पीठ पुलिस ने कुर्क कर ली है। सिर्फ अपना सिंहासन लेकर स्वामी जी निर्वासित जीवन बिता रहे हैं।

जो दो-तीन संत अयोध्या के इस आयोजन में शामिल हुए, उनकी स्थिति भी बहुत हास्यास्पद हो गई है। ज्ञानदास और विश्वनाथ प्रसादाचार्य की जगहँसाई आयोजन के बकाया के भुगतान न हो पाने के कारण हो रही है, यानी बचते हैं लक्ष्मणकिलाधीश, वे पहले दिन नहीं आए। चंद्रास्वामी जब खुद उन्हें बुलाने गए तो वे आ गए, पर उन्होंने जो कुछ कहा, उससे उनकी प्रतिष्ठा गिरी है। उन्होंने अपने भाषण में चंद्रास्वामी की तुलना गुरु वसिष्ठ से कर दी। उन्हें तांत्रिक बताते हुए उन्हें जगताचार्य कहा।

उधर अयोध्या में सोमयज्ञ के विफल हो जाने से मंदिर समर्थकों और अयोध्या के विहिप समर्थक साधु-संतों में खुशी है। खुशी के इजहार के लिए रामभक्त सम्मेलन के नाम पर दिगंबर अखाड़ा में एक सभा की गई। इसमें साधु-संतों और अयोध्या के गृहस्थों ने बड़े उत्साह से हिस्सा लिया। सभा का संचालन डॉ. रामविलास वेदांती और अध्यक्षता महंत नृत्य गोपालदासजी महाराज कर रहे थे। वक्ताओं ने अयोध्यावासियों की प्रशंसा की।

सम्मेलन में कुल छह प्रस्ताव पास किए गए। पहले प्रस्ताव में मस्जिद समर्थकों का सोमयज्ञ विफल करने के लिए आभार जताया गया है। दूसरे प्रस्ताव में कारसेवकों को 26-27 जून को हरिद्वार में आयोजित संत सम्मेलन के निर्णयों की प्रतीक्षा करने को कहा गया है। तीसरे प्रस्ताव में प्रधानमंत्री से राम जन्मभूमि न्यास को मंदिर निर्माण सौंपने की माँग की है और चौथे प्रस्ताव में चंद्रास्वामी और उनके चट्टे-बट्टे लोगों द्वारा अयोध्या की गौरवशाली परंपरा को अपमानित करने की कोशिश पर कड़ी कार्रवाई की बात है। पाँचवें प्रस्ताव में फेरा कानून के तहत चंद्रास्वामी को जेल भेजने की माँग है। छठे प्रस्ताव में रामभक्तों ने ललकारते हुए प्रस्ताव पास किया है कि यदि फिर अयोध्या में मस्जिद

समर्थकों ने खेल खेला तो मुँहतोड़ जवाब दिया जाएगा। रामभक्त सम्मेलन को परमहंस रामचंद्रदास, डॉ. रामविलास वेदांती, सांसद विनय कटियार, महंत नृत्यगोपाल दास, डॉ. यदुवंशमणि त्रिपाठी, सेवादासजी, अखिलेश दासजी, गुरुमीत सिंह ने संबोधित किया। दिगंबर अखाड़ा का पूरा मैदान खचाखच भरा था।

■

सोमयज्ञ तो हो गया, लेकिन तीन लाख कौन दे?

अयोध्या, 11 जून, 1993 : सोमयज्ञ के फ्लॉप आयोजन के बाद आयोजकों के बीच इल्जामबाजी शुरू हो गई है। आयोजन समिति से जुड़े लोगों पर कई प्रकार के गंभीर आरोप प्रकाश में आए हैं। सोमयज्ञ की व्यवस्था का काम चंद्रास्वामी के निजी सचिव 'मामाजी' देख रहे थे। उन्होंने आइटम खुद तय किए थे। स्थानीय स्तर पर व्यवस्था राजेश्वर जायसवाल देख रहे थे। आयोजन के तुरंत बाद ही मामाजी यहाँ से चले गए। अब बकाया राशि माँगने के लिए हर कोई राजश्वेर जायसवाल का घर घेर रहा है। जायसवाल के निकटवर्ती सूत्रों के मुताबिक तीन लाख रुपया देना है, जिसमें एक लाख बसों, 20 हजार पानी और शेष छोटे-छोटे बकाया मजदूर व हलवाई जैसे लोगों के हैं।

सूत्रों का कहना है कि आयोजकों के लिए सबसे बड़ी समस्या अयोध्या के 'बड़ा स्थान' के महंत विश्वनाथ प्रसादाचार्य का एक लाख 64 हजार रुपए का बिल है, जिसे महंतजी के मुताबिक पत्रकारों की व्यवस्था और उनके लिए शराब पर खर्च किया गया। महंतजी ने यह रुपया ऐंठने के लिए बिजली के ठेकेदार का पंखा व हेलोजन बल्ब उतरवाकर रख लिया था, जिसे बाद में पुलिस के हस्तक्षेप पर वापस कर दिया। 'बड़ा स्थान' में ही पत्रकारों के लिए रात-दिन शराब की व्यवस्था थी, जिसके आयोजक लखनऊ से प्रकाशित समाचार-पत्र के विशेष संवाददाता और उसी पत्र के स्थानीय जिला संवाददाता थे। उन्होंने अखबारों के नाम पर उड़ाई गई बड़ी रकम को उचित ठहराने के लिए भारतीय जनता पार्टी के कार्यकर्ताओं को उकसाकर अपना ही अखबार फुँकवाया और अपने ही खिलाफ नारेबाजी कराई। इससे चंद्रास्वामी और उनके 'मामाजी' समझते रहे कि प्रेस के व्यवस्थापकों ने मेरे पक्ष में इतना लिखा कि उनका अखबार ही फूँक डाला गया।

आयोजकों के मुताबिक पूरे फैजाबाद जिले में 91 बसें विभिन्न स्थानों पर भीड़ लाने के लिए विभिन्न लोगों को दी गईं। चंद्रास्वामी का अपने को खास बताने वाले छात्रसंघ के पूर्व अध्यक्ष राजेंद्र सिंह 100 बसें माँग रहे थे। जिस पर उन्हें 15 बसें दी गईं। इसमें सभी बसें खाली लौटीं। पीसीसी सदस्य अरविंद सिंह को 27 बसें अलॉट हुईं, जिनमें दो-चार को छोड़ सभी खाली लौटीं। 18 बसें सीताराम निषाद ले गए, जिनमें आधी खाली

लौटीं। भीड़ जुटाने का काम बस्ती से जगदंबिका पाल व कृष्ण चंद्र पांडेय, सुल्तानपुर से मुईद अहमद, गोंडा से दीप नारायण ने किया था। काशी से राजेशपति त्रिपाठी पंडितों को लेकर आए थे। राजेंद्र प्रसाद सिंह शुरू से नाराज बैठे थे, क्योंकि चंद्रास्वामी ने सारी व्यवस्था उन्हें न दे राजेश्वर जायसवाल को दी थी। वाहन प्रभारी ओमप्रकाश मिश्र रहे, जो राजेंद्र प्रसाद सिंह के खास हैं। वे प्रचारवाली जीपों का 'अलॉटमेंट' सँभाल रहे थे। भीड़ जुटानेवालों में अशोक सिंह प्रमुख रहे। वे 12 जीपों के साथ अयोध्या पहुँचे थे। अब बकाएदारों को उकसाने और प्रेस में अनर्गल आरोप चंद्रास्वामी के खास राजेंद्र प्रसाद सिंह लगा रहे हैं।

आयोजक राजेश्वर जायसवाल के मुताबिक खाने की सारी सामग्री दिल्ली और कानपुर से स्वामी जी के चेलों ने भेजी थी, जो छह और सात जून तक ट्रकों से आती रही। भोजन बनाने मात्र का ठेका एक स्थानीय हलवाई को दिया गया। भोजन की देखरेख आनंद बंका कर रहे थे। मजदूरों को भड़काकर एक स्थानीय नेता 10 हजार 800 रुपया वसूलना चाह रहे थे। जब रजिस्टर मँगाकर हिसाब किया गया तो 2800 रुपया निकला, जिसका भुगतान कर दिया गया। बिजली का ठेका तायल (लखनऊ) व टेंट का ठेका लल्लू एंड संस को खुद मामाजी ने दिया था। दक्षिणा देने का काम पूर्व कुलपति डॉ. राजदेव मिश्र देख रहे थे। पंडितों को 101, 201, 501 व 1001 रुपए तक की दक्षिणा दी गई है। आयोजन 'फ्लॉप' होने के पीछे भीतरघात बताई जाती है।

आयोजकों ने बसें लीं, पैसा लिया और घर बैठ गए। आयोजक समिति के कुछ लोग जब तक पैसा पाते रहे, तो ठीक था, लेकिन पैसा बंद हुआ कि गरियाने लगे। आयोजक समिति के ही लोगों ने दीवारों पर प्रचार, बैनर व पोस्टर का ठेका और कमीशन लिया। आयोजन समिति के कुछ लोग तो पैसा लेकर गायब हो गए और उसे 'फ्लॉप' करने में जुट गए। इस आयोजन में सबसे ज्यादा अखबार वालों के नाम पर लूटपाट हुई, जबकि यह लूटपाट भी 2-4 लोगों तक ही सीमित रही। इससे बाकी सब नाराज हो गए।

■

अयोध्या के मुद्दे को दोबारा उछालने का बीजेपी को मिलेगा फायदा

लखनऊ, 21 जून, 1993 : अपने राष्ट्रीय एजेंडे से अयोध्या मुद्दे को निकाल उत्तर प्रदेश में बीजेपी को जो नुकसान हुआ, विपक्ष ने अयोध्या मुद्दे को फिर से केंद्र में लाकर उसकी भरपाई कर दी है।

फिलहाल राज्य में अयोध्या मुद्दा बन रहा है, इस सवाल पर ध्रुवीकरण भी तेज हो गया है। परसों विधानसभा की एक रोज की पूरी कार्रवाई इस मुद्दे पर ही नहीं हो पाई। कल राज्य बीजेपी के एक वरिष्ठ नेता ने कहा कि अयोध्या को राष्ट्रीय एजेंडे से बाहर

करने के कारण हमारी जो किरकिरी राज्य में हुई थी, विपक्ष ने उस मुद्दे को जीवित कर हमें फायदा पहुँचाया है। अयोध्या के सवाल पर बहुजन समाज पार्टी साफ है, वह राज्य सरकार से आश्वासन चाहती है कि अयोध्या पर सरकार आश्वस्त करे कि वहाँ कुछ नहीं होगा। समाजवादी पार्टी इसे महज एक मुद्दे के तौर पर इस्तेमाल कर रही है। कांग्रेस दुविधा में है कि वह क्या करे, क्या न करे। वोट के लिहाज से उसके लिए कुछ भी और फायदेमंद नहीं है।

कल कल्याण सिंह ने कहा कि जिस ढंग से कांग्रेस ने ध्वंस के बाद विवादित ढाँचे को मस्जिद कहने की गलती की थी, उसी तरह एक बार फिर इस गैर-मुद्दे को मुद्दा बनाकर उन्माद फैलाने की कोशिश कर रही है। कल्याण सिंह ने कहा, "उस वक्त ढाँचे को मस्जिद कहने वाले प्रधानमंत्री नरसिंह राव अब घर में बैठे हैं। कांग्रेस को इससे सबक लेना चाहिए।" स्थानीय कांग्रेसी इस मुद्दे पर चुप हैं। मुलायम सिंह यादव भी अयोध्या पर ज्यादा कुछ नहीं कह रहे हैं।

जनता दल और तीसरी ताकत वाले दल इसलिए चुप हैं, क्योंकि 7 अप्रैल, 1992 को जब राष्ट्रीय एकता परिषद तथा लोकसभा सदस्यों की साझा टीम यहाँ आई, तो इस टीम का नेतृत्व जनता दल अध्यक्ष (तब के) एस.आर. बोम्मई कर रहे थे। इस टीम ने बाबरी मस्जिद परिसर के साथ ही इस कार्यशाला का निरीक्षण भी किया था। अपनी रिपोर्ट में इसका उल्लेख भी किया था, टीम ने इस कार्यशाला पर कोई एतराज नहीं किया था। हालाँकि वामदलों की गए हफ्ते आई टीम ने इस कार्यशाला पर एतराज किया कि संसद में गृहमंत्री ने जो आश्वासन दिया, वैसा यहाँ है नहीं।

■

अब वेंकटरमन की कोशिशों से शंकराचार्यों का सम्मेलन

लखनऊ, 23 जून, 1993 : चंद्रास्वामी के सोमयज्ञ के बुरी तरह फ्लॉप होने के बावजूद प्रधानमंत्री पी.वी. नरसिंह राव ने राम जन्मभूमि मंदिर आंदोलन विश्व हिंदू परिषद के हाथ से छीनने की कोशिशें नहीं छोड़ी हैं। पूर्व राष्ट्रपति आर. वेंकटरमन के जरिए शंकराचार्यों को एक मंच पर एकत्र किया जा रहा है। शंकराचार्यों को इकट्ठा करने में उन्हें कुछ कामयाबी भी मिली है, लेकिन इन धर्मगुरुओं के रवैये के बारे में वे आश्वस्त नहीं हैं। इसलिए ऊपरी तौर पर वे इस प्रयास से खुद को पूरी तरह अलग रखने की कोशिश कर रहे हैं। इधर विहिप से जुड़े संत भी सरकारी कोशिशों के मुकाबले की रणनीति तैयार कर रहे हैं।

सरकारी कोशिशों के चलते शनिवार को श्रृंगेरी मठ में शंकराचार्यों का चतुष्पीठ सम्मेलन हो रहा है, जहाँ द्वारकापीठ, पुरी पीठ और कांची कामकोटि के शंकराचार्य भी

उपस्थित रहेंगे। कामकोटि के शंकराचार्य का श्रृंगेरी जाना हैरानी की बात है, क्योंकि श्रृंगेरी पीठ के लोग कांची कामकोटि को मान्यता ही नहीं देते, लेकिन द्वारकापीठ के जगद्गुरु शंकराचार्य स्वामी स्वरूपानंद की इन कोशिशों में सबसे अहम भूमिका पर किसी को आश्चर्य नहीं है, क्योंकि उन्हें बरसों से कांग्रेस के करीब माना जाता रहा है और विहिप विरोधी। इंदिरा गांधी के जमाने में तो उन्हें नई दिल्ली पीठ का शंकराचार्य तक कहा जाता था।

दूसरी तरफ पुरी के शंकराचार्य स्वामी निश्चलानंद के संभावित रवैए के बारे में सरकार पूरी तरह आश्वस्त नहीं बताई जाती। वैसे उनके लिए सरकार ने बंगलुरु से श्रृंगेरी तक हेलीकॉप्टर का इंतजाम किया है। एक समय बदरिकाश्रम के शंकराचार्य जगद्गुरु वासुदेवानंद को भी इस सम्मेलन में बुलाने की योजना थी, लेकिन विहिप से उनके संबंधों को देखते हुए अब उन्हें नहीं बुलाया जा रहा। स्वामी स्वरूपानंद ने मंगलवार को मेरठ में पत्रकारों से कहा था कि चतुष्पीठ सम्मेलन में मंदिर निर्माण के लिए एक ट्रस्ट बनाने का प्रस्ताव रखा जा सकता है, हालाँकि इसकी सफलता के बारे में राजनैतिक हलकों में संदेह जताया जा रहा है।

कामकोटि के शंकराचार्य का श्रृंगेरी जाना हैरानी की बात है, क्योंकि श्रृंगेरी पीठ के लोग कांची कामकोटि को मान्यता ही नहीं देते, लेकिन द्वारकापीठ के जगद्गुरु शंकराचार्य स्वामी स्वरूपानंद की इन कोशिशों में सबसे अहम भूमिका पर किसी को आश्चर्य नहीं है, क्योंकि इंदिरा गांधी के जमाने में तो उन्हें नई दिल्ली पीठ का शंकराचार्य तक कहा जाता था।

आर. वेंकटरमन के अलावा आंध्र प्रदेश के राज्यपाल कृष्णकांत ने भी इन चारों शंकराचार्यों को एक जगह लाने में काफी अहम भूमिका निभाई है। चंद्रास्वामी के सोमयज्ञ के लिए साधु-संत जुटाने का काम प्रधानमंत्री ने पूर्व मंत्री सुबोधकांत सहाय को सौंपा था। जानकार सूत्रों के मुताबिक गैर-कांग्रेसी लोगों के जरिए कोशिशें करके सरकार यह आभास देना चाहती है कि उसका इन कोशिशों से कोई लेना-देना नहीं है। वैसे तो छह दिसंबर से पहले अपने ही मंत्रियों के प्रयासों से भी प्रधानमंत्री खुद को अलग कर लेते थे।

लेकिन विहिप से जुड़े संतों को तोड़ने में उन्होंने कोई कसर नहीं छोड़ी है। पिछले साल उज्जैन में सिंहस्थ मेले के बाद जब राम जन्मभूमि न्यास के संत उनसे मिलने दिल्ली आए थे तो उन्होंने संतों से कहा था कि वे 'वहीं' मंदिर बनवाने को उत्सुक हैं, लेकिन वे चाहते थे कि आंदोलन को राजनीति से अलग रखा जाए। इस पर संतों का जवाब था कि अगर कोई पार्टी हमारे आंदोलन का समर्थन करती है तो हम उसे कैसे और क्यों मना करें, बल्कि उन्होंने तो प्रधानमंत्री को सुझाव दिया था कि वे कांग्रेस को भी आंदोलन का समर्थन करने को कहें। इससे भारतीय जनता पार्टी को मिलने वाले लाभ की उनकी शिकायत भी खत्म हो जाएगी।

इसी बीच राम जन्मभूमि न्यास मंच से जुड़े संतों में इन सरकारी प्रयासों का जोरदार विरोध हो रहा है। इन लोगों का कहना है कि राम जन्मभूमि मंदिर वैष्णव मत मानने वालों का है और रामानंद संप्रदाय इसे बनाने में शंकराचार्यों की मदद व मार्गदर्शन लेने को तो तैयार है, लेकिन शैव मत मानने वाले शंकराचार्यों के हाथ में इसकी कमान देने को वह इच्छुक नहीं है। इन लोगों का कहना है कि काशी का विश्वनाथ मंदिर शंकराचार्यों के अपने मत शैव का है। बेहतर होगा, वे उसके जीर्णोद्धार के लिए आंदोलन शुरू करें तो न्यास मंच पूरी ताकत से उनके पीछे रहेगा।

दूसरी तरफ प्रतिबंधित विहिप के संयुक्त महासचिव आचार्य गिरिराज किशोर का मानना है कि शंकराचार्यों को देश की राजनीति की सूझ–बूझ है। वे नरसिंह राव की बिगड़ती छवि और गिरती साख से भी परिचित हैं। वे यह भी समझते हैं कि सरकार के सभी प्रयत्न राजनीति से प्रेरित हैं। आचार्यजी को विश्वास है कि शंकराचार्य जनभावनाओं की अनदेखी नहीं करेंगे, लेकिन स्वामी स्वरूपानंद की इस बात को वे गलत बताते हैं कि विहिप के नक्शे के हिसाब से जन्मभूमि परिसर में मंदिर बनाने के बाद मस्जिद के लिए भी जगह बचती है। उनका कहना है कि परिसर में सिर्फ राम जन्मभूमि मंदिर ही नहीं, वाल्मीकि और शेषनाग के मंदिर भी बनेंगे। लिहाजा जगह बचने का कोई सवाल ही पैदा नहीं होता। उनका ऐलान है कि मस्जिद तो परिक्रमा के बाहर ही बनेगी।

इस बीच राम जन्मभूमि न्यास मंच के मार्गदर्शक मंडल की शुक्रवार और शनिवार को हरिद्वार में महत्त्वपूर्ण बैठक हो रही है। उसमें देश के हालात का आकलन करने के अलावा इस बात का संकल्प लिये जाने की उम्मीद है कि अयोध्या में राम जन्मभूमि मंदिर का निर्माण तो न्यास मंच ही करेगा, क्योंकि पिछले चार साल में मंदिर आंदोलन साबित कर चुका है कि विहिप या उससे जुड़े संतों को ही जनता का समर्थन और मंदिर बनाने का जनादेश मिला हुआ है। सरकारी प्रयासों के विरोध में एक अलग प्रस्ताव पास किए जाने की संभावना है।

■

आखिर शंकराचार्यों ने अयोध्या पर पहल की

28 जून, 1993 : अयोध्या मसले पर आखिरकार शंकराचार्यों ने पहल की। इसकी अपेक्षा पिछले कई साल से थी। शंकराचार्यों की एक परंपरा है, जो हिंदू समाज में श्रेष्ठ मानी जाती है। इसलिए शंकराचार्यों को शिखर सम्मान आज भी हासिल है, लेकिन शृंगेरी की बैठक में खोट रह गया। जोशीमठ के शंकराचार्य स्वामी वासुदेवानंद को वहाँ न बुलाकर इस पहल के सूत्रधारों ने सरकारी आयोजन के आरोप के लिए गुंजाइश छोड़ दी है।

शृंगेरी बैठक की यह उपलब्धि है कि उसमें चार शंकराचार्य आए। उन आचार्यों

ने करीब चार पेज का एक बयान जारी किया। वह बयान मानवता, हिंदू धर्म और देश की समसामयिक चिंता से भरा है। इसमें आचार्यों ने एकता के सूत्रों को खोजा है। इस प्रयास में असहमति के बिंदुओं की उपेक्षा करने का फैसला किया गया है। इन आचार्यों में आदिशंकर पर अनेक विवाद हैं। इनके बयान में दर्ज है कि हम विवादों की चर्चा नहीं करेंगे। अपने भक्तों को भी सही संदेश है, इस मानसिकता में इन आचार्यों ने सनातन धर्म की ध्वजा को ऊँचा उठाने का ऐलान किया है। सनातन धर्म हमेशा से सर्वसमावेशी रहा है। शंकराचार्यों ने इसे अपने ऐलान का आधार बनाकर भावी दिशा तय की है।

आचार्यों ने दोहराया है कि सभी धर्मों और पंथों के रास्ते सनातन धर्म के विभिन्न पहलू हैं। धर्म क्या है, इन आचार्यों के बयान में खोजा जा सकता है। वे कहते हैं कि धर्म खुशहाली का कारण है। इसका निहितार्थ समझ लीजिए। अगर खुशहाली नहीं है तो वजह साफ है कि धर्म का प्रभाव घट रहा है, अधर्म बढ़ रहा है। इसमें देश के शासकों से अपेक्षा की गई है कि वे सदाचार पर चलेंगे। वे धर्म में हस्तक्षेप नहीं करेंगे। दूसरी तरफ आम आदमी से अपेक्षा है कि वह धार्मिक कलह से बचेगा।

श्रृंगेरी में चार शंकराचार्यों ने एक उदाहरण पेश किया है, लेकिन यह रहस्य बना रहेगा कि जोशीमठ के शंकराचार्य स्वामी वासुदेवानंद को वहाँ सरकार के दबाव में नहीं बुलाया गया। स्वामी जयेंद्र सरस्वती चाहते थे कि उन्हें बुलाया जाए। आचार्यों की बैठक से पहले उनकी दिल्ली में विश्व हिंदू परिषद के बड़े नेताओं से लगातार फोन पर बात होती रही है। स्वामी स्वरूपानंद भी नहीं चाहते थे कि जोशीमठ के शंकराचार्य को बुलाया जाए। वे यह भ्रम बनाए रखना चाहते थे कि द्वारका और ज्योतिर्पीठ (जोशीमठ-बदरिकाश्रम) के वे शंकराचार्य हैं। यह सच नहीं है। जोशीमठ पर उनके दावे को सुप्रीम कोर्ट ने सालों पहले नामंजूर कर दिया। स्वरूपानंद के द्वारकापीठ में भी वे विवादास्पद हैं। वे जायदाद के अनेक विवादों में हैं। सरकार ने उनकी इस कमजोरी का इस्तेमाल किया है। सर्वसमावेशी धर्म की ध्वजा उठाने वालों को इस तरह के दबावों से परे रहने का साहस दिखाना होगा। इसके बगैर उनकी नैतिक सत्ता कायम नहीं रह सकेगी।

पूर्व राष्ट्रपति रामस्वामी वेंकटरामन इन आचार्यों को एक मंच पर एकत्र करने के सूत्रधार हैं। श्रृंगेरी से इसमें एक ही पहुँच सका। रामस्वामी वेंकटरामन किन्हीं कारणों से नहीं पहुँचे। सालों बाद उनके प्रयास से श्रृंगेरी में कांची कामकोटि के शंकराचार्य को मान्यता मिली। यह जोड़ने वाली घटना है। आदिशंकर ने सनातन धर्म में पुनर्जागरण की धारा को प्रबल बनाने के लिए चार पीठ बनाई थीं। जोशीमठ उनमें पहली और शास्त्रीय पीठ है। आदिशंकर ने इन पीठों के क्षेत्र भी बाँटे। ज्योतिर्पीठों के क्षेत्र में उत्तर के राज्य हैं। इनमें ही उत्तर प्रदेश, दिल्ली, हिमाचल, हरियाणा, पंजाब, जम्मू-कश्मीर आता है। श्रृंगेरी दक्षिण की पीठ है। द्वारका पश्चिम की है। पूर्वांचल का प्रहरी पुरी का मठ है। कांची का मठ पाँचवाँ है, जिसे सेवा और धर्म के कारण आदर हासिल है। इस प्रकार श्रृंगेरी बैठक में

वही पीठ नहीं थी, जिसके क्षेत्र का विवाद सुलझाने की वहाँ पहल की गई।

अयोध्या मसले को राजनीति से परे रखने का उपदेश अकसर दिया जाता है। इस बार भी यही किया गया है। इस उपदेश की विश्वसनीयता कैसे कायम होगी? अयोध्या में सोमयज्ञ असल में सरकारी आयोजन था। चंद्रास्वामी वगैरह तो मोहरे हैं। श्रृंगेरी में ज्यादा सावधानी बरती गई है, लेकिन बंगलुरु से श्रृंगेरी के लिए एक शंकराचार्य को हेलीकॉप्टर दिया गया। वह अगर निजी हेलीकॉप्टर है तो भी सरकार की मदद से ही वहाँ आया। श्रृंगेरी की बैठक में बयानबाजी करने से पहले शंकराचार्यों में दुविधा थी। यह इस बात पर थी कि क्या उन पर हिंदू समाज को बाँटने का आरोप लगेगा, क्योंकि अयोध्या आंदोलन का नेतृत्व विश्व हिंदू परिषद कर रही है। उसे संतों का सक्रिय सहयोग और आशीर्वाद हासिल है, पर लगातार साबित भी होता रहा है। पुरी के शंकराचार्य स्वामी निश्चलानंद ने यह बात उठाई। उन्होंने नए ट्रस्ट बनाने का भी विरोध इसी आधार पर किया।

स्वामी जयेंद्र सरस्वती ने वहाँ भरोसा दिलाया कि वे विश्व हिंदू परिषद से बात कर लेंगे। उनके इस कथन में आधिकारिक वाणी है। वे श्रेष्ठ आचार्य माने जाते हैं। उन्हें सही मायने में धर्म पुरुष कहा जा सकता है। वे विश्व हिंदू परिषद पर अपना अधिकार मानते हैं। बैठक से पहले अधिकार भाव से वे लगातार मशविरा करते रहे हैं, लेकिन बैठक का नतीजा मशविरे के नतीजे के उलट है। जयेंद्र सरस्वती इस बात से ज्यादा अभिभूत हो गए कि सालों बाद सरकार और कुछ विशिष्ट व्यक्तियों के 'हस्तक्षेप' से श्रृंगेरी ने कांची को मान्यता दी।

शंकराचार्यों की बैठक पर विश्व हिंदू परिषद के नेता आचार्य गिरिराज किशोर का कहना है कि सरकार वक्त काटना चाहती है। इसके लिए उसने एक नया मोर्चा खोला है, क्योंकि वह हर मोर्चे पर पिट गई है। असलियत के सामने आने पर शंकराचार्य भी सरकार के जाल में नहीं फँसेंगे। उनसे सवाल था कि क्या सरकार फिलहाल सफल हो गई है? वे मानते हैं कि सरकार ने शंकराचार्यों को गलत जानकारी दी है। इस कारण वह इस वक्त सफल हो गई है। बजरंग दल के अध्यक्ष और सांसद विनय कटियार का कहना है कि सरकार ने शंकराचार्यों को गुमराह किया है। जब शंकराचार्यों को अधिनियम (अयोध्या में कतिपय क्षेत्र अर्जन कानून, 1993) की बारीकियों का पता चलेगा तो वे महसूस करेंगे कि सरकार धोखा दे रही है। उन्हें मालूम होना चाहिए कि कानून को वापस लिये बगैर सरकार मंदिर बनाने के लिए उस स्थान को किसी ट्रस्ट को नहीं दे सकती। श्री कटियार के मुताबिक राम जन्मभूमि ट्रस्ट में हिंदू समाज के सभी पंथों का प्रतिनिधित्व है।

विश्व हिंदू परिषद के इन नेताओं की प्रतिक्रिया का ठोस आधार है। कानून 7 जनवरी, 1993 से लागू है। उसके तहत अयोध्या में सरकार ने भूमि का अधिग्रहण किया है। एक तरफ मौजूदा कानून के तहत 7 जनवरी, 1993 की स्थिति को बनाए रखा जाना है तो दूसरी तरफ उसी कानून के उद्देश्यों में कहा है कि सरकार वहाँ राममंदिर और मस्जिद बनाएगी।

कानून के तीसरे अध्याय की धारा दो में 7 जनवरी, 1993 के पहले की यथास्थिति बनाए रखने का प्रावधान है। इस कानून को लागू करने की तारीख साफ नहीं है। यह पेंच बनाए रखा गया है। इससे मुकदमेबाजी का रास्ता खुला रहेगा। सरकार ने संविधान के अनुच्छेद 143 के तहत विवादित स्थल पर सुप्रीम कोर्ट से सलाह माँगी है। उसकी सलाह को सरकार मानने के लिए वचनबद्ध है। सरकार सुप्रीम कोर्ट की सलाह पर नया कानून बना सकती है। उससे पहले वह किसी ट्रस्ट को अयोध्या का स्थान नहीं सौंप सकती।

शंकराचार्यों ने अधिग्रहीत भूमि को राममंदिर के लिए ऐसे ट्रस्ट को सौंपने की अपील की है, जो राजनीति से परे हो। उनके बयान पर किसी को एतराज नहीं होगा, पर इसके निहितार्थ में राजनीति है। वह सत्ता राजनीति है। प्रधानमंत्री पी.वी. नरसिंह राव अयोध्या में मंदिर बनवाने का श्रेय लेने की तरकीब खोज रहे हैं। इस पृष्ठभूमि में यह बयान भावी राजनीति पर रोशनी डालता है।

■

विहिप के रास्ते पर चल पड़ा सरकारी न्यास

लखनऊ, 30 जून, 1993 : अयोध्या पर रामालय न्यास ने विश्व हिंदू परिषद की लाइन पकड़ ली है। रामालय न्यास सरकार-प्रेरित न्यास है। इसे विश्व हिंदू परिषद से मुद्दा छीनने के लिए बनाया गया था, पर आज रामालय न्यास के प्रमुख ट्रस्टियों—द्वारका के शंकराचार्य स्वरूपानंद सरस्वती तथा रामानंदाचार्य रामनरेशाचार्य ने ऐलान किया कि राममंदिर गर्भगृह से ही बनेगा, क्योंकि न्यास का मानना है कि अयोध्या की राम जन्मभूमि पर मंदिर था और उसे तोड़कर मस्जिद बनाई गई है। दोनों संतों ने प्रधानमंत्री से कहा है कि वे रामालय न्यास को जन्मभूमि फौरन सौंप दें। शंकराचार्य तथा रामनरेशाचार्य ने आज वाराणसी में कहा कि मंदिर होने के सारे अभिलेख, जिसमें अदालत का एक फैसला भी है, उसे प्रधानमंत्री को सौंप दिया गया है।

रामालय न्यास का यह बदला हुआ रुख है। उसे बीजेपी तथा बहुजन समाज पार्टी से बढ़ती नजदीकियों से डर है। उसे आशंका है कि उत्तर प्रदेश में बीजेपी के सरकार में आने के बाद यह मुद्दा छीनने में मुश्किल आएगी। शायद इसी कारण द्वारका के शंकराचार्य स्वरूपानंद सरस्वती ने कल वाराणसी पहुँच रामानंदाचार्य रामनरेशाचार्य से बात की और दोनों ने साझा बयान जारी करके कहा, "यह कहना गलत है कि रामालय न्यास गर्भगृह से मंदिर नहीं बनाएगा। रामालय न्यास गर्भगृह से मंदिर बनाने के लिए कृत संकल्प है।" मस्जिद के बारे में दोनों संतों ने कहा, "मस्जिद इतनी दूर बनेगी, ताकि मंदिर के घंटे तथा मस्जिद की अजान एक-दूसरे को सुनाई न पड़े।" शंकराचार्य स्वरूपानंद ने कहा, "जन्मभूमि पर मंदिर के सारे अभिलेख प्रधानमंत्री को सौंपे गए हैं, इसमें अदालत का एक

फैसला भी शामिल है। इससे मंदिर का अस्तित्व स्वतः सिद्ध हो जाता है।"

शंकराचार्य और रामानंदाचार्य ने कहा कि रामालय ट्रस्ट वैधानिक तरीके से मंदिर वाली जगह प्राप्त करने में लगा है, जिससे मंदिर निर्माण में आगे चलकर वैधानिक लिहाज से कोई अड़चन न आए। दोनों संतों की प्रधानमंत्री से बात हुई है। उन्हें उम्मीद है कि केंद्र सरकार विवादित जगह जल्दी ही रामालय न्यास को सौंपेगी। राम जन्मभूमि की विवादित तथा आस-पास की अविवादित कोई 62 (बासठ) एकड़ जमीन इस वक्त केंद्र सरकार के कब्जे में है। दिसंबर 92 से अधिग्रहण के जरिए केंद्र सरकार ने इसे अपने कब्जे में ले रखा है।

इन दोनों संतों को डर है कि विहिप लोकसभा चुनावों को देखते हुए इस मुद्दे को फिर गरमा सकती है। कल-परसों हरिद्वार में विहिप के मार्गदर्शक मंडल की जो बैठक हुई है, उसमें इस सवाल पर केंद्र सरकार से टकराव के स्वर उभरे हैं। मार्गदर्शक मंडल ने साफ कहा है कि मंदिर के सवाल पर उत्तर प्रदेश सरकार से कोई मतलब नहीं है। विहिप राम जन्मभूमि को लेने के लिए केंद्र की नरसिंह राव सरकार से जूझेंगे। रामालय न्यास लगता है, केंद्र सरकार के बचाव में आया है। दोनों आचार्यों ने कहा कि मंदिर का निर्माण राजनीति से जुड़े संतों को नहीं करने दिया जाएगा। इन दोनों ने देश की जनता से अपील की है कि मंदिर निर्माण विशुद्ध धार्मिक कार्य है। चुनाव में हार-जीत के आधार को छोड़ जो संत समाज इस काम में लगा है, जनता उसे समर्थन दे।

साझे बयान में यह भी कहा गया है कि पूर्व प्रधानमंत्री राजीव गांधी ने वाराणसी की एक सभा में कहा था कि अगर वर्तमान ढाँचे का निर्माण मंदिर तोड़कर हुआ है तो वहाँ मंदिर बनेगा। स्वरूपानंद कहते हैं कि मंदिर के पर्याप्त प्रमाण हमने प्रधानमंत्री को सौंप दिए हैं, जिसमें अदालत का वह फैसला भी है, जिसमें कहा गया है कि ढाँचे का निर्माण मंदिर तोड़कर किया गया था। स्वरूपानंद ने याद दिलाया कि मुसलमान धार्मिक गुरुओं ने माना है कि अगर यह साबित हो जाए कि मंदिर तोड़कर मस्जिद बनी है तो वे अपना दावा छोड़ देंगे। अब वह वक्त आ गया है। स्वरूपानंदजी ने कहा कि मुसलमानों को सनातनी हिंदुओं की बात मान लेनी चाहिए। 12 जुलाई तक ये दोनों आचार्य वाराणसी में ही रहकर अगली रणनीति के तहत साधु-संतों से बातचीत करेंगे। उसके बाद दोनों का चातुर्मास शुरू होगा। शंकराचार्य स्वरूपानंद इस बार अपना चातुर्मास कलकत्ता में और रामनरेशाचार्य लुधियाना में बिताएँगे।

■

जुलाई 1993

सरकार के न्यास की सरकार को धमकी

लखनऊ, 3 जुलाई, 1993 : अब रामालय न्यास भी केंद्र सरकार से टकराव के रास्ते पर है। सरकार प्रेरित यह न्यास अब जन्मभूमि की जमीन न्यास को सौंपे जाने की देरी से केंद्र सरकार को आँखें दिखा रहा है। आज रामालय न्यास के तीन प्रमुख ट्रस्टियों—शंकराचार्य स्वरूपानंद सरस्वती, रामानंदाचार्य रामनरेशाचार्य और उडुपि के पेजावर स्वामी विश्वेषतीर्थ ने वाराणसी में एक साझे बयान में कहा कि अगर सरकार राम जन्मभूमि की अधिग्रहीत जमीन रामालय न्यास को नहीं सौंपती तो रामालय न्यास अपने प्रयासों को निर्णायक स्वरूप देगा। निर्णायक स्वरूप की धमकी का मतलब क्या है, इन संतों ने साफ नहीं किया।

दरअसल प्रधानमंत्री की तरफ से इस न्यास को संकेत मिले थे कि मई में केंद्र सरकार द्वारा अयोध्या की अधिग्रहीत जमीन न्यास को सौंपी जाएगी। ऐसा न होने से इस न्यास के साधु-संत केंद्र सरकार से खासे खफा हैं। मई-जून में उत्तर प्रदेश के राजनैतिक घटनाक्रम जिस तेजी से बदले हैं, इसलिए केंद्र सरकार ने न्यास को जमीन सौंपने के फैसले को लटका दिया। रामालय न्यास जमीन जल्दी पाने के लिए ही यह दबाव बना रहा है। रामालय न्यास के इन धर्माचार्यों ने कल हनुमान घाट स्थित मध्वाश्रम में बंद दरवाजा बैठक की और फैसला लिया कि चातुर्मास के फौरन बाद सितंबर में कभी रामालय न्यास की बैठक बुलाई जाएगी, जिसमें मंदिर निर्माण का रास्ता साफ करने की रणनीति को अंतिम रूप दिया जाएगा।

उडुपि के मध्वाचार्य विश्वेष तीर्थ तथा रामानंदाचार्य रामनरेशाचार्य ने एक साझे बयान में आज कहा कि रामालय न्यास को अधिग्रहीत जमीन सौंपने का वायदा सरकार के लोगों ने किया था। इसलिए अयोध्या की अधिग्रहीत जमीन न्यास को फौरन सौंपी जाए। अगर केंद्र सरकार ऐसा नहीं करती तो जनता का भरोसा टूट जाएगा।

■

मंदिर निर्माण गैर-राजनीतिकों को सौंपा जाए—स्वरूपानंद सरस्वती

लखनऊ, 6 जुलाई, 1993 : ज्योतिर्पीठ और द्वारका मठ के शंकराचार्य स्वामी स्वरूपानंद सरस्वती ने कहा है अयोध्या में राम जन्मभूमि मंदिर बनाने का काम गैर-राजनीतिक लोगों और धर्माचार्यों को सौंपना चाहिए। उन्होंने यह भी कहा कि अयोध्या में जिस जगह विवादित ढाँचा था, वह मस्जिद नहीं, बल्कि भगवान राम का जन्मस्थान है। इसलिए राम जन्मभूमि मंदिर वहीं बनेगा। चारों पीठों के शंकराचार्य इस पर एकमत हैं। स्वामी स्वरूपानंद सरस्वती यहाँ चातुर्मास कर रहे हैं।

'जनसत्ता' को उन्होंने एक खास मुलाकात में बताया कि श्रृंगेरी, पुरी, ज्योतिर्पीठ, शारदा मठ और कांची मठ के शंकराचार्यों ने आम राय से यह फैसला किया कि सनातन धर्म का आधार द्वेष नहीं है, उसका आधार है—सत्य, अहिंसा, अपरिग्रह, ब्रह्मचर्य, तपस्या, करुणा और दया। अन्य धर्मों में भी ये सब बातें हैं। इसलिए द्वेष नहीं, प्रेम संबंध और परस्पर सद्भाव ही धर्म का मूल उद्देश्य है। सनातन धर्म किसी संप्रदाय या धर्म से द्वेष रखकर नहीं चलता। शंकराचार्यों की आम राय थी कि अयोध्या में राम जन्मभूमि को लेकर जो विवाद चल रहा है, उसे तुरंत हल करना चाहिए। यह विवाद तभी हल हो सकता है, जब राम जन्मभूमि पर एक विशाल रामालय का निर्माण किया जाए। निर्माण का काम उन धर्माचार्यों और धर्म-प्रेमियों को सौंपा जाए, जिनका किसी राजनीतिक दल से सीधा संबंध नहीं हो।

जब उनसे पूछा गया कि अयोध्या में विवादित ढाँचेवाली जगह पर मंदिर या मस्जिद का हल कैसे होगा तो स्वामी स्वरूपानंद ने कहा कि हम मस्जिद या इस्लाम के खिलाफ नहीं हैं, लेकिन यह एक ऐतिहासिक सच है कि वहाँ कोई मस्जिद नहीं थी। वह राम जन्मभूमि है। उन्होंने मुस्लिम समाज से भी यह अपील की कि वे अयोध्या की राम जन्मभूमि पर अपना दावा छोड़ दें। विवादित स्थल को राम जन्मभूमि सिद्ध करने के लिए अपने और मुनि सुशील के प्रयासों का हवाला देते हुए स्वामी जी ने कहा कि मुनि सुशील ने मुस्लिम लीग के नेता सुलेमान सेत, मौलाना अब्दुला बुखारी के पुत्र, आजम खान और अलीगढ़ विश्वविद्यालय के उपकुलपति के साथ अहिंसा वन में बातचीत की। उस बातचीत में शंकराचार्य भी शामिल थे। सवाल यह उठा कि हिंदू कैसे सिद्ध करेंगे कि जिस विवादित ढाँचे को ढहाया गया है, वही राम जन्मभूमि है, जबकि रामचरित मानस तो मात्र चार सौ साल पहले लिखी गई है। हमने मुस्लिम नेताओं से कहा कि वाल्मीकि रामायण तो बहुत प्राचीन है। उसमें राम जन्मभूमि की यही व्याख्या है। शंकराचार्य ने कहा कि वे स्वयं अयोध्या के रामजन्मस्थल पर गए (तब विवादित ढाँचा बना हुआ था)। उन्होंने देखा कि इस ढाँचे में काले संगमरमर के बने 14 विशाल खंभे हिंदू वास्तुशिल्प के हैं। उन पर हनुमान और अन्य देवी-देवताओं के चित्र हैं। इन खंभों के हमने चित्र भी लिये। ये ही चित्र हमने इन मुस्लिम नेताओं को दिखाए और कहा कि हम मुस्लिम धर्म विरोधी नहीं हैं। यदि दुनिया में धर्म नहीं होता तो मनुष्य जानवर होता। हर देश ने अपना धर्म बनाया। सभी धर्म उपादेय हैं। आज खतरा धर्म से नहीं, नास्तिकता से ही है। भौतिकवाद से प्रभावित नई पीढ़ी आज धर्म को नकार रही है। यह एक खतरनाक चीज है। मुस्लिम नेताओं से मैंने अपील की कि हमें लड़ाई-झगड़े खत्म कर राम जन्मभूमि हिंदुओं को सौंप देनी चाहिए।

शंकराचार्य ने कहा कि हमारे द्वारा पेश किए गए प्रमाणों और चित्रों से ये मुस्लिम नेता चकित थे। बात कुछ तय होने की दिशा में थी कि वहाँ उपस्थित बीजेपी सांसद गुमानमल लोढ़ा और बजरंग दल के आचार्य धर्मेंद्र ने कहा कि शंकराचार्य हिंदुओं का

प्रतिनिधित्व नहीं करते और 'वॉक आउट' करके चले गए। विवाद वहीं का वहीं उलझा रहा। उन्होंने आरोप लगाया कि श्रेय लेने के चक्कर में बनती बात बिगाड़ दी। यह कथन भी कितना आश्चर्यजनक है कि शंकराचार्य हिंदुओं का प्रतिनिधित्व नहीं करते! उन्होंने यह भी आरोप लगाया कि कुछ हिंदू नेता और बाबरी मस्जिद कमेटी के नेता शहाबुद्दीन भी इस विवाद को भड़काने के लिए जिम्मेदार हैं। जब मुसलमान खुद मान रहे हैं कि पिछले चालीस साल से यहाँ नमाज अता नहीं की गई। ऐतिहासिक दस्तावेज और पुरातात्त्विक वास्तुशिल्प साबित करते हैं कि ढाँचा मस्जिद नहीं था, तो फिर ढाँचे को मस्जिद बताने का आग्रह क्यों रखा जाए? शहाबुद्दीन की प्रतिक्रिया में ही बजरंग दल जैसे संगठन बने हैं।

■

अयोध्या घटनाओं की न्यायिक जाँच अभी शुरुआती छोर पर ही

अयोध्या, 10 जुलाई, 1993 : अयोध्या पर न्यायिक जाँच आयोग कागजी बन गया है। सात महीने के बाद भी न्यायिक जाँच आयोग अपनी जाँच शुरू नहीं कर पाया है। बनने के छह महीने बाद तो आयोग ने जैसे-तैसे अपनी जाँच की अधिसूचना जारी की। अब उसे भी एक महीने से ऊपर हो चुका है, पर एक भी आदमी आयोग के सामने कुछ बताने को नहीं आया। आयोग के सामने पेश हो बयान देने की अंतिम तारीख 30 जुलाई है।

न्यायिक जाँच आयोग और खुद सरकार जाँच के प्रति कितनी गंभीर है, इस बात का पता इसी से चलता है कि जाँच आयोग को लखनऊ में अपना दफ्तर ढूँढ़ने में ही पाँच महीने लग गए। अब बाकी बचे दो महीनों में इसे अयोध्या हादसे के कारण ढूँढ़ने हैं। 16 सितंबर, 93 तक आयोग को अपनी रिपोर्ट देनी है। पहले यह रिपोर्ट 16 मार्च, 1993 तक देनी थी। बाद में इसका कार्यकाल बढ़ाया गया। चंडीगढ़ से आयोग का स्टाफ इसी महीने की पाँच तारीख को आया है। न्यायमूर्ति मनमोहन सिंह इस आयोग के अध्यक्ष हैं और सचिव हैं एस.आर. शर्मा। अधिसूचना जारी होने के बाद दोनों अब तक लखनऊ नहीं आए हैं, जबकि आयोग का मुख्यालय लखनऊ में है। न तो आयोग, न ही उसके अध्यक्ष अभी तक एक बार भी अयोध्या गए हैं।

आयोग को जाँच अयोध्या में करनी है। उसका मुख्यालय लखनऊ में है। न्यायमूर्ति चंडीगढ़ में रहते हैं और सचिव नई दिल्ली में। आयोग की भाषा अंग्रेजी में है और उत्तर प्रदेश सचिवालय का जो स्टाफ काम करने के लिए लिया गया है, उसे अंग्रेजी नहीं आती है।

आयोग को जाँच अयोध्या में करनी है। उसका मुख्यालय लखनऊ में है। न्यायमूर्ति चंडीगढ़ में रहते हैं और सचिव नई दिल्ली में। आयोग की भाषा अंग्रेजी में है और उत्तर प्रदेश

अगस्त 1993

सरकारी न्यास से किए वायदे से मुकरे विहिप के संत

लखनऊ, 13 अगस्त, 1993 : अयोध्या मुद्दे के हल के लिए बनने वाले सरकारी न्यास को झटका लगा है। विश्व हिंदू परिषद से जुड़े जिन दो संतों ने सरकारी न्यास के प्रस्ताव पर दस्तखत किए थे, वे आज यह कहकर मुकर गए कि पहले सरकार प्रस्तावित न्यास को गर्भगृह समेत अधिग्रहीत जमीन सौंपे तभी आगे बात होगी। प्रधानमंत्री के तीनों दूत आज फिर अयोध्या पहुँचे, पर उन्हें अयोध्या के संतों से कोई खास भरोसा नहीं मिला। सिवाय लक्ष्मणकिलाधीश सीताराम शरण और हनुमानगढ़ी के महंत ज्ञानदास के। ये दोनों विहिप के पुराने विरोधी रहे हैं। गए साल चंद्रास्वामी के सोमयज्ञ का आयोजन भी इन्हीं दोनों ने कराया था। उधर तुलसी जयंती के बहाने जलसंसाधन मंत्री विद्याचरण शुक्ल भी आज अयोध्या में इसी मकसद से पहुँचे।

सुग्रीव किला के महंत पुरुषोत्तमाचार्य और रामानंदाचार्य हरिआचार्य, जिनके दस्तखत सरकारी न्यास के समर्थन में कराए गए थे, उन्होंने भी आज कहा कि अगर 15 रोज के भीतर गर्भगृह सहित अधिग्रहीत जमीन न्यास को नहीं सौंपी जाती तो वे इस्तीफा दे देंगे। पुरुषोत्तमाचार्य ने यह भी कहा कि किशोर कुणाल कोई अंग्रेजी में लिखा कागज लाए थे, जिस पर उन्होंने दस्तखत तो कर दिए, पर उन्हें नहीं मालूम कि उसमें क्या लिखा है। पुरुषोत्तमाचार्य ने कहा, मैंने अपनी शर्तें न्यास के सामने रख दी हैं। पहली शर्त यह है कि सरकार पहले घोषणा करे कि वह मंदिर है। दूसरी, अगर नए न्यास ने मंदिर निर्माण शुरू किया तो वह गर्भगृह से ही होगा। पुरुषोत्तमाचार्य ने जनसत्ता को बताया कि किशोर कुणाल ने उनसे वायदा किया कि 15 रोज के भीतर उनकी दोनों शर्तें मानी जाएँगी।

दूसरी तरफ रामानंद संप्रदाय के सर्वोच्च गुरु रामानुजाचार्य को भी सरकारी न्यास में बतौर न्यासी रखा गया है। जिन श्रीमठ पंचगंगाघाट के रामनरेशाचार्य का नाम इस न्यास के अध्यक्ष के तौर पर प्रस्तावित है, उनकी वैधता पर ही इस संप्रदाय के एक दूसरे संत जगद्गुरु रामानंदाचार्य हरि आचार्य ने आपत्ति खड़ी कर दी है। उनकी दलील है इस पद की सर्वोच्च पीठ अयोध्या में है। काशी से क्या मतलब और हमारा कोई संत सरकारी न्यास में शामिल नहीं होगा। सरकारी न्यास धोखा है, क्योंकि जो सरकारी दूत आए हैं, वे केवल केंद्र सरकार द्वारा अधिग्रहीत जमीन को नए न्यास को सौंपने की बात कर रहे हैं। विवादित गर्भगृह पर उन सभी की चुप्पी है। इसलिए सरकारी न्यास में जो भी शामिल होगा, जनता के सामने उसकी कलई खुलेगी।

विहिप-समर्थित राम जन्मभूमि न्यास के अध्यक्ष परमहंस रामचंद्रदास ने आज साफ-साफ कहा कि मंदिर निर्माण आंदोलन से जुड़ा कोई संत सरकार द्वारा बनाए जा रहे न्यास

में नहीं है। परमहंस ने कहा कि हालाँकि हमारे संतों को लगातार प्रलोभन दिए जा रहे हैं, पर अयोध्या का कोई संत उनके न्यास में जाने को तैयार नहीं है। परमहंस रामचंद्रदास ने फोन पर यह माना कि प्रधानमंत्री कार्यालय के कई दूत, कुछ मंत्री और एक राज्यपाल इस काम में लगातार लगे हैं। वे विहिप समर्थक संतों को तोड़ना चाहते हैं, ताकि उनके न्यास को सामाजिक मंजूरी मिल जाए, पर अब तक ऐसा नहीं हुआ है। हमारा न्यास शंकराचार्यों के निर्देशन में काम करने को तैयार है। हम धर्माचार्यों के बीच कोई टकराव नहीं चाहते हैं।

अयोध्या ऑपरेशन में लगे प्रधानमंत्री के तीन दूत आज फिर अयोध्या पहुँचे। ताजा प्रयासों में एक बदलाव है। अभी तक सरकारी प्रयास में उन्हीं संतों से संपर्क साधा जा रहा था, जो विहिप के विरोधी थे, पहली दफा प्रधानमंत्री कार्यालय के निशाने में विश्व हिंदू परिषद के समर्थक संत हैं। पुरुषोत्तमाचार्य के अलावा जिन दो और संतों के दस्तखत सरकारी न्यास के प्रारूप पर लिये गए हैं, उन दोनों की हनुमानगढ़ी के ज्ञानदास और लक्ष्मणकिलाधीश सीतारामशरण की साख अयोध्या में नहीं बची है। वजह, ये दोनों चंद्रास्वामी के सोमयज्ञ के आयोजकों में थे और चंद्रास्वामी के सोमयज्ञ की दुर्गति से संत समाज परिचित है। इसलिए दूतों को बड़े संतों को तोड़ने में सफलता नहीं मिली है। वे विहिप समर्थक पुरुषोत्माचार्य, हरि आचार्य और फलाहारी बाबा से ही संपर्क कर पाए। तीनों ने वही दोनों शर्तें दुहराई हैं। फिर श्रीमठ पंचगंगा घाट के रामनरेशाचार्य और अयोध्या के हरि आचार्य एक साथ किसी न्यास में रह भी नहीं सकते हैं, क्योंकि इनमें उत्तराधिकार को लेकर पहले से ही झगड़ा है।

प्रधानमंत्री के नए दूत जल-संसाधन और संसदीय कार्यमंत्री विद्याचरण शुक्ल भी आज साकेत डिग्री कॉलेज में तुलसी जयंती के एक समारोह के बहाने यहाँ आए थे। वे भी कुछ संतों से मिले, साथ ही यह भी बताया कि ट्रस्ट बन गया है। उनकी यात्रा के कुछ नतीजे निकले या नहीं, यह कहा नहीं जा सकता।

■

राममंदिर के सरकारी ट्रस्ट के अध्यक्ष पर विवाद

लखनऊ, 14 अगस्त, 1993 : अयोध्या विवाद को सुलझाने के लिए बनने वाला सरकारी ट्रस्ट बनने से पहले ही नए विवाद में उलझ गया है। यह विवाद है कि इस ट्रस्ट का अध्यक्ष कौन हो। श्रीराम जन्मभूमि मंदिर प्रतिष्ठान के अध्यक्ष को लेकर द्वारकापीठ के शंकराचार्य स्वामी स्वरूपानंद ने नए न्यास के प्रस्ताव पर दस्तखत करने से मना कर दिया है। स्वामी स्वरूपानंद, जो इस वक्त वाराणसी में चातुर्मास कर रहे हैं, ने प्रधानमंत्री के दूतों को खाली हाथ लौटा दिया है। स्वामी स्वरूपानंद इस बात से भी नाराज हैं कि गैर-बीजेपी, गैर-विहिप सरकारी न्यास का भगीरथ प्रयास उन्होंने शुरू किया था, पर जब न्यास बनने

का समय आया तो जो गतिविधियाँ सरकारी तौर पर चलीं, उसमें उन्हें भरोसे में नहीं लिया गया और मंदिर प्रतिष्ठान का अध्यक्ष बनाने के लिए शृंगेरी के शंकराचार्य भारती तीर्थ का नाम प्रस्तावित कर दिया गया है। स्वरूपानंद इससे बेहद खफा हैं।

शृंगेरी के शंकराचार्य को नए ट्रस्ट में अध्यक्ष बनाना द्वारकापीठ के शंकराचार्य को मंजूर नहीं है। स्वामी स्वरूपानंद ने अपनी आपत्ति प्रधानमंत्री दफ्तर में दर्ज करा दी है। सरकारी न्यास की अध्यक्षता को लेकर प्रधानमंत्री के इस प्रयास में जो गतिरोध पैदा हुआ है, उससे न्यास का भविष्य बहुत सुखद नहीं दिखता। स्वरूपानंदजी ने दो रोज पहले ट्रस्ट के प्रारूपों पर भी दस्तखत करने से मना कर दिया।

शृंगेरी के शंकराचार्य को नए ट्रस्ट में अध्यक्ष बनाना द्वारकापीठ के शंकराचार्य को मंजूर नहीं है। स्वामी स्वरूपानंद ने अपनी आपत्ति प्रधानमंत्री दफ्तर में दर्ज करा दी है। सरकारी न्यास की अध्यक्षता को लेकर प्रधानमंत्री के इस प्रयास में जो गतिरोध पैदा हुआ है, उससे न्यास का भविष्य बहुत सुखद नहीं दिखता। स्वरूपानंदजी ने दो रोज पहले ट्रस्ट के प्रारूपों पर भी दस्तखत करने से मना कर दिया। स्वामी स्वरूपानंद ने आज वाराणसी में कहा कि वह ट्रस्ट की घोषणा के बाद ही कुछ कहेंगे।

मालूम हो कि अयोध्या पर गैर–विहिप सरकारी न्यास के लिए द्वारकापीठ के शंकराचार्य शुरू से लगे रहे। उन्होंने 15 रोज पहले यह घोषणा की थी कि जल्दी ही उनका रामालय ट्रस्ट बन जाएगा। रामालय ट्रस्ट के लिए लगातार प्रयासरत स्वरूपानंद के लिए मंदिर प्रतिष्ठान की खबर झटका देने वाली है। स्वरूपानंद 1989 में शिलान्यास के बाद से ही नए ट्रस्ट के पक्षधर रहे। उनका कहना था कि शिलान्यास विहिप ने शास्त्र–सम्मत नहीं कराया, इसलिए स्वरूपानंदजी ने 1990 में नए शिलान्यास की घोषणा कर डाली थी। द्वारकापीठ के शंकराचार्य विहिप के मंदिर आंदोलन के शुरू से खिलाफ रहे हैं। उन्होंने मंदिर के लिए समानांतर आंदोलन के लिए तीन संत सम्मेलन भी बुलाए। इसलिए उन्हें भरोसा था कि मंदिर के लिए जब भी सरकारी न्यास बनेगा, तो उन्हें ही उसकी अध्यक्षता सौंपी जाएगी, लेकिन जब न्यास बना तो उसके अध्यक्ष के नाम पर शृंगेरी के भारती तीर्थ आ गए। इससे स्वरूपानंद नाराज हैं। वे इस इंतजार में हैं कि पहले न्यास यानी प्रतिष्ठान की घोषणा हो जाए तो फिर रणनीति का ऐलान हो।

■

कारसेवक ही नहीं, फैजाबाद के इंकाई भी 'सहमत' कार्यक्रम के खिलाफ

लखनऊ, 14 अगस्त, 1993 : विश्व हिंदू परिषद ने कहा कि अयोध्या में अगर राम के बारे में कोई गलत बात कही गई तो उसके कारसेवक मौके पर ही उसका जवाब दे देंगे।

अयोध्या में 'सहमत' के कार्यक्रमों को लेकर तनाव है। वहाँ कोई पाँच हजार कारसेवक जमा हो गए हैं। राज्य सरकार ने कार्यक्रम को शांति से निपटाने के लिए 45 कंपनी पुलिस और अर्धसैनिक बलों की और तैनाती की है। मानव संसाधन विकास मंत्री अर्जुन सिंह भी कार्यक्रम ठीक-ठाक कराने अयोध्या पहुँच गए हैं। स्थानीय कांग्रेस 'सहमत' के आयोजनों का विरोध कर रही है, पर अयोध्या जाते समय अर्जुन सिंह ने यहाँ संवाददाताओं से कहा कि कोई कुछ भी कहे, 'सहमत' कार्यक्रमों में उनका पूरा समर्थन है।

अयोध्या में तनाव की एक वजह 'सहमत' के कार्यक्रमों का स्थानीय कांग्रेस की ओर से विरोध भी है। राज्य के कांग्रेसी भी इस मुद्दे पर अर्जुन सिंह से असहमत हैं। राज्य कांग्रेस को नहीं पता कि अर्जुन सिंह वहाँ क्यों जा रहे हैं। महावीर प्रसाद तो इससे खासे नाराज हैं। फैजाबाद के पूर्व सांसद निर्मल खत्री का कहना है कि ऐसे किसी कार्यक्रम की फैजाबाद में जरूरत नहीं थी। वहीं फैजाबाद जिला कांग्रेस के अध्यक्ष सुरेंद्र प्रताप सिंह ने कहा कि इन आयोजनों से धर्मनिरपेक्षता को धक्का लगा है। फैजाबाद जिला कांग्रेस कमेटी ने तो आज के अर्जुन सिंह के कार्यक्रमों से अपने को अलग कर लिया है। उन्होंने कहा कि वे केवल सर्किट हाउस तक ही अर्जुन सिंह के साथ होंगे। 'सहमत' के आयोजन से अलग होने का स्थानीय कांग्रेस का फैसला जनता के दबाव में है, क्योंकि 'सहमत' की सौहार्द के लिए लगाई गई पोस्टर प्रदर्शनी से फैजाबाद में गुस्सा है। इस पोस्टर प्रदर्शनी में 'सीता को राम की बहन' और 'राम को रावण का पुत्र' बताया गया है। यह उक्ति किसी जातक कथा के मुताबिक है।

फैजाबाद जिला कांग्रेस कमेटी ने तो आज के अर्जुन सिंह के कार्यक्रमों से अपने को अलग कर लिया है। 'सहमत' के आयोजन से अलग होने का स्थानीय कांग्रेस का फैसला जनता के दबाव में है, क्योंकि 'सहमत' की सौहार्द के लिए लगाई गई पोस्टर प्रदर्शनी से फैजाबाद में गुस्सा है। इस पोस्टर प्रदर्शनी में 'सीता को राम की बहन' और 'राम को रावण का पुत्र' बताया गया है। यह उक्ति किसी जातक कथा के मुताबिक है।

अर्जुन सिंह की इस यात्रा से नाखुश राज्य के कांग्रेस नेतृत्व की दलील है कि इतने संवेदनशील मुद्दे पर पार्टी को ऐसा रुख नहीं अपनाना चाहिए, जो जनभावनाओं के विपरीत हो। शायद इसी वजह से राज्यपाल मोतीलाल वोरा अर्जुन सिंह को फैजाबाद जाने के लिए सरकारी जहाज देने से कन्नी काट गए। उन्हें कार से फैजाबाद जाना पड़ा। उनके समर्थकों ने सरकारी जहाज के काफी प्रयास किए। उनके साथ प्रदेश का कोई अदना कांग्रेसी भी फैजाबाद नहीं गया। उनके साथ अयोध्या वही सांसद गए, जो दिल्ली से साथ आए। इनमें असलम शेर खाँ, दयानंद सहाय, अजीत जोगी और पवन दीवान थे। 'सहमत' के सवाल पर अर्जुन सिंह अपनी पार्टी में कितने अलग-थलग पड़ गए हैं, यह एक मिसाल है। जाने से पहले अर्जुन सिंह ने कहा कि वे केवल दर्शक की हैसियत से वहाँ जा रहे हैं। उन्होंने यह रहस्य भी खोला कि सहमत को जिला प्रशासन के विरोध के

बावजूद कार्यक्रमों की मंजूरी उनके दखल से मिली है। अर्जुन सिंह ने कहा, 'मैंने राज्यपाल से खुद फोन पर बात कर उन्हें संतुष्ट किया। तब राज्यपाल ने इजाजत दी। राज्यपाल महोदय इस कार्यक्रम को पूरा संरक्षण दे रहे हैं।'

उधर लोकसभा में विपक्ष के नेता अटल बिहारी वाजपेयी ने भी आज यहाँ भगवान राम के बारे में आपत्तिजनक पोस्टरों की निंदा की है। उन्होंने कहा, ऐसे पोस्टर नहीं लगाए जाने चाहिए। यह भड़काने वाली कार्रवाई है। सहमतवाले उत्तेजना को न्योता दे रहे हैं, पर उन्होंने पोस्टरों के फाड़े जाने को भी गलत बताया। उन्होंने कहा, 'अयोध्या में जो कुछ हो रहा है, उसके पीछे अर्जुन सिंह हैं। अर्जुन सिंह कांग्रेस में छिड़ी कुरसी की लड़ाई को सहमत तक ले गए हैं। वे प्रधानमंत्री को इस मामले में भी नीचा दिखाना चाहते हैं। अटलजी ने कहा कि सहमत के लोग अपने लिए तो अभिव्यक्ति की आजादी की माँग करते हैं, पर वही स्वतंत्रता दूसरे लोगों को देने को तैयार नहीं हैं। उन्होंने कहा कि कलाकार सोनल मानसिंह के साथ वाशिंगटन जा रहे कलाकारों को रोका जाना कहाँ तक उचित है ? जब कुछ लोग अयोध्या जाकर अपनी कला का प्रदर्शन कर सकते हैं तो कोई कलाकार वाशिंगटन क्यों नहीं जा सकता ?

उधर आज श्रीलाल शुक्ल जैसे कई साहित्यकारों ने इस कार्यक्रम में जाने से मना कर दिया। श्रीलाल शुक्ल ने कहा है कि इस आयोजन में लाखों रुपया खर्च हो रहा है। यह भारत सरकार का है। सांस्कृतिक स्तर पर यह ऐसा ही कारोबार है, जैसा धार्मिक स्तर पर भारत सरकार ने चंद्रास्वामी से कराया था। हालाँकि उन्हें इस पर एतराज नहीं है, पर वे नहीं जा रहे हैं। फैजाबाद बार एसोसिएशन ने भी एक प्रस्ताव पास कर इन आयोजनों के बायकॉट की अपील की है। कल रात सहमत की तरफ से जो मुशायरा हुआ, उसमें भी सिर्फ सवा सौ के आस-पास लोग आए।

प्रशासन सुरक्षा इंतजामों को लेकर परेशान है। 45 कंपनी अतिरिक्त सुरक्षाबल मँगाए गए हैं। इनमें सीमा सुरक्षा बल, केंद्रीय रिजर्व पुलिस बल और रैपिड एक्शन फोर्स भी है। विश्व हिंदू परिषद की गतिविधियों को विनय कटियार, आचार्य गिरिराज किशोर और पुरुषोत्तम नारायण सिंह अयोध्या में ही रहकर संचालित कर रहे हैं। कल सुबह से बाहर से आए कारसेवक अधिग्रहीत इलाके के चारों तरफ बैठकर भजन-कीर्तन करेंगे। साहित्यकारों के रुख और अर्जुन सिंह के इस आयोजन को सरकारी संरक्षण के ऐलान के बाद अब ज्यादातर लोग इसे अर्जुन सिंह का सोमयज्ञ मान रहे हैं।

■

शंकराचार्य ने ठुकराया पीएम का प्रस्ताव

लखनऊ, 16 अगस्त, 1993 : नए न्यास को लेकर शंकराचार्य स्वरूपानंद सरस्वती ने आज प्रधानमंत्री नरसिंह राव का प्रस्ताव ठुकरा दिया और कहा कि वे सरकारी न्यास में

शामिल नहीं होंगे। गैर-विहिप संत और द्वारकापीठ के शंकराचार्य स्वामी स्वरूपानंद ने आज प्रधानमंत्री के दूतों से साफ कहा कि किसी भी हालत में इस नए न्यास में शामिल नहीं होंगे। कल उन्होंने कांग्रेस अध्यक्ष के राजनैतिक सचिव जितेंद्र प्रसाद और कांग्रेस महासचिव नवल किशोर शर्मा और सांसद रजनीरंजन साहू को साफ मना कर दिया। दोनों प्रधानमंत्री का विशेष संदेश लेकर वाराणसी गए थे। शंकराचार्य वहाँ चातुर्मास कर रहे हैं। उन्होंने नए न्यास के प्रारूप पर दस्तखत करने से मना कर दिया।

उधर रामानंद संप्रदाय के प्रमुख संत श्रीमठ पंचगंगा घाट के रामनरेशाचार्य ने भी मंदिर प्रतिष्ठानम् में शामिल होने से मना कर दिया है। रामनरेशाचार्य इन दिनों जोधपुर में चातुर्मास कर रहे हैं। उन्होंने सरकार के इस प्रयास को संतों में फूट डालने वाला कहा है। रामनरेशाचार्य के पास आई.पी.एस. किशोर कुणाल और शृंगेरी के विशेष कार्याधिकारी वी.आर. गौरीशंकर गए थे। उन्होंने भी इन्हें खाली हाथ लौटा दिया। रामनरेशाचार्य की नाराजगी की दो वजहें हैं, एक तो वे ट्रस्ट का अध्यक्ष द्वारका के शंकराचार्य स्वरूपानंद को चाहते हैं। दूसरे, वे अपने प्रतिद्वंद्वी अयोध्या के हरि आचार्य को इस ट्रस्ट में नहीं देखना चाहते हैं। हरि आचार्य ने भी अपने को रामानंदी पीठ का प्रमुख घोषित कर रखा है।

प्रधानमंत्री के प्रयासों से बेहद नाराज स्वरूपानंद को मनाने इन तीनों नेताओं को वाराणसी इसलिए आना पड़ा, क्योंकि स्वरूपानंद ने प्रधानमंत्री से फोन पर बात करने से मना कर दिया था। न्यास के गठन की खबरों के बाद जब स्वरूपानंद ने पिछले दिनों प्रधानमंत्री के दूत किशोर कुणाल और वी.आर. गौरीशंकर को साफ धमकी दी कि उनके और उनके समर्थकों को प्रस्तावित ट्रस्ट में उचित स्थान नहीं मिल रहा, इसलिए वे और उनके समर्थक नए न्यास से अलग हो जाएँगे। इस धमकी के बाद प्रधानमंत्री ने शंकराचार्य से टेलीफोन पर बात करनी चाही। स्वरूपानंदजी ने प्रधानमंत्री से बात करने से इनकार कर दिया। तब कल स्वतंत्रता दिवस के मौके पर जितेंद्र प्रसाद, नवल किशोर शर्मा व रजनी रंजन साहू शंकराचार्य को मनाने वाराणसी पहुँचे।

शंकराचार्य के करीबी सूत्रों के मुताबिक शंकराचार्य ने तीनों नेताओं से साफ कहा, "जब प्रधानमंत्री से प्रस्तावित ट्रस्ट के अध्यक्ष और उसमें शामिल होने वाले साधु-संतों की बाबत साफ तौर पर बातचीत हो चुकी थी तो उसमें फेरबदल क्यों किया जा रहा है?" प्रधानमंत्री की तरफ से इन तीनों नेताओं ने शंकराचार्यों को आश्वासन दिया कि उनसे हुई बातचीत के ठोस नतीजे दो-तीन रोज में निकलेंगे और उनके मनमाफिक ट्रस्ट का प्रारूप तैयार कर उसकी मंजूरी के लिए वे जल्दी ही वाराणसी आएँगे। शंकराचार्य ने कुछ शर्तें रखी हैं। मुख्य शर्त ट्रस्ट के अध्यक्ष पद को लेकर है। उसके पूरा होने पर ही वे नए ट्रस्ट के प्रारूप पर दस्तखत करेंगे। तीनों नेता कल ही दिल्ली लौट गए।

इस नए ट्रस्ट का ऐलान प्रधानमंत्री नरसिंह राव 15 अगस्त को लालकिले के

प्राचीर से करने वाले थे, पर शंकराचार्य की नाराजगी की वजह से यह ऐलान टल गया। इसमें आए गतिरोध को दूर करने के लिए आला प्रयास हुए, पर नाकामी हाथ लगी। ■

'पीएम के लिए संत, महात्मा और तस्करों का फर्क जानना जरूरी' —शंकराचार्य

वाराणसी, 22 अगस्त, 1993 : द्वारकापीठ के शंकराचार्य स्वामी स्वरूपानंद भी अब अयोध्या मामले में चल रहे सरकारी प्रयास के खिलाफ हो गए हैं। शंकराचार्य को प्रधानमंत्री की नीयत पर संदेह है। जगद्गुरु ने आज 'जनसत्ता' से कहा कि "अयोध्या में मंदिर निर्माण के लिए जो सरकार प्रेरित न्यास बन रहा है, उसकी विश्वसनीयता संदिग्ध है।" उन्होंने कहा, नए ट्रस्ट में उन्हें चंद्रास्वामी का दखल मंजूर नहीं है। स्वरूपानंदजी ने साफ कहा कि अगर प्रधानमंत्री ने चंद्रास्वामी और उनके लोगों को प्रस्तावित ट्रस्ट से अलग नहीं किया तो चारों शंकराचार्य में से कोई भी उस नए ट्रस्ट के साथ नहीं होगा। जगद्गुरु मानते हैं कि प्रधानमंत्री को संत, महात्मा, धर्माचार्य और तस्करों में फर्क करना चाहिए।

द्वारकापीठ के शंकराचार्य स्वामी स्वरूपानंद ने कहा, नए ट्रस्ट में उन्हें चंद्रास्वामी का दखल मंजूर नहीं है। स्वरूपानंदजी ने साफ कहा कि अगर प्रधानमंत्री ने चंद्रास्वामी और उनके लोगों को प्रस्तावित ट्रस्ट से अलग नहीं किया तो चारों शंकराचार्य में से कोई भी उस नए ट्रस्ट के साथ नहीं होगा। जगद्गुरु मानते हैं कि प्रधानमंत्री को संत, महात्मा, धर्माचार्य और तस्करों में फर्क करना चाहिए।

द्वारकापीठ के शंकराचार्य ने आज केदार घाट के द्वारका मठ में 'जनसत्ता' से कहा, "वे चंद्रास्वामी की छाया से भी बचना चाहते हैं, क्योंकि उनकी छवि संत की नहीं है। वे संत नहीं माने जाते। किसी संप्रदाय में दीक्षित नहीं हैं। उनकी प्रसिद्धि कुछ और है।" द्वारका पीठाधीश्वर कहते हैं, "नए ट्रस्ट की साजिश का ताना-बाना चंद्रास्वामी ने बुना है। उसी के पैसे से लोग हवाई जहाज का इस्तेमाल कर रहे हैं। स्वरूपानंदजी का कहना है, हमने प्रधानमंत्री जी के सामने ये मुद्दे उठाए हैं। दस रोज हो गए, अब तक जवाब नहीं आया। जवाब आने पर ही नए ट्रस्ट की बाबत मैं अपनी अंतिम राय दूँगा।"

स्वरूपानंदजी कहते हैं, "प्रस्तावित ट्रस्ट के अध्यक्ष पद को लेकर कोई विवाद नहीं है। चारों शंकराचार्यों में से कोई भी इसका अध्यक्ष हो सकता है। हममें कोई मतभेद नहीं है। हाँ, चंद्रास्वामी के लोग ये खबरें फैला शंकराचार्यों को आपस में लड़वाना चाहते हैं। वे बार-बार यह प्रचारित कर रहे हैं कि श्रृंगेरी शंकराचार्य को प्रमुख बनाने से मैं नाराज हूँ। सत्य यह नहीं है।"

स्वरूपानंदजी इस बात से दु:खी हैं कि मंदिर न्यास का जो प्रारूप बना था, प्रधानमंत्री ने न जाने किस दबाव में उसे बदल दिया। पहले तो चारों शंकराचार्य ने श्रृंगेरी सम्मेलन में रामालय न्यास नाम दिया था। उसे बदल दिया गया। शंकराचार्य प्रस्तावित न्यास के साथ जुड़े प्रतिष्ठान शब्द पर चुटकी लेते हैं। कहते हैं, "प्रतिष्ठान तो व्यापारिक होते हैं। रामालय न्यास मेरा शब्द नहीं था, चारों शंकराचार्य द्वारा दिया गया नाम था।" स्वरूपानंद कहते हैं, "चारों शंकराचार्यों ने 26 जून, 1993 में श्रृंगेरी में एक दस्तावेज पर दस्तखत किए थे। उसमें साफ कहा गया था कि नया न्यास राज्याधीन न हो। विवादित और राजनैतिक लोगों से बचा जाए। इस विवाद के हल के लिए चारों शंकराचार्य मिलकर काम करें।" शास्त्र के अनुसार, मंदिर गर्भगृह से ही बनेगा। संत-महंत-महामंडलेश्वर तथा धार्मिक संगठन यह तय करें कि वे इस मुद्दे पर राजनैतिक दलों के हथियार नहीं बनेंगे।

शंकराचार्य ने कहा, "तभी यह भी तय हुआ था कि श्रृंगेरी के विशेष कार्याधिकारी वी.आर. गौरीशंकर चारों शंकराचार्यों के बीच समन्वय का काम करेंगे। हमारी इच्छाओं को वे ही एक-दूसरे तक पहुँचाएँगे। इस दस्तावेज पर श्रृंगेरी के शंकराचार्य स्वामी भारती तीर्थ, द्वारकापीठ के शंकराचार्य स्वरूपनंद, पुरी पीठ के जगद्गुरु निश्चलानंद सरस्वती और कांची कामकोटि के शंकराचार्य स्वामी जयेंद्र सरस्वती के दस्तखत हैं। सरकार नए न्यास के निर्माण में इस दस्तावेज की भी अनदेखी कर रही है। उन्होंने कहा, इसी तरह का प्रस्ताव झोंटेश्वर के संत-सम्मेलन में और श्रृंगेरी के ज्योतिषपीठ सम्मेलन में भी पास हुआ था।"

स्वरूपानंदजी के मुताबिक वी.आर. गौरीशंकर चारों शंकराचार्यों से मिलकर जो प्रारूप बनाएँगे, उसमें निर्विवाद लोगों को शामिल करेंगे। बाद में हमसे उसकी मंजूरी लेंगे। शंकराचार्य को शिकायत है कि गौरीशंकर समूची गतिविधियों में उनसे मिले ही नहीं। बाद में जब मिले तो पूछा, "क्या हुआ?" तो उनका जवाब था, "विहिप वाले पीछे पड़े हैं, जिसके पास मैं जाता हूँ, उससे पहले वहाँ विहिपवाले पहुँच जाते हैं। इसलिए काम सिद्ध नहीं हुआ है। शंकराचार्य इस बात से भी खफा हैं कि उनके साथ वादाखिलाफी हुई है। न्यास का प्रारूप और सूची उनके पास आनी चाहिए थी, जिसे नहीं भेजा गया। इसलिए हम इन प्रयासों से सहमत नहीं हैं। हमने दस्तखत भी नहीं किए हैं।"

शंकराचार्य कहते हैं, "संतों में फूट डालने के बीजेपी तथा विश्व हिंदू परिषद के आरोप बेबुनियाद हैं। वे तो सभी संतों और समाज को एकजुट करना चाहते हैं। बीजेपी के साथ तो केवल 30 फीसद हिंदू हैं। देश में हिंदू 85 फीसद हैं। मैं सबकी सहमति से मंदिर का प्रयास करना चाहता हूँ।" शंकराचार्य कहते हैं। "ये बीजेपी के लोग सिर्फ राजनैतिक फायदे के लिए मंदिर को मुद्दा बनाए हुए हैं। इन्हें मंदिर बनाना नहीं है। अगर ऐसा नहीं था तो मंदिर के सवाल पर मेरी गिरफ्तारी हुई और इन लोगों ने संसद तक में यह मामला नहीं उठाया तथा आडवाणी गिरफ्तार हुए तो सरकार गिरा दी।"

■

अब सरकारी खर्चे पर इलाहाबाद में लगेगी 'सहमत' प्रदर्शनी

लखनऊ, 25 अगस्त, 1993 : 'सहमत' के पोस्टरों पर अभी विवाद थमा नहीं है, बावजूद इसके अगले महीने यह इलाहाबाद में भी अपनी प्रदर्शनी और कार्यक्रम के लिए जा रही है। राम और सीता को भाई-बहन बताने वाली प्रदर्शनी इलाहाबाद में भी सरकारी खर्चे पर लगेगी। मानव संसाधन विकास मंत्री अर्जुन सिंह का निर्देश है। इसलिए उत्तर-मध्य क्षेत्र सांस्कृतिक केंद्र इस प्रदर्शनी और कार्यक्रमों की मदद में जुटा है। उधर फैजाबाद में 'सहमत' के खिलाफ पुलिस ने सांप्रदायिकता फैलाने का मुकदमा दफा 153 और 153-ए के तहत दर्ज किया है।

अयोध्या में 'मुक्तनाद' से पहले लखनऊ में भी 'सहमत' ने एक सांस्कृतिक कार्यक्रम 'अनहद गरजे' किया था। उस कार्यक्रम के लिए भी उत्तर-मध्य क्षेत्र सांस्कृतिक केंद्र ने पाँच लाख रुपए 'सहमत' को दिए थे, पर उसके खर्चे का हिसाब आज तक सांस्कृतिक केंद्र को नहीं मिला है। इसके बाद भी मानव संसाधन विकास मंत्रालय के फरमान पर इस केंद्र को दोबारा 'मुक्तनाद' के लिए पाँच लाख रुपए उपलब्ध कराने पड़ गए।

राम और सीता को भाई-बहन बताने वाली प्रदर्शनी इलाहाबाद में भी सरकारी खर्चे पर लगेगी। मानव संसाधन विकास मंत्री अर्जुन सिंह का निर्देश है। इसलिए उत्तर-मध्य क्षेत्र सांस्कृतिक केंद्र इस प्रदर्शनी और कार्यक्रमों की मदद में जुटा है।

'सहमत' के सारे राज्य में सरकारी खर्चे पर ऐसे कार्यक्रमों को लेकर कांग्रेसियों में गुस्सा फूट रहा है। राज्य कांग्रेस (इ) के महासचिव देवेंद्र पांडेय ने तो उत्तर प्रदेश में 'सहमत' के कार्यक्रमों पर रोक लगाने की माँग करते हुए कहा है कि हमारी पार्टी के जो नेता इस संस्था के कार्यक्रमों के पीछे हैं और धन मुहैया करा रहा है, उसे जनता से माफी माँगनी चाहिए। उन्होंने कहा, 'सहमत' के कार्यक्रमों से बहुसंख्यक भावनाओं को चोट पहुँचाने की चाल है। देवेंद्र पांडेय ने प्रधानमंत्री से माँग की है कि वे एक कमेटी बनाकर इस बात की जाँच करें कि इस पोस्टर प्रदर्शनी के पीछे प्रत्यक्ष और परोक्ष रूप से किसका हाथ है। दोषी व्यक्ति को गिरफ्तार कर कार्रवाई करें। श्री पांडेय का इशारा अर्जुन सिंह की तरफ है। श्री पांडेय ने 'सहमत' की प्रदर्शनी को नरसिंह राव सरकार को कमजोर करने की पार्टी के कुछ नेताओं की चाल बताया है। राज्य कांग्रेस की तरफ से कहा गया कि 'सहमत' की प्रदर्शनी और उसमें अर्जुन सिंह की भूमिका तथा यह अपमानजनक पोस्टरबाजी एक साजिश का हिस्सा है। इसलिए 'सहमत' पर प्रतिबंध लगाकर उसे दिए गए सरकारी धन को वसूला जाए।

सरकारी खर्चे पर प्रदर्शनी और इन प्रदर्शनियों की आड़ में रकम बनाने के आरोप कई और लोगों ने भी लगाए हैं। फैजाबाद में 'सहमत' की जिस प्रदर्शनी में तोड़-फोड़ हुई, आयोजकों ने उसकी प्राथमिक सूचना रिपोर्ट (एफआईआर) तक नहीं दर्ज कराई है, क्योंकि प्रदर्शनी पर लाखों का खर्च बताया गया है। प्रस्ताव में पोस्टर लगाने के स्टैंड

के खर्च दिखाए गए हैं, जबकि प्रदर्शनी के पोस्टर नगर महापालिका के हॉल में उसकी अलमारियों और दीवारों पर टाँग दिए गए।

वहाँ कोतवाली के दरोगा दीपचंद तिवारी ने 'सहमत' की प्रदर्शनी लगाने वालों के खिलाफ पुलिस में रिपोर्ट दर्ज कराई है। इसमें स्थानीय आयोजकों पर सांप्रदायिकता भड़काने का आरोप लगाया गया है। रिपार्ट में दरोगा ने कहा है कि नगरपालिका के तिलक हॉल में लगाई गई प्रदर्शनी में आपत्तिजनक पोस्टर लगाए गए, जिनमें 'सीता को राम की बहन' वाला पोस्टर भी है। इससे हिंदुओं की भावनाओं को चोट पहुँची और देश भर में बवाल मचा है। ■

'सहमत' के बहाने अर्जुन सिंह पर हमला बोलने की तैयारी

लखनऊ, 27 अगस्त, 1993 : कांग्रेस नेतृत्व 'सहमत' के बहाने अर्जुन सिंह पर हमला बोलने की तैयारी कर रहा है। फैजाबाद की कोतवाली में 'सहमत' के खिलाफ मुकदमा दर्ज कराया गया है, जिसका मकसद अर्जुन सिंह को कठघरे में खड़ा करना है। 'सहमत' प्रदर्शनी के 16 दिन बाद राज्य सरकार ने 'सहमत' के खिलाफ केंद्र सरकार के निर्देश पर ही पुलिस में रिपोर्ट लिखाई है। रिपोर्ट प्रदर्शनी के आयोजकों और उन्हें वित्तीय सहायता देने वालों के खिलाफ दर्ज कराई गई है। इस बीच केंद्र सरकार ने राज्य के गृह विभाग से एक रिपोर्ट भी मँगाई है। इसमें कहा गया है कि इस प्रदर्शनी से राज्य में सांप्रदायिक तनाव बढ़ा है। इस रिपोर्ट के साथ राज्य के पुलिस महानिदेशक, फैजाबाद के एस.एस.पी., जिलाधिकारी और आईजी (जोन) को दिल्ली तलब किया गया है, ताकि उनसे वहीं अर्जुन सिंह को घेरने वाली रिपोर्ट बनवाई जा सके। राज्य के पुलिस महानिदेशक और केंद्रीय गृह मंत्री राजेश पायलट के बीच इस मुद्दे पर सुबह दिल्ली में बात भी हुई। राव खेमा चाहता था कि कांग्रेस संसदीय पार्टी में आज अर्जुन सिंह कुरुक्षेत्र का मुद्दा उठाएँ और उनके पक्ष में कुछ सांसद इकट्ठे हों, इसके पहले ही उन्हें सांप्रदायिकता बढ़ाने के लिए जिम्मेदार ठहरा दिया जाए। अफसरों की कवायद, राज्य से रिपोर्ट मँगाने और पुलिस में रिपोर्ट लिखाने की अफरातफरी इसीलिए मची। फैजाबाद में दर्ज एफ.आई.आर. की भाषा से यही संकेत मिलता है। एफ.आई.आर. में राम और सीता को भाई-बहन बताकर सांप्रदायिकता भड़काने के लिए आयोजकों के साथ ही इस कार्यक्रम को पैसा देनेवालों को भी जिम्मेदार बताया गया है।

इस बीच राज्य सरकार ने इस मामले की जाँच पुलिस से लेकर सी.आई.डी. को सौंप दी है। पर्यवेक्षकों के मुताबिक इसकी वजह यह है कि गोपनीयता (जाँच की) बनी रहे और सरकार मनमाफिक रिपोर्ट ले सके। इस जाँच को सी.आई.डी. को सौंपने का फैसला लखनऊ में हुआ। गृहसचिव ने डी.आई.जी. और वरिष्ठ पुलिस अधीक्षक को लखनऊ बुलाकर निर्देश दिया। उन्हीं के निर्देश के बाद धाराएँ लगाकर जाँच सी.आई.डी. को सौंपी गई।

अयोध्या के तीन संतों द्वारा न्यास की सदस्यता से इस्तीफे के बाद अब प्रस्तावित न्यास में अयोध्या का कोई संत नहीं बचा है। अयोध्या के इन्हीं तीन संतों—पुरुषोत्तमाचार्य, ज्ञान दास और हरि आचार्य ने ही न्यास के प्रारूप पर दस्तखत किए थे। इनके सिवा प्रधानमंत्री के दूत किसी और संत को तोड़ नहीं पाए। अब ये तीनों भी अलग हो गए हैं।

अर्जुन सिंह को इस मुद्दे पर कांग्रेस पार्टी के भीतर घेरा जाना था। इसलिए कल पुलिस महानिदेशक, आईजी लखनऊ, जिलाधिकारी और फैजाबाद एस.एस.पी. लखनऊ तलब किए गए। गृह विभाग के लिए राज्यपाल के सचिव पी.एन. बहल भी दिल्ली बुलाए गए हैं। प्रदेश के कांग्रेसियों में हड़कंप है। अर्जुन सिंह खेमे का कहना है कि कुरुक्षेत्र की घटना के बाद अर्जुन सिंह के पक्ष में 50 से ज्यादा सांसदों के बयान से पार्टी हाईकमान बौखलाई हुई है। उसी की पेशबंदी में मानव संसाधन विकास मंत्री को घेरने के लिए यह सब किया जा रहा है।

गृह राज्य मंत्री राजेश पायलट को फैजाबाद में दर्ज एफ.आई. आर. की प्रति फैक्स से भेजी गई है। एफ.आई.आर. में कहा गया है कि आयोजकों पर प्रदर्शनी के जरिए धार्मिक वैमनस्य फैलाने, उन्माद पैदा करने, अफवाहें फैलाने और धार्मिक स्थलों व मान्यताओं के खिलाफ भड़काने वाला दुष्प्रचार करने का आरोप है। अगर एफ.आई.आर. पर शब्दश: जाएँ तो भारतीय दंड संहिता की दफा 153 बी के तहत राष्ट्रीय एकता को तोड़ने और साजिश के आरोप में 'सहमत' को आर्थिक मदद देने वाले मानव संसाधन मंत्रालय के खिलाफ भी जाँच की नौबत आती है। यही ऐसा मंत्रालय है, जिसके मंत्री ने सार्वजनिक तौर पर स्वीकार किया था कि उन्होंने सहमत की प्रदर्शनी के लिए पैसा दिया।

कोतवाली में दर्ज प्राथमिकी (अपराध संख्या 1130/93) में भारतीय दंड विधान की धारा 153, 153ए, 153बी, 295ए, 298, 505 और 120बी के तहत 'सहमत' संस्था के संचालक, व्यवस्थापक, प्रदर्शनी के आयोजनकर्ता और इसे आर्थिक मदद देने वालों को अभियुक्त बनाया गया है। दो पेज की इस प्राथमिकी में सांप्रदायिक तनाव फैलाने का आरोप मुख्य है। फैजाबाद में 'सहमत' की प्रदर्शनी के आयोजक और कांग्रेस के स्थानीय नेता डॉ. एस.वी. सिंह का कहना है कि यह एफ.आई.आर. अर्जुन सिंह के खिलाफ कांग्रेस में ऊपर से नीचे तक चल रही साजिश का हिस्सा है। पुलिस कैसे साबित करेगी कि 'सहमत' को आर्थिक मदद गलत थी?

■

सरकारी न्यास में अब नहीं बचा अयोध्या का कोई संत

लखनऊ, 29 अगस्त, 1993 : अयोध्या में राममंदिर बनवाने के लिए प्रस्तावित सरकारी न्यास की हवा निकल गई है। अयोध्या के तीन संतों द्वारा न्यास की सदस्यता से इस्तीफे

के बाद अब प्रस्तावित न्यास में अयोध्या का कोई संत नहीं बचा है। अयोध्या के इन्हीं तीन संतों—पुरुषोत्तमाचार्य, ज्ञान दास और हरि आचार्य ने ही न्यास के प्रारूप पर दस्तखत किए थे। इनके सिवा प्रधानमंत्री के दूत किसी और संत को तोड़ नहीं पाए। अब ये तीनों भी अलग हो गए हैं। विश्व हिंदू परिषद और सरकारी न्यास के बीच अब तक तटस्थता बरत रहे लक्ष्मणकिलाधीश सीताराम शरण दास ने भी नए न्यास से अपने को अलग रखने का फैसला लिया है। उधर शंकराचार्य के सरकारी ट्रस्ट में शामिल होने के सवाल पर पुरी के वर्तमान और निवर्तमान शंकराचार्यों में मतभेद गहरा गया है। पुरी के निवर्तमान शंकराचार्य निरंजनदेव तीर्थ ने वाराणसी में कहा है कि पुरी के शंकराचार्य निश्चलानंद धर्म विरुद्ध काम कर रहे हैं। इससे पीठ की मर्यादा प्रभावित हो रही है।

सती प्रथा पर टिप्पणी को लेकर चर्चा में रहे पुरी के निवर्तमान शंकराचार्य निरंजनदेव तीर्थ आजकल वाराणसी में काशीवास कर रहे हैं। उन्होंने अपना उत्तराधिकार स्वामी निश्चलानंद सरस्वती को सौंपा है, पर वे अपने उत्तराधिकारी के कृत्यों से बेहद नाखुश हैं। शंकराचार्य निरंजनदेव तीर्थ ने 'जनसत्ता' से कहा कि निश्चलानंद सरस्वती ने सरकारी न्यास की बाबत उनसे पूछा तक नहीं। वे सरकार समर्थक हो गए हैं। आदिशंकराचार्य ने 'मठाम्नाय महानुशासन' में यह व्यवस्था दी है कि यदि कोई शंकराचार्य धर्म-विरुद्ध काम करता है, तो विद्वानों का समूह बैठकर एकमत से उसे पदच्युत कर सकता है। स्वामी तीर्थ कहते हैं, "महानुशासन हर धर्म विरुद्ध शंकराचार्य पर लागू होता है, तो क्या यह स्थिति पुरी के शंकराचार्य पर आ गई है।" स्वामी निरंजनदेव तीर्थ बोले, "आ सकती है।"

निरंजनदेव तीर्थ अपना शेष जीवन काशी में ही बिता रहे हैं। सरकारी न्यास में शंकराचार्यों की रुचि की उन्होंने आलोचना की। उन्होंने पूछा कि क्या सरकार अब शंकराचार्यों को निर्देशित करेगी। अगर मंदिर निर्माण के लिए आगे आना है तो शंकराचार्य को खुद इसकी पहल करनी चाहिए। उन्होंने कहा, प्रस्तावित न्यास में शामिल होनवाले लोग मन से मंदिर नहीं बनाना चाहते। निवर्तमान शंकराचार्य ने कहा, यही स्थिति विश्व हिंदू परिषद की है। उन्होंने कहा, अगर अयोध्या में गर्भगृह पर मंदिर नहीं बनता है तो मैं वहाँ जाकर सरकारी प्रयास का विरोध करूँगा। पूर्व शंकराचार्य ने कहा, अगर विश्व हिंदू परिषद मेरी शर्तों पर राजी होकर मेरी मदद माँगे तो मैं इसके लिए तैयार रहूँगा।

उधर द्वारका के शंकराचार्य स्वरूपानंद के दबाव में आकर सरकार ने तीन संतों से इस्तीफा ले लिया है, पहले जिनके दस्तखत प्रारूप पर लेने के लिए प्रधानमंत्री के तीन दूत हवाई जहाज से अयोध्या गए थे। इस्तीफा देनेवालों में से दो हनुमानगढ़ी के महंत ज्ञानदास और रामानंदाचार्य पुरुषोत्तमाचार्य ने शंकराचार्य स्वरूपानंद पर गंभीर आरोप लगाए हैं। लक्ष्मणकिलाधीश सीताराम शरण ने भी इतने विवादों को देख अपने हाथ खींच लिए हैं।

राम जन्मभूमि न्यास के महंत परमहंस रामचंद्रदास कहते हैं कि अयोध्या में प्रधानमंत्री के लगातार प्रयासों से उनके दूतों की इन्हीं संतों ने लाज रखी थी। अब इन्हें ही बाहर

कर दिया गया। ऐसा माहौल बनाया जा रहा है कि संत-महात्मा एक-दूसरे पर आरोप लगाएँ। यह संतों को आपस में लड़ाने की सरकारी साजिश नहीं तो और क्या है? विश्व हिंदू परिषद के महामंत्री अशोक सिंघल और बजरंग दल प्रमुख विनय कटियार ने साफ चेतावनी दे रखी है कि मंदिर बनाने का काम उन्हीं के पास रहना चाहिए, जो पिछले दस साल से इस मुद्दे पर लड़ रहे हैं।

यह संतों को आपस में लड़ाने की सरकारी साजिश नहीं तो और क्या है। विश्व हिंदू परिषद के महामंत्री अशोक सिंघल और बजरंग दल प्रमुख विनय कटियार ने साफ चेतावनी दे रखी है कि मंदिर बनाने का काम उन्हीं के पास रहना चाहिए, जो पिछले दस साल से इस मुद्दे पर लड़ रहे हैं।

द्वारकापीठ के शंकराचार्य नए सिर से इसमें जान डालने की कोशिश कर रहे हैं। चंद्रास्वामी समर्थक संतों को हटवाने के बाद उन्होंने अब सरकार के सामने दूसरी शर्त रखी है। यह शर्त प्रस्तावित ट्रस्ट के नाम को लेकर है। स्वरूपानंदजी चाहते हैं कि उनका रामालय न्यास नए न्यास में समा जाए। उसकी उपेक्षा न हो, इसलिए शुक्रवार को प्रधानमंत्री कार्यालय से आए दूतों को उन्होंने नया नाम 'राम जन्मभूमि रामालय न्यास' दिया। मालूम हो कि स्वरूपानंद को मनाने के लिए प्रधानमंत्री के छोटे भाई माधवराव भी वाराणसी जा चुके हैं। मजेदार बात यह है कि सरकार समर्थित न्यास को नाकाम बनाने में स्वरूपानंदजी की भूमिका रही है, क्योंकि सबसे पहले उन्होंने प्रारूप पर दस्तखत करने से मना किया, क्योंकि उन्हें और उनके समर्थकों को उचित प्रतिनिधित्व नहीं मिला था।

स्वरूपानंदजी का तर्क है कि रामालय न्यास तो गए साल 27 जुलाई को शंकराचार्यों की श्रृंगेरी बैठक में पास प्रस्ताव के अनुरूप है। उस बैठक में चारों शंकराचार्यों ने एक दस्तावेज पर दस्तखत भी किए हैं।

■

सितंबर 1993

मंदिर-मस्जिद साथ बनवाने की तैयारी में है सरकार

लखनऊ, 8 सितंबर, 1993 : अयोध्या में अगले पखवाड़े केंद्र सरकार कोई गंभीर पहल करने जा रही है। इस पहल में सुप्रीम कोर्ट की राय मिलते ही (अधिग्रहीत क्षेत्र) में एक ही परिसर में मंदिर और मस्जिद की नींव डालना है। पिछले चार रोज से राज्य के आला अफसरों की अयोध्या में बैठक चल रही है। उसके बाद केंद्रीय गृहराज्य मंत्री राजेश पायलट के साथ राज्यपाल मोती लाल वोरा का अयोध्या दौरा यह संकेत देता है। पायलट ने कल अयोध्या में कहा भी कि सुप्रीम कोर्ट की राय जल्दी ही मिलने वाली है। कल बैठक में भी इस बात पर विचार हुआ कि इस नई पहल में रुकावट क्या आ सकती है? इसके नतीजे क्या होंगे और इस दौरान अयोध्या-फैजाबाद को बाकी दुनिया से कैसे अलगाया जा सकता है; क्योंकि इन बैठकों में फैजाबाद के आस-पास के जिलों के जिलाधिकारी और पुलिस अधीक्षक भी मौजूद थे। हालाँकि सरकारी प्रवक्ता इन बैठकों को सुरक्षा-व्यवस्था के लिए बताते हैं। उनका कहना है कि 'इंटेलिजेंस' विभाग ने केंद्र और राज्य को अयोध्या, काशी और मथुरा में गड़बड़ी की आशंका जताई है।

अयोध्या को लेकर अचानक सरकार में सरगर्मी बढ़ गई है। समूचे रामकोट इलाके को अभेद्य फौजी छावनी की शक्ल देने की योजना को अंतिम रूप दिया गया है। राज्य सरकार ने अयोध्या सहित तीनों धर्मस्थलों के लिए एक स्थायी सुरक्षा समिति बना दी है। अतिरिक्त पुलिस महानिदेशक कानून और व्यवस्था हरिदास राव इस समिति के प्रमुख हैं। प्रमुख सचिव गृह सुरेंद्र मोहन के रहते राज्य में एक नए गृह सचिव कल बनाए गए। अयोध्या, काशी और मथुरा के लिए जो स्थायी सुरक्षा समिति बनाई गई है, उसके स्थायी सदस्य अतिरिक्त पुलिस महानिदेशक कानून और व्यवस्था हरिदास राव और पुलिस महानिदेशक (सुरक्षा) सी.के. मलिक हैं। संबंधित जोन के आई.जी., डी.आई.जी, कमिश्नर और जिलाधिकारी इसके सदस्य हैं।

अयोध्या में सरकार की अचानक इस सक्रियता को केंद्र सरकार के दो ऐलानों से जोड़ा जा रहा है। एक, प्रधानमंत्री द्वारा 6 दिसंबर की घटनाओं के लिए जिम्मेदार लोगों को दंडित करना और दो, सुप्रीम कोर्ट की राय मिलते ही अधिग्रहीत क्षेत्र में मंदिर और मस्जिद का पुनर्निर्माण। कल की बैठक में राजेश पायलट ने इस संभावना पर व्यवहार पक्ष की जानकारी भी ली। इसी कारण यह तय हुआ कि अधिग्रहीत क्षेत्र को घेरने वाली एक ढाई हजार मीटर लंबी और सात फुट ऊँची दीवार फौरन बने, ताकि ऐसी किसी कोशिश में कोई रुकावट डालने वाला वहाँ न पहुँच सके। इसमें वॉच टावर और रोशनी फेंकने वाले खंभे भी बनेंगे। पूरा इंतजाम 'ओरल सिक्युरिटी अरेंजमेंट' के तहत हो रहा है।

अयोध्या के संतों ने इस पूरी कवायद को मस्जिद बनाने की तैयारी कहा है। राम जन्मभूमि न्यास के अध्यक्ष परमहंस रामचंद्रदास ने कहा है, "इन सारी लुकी-छिपी की गतिविधियों से ऐसा लगता है कि सरकार अपनी मस्जिद निर्माण की योजना को कार्यरूप दे रही है।" राम जन्मभूमि न्यास मंच के एक न्यासी रामविलास वेदांती का कहना है, "ऐसा कर सरकार समूचे परिसर के आस-पास से हिंदुओं को उजाड़ रही है। वह रामकोट मुहल्ले से लोगों को पलायन के लिए मजबूर कर रही है, ताकि वह वहाँ कुछ भी मनमाना कर सके।" सरकार की इस कार्रवाई पर नजर रखने के लिए विहिप के संयुक्त मंत्री आचार्य गिरिराज किशोर और ओंकार भावे अयोध्या पहुँच गोपनीय बैठकें कर रहे हैं। विहिप सूत्रों का कहना है, "सरकार की यह भड़कानेवाली कार्रवाई है। एक तरफ अधिग्रहीत क्षेत्र में तीन मजारें बन गई हैं। दूसरी तरफ उस मुहल्ले से हिंदुओं को भगाया जा रहा है। यह सरकार की मंदिर समर्थकों को भड़काने की साजिश है, ताकि चुनाव टालने का सरकार को बहाना मिले।"

समूची अयोध्या को तीन स्तरीय सुरक्षा घेरे में बाँट दिया गया है। तीन किलोमीटर के घेरे में किसी को भी न पहुँचने देने की सरकार की योजना है। रामकोट और काजियाना मुहल्ले को तो पूरी तरह खाली कराया जा रहा है। उससे सटे दूसरे मुहल्लों के एक-एक व्यक्ति का पूरा हुलिया तैयार कर उन्हें परिचय-पत्र बाँटे जा रहे हैं। रामकोट, ठेड़ी बाजार, राम जन्मभूमि संपर्क मार्ग, काजियाना सड़कों के बीच पड़ने वाले घर-घर की सघन तलाशी ले उनमें रहने वालों का पूरा ब्योरा तैयार कराया जा रहा है। इन्हें परिचय-पत्र बाँटे जाएँगे। बगैर परिचय-पत्र के इस पूरे इलाके में किसी का भी प्रवेश प्रतिबंधित होगा, पर सवाल यह है कि दर्शनार्थियों का क्या होगा! अयोध्या में हर साल कोई 30 लाख दर्शनार्थी आते हैं। जिन दर्शनार्थियों को जन्मभूमि मंदिर तक जाने भी दिया जाएगा, वे बाकी रामकोट क्षेत्र में नहीं जा पाएँगे। राज्य के पुलिस महानिदेशक और प्रमुख सचिव (गृह) के साथ आला अफसरों की बैठक में इन्हीं योजनाओं को अंतिम रूप दिया गया।

अयोध्या के इस क्षेत्र को जिन तीन जोन में बाँटा गया है, उसमें पहला रेड जोन है, जिसमें गर्भगृह आता है। इसे कँटीले तारों की बाड़ से बनाया गया है। इसमें केवल सी.आर.पी.एफ. के संगीनधारी जवान तैनात होंगे। दूसरे जोन की सुरक्षा व्यवस्था पूरे अधिग्रहीत इलाके को ध्यान में रखकर की गई है। यहाँ की सुरक्षा व्यवस्था में केंद्रीय बल और उ.प्र. पुलिस तथा पी.ए.सी. तीनों हैं। दोनों जोन किसी भी आवागमन के लिए पूर्णतया प्रतिबंधित हैं। तीसरे-जोन के दायरे में समूचा फैजाबाद और अयोध्या शहर आता है। इसकी व्यवस्था जिले की पुलिस और राज्य सशस्त्र पुलिस देखेगी। ये तीनों जोन लखनऊ के पुलिस मुख्यालय से पूर्णतया नियंत्रित होंगे।

इन इंतजामों को अंतिम रूप देने के लिए पायलट की अयोध्या यात्रा के फौरन बाद उत्तर प्रदेश का राजभवन एकाएक सक्रिय हो गया। अयोध्या से लौटकर राज्यपाल वोरा सीधे वरिष्ठ कांग्रेस नेताओं से मिले। उसके बाद वरिष्ठ अफसरों की बैठक बुलाई। पूर्व कांग्रेसी विधायकों से मिलने के बाद राज्यपाल ने देर रात अपनी सलाहकार परिषद की भी

बैठक की। इतनी सरगर्मी और अफरातफरी, बैठकों का सिलसिला यह संकेत देता है कि अयोध्या में कुछ होने वाला है।

सुप्रीम कोर्ट की अनदेखी कर रही है केंद्र सरकार

लखनऊ, 13 सितंबर, 1993 : सुप्रीम कोर्ट के 'यथास्थिति' के आदेश को ठेंगा दिखा केंद्र सरकार अयोध्या में विवादित स्थल के चारों तरफ दीवार बनवा रही है। केंद्र सरकार ने एक अधिसूचना के तहत इसी साल 7 जनवरी को विवादित स्थल समेत 67.7 एकड़ जमीन अधिग्रहीत कर ली थी। इसी अधिसूचना में यह कहा गया था, वहाँ जो कुछ जैसा है, वैसे ही बना रहने दिया जाएगा। बाद में सुप्रीम कोर्ट ने भी इस मामले में दखल देते हुए जनवरी में और दूसरी बार 25 अगस्त को अधिग्रहीत इलाके में यथास्थिति के आदेश दिए थे। आदेशों की अनदेखी करते हुए केंद्र सरकार राम जन्मभूमि के दक्षिणी कोने पर पिछले 6 रोज से रहस्यमय निर्माण करा रही है। यह निर्माण उसी हिस्से में हो रहा है, जहाँ कुछ रोज पहले अवैध तरीके से रातोरात दो मजारें बना दी गई थीं। कुबेर टीले के ठीक नीचे इस जमीन पर बाबरी मस्जिद एक्शन कमेटी अपना दावा करती है। राम जन्मभूमि न्यास सरकार द्वारा बनवाई जा रही इस कथित दीवार के खिलाफ अदालत में जाने की सोच रही है।

जिलानी कहते हैं, "यह हिंदू और मुसलमान दोनों को बेवकूफ बनाने के लिए किया जा रहा है, ताकि मुसलमान इस झाँसे में आ जाएँ कि सरकार वहाँ कुछ मस्जिद के लिए कर रही है। लोगों में थोड़ी उम्मीद बने, यही सरकार संकेत देना चाहती है, सिर्फ दीवार बनवाकर। पर अब लोग धोखे में नहीं आएँगे।"

बाबरी मस्जिद एक्शन कमेटी भी इस निर्माण के खिलाफ है। उसका कहना है कि केंद्र सरकार वही गैर-कानूनी काम कर रही है, जो कल्याण सिंह की सरकार एक साल पहले कर रही थी। कमेटी के संयोजक जफरयाब जिलानी का कहना है, अदालती आदेशों से नजरें चुराते जो रहस्यमय काम कल्याण सिंह सरकार उस परिसर में बीते साल करा रही थी, वैसी ही छेड़छाड़ अब नरसिंह राव सरकार कर रही है। जिलानी कहते हैं, "यह हिंदू और मुसलमान दोनों को बेवकूफ बनाने के लिए किया जा रहा है, ताकि मुसलमान इस झाँसे में आ जाएँ कि सरकार वहाँ कुछ मस्जिद के लिए कर रही है। लोगों में थोड़ी उम्मीद बने, यही सरकार संकेत देना चाहती है, सिर्फ दीवार बनवाकर। पर अब लोग धोखे में नहीं आएँगे।"

फैजाबाद के कमिश्नर आर.एस. कौशिक, जो अधिग्रहीत स्थल के प्रभारी भी हैं, उनका कहना है, "दीवार का निर्माण यथास्थिति में छेड़छाड़ नहीं है। हम यथास्थिति बनाए रखने के लिए सुरक्षा दीवार बनवा रहे हैं।" पर अधिग्रहीत स्थल के भीतर कोई भी निर्माण अधिग्रहीत स्थल की यथास्थिति बिगाड़ता है। तथ्य यही है। अगर दीवार अधिग्रहीत स्थल के बाहर बन

रही है तो किसी और की जमीन में कैसे बन सकती है। स्थानीय वकीलों का तर्क है। अध्यादेश के बाद यह जमीन केंद्र सरकार के कब्जे में है और कमिश्नर फैजाबाद उसके प्रभारी। इसलिए राज्य सरकार इस मामले में चुप्पी साधे है। सिर्फ सुप्रीम कोर्ट के आदेशों को ही नहीं, दीवार बना केंद्र सरकार अपने ही अध्यादेश के प्रावधानों को भी तोड़ रही है। सात 7 जनवरी को जिस अध्यादेश के तहत इस जमीन का अधिग्रहण किया गया था, उसमें अधिग्रहीत भूखंड बाद में राम जन्मभूमि मंदिर और ध्वस्त बाबरी मस्जिद की जगह नई मस्जिद के निर्माण के लिए अलग-अलग न्यासों को जमीन देने का प्रावधान है। अध्यादेश के अनुसार तब तक 7 जनवरी को जो कुछ जैसा है, वैसे ही बना रहने दिया जाएगा। जफरयाब जिलानी कहते हैं, "सरकार को कुछ बनाना थोड़े ही है। थोड़ी सी सक्रियता से वह मुसलमानों में संदेश भेजना चाहती है कि चुनाव से पहले सरकार सक्रिय है मस्जिद बनाने में। सिर्फ इस बहकावे के लिए यह सब हो रहा है।"

फिलहाल अयोध्या को लेकर सरकार की सोच यह है कि प्रस्तावित सुरक्षा दीवार दक्षिण कोने पर जिस कुबेर टीले के पास बनवाई जा रही है, उसी में वे दो मजारें भी हैं और उसी से सटी मुस्लिम आबादी भी। इस हिस्से को दीवार खड़ी कर प्रस्तावित मस्जिद के लिए सुरक्षित रखा जाए। मुख्य विवादित स्थल 2.77 एकड़ और जहाँ रामलला विराजमान हैं, उसे छोड़ शिलान्यास वाली जगह के पास से मंदिर का निर्माण शुरू हो। बाद में सुप्रीम कोर्ट की राय आने के बाद सरकार मुख्य विवादित स्थल पर भी निर्माण करा सकती है। यह विकल्प विधानसभा के आने वाले चुनावों को ध्यान में रखकर सोचा गया है, यानी मुख्य विवादित स्थल (जहाँ अभी रामलला विराजमान हैं, उसे) छोड़कर उसी परिसर में एक और मंदिर तथा मस्जिद का निर्माण, क्योंकि सुप्रीम कोर्ट की राय चुनाव तक आने की सरकार को उम्मीद नहीं है।

विश्व हिंदू परिषद और राम जन्मभूमि न्यास ने ताजा स्थिति पर विचार के लिए 14 सितंबर को अयोध्या में संत सम्मेलन बुलाया है। संत सम्मेलन का यह फैसला दीवार निर्माण की शुरुआत से निकला है। न्यास का तर्क है कि अधिग्रहीत स्थल को अपने में समेटने वाली साढ़े तीन हजार मीटर लंबी यह दीवार सर्वोच्च न्यायालय के उस फैसले का सरासर उल्लंघन है, जिसमें यहाँ यथास्थिति बनाए रखने को कहा गया है। फिर परिसर के भीतर बनने वाले तीन हेलीपैड से भी यथास्थिति बिगड़ेगी। हेलीपैड पक्के बनाए जा रहे हैं। न्यास का तर्क है, "अधिग्रहण के लिए जो अध्यादेश जारी किया गया था, उसमें स्पष्ट था कि परिसर में 7 जनवरी की स्थिति बहाल रखी जाएगी।"

अयोध्या में मंदिर और मस्जिद एक साथ बनाए जाने की केंद्र सरकार की सोच अब आकार लेने लगी है। इसी के कानूनी पहलुओं की मौके पर जानकारी लेने दो केंद्रीय राज्य मंत्री राजेश पायलट और सलमान खुर्शीद सात सितंबर को गुपचुप ढंग से अयोध्या आए। उसी के बाद यह निर्माण शुरू हुआ। विधानसभा चुनाव से पहले सरकार की इस मंशा को भाँप जवाबी रणनीति के लिए ही अयोध्या के संतों ने 14 को संत सम्मेलन बुलाया। कल मौका मुआयने के बाद बीजेपी के तीन सांसदों के दल का भी यही निष्कर्ष था। दल के नेता बीजेपी महामंत्री प्रमोद

महाजन ने कहा, "दाल में कुछ काला है। सुरक्षा दीवार के नाम पर हो रहा निर्माण रहस्यमय है। सरकार गलतबयानी कर रही है। हम लोगों ने अधिग्रहीत स्थल के भीतर बनी मजारें देखीं। उनकी फोटो खींची, जबकि गृहमंत्री ने संसद से यह झूठ कहा था कि वहाँ ऐसी कोई मजार नहीं बनी है।" दूसरी तरफ न्यास इस निर्माण के खिलाफ अदालत में जाने पर गंभीरता से सोच रहा है। ■

सरकार अब मंदिर-मस्जिद ट्रस्ट बनाने की हालत में

नई दिल्ली, 9 सितंबर, 1993 : केंद्र सरकार चाहे तो अब मंदिर-मस्जिद ट्रस्ट बना सकती है। अयोध्या मोर्चे पर सरकार को यह पहली कामयाबी हासिल हुई है। प्रधानमंत्री पी.वी. नरसिंह राव की चीन यात्रा से पहले अयोध्या प्रकोष्ठ ने उन्हें इसकी रिपोर्ट दे दी थी। गृहराज्य मंत्री राजेश पायलट की अयोध्या यात्रा प्रधानमंत्री के निर्देश पर थी, लेकिन ट्रस्ट बना लेने से पहले सरकार दिखावे के लिए ही सही, मंदिर-मस्जिद पर काम शुरू कराना चाहती है। उत्तर प्रदेश विधानसभा चुनावों में तभी कांग्रेस भरोसे से मैदान में उतरेगी।

महीने भर पहले केंद्र सरकार संतों-महात्माओं की तलाश कर रही थी। मंदिर ट्रस्ट में शामिल करने के लिए सरकार हर गैर-विश्व हिंदू परिषद संत के दरवाजे गई। यही कसरत मुस्लिम पक्ष में सरकार चला रही थी। खुफिया एजेंसी (आईबी) का एक तबका इसी काम में लगाया गया था। संत-महात्माओं और मुल्ला-मौलवियों की एक सूची एजेंसी को अयोध्या प्रकोष्ठ ने सौंपी थी। इस तरह की बैठकों में ब्यूरो निदेशक हमेशा से बुलाए जाते रहे हैं। जानकारी के मुताबिक ब्यूरो को दोनों पक्षों के कुल 145 व्यक्तियों की सूची सौंपी गई थी। पहले दौर में हर व्यक्ति का ब्योरा तैयार किया गया। ब्यूरो ने एक लंबी रिपोर्ट भेजी है। वह अयोध्या प्रकोष्ठ के पास है। दूसरे दौर में ब्यूरो सहित तमाम माध्यमों से उन व्यक्तियों को केंद्र सरकार ने टटोला। इससे यह अनुमान लगाया गया कि कौन-कौन सरकार की योजना में, इस ट्रस्ट में आ सकते हैं।

सरकार के पास अब हिंदू-मुस्लिम पक्ष के 40 धार्मिक नेताओं के नाम हैं। इन सबने ट्रस्ट में शामिल होने की रजामंदी दे दी है। अयोध्या प्रकोष्ठ ने 31 अगस्त से तीन सितंबर के बीच इस सूची को पूरा किया। वह प्रधानमंत्री को सौंप दी गई है। चीन यात्रा से लौटने के बाद, यानी अगले हफ्ते प्रधानमंत्री इस तरफ ध्यान दे सकते हैं। 24 अक्तूबर से विश्व हिंदू परिषद मंदिर के लिए अभियान छेड़ने का ऐलान कर रही है। मंदिर-मस्जिद विवाद संविधान के अनुच्छेद 143 के तहत सुप्रीम कोर्ट के विचाराधीन है।

सुप्रीम कोर्ट की सलाह केंद्र सरकार को माननी है, पर सुप्रीम कोर्ट अपनी राय कब देगा, यह अनुमान का विषय है। सरकार में जानकार लोगों का अनुमान है कि सुप्रीम कोर्ट की राय मिलने में लंबा वक्त लगेगा। सुप्रीम कोर्ट के बगैर भी अयोध्या विवाद में रास्ता ढूँढ़ा जा सकता

है। छह दिसंबर के दिन बाबरी ढाँचे के ढहते वक्त जो शिलालेख मिला है, उसकी जाँच रिपोर्ट से रास्ता निकल सकता है। यह भी माना जा रहा है कि वह शिलालेख निर्णायक प्रमाण बन सकता है। उसकी उपेक्षा की जा रही है। पुरातत्त्व सर्वेक्षण विभाग को अगर केंद्र सरकार उसे सौंप दे तो वह जाँच रिपोर्ट दे सकता है। मानव संसाधन मंत्रालय अर्जुन सिंह के राजनीतिक रुख के कारण गृह मंत्रालय और अयोध्या प्रकोष्ठ के अनुरोध में अड़ंगेबाजी कर रहा है।

अर्जुन सिंह की पहले दिलचस्पी थी कि उनसे जुड़े मौनी बाबा ट्रस्ट में दाखिल हो जाएँ। उन्होंने ही मौनी बाबा का नाम सुझाया था। मौनी बाबा भी हरिद्वार में संतों को तोड़ने के काम में सक्रिय हुए थे। ब्यूरो ने अर्जुन सिंह और मौनी बाबा पर जो रिपोर्ट दी है, उससे यह तय हो गया है कि मौनी बाबा को ट्रस्ट में सरकार शामिल नहीं कर सकेगी। मौनी बाबा पर तमाम आरोप हैं। रुड़की के पं. रामानंद शर्मा के पुत्र रुपचंद शर्मा ही मौनी बाबा है। 1958 में उन्होंने शादी की। उन्हें तीन महीने का तब एक पुत्र था। उसी दौरान अपनी पत्नी भगवती देवी को छोड़ दिया। 1959 में उज्जैन के नरसी घाट पर आ गए, जहाँ 1969 तक रहे। उसी अवधि में ये मौनी बाबा बने। इन पर आरोप है कि सट्टेबाज और जुआरी इनकी शिष्यमंडली में शामिल होते गए। 1980 में सरदार कीबिया ने उन्हें एक धर्मशाला में ठौर दिया। मौनी बाबा ने उस पर कब्जा कर लिया। अर्जुन सिंह से उनका संपर्क भी साठवें दशक में हुआ। उनके संपर्क से मौनी बाबा का रुतबा बढ़ा। ब्यूरो की रिपोर्ट में मौनी बाबा पर अनेक आरोप हैं। हो सकता है कि ब्यूरो ने मानव संसाधन मंत्री अर्जुन सिंह और प्रधानमंत्री पी.वी. नरसिंह राव के राजनीतिक संबंधों के मद्देनजर मौनी बाबा के काले पक्ष को खोज निकाला हो। सरकार ने ज्यादातर धार्मिक नेताओं को उनकी जायदाद का भय दिखाकर तोड़ा है।

मुस्लिम पक्ष में इमामों के अगुआ जमील इलियासी सरकार की सेवा में हाजिर हैं। पंद्रह अगस्त को प्रधानमंत्री के लालकिला भाषण में उनकी शह है। उससे पहले वे इमामों को लेकर प्रधानमंत्री से मिले थे। एक बड़े मौलाना की सलाह पर सरकार ने छह महीने पहले जमील इलियासी के दरवाजे पर दस्तक दी थी।

सरकार ट्रस्ट बना सकती है। असली समस्या अब दूसरी है कि ट्रस्ट को सरकार क्या सौंपेगी? यह समस्या ज्यादा टेढ़ी नहीं है कि ट्रस्ट में कितने लोग रहेंगे। जानकारी के मुताबिक हर ट्रस्ट में सात से ग्यारह या उससे ज्यादा सदस्य हो सकते हैं। इतने लोग मिल गए हैं। छह दिसंबर के बाद सरकार ने एक कानून बनाया। उसमें सात दिसंबर, 1992 की यथास्थिति बनाए रखने का प्रावधान है। सरकार को इस कानून को बदले बगैर अयोध्या में कुछ भी करना संभव नहीं है। उत्तर प्रदेश में चुनाव की संभावना के मद्देनजर दो-तीन महीने से बंद सा अयोध्या प्रकोष्ठ अब सक्रिय है। हालाँकि उसके कर्ता-धर्ता विनोद ढल विदेश में हैं। वे लगातार विदेश में रह रहे हैं। अयोध्या प्रकोष्ठ मंदिर-मस्जिद अगल-बगल बनाने का खाका खींच रहा है। तीस सितंबर को चातुर्मास पूरा हो रहा है। इसके बाद विश्व हिंदू परिषद संतों को फिर मैदान में उतारेगी। उसके नेताओं का तैयारी दौरा इन दिनों चल रहा है।

अक्तूबर 1993

बजरंग दल के उत्पात से विहिप नाराज

अयोध्या, 31 अक्तूबर, 1993 : अयोध्या में आज विश्व हिंदू परिषद के नरमपंथी हार गए। कट्टरपंथी बजरंग दल के कारसेवकों ने विवादित इमारत के गुंबदों पर न केवल भगवा झंडा लगाया, बल्कि विवादित परिसर में तोड़-फोड़ कर राज्य की बीजेपी सरकार और मंदिर आंदोलन से जुड़े सभी नरमपंथी नेताओं को अपने इरादे जता दिए। बजरंग दल ने ऐसा कर निश्चय ही राज्य की अपनी सरकार को मुश्किल में डाला है। बजरंग दल ने जो कुछ किया, उस पर विश्व हिंदू परिषद में पिछले एक हफ्ते से विवाद चल रहा था। परिषद के बड़े नेताओं की मौजूदगी में वे 'शौर्य दिवस' के रूप में कारसेवा करके इसकी पहली वर्षगाँठ मनाना चाहते थे।

हाल यह है कि अब मंदिर निर्माण में केंद्र या राज्य सरकार से उतनी अड़चन नहीं है, जितनी बजरंग दल से खुद विश्व हिंदू परिषद को हो रही है। आए दिन बजरंगी मंदिर तोड़ने से लेकर गुंबद पर झंडा फहराने तक कोई न कोई ऐसा गुल खिला देते हैं, जिससे पूरा आंदोलन न सिर्फ कठघरे में खड़ा होता है, बल्कि राज्य सरकार की किरकिरी होती है, सो अलग।

लेकिन विश्व हिंदू परिषद के बड़े नेता इस कार्यक्रम को विवादित स्थल पर नहीं होने देना चाहते थे। उनका कहना था कि प्रतीकस्वरूप कुछ बड़े नेता जन्मभूमि पर जाएँ और शिलान्यास स्थल पर झंडा फहराकर लौट आएँ। कारसेवकों को वहाँ जाने की कोई जरूरत नहीं है, पर बजरंग दल के प्रमुख विनय कटियार ने इसे नामंजूर कर दिया। विहिप नेताओं और संतों को आशंका थी कि इतने कारसेवक विवादित स्थल पर जुटे तो उन्हें काबू में कैसे किया जाएगा? ऐसा मानने वाले विहिप के ओंकार भावे, आचार्य गिरिराज किशोर और पुरुषोत्तम नारायण सिंह सरीखे नरमपंथी हैं।

विश्व हिंदू परिषद के नरमपंथी नेता बजरंग दल की आज की कार्रवाई से मंदिर निर्माण आंदोलन को धक्का मानते हैं। इनका कहना है कि बजरंग दल ने आतुरता दिखा विश्व हिंदू परिषद की सोची-समझी राजनीति को तहस-नहस कर दिया है। फिलहाल विहिप के महामंत्री अशोक सिंघल अयोध्या में नहीं हैं, इस कारण विहिप अपनी रणनीति बदली स्थिति में तय नहीं कर पा रही है। नरमपंथियों की यह भी दलील है कि बजरंग दल की जल्दबाजी ने मंदिर निर्माण का विरोध कर रही पार्टियों को जबर्दस्ती का मुद्दा थमा दिया है।

हाल यह है कि अब मंदिर निर्माण में केंद्र या राज्य सरकार से उतनी अड़चन नहीं है, जितनी बजरंग दल से खुद विश्व हिंदू परिषद को हो रही है। आए दिन बजरंगी मंदिर

तोड़ने से लेकर गुंबद पर झंडा फहराने तक कोई-न-कोई ऐसा गुल खिला देते हैं, जिससे पूरा आंदोलन न सिर्फ कठघरे में खड़ा होता है, बल्कि राज्य सरकार की किरकिरी होती है सो अलग।

30 अक्तूबर को 'शौर्य दिवस' की जगह को लेकर भी विश्व हिंदू परिषद में दो गुट हो गए थे। नरमपंथियों का कहना था कि शौर्य दिवस विवादित स्थल पर न मनाया जाए। एक तो वहाँ जगह नहीं है; दूसरे जब हजारों कारसेवक इकट्ठे हो जाएँगे, तो उन्हें विवादित ढाँचे में घुसने से कौन रोक पाएगा। फिर अगर कोई गड़बड़ हुई तो बदनामी परिषद की होगी। इसलिए समारोह विवादित स्थल पर न हो, पर विनय कटियार मानने वाले नहीं थे। इनका कहना था कि अगर हम विवादित स्थल से हटे तो शौर्य कहाँ रहा? इससे हमारी साख घटेगी। बहरहाल, जगह के चुनाव में कट्टरपंथियों की ही जीत हुई।

आचार्य गिरिराज किशोर ने व्यवस्था दी कि शिलान्यास स्थल पर प्रतीक रूप में तीन भगवा ध्वज फहराए जाएँगे। विवादित इमारत के पास कोई नहीं जाएगा। ऐसा ही कल सबकी मौजूदगी में हुआ भी, पर आज विनय कटियार ने अपनी वाली कराकर विहिप और सरकार दोनों को मुश्किल में डाल दिया।

दरअसल अयोध्या में इस वक्त बजरंग दल की समानांतर सरकार है। वहाँ बजरंगियों और विनय कटियार की मर्जी के बिना कुछ भी नहीं हो सकता। विश्व हिंदू परिषद भले ही कोई कार्यक्रम आयोजित करे, सब पर कब्जा बजरंग दल का ही रहता है। बजरंग दल के लोग चाकू, तलवार और त्रिशूल लिये पूरी अयोध्या में घूम रहे हैं। किसी पर कोई रोक नहीं है। कल तो बाकायदा जुलूस की शक्ल में ये लोग हथियारों से लैस हो 'शौर्य दिवस' समारोह में आए, पर पुलिस-प्रशासन की हिम्मत नहीं कि किसी को रोके।

दरअसल अयोध्या में इस वक्त बजरंग दल की समानांतर सरकार है। वहाँ बजरंगियों और विनय कटियार की मर्जी के बिना कुछ भी नहीं हो सकता। विश्व हिंदू परिषद भले ही कोई कार्यक्रम आयोजित करे। सब पर कब्जा बजरंग दल का ही रहता है। बजरंग दल के लोग चाकू, तलवार और त्रिशूल लिये पूरी अयोध्या में घूम रहे हैं। किसी पर कोई रोक नहीं है। कल तो बाकायदा जुलूस की शक्ल में ये लोग हथियारों से लैस हो 'शौर्य दिवस' समारोह में आए, पर पुलिस-प्रशासन की हिम्मत नहीं कि किसी को रोके।

कल के समारोह में पहले बजरंगी आए, फिर साधु-संत और जनता। विहिप के पदाधिकारी, राम जन्मभूमि आंदोलन से जुड़े नेताओं, साधु-संतों को केवल भाषण तक के लिए ही रखा गया। पुलिस चौकी जन्मभूमि के पास एक दारोगा ने जैसे ही एक बजरंगी को आगे जाने से रोका, कई बजरंगी उस पर टूट पड़े। बीच में आ पहुँचे आई.जी. जोन एस.एन.पी. सिन्हा, जिन्होंने दारोगा को हटाने का आश्वासन दिया, तब जाकर बजरंगी शांत हुए।

■

सी.बी.आई. की चार्जशीट में कई विरोधाभास और कई भूलें

नई दिल्ली, 10 अक्तूबर, 1993 : केंद्रीय जाँच ब्यूरो की चार्जशीट में एक बड़ी तथ्यात्मक भूल है कि केंद्रीय मार्गदर्शक मंडल की मई 1992 उज्जैन बैठक में बाबरी मस्जिद को गिराने का फैसला किया गया था। असलियत इसके उलट है। विश्व हिंदू परिषद के दस्तावेज ब्यूरो की इस भूल को उजागर करते हैं। यह अकेली भूल नहीं है। ब्यूरो की चार्जशीट में विरोधाभासों और भूलों के कई उदाहरण हैं। ब्यूरो की चार्जशीट के मुताबिक बाबरी मस्जिद को गिराने की एक साजिश की गई थी। चार्जशीट का सारांश उसे साबित नहीं करता। उसे पढ़कर यह नतीजा निकाला जा सकता है कि उसे ब्यूरो की जाँच के आधार पर तैयार नहीं किया गया है, बल्कि कांग्रेस को राजनीतिक मजबूरियों से उबारने का यह दस्तावेज है।

ब्यूरो की चार्जशीट में विरोधाभासों और भूलों के कई उदाहरण हैं। ब्यूरो की चार्जशीट के मुताबिक बाबरी मस्जिद को गिराने की एक साजिश की गई थी। चार्जशीट का सारांश उसे साबित नहीं करता। उसे पढ़कर यह नतीजा निकाला जा सकता है कि उसे ब्यूरो की जाँच के आधार पर तैयार नहीं किया गया है, बल्कि कांग्रेस को राजनीतिक मजबूरियों से उबारने का यह दस्तावेज है।

चार्जशीट के सारांश के पेज चार का तीसरा पैरा कहता है कि 'उज्जैन में मई 1992 में केंद्रीय मार्गदर्शक मंडल ने बाबरी मस्जिद को गिराने का फैसला किया'—यह पैरा आपराधिक साजिश की कथा को गूँथने के क्रम में दर्ज है। उससे पहले और बाद के पैरे में जो तथ्य दिए गए हैं, वे जगजाहिर हैं। उदाहरण के लिए, उत्तर प्रदेश सरकार ने 2.77 एकड़ जमीन अधिग्रहीत की, उसे भी साजिश का हिस्सा बताया गया है। उज्जैन की बैठक में साजिश को फैसले का रूप दिया गया। ब्यूरो की चार्जशीट का सारांश बताता है।

यह सही है कि उज्जैन में विश्व हिंदू परिषद का केंद्रीय मार्गदर्शक मंडल मिला था। विश्व हिंदू परिषद के महामंत्री अशोक सिंघल ने एक पत्र संतों को भेजा। उसमें जानकारी दी गई है कि 13 मई, 1992 को संत सम्मेलन होगा। श्री सिंघल ने उसके लिए संतों से अनुरोध किया है। वह सम्मेलन हुआ। उन दिनों उज्जैन में सिंहस्थ महापर्व चल रहा था। विश्व हिंदू परिषद की ओर से 23 मई को एक पत्रक भेजा गया। उसका शीर्षक है—'केंद्रीय मार्गदर्शक मंडल के सभी पूज्य संतों की सेवा में'। परिषद के संयुक्त मंत्री (धर्माचार्य विभाग) तुलसी राम शर्मा की ओर से यह पत्र भेजा गया है। इसमें उज्जैन के दो प्रस्तावों को भी शामिल किया गया है। पहले प्रस्ताव में संतों से अपील है कि वे इस बार 'चातुर्मास' अयोध्या में करें। दूसरे प्रस्ताव में केंद्र सरकार को चेतावनी है।

इन प्रस्तावों के किसी अंश से यह अर्थ कोई भी नहीं निकाल सकेगा कि वहाँ बाबरी

मस्जिद को गिराने का फैसला हुआ। विश्व हिंदू परिषद ने कभी भी बाबरी मस्जिद को गिराने का ऐलान नहीं किया। केंद्र सरकार का श्वेतपत्र भी यही बताता है कि परिषद ने बाबरी मस्जिद को गिराने की बात नहीं की। उसने केंद्र सरकार, सुप्रीम कोर्ट और संसद के निर्देशों के प्रति वचनबद्धता प्रकट की। फिर भी बाबरी मस्जिद ढहा दी गई, तो क्या कोई साजिश थी? सरकार के श्वेतपत्र के पेज 35 पर इस बारे में आशंका प्रकट की गई है। वहीं यह वायदा भी किया गया है कि ब्यूरो जाँच कर इसका पता लगाएगा। सरकार के श्वेतपत्र में पेज 32 पर जिक्र है कि अशोक सिंघल और विनय कटियार ने साफ ऐलान किया था कि जब तक विवादित ढाँचे में रामलला की मूर्ति है, तब तक बाबरी ढाँचे को कोई नुकसान नहीं पहुँचेगा।

हो सकता है, ब्यूरो ने उज्जैन के प्रस्तावों के आधार पर यह निष्कर्ष निकाला हो। अदालत में जब वह पूरी चार्जशीट पेश करेगा, तो खुलासा भी करेगा कि उसे यह जानकारी कहाँ से मिली। अगर उसकी जानकारी का स्रोत गोपनीय है, तो चार्जशीट के सारांश में उसका संकेत भी नहीं है। सबसे खास बात इसी सिलसिले में यह है कि ब्यूरो ने साजिश के आरोप में जिन 40 महानुभावों का जिक्र किया है, उसमें केंद्रीय मार्गदर्शक मंडल में बाबरी ढाँचे को ढहाने का फैसला हुआ तो उसके हर सदस्य का नाम चार्जशीट में होना चाहिए था। जानकारी के मुताबिक केंद्रीय मार्गदर्शक मंडल में करीब 150 संत हैं। उनमें से महंत रामचंद्रदास, परमहंस नृत्यगोपाल दास, स्वामी वामदेव, महंत अवेद्यनाथ वगैरह मशहूर हैं। आचार्य रामनाथ सुमन संयोजक हैं। इनके नाम नहीं हैं। क्या इनके नाम किसी दूसरी 'साजिश' के तहत ऐन वक्त पर काटे गए? क्या नरेश चंद्रा (प्रधानमंत्री के वरिष्ठ सलाहकार और अयोध्या प्रकोष्ठ के प्रधान) इसी मकसद से चार्जशीट पेश किए जाने से पहले लखनऊ में डेरा जमाए हुए थे?

■

द्वारकापीठ के शंकराचार्य ट्रस्ट बनाने के लिए तैयार

नई दिल्ली, 3 नवंबर, 1993 : द्वारकापीठ के शंकराचार्य स्वामी स्वरूपानंद सरस्वती ट्रस्ट बनाने के लिए तैयार हैं। उन्हें सरकार की ओर से हरी झंडी का इंतजार है। अयोध्या में राम जन्मभूमि पर मंदिर बनाने के लिए सरकार अगर वह जमीन देने का आश्वासन देती है तो स्वामी स्वरूपानंद फौरन एक ट्रस्ट का रजिस्ट्रेशन कराएँगे। इस बारे में उनकी ओर से एक प्रतिनिधिमंडल जल्दी ही प्रधानमंत्री पी.वी. नरसिंह राव से मिलने वाला है।

स्वामी स्वरूपानंद दिल्ली में हैं। फतेहपुर-शेखावटी सम्मेलन से यहाँ आए हैं। उन्होंने बातचीत में अयोध्या मसले पर अपना दृष्टिकोण बताने के अलावा ये जानकारियाँ दीं। वे विश्व हिंदू परिषद के ट्रस्ट से अपना संबंध नहीं रखेंगे। उन्होंने कहा कि यह तो उनकी

अधीनता मानने जैसा है। 6 शंकराचार्य मार्ग की कोठी में वे ठहरे हैं। अकसर वहीं रुकते हैं। उस कोठी के जिस बड़े कमरे में स्वरूपानंद लोगों को दर्शन देते हैं, वहाँ एक कोने में एक मंदिर का मॉडल रखा गया है। अगर उनकी योजना में मंदिर बनता है तो यह साँचा अयोध्या के प्रस्तावित मंदिर का है। उन्होंने बताया कि यह मॉडल कंबोडिया के अंकोरबाट मंदिर की शिल्पकला पर है। वे मानते हैं कि इस वास्तुकला से आर्य संस्कृति का उद्धार होगा। उनके प्रस्तावित मंदिर में दस हजार व्यक्ति खड़े होकर दर्शन कर सकेंगे। मंदिर में कौशल्या की गोद में रामलला विराजमान रहेंगे।

'प्रधानमंत्री पी.वी. नरसिंह राव देर कर रहे हैं'—एक सवाल पर स्वामी स्वरूपानंद की यह टिप्पणी है। उन्होंने कहा कि प्रधानमंत्री ने वादा किया था कि सरकार शंकराचार्य की पहल का आदर करेगी। शंकराचार्यों की पहल पर अनेक मत हैं। इसे स्वागतयोग्य माना गया है कि शंकराचार्यों ने पहल की। उनकी पहल से अयोध्या मसला राजनीति से परे हो सकता है, लेकिन शंकराचार्यों के बयान की व्याख्या अपने-अपने तरीके से की जा रही है। सरकार को इससे मौका मिल जाता है।

यह धारणा बन रही है कि सरकार अयोध्या आंदोलन को कमजोर करने के लिए आप का इस्तेमाल करती है। स्वामी स्वरूपानंद इससे इनकार करते हैं। उनका कहना है कि इस धारणा का आधार तो तब हो सकता था, जब हमारे कहने से जन्मस्थान सरकार सौंप देती। सरकार अयोध्या आंदोलन के ट्रस्ट को क्यों मंदिर निर्माण से दूर रखना चाहती है? इस सवाल का भी वे जवाब देते हैं, लेकिन यह जोड़ते हैं कि उनका यह अनुमान है। उनका मानना है कि कोई भी सरकार ऐसे ट्रस्ट को जमीन नहीं सौंपेगी, जिस पर ध्वंस का आरोप है। उन्होंने कहा कि सरकार जनता के सामने ही झुकेगी। वे कहना चाहते हैं कि सरकार ध्वंस करने वालों के सामने क्यों झुकेगी?

शुरू से ही स्वामी स्वरूपानंद अयोध्या मसले में एक पक्ष रहे हैं। उन्हें सरकार समर्थक माना जाता है। एक अर्थ में वे हैं, लेकिन मंदिर मसले पर उन्होंने कभी समझौते का रुख नहीं अपनाया। वे विश्व हिंदू परिषद पर आरोप लगाते हैं कि उसने राम जन्मभूमि विवाद को राजनैतिक रूप दिया। यहाँ वे सरकार के समर्थक दिखते हैं, लेकिन वे मंदिर मसले पर हमेशा से कहते रहे हैं कि रामजन्मस्थान पर ही मंदिर बनना चाहिए। सरकार ने जब भी उन्हें मोड़ना चाहा तो वह निराश हुई। प्रधानमंत्री के मस्जिद के वादे पर उनका कहना है कि मंदिर और मस्जिद दूर-दूर हों। अयोध्या की शास्त्रीय सीमा से मस्जिद परे हो। वह इतनी दूर बने कि अजान की आवाज मंदिर तक नहीं आए। इसके विपरीत घंटे की आवाज मस्जिद तक नहीं पहुँचे। उन्होंने अपने कथन को अंग्रेजों के हवाले से पुख्ता किया कि अयोध्या हिंदुओं का पवित्र तीर्थस्थान है। यहाँ मस्जिद की क्या जरूरत है?

स्वामी स्वरूपानंद को संघ से शिकायत है। अपनी शिकायत से पहले वे संघ के पूर्व सरसंघचालक माधव सदाशिव गोलवलकर (गुरुजी) के एक कथन को याद करते हैं।

अयोध्या में मंदिर निर्माण की कार्यशाला। जहाँ तीन पाली में काम चल रहा है। फोटो : *पवन कुमार*

मंदिर निर्माण के लिए कार्यशाला में काम करते कारीगर। फोटो : पवन कुमार

कार्यशाला में मंदिर निर्माण के लिए बड़े पैमाने पर गढ़े गए पत्थर। *फोटो : पवन कुमार*

गुरुजी ने कभी स्वामी करपात्री से कहा था कि हिंदू धर्म की तिजोरी आप जैसे संतों के पास है। संघ सिर्फ उसका पहरेदार है। स्वामी स्वरूपानंद को संघ के रुख पर एतराज है कि उनकी सलाह नहीं मानता। अयोध्या आंदोलन के इतिहास का विस्तार से जिक्र कर उन्होंने कहा कि अगर उनकी सलाह मानी जाती तो मंदिर बनाने के लिए उस स्थान को हासिल करने की पहले कोशिश होनी चाहिए थी। उनके ब्योरे में अनेक विरोधाभास हैं। उनका आरोप है कि विश्व हिंदू परिषद ने अयोध्या आंदोलन में राजनीतिक पहलू पर विशेष ध्यान दिया।

■

सरकारी न्यास और विहिप में बढ़ रही है नजदीकी

अयोध्या, 25 नवंबर, 1993 : अयोध्या में राममंदिर के निर्माण को लेकर सरकार प्रेरित न्यास और विश्व हिंदू परिषद के समर्थक न्यास में नजदीकी बढ़ रही है। आज यहाँ राम जन्मभूमि ट्रस्ट के अध्यक्ष परमहंस रामचंद्रदास ने राम जन्मभूमि रामालय ट्रस्ट के मुख्य न्यासी श्रृंगेरी के शंकराचार्य स्वामी भारती तीर्थ को भरोसा दिया कि अगर नया न्यास गर्भगृह से मंदिर बनाता है तो राम जन्मभूमि न्यास बिना शर्त उसका समर्थन करेगा, साथ ही मंदिर के लिए जमा पैसा, गढ़ी गई शिलाएँ और कारसेवकों को भी रामालय ट्रस्ट को सौंप देगा। शंकराचार्य स्वामी भारती तीर्थ ने जवाब में कहा, "न तो हमें विश्व हिंदू परिषद का समर्थन लेने में एतराज है, न गढ़ी गई शिलाएँ। दोनों का मकसद सिर्फ मंदिर बनाना है, इसलिए हम एक-दूसरे का समर्थन करेंगे। मंदिर के सवाल पर हिंदू समाज एक है।" दिगंबर अखाड़े में आयोजित संत सम्मेलन में श्रृंगेरी के शंकराचार्य ने यह भी वायदा किया कि अयोध्या में प्रस्तावित मस्जिद पंचकोसी परिक्रमा के बाहर बनेगी।

सरकार-प्रेरित न्यास के प्रमुख न्यासी स्वामी भारती तीर्थ पहली दफा विश्व हिंदू परिषद के ट्रस्ट राम जन्मभूमि न्यास के मंच पर आए। उन्होंने कहा, "अगर गर्भगृह से राम जन्मभूमि न्यास भी मंदिर बनाता है तो हम समर्थन करेंगे। हम संत समाज की एकता के लिए प्रयास कर रहे हैं। हमारे लिए कोई अछूत नहीं है।" एक सवाल के जवाब में शंकराचार्य स्वामी भारती तीर्थ ने कहा कि रामालय ट्रस्ट में अभी और लोग शामिल होंगे। हमें किसी नाम पर एतराज नहीं है। हम चाहते हैं कि दोनों एक हों। क्योंकि हमारा लक्ष्य मंदिर बनाना है। उन्होंने कहा कि न राम जन्मभूमि न्यास अछूत है, न उसकी कार्यशाला में गढ़े जा रहे पत्थर निषिद्ध हैं। मंदिर निर्माण में उनका इस्तेमाल होगा। इससे पहले शंकराचार्य भारती तीर्थ राम जन्मभूमि का दर्शन करने गए। वे राम जन्मभूमि न्यास की कार्यशाला में भी गए, जहाँ मंदिर के लिए पत्थर गढ़े जा रहे हैं। शंकराचार्य ने विश्व हिंदू परिषद के कारसेवकपुरम् को भी देखा।

अयोध्या में आज का संत सम्मेलन मंदिर राजनीति में महत्त्वपूर्ण घटना है। इससे दोनों न्यासों के बीच की दूरी खत्म हुई है। शंकराचार्य भारती तीर्थ ने मंदिर निर्माण में विहिप समर्थक दो प्रमुख संत परमहंस रामचंद्रदास और मणिराम दास छावनी के महंत नृत्यगोपाल दास से दो दौर की बात की। वे हनुमानगढ़ी भी गए। आज का संत सम्मेलन तो परमहंस रामचंद्रदास के दिगंबर अखाड़े में ही था। परमहंस विहिप समर्थक न्यास के अध्यक्ष हैं। शंकराचार्य स्वामी भारती तीर्थ के इस प्रयास से द्वारका के शंकराचार्य स्वामी स्वरूपानंद की जिद्‌दी कोशिशों को धक्का लगा है। स्वरूपानंदजी लगातार इस बात की कोशिश में थे कि नए न्यास में पुराने न्यास का और विहिप समर्थक कोई संत न शामिल किया जाए। स्वामी भारती तीर्थ के ट्रस्ट प्रमुख होने पर भी स्वरूपानंदजी को एतराज था, पर स्वामी भारती तीर्थ की ताजा कोशिशों से उनके पक्ष में संतों का ज्यादा समर्थन जुटा दिया है।

शंकराचार्य की इन बातों से गद्‌गद परमहंस रामचंद्रदास ने कहा, "अगर आप कल से ही गर्भगृह से मंदिर निर्माण शुरू करें, तो मैं न्यास की तरफ से करोड़ों रुपए, गढ़े पत्थर, आदमी और जरूरत पड़ी तो अपना रक्त देने के लिए भी तैयार हूँ।"

अपने इसी प्रयास के समर्थन में शृंगेरी के शंकराचार्य ने संत सम्मेलन में जुटे संतों से कहा, "सारी हिंदू जनता चाहती है; जहाँ राम का अवतार हुआ है, वहाँ भव्य मंदिर बने, मैं उसी के लिए प्रयास कर रहा हूँ। आज सुबह भी मैंने राम जन्मभूमि का दर्शन कर यही प्रार्थना की कि हमारा संकल्प जल्दी पूरा हो। मैं चाहता हूँ कि मंदिर का निर्माण एकता और शांति से हो, इसीलिए आपके बीच आया हूँ। मैं यह नहीं चाहता कि फलाँ मेरे खिलाफ है, दूसरे मत या संप्रदाय का है, इसलिए वह मेरे साथ नहीं चल सकता है।" शंकराचार्य की इन बातों से गद्‌गद परमहंस रामचंद्रदास ने कहा, "अगर आप कल से ही गर्भगृह से मंदिर निर्माण शुरू करें, तो मैं न्यास की तरफ से करोड़ों रुपए, गढ़े पत्थर, आदमी और जरूरत पड़ी तो अपना रक्त देने के लिए भी तैयार हूँ।" मणिराम दास छावनी के महंत नृत्यगोपाल दास ने कहा, "जब शंकराचार्य, रामानुजाचार्य और रामानंदाचार्य एक ही मंच पर आज बैठ गए हैं, इससे इतना तो साफ है कि निर्माण के सिद्धांतों में कोई मतभेद नहीं है।" सुग्रीव किले के पुरुषोत्तमाचार्य, जो रामालय ट्रस्ट के न्यासी भी हैं, ने उन लोगों को आड़े हाथों लिया, जो ट्रस्ट के सवाल पर हिंदू संत समाज के विघटित होने का सपना देख रहे थे।

संत सम्मेलन के बाद शंकराचार्य स्वामी भारती तीर्थ अखबार वालों से मिले। कहा कि यात्रा सफल रही। मंदिर कैसे बनेगा? इस सवाल पर उनका कहना था, "सरकार से जगह माँग लेंगे, फिर उस पर मंदिर का काम शुरू कराएँगे।" लेकिन मामला न्यायालय में है? इस पर शंकराचार्य ने कहा कि हम न्यायालय के विरोध में नहीं जाएँगे। वह रास्ता निकालेंगे, जिससे न्यायालय का विरोध भी न हो और काम भी बने। सरकार से कानून बनाकर जमीन लेने की कोशिश करेंगे। उन्होंने इस बात से इनकार किया कि उनके ट्रस्ट

के किसी न्यासी ने इस्तीफा दिया है। स्वामी भारती तीर्थ ने कहा कि मस्जिद अयोध्या की पंचकोसी परिक्रमा के बाहर ही बनेगी।

इससे पहले शंकराचार्य भारती तीर्थ का कल अयोध्या पहुँचने पर जोरदार स्वागत हुआ। वे मणिराम दास छावनी के अतिथिगृह वाल्मीकि भवन में ठहरे। कल रात नृत्यगोपाल दास और परमहंस रामचंद्रदास से बात की। आज सुबह इन दोनों संतों ने शंकराचार्य से फिर बात की। रामालय ट्रस्ट के ट्रस्टी ज्ञानदास भी उनसे मिलने वाल्मीकि भवन आए। बाद में नृत्यगोपाल दास, रामविलास वेदांती और पुरुषोत्तमाचार्य, तीनों एक साथ मिले। सुबह शंकराचार्य राम जन्मभूमि गए। लौटते में उन्होंने हनुमानगढ़ी के भी दर्शन किए। हनुमानगढ़ी में विहिप-विरोधी संतों, मसलन हरि आचार्य, कौशल किशोर, फलाहारी बाबा ज्ञानदास और सरयूदास ने उनका स्वागत किया।

बाद में शंकराचार्य राम जन्मभूमि न्यास की उस कार्यशाला में भी गए, जहाँ प्रस्तावित मंदिर के पत्थर गढ़े जा रहे हैं। तराशे गए पत्थरों को बड़े ध्यान से देखते हुए शंकराचार्य ने परमहंस रामचंद्रदास से पूछा, पत्थर कहाँ से आए हैं, कारीगर कहाँ के हैं? अगर समूचा मंदिर संगमरमर का बने तो कैसा रहेगा। परमहंस रामचंद्रदास ने कहा, "यह तो नृत्य मंडप की तैयारी है। मंदिर आप जैसा कहेंगे, वैसा बनेगा।" इसके बाद शंकराचार्य ने अयोध्या की शास्त्रीय सीमा की लंबाई-चौड़ाई पूछी। रामचंद्रदास और डॉ. वेदांती ने वाल्मीकि रामायण और किसी और स्रोत से अयोध्या की शास्त्रीय सीमा की नाप-जोख बताई। शंकराचार्य शाम चार बजे अयोध्या से सुल्तानपुर के लिए चले गए।

बाद में शंकराचार्य राम जन्मभूमि न्यास की उस कार्यशाला में भी गए, जहाँ प्रस्तावित मंदिर के पत्थर गढ़े जा रहे हैं। तराशे गए पत्थरों को बड़े ध्यान से देखते हुए शंकराचार्य ने परमहंस रामचंद्रदास से पूछा, पत्थर कहाँ से आए हैं, कारीगर कहाँ के हैं? अगर समूचा मंदिर संगमरमर का बने तो कैसा रहेगा। परमहंस रामचंद्रदास ने कहा, "यह तो नृत्य मंडप की तैयारी है। मंदिर आप जैसा कहेंगे, वैसा बनेगा।"

■

साल-दर-साल दम तोड़ता उन्माद

6 दिसंबर, 1992 के बाद
साल-दर-साल का हाल

6 दिसंबर, 1992 को जो हुआ, उसकी गरमाहट जल्दी ही ठंडी पड़ गई। जनसभाओं में भी वह उबाल नहीं रहा। नेता-साधु-राजनीतिक दल चाहकर भी लोगों में पहले जैसी भावनाएँ पैदा नहीं कर पा रहे थे। यही वजह थी कि विध्वंस की दूसरी से लेकर पाँचवीं बरसी तक यानी 6 दिसंबर, 1998 तक कोई ऐसी घटना नहीं घटी, जो अखबार की हेडलाइन बनती। यहाँ से पढ़िए 6 दिसंबर, 1992 के ध्वंस की बरसियों में जुड़ी प्रमुख खबरें।

आवत जात पनहिया टूटी बिसरि गयो हरि नाम

ध्वंस की पहली बरसी

विहिप की दलित और हरिजनों को साथ लाने की तैयारी

अयोध्या, 6 दिसंबर, 1993 : विश्व हिंदू परिषद और उसके सहयोगी संगठन अयोध्या के सवाल पर नए सिरे से सघन आंदोलन की तैयारी कर रहे हैं। उत्तर प्रदेश में हुए ताजा चुनाव से इन संगठनों ने सबक सीखा है। अब इस आंदोलन में दलित और हरिजनों को जोड़ने की व्यापक रणनीति बनाई गई है। इस संगठनों को इस बात की चिंता है कि दलित वर्ग चुनाव में मंदिर मुद्दे के खिलाफ गया है। इसलिए राम जन्मभूमि न्यास मंच ने आज अयोध्या हादसे के एक साल पर जो समारोह किए, वे डॉ. भीमराव आंबेडकर और दलित वर्ग पर ही केंद्रित रहे। संतों ने डॉ. आंबेडकर को प्रखर हिंदू नेता के तौर पर पेश किया। प्रस्ताव पास कर कहा कि इस्लामी और ईसाइयत के खतरे को पहचानते हुए डॉ. आंबेडकर ने हिंदू समाज की एकता बनाने में योगदान किया। अयोध्या मुद्दे को नया मोड़ देने के लिए राम जन्मभूमि न्यास मंच अगले तीन महीने में देश के पाँच हिस्सों में विशाल संत सम्मेलन कर ऐसी जागरूकता पैदा करेगा, ताकि हिंदू समाज इस मुद्दे पर न बँटे। न्यास मंच ने ऐलान किया कि उसके एजेंडे पर काशी और मथुरा भी हैं, पर उनकी मुक्ति के तरीके अलग हो सकते हैं।

अयोध्या विध्वंस का एक साल आज हुआ। राम जन्मभूमि न्यास मंच ने इसे 'हिंदू चेतना दिवस' के रूप में मनाया। बदले में बाबरी मस्जिद एक्शन कमेटी के ऐलान पर अयोध्या-फैजाबाद के मुसलमानों ने दुकानें बंद रखीं। 'चेतना दिवस' पर न्यास मंच ने देवरहा बाबा छावनी में एक आम सभा भी की। इससे पहले दिगंबर अखाड़ा में राम जन्मभूमि न्यास मंच की केंद्रीय संचालन समिति की बैठक भी हुई। बैठक में प्रस्ताव पास करके कहा गया, "आज के रोज हिंदू स्वाभिमान का दिव्य रूप प्रकट हुआ था। यह हिंदू समाज की धार्मिक दासता की मानसिकता से मुक्ति का ऐतिहासिक दिन है। इसका उतना ही महत्त्व है, जितना 15 अगस्त का।" प्रस्ताव में यह भी कहा गया है कि अगले साल से 6 दिसंबर समूचे देश में 'अयोध्या महोत्सव' के तौर पर मनाया जाए। बैठक में तीन दूसरे प्रस्ताव भी पास हुए। आज की बैठक में ज्योतिर्पीठ के शंकराचार्य स्वामी वासुदेवानंद, परमहंस रामचंद्रदास, नृत्यगोपाल दास, महंत अवेद्यनाथ, स्वामी धर्मेंद्र, साध्वी ऋतंभरा, डॉ. रामविलास

दिगंबर अखाड़ा में राम जन्मभूमि न्यास मंच की केंद्रीय संचालन समिति की बैठक भी हुई। बैठक में प्रस्ताव पास करके कहा गया, "आज के रोज हिंदू स्वाभिमान का दिव्य रूप प्रकट हुआ था। यह हिंदू समाज की धार्मिक दासता की मानसिकता से मुक्ति का ऐतिहासिक दिन है। इसका उतना ही महत्त्व है, जितना 15 अगस्त का।"

वेदांती, स्वामी पुरुषोत्तमाचार्य, आचार्य गिरिराज किशोर, अशोक सिंघल और विनय कटियार शामिल थे। संत वामदेव बीमारी के कारण बैठक में नहीं आ पाए।

संतों के इस सम्मेलन में उत्तर प्रदेश के मौजूदा चुनाव में नए सामाजिक गठजोड़ पर चिंता जताई गई। संतों ने इस दलित-मुस्लिम गठबंधन को इतना महत्त्वपूर्ण माना कि इस पर बाकायदा एक प्रस्ताव पास हुआ। अशोक सिंघल ने कहा, "आज ही डॉ. आंबेडकर का परिनिर्वाण दिवस है।" इसलिए एक दूसरा प्रस्ताव उनकी श्रद्धा में पास किया गया। पहले प्रस्ताव में गए साल मारे गए कारसेवकों के प्रति श्रद्धांजलि अर्पित की गई।

महंत अवेद्यनाथ इससे भी आगे निकले। उन्होंने कहा, "डॉ. आंबेडकर युगपुरुष थे। हैदराबाद के नवाब और जिन्ना ने उन्हें इस्लाम वरण करने के लिए कई प्रलोभन दिए, पर उन्होंने बौद्ध धर्म स्वीकारा। भगवान बुद्ध हमारे नौवें अवतार हैं। दलितों पर इस्लामी साम्राज्यवाद का यह खतरा ताजा नहीं है। यह बाबा साहेब के वक्त ही शुरू हो गया था।" राम जन्मभूमि न्यास के अध्यक्ष ने कहा, "मंदिर निर्माण में हिंदू समाज के सभी वर्ग श्रम से लगे हैं। शिलान्यास के वक्त ही हमारे पास एक-से-एक महात्मा और शंकराचार्य थे, पर हमने शिलान्यास एक हरिजन से कराया था। वनवास में भगवान राम के साथी भी हरिजन और गिरिजन ही थे। पर अब हमारे समाज को इस्लामी कट्टरवाद तोड़ने की कोशिश कर रहा है। हम ऐसा नहीं होने देंगे।" अशोक सिंघल ने कहा, "नागपुर में विजया दशमी के रोज बौद्धमत की दीक्षा लेकर उन्होंने दलितों के उत्थान का जो रास्ता दिखाया, उससे इस्लाम और ईसाइयत के प्रभाव से यह वर्ग मुक्त रहा।"

एक दूसरे प्रस्ताव में कहा गया कि राम जन्मभूमि का मंदिर वहीं बनेगा, जहाँ अभी रामलला विराजमान हैं और यह तभी संभव होगा, जब केंद्र सरकार अपना भूमि अधिग्रहण कानून वापस ले। उस कानून के रहते वहाँ यथास्थिति बनी रहेगी। संतों ने घोषणा की कि जन्मभूमि का मंदिर राम जन्मभूमि न्यास के द्वारा ही बनेगा। कोई नकली सरकारी न्यास संतों को स्वीकार्य नहीं होगा। स्वरूपानंदजी ने जिनके नाम घोषित किए हैं, उनमें से ज्यादातर ने चिट्ठी लिख अपनी मनाही जताई है। उनमें स्वामी पुरुषोत्तमाचार्य और अखाड़ा परिषद प्रमुख हैं। अखाड़ा परिषद की तरफ से 12 नाम ट्रस्ट में प्रस्तावित हैं। चौथे प्रस्ताव में कहा गया है कि कोई भी मस्जिद अयोध्या की शास्त्रीय सीमा के भीतर स्वीकार्य नहीं होगी। इस माँग के समर्थन में 20 करोड़ दस्तखत स्वामी वामदेव राष्ट्रपति को सौंप चुके हैं। बाद में इन सभी प्रस्तावों को आम सभा में पढ़कर लोगों से इसके समर्थन में हाथ उठवाया गया। बीमारी के कारण अशोक सिंघल का लिखा भाषण विनय कटियार ने पढ़ा। वे मंच पर मौजूद थे।

बैठक में यह भी तय हुआ कि अगले तीन माह में देश के पाँच अंचलों में बड़ी धर्मसंसद कर देश भर के संतों से संपर्क का विशाल आयोजन होगा, जिसमें सामाजिक एकता-समरसता के भावी कार्यक्रम पर विचार करते हुए राम जन्मभूमि परिसर राम जन्मभूमि न्यास को लौटाने के भावी कार्यक्रमों पर विचार होगा। ये पाँचों धर्मसंसदें,

नासिक, तिरुपति, वाराणसी, हरिद्वार और गुवाहाटी में होंगी। इन धर्मसंसदों के साथ बजरंग दल के सम्मेलन भी होंगे। न्यास मंच के आह्वान पर आज फैजाबाद और अयोध्या में दीपावली मनाई गई। शाम छह बजे अपने-अपने घरों में घंटा बजाया। बाद में देवरहा बाबा छावनी में हुई सभा में कहा गया कि आज तक सत्ता के सहारे नहीं, अपनी ताकत के सहारे हम अयोध्या में राम जन्मभूमि आंदोलन चलाते रहे। अब भी यह आंदोलन वैसे ही चलेगा। अयोध्या के साथ शुरू से ही इन संगठनों ने काशी और मथुरा को भी अपनी कार्य-सूची में रखा था, इसलिए उन्हें हटाने का कोई सवाल नहीं है।

■

आवत जात पनहिया टूटी बिसरि गयो हरि नाम

6 दिसंबर, 1993 : समय का सिर्फ एक चक्का घूमा है और ठीक एक साल पहले अयोध्या से उठी हिंदुत्व की लहर अयोध्या में ही छूमंतर हो गई है। एक साल पहले और आज की अयोध्या में बड़ा फर्क है। अयोध्या के घाव अब भी हरे हैं, पर विषाद और तनाव के आँसू सूख चुके हैं। जो लोग साल भर पहले ढाँचा गिराने के पराक्रम में फुफकार रहे थे, वे आज दिगंबर अखाड़े में मुरझाए बैठे दलित समाज को अपनी तरफ लाने के उपाय ढूँढ़ रहे हैं। गए साल के विध्वंस को जो संत समाज 'गुलामी का निशान' मिटाना बता रहा था, वह आज हिंदू समाज में पड़ी दरार और दलितों के मंदिर मुद्दे से अलग होने से चिंतित है। विश्व हिंदू परिषद के जो लोग 6 दिसंबर की पहली सालगिरह मनाने के लिए अयोध्या में इकट्ठा थे, उनका उन्मादी जोश सरयू के पानी की तरह ठंडा था। सिर्फ तीन सौ पैंसठ रोज में आस्था का सवाल चुनाव की रणनीति में तब्दील हो गया। इस समाज को जनादेश का मतलब और हिंदू समाज का स्वभाव समझ में आ गया है। अब यह समाज मजबूर है, रामलला के साथ-साथ बाबा साहब आंबेडकर को याद करने के लिए। फोटो टाँगने के लिए। माला पहनाने के लिए। एक बरस में हमने इतनी यात्रा की है।

विश्व हिंदू परिषद के जो लोग 6 दिसंबर की पहली सालगिरह मनाने के लिए अयोध्या में इकट्ठा थे, उनका उन्मादी जोश सरयू के पानी की तरह ठंडा था। सिर्फ तीन सौ पैंसठ रोज में आस्था का सवाल चुनाव की रणनीति में तब्दील हो गया। इस समाज को जनादेश का मतलब और हिंदू समाज का स्वभाव समझ में आ गया है। अब यह समाज मजबूर है, रामलला के साथ-साथ बाबा साहब आंबेडकर को याद करने के लिए। फोटो टाँगने के लिए। माला पहनाने के लिए। एक बरस में हमने इतनी यात्रा की है।

मैं इन दोनों तारीखों का चश्मदीद रहा हूँ, बल्कि राम जन्मभूमि परिसर का ताला खुलने के बाद से हर छोटी-बड़ी घटना के दौरान अयोध्या में मौजूद रहा हूँ। पिछले साल अयोध्या विध्वंस के सारे दृश्य मेरे मन पर हू-ब-हू अंकित हैं। कोई पाँच

घंटे, पाँच मिनट तक विवादित ढाँचे की एक-एक ईंट कारसेवकों द्वारा उठाकर ले जाते मैंने अपनी आँखों से देखा है। तब मैंने 'क्रुद्ध हिंदू उन्माद' की लपटें देखी थीं। अबकी देखी नए जनादेश से खारिज और विचलित संघ परिवार के नेताओं और संतों की लाचारी एवं बेचारगी। किसी को कुछ पता नहीं पड़ रहा है कि उस लहर का हुआ क्या? तीन घंटे से ज्यादा समय तक राम जन्मभूमि न्यास मंच के 18 बड़े नेताओं में से 12 की बैठक चल रही है। सबके होश फैजाबाद मंडल के चुनावी नतीजों से उड़े हुए हैं। इस पूरे मंडल में बीजेपी का सफाया हो गया है। आचार्य धर्मेंद्र कहते हैं, "विजय के प्रमाद में हमने चुनाव को गंभीरता से नहीं लिया।" मेरी जिज्ञासा मंदिर आंदोलन के शिखर नेता अशोक सिंघल से पूछती है, "आज 6 दिसंबर का पराक्रमी दिन है। गुलामी का निशान मिटाने का पहला साल है। फैजाबाद में कोई हलचल क्यों नहीं है?" उनका जवाब है, "लोगों में आक्रोश पैदा करने वाला ढाँचा अब नहीं रहा।" इसका मतलब आप यह निकाल सकते हैं कि ढाँचे के साथ ही हिंदू समाज का जोश और मंदिर का मुद्दा हमेशा के लिए खत्म, हालाँकि इस पर वे राजी नहीं हैं।

अयोध्या में अब उसका जीवन लौट आया है। यहाँ सरयू की कल-कल और तुलसी की चौपाइयों की प्रतिध्वनि सुनाई पड़ने लगी है। उस रोज अयोध्या उन्मादियों के हवाले थी। पगलाई भीड़ में प्रतिहिंसा की ध्वनि थी। अबकी कठमुल्लों द्वारा पैदा की गई घृणा का जवाब जनता दे चुकी है। सभी को जनादेश का मतलब समझ पड़ रहा है। इसलिए इस बार संघ परिवार का पूरा आयोजन पराजित मानसिकता से नई रणनीति बनाने में जुटा रहा। विश्व हिंदू परिषद ने इस रोज भले ही हिंदू चेतना दिवस का ऐलान किया, पर विवादित परिसर में बने अस्थायी राममंदिर में कोई रामभक्त पहुँचा नहीं या पहुँचने नहीं दिया गया। विश्व हिंदू परिषद का कहना है कि उसने वहाँ पहुँचने की कॉल भी नहीं दी थी। यह आयोजन स्थानीय था।

बावजूद इसके अयोध्या में कोई हलचल नहीं थी। लोग सहजता से अपने काम में लगे रहे। फैजाबाद और उसके आस-पास के लोगों को लगने लगा है कि इस मामले के चलते गए दो साल से दो जून की रोटी जुटाना मुश्किल हो गया है। उन्हें शांति प्यारी है। अयोध्या के पास ही सहनवा गाँव है, जिसे बाबरी मस्जिद बनाने वाले मीर बाकी ने बसाया था। वह गाँव भी किसी हलचल से अछूता है। केंद्र सरकार की प्रस्तावित मस्जिद के लिए इसी गाँव में नाप-जोख हुई है, पर यहाँ उस पर कोई भी हरकत नहीं है। इस गाँव में मुस्लिम आबादी पचास फीसद है, पर यहाँ के मुसलमानों में न तो ढाँचा ढह जाने की टीस है और न हिंदुओं में विध्वंस का दंभ। इस कारण 6 दिसंबर को यहाँ कोई तनाव नहीं दिखा, पर अयोध्या का मुसलमान अभी हादसे से अपने को उबार नहीं पा रहा है, लेकिन वे बाबरी मस्जिद दोबारा बनाने के पक्ष में नहीं हैं। विश्व हिंदू परिषद के 'पादुका पूजन' कार्यक्रम के लिए पादुकाएँ सप्लाई करने वाला शकूट चाहता है, "अब यह मुद्दा भुलाकर खत्म कर दिया जाए।" मुस्लिम बहुल इलाके पूरी तरह सामान्य हैं। ढाँचा गिराए जाने के बाद इनमें दंगा और लूटपाट हुई थी।

जिस संत समाज ने गए साल ढाँचे पर विजय पाने को 'इतिहास का न्याय', 'हिंदू भावनाओं का विस्फोट' और 'जनादेश' कहा था। वे हफ्ते भर पहले मतपेटी से निकले नए जनादेश पर कोई प्रतिक्रिया जताने की बजाय इस बात पर संतोष जताते हैं कि अयोध्या की एक सीट तो उन्हें मिल गई है। उनकी पराजित मानसिकता तिहरी मार झेल रही है। एक, जनादेश खिलाफ गया। दो, जिस सरकार के रहते उन्हें ताकत और आंदोलन को सत्ता का संरक्षण मिलता था, वह सरकार नहीं है। तीन, सबसे ज्यादा पीड़ादायक जिस मुलायम सिंह को मौलाना बता इस बिरादरी ने अपने आंदोलन को रफ्तार दी थी, वे मुलायम सिंह आज फिर सत्ता पर सवार हैं। इस 6 दिसंबर को अयोध्या में उपस्थित न्यास के सदस्य और संघ परिवार के नेता इसी पराजित मानसिकता की गिरफ्त में थे।

उनकी पराजित मानसिकता तिहरी मार झेल रही है। एक, जनादेश खिलाफ गया। दो, जिस सरकार के रहते उन्हें ताकत और आंदोलन को सत्ता का संरक्षण मिलता था, वह सरकार नहीं है। तीन, सबसे ज्यादा पीड़ादायक जिस मुलायम सिंह को मौलाना बता इस बिरादरी ने अपने आंदोलन को रफ्तार दी थी, वे मुलायम सिंह आज फिर सत्ता पर सवार हैं। इस 6 दिसंबर को अयोध्या में उपस्थित न्यास के सदस्य और संघ परिवार के नेता इसी पराजित मानसिकता की गिरफ्त में थे।

यह उनकी लाचारी नहीं तो और क्या है? चुनाव के नतीजे लगातार तेजी से मंदिर आंदोलन के अगुवा संतों को पैंतरे बदलवाने को मजबूर कर रहे हैं। मंदिर आंदोलन के जो संत देश के संविधान को चुनौती दे रहे थे, उन्हीं संतों को एक जनादेश की मार ने बाबा साहब आंबेडकर को माला पहनाने पर मजबूर कर दिया। आस्था का सवाल पीछे छूट गया है। आस्था की जगह राजनीति ने ले ली है। सबसे बड़ा सवाल मुँह बाए सामने खड़ा है कि चुनाव की रणनीति में दलितों को कैसे साथ रखा जाए। इनके खिसक जाने से राज्य की सरकार चली गई है। शायद इसी को ध्यान में रख न्यास मंच ने दलित समाज की हिंदू समाज में एकजुटता का प्रस्ताव पास किया।

इलाहाबाद के माघ मेले में इसी साल जनवरी में संगम के किनारे एक संत सम्मेलन हुआ था। इसी सम्मेलन में संतों ने वे सारे फैसले लिये थे, जो बीजेपी की कार्यसूची में थे। सम्मेलन में स्वामी वामदेव, जो मंदिर आंदोलन के दिग्गज नेताओं में एक हैं और अखिल भारतीय संत समिति के महामंत्री स्वामी मुक्तानंद ने इस संवाददाता से इंटरव्यू में कहा था, "मौजूदा संविधान पूरी तरह अभारतीय, दिशाहीन, देश की एकता और अखंडता को तोड़नेवाला व जनविरोधी है।" यह इंटरव्यू जनसत्ता के दो फरवरी के अंक में विस्तार से छपा था। वही संत वामदेव राम जन्मभूमि न्यास मंच के अध्यक्ष भी हैं, जिसने सोमवार को हिंदू चेतना दिवस के मौके पर पास प्रस्ताव में डॉ. आंबेडकर को प्रखर हिंदू नेता के तौर पर पेश किया। हिंदू समाज की एकता के लिए उनके किए को श्रद्धा से याद किया गया। कहा गया कि इस महापुरुष ने ही सबसे पहले

हिंदू समाज पर ईसाइयत और इस्लामी खतरे को पहचाना था। संतों का आंबेडकर-प्रेम उत्तर प्रदेश के चुनाव नतीजों ने पैदा किया है। बीजेपी से दलित वोट जोड़ने का यह नया पैंतरा है।

इस आयोजन और उसके पीछे के मकसद से इतना तो साफ है कि संघ परिवार संतों और महात्माओं से अब खुलेआम राजनीति करा रहा है। जिस वृंदावन से स्वामी वामदेव आते हैं, उसी वृंदावन में पंद्रहवीं, सोलहवीं शताब्दी में संत कवि कुंभनदास हुए थे। पूरे विरक्त, धन, मान, मर्यादा से दूर। कुंभनदास का जन्म भी उसी क्षत्रिय जाति में हुआ था, जिसमें चिन्मयानंद और महंत अवेद्यनाथ जन्मे हैं। एक बार अकबर ने कुंभनदास की भगवत् भक्ति से खुश होकर फतेहपुर सीकरी आने का न्योता भेजा। कुंभनदास ने जवाब में कहा था, "संतन सो कहाँ सीकरी सो काम। आवत जात पनहिया टूटी, बिसरि गयो हरिनाम।" यानी संत को सीकरी (राजनीति) से क्या लेना-देना, पर यह तो कुंभनदास ने कहा था। हालाँकि संत वामदेव जी भी उन्हीं श्रीनाथजी के भक्त हैं, जिनके कुंभनदास थे। सवाल यह है कि संत समाज को इस बात की चिंता क्यों होनी चाहिए कि लखनऊ या दिल्ली में किस पार्टी की सरकार बने। या इस समाज को इस बात पर क्यों फिक्रमंद होना चाहिए कि चुनाव में बीजेपी के खिलाफ कौन सा वर्ग गया है। क्या यही भारतीय संत परंपरा का अनथक प्रवाह है।

लगातार छह साल से इस मुद्दे को कवर करते रहने के कारण संघ परिवार में अपने कई मित्र हैं। मंदिर आंदोलन के दिग्गज एक मित्र का कहना है, "हमारे आंदोलन की तार्किक परिणति हो चुकी है। अब वह ढाँचा नहीं है। नाम के लिए वहाँ मंदिर भी बन चुका है। इसलिए अब इस मुद्दे पर हिंदू समाज की उदासीनता स्वाभाविक है। फिर जब हमने 6 दिसंबर को हिंदू चेतना दिवस मनाने का फैसला लिया था, तब हमें यह आशा थी कि सरकार बीजेपी की ही बनेगी। हमें सत्ता का संरक्षण मिलेगा, पर यह है हमारे लोकतंत्र और मतदाता की महानता, जिसने इन मनसूबों पर पानी फेर दिया। हालाँकि वे यह भी तर्क देते हैं कि हमारा आंदोलन कभी सरकार का मोहताज नहीं रहा। हमने हमेशा अपनी ताकत से लड़ाई लड़ी है। 30 अक्तूबर और 2 नवंबर, 90 को हमारी सरकार नहीं थी। या उसके पहले के आयोजकों को कभी सरकार का संरक्षण नहीं रहा।" फिलहाल अयोध्या आंदोलन नया मोड़ ढूँढ़ रहा है। इससे जुड़े संत अब धर्मनीति या समाजनीति पर चर्चा की बजाय राजनीति के खेल में लगे हैं। यह दूसरी बात है कि वे अब लहर पैदा कर पाते हैं या नहीं।

■

अयोध्या विध्वंस की छठी बरसी
6 बरस बीते, अब अयोध्या न हिंदुओं का मुद्दा, न मुसलमानों का

लखनऊ, 7 दिसंबर, 1998 : ध्वंस के छह बरस में ही अयोध्या मुद्दे की हवा निकल गई। अब अयोध्या या बाबरी न हिंदुओं के लिए मुद्दा रही, न मुसलमानों के लिए।

6 दिसंबर को अयोध्या सहित सारे राज्य में दोनों तरफ से जो कार्यक्रम रखे गए थे, उन्हें न हिंदुओं का समर्थन मिला, न मुसलमानों का। इस मुद्दे की आड़ में दुकान खोले विश्व हिंदू परिषद तथा बाबरी कमेटी ने कल अयोध्या में जो कार्यक्रम रखे, वे बुरी तरह फेल रहे। बाबरी कमेटी के 'कलंक दिवस' में महज 60-70 लोग आए तो विश्व हिंदू परिषद के 'शौर्य दिवस' कार्यक्रम में महज दो सौ लोग। इसमें भी ज्यादा अयोध्या में गुजर-बसर कर रहे फटेहाल भिखारी थे, यानी साफ है, बाबरी मस्जिद मुद्दे की धार अब कुंद पड़ने लगी है।

कल छह दिसंबर को कुछ मुस्लिम संगठनों ने मुसलमानों के घाव हरे करने की कोशिश जरूर की, पर आम मुसलमानों ने इसमें दिलचस्पी नहीं दिखलाई। इस बार अयोध्या, मथुरा, वाराणसी, अलीगढ़, मेरठ, मुरादाबाद में न तो मुसलमानों के कंधों पर काली पट्टियाँ नजर आईं, न ही उनमें दुकानें बंद करने की होड़ रही। बाबरी शहादत पर सियासी कार्यक्रम में हर जगह आम मुसलमानों ने अनिच्छा जताई। ऐसा ही ठंडा उत्साह विश्व हिंदू परिषद तथा विश्व सेना के शौर्य दिवस का रहा। कहीं कोई इन कार्यक्रम में नहीं गया। यहाँ एक दर्जन प्रमुख धर्माचार्य इकट्ठे हुए। इनमें महंत अवेद्यनाथ, रामचंद्र परमहंस, रामविलास वेदांती, विनय कटियार, जगद्गुरु रामानुजाचार्य, पुरुषोत्तमाचार्य, पर इन्हें सुनने तथा शौर्य दिवस मनाने आए केवल दो सौ लोग, जबकि ऐसे कार्यक्रमों में पूरी अयोध्या उमड़ती है।

छह दिसंबर को लेकर मुसलमानों की रहनुमाई के लिए राजनैतिक दलों में होड़ रही। समाजवादी पार्टी ने इसे कलंक दिवस के तौर पर मनाया, तो कांग्रेस ने सद्भावना दिवस मनाया। उत्तर प्रदेश में अंतिम साँसें गिन रहा जनता दल भी इस दौड़ में पीछे नहीं रहा, उसने विश्वासघात दिवस मनाया, तो कई वामपंथी दलों ने शर्म दिवस बता सेकुलर मार्च निकाला।

दरअसल तीन राज्यों में विधानसभा चुनावों में हिंदुत्ववादी संगठनों तथा बाबरी मुद्दे पर मुस्लिम प्रांत राजनीति के झंडाबरदार दलों की लोकप्रियता का उतार भी इन समारोहों में हावी रहा। छह दिसंबर को लेकर मुसलमानों की रहनुमाई के लिए राजनैतिक दलों में होड़ रही। समाजवादी पार्टी ने इसे कलंक दिवस के तौर पर मनाया, तो कांग्रेस ने 'सद्भावना दिवस' मनाया। उत्तर प्रदेश में अंतिम साँसें गिन रहा जनता दल भी इस दौड़ में पीछे नहीं रहा, उसने 'विश्वासघात दिवस' मनाया, तो कई वामपंथी दलों ने 'शर्म दिवस' बता सेकुलर मार्च निकाला। विश्व हिंदू परिषद का 'शौर्य दिवस' तथा बजरंग दल शिव सेना का 'विजय दिवस' अलग ही मनाया गया, पर किसी दुकान में भीड़ नहीं आई। लोगों ने इन दिवसों से अपने को अलग रखा। समाजवादी नेता राजनाथ शर्मा कहते हैं, "जब तक अयोध्या में यथास्थिति कायम है, वहाँ मूर्तियाँ रखी हैं, तब तक यह मुद्दा मरा है। राजनीतिक दल चाहे जितनी कोशिश कर लें। अब वह बुखार नहीं चढ़ने वाला है।" प्रशासन को धत्ता बता कल फैजाबाद/अयोध्या बाबरी मस्जिद एक्शन कमेटी के जफरयाब जिलानी तथा समाजवादी पार्टी सांसद आजम

खाँ भी पहुँचे। तकरीर की, पर न कहीं कोई तनाव था और न घर से मुसलमान निकला। बमुश्किल 60-70 लोग इकट्ठा हो पाए। मालूम हो कि समाजवादी पार्टी अध्यक्ष मुलायम सिंह कलंक दिवस की तैयारियों के लिए तीस रोज तक लखनऊ में डटे रहे। फिर भी कार्यक्रम सफल नहीं हो पाया।

फैजाबाद में भी अब यह मुद्दा बेदम हो गया है। राम जन्मभूमि/बाबरी मस्जिद पर सारे देश में आग उगलनेवाले नेता भी अब यहाँ आपस में घुल-मिल गए हैं। उनके लिए अब यहाँ कोई बड़ा मुद्दा नहीं रह गया। अयोध्या मामले पर 40 साल से मुकदमा लड़ रहे परमहंस रामचंद्रदास तथा मो. हाशिम दो पक्ष हैं। '92 के ध्वंस के बाद हाशिम का घर जला दिया गया था। परमहंस अब कहते हैं, "हाशिम अच्छा आदमी है। मैं उससे मिलने उसके घर जाता हूँ।" हाशिम कहते हैं, "मुझे सुरक्षा के लिए सरकारी गनर मिला है, पर परमहंस रामचंद्रदास से मिलने के लिए मैं गनर छोड़ अकेला जाता हूँ। मुझे कोई डर नहीं लगता।" यानी अयोध्या का जीवन सामान्य हो चला है। लोग इस मुद्दे पर अब बात भी करना नहीं चाहते। जो पक्षकार हैं, वे भी उसी तरह रहते हैं, जैसे दो बड़े वकील आमने-सामने बहस कर मुकदमे के बाद बैठकर बातें करते हैं। जो मुद्दा है, वह अयोध्या के बाहर। राजनैतिक दल दोनों तरफ जरूर छह दिसंबर की याद दिला फिर वैसी ही उत्तेजना पैदा करना चाहते हैं, पर इस दफा ऐसा भी नहीं हुआ। बीजेपी के हिंदू कार्ड का तो कबाड़ा चुनावों में दिख ही रहा है। बाबरी को दिखा मुसलमानों में डर पैदा कर अपनी तरफ करके राजनीति करने वाले राजनैतिक दलों को भी अबकी मुँह की खानी पड़ी।

6 दिसंबर, 1992 के बाद यह पहला मौका था, जब कोई बड़ा नेता आज के दिन अयोध्या नहीं गया।

■

शांति से गुजरी अयोध्या विध्वंस की सातवीं बरसी

लखनऊ, 6 दिसंबर, 1999 : अयोध्या कांड की सातवीं बरसी शांति से गुजर गई। कोई बवाल नहीं हुआ। राज्य में 900 लोग रस्मी तौर पर गिरफ्तार हुए, जो शाम को छूट गए। आज बाबरी ढाँचे और शौर्य दिवस की कथित अपील को संतों ने भी बिसार दिया। बीजेपी ने तो अयोध्या की तरफ देखा नहीं। ढाँचा ढहाने वालों में प्रमुख विनय कटियार भी आज अयोध्या की बजाय बनारस पहुँच गए।

दरअसल अयोध्या में पीछे छूट गई राजनीति अब आगे बढ़ गई। सात बरस पहले इसी 6 दिसंबर को कल्याण सिंह दिन भर पार्टी के बाहर जाने के आदेश कर इंतजार कर रहे थे। उन्हें अंदेशा था कि आज उन्हें पार्टी से निकाला जाएगा। सात बरस से इस मुद्दे के नायक बने कल्याण सिंह आज अपने ही दल में बेगाने हैं। विरोधियों पर मंदिर

से पीछे हटने का आरोप लगा रहे हैं। अयोध्या भी बदल गई। वहाँ आने-जाने पर कोई प्रतिबंध नहीं था, क्योंकि जाने वाले लोग नहीं थे। इसी कारण बजरंग दल के सांसद बृजभान सिंह पवैया का कारसेवकपुरम् में थका देने वाला भाषण हुआ तो बाबरी कमेटी के मो. आजम खाँ और जफरयाब जिलानी भी अयोध्या पहुँचे, पर अपने एक परिचित हाजी महबूब से मिलकर लौट भी गए। 6 दिसंबर, 1992 के बाद यह पहला मौका था, जब कोई बड़ा नेता आज के दिन अयोध्या नहीं गया।

राज्य के प्रमुख सचिव (गृह) वी.के. मित्तल के मुताबिक एहतियातन कुछ गिरफ्तारियाँ हुईं, कहीं कोई घटना नहीं हुई। लखनऊ के बाद सबसे ज्यादा लोग वाराणसी में पकड़े गए। 'अली सेना' नाम के संगठन के 20 लोग अलीगढ़ और दिल्ली से अयोध्या के विवादित परिसर में जाते पकड़े गए। इन्हें वेद मंदिर के पास पुलिस ने टोका। ये लोग विवादित स्थल पर नमाज पढ़ना चाहते थे। पुलिस ने शिवसेना के 19 लोगों को भी सरयू में स्नान कर विवादित परिसर की तरफ जाते देखा। फैजाबाद तथा लखनऊ में आज मुसलमानों ने दुकानें बंद रखीं तथा काले फीते लगाए। कारसेवकपुरम् में विहिप की तरफ से आयोजन फीका था। आदमी नहीं जुटे। सत्य नहीं आए। न ही हर बार की तरह बृजमोहन पवैया कारसेवकपुरम् में रहे। कल्याण सिंह इस वक्त भी ढाँचा गिरने के पक्ष में नहीं थे। ढाँचा गिरते ही उन्होंने इस्तीफा दे दिया, जबकि पार्टी ने उन्हें ऐसा करने से मना किया था। कारसेवकों के इस आयोजन में आज नृत्यगोपाल दास भी नहीं आए। केवल रामचंद्र परमहंस तथा महंत अवेद्यनाथ थे।"

उधर फैजाबाद में बाबरी मस्जिद एक्शन कमेटी की तरफ से मो. आजम खाँ तथा जफरयाब जिलानी ने कहा कि हमने 2 दिसंबर को ही प्रधानमंत्री को चिट्ठी लिखी है, जिसमें हमने कहा है कि विवादित संपत्ति दो लोगों के बीच होती है। एक पार्टी अगर वहाँ पूजा कर रही है तो हमें भी नमाज पढ़ने की इजाजत दी जाए। उधर अयोध्या में ही आल इंडिया मुस्लिम मजलिस ने बाबरी परिसर के ध्वस्तीकरण के लिए तत्कालीन सरकारों से ज्यादा उन लोगों को जिम्मेदार ठहराया है, जिन्होंने बाबरी परिसर की सुरक्षा के लिए मुसलमानों को सड़कों पर आने से रोका। मजलिस के प्रदेश अध्यक्ष मोहम्मद नदीम सिद्दीकी ने कहा—हमारा मानना है कि बाबरी मस्जिद की शहादत की साजिश में कहीं-न-कहीं वे नेता भी शामिल रहे हैं, जो धर्मनिरपेक्षता की दुहाई देते हुए संघ परिवार का झूठा विरोध कर रहे थे।

■

वाजपेयी ने मंदिर आंदोलन को कभी पसंद नहीं किया
अयोध्या को लेकर अब गर्व है, न गुस्सा—कल्याण सिंह

लखनऊ, 9 दिसंबर, 1999 : अयोध्या को एक बार फिर राजनीति के केंद्र में लाने की कोशिश हो रही है। बीजेपी कल्याण सिंह के कारण अयोध्या पर बचाव की मुद्रा में है।

बागी नेता कल्याण सिंह अयोध्या की आड़ में प्रधानमंत्री वाजपेयी पर हमला कर रहे हैं। कांग्रेस भी अयोध्या का मामला उठा राजग में विवाद खड़ा करना चाह रही है। मायावती अयोध्या के सवाल पर कांग्रेस को कठघरे में खड़ा कर मुसलमानों को संदेश दे रही है कि बाबरी ढाँचा गिरने में कांग्रेस भी बराबर की हिस्सेदार रही है। मुलायम सिंह का फायदा इसी में है कि कल्याण सिंह अयोध्या को मुद्दा बना बीजेपी का हिन्दुत्ववादी कितना वोट तोड़ लेते हैं, पर अयोध्या कांड की सातवीं बरसी पर जो हुआ, उससे जाहिर है कि अयोध्या को लेकर अब दोनों पक्षों में न गर्व बचा है, न गुस्सा। इसलिए अयोध्या अब फिर मुद्दा बन सकती है, इसमें संदेह है।

हाँ, कल्याण सिंह के कारण अयोध्या पर बीजेपी एकाएक रक्षात्मक हो गई है। कल बागी बीजेपी नेता कल्याण सिंह ने कहा कि प्रधानमंत्री अटल बिहारी वाजपेयी ने मंदिर मुद्दे को कभी पसंद नहीं किया, न ही वे लालकृष्ण आडवाणी की सोमनाथ से अयोध्या रथयात्रा के समर्थक थे। कल्याण सिंह ने कहा कि पार्टी का आधार इन्हीं दो वजहों से बढ़ा। अटल बिहारी वाजपेयी ने मलाई काटी, जबकि वे इन दोनों मुद्दों के सदा विरोधी रहे। दूसरी तरफ बीजेपी ने अयोध्या में अपने सांसद जयभान सिंह पवैया से ढाँचा गिरा तो कल्याण सिंह का मालूम ही नहीं था। वे धोखे में थे। वे नहीं चाहते थे कि ढाँचा गिरे, क्योंकि इससे उनकी सरकार को खतरा था। मालूम ही कि जयभान पवैया बजरंग दल के पूर्व अध्यक्ष रह चुके हैं, यानी अब मंदिर के सवाल पर बीजेपी तथा उसके बागी नेता एक दूसरे की पोल खोल रहे हैं।

कल्याण सिंह के कारण अयोध्या पर बीजेपी एकाएक रक्षात्मक हो गई है। कल बागी बीजेपी नेता कल्याण सिंह ने कहा कि प्रधानमंत्री अटल बिहारी वाजपेयी ने मंदिर मुद्दे को कभी पसंद नहीं किया, न ही वे लालकृष्ण आडवाणी की सोमनाथ से अयोध्या रथयात्रा के समर्थक थे। कल्याण सिंह ने कहा कि पार्टी का आधार इन्हीं दो वजहों से बढ़ा। अटल बिहारी वाजपेयी ने मलाई काटी, जबकि वे इन दोनों मुद्दों के सदा विरोधी रहे।

कल्याण सिंह ने मुख्यमंत्री के खिलाफ अपने दिए गए जवाब में भी इस मुद्दे को प्रमुखता से उठाया है। कल्याण सिंह ने यह मुद्दा खड़ा कर इसी के आधार पर नई पार्टी की नींव डाल बीजेपी पर दुधारी तलवार चलाई है। एक, इस मुद्दे को अपने साथ ले जाना उनका लक्ष्य है। दो, फिर से संघ परिवार तथा राजग के घटक दलों में इससे भ्रम फैला। यह सही है कि इस मुद्दे पर कल्याण सिंह को कोई फायदा होने नहीं जा रहा है, पर वे बीजेपी का नुकसान कर सकते हैं। यही कारण है कि बीजेपी इस सवाल पर बचाव की मुद्रा में है। इस बार 6 दिसंबर को बीजेपी ने शौर्य दिवस नहीं मनाया। पार्टी में हिंदू शौर्य तथा स्वाभिमान के लिए कोई हरकत नहीं।

यह बात मामूली नहीं है कि राज्य की जनता ने अबकी मंदिर वालों और परिसर वालों, दोनों की बात की अनसुनी की। न किसी ने क्रोध मनाया, न शोक। बीजेपी से नाराज

कल्याण सिंह ने जरूर कई बातों पर ध्यान दिला लोगों का समझाने की कोशिश की कि मंदिर के पक्ष में कौन था और विरोध में कौन। हर दल इस मुद्दे या अपने-अपने ढंग से सक्रिय है। समाजवादी पार्टी ने कल्याण सिंह पर पीछे से हाथ रखा है। प्रत्यक्ष समझाने से लक्ष्य पूरा नहीं होता, इसलिए वह चाहती है कि कल्याण सिंह हिंदुत्व के सवाल पर ही बीजेपी से कुछ वोट तोड़ दें। अयोध्या का सवाल जब आगे आता है तो मायावती बीजेपी से कहीं ज्यादा कांग्रेस पर हमले करने लगती हैं। वे लगातार बता रही हैं कि कांग्रेस की बाबरी मस्जिद के मुद्दे पर क्या भूमिका रही है। कल इस आशय का बयान उन्होंने जारी किया।

■

ध्वंस की आठवीं बरसी
अयोध्या भी भूल गई 6 दिसंबर

अयोध्या, 6 दिसंबर, 2000 : बाहर चाहे जितना भी वितंडा राजनैतिक दल खड़ा करें, पर ध्वंस के आठ बरस बाद अयोध्या 6 दिसंबर को पूरी तरह भुला चुकी है। अयोध्या में आज न कोई मंदिर को पूछने वाला था, न मस्जिद को। बाहर से आए मुट्ठी भर लोग जरूर माहौल में गरमी पैदा करना चाह रहे थे, पर उनकी आवाज अनसुनी रही। कारसेवकपुरम् में मंदिर का निर्माण करने के संकल्प के लिए कुछ सौ लोग इकट्ठा थे। मस्जिद को फिर से बनवाने गए समाजवादी पार्टी तथा मुस्लिम संगठनों के 90 लोगों ने अपनी गिरफ्तारी दी। लखनऊ में राज्य के गृहसचिव ने कहा, कुल 110 गिरफ्तारी दोनों पक्ष की हुई है। अयोध्या मुद्दे पर संसद चले या न चले, पर अयोध्या में जिंदगी आराम से चल रही है।

अयोध्या की गलियों में जनजीवन उसी रफ्तार से चल रहा था। सरयू रोज की तरह बह रही है। विहिप के शौर्य दिवस पर किसी ने कान नहीं दिया। बाबरी एक्शन कमेटी तथा दूसरे मुस्लिम संगठनों के 'यौमे गम' का किसी ने नोटिस नहीं लिया, ध्वंस के सिर्फ आठ साल बाद लोग सब कुछ भूल गए हैं। जो कारसेवकपुरम् में इकट्ठा भी थे, वे आस-पास के 12 जिलों से बुलाए गए थे। अयोध्या में घटती साख देख विश्व हिंदू परिषद ने आस-पास के 12 जिलों को मिलाकर 'अयोध्याग्रस्त' बताया है।

अयोध्या-फैजाबाद की सीमाएँ आज सील थीं। समूची अयोध्या रैपिड एक्शन फोर्स के हवाले थी। फैजाबाद में जगह-जगह अर्धसैनिक बल तैनात थे। कोई आने वाला ही नहीं था। उतने लोग भी नहीं आए, उतनी चहल-पहल भी नहीं हुई, जितनी रोज आम दिनों में होती है।

■

अयोध्या में कारसेवा और गोलीकांड के बीच छिपी घटनाओं का ब्योरा

एक-एक पक्ष की हर एक खबर

अयोध्या आंदोलन में कारसेवकों का लहू बहा। मुलायम सिंह ने कारसेवकों पर गोलियाँ चलवाईं। मुलायम सिंह से 'मौलाना मुलायम' बने। नवंबर 1990 की शुरुआत में कारसेवकों पर चली एक-एक गोली मंदिर निर्माण के संकल्प की खाद बन गई। आगे के पन्नों में कारसेवा का हर सफेद-स्याह सच ज्यों-का-त्यों खबरों में उकेरा गया है।

जनसत्ता

नगर नई दिल्ली: बुधवार, ३१ अक्तूबर १९९० रु. १.३० दिल्ली, चंडीगढ़ और बंबई से प्रकाशित

लाठी, आंसू गैस और गोलीबारी के बीच कार सेवा

नींव खोदते, झंडा लगाते पांच कार सेवक मारे गए: तीस घायल

हेमंत शर्मा
जनसत्ता संवाददाता

अयोध्या, ३० अक्तूबर। आज अयोध्या में सरकार फेल हुई। राम मंदिर की कार सेवा हुई। विवादित ढांचे के गुंबदों पर झंडा लगाया गया। गुंबद, दीवार, खिड़कियां तोड़ी गईं। लगभग एक लाख कार सेवकों ने जन्म भूमि की ओर कूच किया। अर्ध सैनिक बलों ने तीन बार गोली चलाकर कार सेवकों को रोकने की कोशिश की। गुंबद पर झंडा फहराते हुए दो कार सेवक गोली से मरे। तीन नींव खोदते हुए मरे। तीस घायल हुए, जिसमें १९ की हालत खराब है। राज्य सरकार और मुख्यमंत्री ने कार सेवा होने और ढांचे को नुकसान का खंडन किया है। मगर दर्जनों पत्रकारों ने यह सब कुछ अपनी आंखों से देखा है। सेना को शाम चार बजे बुलाया गया मगर उसे इलाका सुपुर्द नहीं किया गया। प्रशासन मरम्मत करवा कर सुपुर्द करने की योजना बना रहा है। प्रशासन ने समाचार दबाने के लिए आज हर संभव कोशिश की।

कार सेवा का काफिला साढ़े दस बजे से आगे बढ़ना शुरू हुआ। विश्व हिंदू परिषद के महासचिव अशोक सिंघल जत्थे के आगे थे। इस जत्थे को पुलिस ने लाठीचार्ज करके रोक लिया। सिंघल के सिर पर लाठी पड़ी। खून निकल आने के बाद भी उन्होंने आगे बढ़ने की कोशिश की। मगर पुलिस ने उन्हें पकड़कर जत्थे से अलग कर दिया। जत्थे सवेरे दस बजे हनुमान गढ़ी और आसपास की गलियों से बाहर निकलने शुरू हुए थे। पुलिस ने गिरफ्तारी का सिलसिला शुरू किया। कुछ साधुओं को बस नंबर यूएमआर ९७२० में बैठाया गया। बस का एक साधु ने अपहरण कर लिया। संकरी गलियों में बस को चलाते हुए साधु ने घेरेबंदी तोड़ी। लोहे के तीन फाटक तोड़े। साधु बस को परिसर से पचास गज की दूरी तक ले आया।

बस में ऊपर-नीचे करीब सौ साधु बैठे थे। लोहे के फाटक पार कर जाने की साधुओं की इस कोशिश से जोश बढ़ा। साधु का नाम रामप्रसाद बताया जाता है और वह अयोध्या के किसी अखाड़े का था।

सुनो, समय अभी है

प्रभाष जोशी

अक्तूबर-1990

कल्याण सिंह की गिरफ्तारी जैसे कदमों से तनाव बढ़ेगा—जोशी

नई दिल्ली, 9 अक्तूबर : भारतीय जनता पार्टी के महासचिव मुरली मनोहर जोशी ने अपनी पार्टी के उत्तर प्रदेश विधायक दल के नेता कल्याण सिंह की गिरफ्तारी की आलोचना की है। कल्याण सिंह को आज बाँदा के पास गिरफ्तार किया गया। वे इलाहाबाद से बाँदा जा रहे थे। श्री जोशी ने कहा कि उत्तर प्रदेश सरकार के ऐसे कदमों से राज्य में तनाव बढ़ेगा।

मुरली मनोहर जोशी ने आज प्रेस कॉन्फ्रेंस में उत्तर प्रदेश के मुख्यमंत्री मुलायम सिंह यादव से अनुरोध किया कि वे अपनी भाषा पर संयम रखें। उनका आशय श्री यादव द्वारा इटावा की अपनी आम सभा में लालकृष्ण आडवाणी के प्रति अपशब्दों के इस्तेमाल की तरफ था। श्री यादव ने बीजेपी अध्यक्ष को दोगला कहा था। श्री जोशी ने कहा कि इस तरह के शब्दों का प्रयोग मुख्यमंत्री पद की गरिमा के कतई अनुकूल नहीं है।

उन्होंने बताया कि पार्टी के सभी महासचिवों ने रथयात्रा की अभी तक की प्रगति और भावी कार्यक्रमों की बाबत कल भोपाल में पार्टी अध्यक्ष लालकृष्ण आडवाणी से मशविरा किया। उन्होंने दावा किया कि रथयात्रा अपना पूरा मार्ग तय करेगी और उत्तर प्रदेश में प्रवेश करके अयोध्या तक जाएगी।

बीजेपी महासचिव ने आरोप लगाया कि उत्तर प्रदेश के गोंडा जिले के करनैलगंज में हुआ दंगा पूर्व नियोजित था और एक निश्चित मकसद की पूर्ति के लिए कराया गया। उन्होंने इलाके के जनता दल सांसद मुन्नन खाँ को दंगे के लिए दोषी ठहराया। उन्होंने कहा कि अयोध्या में राम जन्मभूमि–मंदिर निर्माण में रोड़े डालने के लिए ऐसा किया गया। आतंक पैदा करने के लिए ही उत्तर प्रदेश सरकार ने कल आगरा में फ्लैग मार्च कराया।

श्री जोशी ने प्रधानमंत्री से अपील की कि वे बाबरी मस्जिद एक्शन कमेटी के अपने मित्रों और शाही इमाम को समझाएँ कि ये लोग खतरनाक बयान न दें, क्योंकि उससे हालात कटुतामय ही होते हैं। उन्होंने बताया कि श्री आडवाणी की रथयात्रा के स्वागत में सभी जातियों और संप्रदायों के लोग बड़ी तादाद में आ रहे हैं। कई जगह तो दूसरे राजनैतिक दलों के प्रमुख लोगों ने भी स्वागत किया है। शोलापुर का उल्लेख करते हुए उन्होंने कहा कि वहाँ के मेयर और डिप्टी मेयर ने भी रथयात्रा का स्वागत किया, हालाँकि वे इंकाई हैं। आंध्र प्रदेश में तेलुगु देशम और कई जगह तो कम्युनिस्टों ने भी स्वागत किया। जबलपुर और सागर में मुसलमान भी स्वागत करने वालों में थे। बाराबंकी और सीतापुर के मुसलमानों ने मंदिर निर्माण के लिए कारसेवा करने वालों की सूची में अपने नाम लिखवाए हैं।

बीजेपी महासचिव ने रथयात्रा को सांप्रदायिकता से जोड़ने की कोशिशों की आलोचना की। उन्होंने बलपूर्वक दोहराया कि यह हिंदू–मुसलमान का सवाल नहीं है। जो ऐसा बनाना

चाहते हैं, वे देश की एकात्मतता के साथ अन्याय कर रहे हैं। रथयात्रा के दौरान न कहीं सांप्रदायिक तनाव हुआ और न होगा। इसके बावजूद उत्तर प्रदेश सरकार तनाव बढ़ाने वाले कदम उठा रही है।

■

मुख्यमंत्री की रैलियों से भी भावना भड़की

लखनऊ, 9 अक्तूबर, 1990 : उत्तर प्रदेश को सांप्रदायिक दंगों की आग में झोंकने के लिए कट्टरपंथी हिंदू संगठनों के अलावा सरकार का सांप्रदायिकता विरोधी अभियान भी कम जिम्मेदार नहीं रहा है। कहा जा रहा है कि अगर मुख्यमंत्री ने सांप्रदायिकता विरोधी रैलियों में चिढ़ाने और भड़कानेवाले भाषण न दिए होते तो उसके जवाब में हिंदू संगठनों की रैलियाँ न हुई होतीं। तब शायद राज्य के 12 शहर दंगों की आग में जलने से बच जाते।

मंदिर-मस्जिद विवाद के चलते समूचा उत्तर प्रदेश सांप्रदायिक आग में झुलस रहा है। सरकार की नाकामी और कट्टरपंथियों की जिद से पिछले एक महीने में राज्य के 12 शहर सांप्रदायिक दंगों की चपेट में आ चुके हैं। इस दौरान दंगाइयों से निपटने के लिए पुलिस ने दस जगह गोली चलाई है और आठ शहरों में कर्फ्यू लगाने का रिकॉर्ड कायम किया है।

सरकारी आँकड़ों के हिसाब से इन दंगों में अब तक 52 जानें गई हैं और तीन सौ के करीब लोग जख्मी हुए हैं। करोड़ों की संपत्ति स्वाहा हो गई है, पर गैर-सरकारों सूत्रों के मुताबिक दंगों में मारे गए लोगों की तादाद कहीं ज्यादा है। तीस अक्तूबर (मंदिर निर्माण की तारीख) आते-आते सांप्रदायिकता का नाग न जाने और कितने शहरों को डसेगा, क्योंकि टकराव टालने की कोशिश न कर हर दिन टकराव के नए बीज बोए जा रहे हैं।

मुख्यमंत्री खुद आने वाले खतरों से वाकिफ हैं। उनका कहना है कि मेरठ, प्रतापगढ़, कर्नलगंज की घटनाओं से साबित होता है कि तैयारियाँ जबरदस्त हैं। इससे संकेत मिलता है कि तीस अक्तूबर या उसके बाद जो कुछ होना है, यह सब उसका पूर्वाभ्यास है। मुलायम सिंह यादव की सांप्रदायिकता विरोधी रैलियों और इसके जवाब से बीजेपी और विश्व परिषद की मंदिर की रैलियों का हश्र अब दंगों के रूप में सामने है।

दंगे भड़कने की खुफिया रपट से ही मुख्यमंत्री ने संवेदनशील जिलों में अपनी रैलियाँ रद्द कर दी थीं। जानकारों का कहना है कि पिछले एक महीने में मुख्यमंत्री ने बीजेपी का काम बहुत हल्का कर दिया है। अपने चिढ़ाने वाले भाषणों से उन्होंने जहाँ हिंदुओं को संगठित होने को मजबूर किया, वहीं इस रैली अभियान ने दोनों संप्रदायों में इतनी दूरी ला दी कि गाँव तक से दंगाई ताकतें सिर उठाने लगीं। कर्नलगंज इसकी ताजा मिसाल है।

कर्नलगंज के दंगों की मजिस्ट्रेटी जाँच के आदेश के बावजूद मुख्यमंत्री हिंदू संगठनों पर उँगली उठाते हैं, पर स्थानीय विवादास्पद सांसद मन्नन खाँ को उन्होंने कल एक [illegible]

कॉन्फ्रेंस करके बेगुनाह बताया। इससे दंगों के बारे में सरकारी सोच जाहिर है। पिछले साल शिलापूजन के वक्त भी सांप्रदायिकता की ऐसी लपटें नहीं थीं। इस वक्त खुफिया सूत्रों ने 26 जिलों को संवेदनशील माना था, पर अब राज्य के 42 जिले सांप्रदायिक लपटों में हैं। सूबे का सद्भाव दिन पर दिन बिगड़ता जा रहा है। मुहर्रम के मौके पर ही आधा दर्जन जगह पर तनाव या दंगा हो चुका है। भदोही (वाराणसी), सुल्तानपुर, बहराइच, आजमगढ़, अलीगढ़ और कानपुर के माहौल उसी वक्त खराब हो चुके थे। इन दर्जनों शहरों में होने वाली सांप्रदायिक हिंसा ने नए रूप धारण किए। देहातों में पहली बार फिरकापरस्ती की आग पसरी। गाँव में कटुता बढ़ाने का दोष जानकार लोग मुलायम सिंह यादव के भड़काने वाले भाषणों को देते हैं।

दरअसल मुख्यमंत्री मुलायम सिंह यादव की सांप्रदायिकता विरोधी रैलियों और इसके जवाब में बीजेपी की जवाबी रैली से राज्य का सद्भाव बिगड़ा। दोनों तरफ से ऐसे भड़काने वाले भाषण दिए गए, जो दंगों का कारण बने। मुख्यमंत्री की रैलियों के बाद तो हर कहीं तनाव हुआ, हालाँकि मुख्यमंत्री ने अब यह कहना शुरू कर दिया है कि वे मंदिर के विरोधी नहीं हैं। वे तो अदालती आदेश के बिना मस्जिद के उखाड़े जाने के खिलाफ हैं। उन्हें इस बात का मलाल है कि उन्हें बराबर मंदिर विरोधी प्रचारित किया जा रहा है।

मुलायम सिंह की रैली के बाद ही 15 सितंबर को बरेली में हिंसा भड़क गई। रैली समर्थकों और बीजेपी के लोगों में हुए कई संघर्ष में आठ लोग मारे गए। बीस सितंबर को आगरा के अखनेरा कस्बे में मजहबी फसाद में दो जाने गईं, दर्जनों घायल हुए, पुलिस ने 101 लोगों को गिरफ्तार किया। एक दिन बाद ही 21 सितंबर को ये लपटें छा गईं। इन लपटों ने दो लोगों को लील लिया और 26 जख्मी हुए। पचास लोगों को पुलिस ने मौके पर ही पकड़ लिया था। इसके बाद ही 23 सितंबर को जौनपुर में एक पूजा पंडाल में लगी आग के बाद भड़के दंगे ने 45 लोगों को जख्मी कर दिया। वहाँ बड़े पैमाने पर आगजनी हुई और पूजा-स्थल तोड़ डाला गया।

ऐन दशहरे के दिन गाजीपुर में दुर्गा प्रतिमाओं के विसर्जन को लेकर भड़की हिंसा पर पुलिसिया गोली से दो लोग मारे गए। 15 मोहल्लों में कर्फ्यू चार रोज तक जारी रहा और 75 से ज्यादा लोग गिरफ्तार हुए। दंगों के इस अंतहीन सिलसिले से लोग उबर ही नहीं पाए थे कि गोंडा के कर्नलगंज कस्बे के बीस किलोमीटर के घेरे में सामूहिक कत्लेआम हुआ। फैजाबाद रेंज के डी.आई.जी. जी.एल. शर्मा के मुताबिक 42 लाशें मिलीं। लाशें मिलने का सिलसिला अभी तक थमा नहीं है। सौ से ऊपर लोगों के लापता होने की खबर है।

बस्ती और बहराइच में भी दुर्गा प्रतिमाओं को लेकर तनाव रहा। वहाँ प्रतिमाओं का विसर्जन रुका रहा। बहराइच में किसी तरह हो पाया, पर बस्ती में मूर्तियाँ अब भी रुकी पड़ी हैं। ऐसे जुलूस को लेकर प्रतापगढ़ में भी एक अक्तूबर को खूनी फसाद हुआ, जिसमें दो लोग मारे गए और दो दर्जन घायल हुए। सरकारी खबरों के अनुसार चार गिरफ्तार हुए।

सांप्रदायिकता की आग में मुरादाबाद भी गरम हुआ। यहाँ के कॉलेज में हाल में बमबाजी से आतंक फैला। चार अक्तूबर को इलाहाबाद के मुट्ठीगंज में भी बम फटने से तनाव हुआ। मुख्यमंत्री की छह सितंबर की रैली के बाद मथुरा में भी तनाव हो गया था। पाँच अक्तूबर को रामपुर में तनाव के बाद पुलिस पर पत्थर फेंकने के आरोप में 25 लोग पकड़े गए। लखीमपुर खीरी में भी इस रोज एक छुरेबाजी की वारदात के बाद सांप्रदायिक चिनगारी आग बनने से रह गई। यहाँ 'रामज्योति' यात्राओं को लेकर तनाव गहराया था।

■

कल्याण सिंह गिरफ्तार किए गए

लखनऊ, 9 अक्तूबर, 1990 : बीजेपी नेता कल्याण सिंह को राज्य सरकार ने शांति भंग की आशंका में गिरफ्तार कर लिया है। गिरफ्तारी उस वक्त हुई, जब वे बाँदा में एक सभा में भाषण करने जा रहे थे। श्री सिंह की गिरफ्तारी के साथ ही मुख्यमंत्री मुलायम सिंह ने बीजेपी के साथ निर्णायक लड़ाई छेड़ दी है। इसी के साथ उन्होंने बीजेपी अध्यक्ष लालकृष्ण आडवाणी की अयोध्या यात्रा के प्रति अपने मंसूबे जता दिए हैं।

गृह विभाग के सरकारी बयान के मुताबिक उन्हें बाँदा में जबरन सभा करने की कोशिश में पकड़ा गया है। उन पर भारतीय दंड विधान की धारा 151.10 और 116 लगाई गई हैं। उनके साथ 14 दूसरे लोग भी गिरफ्तार किए गए हैं। बीजेपी के प्रदेश उपाध्यक्ष लालजी टंडन और महासचिव श्यामनंदन सिंह के अनुसार आज दोपहर 11 बजे कल्याण सिंह जैसे ही इलाहाबाद में सभा करने के बाद बाँदा की सीमा में घुसे, वैसे ही बड़गढ़ा के पास उन्हें पकड़ लिया गया। मालूम हो कि गृहसचिव ए.के. रस्तोगी आज इलाहाबाद में ही डेरा डाले हुए थे।

बीजेपी की राज्य इकाई अपनी इमरजेंसी बैठक बुला कल्याण सिंह की गिरफ्तारी से पैदा हुई स्थिति की समीक्षा कर रही है। राज्य बीजेपी ने कल्याण की गिरफ्तारी को 'इमरजेंसी' का 'रिहर्सल' बताया है। प्रदेश बीजेपी उपाध्यक्ष लालजी टंडन ने कहा, "विपक्षी आवाज को कुचलना शर्मनाक और निंदनीय है। एक तरफ तो मुख्यमंत्री तमाम सरकारी साधन झोंक और राज्य सरकार के हेलीकॉप्टर का दुरुपयोग कर रैलियाँ कर रहे हैं, वहीं वे विपक्षी नेताओं को बोलने से रोक रहे हैं। हम ऐसी स्थिति में सरकार को उखाड़ फेकेंगे।"

■

फैजाबाद से लगे अयोध्या के रास्ते 20 से सील होंगे

अयोध्या, 13 अक्तूबर, 1990 : फैजाबाद के साथ लगे अयोध्या के सभी रास्ते 20 अक्तूबर से सील कर दिए जाएँगे, ताकि कारसेवकों को सरयू नदी के किनारे पर इकट्ठा

होने से रोका जा सके। इन दोनों शहरों की ओर जाने वाली सड़कें भी 18 अक्तूबर को दीवाली के बाद से बंद कर दी जाएँगी और रेलगाड़ियाँ सुल्तानपुर और प्रतापगढ़ होकर जाएँगी। जिला प्रशासन ने इस आशय के आदेश दे दिए हैं। ऐसा विश्व हिंदू परिषद और भारतीय जनता पार्टी की योजना नाकाम करने के लिए किया गया है।

सुरक्षा बलों की ओर से घर-घर की तलाशी जारी है। उनकी संख्या दिन-व-दिन बढ़ती जा रही है। घरों में परिवार के सदस्यों के अलावा जो भी मिलता है, उसे बाहर चले जाने को कह दिया जाता है। धर्मशालाओं पर अर्धसैनिक बलों ने कब्जा कर लिया है।

इस बीच बीजेपी और विश्व हिंदू परिषद के कई नेता गिरफ्तारी से बचने के लिए भूमिगत हो गए हैं। समझा जा रहा है कि कारसेवक फैजाबाद, बस्ती और गोंडा जिलों के गाँवों में लोगों के घरों में ठहरेंगे। इसीलिए अधिकारी गाँव प्रधानों की बैठकें लेकर उनसे कह रहे हैं कि वे अजनबियों को घरों में न घुसने दें।

सरकार का दबाव जैसे-जैसे बढ़ता जा रहा है, वैसे-वैसे अयोध्यावासी खून-खराबा न होने की प्रार्थनाएँ ज्यादा कर रहे हैं। उधर खुफिया रपटों का कहना है कि हिंदू और मुसलमान दोनों ही अपने को हथियारों से लैस कर रहे हैं। एक अधिकारी के अनुसार, उनके घर हथियारों से अँटे पड़े हैं। आप उनकी मात्रा, क्षमता और ताकत सुनकर हैरान रह जाएँगे। एक कदम भी गलत उठ गया तो हम सभी मुश्किल में पड़ जाएँगे। यह अधिकारी जितना रथयात्रा के प्रति आशंकित है, उतना ही मुख्यमंत्री की ओर से की जा रही सद्भावना यात्राओं के प्रति भी आशंकित है।

एक ओर लखनऊ में जहाँ मुख्यमंत्री मुलायम सिंह की विशाल रैली हुई, वहीं फैजाबाद में पूर्व प्रधानमंत्री राजीव गांधी को देख लोग गलियों में खुशी से झूम उठे। एक मुसलमान ने उन्हें रामायण की प्रति भेंट की। जवाब में राजीव गांधी ने बच्चों को बाँहों में उठाकर प्यार किया और लोगों को धन्यवाद दिया कि सांप्रदायिक सद्भावना की उनकी अपील को उन्होंने सुना।

इन सद्भावना यात्राओं का असर लोगों पर कितना हुआ है, इसका अनुमान शुक्रवार की दो रैलियों से लगाया जा सकता है। एक ओर लखनऊ में जहाँ मुख्यमंत्री मुलायम सिंह की विशाल रैली हुई, वहीं फैजाबाद में पूर्व प्रधानमंत्री राजीव गांधी को देख लोग गलियों में खुशी से झूम उठे। एक मुसलमान ने उन्हें रामायण की प्रति भेंट की। जवाब में राजीव गांधी ने बच्चों को बाँहों में उठाकर प्यार किया और लोगों को धन्यवाद दिया कि सांप्रदायिक सद्भावना की उनकी अपील को उन्होंने सुना।

अयोध्या में श्री गांधी की यात्रा का सुरक्षाबल अधिकारियों तक ने स्वागत किया है। उनकी यात्रा से निश्चय ही इस शहर में तनाव में कुछ कमी आई है, लेकिन इस तनाव के कारणों पर श्री गांधी भी खामोश हैं। नया घाट में उन्होंने राम जन्मभूमि का एक बार भी जिक्र नहीं किया। यह वह जगह है, जहाँ से विवादास्पद इमारत से एक पत्थर हटा दिया गया था। उन्होंने केवल इतना ही कहा कि कुछ राजनैतिक दल अपने निजी स्वार्थ के लिए सांप्रदायिक हिंसा

को भड़का रहे हैं, लेकिन यह जनता पर है कि वह ऐसी योजनाओं को नाकाम कर दे। श्री गांधी के इस भाषण में उन लोगों को निश्चय ही निराशा हुई, जो 'बच्चा-बच्चा राम का, जन्मभूमि के काम का,' नारे लगाते हुए आए थे।

यहाँ के मुसलमान काफी परेशानी में हैं। वे रथयात्रा से बेहद डरे हुए हैं। उनकी चिंता सिर्फ यही कि प्रधानमंत्री बीजेपी नेता लालकृष्ण आडवाणी को दिल्ली में रोकेंगे या नहीं। कर्नलगंज के दंगे उन्हें आतंकित करते हैं और सुरक्षाबलों को वे संदेह की नजर से देख रहे हैं। उन्हें यह भी यकीन है कि मुलायम सिंह यादव श्री आडवाणी को देवरिया में प्रवेश नहीं करने देंगे। लेकिन फिर भी वे सहमे हुए हैं कि इसके बाद क्या होगा?

मुसलमान चाहे फैजाबाद का हो या बाराबंकी का, आज यह सोच रहा है कि अगर हिंदुओं के विश्व हिंदू परिषद और बजरंग दल हो सकते हैं तो मुसलमानों के हिफाजती दस्ते नहीं हो सकते? उन्हें यह भी नहीं पता कि अगर अदालत का फैसला उनके खिलाफ जाता है तो उनकी अपनी प्रतिक्रिया क्या होगी। बाबरी मस्जिद एक्शन कमेटी के सैयद शहाबुद्दीन की यह बात कैसे मान ली जाए कि सभी मुसलमान अदालत के फैसले का आदर करेंगे। आखिर इस तरह सोचनेवाला वह कौन है? विश्व हिंदू परिषद पहले ही कह चुकी है कि वह अदालत का फैसला नहीं मानेगी। ऐसे मुसलमान ही कैसे मान लें कि वे अपने हथियार समेटकर बैठ जाएँ और सब कुछ अपने आप ठीक हो जाएगा। अगर ऐसा न हुआ, तब क्या होगा?

हालात काफी चिंताजनक हैं और प्रशासन व्यवस्था करने में कोई कसर बाकी नहीं रख रहा। विवादास्पद इमारत और शिलान्यास स्थल पर पहले ही कड़ी सुरक्षा-व्यवस्था कर दी गई है। उसकी चौदह कोसी परिक्रमा सड़क के साथ-साथ अयोध्या और जगह संभव हुआ तो फैजाबाद को भी सील कर देने की योजना है। यह काम कठिन जरूर है, पर असंभव नहीं। ■

अयोध्या के लोग पूछते हैं तीस को क्या होगा?

लखनऊ, 16 अक्तूबर, 1990 : फैजाबाद में कारसेवकों से निपटने के लिए बेमिसाल तैयारियाँ की गई हैं। चप्पे-चप्पे पर तैनात केंद्रीय अर्धसैनिक बलों के बूटों की धमक से फैजाबाद सहमा हुआ है। सात स्तरीय सुरक्षा घेरेबंदी और जगह-जगह क्लोज सर्किट टीवी सेटों की चौकसी निगाह से बचना मुश्किल है। करीब छह हजार मंदिरों वाला यह शहर सीमा का कोई जंगी इलाका नजर आ रहा है। पता चला कि इसके बावजूद अयोध्या के तीस किलोमीटर की परिधि के गाँव में कारसेवक जमा होना शुरू हो गए हैं।

किसी भी कीमत पर अयोध्या पहुँचने से रोकने के सरकार के दृढ इरादे के अनुसार फैजाबाद होकर आने वाला गोरखपुर-लखनऊ सड़क मार्ग बंद पड़ा है। सहजनवा के पास पुलिस ने बाढ़ लगा दी है। इस रास्ते पर 14 जगहों पर घेराबंदी है।

कई ऐसे मौके आए, जब अयोध्या पुलिस छावनी में तब्दील हो गई।
फोटो : राजेंद्र कुमार

देवरिया से इधर आने वाले सभी छोटे-बड़े वाहन रोक दिए गए हैं। बसों का परमिट रद्द हो गया है। जी.पी. और टैक्सियों को पुलिस-इस्तेमाल में लगा दिया गया है।

रथयात्रा को देखते हुए राज्य की सीमाएँ सील कर दी गई हैं। सरकार को शक है कि बीजेपी शासित राजस्थान और मध्य प्रदेश से वहाँ के मंत्रियों के साथ भारी संख्या में कारसेवक राज्य में दाखिल हो सकते हैं। इसलिए राजस्थान और मध्य प्रदेश की सीमाएँ न सिर्फ सील हैं, बल्कि चौकसी बरती जा रही है। केवल फैजाबाद की सीमाओं को सील करने के लिए 54 केंद्रीय अर्धसैनिक बलों की कंपनियाँ फैजाबाद जिले की सरहद पर लगी हैं, ताकि आने वाली भीड़ रोकी जा सके और बीस के बाद फैजाबाद पूरी तरह अभेद्य हो जाए।

मंदिरों की तलाशी शुरू हो गई है। अयोध्या के इतिहास में पहली बार मंदिरों की तलाशी ली जा रही है। कार्तिक महीने में अयोध्या में लाखों लोग सरयू के किनारे कल्पवास करते हैं। इस दहशत और आतंक का असर कल्पवासियों पर भी पड़ा है। अब के कल्पवासी भी इक्का-दुक्का ही दिखाई पड़ रहे हैं। आतंक और दहशत यहाँ के स्थायी निवासियों में भी है। सभी के पास एक ही सवाल है—तीस को क्या होगा? लोग महीने भर का राशन-पानी जुटा रहे हैं। जरूरी चीजें बाजार से गायब हैं।

मंदिरों की तलाशी शुरू हो गई है। अयोध्या के इतिहास में पहली बार मंदिरों की तलाशी ली जा रही है। कार्तिक महीने में अयोध्या में लाखों लोग सरयू के किनारे कल्पवास करते हैं। इस दहशत और आतंक का असर कल्पवासियों पर भी पड़ा है।

ऐसे बंदोबस्त हैं कि जन्मभूमि के पास तो परिंदा भी पर नहीं मार सकता। सभी खाली जगहों पर सुरक्षा बलों ने तंबूघर बना लिये हैं। जन्मभूमि विवाद के चलते तीन बरस से लगातार यहाँ कलेक्टरी कर रहे जिलाधिकारी श्रीवास्तव का घर ही कंट्रोलरूम बना हुआ है।

फैजाबाद में गिरफ्तारियों का सिलसिला जारी है। जन्मभूमि ट्रस्ट के राम गोपाल वैद्य गिरफ्तार हो चुके हैं। राम जन्मभूमि यज्ञ समिति के उपाध्यक्ष नृत्यगोपाल दास, रामचंद्र परमहंस और वैभवाचार्य पर भी राज्य सरकार की नजर थी, पर कल प्रधानमंत्री वी.पी. सिंह के बुलावे पर इन तीनों साधुओं को दिल्ली भेजा गया।

आज फैजाबाद के नागरिकों ने दोनों पक्षों की पाँच सदस्य कमेटी बनाकर केंद्र सरकार से अपील की कि इस विवाद से निपटारे का काम फैजाबाद के नागरिकों के ऊपर छोड़ दिया जाए। हम इसे अपनी समझदारी से निपटा लेंगे। कमेटी में दोनों समुदायों के लोग हैं। कमेटी अयोध्या के विधायक जय शंकर पांडे के नेतत्व में राष्ट्रपति के पास जाकर भी वही निवेदन कर चुकी है। उसी कमेटी ने आज फिर से नए सिरे से बताया कि बातचीत के लिए फैजाबाद के नागरिकों ने एक पाँच सदस्यीय कमेटी बनाई है।

■

सर्वदलीय बैठक में बीजेपी नहीं जाएगी

नई दिल्ली, 16 अक्तूबर, 1990 : भारतीय जनता पार्टी अयोध्या विवाद को लेकर बुधवार को प्रधानमंत्री की तरफ से बुलाई जा रही सर्वदलीय बैठक का बायकॉट करेगी। आज यहाँ पार्टी के पदाधिकारियों की पाँच घंटे चली बैठक में यह फैसला किया गया। पार्टी ने देश के मौजूदा राजनैतिक हालात पर विचार के लिए कल यहाँ अपनी राष्ट्रीय कार्यसमिति की इमरजेंसी बैठक बुलाने का भी फैसला किया है। आज पार्टी अध्यक्ष लालकृष्ण आडवाणी और वरिष्ठ नेता अटल बिहारी वाजपेयी ने प्रधानमंत्री विश्वनाथ प्रताप सिंह से घंटे भर बातचीत भी की। बैठक के बाद श्री सिंह ने उम्मीद जताई कि बाबरी मस्जिद राम जन्मभूमि विवाद बातचीत से हल हो जाएगा। कांग्रेस (इ) सर्वदलीय बैठक में जाने या न जाने के बारे में कल फैसला करेगी। पार्टी महासचिव वी.एन. गाडगिल ने बताया कि कांग्रेस (इ) के केंद्रीय संसदीय बोर्ड की आज यहाँ बैठक हुई, इससे इस मुद्दे पर अंतिम फैसला नहीं लिया जा सका। पहले कांग्रेस (इ) ने संकेत दिया था कि वह सर्वदलीय बैठक का 'बायकॉट' करेगी, पर आज उसने इस मुद्दे पर पुनर्विचार किया लगता है।

बीजेपी महासचिवों—कृष्णलाल शर्मा और जे.पी. माथुर ने आज पत्रकारों को सर्वदलीय बैठक के बायकॉट के फैसले की जानकारी दी। उनसे पूछा गया कि क्या पार्टी राष्ट्रीय मोर्चा सरकार से समर्थन वापस लेने का फैसला करेगी? श्री माथुर ने जवाब दिया, "मंदिर निर्माण के मुद्दे पर सामने आने वाली तमाम परिस्थितियों पर कल विस्तार से विचार किया जाएगा। हम हर मुद्दे पर विचार करने को स्वतंत्र हैं। इस समय कम-से-कम इतना तो किया ही जाना चाहिए कि अयोध्या का मौजूदा (विवादास्पद) परिसर हिंदुओं के हवाले कर दिया जाए।" उन्होंने जोर देकर कहा कि पार्टी अध्यक्ष श्री आडवाणी की रथयात्रा जारी रहेगी और अयोध्या जरूर पहुँचेगी। बैठक में रथयात्रा को मिले व्यापक जनसमर्थन पर संतोष जाहिर किया गया।

आज की बैठक में अटल बिहारी वाजपेयी, सुंदर सिंह भंडारी, सिकंदर बख्त, विजयाराजे सिंधिया जैसे वरिष्ठ नेता मौजूद थे। बैठक की अध्यक्षता लालकृष्ण आडवाणी ने की। बैठक में महसूस किया गया कि सर्वदलीय बैठक का खास मतलब नहीं निकलने वाला, क्योंकि यह राष्ट्रीय एकता परिषद का ही विस्तार है। श्री शर्मा ने कहा कि उनकी पार्टी मानती है कि विवादास्पद स्थान पर मस्जिद नाम की कोई चीज नहीं है। फिर भी वहाँ मौजूद ढाँचे को हटाया जा सकता है। उन्होंने इसे अयोध्या विवाद का 'अकेला हल' बताया। यह पूछे जाने पर कि क्या श्री आडवाणी फिर प्रधानमंत्री से मिलेंगे, श्री माथुर ने कहा, "फिलहाल ऐसी कोई योजना नहीं है, पर जरूरत पड़ने पर इस बारे में विचार किया जा सकता है।" श्री आडवाणी और श्री वाजपेयी ने आज प्रधानमंत्री से हुई अपनी बातचीत की भी बैठक में जानकारी दी।

■

अयोध्या विवाद पर मोर्चा सरकार और बीजेपी में टकराव

अयोध्या, 17 अक्तूबर, 1990 : जनता दल और भारतीय जनता पार्टी बुधवार को अयोध्या विवाद पर आमने-सामने आ गए। इससे केंद्र की दस महीने पुरानी राष्ट्रीय मोर्चा सरकार के लिए खतरा पैदा हो जाने की आशंका है। बीजेपी ने अपनी राष्ट्रीय कार्यसमिति की 'इमरजेंसी' बैठक के बाद धमकी दी कि अगर पार्टी अध्यक्ष लालकृष्ण आडवाणी की रथयात्रा और अयोध्या में राममंदिर निर्माण में सरकार ने कोई बाधा डाली तो वह केंद्र सरकार से अपना समर्थन वापस ले लेगी। जनता दल की राजनैतिक मामलों की समिति ने इस धमकी पर विचार किया और घोषणा की कि सरकार अदालत के आदेश और देश के कानून को लागू करेगी, चाहे इसका कोई अंजाम हो। पश्चिम बंगाल के मुख्यमंत्री ज्योति बसु ने बीजेपी के रवैए की कड़ी आलोचना की है और कहा है कि बीजेपी की चुनौती मंजूर कर ली जानी चाहिए। इस बीच बिहार के मुख्यमंत्री लालू प्रसाद यादव ने श्री आडवाणी को तार भेजकर उनसे बिहार में प्रस्तावित रथयात्रा रद्द कर देने की अपील की है।

बीजेपी ने दोहराया कि अदालत अयोध्या विवाद का निपटारा नहीं कर सकती, क्योंकि यह मुद्दा देश के बहुसंख्यक समुदाय की भावनाओं से जुड़ा है। इसलिए विवाद वाली जगह पर मंदिर बनाया जाएगा, पर जनता दल ने कहा कि ऐसा करना अदालत के आदेश का उल्लंघन होगा और सरकार इसकी इजाजत नहीं दे सकती। इस विवाद से संबंधित पक्षों के कड़ा रुख अपना लेने से मामला और उलझ जाने का संकेत है। विश्व हिंदू परिषद ने राय जताई कि इस विवाद को एकमात्र हल विवादास्पद जगह पर मंदिर बनाना है। इसके लिए बाबरी मस्जिद को वहाँ से हटाना होगा। उधर जामा मस्जिद के इमाम सैयद अहमद बुखारी और आल इंडिया बाबरी मस्जिद एक्शन कमेटी के नेता जफरयाब जिलानी ने साफ कर दिया कि मुस्लिम समुदाय ऐसे किसी हल पर सहमत नहीं होगा, जिसमें विवादास्पद जमीन या उसका कोई हिस्सा मंदिर निर्माण के लिए ग्रहण किए जाने की बात हो।

इस माहौल में इस मुद्दे पर सर्वदलीय बैठक भी हुई, जिसका कांग्रेस (इ) और बीजेपी ने बायकॉट किया। सर्वदलीय बैठक ने इस मसले पर केंद्र के रुख का समर्थन किया और कहा कि अदालत के आदेश का पालन करते हुए बाबरी मस्जिद की रक्षा की जानी चाहिए।

भारतीय जनता पार्टी के अध्यक्ष लालकृष्ण आडवाणी ने आज रात प्रेस कॉन्फ्रेंस में कार्यसमिति के फैसले का ऐलान किया। कार्यसमिति की बैठक दोपहर बाद शुरू हुई। इसमें करीब आधे सदस्यों ने भाग लिया। बैठक तीन घंटे से भी ज्यादा देरी तक चली। इसे राम जन्मभूमि के मुद्दे पर सरकार के रवैए और उसके माकूल पार्टी का रुख तय करने के लिए बुलाया गया था। श्री आडवाणी ने कहा कि सरकार के समर्थन के सवाल पर अब दोबारा कार्यसमिति की बैठक बुलाने की जरूरत नहीं होगी। कार्यसमिति ने संसदीय दल के नेता अटल बिहारी वाजपेयी को अधिकृत किया है कि अगर सरकार रथयात्रा

मंदिर निर्माण में बाधा डाले तो वे समर्थन वापसी की बाबत राष्ट्रपति को लिख दें।

श्री आडवाणी ने कहा कि समर्थन वापसी के सभी संभावित नतीजों पर राष्ट्रीय कार्यसमिति ने विचार कर लिया है। अगर मध्यावधि चुनाव हुआ तो भी पार्टी ने मन बना लिया है, पर पार्टी कांग्रेस (इ) को सरकार बनाने में किसी भी तरह का समर्थन नहीं देगी। उन्होंने कहा, "मैं अभी भी अपेक्षा करता हूँ कि शासन देश के लोगों की भावनाओं का आदर करेगा। हमारी शर्त श्रीराम के जन्मस्थान को लेकर है। दूसरी किसी जगह पर मंदिर बनाने का प्रस्ताव हमें मंजूर नहीं होगा।"

उन्होंने कहा, "हालाँकि कार्य समिति के कई सदस्य सरकार के अब तक के कामकाज से इस कदर नाराज थे कि फौरन समर्थन वापसी चाहते थे। पर हमने अंतिम चेतावनी देना उचित समझा। अब गेंद सरकार के पाले में है। सरकार को तय करना है कि मामले के समाधान का यह आखिरी बिंदु है।"

बीजेपी अध्यक्ष ने कहा कि अभी भी समय है। आज तो 17 तारीख ही है। कल प्रकाश का उत्सव है। ईश्वर करे कि कल सचमुच प्रकाश हो। राम की अयोध्या वापसी की परंपरा का निर्वाह हो। उन्होंने फिर दोहराया कि राम जन्मभूमि विवाद को अदालत तय नहीं कर सकती, क्योंकि यह देश के बहुसंख्यक समुदाय की भावनाओं से जुड़ा मुद्दा है। इसके सर्वमान्य दो ही हल हो सकते हैं या तो बातचीत से कोई सुलह हो या फिर सरकार इसके लिए कानून बनाए, पर दुर्भाग्य है कि सरकार ने दोनों ही किस्म के समाधानों के प्रति दिलचस्पी नहीं दिखाई।

बीजेपी की राष्ट्रीय कार्यसमिति ने समर्थन वापसी की बाबत पास किए प्रस्ताव में कहा है, "रामरथयात्रा को जोरदार सफलता मिली है। सोमनाथ से दिल्ली तक विभिन्न जातियों और संप्रदायों के करोड़ों लोगों ने इसका जबर्दस्त स्वागत किया। इससे राष्ट्रीय एकता को बढ़ावा मिला है। राष्ट्रीय एकता में रुचि रखने वाली किसी भी सरकार को इसका स्वागत करना चाहिए था, लेकिन सरकार ने यात्रा में बाधाएँ ही पैदा की हैं और उत्तर प्रदेश में तो हजारों लोगों को गिरफ्तार कर लिया है।"

कार्यसमिति ने कहा है कि सरकार के रवैए पर उसे कोई आश्चर्य नहीं है। सरकार का सारा कामकाज निराश करने वाला ही रहा है। देश ने जनता दल सरकार का स्वागत किया था और बीजेपी ने बड़ी उम्मीदों से इसका समर्थन किया था, पर ये सारी अपेक्षाएँ बेकार गई हैं।

लालकृष्ण आडवाणी ने कहा कि उनकी रथयात्रा कहीं भी तनाव बढ़ाने का कारण नहीं बनी, उल्टे इससे तनाव कम ही हुआ। विरोधी भी अब खुलकर बात करते हैं कि हिंदुस्तान के बहुसंख्यक समाज की यह इच्छा है कि अयोध्या में श्रीराम जन्मभूमि मंदिर बने। रथयात्रा इस भावना का प्रतीक बन गई है। उन्होंने आज राम जन्मभूमि मुद्दे पर हुई सर्वदलीय बैठक के प्रस्ताव की भी चर्चा की।

■

निश्चिंत हैं मुलायम सिंह यादव

लखनऊ, 19 अक्तूबर,1990 : उत्तर प्रदेश के मुख्यमंत्री मुलायम सिंह यादव किसी भी हालत से निपटने के लिए तैयार हैं। भारतीय जनता पार्टी के अध्यक्ष लालकृष्ण आडवाणी को रथयात्रा रोकने पर राजी करने की कोशिश नई दिल्ली में नाकाम हो जाने पर भी वे परेशान नहीं लगे। 'सांप्रदायिक ताकतों' के खिलाफ मुहिम छोड़ने के बाद से वे सख्त रुख अपना रहे हैं और उन्होंने बार-बार घोषणा की है कि जब तक अदालत आदेश नहीं देती, वे किसी को बाबरी मस्जिद गिराने नहीं देंगे। शुक्रवार को 'जनसत्ता' से बातचीत में उन्होंने कहा कि वे 'निश्चिंत' हैं।

यह पूछे जाने पर कि क्या श्री आडवाणी को बिहार या उत्तर प्रदेश में गिरफ्तार किया जाएगा, श्री यादव ने कहा, "पहले उन्हें बिहार पहुँचने दीजिए और आगे बढ़ने दीजिए।" जब 24 अक्तूबर को श्री आडवाणी उत्तर प्रदेश में प्रवेश करेंगे, तब क्या उन्हें गिरफ्तार किया जाएगा। इस सवाल का श्री यादव ने सीधा उत्तर नहीं दिया। उन्होंने कहा, "हम किसी को कानून का उल्लंघन नहीं करने देंगे। मुख्यमंत्री के रूप में अपने फर्ज और जिम्मेदारियों को निभाने में मैं नहीं हिचकूँगा।"

श्री यादव ने अफसोस जताया कि श्री आडवाणी ने उनकी और दूसरे नेताओं की रथयात्रा रद्द करने की अपील नामंजूर कर दी। उन्होंने कहा, "वे हम पर टकराव थोपने लगते हैं। मैं टकराव नहीं चाहता हूँ, लेकिन जब यह हम पर थोपा जा रहा है, तब इसका सामना करने और करारा जवाब देने के अलावा हमारे पास कोई और रास्ता नहीं है।"

यह पूछे जाने पर कि क्या श्री आडवाणी को बिहार या उत्तर प्रदेश में गिरफ्तार किया जाएगा, श्री यादव ने कहा, "पहले उन्हें बिहार पहुँचने दीजिए और आगे बढ़ने दीजिए।" जब 24 अक्तूबर को श्री आडवाणी उत्तर प्रदेश में प्रवेश करेंगे, तब क्या उन्हें गिरफ्तार किया जाएगा। इस सवाल का श्री यादव ने सीधा उत्तर नहीं दिया। उन्होंने कहा, "हम किसी को कानून का उल्लंघन नहीं करने देंगे। मुख्यमंत्री के रूप में अपने फर्ज और जिम्मेदारियों को निभाने में मैं नहीं हिचकूँगा।"

श्री यादव ने इस पर संतोष जताया कि उनके रुख का केंद्र और बीजेपी को छोड़कर बाकी सभी पार्टियों के नेताओं ने समर्थन किया है। केंद्र ने स्थिति से निपटने के लिए राज्य सरकार को हर तरह की मदद देने का वायदा किया है, और अब वे बीजेपी व हिंदू परिषद का सामना करने के लिए तैयार हैं।

अपनी सांप्रदायिकता विरोधी मुहिम के दौरान मुलायम सिंह उत्तर प्रदेश में बीजेपी को चुनावी मुकाबला करने की चुनौती देते रहे हैं। उन्होंने चेताया है कि अगर मध्यावधि चुनाव हुए तो बीजेपी का सफाया हो जाएगा।

गुरुवार को पूर्व मुख्यमंत्री नारायण दत्त तिवारी के 66वें जन्म दिन समारोह में श्री

यादव मुख्य अतिथि थे। इस मौके पर इकट्ठा लोगों के बीच बोलते हुए उन्होंने श्री तिवारी के साथ अपना संबंध छुपाने की कोई कोशिश नहीं की। उन्होंने कहा, "हमारा संबंध कभी छुपा नहीं रहा है। इस खुले संबंध का इससे ज्यादा सबूत और क्या चाहिए कि मैं इनके सरकारी आवास पर आयोजित इस समारोह में मुख्य अतिथि हूँ।" उन्होंने इसे भी छुपाने की कोशिश नहीं की कि वे श्री तिवारी से सलाह लेते-माँगते रहे हैं और उनकी सलाह को बहुत महत्त्वपूर्ण मानते हैं। उन्होंने कहा, "राम जन्मभूमि मुद्दे पर भी उन्होंने सलाह दी है, लेकिन मैं इसे बताऊँगा नहीं।"

श्री यादव ने इसे झूठा प्रचार बताया कि वे राममंदिर बनाने का विरोध कर रहे हैं। उन्होंने कहा कि वे हिंदू हैं और भगवान राम या राममंदिर के खिलाफ नहीं हैं। उन्होंने कहा कि वे केवल बाबरी मस्जिद तोड़े जाने और उसकी जगह पर मंदिर बनाने का विरोध कर रहे हैं। यह मामला अदालत में है और अदालत ने दोनों पक्षों को विवादास्पद भूमि पर यथास्थिति बनाए रखने को कहा है। उन्होंने उम्मीद जताई कि अगर अदालत मस्जिद गिराने का आदेश देती है तो मुसलमान उसे मानेंगे, लेकिन जब तक अदालत का आदेश नहीं है, वे मुख्यमंत्री की हैसियत से कोर्ट के आदेश का उल्लंघन नहीं होने देंगे।

श्री यादव ने इसे झूठा प्रचार बताया कि वे राममंदिर बनाने का विरोध कर रहे हैं। उन्होंने कहा कि वे हिंदू हैं और वे भगवान राम या राममंदिर के खिलाफ नहीं हैं। उन्होंने कहा कि वे केवल बाबरी मस्जिद तोड़े जाने और उसकी जगह पर मंदिर बनाने का विरोध कर रहे हैं।

श्री यादव ने संदेह जाहिर किया कि विश्व हिंदू परिषद और बीजेपी अदालत के बाहर हुए समझौते का पालन करेंगी। उन्होंने कहा, परिषद ने पिछले साल शिलान्यास के पहले लिखित रूप में अदालत का निर्देश मानने और यथास्थिति बनाए रखने का करार किया था, पर अब ये उससे पीछे हट रहे हैं और अगले 30 अक्तूबर को पूर्वस्थिति से छेड़छाड़ की तैयारी कर रहे हैं।

श्री यादव ने केंद्र की राष्ट्रीय मोर्चा सरकार से समर्थन वापस लेने की बीजेपी की धमकी से संबंधित सवालों का जवाब देने से इनकार किया, पर उनके निकट सूत्रों ने बताया कि वे इससे परेशान नहीं हैं। वैसे भी उत्तर प्रदेश में उनकी अपनी सरकार बीजेपी के समर्थन पर निर्भर नहीं है। अगर जनता दल में भी बगावत हो जाती है तो उस स्थिति में भी वे कांग्रेस (इ) के समर्थन से अपनी सरकार बचा ले जाने की उम्मीद कर सकते हैं। गौरतलब है कि इंका अध्यक्ष राजीव गांधी और राज्य विधानसभा में विपक्ष के नेता नारायण दत्त तिवारी ने सांप्रदायिकता के खिलाफ उनके संघर्ष के मुद्दे पर उन्हें समर्थन देने का वादा किया है।

■

विवादवाली जमीन सरकार ने कब्जे में ली

नई दिल्ली, 19 अक्तूबर, 1990 : केंद्र ने आज अयोध्या में बाबरी मस्जिद वाले विवादास्पद ढाँचे की जमीन का अधिग्रहण कर लिया। इस संबंध में राष्ट्रपति आर. वेंकटरामन ने आज रात एक अध्यादेश जारी किया। इसके जरिए विवादास्पद जगह के आस-पास के इलाकों का भी अधिग्रहण कर लिया गया है। राम जन्मभूमि-बाबरी मस्जिद विवाद को तेजी से निपटाने के लिए सुप्रीम कोर्ट को सौंप दिया जाएगा। जब तक सुप्रीम कोर्ट का फैसला नहीं आ जाता है, सरकार विवादास्पद जमीन पर यथास्थिति बनाए रखेगी। विवादास्पद जमीन का मामला अभी इलाहाबाद हाईकोर्ट में है। इस जमीन को छोड़कर अधिग्रहीत किए गए बाकी इलाके राम जन्मभूमि यज्ञ समिति या राममंदिर के निर्माण के लिए बनाए गए 'न्यास' को दे दिए जाएँगे।

इससे पहले राष्ट्रीय मोर्चा सरकार ने अयोध्या विवाद के सद्भावपूर्ण हल के लिए इन्हीं तीन सूत्रों को आधार बनाकर आज एक फॉर्मूला पेश किया था, जिसे विश्व हिंदू परिषद (विहिप) ने ठुकरा दिया था। भारतीय जनता पार्टी ने भी इस पर नकारात्मक प्रतिक्रिया जाहिर की थी।

विश्व हिंदू परिषद के महामंत्री अशोक सिंघल ने इस 'फॉर्मूले' को 'राजनैतिक हथकंडा' करार दिया था, जबकि बीजेपी महासचिव जे.पी. माथुर ने कहा कि नया सरकारी 'फॉर्मूला' मूल समस्या को छूने में असफल है और यह इस मुद्‌दे को किनारे करने की कोशिश है।

इस बीच बीजेपी अध्यक्ष लालकृष्ण आडवाणी को रथयात्रा रद्‌द करने के लिए नहीं मनाया जा सका। इस संबंध में प. बंगाल के मुख्यमंत्री ज्योति बसु, राष्ट्रीय मोर्चा के अध्यक्ष एन.टी. रामाराव और कई केंद्रीय मंत्रियों व दूसरे नेताओं की कोशिशें नाकाम रहीं। श्री आडवाणी आज शाम राजधानी एक्सप्रेस से बिहार में धनबाद रवाना हो गए, जहाँ वे कल अपनी रथयात्रा शुरू करेंगे। धनबाद और दक्षिण बिहार की दूसरी जगहों पर इस सिलसिले में तनाव बढ़ जाने की खबर है। पूरे दक्षिण बिहार में सेना सावधान कर दी गई है।

राजधानी में आज राजनैतिक गतिविधियाँ काफी तेज रहीं। प्रधानमंत्री विश्वनाथ प्रताप सिंह अलग पार्टियों के नेताओं और विभिन्न समूहों के प्रतिनिधियों से मिलते रहे। इनमें कई सर्वोदय नेता भी शामिल हैं। इन्हीं वार्त्ताओं में तीन सूत्री 'फॉर्मूला' उभरा, जिस पर विचार करने के लिए केंद्रीय मंत्रिमंडल की दो बार बैठक हुई। मंत्रिमंडल के इस 'फॉर्मूले' पर राजी हो जाने के बाद केंद्रीय मंत्रियों जार्ज फर्नांडीज व पी. उपेंद्र ने विश्व हिंदू परिषद के नेताओं को उसकी जानकारी दी।

आज रात जल्दी में बुलाई एक प्रेस कॉन्फ्रेंस में सूचना और प्रसारण मंत्री पी. उपेंद्र ने सरकार के तीन सूत्री 'फॉर्मूले' की जानकारी दी। हालाँकि विश्व हिंदू परिषद के सूत्रों ने दावा किया कि इससे पाँच घंटे पहले ही परिषद के महामंत्री अशोक सिंघल ने सरकार

को (श्री उपेंद्र को ही) इससे ठुकराए जाने के बारे में बता दिया था। इसके बावजूद प्रेस कॉन्फ्रेंस में श्री उपेंद्र ने बताया कि विहिप अभी इस पर विचार कर रही है और उन्हें अभी तक उसकी प्रतिक्रिया नहीं मिली है।

पिछले दिनों की बातचीत से निकले 'फॉर्मूले' पर सरकार सहमत है। उन्होंने उम्मीद जताई कि सभी राजनैतिक दल, धार्मिक संगठन और आम जनता इस मामले में रास्ता सुझाने में मदद करेंगे और शांति व सांप्रदायिक सद्भाव बनाए रखेंगे।

उधर श्री आडवाणी ने इस बात पर नाराजगी जताई कि सरकारी माध्यम खबरों को तोड़-मरोड़कर पेश कर रहे हैं। इससे लोगों के मन में जानबूझकर गलत धारणा बैठाई जा रही है। आज दिन भर राष्ट्रीय मोर्चा अध्यक्ष एन.टी. रामाराव और पश्चिम बंगाल के मुख्यमंत्री ज्योति बसु से बातचीत के बाद श्री आडवाणी ने कहा कि सरकार इस मामले को गंभीरता से नहीं ले रही है। दिन में बीजेपी के पदाधिकारियों की भी एक बैठक हुई, जिसमें यह महसूस किया गया कि सरकार वक्त माँगने के लिए अनर्गल बातें कर रही है। इस बैठक में श्री आडवाणी के अलावा अटल बिहारी वाजपेयी, विजयाराजे सिंधिया, मुरली मनोहर जोशी, कुशाभाऊ ठाकरे, केदारनाथ साहनी, कृष्णलाल शर्मा वगैरह शामिल थे। बैठक में बाद पत्रकारों से अनौपचारिक बातचीत में श्री आडवाणी ने कहा कि कल दूरदर्शन पर बिहार के मुख्यमंत्री से उनकी बातचीत में जिस तरह से उनकी बात को छुपाया गया, वह सरकार की नीयत पर शक पैदा करता है। ऐसे ही श्री वाजपेयी और बीजेपी के दो और नेताओं की एन.टी. रामाराव से मुलाकात को पेश करने के तरीके पर भी उन्होंने एतराज जताया। श्री आडवाणी ने कहा कि श्री वाजपेयी शिष्टाचार के नाते की रामाराव का हालचाल पूछने अस्पताल गए थे, लेकिन सरकारी माध्यमों ने इस मुलाकात को इस तरह पेश किया, मानो बीजेपी समझौते की कोशिश कर रही है।

श्री आडवाणी ने बताया कि सरकार के प्रस्ताव से वे संतुष्ट नहीं हैं, हालाँकि प्रस्ताव पर विचार विहिप को करना है, लेकिन चूँकि वह खुद ही इससे संतुष्ट नहीं है तो इसकी सिफारिश का भी सवाल नहीं उठता। इससे पहले कल और आज बिहार और पश्चिम बंगाल के मुख्यमंत्री श्री आडवाणी से मिले और उनसे रथयात्रा रद्द करने की अपील की। लालू प्रसाद यादव ने उन्हें बताया कि रथयात्रा के मार्ग में पड़ने वाले कई इलाकों में तनाव है। लेकिन श्री आडवाणी ने उन्हें कहा कि रथयात्रा में अभी तक कहीं कोई दंगा नहीं भड़का है और उन्हें उम्मीद है कि बिहार में भी रथयात्रा शांति से गुजर जाएगी। इसलिए उन्होंने श्री यादव की अपील नामंजूर कर दी।

इस बीच प्रधानमंत्री वी.पी. सिंह ने आज ज्योति बसु को एक विशेष संदेश भेजकर दिल्ली बुला लिया था। श्री बसु बीजेपी अध्यक्ष से दो बार मिले और रथयात्रा रद्द नहीं तो कम-से-कम स्थगित करने की अपील की। श्री आडवाणी ने उनकी यह बात तो नहीं मानी, लेकिन अपनी कलकत्ता यात्रा रद्द करके आज दोपहर बाद तक दिल्ली में ही रुक गए।

लालकृष्ण आडवाणी ने सोमनाथ से रथयात्रा की शुरुआत की, रथयात्रा जहाँ-जहाँ से गुजरी, वहाँ की मिट्टी तक की लोगों ने पूजा की। *फोटो : इंडियन एक्सप्रेस अभिलेखागार*

दोपहर में श्री रामाराव बीमारी की हालत में ही राम मनोहर लोहिया अस्पताल से श्री आडवाणी के घर पहुँचे। उनके साथ श्री उपेंद्र के अलावा एक डॉक्टर और नर्स भी थी। करीब तीन घंटे चली बातचीत में वाजपेयी भी मौजूद थे। हालाँकि श्री रामाराव ने श्री आडवाणी को गाड़ी छूटने से थोड़ी ही देर पहले छोड़ा, लेकिन इस बातचीत का भी कोई नतीजा नहीं निकला। श्री आडवाणी ने तेलुगु देशम के नेताओं को बताया कि उनकी यात्रा का उद्देश्य सांप्रदायिक सद्भाव कायम करना है और वे मस्जिद कहे जाने वाले ढाँचे को तोड़ने नहीं, बल्कि मंदिर के पुनर्निर्माण के लिए जा रहे हैं।

बीजेपी की सरकार से समर्थन वापस लिये जाने की धमकी से पैदा हुए संकट पर विचार करने के लिए केंद्रीय मंत्रिमंडल की भी दिन में दो बार बैठक हुई। शाम को मंत्रिमंडल की राजनैतिक मामलों की समिति की भी बैठक इस विषय पर हुई। रात को पत्रकारों को दिया गया 'फॉर्मूला' इन्हीं बैठकों का नतीजा बताया गया था। हालाँकि यह 'फॉर्मूला' कल शाम से ही विहिप के सामने था।

इस बीच प्रधानमंत्री आज दोपहर बाद राष्ट्रपति आर. वेंकटरामन से मिलने गए। समझा जाता है कि 15 मिनट की इस मुलाकात में उन्होंने राष्ट्रपति को मौजूदा हालात से अवगत कराया और इस संबंध में सरकार की राय बताई।

दीवाली होने के बावजूद कल भी मसले को सुलझाने के लिए राजनैतिक गतिविधियाँ चलती रही थीं। अटकलों के बीच रेल मंत्री जॉर्ज फर्नांडीज और सूचना व प्रसारण मंत्री पी. उपेंद्र कल विहिप के महामंत्री अशोक सिंघल से मिले थे, लेकिन कुल मिलाकर कोई नतीजा नहीं निकला।

उधर बीजेपी में इस बात पर मतभेद की बात को झुठलाते हुए श्री वाजपेयी ने पत्रकारों को बताया कि वे दिल्ली में ही मोर्चा सँभालेंगे। उन्होंने कहा कि राष्ट्रीय मोर्चा सरकार से समर्थन वापस लेने की चिट्ठी तैयार है।

■

राजस्थान में फायरिंग व आगजनी में 30 मरे

नई दिल्ली, 24 अक्तूबर, 1990 : भारतीय जनता पार्टी की अपील पर हुए 'भारत बंद' के दौरान आज देश के कई हिस्सों में बड़े पैमाने पर हुई हिंसा में कम-से-कम 39 लोग मारे गए। बड़ी संख्या में लोगों के घायल होने, लूट-पाट और आगजनी आदि की भी खबर है। कई जगहों पर कर्फ्यू लगा दिया गया और कुछ स्थानों पर सेना बुला ली गई है। बंद का मिला-जुला असर रहा। सबसे जबर्दस्त हिंसा राजस्थान में हुई, जहाँ 30 लोग मारे गए। वहाँ नौ लोग पुलिस की गोली से मारे गए, जबकि पुलिस वाले की भीड़ में से किसी ने गोली मारकर हत्या कर दी। छह दूसरे लोगों को भीड़ ने जिंदा जला दिया।

कर्नाटक में तीन और पश्चिम बंगाल में दो लोग मारे गए। महाराष्ट्र, आंध्र प्रदेश और

गुजरात से एक-एक व्यक्ति के मारे जाने की खबर है। बीजेपी ने बंद की अपील अपने अध्यक्ष लालकृष्ण आडवाणी की गिरफ्तारी के विरोध में की थी। प्रधानमंत्री ने कई राज्यों के मुख्यमंत्रियों से उनके यहाँ की स्थिति की टेलीफोन पर जानकारी ली। स्थिति काफी तनावपूर्ण बताई गई है।

गृह मंत्री संपत राम ने बताया कि सेना की छह कंपनियों को सतर्क किया गया था। इनमें से तीन कंपनियाँ शहर में बुलाई जा चुकी हैं। जरूरत पड़ने पर तीन और बुलाई जाएँगी। दंगइयों ने कई दुकानों को आग लगा दी और सामान लूट लिया। पूजा स्थानों पर पत्थरबाजी की गई। चश्मदीदों के अनुसार दंगे की शुरुआत रामगंज इलाके से गुजर रहे कारसेवकों और बंद समर्थकों पर पथराव से हुई। जवाब में दूसरे संप्रदाय के लोगों ने जौहरी बाजार में एक धार्मिक जगह पर पत्थरबाजी की। फिर दुकानों के शटर तोड़ने, आग लगाने और लूटने का सिलसिला चल पड़ा। रामगंज इलाका दंगे का केंद्र बना। सोड़ाला में भी तनाव फैल गया। वहाँ राजस्थान सशस्त्र पुलिस के जवान तैनात किए गए।

अजमेर जिले के ब्यावर शहर में भी आज हिंसा भड़क उठी। वहाँ उपद्रवियों को खदेड़ने के लिए पुलिस को लाठीचार्ज और आँसू गैस के बाद गोली चलानी पड़ी। बाद में यहाँ भी सेना बुलानी पड़ी। बीकानेर में भी दुकानें बंद कराने को लेकर तनाव फैल गया। ■

रथयात्रा पर सरकार व बीजेपी में गुप्त समझौता था—वाजपेयी

नई दिल्ली, 26 अक्तूबर, 1990 : भारतीय जनता पार्टी के नेता अटल बिहारी वाजपेयी ने आज जानकारी दी है कि सरकार और उनकी पार्टी के बीच लालकृष्ण आडवाणी की रथयात्रा को लेकर गुप्त सहमति हुई थी। इसके मुताबिक श्री आडवाणी की रथयात्रा में कहीं भी बाधा नहीं डाली जानी थी और 30 अक्तूबर को उन्हें अयोध्या में श्रीराममंदिर के शिलान्यास वाले स्थान पर कारसेवा करने की छूट देना तय था, पर सरकार ने श्री आडवाणी को गिरफ्तार कर खुद इस सहमति को तोड़ दिया। लिहाजा अपने पतन के लिए सरकार खुद जिम्मेदार है।

श्री वाजपेयी ने आज प्रेस कॉन्फ्रेंस में यह रहस्योद्घाटन किया। इसका संदर्भ उन्होंने सरकार के इस प्रचार के जवाब में दिया कि बीजेपी ने सरकार के सामने संकट खड़ा किया है। श्री वाजपेयी ने कहा कि उनकी पार्टी ने तो वही किया, जो उसे करना चाहिए था।

बीजेपी नेता ने कहा कि गुप्त सहमति के बारे में विश्व हिंदू परिषद और उत्तर प्रदेश के मुख्यमंत्री मुलायम सिंह यादव को भी जानकारी थी। उनका कहना था, मुझे नहीं पता कि सहमति से फिरने की वजह सरकार पर कोई दबाव था या जनता दल की अदंरूनी लड़ाई और कलह।

उन्होंने इस संभावना से भी इनकार नहीं किया कि श्री आडवाणी की गिरफ्तारी विश्वनाथ प्रताप सिंह और मुलायम सिंह यादव के आपसी मतभेद का नतीजा था।

श्री वाजपेयी ने कहा कि गुप्त सहमति के मुताबिक 30 अक्तूबर को राममंदिर का निर्माण शिलान्यास वाली जगह होना था। विवादग्रस्त ढाँचे को तोड़ने का अभी कोई इरादा नहीं था। इसके बावजूद सरकार ने कई गड़बड़ियाँ कीं। लालकृष्ण आडवाणी को गिरफ्तार किया, तीन सूत्री अध्यादेश को वापस लिया और पिछले साल अयोध्या में जहाँ राममंदिर का शिलान्यास हुआ था, उस जगह को भी विवादग्रस्त घोषित कर दिया, जबकि इसी सरकार के गृहमंत्री ने संसद में ऐलान किया था कि शिलान्यासवाली जगह विवाद रहित है। अब सरकार ने उसे कमीशन की रपट के बहाने विवादग्रस्त करार दिया है। बीजेपी नेता ने कहा, "हम उस रपट को देखना चाहेंगे। रपट पर अमल से पहले लोगों को विश्वास में लेना चाहिए था।"

उन्होंने कहा कि संकट खुद जनता दल की तरफ से पैदा हुआ है। यह गुजरात और राजस्थान के मामले में पार्टी के रवैए से भी साबित हो गया है। कल पता चला था कि राजस्थान में जनता दल बीजेपी सरकार से समर्थन वापस नहीं ले रहा है, सिर्फ उनके मंत्री इस्तीफा देने वाले थे। इसीलिए बीजेपी ने भी गुजरात के अपने मंत्रियों को सिर्फ इस्तीफा देने को कहा था।

■

'चौदह कोसी' परिक्रमा नामुमकिन

लखनऊ, 26 अक्तूबर, 1990 : हाईकोर्ट के आदेश को धत्ता बताते हुए राज्य सरकार ने अयोध्या की चौदह कोसी परिक्रमा पर अघोषित रोक लगा दी है। कल सुबह दस बजे से नवमी लगने के बाद परिक्रमा शुरू होती है, पर अयोध्या और फैजाबाद में बेमियादी कर्फ्यू और परिक्रमा मार्ग को पूरी तरह सील किए जाने के बाद वहाँ लोगों का जाना नामुमकिन है। लोग सरकार की इस कार्रवाई को धार्मिक आजादी पर रोक मान रहे हैं। सर्वोदयी नेता श्यामा प्रसाद प्रदीप कल से परिक्रमा मार्ग पर अनशन पर बैठ रहे हैं।

कार्तिक शुक्लपक्ष की नवमी से एकादशी तक अयोध्या चौदह कोसी परिक्रमा के चलते पूरी तरह राममय हो जाती थी, पर अबकी बार यहाँ आतंक है और अयोध्या पुलिसमय है। यह परिक्रमा प्राचीनकाल से होती चली आ रही है।

पिछले एक हफ्ते से फैजाबाद को पूरी तरह सील और सड़क-रेल मार्ग जाम करने से इस बार परिक्रमा में बाहर से आने वाले नगण्य ही थे, पर सरकारी इंतजाम के अनुसार अब आस-पास और फैजाबाद में निवासियों के भी परिक्रमा में शामिल होने से सरकार को खतरा लग रहा है। अमन पसंद धार्मिक शहर अयोध्या के इतिहास में पहली बार परिक्रमा में जाने से पुलिस रोक रही है। हालाँकि जिलाधिकारी आर.एस. श्रीवास्तव के अनुसार कोई

पाबंदी नहीं है, पर किसी को उस रास्ते फटकने नहीं दिया जा रहा है। राज्य सरकार द्वारा पत्रकारों के लिए जारी पास भी वहाँ बेमतलब हैं।

अयोध्या की इस परंपरागत परिक्रमा पर किसी भी तरह की पाबंदी पर इलाहाबाद की लखनऊ बेंच ने रोक लगाई थी। हाईकोर्ट ने सरकार को हिदायत दी थी कि वे परिक्रमा में जाने वाले श्रद्धालुओं पर कोई अड़चन न डालें। सरकार ने अदालत से कहा था कि हमने कोई पाबंदी नहीं लगाई है, न लगाने का विचार है, पर अघोषित तौर पर किसी को परिक्रमा के रास्ते फटकने नहीं दिया जा रहा है। ऐसा इस संवाददाता ने खुद देखा।

मणिराम दास छावनी के महंत नृत्यगोपाल दास, जो राम जन्मभूमि मुक्ति यज्ञ समिति के उपाध्यक्ष भी हैं, ने आज अपनी छावनी में इस संवाददाता से कहा, "चाहे जो भी हो, कल वे और उनकी छावनी के साधु परिक्रमा करेंगे।" नृत्यगोपाल दास ने कहा कि ऐसे फैसले करके राज्य के मुख्यमंत्री न केवल हमारी धार्मिक आजादी का हनन कर रहे हैं, बल्कि हमारे धर्म का अपमान भी कर रहे हैं। महंतजी ने कहा—परिक्रमा कल से शुरू होगी और दो रोज चलेगी।

अयोध्या की इस परिक्रमा में हर बरस कोई दस लाख लोग आते हैं। अयोध्या नगर के चारों तरफ 46 किलोमीटर लंबी परिक्रमा को भक्त लोग दो रोज में पूरा करते हैं। परिक्रमा के रास्ते पर पूरा उत्सवी माहौल होता था। स्वास्थ्य विभाग अपने कैंप लगाता था। नियंत्रण कक्ष बनाया जाता था। नाम के लिए यह सब है, पर एकदम डरावना माहौल है। बिल्कुल कर्फ्यू जैसी स्थिति है। सरयू किनारे घाटों पर कोई दिख नहीं रहा है। नया घाट के निवासी झिनाजू यादव के अनुसार इस समय तिल धरने की जगह नहीं होती थी, पर अब की सब सूना है। मेले में 24 घंटे सिटी बस चला करती थी। अयोध्या और फैजाबाद के बीच इस बार आम दिनों में भी चलने वाली बसों को रोक दिया गया है। जो भक्त परिक्रमा के लिए मंदिरों में आकर टिकते थे, उनकी जगह सभी मंदिरों पर पुलिस का कब्जा है। ■

अयोध्या व फैजाबाद में कर्फ्यू, रज्जू भैया गिरफ्तार

26 अक्तूबर, 1990 : अयोध्या और फैजाबाद में आज शाम से कर्फ्यू लगा दिया गया। राष्ट्रीय स्वयंसेवक संघ के सह कार्यवाहक राजेंद्र सिंह समत सैकड़ों कारसेवकों को आज भी कई जगह गिरफ्तार किया गया। भारतीय जनता पार्टी की उपाध्यक्ष विजयाराजे सिंधिया को चित्रकूट में ही गिरफ्तार करने की पूरी तैयारी हो चुकी है। इस बीच उन्नाव जेल में 'कारसेवकों' और कैदियों में हुई झड़प में छह लोग घायल हो गए। तनाव के माहौल को ध्यान में रखते हुए आज शाम फैजाबाद और अयोध्या में बेमियादी कर्फ्यू लगा दिया गया। अयोध्या और फैजाबाद की ओर जाने वाले सभी रास्तों को सील कर दिया गया है।

अधिकारियों ने विशेष अनुमति के आधार पर चलाए जाने वाहनों पर भी रोक लगा दी है।

राज्य पुलिस और अर्धसैनिक बल पूरी चौकसी बरत रहे हैं। इन इलाकों में पुलिस और अर्धसैनिक बलों को भारी तादाद में तैनात कर दिया गया है। अयोध्या में सेना के चार दस्तों, यानी लगभग सात सौ सैनिकों को तैनात कर दिया गया है। सेना कई बार फ्लैग मार्च कर चुकी है। सेना के सूत्रों के अनुसार कुछ और कॉलमों को भी तैयार रखा गया है, ताकि उन्हें आपात स्थिति में तैनात किया जा सके।

कल आधी रात के लगभग अयोध्या की पारंपरिक चौदह कोसी परिक्रमा शुरू होने वाली है, जो 28 अक्तूबर की आधी रात तक चलनी है। समझा जाता है कि कर्फ्यू लगाने का एक कारण जनता को परिक्रमा में भाग लेने से रोकना भी है। क्योंकि पुलिस को कारसेवकों और परिक्रमा करने वालों में अंतर करने में दिक्कत होगी।

हालाँकि जनता को परिक्रमा की परिधि में ही रखने और अयोध्या नहीं जाने देने के लिए लकड़ी की बल्लियाँ वगैरह लगाकर काफी इंतजाम किए गए हैं। दोनों नगरों में जहाँ बड़ी संख्या में पुलिस और केंद्रीय सुरक्षा बलों के जवान तैनात हैं, वहीं श्रीराम जन्मभूमि परिसर में सुरक्षा का दायित्व भारत तिब्बत सीमा पुलिस को सौंपा जा चुका है।

फैजाबाद में आज दिन में कोई वारदात नहीं हुई। जिला अधिकारियों ने आज शाम सात बजे से लगाए गए कर्फ्यू को एहतियाती कदम बताया है। कर्फ्यू की घोषणा करते हुए अधिकारियों ने बताया कि अयोध्या और फैजाबाद के सभी गैरबाशिंदों को वहाँ से बाहर ले जाने के लिए बसों का इंतजाम किया जा रहा है। दूसरी ओर राममंदिर शिलान्यास स्थल से मंडप हटाने के विरोध में आज अयोध्या और फैजाबाद में बहुसंख्यक समुदाय की ज्यादातर दुकानें बंद रहीं। इन दोनों नगरों के कुछ व्यापारियों ने कहा है कि वे तीस अक्तूबर तक अपनी दुकानें बंद रखेंगे। बहराइच से मिली एक खबर के मुताबिक शिलान्यास की जगह से मंडप हटाने और श्री आडवाणी की गिरफ्तारी करने के विरोध में यहाँ पिछले दो दिनों से सभी कारोबार बंद हैं।

राष्ट्रीय स्वयंसेवक संघ के सह कार्यवाहक राजेंद्र सिंह को आज अमौसी हवाई अड्डे पर गिरफ्तार कर लिया गया।

■

शंकराचार्य, अवेद्यनाथ व डालमिया गिरफ्तार

नई दिल्ली, 27 अक्तूबर, 1990 : उत्तर प्रदेश में आज राम जन्मभूमि यज्ञ समिति के अध्यक्ष महंत अवेद्यनाथ, ज्योतिषपीठ के शंकराचार्य वासुदेवानंद, विश्व हिंदू परिषद के कार्यवाहक अध्यक्ष विष्णु हरि डालमिया और भारतीय जनता पार्टी के सांसद मदनलाल खुराना समेत अयोध्या मार्च करने वाले हजारों कारसेवकों को गिरफ्तार कर लिया गया।

गुवाहाटी हाईकोर्ट के पूर्व मुख्य न्यायाधीश गुमान मल लोढ़ा भी पकड़ लिये गए हैं। उ.प्र. में गिरफ्तार कारसेवकों की कुल तादाद 60 हजार तक पहुँच गई है। श्रीराम कारसेवा समिति का दावा है कि गिरफ्तार कारसेवकों की संख्या दो लाख 16 हजार है। इस बीच दिल्ली में एक बीजेपी कार्यकर्ता ने आत्मदाह कर लिया, राँची में एक आदमी को चाकू मार दिया गया और इलाहाबाद में पुलिस फायरिंग में चार घायल हो गए। अयोध्या और फैजाबाद में बढ़ते तनाव को देखते हुए कर्फ्यू जारी है। विश्व हिंदू परिषद ने इन गिरफ्तारियों के विरोध में रविवार को उत्तर प्रदेश बंद की अपील की है।

महंत अवेद्यनाथ को हिंदू संगठनों के कई सदस्यों के साथ दिल्ली से वैशाली एक्सप्रेस पर कारसेवा के लिए अयोध्या जाते समय पनकी स्टेशन पर गिरफ्तार किया गया। उनके साथ गिरफ्तार होने वालों में स्वामी चिन्मयानंद, महंतजीत, हरियाणा कारसेवा समिति के अध्यक्ष बाबा वेदनाथ और मुक्त हिंद मोर्चा के संयोजक अशोक लाहियाँ शामिल हैं।

इलाहाबाद में ज्योति पीठाधीश्वर जगद्गुरु शंकराचार्य वासुदेवानंद सरस्वती को उनके सैकड़ों समर्थकों के साथ गिरफ्तार किया गया। उडुपि के जगद्गुरु मध्वाचार्य विश्वेश्वर तीर्थजी महाराज को आज रात इलाहाबाद के शंकरगढ़ नामक स्थान पर गिरफ्तार कर लिया गया।

श्री डालमिया की हिंदू परिषद के विदेश विभाग के इंचार्ज बद्री प्रसाद, संपर्क प्रमुख वसंत राव ओक, कुल्ला रेड्डी और अमेरिका की संगठन मंत्री अंजली पांड्या के साथ लखनऊ के अमौसी हवाई अड्डे पर हिरासत में लिया गया। अखिल भारतीय श्रीराम कारसेवा समिति के अध्यक्ष को भी यहीं गिरफ्तार किया गया है।

एक सरकारी प्रवक्ता ने बताया कि राम जन्मभूमि बाबरी मस्जिद मामले के सिलसिले में उत्तर प्रदेश में अब तक लगभग 60 हजार लोगों को गिरफ्तार किया गया है। उसने बताया कि राम जन्मभूमि मंदिर में दैनिक पूजा पर कोई रोक नहीं है।

■

शिलान्यास मंडप तोड़ा था और इस पर झड़प भी हुई

लखनऊ, 27 अक्तूबर, 1990 : उत्तर प्रदेश सरकार का यह दावा सरासर गलत है कि अयोध्या में श्रीराम जन्मभूमि में शिलान्यास की जगह कोई तोड़फोड़ नहीं हुई या रामलला की मूर्ति हटाने की कोई कोशिश नहीं हुई। अयोध्या में मालूम हुआ कि शिलान्यास की जगह न केवल तोड़-फोड़ हुई, बल्कि गर्भगृह में स्थापित रामलला की मूर्ति हटाने के मंसूबे भी बाँधे गए। इस बात पर केंद्रीय सुरक्षा पुलिस बल (सी.आर.पी.एफ.) और सीमा सुरक्षा बल (बी.एस.एफ.) में तकरार भी हुई। यही नहीं, अयोध्या के लोग इन हरकतों से कुपित होकर श्रीराम जन्मभूमि स्थल पर प्रतिरोध करने भी आए।

अयोध्या में चप्पे-चप्पे पर सुरक्षा बलों की कड़ी नजर है। इतने सुनिश्चित प्रबंध हैं कि बाहर से परिंदा भी पर नहीं मार सकता, फिर भी कल से वहाँ रात का कर्फ्यू लगा दिया गया। वजह—बुधवार की रात को शिलान्यास की जगह लगा पत्थर और मंडप हटाने की कोशिश और उसे लेकर अयोध्यावासियों का गुस्सा है। खबर तो यह भी है कि इस मुद्दे पर सी.आर.पी.एफ. और बी.एस.एफ. में टकराव भी हुआ।

मंडप तुड़वाने का फैसला मुख्यमंत्री मुलायम सिंह यादव की मौजूदगी में 23 अक्तूबर की रात को हुआ। मुख्यमंत्री खुद उस दिन अयोध्या आए थे। उनके साथ मुख्यमंत्री के सचिव राज भार्गव और राम आसरे भी थे। मंदिर के पुजारी लालदास ने उन्हें प्रसाद दिया और माला भी भेंट की। मुख्यमंत्री की इस यात्रा के बाद जन्मभूमि को सील कर दिया गया। दर्शनार्थियों से लेकर पत्रकारों तक किसी के भी जाने पर रोक लगा दी गई।

फैजाबाद विकास प्राधिकरण के ठेकेदार प्रवीण शर्मा को बुलाकर मंडप तुड़वाया गया। रखवाली के लिए विश्व हिंदू परिषद के पुजारी रामायण दास ने विरोध किया तो उसे गिरफ्तार कर लिया। गैस वेल्डिंग से लोहे के चारों पाए काटे गए और छप्पर ढहाया गया। इसके पहले अयोध्या के ही एक ठेकेदार को यह काम करने के लिए कहा गया था, लेकिन उसने मना कर दिया। जिस समय मंडप ढहाया जा रहा था, उस समय शिलान्यास स्थल के आस-पास सी.आर.पी.एफ. के जवान तैनात थे। उन्होंने इस पर एतराज किया। उन्होंने रोका तो बी.एस.एफ. के जवान से कहा-सुनी भी हुई। हालात ज्यादा बिगड़ते, इसके पहले ही भारतीय तिब्बत सीमा पुलिस ने दखल दिया और दोनों बल के जवान अलग हुए।

■

उ.प्र. में दो लाख से ज्यादा लोग गिरफ्तार

लखनऊ, 28 अक्तूबर, 1990 : उत्तर प्रदेश में जेलें भर गई हैं। गिरफ्तार कारसेवकों का आँकड़ा दो लाख से अधिक जा चुका है। राज्य के अलग-अलग जिलों से और उत्तर प्रदेश, मध्य प्रदेश सीमा से मिले समाचारों के अनुसार अकेले आज के दिन पचास हजार से अधिक कारसेवकों की गिरफ्तारी हुई है। अयोध्या के 24 घेरों को तोड़कर वहाँ 2082 कारसेवक पहुँचे। अयोध्या के सभी छह हजार मंदिरों के कपाट आज भी बंद रहे। हाईकोर्ट के शनिवार के नए निर्देश के बावजूद बेमियादी कर्फ्यू से परंपरागत चौदह कोसी परिक्रमा आज भी नहीं होने दी गई। अयोध्या के चारों तरफ कारसेवक जमा हो रहे हैं और 30 अक्तूबर को कारसेवकों से अयोध्या के घिर जाने के आसार हैं। डीएम आर.एस. श्रीवास्तव ने इस बात पर हैरानी प्रकट की कि इतनी सख्त घेरेबंदी के बावजूद कारसेवक कैसे अयोध्या पहुँचे हैं। 2082 कारसेवकों सहित अयोध्या में आज कुल पाँच हजार लोगों की गिरफ्तारी हुई। सवेरे परिक्रमा को निकले साधु-संत भी उनमें शामिल हैं।

उत्तर प्रदेश के हर जिले में स्कूल, स्टेडियम और मंडियों को खुली जेलों में बदल दिया गया है। गिरफ्तार होने वालों में आज बीजेपी की उपाध्यक्ष विजयाराजे सिंधिया, सांसद वसुंधरा राजे और उमा भारती प्रमुख थीं। विजयाराजे सिंधिया को चित्रकूट की उत्तर प्रदेश-मध्य प्रदेश सीमा के चित्रकूट पर करीब ढाई बजे गिरफ्तार किया गया।

तब से चित्रकूट सीमा पर कारसेवकों की गिरफ्तारी का सिलसिला जारी है। शाम तक 30 हजार गिरफ्तारियाँ हुईं और यह सिलसिला रात भर चलेगा। उधर भिंड-इटावा सीमा पर चंबल नदी के पुल पर उत्तर प्रदेश सरकार ने जो सीमेंट की दीवार खड़ी की थी, उसे कारसेवकों ने तोड़ दिया। दीवार तोड़कर आने वाले कारसेवकों पर उत्तर प्रदेश पुलिस ने गोली चलाई, जिसमें छह कारसेवकों के घायल होने की खबर है।

इटावा में चंबल पुल पर बनी 12 फुट ऊँची दीवार को ढहाकर मध्य प्रदेश के करीब दस हजार कारसेवकों ने आज उत्तर प्रदेश में घुसने की कोशिश की। इसके कारण पुलिस को गोली चलानी पड़ी। पहले लाठीचार्ज किया गया। भीड़ पुलिस पर पथराव करने लगी थी। चार घंटे तक चले इस संघर्ष में इटावा के एक अतिरिक्त जिला मजिस्ट्रेट, एक पुलिस उप अधीक्षक समेत केंद्रीय रिजर्व पुलिस, पी.एस.सी. और पुलिस के 40 जवान घायल हो गए। पुलिस की गोली से घायल चार कारसेवकों को भिंड के अस्पताल में भरती कराए जाने की खबर है। इसके अलावा कई कारसेवक भी घायल हुए। मुठभेड़ के बाद भिंड के जिला प्रशासन के सहयोग से इटावा प्रशासन ने कारसेवकों की गिरफ्तारियाँ शुरू कीं। पुलिस के अनुसार अब तक करीब एक हजार कारसेवक बंदी बनाए जा चुके हैं, जिनमें मध्य प्रदेश के पाँच विधायक भी शामिल हैं। गिरफ्तार किए गए कारसेवकों में पाँच विधायक हनुमान प्रसाद (नरसिंहपुर), राम जादव (गोहर), मुन्ना सिंह (अंटर), रघुनंदन शर्मा (राजगढ़) और पूरब सिंह (खिजरोपुर) भी शामिल हैं। पथराव करते कारसेवकों की भीड़ ने पुल पर बनी दीवार को गिराया। इसके बावजूद पुलिस ने संयम बरता और पुल से पीछे चली आई। ■

लेकिन कारसेवक तो अयोध्या को घेरेंगे ही

अयोध्या, 29 अक्तूबर, 1990 : कोई चालीस हजार आबादी वाले धार्मिक शहर अयोध्या का शेष विश्व से संपर्क कट गया है। 'माइक्रोवेव टॉवर' का 'स्विच ऑफ' कर सरकार ने टेलीफान संपर्क भी काट दिया है। अयोध्या की हालत देख लगता है कि यहाँ हिंदुस्तान का कोई भी कानून नहीं चल रहा है। अयोध्या कैद है। कर्फ्यू लगा है। फिर भी प्रशासनिक बंदोबस्त के तहत न भेदे जा सकनेवाले इस दुर्ग में कारसेवकों के लगातार पहुँचने से अफसरों की नींद हराम है। अयोध्या व फैजाबाद के बाहर कोई अठारह सुरक्षा बाड़ों को धत्ता बताते कारसेवक आज भी यहाँ पहुँचे।

गाँव से गुजरने वाले रास्तों पर भी कड़ा इंतजाम है। अयोध्या की बसें और ट्रेनें दस रोज से बंद हैं। साइकिल वालों को भी अयोध्या की सीमा में फटकने नहीं दिया जा रहा है। अफसर भी यह मानते हैं कि अयोध्या की सीमा में ऐसी चौकसी पहले कभी नहीं हुई। फैजाबाद में जब-तब कर्फ्यू लगा भी, पर अयोध्या तो अछूती थी।

राम जन्मभूमि क्षेत्र का दौरा करने के बाद साफ है कि अयोध्या को केंद्र मानकर सौ किलोमीटर की परिक्रमा में ऐसे इंतजाम हैं कि तमाम पास और सरकारी इजाजत के बाद भी जाना आसान नहीं है। बिना पास के तो असंभव है, पर इन बाड़ों को अँगूठा दिखाकर कारसेवकों की वहाँ गिरफ्तारी से उनकी भावना और इच्छाशक्ति का पता चलता है।

एक बड़े अफसर का तो कहना था कि इनकी इच्छाशक्ति गजब की है। वे किसी तरह से नहरों और खेतों के रास्ते पहुँच रहे हैं। पूरे फैजाबाद में 180 कंपनियों के अतिरिक्त बल तैनात हैं। सेना की डोगरा रेजीमेंट को कहा गया है, मंदिर की हिफाजत के लिए उसकी भी तैनाती की उम्मीद है।

मंदिर परिसर को एक किले में तब्दील कर दिया गया है। प्रशासन के रवैये की पहचान विवादित स्थल से हो सकती है। उसे लोहे की तिहरी बाड़ों से घेरा गया है। कँटीले तारों वाले इन बाड़ों के पीछे आई.टी.बी.पी. और बी.एस.एफ. के जवान हल्की मशीनगनों से लैस हैं। मंदिर परिषद में छह कंपनी बी.एस.एफ. और आई.टी.बी.पी. की लगाई गई हैं।

मंदिर परिसर के जिला बन जाने से एक एस.पी. और एक मजिस्ट्रेट को वहाँ का इंचार्ज बनाया गया है। मंदिर के कोई पचास गज की दूरी पर एंटीनों से घिरा पुलिस कंट्रोलरूम है। यहाँ से चौबीस क्लोज सर्किट टीवी कैमरे नियंत्रित होते हैं। इनकी निगाह चप्पे-चप्पे पर है। इस कंट्रोलरूम का सीधा संपर्क लखनऊ के मुख्यमंत्री सचिवालय से है। हनुमानगढ़ी से राम जन्मभूमि तक लोहे के मोटे पाइपों के छह बैरियर बने हैं। इन बैरियरों के पार मंडी से ठीक पहले ग्रिल के दो गट्ठे पार करने पड़ते हैं।

अयोध्या की हालत देख लगता है कि यहाँ हिंदुस्तान का कोई भी कानून नहीं चल रहा है। अयोध्या कैद है। कर्फ्यू लगा है। फिर भी प्रशासनिक बंदोबस्त के तहत न भेदे जा सकने वाले इस दुर्ग में कारसेवकों के लगातार पहुँचने से अफसरों की नींद हराम है।

इन सबके बावजूद कल सुबह कारसेवकों से अयोध्या के भर जाने का पूरा अंदेशा है। कर्फ्यू और इतने सुरक्षा इंतजाम के बावजूद कारसेवकों को देखकर अफसरों के चेहरों पर चिंता की रेखाएँ हैं। हिंदू परिषद ने इन इंतजामों को देखते हुए अयोध्या के गोलाई के एक हजार गाँव छाँटे थे। वहाँ कारसेवकों के टिकने का इंतजाम है। इन गाँवों में न्याय पंचायत स्तर पर एक-एक फुल टाइम कारसेवकों को पहले ही नियुक्ति कर दी गई थी। इन पर बाहर से आने वाले कारसेवकों को टिकाने का जिम्मा था। जिन-जिन गाँवों को चुना गया, उनमें फिरोजाबाद के छह प्रखंड, बस्ती के तीन और गोंडा जिले का एक प्रखंड है। कल

सबेरे इन्हीं गाँवों से कारसेवकों का जत्था अयोध्या को घेरेगा। ये खेतों व खलियानों के रास्ते अयोध्या की सीमा पर जाएँगे। अयोध्या की चौकसी को देखते हुए मंदिर तक अयोध्या पहुँचना तो नामुमकिन है, पर अयोध्या के घेरने की पूरी गुंजाइश है।

■

उत्तर प्रदेश में सभी बंदोबस्त चरमराए

लखनऊ, 29 अक्तूबर, 1990 : कारसेवकों से निपटने के प्रदेश सरकार के सारे बंदोबस्त चरमरा गए हैं। स्थायी-अस्थायी जेलों के ठसाठस भर जाने के कारण प्रशासन कारसेवकों को खुले घूमने दे रहा है। सरकार अब सिर्फ फैजाबाद की घेरेबंदी और आला नेताओं की गिरफ्तारी पर ध्यान दिए हुए है। बावजूद इसके आज खुद सरकार ने माना कि कड़ी सुरक्षा घेरेबंदी के बाद भी दस हजार कारसेवक अयोध्या पहुँच चुके हैं। इसमें विश्व हिंदू परिषद के अध्यक्ष अशोक सिंघल मुख्य हैं। भारतीय जनता पार्टी के वरिष्ठ नेता अटल बिहारी वाजपेयी को आज रात लखनऊ के अमौसी एअरपोर्ट पर गिरफ्तार कर लिया गया। राज्य में तनाव और गड़बड़ियों को देखते हुए प्रशासन ने 22 शहरों में कर्फ्यू लगा दिया है। इन शहरों में आज सेना ने भी फ्लैग मार्च किया।

भारतीय जनता पार्टी के वरिष्ठ नेता अटल बिहारी वाजपेयी को आज रात लखनऊ के अमौसी एअरपोर्ट पर गिरफ्तार कर लिया गया। राज्य में तनाव और गड़बड़ियों को देखते हुए प्रशासन ने 22 शहरों में कर्फ्यू लगा दिया है। इन शहरों में आज सेना ने भी फ्लैग मार्च किया।

अयोध्या में शांति रही। परिक्रमा नहीं हुई। मंदिर बंद रहे। उत्तर प्रदेश के 22 शहरों में आज फ्लैग मार्च हुआ। इन सभी शहरों में दिन में लाखों लोग गिरफ्तारी के लिए सड़कों पर निकले थे। बनारस में दिन में दो से तीन बजे के बीच सिर पर भगवा पट्टी बाँधे ढाई लाख लोग सड़कों पर थे। उत्तर प्रदेश-मध्य प्रदेश सीमा के सभी प्रवेश बिंदुओं पर कारसेवकों की गिरफ्तारी जारी है। सवा दो से ढाई लाख की गिरफ्तारी का न्यूनतम आँकड़ा है। उत्तर प्रदेश के जेल मंत्री ने आज गिरफ्तारी के लिए नहीं आने की कारसेवकों से अपील की। कारसेवकों के जुलूस या गिरफ्तारी का सिलसिला सभी जगह शांतिपूर्ण रहा। कारसेवकों की तरफ से हिंसा होने की कोई खबर नहीं आई है।

मगर जगह-जगह जुलूस, जलसों में कारसेवकों की आवाजाही और सुरक्षा बलों की कवायद, सेना के फ्लैग मार्च से राज्य भर में तनाव बन गया है। लखनऊ में सांप्रदायिक दंगे में दो लोग और रामपुर में तीन लोग मारे गए। लखनऊ के फसाद में उत्तेजना फैलाने का काम राज्य कर्मचारियों ने किया। सचिवालय से निकलकर कर्मचारियों ने राममंदिर के नारे लगाए।

बीजेपी नेता अटल बिहारी वाजपेयी को आज रात अमौसी हवाई अड्डे पर गिरफ्तार

कर लिया गया। उन्हें राज्य सरकार के विमान से किसी अज्ञात जगह पर ले जाया गया है। श्री वाजपेयी कारसेवा के लिए लखनऊ से अयोध्या रवाना होने के इरादे से यहाँ पहुँचे थे। उनके साथ केदारनाथ साहनी और शिव कुमार भी थे। श्री वाजपेयी कल रात बीना में तमिलनाडु एक्सप्रेस रोक लिये जाने के कारण आज सुबह लखनऊ नहीं पहुँच पाए। आज पकड़े गए दूसरे प्रमुख नेताओं में बीजेपी के प्रदेश अध्यक्ष राजेंद्र गुप्ता, उपाध्यक्ष लालजी टंडन और सांसद संघप्रिय गौतम शामिल हैं।

मध्य प्रदेश और राजस्थान की सीमा के कारसेवकों के आने का सिलसिला आज भी जारी रहा। राज्य सरकार अब इन्हें गिरफ्तार कर वापस सीमा के दूसरी तरफ छोड़ देती है। उत्तर प्रदेश, मध्य प्रदेश की चित्रकूट सीमा पर दबाव बढ़ने से कारसेवकों को दूसरे प्रवेश बिंदुओं से उत्तर प्रदेश में भेजा जा रहा है। ग्वालियर और भिंड के प्रवेश बिंदुओं से लगभग 15 हजार कारसेवक उत्तर प्रदेश गए।

विश्व हिंदू परिषद ने अयोध्या में कल सुबह नौ बजकर 44 मिनट पर मंदिर-निर्माण का काम शुरू करने का ऐलान किया हुआ है। परिषद के प्रवक्ता ने नई दिल्ली में बताया कि कारसेवा के अंतिम निर्णायक प्रयास के तहत दस हजार लोग अयोध्या पहुँच चुके हैं। परिषद के अध्यक्ष अशोक सिंघल और एक अन्य पदाधिकारी श्रीशचंद्र दीक्षित वेश बदलकर अयोध्या पहुँचे हैं। इन दस हजार लोगों में वह विशेष जत्था भी शामिल है, जो इस काम के लिए विशेष रूप से तैयार किया गया है। फैजाबाद में आज 1400 लोगों की गिरफ्तारी हुई। संभाग आयुक्त मधुकर गुप्ता के अनुसार इनमें पाँच सौ बाहर के लोग थे। उन्होंने परिषद के इस दावे को गलत बताया कि 50 हजार कारसेवक अयोध्या पहुँच चुके हैं। सेना के बारे में पूछे जाने पर उनका कहना था कि कल के बंदोबस्तों में सेना को शामिल नहीं किया गया है। सेना की आवाजाही रुटीन में हो रही है। दो अस्थायी जेलों में कारसेवकों ने अपर्याप्त अव्यवस्थाओं को लेकर विरोध प्रकट किया। विश्व हिंदू परिषद के प्रवक्ता ने कहा है कि कारसेवा कल निश्चित मुहूर्त पर काम शुरू करेगी। अब यह कारसेवा तभी खत्म होगी, जब यह मंदिर बन जाएगा, इसमें कुछ वर्ष लगेंगे। परिषद 31 अक्तूबर को पूरे देश में 'धिक्कार दिवस' मनाएगी। यह कार्यक्रम उत्तर प्रदेश सरकार के नादिरशाही रवैए के खिलाफ होगा। इस दिन बंद नहीं होगा। लोगों को काली पट्टी बाँधकर या किसी अन्य तरीके से अपना विरोध या गुस्सा जाहिर करना चाहिए।

परिषद के प्रवक्ता ने नई दिल्ली में बताया कि कारसेवा के अंतिम निर्णायक प्रयास के तहत दस हजार लोग अयोध्या पहुँच चुके हैं। परिषद के अध्यक्ष अशोक सिंघल और एक अन्य पदाधिकारी श्रीशचंद्र दीक्षित वेश बदलकर अयोध्या पहुँचे हैं। इन दस हजार लोगों में वह विशेष जत्था भी शामिल है, जो इस काम के लिए विशेष रूप से तैयार किया गया है।

गृह मंत्रालय के सूत्रों के अनुसार देर रात तक और कई शहरों में भी कर्फ्यू लग सकता है।

कारसेवकों को लाठीचार्ज, आँसू गैस और गोलीबारी का सामना करना पड़ा। *फोटो : महेंद्र त्रिपाठी*

लखनऊ के तीन थाना क्षेत्रों में कर्फ्यू लगा हुआ है। गृह मंत्रालय के सूत्रों के अनुसार देर रात तक और कई शहरों में भी कर्फ्यू लग सकता है। लखनऊ सहित सभी कर्फ्यूवाले शहरों में जिला प्रशासन की सहायता के लिए सेना को कहा गया है। लखनऊ के अलावा रामपुर से भी दंगे की खबर आई है। कल रात हुए एक संघर्ष में दो व्यक्ति मारे गए और कई घायल हुए। अतिरिक्त जिला जज के.एल. उपाध्याय की कल रात कुछ अज्ञात व्यक्तियों ने छुरा घोंपकर हत्या कर दी। दोपहर तक रामपुर में स्थिति तनावपूर्ण थी और सुरक्षा बलों की गश्त लग रही थी।

राज्य प्रशासन के प्रबंध कारसेवकों की गिरफ्तारी को लेकर बुरी तरह चरमरा गए हैं। राज्य में जेलों की क्षमता करीब तीस हजार है। औसतन बीस हजार कैदी रहते हैं। 15-20 हजार को और इनमें ठूँसा जा सकता है।

■

लाठी, आँसू गैस और गोलीबारी के बीच कारसेवा

अयोध्या, 30 अक्तूबर, 1990 : आज अयोध्या में सरकार फेल हुई। राममंदिर की कारसेवा हुई। विवादित ढाँचे के गुंबदों पर झंडा लगाया गया। गुंबद, दीवार, खिड़कियाँ तोड़ी गईं। लगभग एक लाख कारसेवकों ने जन्मभूमि की ओर कूच किया। अर्धसैनिक बलों ने तीन बार गोली चलाकर कारसेवकों को रोकने की कोशिश की। गुंबद पर झंडा फहराते हुए दो कारसेवक गोली से मरे। तीन नींव खोदते हुए मरे। तीस घायल हुए, जिसमें 19 की हालत खराब है। राज्य सरकार और मुख्यमंत्री ने कारसेवा होने और ढाँचे को नुकसान का खंडन किया है। मगर दर्जनों पत्रकारों ने यह सब, कुछ अपनी आँखों से देखा है, सेना को शाम चार बजे बुलाया गया मगर उसे इलाका सुपुर्द नहीं किया गया। प्रशासन मरम्मत करवाकर सुपुर्द करने की योजना बना रहा है। प्रशासन ने समाचार दबाने के लिए आज हर संभव कोशिश की।

कारसेवा का काफिला साढ़े दस बजे से आगे बढ़ना शुरू हुआ। विश्व हिंदू परिषद के महामंत्री अशोक सिंघल जत्थे के आगे थे। इस जत्थे को पुलिस ने लाठीचार्ज करके रोक लिया। सिंघल के सिर पर लाठी पड़ी। खून निकल आने के बाद भी उन्होंने आगे बढ़ने की कोशिश की। मगर पुलिस ने उन्हें पकड़कर जत्थे से अलग कर दिया। जत्थे सबेरे दस बजे हनुमानगढ़ी और आस-

अर्धसैनिक बलों ने तीन बार गोली चलाकर कारसेवकों को रोकने की कोशिश की। गुंबद पर झंडा फहराते हुए दो कारसेवक गोली से मरे। तीन नींव खोदते हुए मरे। तीस घायल हुए, जिसमें 19 की हालत खराब है। राज्य सरकार और मुख्यमंत्री ने कारसेवा होने और ढाँचे को नुकसान का खंडन किया है। मगर दर्जनों पत्रकारों ने यह सब कुछ अपनी आँखों से देखा है।

पास की गलियों से बाहर निकलने शुरू हुए थे। पुलिस ने गिरफ्तारी का सिलसिला शुरू किया। कुछ साधुओं को बस नंबर यूएमआर 9720 में बैठाया गया। बस का एक साधु ने अपहरण कर लिया। सँकरी गलियों में बस को चलाते हुए साधु ने घेरेबंदी तोड़ी। लोहे के तीन फाटक तोड़े। साधु बस को परिसर से पचास गज की दूरी तक ले गया।

बस में ऊपर-नीचे करीब सौ साधु बैठे थे। लोहे के फाटक पार कर जाने की साधुओं की इस कोशिश से जोश बढ़ा। साधु का नाम रामप्रसाद बताया जाता है और वह अयोध्या के किसी अखाड़े का था।

कारसेवकों की बढ़ती संख्या देख सी.आर.पी.एफ. जवान घबरा उठे। हनुमानगढ़ी की एक गली में एक इंस्पेक्टर को खींचकर मारपीट की गई। साथी को पिटता देखकर सी.आर.पी.एफ. जवानों ने डीएम से गोली चलाने की अनुमति चाही। डीएम ने लाउडस्पीकर से फायरिंग की चेतावनी दी। मगर जत्थे पीछे नहीं हटे। फिर लाठीचार्ज हुआ। सड़कों पर कारसेवकों का समूह और छतों पर नारे लगाती जनता। कारसेवक धीरे-धीरे आगे बढ़ने लगे। आँसूगैस, लाठी चार्ज, बैरिकेड का कोई असर नहीं। स्टेनगन, एसएलआर लिये बी.एस.एफ., सी.आर.पी.एफ., सी.आई.एस.एफ., पी.ए.सी., उ.प्र. पुलिस भी कारसेवकों के आगे लाचार थी।

बाहर खड़े कारसेवकों ने ज्यों ही गुंबद पार कारसेवकों को ध्वज लगाते देखा, बेकाबू हो गए। माहौल नारों से गूँज उठा। "रामलला हम आए हैं। मंदिर यहीं बनाएँगे।" हर कारसेवक की जुबान पर 'जय सिया राम', 'हर-हर महादेव' था।

उसी वक्त जन्मस्थान के करीब एस.सी. दीक्षित प्रकट हुए। वे तीस-चालीस कारसेवक के रक्षा घेरे में थे। माहौल गरमा गया। जोश में भीड़ परिसर में घुसने लगी। कोई रेंगकर, कोई बाड़-दीवाल को फाँदकर तो कोई धकमपेल में अंदर घुसा। बाहर खड़े कारसेवकों ने ज्यों ही गुंबद पार कारसेवकों को ध्वज लगाते देखा, बेकाबू हो गए। माहौल नारों से गूँज उठा। "रामलला हम आए हैं, मंदिर यहीं बनाएँगे।" हर कारसेवक की जुबान पर 'जय सिया राम', 'हर-हर महादेव' था। गुंबद पर होती तोड़-फोड़ ने कारसेवकों को बेकाबू सा कर दिया। लगभग ऐसा ही माहौल करीब पौने दो बजे था। भीड़ को डराने के लिए तब तक हेलिकॉप्टर भी चक्कर लगाने लगा था। परिसर में कारसेवा शुरू होने के बाद एस.सी. दीक्षित का कहना था, "लोकशक्ति जीत गई है। राम हमारे खून में, जन्मस्थान के क्या मायने हैं, यह हिंदू होकर ही जाना जा सकता है।"

अशोक सिंघल के घायल होने और जत्थों की संख्या बढ़ने से दबाव इतना बढ़ा कि लाठीचार्ज, चौकसी के बावजूद करीब बारह बजे 40 हजार कारसेवक सुरक्षा के बारह घेरों और इतने ही लोहे के फाटकों को तोड़कर जन्मभूमि-मस्जिद क्षेत्र में घुस गए। देखते-देखते तीन कारसेवक, गुंबद कोई आठ फुट ऊँचे हैं, गुंबद पर चढ़ने और झंडा लगाने की इनकी फुर्ती देख पत्रकार चकित रह गए। तीनों गुंबदों पर एक-एक छेद किया और वे फुर्ती से नीचे उतर आए। परिसर में करीब तीन सौ कारसेवक घुसे थे। कारसेवकों के एक

जत्थे ने दो दरवाजे, बारह खिड़कियाँ उखाड़ीं। सारी कार्रवाई आराम से हुई। कारसेवकों के सैलाब के आगे अर्धसैनिक बल कुछ नहीं कर पाए। इन कारसेवकों का नेतृत्व अचानक प्रकट परिषद नेता श्रीशचंद्र दीक्षित, नृत्यगोपाल दास, संत वामदेव और महंत रामचंद्रदास कर रहे थे। प्रशासन कई दिनों से इनकी खोज कर रहा था।

लगभग दो बजे कारसेवकों का दबाव फिर बेकाबू हुआ। बाहर की तरफ धावा बोलकर कारसेवकों ने एक तरफ से इमारत की दीवार ढहा दी। पुलिस ने हवा में गोलियाँ चलाईं। इसी समय कुछ कारसेवक फिर इमारत में घुस गए। इनमें से दो गुंबद पर चढ़े और उन्होंने ध्वज को ठीक से लगाने की कोशिश की। तभी नीचे से सीमा सुरक्षा बल ने गोली चलाई। दोनों कारसेवक वहीं मारे गए। पुलिस कोई बीस मिनट की कोशिश के बाद फिर परिसर को खाली कर उसे अपने कब्जे में ले सकी, पर बाहर कारसेवकों का दबाव बना रहा। पुलिस कारसेवकों के भगाने की कोशिशों में कोई डेढ़ घंटे बाद कारसेवकों का फिर ऐसा रेला आया कि कारसेवकों ने नींव खोदनी शुरू की। तब सीमा सुरक्षा बल ने बीस चक्र गोलियाँ चलाईं। तीन कारसेवक मारे गए, उसके बाद काफी हिंसा हुई। सात जीपों और दो बसों को आग लगाई गई। 'बड़ा स्थान' पर हिंसा अधिक हुई।

कारसेवकों के प्रति प्रदेश की पुलिस और अर्धसैनिक दस्तों का व्यवहार सहानुभूति का था। अर्धसैनिक बलों ने मुख्य दरवाजे के पास 'बड़ा स्थान' पर तीन बार गोली चलाने के आदेश को नहीं माना। कारसेवक सैनिकों के पाँव छू रहे थे। परिषद नेता श्रीशचंद्र दीक्षित से जब यह पूछा गया कि वे कैसे अयोध्या पहुँच गए तो उनका कहना था—मैं नहीं बताऊँगा। हमने यह बता दिया है कि विधर्मी सरकार का चक्रव्यूह हिंदू समाज भेद सकता है। मैं बताऊँगा तो कुछ लोगों की नौकरी चली जाएगी।

परिषद नेता श्रीशचंद्र दीक्षित से जब यह पूछा गया कि वे कैसे अयोध्या पहुँच गए तो उनका कहना था—मैं नहीं बताऊँगा। हमने यह बता दिया है कि विधर्मी सरकार का चक्रव्यूह हिंदू समाज भेद सकता है। मैं बताऊँगा तो कुछ लोगों की नौकरी चली जाएगी।

सरकार का चक्रव्यूह कारसेवकों के सैलाब से ही टूटा। एक लाख कारसेवक अयोध्या पहुँच गए थे। न्यूनतम अनुमान पचास हजार का है। कड़े बंदोबस्तों, कस्बे को घेरते हुए 24 सुरक्षा घेरों को तोड़कर एक लाख कारसेवकों का पहुँच जाना सचमुच आश्चर्यजनक है। इसमें करीब बीस हजार साधु थे। ज्यादातर कारसेवक खेतों-पगडंडियों के रास्ते 300 किलोमीटर पैदल चलकर पहुँचे थे। आंध्र प्रदेश, गुजरात, मध्य प्रदेश, पश्चिम बंगाल, हरियाणा, दिल्ली, राजस्थान और उत्तर प्रदेश के कारसेवक ज्यादा थे। ज्यादातर नौजवान थे। सभी अनुशासित और योजनाबद्ध ढंग से व्यवहार कर रहे थे।

कारसेवक रात ढाई बजे [illegible] इनकी संख्या 40

कारसेवकों के अचानक इतनी बड़ी संख्या में आ जाने से प्रशासन ठगा रह गया। गिरफ्तारी के प्रबंध नहीं किए हुए थे। सरयू नदी के डेढ़ किलोमीटर लंबे पुल पर सवेरे छह बजे हजारों की संख्या में कारसेवक जमा हो गए। प्रशासन ने पुल पर भीड़ हटवाने के लिए तब गोली चलवाई।

गोली कुल तीन जगह चली। मंदिर परिसर में गुंबद पर चढ़े कारसेवकों और नींव खुदाई के समय फायरिंग हुई। मानस भवन तिराहे पर आनंद भवन के सामने भी फायरिंग हुई। यहाँ साधुओं ने मोर्चा सँभाला हुआ था। सरयू पुल पर गोली पूर्वाह्न में चली। दोपहर में पुल पर गोंडा जिले के कटरा के दोनों तरफ नदी के किनारे दुर्गागंज और माँझा गाँव में छुपकर सेवक पहुँचे थे। ये दस दिनों से यहाँ छुपे हुए थे। गाँव वाले इनकी मेहमाननवाजी कर रहे थे।

कारसेवकों के सैलाब को नियंत्रित करने के लिए मजिस्ट्रेट आर.एस. श्रीवास्तव को विश्व हिंदू परिषद के पदाधिकारियों की बाकायदा मदद लेनी पड़ी। ग्यारह बजे हनुमानगढ़ी के पास सैलाब बढ़ गया तो डीएम ने श्रीशचंद्र दीक्षित से शांति की अपील करवाई, मगर कारसेवक तब तक परिसर में जा चुके थे। दीक्षित सहित सभी पदाधिकारियों को बाद में गिरफ्तार कर लिया गया।

सेना को शाम चार बजे बुलाया गया। कारसेवक भी दोपहर बाद सफलता से प्रसन्न होकर हनुमानगढ़ी की तरफ लौटने लगे। शाम को परिसर पर दबाव खत्म हो गया था। पुलिस ने रामकोट के सारे मंदिर खाली करा लिये हैं। अयोध्या को सील कर दिया गया है। फैजाबाद में फ्लैग मार्च हुआ, पर फैजाबाद और अयोध्या दोनों जगह उत्सव का माहौल है। फैजाबाद-अयोध्या में स्थानीय आबादी कारसेवकों के खाने-पीने का प्रबंध कर रही है। शाम को अशोक सिंघल ने यह अपील जारी की है, "हिंदू समाज की ऐतिहासिक विजय पर मैं सभी रामभक्तों को बधाई देता हूँ। शासन की सभी बाधाओं को ध्वस्त करके अनेक रामभक्तों के बलिदान के बाद आखिर आज गर्भगृह में कारसेवा हो ही गई। कारसेवक जो भी जहाँ हैं, वे अब अयोध्या आकर दो दिन तक कारसेवा करके ही घर लौटें।"

कारसेवा का काम भी जारी रहेगा। परिषद की घोषणा है कि अब जब तक मंदिर नहीं बन जाता, कारसेवा जारी रहेगी, मगर लगता है कि देर रात या कल सबेरे परिसर सेना को सुपुर्द कर दिया जाएगा। सेना चार बजे ही बुला ली गई थी, पर प्रशासनिक खानापूर्ति नहीं होने के कारण तैनाती नहीं हो सकी। माना जा रहा है कि प्रशासन आज रात इमारत के टूटे हिस्सों को ठीक करके सेना को तैनात करेगा। प्रशासन ने इकतरफा तस्वीर पेश करने के लिए एक टीवी फिल्म भी बनवाई बताते हैं। गुंबद पर चढ़ते दो व्यक्तियों और अपने ढंग से इमारत दिखाकर बताया जाएगा कि सिर्फ दो कारसेवक अंदर घुसे और इमारत को कोई नुकसान नहीं हुआ। प्रशासन देर शाम तक यही बाते कहता रहा, मगर अयोध्या और फैजाबाद के प्रशासकों ने न तो मौजूद पत्रकारों को कुछ कहा और न अपनी तरफ से बयान जारी किया। ■

कोई कारसेवा नहीं हुई

लखनऊ, 30 अक्तूबर, 1990 : उत्तर प्रदेश के मुख्यमंत्री मुलायम सिंह यादव ने आज इस बात का खंडन किया कि अयोध्या में विवादास्पद जगह पर कोई कारसेवा हुई है। मुख्यमंत्री ने बताया कि जिन लोगों ने वहाँ घुसने की कोशिश की, उन्हें गिरफ्तार कर लिया गया। श्री यादव ने यहाँ एक बयान में कहा कि उन्हें अधिकृत सूत्रों से मिली सूचना के मुताबिक यथास्थित बनी हुई है। मुख्यमंत्री ने कहा कि इस विवाद के बारे में तरह-तरह की अफवाहें फैलाई जा रही हैं, जिससे लोग गुमराह हों। उन्होंने लोगों से अपील की वे ऐसी अफवाहों पर ध्यान न दें।

केंद्रीय गृहमंत्री मुफ्ती मोहम्मद सईद ने आज अयोध्या में नाजुक स्थिति से खूबी के साथ निपटने के लिए उत्तर प्रदेश प्रशासन को बधाई दी और कहा कि वहाँ सुरक्षा व्यवस्था में फिलहाल कोई कटौती नहीं की जाएगी। श्री सईद ने केंद्रीय एजेंसियों और राज्य प्रशासन से मिली रपटों के हवाले से कहा कि पूरी कोशिश के बावजूद कारसेवा नहीं शुरू हो सकी और बाबरी मस्जिद को कोई नुकसान नहीं पहुँचा है। उन्होंने कहा कि अयोध्या क्षेत्र में आज दो बार फायरिंग हुई, जिसमें पाँच लोगों की मृत्यु हुई। उन्होंने विश्व हिंदू परिषद के महामंत्री अशोक सिंघल के घायल होने की पुष्टि की और कहा कि उनकी हालत ठीक है।

केंद्रीय गृह राज्यमंत्री सुबोधकांत सहाय ने विश्व हिंदू परिषद पर राम जन्मभूमि-बाबरी मस्जिद संबंधी आज की घटनाओं के बारे में सुनियोजित और दुर्भावनापूर्ण ढंग से अफवाहें फैलाने का आरोप लगाया है। संवाददाताओं से बातचीत करते हुए श्री सहाय ने कहा कि निंदनीय राजनैतिक स्वार्थ के लिए विश्व हिंदू परिषद और उसके सहयोगियों ने पहले से निर्धारित कार्यक्रम के अनुसार अयोध्या, दिल्ली और दूसरे शहरों में यह अफवाह फैलाई कि बाबारी मस्जिद क्षतिग्रस्त हो गई है और कारसेवा शुरू हो गई है। गृह राज्यमंत्री ने कहा कि इन्हीं तत्त्वों ने यह झूठ भी प्रचारित किया कि कानून व व्यवस्था कायम रखने के लिए वहाँ तैनात बलों के एक वर्ग ने आदेश मानने से इनकार कर दिया। सहाय ने कहा कि असली हालत की कभी भी पुष्टि की जा सकती है। असली हालत यह है कि बाबारी मस्जिद को क्षति नहीं पहुँची है। उन्होंने कहा कि पुलिस ने मंदिर के आस-पास आज अत्यधिक संयम बरता और कारसेवकों को तितर-बितर करने के लिए सिर्फ आँसू गैस के गोले छोड़े और हल्का लाठीचार्ज किया।

गृह राज्यमंत्री ने बताया कि खुफिया एजेंसियों से मिली जानकारी के अनुसार आज शाम तक करीब चार-पाँच लोग मंदिर के आस-पास घेरा डालकर बैठे हुए थे और वे बार-बार मंदिर में प्रवेश करने का प्रयास कर रहे हैं। उन्होंने कहा कि पुलिस इन लोगों को समझा-बुझाकर यहाँ से हटाने की कोशिश कर रही है। श्री सहाय ने इन खबरों का भी

मुलायम सिंह के कारसेवा न होने के दावे को गलत साबित करती तस्वीर। *फोटो : राजेंद्र कुमार*

खंडन किया कि लखनऊ और फैजाबाद के जिलाधिकारियों ने इस्तीफा दे दिया है। उन्होंने कहा कि यह विश्व हिंदू परिषद के झूठे प्रचार का ही एक हिस्सा है।

बिहार मुख्यमंत्री लालू प्रसाद ने भी आज पटना में इन खबरों को पूर्णतया निराधार बताया कि अयोध्या में कारसेवा शुरू हो गई और वहाँ मस्जिद को क्षति पहुँची।

■

प्रधानमंत्री ने मुलायम सिंह यादव को दिल्ली बुलाया

प्रधानमंत्री विश्वनाथ प्रताप सिंह ने उत्तर प्रदेश के मुख्यमंत्री मुलायम सिंह यादव को विचार-विमर्श के लिए दिल्ली बुलाया है। यह जानकारी यहाँ सरकारी सूत्रों ने दी। सूत्रों के मुताबिक प्रधानमंत्री ने आज दिन में दो बार श्री यादव के साथ टेलीफोन पर बातचीत की। प्रधानमंत्री ने उनसे कहा कि प्रदेश सरकार इस कठिन स्थिति से बहुत अच्छी तरह से निपटी है। पुलिस ने भी काफी संयम से काम लेते हुए बहुत कम बल प्रयोग किया। सूत्रों ने बताया कि इसी बातचीत के दौरान प्रधानमंत्री ने तेजी से बदलते राजनैतिक घटनाक्रम पर विचार के लिए श्री यादव को दिल्ली बुलाया। श्री यादव के कल दिल्ली आने की उम्मीद है। श्री सिंह ने पश्चिम बंगाल के मुख्यमंत्री ज्योति बसु और बिहार के मुख्यमंत्री लालू प्रसाद यादव से भी टेलीफोन पर बातचीत की।

■

सोलह शहरों में कर्फ्यू : हिंसा में 25 लोग मारे गए

अयोध्या में विश्व हिंदू परिषद के कारसेवा कार्यक्रम को लेकर देश के अलग-अलग भागों में भड़की हिंसा में 25 लोग मारे गए और कई शहरों में कर्फ्यू लगा दिया गया। झाँसी किले के पास पुलिस व कारसेवकों के बीच हुई फायरिंग में आज दो लोगों की मृत्यु हो गई। सरकारी सूत्रों ने केवल एक युवक के मरने की पुष्टि की है। शहर में अनिश्चितकालीन कर्फ्यू लगा दिया गया है। मिली खबरों के अनुसार कारसेवकों व पुलिस के बीच हुए संघर्ष में आज एक युवक ने मौके पर ही दम तोड़ दिया, जबकि दूसरे की अस्पताल में मृत्यु हो गई, लेकिन सरकारी पक्ष से इसकी पुष्टि नहीं हो पाई है।

गुजरात में 12 लोग मारे गए। अहमदाबाद में पाँच और वडोदरा में सात लोग मारे गए। इन दोनों शहरों में सेना सतर्क कर दी गई है।

कम-से-कम 16 शहरों में आज कर्फ्यू लगा दिया गया, जबकि पहले से लागू कर्फ्यू कई शहरों में जारी रहा। इनमें से दर्जन भर शहर उत्तर प्रदेश में हैं। कई शहरों में सेना को सावधान कर दिया गया, जबकि कुछ शहरों में सेना ने फ्लैग मार्च किया।

गुजरात में दस, उत्तर प्रदेश में अयोध्या के अलावा दूसरी जगहों पर पाँच, आंध्र

प्रदेश व मध्य प्रदेश में दो-दो और राजस्थान व कर्नाटक में एक-एक व्यक्ति के मारे जाने की खबर है। गुजरात और मध्य प्रदेश के कुछ शहरों में आज बंद रखा गया। लखनऊ, इलाहाबाद, वाराणसी, अलीगढ़, मेरठ, मुजफ्फरनगर, गोरखपुर, बिजनौर, झाँसी, सीतापुर, रामपुर, मथुरा, इंदौर, ग्वालियर और कुछ दूसरे शहरों में कर्फ्यू लगाया गया है।

गोरखपुर महानगर में आज अनिश्चितकालीन कर्फ्यू लगा दिया गया है। पुलिस सूत्रों ने बताया कि यह कर्फ्यू नगर के सभी थाना क्षेत्रों में आज पौने तीन बजे लगाया गया है।

इसके पहले कारसेवकों का एक जुलूस गोरखनाथ मंदिर से गिरफ्तार लोगों को जेल से रिहा कराने के लिए गया। कारसेवक जब जेल के निकट पहुँचे तो पुलिस ने उन्हें वापस खदेड़ने की कोशिश की। कारसेवकों ने पुलिस बल पर पथराव किया, जिसकी वजह से मुख्य राजस्व अधिकारी जी.एस. त्रिपाठी को हल्की चोटें आईं। पुलिस ने बेकाबू भीड़ को तितर-बितर करने के लिए हल्के बल का प्रयोग किया। जिलाधिकारी ने स्थिति से निपटने के लिए व इस तरह की घटनाओं को रोकने के लिए एहतियात के तौर पर कर्फ्यू लगा दिया।

मुजफ्फरनगर जिले के शामली शहर में आज हुई गोलीबारी में दो लोगों की मौत के बाद बेमियादी कर्फ्यू लगा दिया गया। शामली के अलावा मुजफ्फनगर और बिजनौर में भी हिंसा एवं आगजनी की घटनाए हुईं। पश्चिमी उत्तर प्रदेश के अमूनन हर जिले में आज सांप्रदायिक तनाव रहा। अयोध्या में राममंदिर बनाने के समर्थन में आज हजारों रामभक्तों ने गिरफ्तारी दी। दंगों के लिए बदनाम मेरठ शहर में अभी तक तनावपूर्ण शांति बनी हुई है। शहर में आज हजारों लोगों ने जुलूस निकाला और गिरफ्तारी दी।

मुजफ्फरनगर जिले से भड़की हिंसा में मृतकों की संख्या बढ़कर पाँच हो गई और एक दर्जन लोग गंभीर रूप से घायल हो गए। गोली, आगजनी और छुरेबाजी की घटनाओं के बाद नगर में कर्फ्यू लगा दिया गया है।

झाँसी में आज किला परिसर के पास पुलिस द्वारा पथराव कर रहे कारसेवकों पर गोली चलाने से पाँच लोग घायल हुए और इसके बाद शहर में कर्फ्यू लगा दिया गया। घायलों में दो की हालत गंभीर बताई गई है। जिलाधिकारी ने बताया कि शहर में तनाव को देखते हुए अनिश्चितकालीन कर्फ्यू लगाया गया है। खेडगवगेट के सामने उत्तेजित कारसेवकों और पुलिस के बीच करीब दो घंटे तक संघर्ष हुआ। कारसेवकों ने सड़क के किनारे एक लकड़ी की टाल में आग लगा दी।

■

अयोध्या शांत, 40 हजार कारसेवकों का घेरा

अयोध्या, 31 अक्तूबर, 1990 : अयोध्या अभी भी कारसेवकों से घिरी हुई है। कारसेवक 'जय श्रीराम' की धूनी रमाए हुए हैं। सरयू किनारे, गलियों, साधुओं के अलग-अलग अखाड़ों और छावनियों में कोई चालीस हजार कारसेवक राम जन्मभूमि मंदिर में नए सिरे

से कारसेवा के लिए डटे हैं। सेना ने आज अयोध्या और फैजाबाद में फ्लैग मार्च किया। विवादित इमारत से रामकोट तक का पूरा इलाका सील है। पत्रकारों को भी वहाँ नहीं जाने दिया गया। रामकोट के सभी मंदिरों पर अर्धसैनिक बल तैनात हैं। मगर न हनुमानगढ़ी पर और न उसके बाद के इलाके पर पुलिस अपना कब्जा कर पाई है। हनुमानगढ़ी के पास से पूरा अयोध्या कर्फ्यू के बावजूद कारसेवकों से भरा हुआ है।

विवादित इमारत में कल की तोड़फोड़ के बाद आज मरम्मत के सरकारी प्रयास तेज थे। इस बाबत आज पुरातत्त्व विशेषज्ञों को अयोध्या बुलाया गया। टूटी इमारत को पुरानी स्थिति में पहुँचाने के लिए ही कल सारे बंदोबस्तों के बाद भी मंदिर-मस्जिद परिसर सेना को नहीं सौंपा गया था।

कल के गोलीकांड में घायल एक और कारसेवक ने आज दम तोड़ दिया। अब मरनेवालों की अधिकृत तादाद सात हो गई है, मगर विश्व हिंदू परिषद के महामंत्री अशोक सिंघल का दावा है कि मंगलवार के गोलीकांड में कम-से-कम 20 लोग मारे गए हैं। करीब सात सौ घायलों में से 148 अब भी अस्पताल में भरती हैं। इनमें से 24 के जख्म गोलियों के हैं और 18 कारसेवकों की स्थिति नाजुक है।

कल के गोलीकांड में घायल एक और कारसेवक ने आज दम तोड़ दिया। अब मरनेवालों की अधिकृत तादाद सात हो गई है, मगर विश्व हिंदू परिषद के महामंत्री अशोक सिंघल का दावा है कि मंगलवार के गोलीकांड में कम से कम 20 लोग मारे गए हैं।

अयोध्या में पुलिस की गोली से मारे गए चार व्यक्तियों का रामघाट पर सामूहिक रूप से अंतिम संस्कार कर दिया गया। बाबा संत मोहन दास त्यागी का शव सरयू में प्रवाहित किया गया।

परिषद के पदाधिकारी कारसेवा की नई रणनीति बनाने में आज दिन भर व्यस्त रहे। कल देर रात तक परिषद के महामंत्री अशोक सिंघल, कारसेवा समिति के संचालक स्वामी संत वामदेव महाराज और राम जन्मभूमि मुक्ति यज्ञ समिति के उपाध्यक्ष नृत्यगोपाल दास की बैठक चली। सवेरे भी एक बैठक हुई। मणिराम दास छावनी के कारसेवकों को नृत्यगोपाल दास और संत वामदेव ने संबोधित किया। ध्यान रहे कि पिछले दो दिनों से दूरदर्शन परिषद के इन तीनों पदाधिकारियों की गिरफ्तारी की झूठी खबर प्रसारित करता रहा है।

कारसेवक विवादित स्थल की तरफ कूच करना चाहते हैं। हर कोई उत्तेजित है। कल की सफलता से आर-पार का फैसला करने को आमादा हैं, मगर परिषद के नेताओं ने कारसेवकों को संयम बरतने के लिए कहा हुआ है। सरयू पुल के पार और अयोध्या कस्बे में जमा कारसेवकों में कोई वापस लौटने को तैयार नहीं है।

परिषद के महामंत्री अशोक सिंघल ने अगली रणनीति के बारे में कहा कि सरकार खुद हिंसा भड़काना चाहती है। कारसेवकों में अतिशय उत्तेजना है। पर प्रशासन उन्हें

गिरफ्तार नहीं कर रहा है। उलटे हिंसा के लिए उकसा रहा है। निहत्थी कारसेवा करने से रोक रहा है। ऐसे में संतों से परामर्श कर हम आज रात तक कुछ फैसला करेंगे। सात नवंबर तक सभी कारसेवक अयोध्या में रहेंगे। प्रदेश भर में गिरफ्तार कारसेवक छूटने के बाद निश्चित ही अयोध्या की तरफ कूच करेंगे।

प्रशासन ने कारसेवा को स्थगित करने के लिए आज दिन भर संतों से आग्रह किया। जिला प्रशासन ने एक मजिस्ट्रेट और डिप्टी एस.पी. रणवीर सिन्हा को नृत्यगोपाल दास और संत वामदेव से बात करने के लिए रामदास छावनी भेजा, पर इन दोनों ने साफ कहा कि अब कारसेवा नहीं रुकेगी।

प्रशासन को संत वामदेव ने कहा कि कारसेवक मरने-मारने पर उतारू हैं। कल फिर जन्मस्थान की तरफ जाने को आमादा हैं। शासन ने अगर गोली चलाई तो उस हालत में कारसेवा के लिए पहला बलिदान मैं दूँगा। हम कारसेवा के लिए जाएँगे। यदि रोकना है तो प्रशासन कारसेवकों की वैधानिक गिरफ्तारी करे। कारसेवक शांति से गिरफ्तारी देंगे, पर शर्त यही है कि चालीस हजार लोगों की गिरफ्तारी वैधानिक होनी चाहिए। इस पर सरकारी नुमाइंदों ने कहा कि कारसेवकों की तादाद इससे भी ज्यादा है और इनमें वारंट काटकर गिरफ्तारी करने में तो बीस रोज लग जाएँगे। गिरफ्तारी के इतने बंदोबस्त भी नहीं हैं, यानी प्रशासन ने गिरफ्तारी की असमर्थता आज जता दी। नृत्यगोपाल दास और संत वामदेव ने बाद में कहा कि सरकार ने कारसेवा रोकी है। परिक्रमा पर पाबंदी लगा दी है। बेवजह कर्फ्यू लगाकर जनजीवन को अस्त-व्यस्त किया है। अकारण निहत्थे कारसेवकों पर गोली चलाकर उत्तेजना भड़काई है। इस सबके खिलाफ हम कल से सत्याग्रह शुरू करेंगे। मौजूद कारसेवकों की तादाद से घबराकर सरकार गिरफ्तारी के लिए भी तैयार नहीं है।

हारकर अब प्रशासन इनको किसी भी तरह से भगाने का इंतजाम कर रहा है। उस पार के सारे ढाबे बंद करा दिए गए हैं। ढाबों पर पुलिस बिठा दी गई है। इलाके के सारे हैंडपंपों के हत्थे जिला प्रशासन ने निकलवा लिये हैं।

कल की कारसेवा में भाग लेने वाले दो पी.एस.सी. के जवान, जो वर्दी में थे और जिन्हें बाद में गिरफ्तार कर लिया गया, फरार हैं। फिर मणिरामदास छावनी में पहुँच गए, उनमें से एक चौबीसवीं बटालियन, गोरखपुर के परदेशी राम का दावा था कि कारसेवा फिर से शुरू हुई तो अब की बार उसके बहुत से जवान भी कारसेवा शुरू करेंगे।

कल कारसेवा में भाग लेकर पहला जत्था तो लौट गया है, पर कारसेवा न कर पाए हजारों कारसेवकों में अब भी कई मणिराम दास छावनी, बड़ी छावनी, खाकी अखाड़ा, दिगंबर अखाड़ा और अशर्फी भवन में जमा हैं। उनका कहना है कि वे कसम खाकर कारसेवा के लिए आए हैं। कारसेवा के बिना नहीं लौटेंगे, चाहे भले ही गोली खा जाएँ।

अयोध्या और फैजाबाद में अब भी तनाव है। सेना का फ्लैग मार्च जारी है। अर्धसैनिक बल लगातार इस कोशिश में हैं कि कारसेवकों से अयोध्या को खाली करा लिया जाए, पर

उन्हें इसकी कामयाबी नहीं मिल रही है। फैजाबाद रेंज की डी.आई.जी. जी.एल. शर्मा ने आज यह कहा कि पत्रकारों को जन्मभूमि पर इसलिए नहीं जाने दिया, क्योंकि लखनऊ से इसकी सख्त हिदायत है। कल अगर पत्रकार और फोटोग्राफर न गए होते तो शायद देश भर में इतना बवाल न होता। शायद तब सरकारी झूठ के प्रचार के बाद तोड़ी गई इमारत मरम्मत कराकर सरकार यह साबित करती कि कुछ हुआ ही नहीं था।

सरकार की सबसे ज्यादा मुश्किल सरयू नदी के उस पार से बढ़ते कारसेवकों के हुजूम से है। आज भी गोंडा के रास्ते आने वाले इस पुल पर पंद्रह से बीस हजार की संख्या में कारसेवक पुल के उस पार जमा थे। सी.आर.पी.एफ., बी.एस.एफ. के अलावा आई.टी.बी.पी. की हल्की मशीनगनें भी इस पुल के पार आज लगा दी गईं, पर कारसेवक पीछे हटने को तैयार नहीं हैं। कल रात वे खुले में ही बैठे रहे। आज नदी में नहाने गए और वहीं उन लोगों ने खाना भी बनाया। कल रात से आज तक अर्धसैनिक बलों ने दो बार उन्हें खदेड़ा, पर वे वहीं डटे रहे। कल इसी पुल पर गोली चली थी और बीस कारसेवक मारे गए थे। यहाँ जमा कारसेवकों में ज्यादातर दिल्ली, राजस्थान और हरियाणा के हैं।

हारकर अब प्रशासन इनको किसी भी तरह से भगाने का इंतजाम कर रहा है। उस पार के सारे ढाबे बंद करा दिए गए हैं। ढाबों पर पुलिस बिठा दी गई है। इलाके के सारे हैंडपंपों के हत्थे जिला प्रशासन ने निकलवा लिये हैं।

■

अयोध्या की घटनाएँ मुख्यमंत्री के अहंकार का नतीजा

लखनऊ, 31 अक्तूबर, 1990 : विश्व हिंदू परिषद के महामंत्री अशोक सिंघल ने कहा है कि अयोध्या में कल की घटी घटनाएँ मुख्यमंत्री के अहंकार और बड़बोलेपन का नतीजा थीं। मुख्यमंत्री के रवैए के खिलाफ बहुसंख्यकों का गुस्सा फूटा था।

कल अपनी गिरफ्तारी के बाद फिर फरार हो गए अशोक सिंघल कल और आज छुपकर कारसेवा की अगुवाई की रणनीति बनाते रहे। उन्होंने कहा कि कल अयोध्या में उमड़े जन-समुदाय ने साबित कर दिया है कि अब कोई सरकार अल्पसंख्यकों के वोट के लिए बहुसंख्यकों के समाज का अनादर नहीं करेगी।

पूरी सरकार को बुरी तरह चकमा देने वाले विहिप के महामंत्री ने आज कहा कि कल हुई कारसेवा मुसलमान भाइयों पर कोई जीत नहीं है। यह हमारी आशा से जुड़ा सवाल था, इसलिए हमें मजबूरन ऐसा करना पड़ा। सिंघल ने कहा कि कारसेवा जारी रहेगी, अब इसके रुकने का कोई सवाल नहीं है।

यहाँ जारी लिखित बयान में उन्होंने कहा, अब यह आंदोलन शुरू हुआ है। हम इस मुद्दे पर अगले महीने के दूसरे हफ्ते में देशव्यापी जेल भरो आंदोलन चलाएँगे।

अशोक सिंघल कल पुलिस की लाठी से जख्मी होने के बाद में अस्पताल से फरार हो गए थे, जबकि लखनऊ में गृहसचिव ने घोषणा की कि वे गिरफ्तार कर लिये गए हैं। इसे आकाशवाणी-दूरदर्शन पर भी प्रसारित किया गया। उनकी फरारी के बाद लाचार हो आज मुख्यमंत्री को यह कहना पड़ा कि उन्हें कभी गिरफ्तार किया ही नहीं गया था।

अशोक सिंघल ने अपील की कि जो कारसेवक जेलों में बंद हैं, वे छूटने के बाद अयोध्या आने की बजाय घरों को लौट जाएँ, क्योंकि उन्होंने अपना मकसद पूरा कर लिया है। सिंघल ने कहा कि कारसेवकों की उत्तेजना मरने–मारने पर उतारू है, पर हम शांतिपूर्वक पुनर्निर्माण चाहते हैं। इसलिए एकाध रोज में धर्माचार्यों की बैठक बुलाकर अगली रणनीति तय करेंगे।

अशोक सिंघल कल पुलिस की लाठी से जख्मी होने के बाद में अस्पताल से फरार हो गए थे, जबकि लखनऊ में गृहसचिव ने घोषणा की कि वे गिरफ्तार कर लिये गए हैं। इसे आकाशवाणी–दूरदर्शन पर भी प्रसारित किया गया। उनकी फरारी के बाद लाचार हो आज मुख्यमंत्री को यह कहना पड़ा कि उन्हें कभी गिरफ्तार किया ही नहीं गया था।

पिछले दस रोज से सरकार को अशोक सिंघल की तलाश थी। इस बाबत वाराणसी, इलाहाबाद, लखनऊ में पुलिस ने डेढ़ दर्जन से ज्यादा छापे मारे थे, पर श्री सिंघल सारी व्यवस्था को धत्ता बताते हुए 29 को अयोध्या पहुँच गए। अयोध्या पहुँचने और यहाँ प्रकट होने का उनका ढंग बड़ा नाटकीय रहा। सिंघल इलाहाबाद से भूमिगत हुए थे, इसके बाद वे इलाहाबाद से जौनपुर होते हुए सुल्तानपुर जिले के काँदीपुर तक कार से आए। कादीपुर फैजाबाद की सीमा से सटी सुल्तानपुर की तहसील है। सिंघल के साथ श्रीशचंद्र दीक्षित भी थे। यहाँ से शर्ट व पैंट पहने वे दोनों स्कूटर से अकबरपुर पहुँचे। यहाँ से 29 की दोपहरी में अयोध्या में पहुँच गए। फैजाबाद पहुँचने पर सिंघल ने बाकायदा प्रेस बयान जारी कर अपने पहुँचने की सूचना भी दी थी, पर सरकारी महकमा, जो उनकी तलाश में था, उन्हें नहीं पकड़ पाया और वे तीस की सवेरे छोटी चवत्री पर एकाएक पहुँचकर कारसेवकों के जुलूस का नेतृत्व करने लगे। सिंघल का सिर भी उस वक्त फटा, जब पुलिस के लाठीचार्ज और कारसेवकों के पटाव के बाद वे कारसेवकों की उत्तेजना कम करने के लिए हनुमानगढ़ी लौट रहे थे और पुलिस से हथियार रख देने की अपील कर रहे थे।

■

नवंबर, 1990

आज फिर कारसेवा होगी

अयोध्या, 1 नवंबर, 1990 : अयोध्या में जमा हजारों कारसेवक कल फिर राम जन्मभूमि की तरफ कूच करेंगे। कार्तिक पूर्णिमा के पवित्र स्नान के बाद कल किसी भी वक्त कारसेवक 'करो या मरो' के आह्वान के साथ सुरक्षा घेरा तोड़ने की कोशिश करेंगे। कम स्नान के अवसर पर अंदाजन पाँच लाख लोग सरयू किनारे जमा होने हैं। राम सेवा कार समिति ने कल कारसेवा करने का आह्वान किया है। 16 साधुओं ने आज आमरण अनशन शुरू किया है। यदि प्रशासन ने 6 नवंबर तक कारसेवा शुरू नहीं होने दी तो इन अनशनकारियों में छह साधु 6 नवंबर की शाम आत्मदाह करेंगे। आज सरयू में तीन साधुओं की लाश मिलने के साथ 30 अक्तूबर को मरे लोगों की संख्या 10 हो गई है। उधर सरकार ने विवादास्पद इमारत में तोड़फोड़ की मरम्मत का काम आज से शुरू कर दिया।

कार्तिक पूर्णिमा पर 'करो या मरो' के निश्चय के साथ राम जन्मभूमि की तरफ कूच का फैसला मणिराम छावनी की बैठक में हुआ। दो बार आज धर्माचार्यों और राम कारसेवा समिति के पदाधिकारियों की गुप्त बैठकें हुईं। विश्व हिंदू परिषद के महामंत्री अशोक सिंघल इस बैठक में मौजूद थे। अशोक सिंघल ने अलग-अलग प्रांत से आए कारसेवकों के जत्थेदारों से बातचीत की। तय कराया कि कल की घेरेबंदी में किस-किस स्थान पर किस-किस जत्थे को आगे बढ़ना है। बैठक में नृत्यगोपाल दास, महंत वामदेव के अलावा आज अयोध्या पहुँची सांसद उमा भारती और ओंकार भावे भी मौजूद थे। लक्ष्मण किलाधीश सियाराम शरण, महंत कौशल किशोर जैसे धर्माचार्य भी शामिल थे। पिछले वर्ष इन्होंने शिलान्यास कार्यक्रम का विरोध किया था।

बैठक के बाद अशोक सिंघल ने मणिराम छावनी में डेरा डाले बीस हजार कारसेवकों को संबोधित किया। अशोक सिंघल अयोध्या में रहकर रणनीति बना रहे हैं। हालाँकि प्रशासन यह कहता रहा कि अशोक सिंघल लखनऊ की तरफ निकले हुए हैं। बैठक में तय हुआ है कि कारसेवक समिति 30 अक्तूबर को अयोध्या में पुलिस की गोली से मारे गए हर व्यक्ति के परिवार को 50 हजार रुपए की आर्थिक मदद करेगी।

आमरण अनशन सरयू पुल पर बैठे साधुओं ने शुरू किया है। डंडी स्वामी, शिवशंकर नौरावा बीकानेर के नेतृत्व में साधुओं का अनशन शुरू हुआ है। नागागणपति गोंडा, आजाद बाबा नेपालगंज, रामदास ब्रह्मचारी, रामकृष्ण दास, प्रेमदास त्यागी सहित ग्यारह महात्मा अनशन पर बैठे हैं। उपरोक्त छह साधुओं ने छह नवंबर की शाम आत्मदाह का भी ऐलान किया है।

बाबरी इमारत में स्थित राम चबूतरा। फोटो : राजेंद्र कुमार

कारसेवक लगातार अयोध्या में बने हुए हैं। आज दिन में कई बार कारसेवक उत्तेजित होकर विवादास्पद इमारत की तरफ बढ़ने और 'करो या मरो' के मूड में आए। सरयू नदी में तीन साधुओं के शव मिलने के बाद तो माहौल एकदम उत्तेजक हो गया। शव सबेरे सरयू में स्नान कर रहे एक कारसेवक ने देखे। दिल्ली के एक कारसेवक गोवर्धनदास ने बताया कि जब वे सबेरे नदी में स्नान कर रहे थे तो उनके पैर से कोई चीज टकराई। उन्होंने देखा कि वह बालू का एक बोरा था, जो एक मनुष्य के शव के पेट में बँधा हुआ था। एक-एक कर चार शव निकले, इसमें एक महिला और तीन साधुओं के शव हैं। तीनों शव पुराने घाट पर केसरिया कपड़े में लपेटकर रखे गए हैं। खबर मिलते ही स्थानीय निवासी और कारसेवक पुराने घाट पर जमा हो गए। गोलियों से छलनी शवों की बरामदगी के बाद सरयू नदी के पुल पर मौजूद कारसेवकों ने आरोप लगाया कि 30 अक्तूबर के गोलीकांड के शव हैं, मगर अधिकारियों ने इन समाचारों को महज अफवाह बताया है कि गोली मारकर कई कारसेवकों की लाशें सरयू नदी में फेंक दी गईं। प्रशासन ने सरयू नदी की तलाशी के आदेश दिए हैं। सभी बरामद शवों पर गोली के निशान और पाँवों से रेत की बोरियों के बँधे होने के तथ्य ने कारसेवकों को खासा उत्तेजित कर रखा है। कारसेवकों का कहना है कि सरयू नदी की दूसरी तरफ भी शव हैं, जिन्हें पुलिस घाट पर लाने की इजाजत नहीं दे रही है।

कुल मिलाकर अयोध्या में आज भी तनाव बना रहा। प्रशासन ने कारसेवकों को बाहर ले जाने की कोशिशें कीं, मगर बिना कारसेवा किए, जन्मभूमि के दर्शन किए वे नहीं लौटेंगे। फैजाबाद जिला प्रशासन ने लाउडस्पीकरों पर घोषणा करके कारसेवकों को बस डिपो पर पहुँचने के लिए कहा, जहाँ से वे बसों से बाहर जा सकें। प्रशासन रेल व्यवस्था भी कर रहा है, मगर इन कोशिशों के अंत में प्रशासन यही कह सका कि लगभग एक हजार लोगों ने लौटने की इच्छा प्रकट की है। अयोध्या, सरयू नदी के पुल और नदी के पार मौजूद कारसेवकों की संख्या के बारे में कारसेवा समिति का दावा अस्सी हजार से एक लाख का है, मगर 40 से 50 हजार कारसेवकों के होने का अनुमान सभी का है। सरयू नदी के पुल पर ही करीब पाँच हजार कारसेवक डेरा डाले हुए हैं। 29 अक्तूबर की रात से पुलिस ने पुल से कारसेवकों को खदेड़ने की लगातार कोशिशें कीं, मगर अब तो साधु-संतों

गोलियों से छलनी शवों की बरामदगी के बाद सरयू नदी के पुल पर मौजूद कारसेवकों ने आरोप लगाया कि 30 अक्तूबर के गोलीकांड के शव हैं, मगर अधिकारियों ने इन समाचारों को महज अफवाह बताया है कि गोली मारकर कई कारसेवकों की लाशें सरयू नदी में फेंक दी गईं। प्रशासन ने सरयू नदी की तलाशी के आदेश दिए हैं। सभी बरामद शवों पर गोली के निशान और पाँवों से रेत की बोरियों के बँधे होने के तथ्य ने कारसेवकों को खासा उत्तेजित कर रखा है। कारसेवकों का कहना है कि सरयू नदी की दूसरी तरफ भी शव हैं, जिन्हें पुलिस घाट पर लाने की इजाजत नहीं दे रही है।

ने पुल पर अलग-अलग यज्ञकुंड भी बना लिये हैं। साधुओं के माइक से भाषण हो रहे हैं। रामचरित मानस का पाठ अलग हो रहा है। सुरक्षा बलों पर साधु-संतों और कारसेवकों की इच्छाशक्ति का जादू साफ देखा जा सकता है। जब साधु अनशन पर बैठे तो साधुओं ने यह आह्वान किया कि उपस्थित जन समुदाय बैठकर तीन बार ओंकार ध्वनि निकाले तो उपस्थित पुलिसजनों ने भी बैठकर ओंकार ध्वनि निकाली।

कारसेवकों की लगातार बढ़ती संख्या से प्रशासन के हाथ-पाँव फूले हुए हैं। विवादास्पद स्थल को सील किए रखने में प्रशासन आज भी कामयाब रहा। पत्रकारों तक को नहीं जाने दिया गया। 30 अक्तूबर की तोड़फोड़ की मरम्मत की सरकारी कारसेवा बाकायदा आज हुई। यह सरकारी कारसेवा 30 अक्तूबर को तैनात सभी सुरक्षाकर्मियों को बदलकर हुई। सुरक्षाकर्मियों की रद्दोबदल से पुलिस बल का संकट हो गया है। बल नाकाफी है। आज कई जत्थे अयोध्या पहुँचे। मध्य प्रदेश के छतरपुर क्षेत्र से निर्वाचित सांसद उमा भारती बाँदा की जेल से फरार होकर आज अयोध्या पहुँचीं। उन्होंने अपने बाल मुंडवाए हुए थे। उनका कहना था कि 30 अक्तूबर की कारसेवा में शरीक न हो पाने के कारण उन्होंने अपने बाल मुंडवा लिये हैं। उनके साथ टीकमगढ़ के विधायक एस.पी. सिंह व कुछ अन्य कारसेवक भी थे। अहमदाबाद के लोकसभा सांसद हीरेंद्र पाठक का जत्था और हरियाणा के बीजेपी नेता सूरजभान व कमला वर्मा का जत्था भी अयोध्या पहुँचा। इन सभी ने मणिराम छावनी की बैठक में भाग लिया। सभा को संबोधित करते हुए अशोक सिंघल ने कारसेवकों का आह्वान किया कि जब तक उन्हें शिलान्यास-स्थल पर कारसेवा और भजन-कीर्तन शुरू करने की अनुमति नहीं मिलती, तब तक वे अयोध्या से वापस नहीं जाएँगे। सिंघल आदि पदाधिकारी मणिराम छावनी में हैं, मगर कारसेवकों की संख्या के कारण प्रशासन की हिम्मत नहीं है कि वह उन्हें गिरफ्तार कर ले।

फैजाबाद और अयोध्या में 29 अक्तूबर से कर्फ्यू है, मगर लोग बेखौफ आ-जा रहे हैं। रामकोट के बाहर और विवादास्पद स्थान के ठीक सामने, सड़क के दूसरे किनारे से कारसेवकों का जमाव है। छावनियों और मुख्य सड़क से जुड़ी गलियों में कारसेवक डटे हुए हैं।

■

विश्व हिंदू परिषद ने बातचीत की अपील ठुकराई

विश्व हिंदू परिषद ने इस बात पर नाराजगी जताई है कि दो दिन बाद भी उत्तर प्रदेश सरकार ने अयोध्या में राम जन्मभूमि मंदिर में कारसेवा के दौरान मारे गए लोगों के नाम अभी तक नहीं बताए हैं। परिषद के केंद्रीय संयुक्त मंत्री सूर्यकृष्ण ने एक प्रेस कॉन्फ्रेंस में कहा कि इस कारण सेवकों के घर वाले बहुत चिंतित हैं। उन्होंने बताया कि महंत नृत्यगोपाल दास और महंत वामदेव की अगुआई में 50 हजार कारसेवक कारसेवा की कोशिशों में लगे हुए हैं,

मुलायम सिंह यादव लगातार किसी भी तरह की कारसेवा से इनकार कर रहे थे। फोटो : राजेंद्र कुमार

कारसेवकों का गुस्सा दीवार से लेकर रेलिंग तक हर जगह उतरा था। फोटो : राजेंद्र कुमार

विवादित ढाँचे का सिंहद्वार। फोटो : राजेंद्र कुमार

विवादित ढाँचे के सिंहद्वार की तस्वीर। फोटो : राजेंद्र कुमार

लेकिन उन्होंने उम्मीद जाहिर की कि एक-दो दिन में वे दोबारा अपने लक्ष्य पर पहुँच जाएँगे।

श्री सूर्यकृष्ण के मुताबिक परिषद ने अयोध्या विवाद बातचीत से हल करने की मुलायम सिंह यादव की अपील ठुकरा दी है। श्री सूर्यकृष्ण ने दावा किया कि कारसेवकों ने सुरक्षा बलों के चारों तरफ घेरा डाला हुआ है और उनके खाने-पीने की सप्लाई बंद कर दी है। इस स्थिति में सुरक्षा बल ज्यादा समय वहाँ नहीं टिके रह सकते।

उन्होंने कहा कि अखबारों ने मुलायम सिंह यादव के झूठ को बेनकाब कर दिया, लेकिन उन्होंने इस बात पर संतोष जताया कि कल पहली बार दूरदर्शन पर बड़बोलापन नहीं दिखाया और दोनों पक्षों से मिल-बैठकर बातचीत की अपील की। उन्होंने इस बात पर खुशी जाहिर की कि मुख्यमंत्री ने कोर्ट का जिक्र भी नहीं किया।

श्री सूर्यकृष्ण, जो राम जन्मभूमि मंदिर के निर्माण के लिए परिषद के प्रभारी हैं, ने बताया कि बाबरी एक्शन कमेटी की तरफ से उन्हें या बीजेपी को बातचीत का कोई न्योता नहीं मिला है। लेकिन जब तक परिषद की तीनों शर्तें नहीं मानी जातीं, तब बातचीत का कोई मतलब नहीं होगा। शर्तों का खुलासा करते हुए उन्होंने बताया कि कारसेवा बंद नहीं होगी, रामलला की मूर्ति वहीं गर्भगृह में रहेगी और मंदिर परिषद के मॉडल के मुताबिक ही बने।

उधर एक बयान में परिषद के केंद्रीय संयुक्त मंत्री गंगाशरण मददगार ने दूरदर्शन और आकाशवाणी के अधिकारियों से अपील की है कि वे गुलामी छोड़ें और लोकतंत्र के पहरेदार बनकर खड़े हों। राम जन्मभूमि विवाद के दौरान अखबारों की भूमिका पर उन्हें मुबारकबाद देते हुए उन्होंने कहा है कि अखबारों ने सच का साथ नहीं छोड़ा। लेकिन श्री मददगार ने इस बात पर दु:ख जताया है कि दूरदर्शन और आकाशवाणी ने अपनी विश्वसनीयता इतनी खो दी है कि लोग अपने देश की खबरें जानने के लिए दूसरे देशों के संचार माध्यमों पर निर्भर हो गए हैं।

■

बाबरी मस्जिद में मरम्मत

उत्तर प्रदेश के श्रम मंत्री आजम खाँ ने बताया है कि बाबरी मस्जिद के बाहर उसकी सुरक्षा के लिए बनी दीवार में जिन जंगलों को मामूली रूप से नुकसान पहुँचा था, उनकी मरम्मत कर दी गई है।

श्री खाँ ने एक बयान में बताया कि इस कार्रवाई पर फैजाबाद के प्रमुख मुस्लिम नेताओं ने संतोष जाहिर किया है। उन्होंने नागरिकों से अपील की कि अफवाहों पर विश्वास न करें। असामाजिक तत्त्व अशांति फैलाने के लिए झूठा प्रचार कर रहे हैं।

■

देश भर में हिंसा जारी, 32 लोग मारे गए

अयोध्या विवाद को लेकर पिछले मंगलवार को शुरू हुई हिंसा देश के कई हिस्सों में आज भी जारी रही और इसमें 32 लोगों की जानें गईं। आज उत्तर प्रदेश, गुजरात, मध्य प्रदेश, राजस्थान, आंध्र प्रदेश और बिहार में सांप्रदायिक हिंसा की घटनाएँ हुईं।

आज उत्तर प्रदेश में 14, गुजरात में सात, आंध्र प्रदेश में पाँच, मध्य प्रदेश में तीन, राजस्थान में दो और बिहार में एक व्यक्ति की जान गई। आज मरे लोगों को लेकर अयोध्या विवाद से भड़की हिंसा में मरनेवालों की संख्या सौ पार कर गई है।

सेना ने आज लखनऊ समेत उत्तर प्रदेश के कई दूसरे शहरों और गुजरात के वडोदरा में फ्लैग मार्च किया। वडोदरा में भी दंगे पर काबू पाने के लिए सेना तैनात कर दी गई है। अयोध्या में सरयू नदी के बालू के बोरे से बाँधे तीन शव मिले। नदी में और लाशों की तलाश की जा रही है, अयोध्या में सुरक्षा इंतजाम आज और मजबूत कर दिए गए।

उत्तर प्रदेश के अलीगढ़ में पुलिस की गोली से दो लोग मारे गए। गड़बड़ी तब शुरू हुई, जब एक समुदाय के लोगों ने एक पूजास्थल को नुकसान पहुँचाने और उसके शीर्ष पर एक झंडा लगाने की कोशिश की। बिजनौर में कल रात तीन लोग मारे गए। वहाँ सांप्रदायिक झड़पों व आगजनी की घटनाओं के बाद सेना ने सुरक्षा-व्यवस्था सँभाल ली।

मुजफ्फरनगर में भी तीन लोग मारे गए। हापुड़ में एक व्यक्ति की जान गई। इन जगहों की स्थिति तनावपूर्ण बताई गई है। शामली में दो लोग मारे गए। बुलंदशहर जिले के डिबाई कस्बे में भी कर्फ्यू लगा दिया गया।

गुजरात में आज सात लोग मारे गए। अहमदाबाद और वडोदरा में कर्फ्यू जारी रहने के बावजूद हिंसा हुई। वडोदरा में तीन लोग छुरेबाजी में मारे गए। अहमदाबाद में पुलिस की गोली से दो मौतें हुईं। वडोदरा जिले के कस्बों—पडरा और दमोई में एक-एक व्यक्ति की जान गई।

सूरत जिले के वयारा तालुक में छिटपुट हिंसा के बाद कर्फ्यू लगा दिया गया। अयोध्या की घटनाओं के बाद कर्फ्यू लागू किया जाने वाला यह गुजरात का आठवाँ शहर है। कल जामनगर जिले के बीडी गाँव में पुलिस फायरिंग में एक व्यक्ति मारा गया था। वहाँ डीएसपी और अतिरिक्त डीएसपी समेत करीब 80 लोग घायल हो गए।

हैदराबाद में आज कर्फ्यू में ढील के दौरान कई इलाकों में छुरेबाजी की घटनाएँ हुईं, जिनमें कम-से-कम पाँच लोग मारे गए और चार घायल हो गए। मरने वालों में आर.पी.एफ. का जवान भी है, जिसे सिकंदराबाद में छुरा मारा गया।

बिजनौर से ओ.पी. गुप्ता ने बताया कि यहाँ हालात काफी तनावपूर्ण हैं। अब तक 18 लोग मारे जा चुके हैं। धामपुर शहर, शेरकोट, कस्बा नगीना व हेमपुर में तनाव है। धामपुर में अनिश्चितकालीन कर्फ्यू लगा दिया गया है। करीब एक हजार गिरफ्तारियाँ हो चुकी हैं।

बिजनौर नगरपालिका के चेयरमैन को भी गिरफ्तार किया गया है। डिप्टी कलेक्टर ए.के. नेगी और 15 सुरक्षा कर्मचारी घायल हुए हैं।

बिजनौर के एस.पी. प्रवीण सिंह का तबादला कर दिया है। उनकी जगह गिरिराज शाह को एसएसपी बनाकर लाया गया है। शहर कोतवाल पी.एम. सिंह बनाए गए हैं। दंगाग्रस्त इंदौर में आज तीन और व्यक्ति मारे गए। कल शाम देखते ही गोली मारने के आदेश दिए गए थे। आज शाम दो घंटे के कर्फ्यू में छूट के दौरान पागनीसपागा में एक व्यक्ति मारा गया और आज सुबह इंदौर से 13 किलोमीटर दूर मुंबई–आगरा रोड पर एक व्यक्ति मारा गया। शहर के महाराजा यशवंतराव अस्पताल में भर्ती एक व्यक्ति की मृत्यु हो गई। सरकारी तौर पर मरनेवालों की संख्या 13 हो गई है।

मध्य प्रदेश में इंदौर के अलावा आज रायसेन व रतलाम में तनाव पैदा हो गया। रायसेन में कुछ लोगों के एक धार्मिक स्थल से उपासना सामग्री सड़क पर लाए जाने पर तनाव फैल गया। रतलाम में आज दोपहर को एक दुकान में आग लगा दी गई। दोनों शहरों में धारा 144 लगा दी गई है। मऊ और देवास में कर्फ्यू जारी है। ग्वालियर में रात का कर्फ्यू जारी है। सिवनी, मालवा में धारा 144 लगी है।

जयपुर दंगे में घायल दो और लोगों ने आज सवाई मानसिंह अस्पताल में दम तोड़ दिया। सरकारी सूत्रों के अनुसार इन्हें मिलाकर दंगे में मरने वालों की तादाद 47 हो गई है, जबकि भरोसेमंद सूत्रों ने यह तादाद 82 से ऊपर बताई है। जिले के चौमू कस्बे में कल दंगे में घायल हुए तीन लोगों को इलाज के लिए यहाँ लाया गया है। चौमू में बेमियादी कर्फ्यू लगा दिया गया है। दंगाग्रस्त जयपुर, जोधपुर और ब्यावर में दो दिन बाद आज कर्फ्यू में ढील दी गई। इस दौरान शांति रही। जयपुर और चौमू में 489, ब्यावर में 371 और जोधपुर में 231 लोग अब तक गिरफ्तार किए जा चुके हैं। सरकारी प्रवक्ता ने बताया कि जयपुर के अलग–अलग हिस्सों में कर्फ्यू में दी गई तीन घंटे की ढील के दौरान कोई गड़बड़ी नहीं हुई।

■

अयोध्या में कारसेवकों पर अंधाधुंध फायरिंग

अयोध्या, 2 नवंबर, 1990 : अयोध्या की सड़कें, मंदिर और छावनियाँ आज कारसेवकों के खून से सन गईं। अर्धसैनिक बलों की अंधाधुंध फायरिंग से अनगिनत लोग मरे और बहुत से घायल हुए। इस संवाददाता ने अपनी आँखों से तीस लाशें सड़कों पर छितरी देखी हैं। मरे 40 कारसेवकों की सूची कारसेवा समिति ने दी है। 60 कारसेवक सामने सीने तथा सिर पर लगी गोली से गंभीर रूप से घायल हैं। बाकी घायलों का कोई हिसाब नहीं है। गोलीकांड विवादास्पद स्थल से एक किलोमीटर दूर हुआ। प्रशासन का यह दावा झूठा है कि कारसेवक जन्मस्थान परिसर के करीब पहुँच गए थे और कारसेवकों को पहले आँसू

जनसत्ता

नगर नई दिल्ली: शनिवार, ३ नवंबर १९९० रु. १.३० दिल्ली, चंडीगढ़ और बंबई से प्रकाशित

अयोध्या में कारसेवकों पर अंधाधुंध फायरिंग

चालीस मारे गए, घायलों का हिसाब नहीं, पर साठ बुरी तरह जख्मी

हेमंत शर्मा
जनसत्ता संवाददाता

अयोध्या, २ अक्तूबर। अयोध्या की सड़कें, मंदिर और छावनियां आज कार सेवकों के खून से सन गईं। अर्द्धसैनिक बलों की अंधाधुंध फायरिंग से अनगिनत लोग मरे और बहुत से घायल हुए। इस संवाददाता ने अपनी आंखों से तीस लाशें सड़कों पर छितरी देखी हैं। मरे ४० कार सेवकों की सूची कार सेवा समिति ने दी है। ६० कार सेवक सामने सीने से सिर पर लगी गोली से गंभीर रूप से घायल हैं। बाकी घायलों का कोई हिसाब नहीं है। गोली कांड विवादास्पद स्थल से एक किलोमीटर दूर हुआ। प्रशासन का यह दावा झूठा है कि कार सेवक जन्म स्थान परिसर के करीब पहुंच गए थे और कार सेवकों को पहले आंसू गैस, लाठी चार्ज से खदेड़ने की कोशिश हुई। गोलीकांड से उपजे विषाद और दुख के माहौल में आज अयोध्या के किसी भी मंदिर में शाम को भोग नहीं लगाया गया।

प्रशासन ने कार सेवकों पर अंधाधुंध गोलियां उस वक्त चलवाईं जब कार सेवक सत्याग्रह के लिए सड़कों पर बैठकर रामधुन गा रहे थे। कार्तिक पूर्णिमा का स्नान करके कार सेवक, साधु पुलिस घेरों की तरफ सवेरे करीब नौ बजे बढ़े। प्रशासन ने विवादास्पद स्थान से एक किलोमीटर दूर तक का क्षेत्र सील किया हुआ था। गलियों के मुहाने, हनुमान गढ़ी के पास पुलिस सुरक्षा चौकियां बनी थीं। कार सेवकों ने आकर यहां जमाव बनाया।

फैजाबाद में कमिश्नर की कोठी को लोगों ने घेर लिया

गैस, लाठीचार्ज से खदेड़ने की कोशिश हुई। गोलीकांड से उपजे विषाद और दुःख के माहौल में आज अयोध्या के किसी भी मंदिर में शाम को भोग नहीं लगाया गया।

प्रशासन ने कारसेवकों पर अंधाधुंध गोलियाँ उस वक्त चलवाईं, जब कारसेवक सत्याग्रह के लिए सड़कों पर बैठकर रामधुन गा रहे थे। कार्तिक पूर्णिमा का स्नान करके कारसेवक-साधु पुलिस घेरों की तरफ सवेरे करीब नौ बजे बढ़े। प्रशासन ने विवादास्पद स्थान से एक किलोमीटर दूर तक का क्षेत्र सील किया हुआ था। गलियों के मुहाने, हनुमानगढ़ी के पास पुलिस सुरक्षा चौकियाँ बनी थीं। कारसेवकों ने आकर यहीं जमाव बनाया।

सुरक्षा बलों के खदेड़ने की कोशिश में कारसेवक सड़कों पर बैठ गए। भीड़ जमती देखकर आई.जी. जोन एस.एम.पी. सिन्हा ने मातहत अधिकारियों को यह कहा कि लखनऊ से यह साफ निर्देश है कि भीड़ किसी भी कीमत पर सड़कों पर नहीं बैठेगी। आई.जी. के इस निर्देश के बाद ही सुरक्षा बलों ने आँसू गैस और लाठीचार्ज कर कारसेवकों को भगाने की कोशिश की, मगर कारसेवक डटे रहे। प्रशासन की उकसानेवाली कार्रवाई के बाद भी भीड़ उत्तेजित नहीं हुई। तभी अर्धसैनिक बलों ने बिना चेतावनी दिए गोलियाँ चलाना शुरू कर दीं और गली, कूचों में दौड़ा-दौड़ाकर कारसेवकों को निशाना बनाकर गोलियाँ दागीं।

गोलीकांड ऑपरेशन का संचालन आई.जी. जोन जी.एल. शर्मा, एस.एस. पी. सुभाष जोशी, सी. आर.पी.एफ. के उप निरीक्षक उस्मान, 58वीं बटानियन के कमांडर भुल्लर और तरमेंद्र सिंह ने किया।

गोलीकांड ऑपरेशन का संचालन आई.जी. जोन जी. एल. शर्मा, एस.एस.पी. सुभाष जोशी, सी.आर.पी.एफ. के उप निरीक्षक उस्मान, 58वीं बटानियन के कमांडर भुल्लर और तरमेंद्र सिंह ने किया।

प्रशासन का यह ऑपरेशन इतना बर्बर और निर्मम था कि घायलों को उठाने तक की कारसेवकों को अनुमति नहीं दी, न ही पुलिस बल घायलों को खुद उठा रहे थे। पत्रकारों ने घायलों को उठाने और मदद करने की कोशिश की तो उन्हें भी भगा दिया गया।

बावजूद इसके कुछ अखबार वालों ने यह कहते हुए मदद की और बोले कि आप हमें भी गोली मार दें। हम अपना काम करेंगे। उसके बाद अखबार वाले उन टेढ़ी-मेढ़ी गलियों में घुस गए, जहाँ घरों में घुसकर पुलिस बल नंगा नाच कर रहा था।

इस निर्मम गोलीकांड में जो मरे हैं, उनमें पाँच लोग दंडकवन कुंड में, तीन खाकी अखाड़े में, 3 हनुमानगढ़ी पर, एक रामबाग में, तीन लोग अलग-अलग घरों में और दो लाशें कोतवाली के सामने मिलीं। पाँच कारसेवकों को उनके साथी उठाकर ले गए। इन्हें मणिराम दास छावनी के चारों धाम मंदिर में रखा हुआ है।

अंधाधुंध फायरिंग बिना किसी लिखित आदेश के हुई। फायरिंग के बाद सी.आर.पी. एफ. ने जिला मजिस्ट्रेट राम शरण श्रीवास्तव से गोली चलाने के आदेश पर दस्तखत

करवाए। जब गोलियाँ चल रही थीं, तब जिलाधिकारी बेचैन थे। अधिकारियों ने कहा, "मैं नहीं समझ पा रहा हूँ कि इस तरह कितने लोगों को मारा जाएगा।" फैजाबाद के आयुक्त मधुकर गुप्ता काफी देर बाद भी यह बता नहीं पाए कि कितने राउंड गोली चलाई गई हैं। न ही वे यह बता पाए कि कितने लोग मरे हैं और कितने घायल हैं।

गोलीकांड के लिए जिम्मेवार सी.आर.पी.एफ. की 58वीं बटालियन के कमांडर जे.एस. भुल्लर हैं। किसी भी कारसेवक को पैर में गोली नहीं मारी गई। गोलियाँ सभी के सिर और सीने में लगीं। विवादास्पद स्थान से एक किलोमीटर दूर हनुमानगढ़ी के चौराहे, कोतवाली के सामने, तुलसी चौराहे पर फायरिंग हुई। समूचा तुलसी चौराहा खून से लथपथ हो गया। हनुमानगढ़ी चौराहे के सामने तुलसी चौराहे पर पहली बार गोली साढ़े 10 बजे चली। गोली चलाने वाली सी.आर.पी.एफ. की टुकड़ी का नेतृत्व यही अफसर कर रहा था। दिगंबर अखाड़े से बाहर खींचकर सी.आर.पी.एफ. की टुकड़ी ने बीकानेर से आए सगे भाई शरद कोठारी और रामकुमार कोठारी का सिर गोलियों से उड़ा दिया। जोधपुर के सीताराम माली का कसूर सिर्फ इतना था कि आँसू गैस का गोला उठाकर नाली में डाल रहा था। सी.आर.पी. एफ. की टुकड़ी ने उसे पकड़कर बंदूक उसके मुँह पर रखकर गोली दागी। फैजाबाद के राम अचल गुप्ता की अखंड रामधुन बंद नहीं हो रही थी, जे.एस. भुल्लर ने उन्हें पीछे से गोली दागकर मार डाला।

अंधाधुंध फायरिंग में पुलिस ने मंदिरों, अखाड़ों की महत्ता का भी ध्यान नहीं रखा। मंदिरों में घुस-घुसकर कारसेवकों पर गोलियाँ चलाई गईं। रामनंदी दिगंबर अखाड़े में घुसकर साधुओं पर कई राउंड गोलियाँ चलाईं। साधुओं में त्राहि-त्राहि मच गई। फायरिंग के वक्त सी.आर.पी.एफ. के कुछ जवान रो रहे थे। कई ने अपनी बंदूक रख डंडा उठा लिया था। अखाड़े में घुसने के बाद डी.आई.जी. रैंक के जी.एल. शर्मा ने सी.आर.पी.एफ. की टुकड़ी को लौट आने को कहा था। सी.आर.पी.एफ. के एक डिप्टी कमांडर संपत सिंह ने तैश में आकर कहा, 'सर, हम पीछे नहीं हटेंगे, हमने कामयाबी हासिल कर ली है, पूरी कामयाबी से हमें मंदिरों और अखाड़ों को खाली कराना ही होगा।' डी.आई.जी. पीछे हो गए और टुकड़ी ने अंधाधुंध गोलियाँ चलाईं।

गोलीकांड के बाद फैजाबाद और अयोध्या में जबरदस्त तनाव है। कारसेवक छावनियों में पहुँच गए हैं। कल अयोध्या के सभी मंदिरों, अखाड़ों, छावनियों में गोलीकांड से मरे लोगों के लिए शांति पाठ होगा। कारसेवक अगली रणनीति परसों तय करेंगे। प्रशासन ने कुछ कारसेवकों को वापस लौटने की बात कही है, मगर ज्यादातर कारसेवक अयोध्या की छावनियों और सरयू पुल के पास डेरा डाले हुए हैं। श्री राम कारसेवा समिति के उपाध्यक्ष नृत्यगोपाल दास ने अगली रणनीति की बाबत कहा कि फिलहाल हम मारे गए लोगों की तादाद जानने और घायलों की चिकित्सा की व्यवस्था कर रहे हैं। निहत्थे कारसेवकों पर गोली चलाकर प्रशासन ने जलियाँवाले से भी जघन्य कांड किया है।

पुलिस की अंधाधुंध फायरिंग में कई कारसेवकों की मौत हुई। फोटो : महेंद्र त्रिपाठी

कारसेवकों पर हुई गोलीबारी में दो सगे भाईयों (कोठारी बंधु) की जान गई। फोटो : महेंद्र त्रिपाठी

हमने यह बता दिया है कि जो कारसेवक अयोध्या आए हैं, आप चाहे उनकी जान ले लें, लेकिन वे बिना कारसेवा के वापस नहीं जाएँगे।

सबेरे के गोलीकांड से पहले कल देर रात सरयू पुल पार आमरण अनशन कर रहे साधुओं को सुरक्षा बलों ने लाठियों से पीटकर बसों में भर कहीं दूर छोड़ दिया। उनके यज्ञकुंड तोड़ डाले गए और ओम पताका उखाड़ दी गई। पुल से कारसेवकों को हटाकर कल रात प्रशासन ने पुल पर कँटीले तारों की बाड़ लगा दी। पुल के पार अभी भी 10-15 हजार कारसेवक जमा हैं। श्रीगंगानगर (राजस्थान) का एक कारसेवक, जिसका नाम पता नहीं चल पाया, गोली लगते ही गिर पड़ा और उसने अपने खून से सड़क पर लिखा सीताराम। पता नहीं यह उसका नाम था या भगवान का स्मरण। मगर सड़क पर गिरने के बाद भी सी.आर.पी.एफ. की टुकड़ी ने उसकी खोपड़ी पर सात गोलियाँ मारीं। इस पूरे गोलीकांड का चश्मदीद गवाह यह संवाददाता स्वयं है। तुलसी चौराहे के कत्लेआम के बाद पौने ग्यारह बजे पुलिस ने कोतवाली के सामने बैठे कारसेवकों पर गोली चलाई। कारसेवकों की यह भीड़ एक घंटे से सड़क पर बैठकर रामधुन गा रही थी। इसका नेतृत्व सांसद कुमारी उमा भारती और हरेंद्र पाठक कर रहे थे। दोनों को गिरफ्तार करने के बाद पुलिस ने यहाँ भी अंधाधुंध गोली चलाई। कोतवाली के सामने वाले मंदिर का पुजारी वहीं ढेर हो गया। मंदिर में दो और लाशें इस संवाददाता ने अपनी आँखों से देखीं। रामबाग के ऊपर से एक साधु आँसू गैस से परेशान लोगों के लिए बाल्टी से पानी फेंक रहा था। सुरक्षा बलों ने उसे भी निशाना बना लिया। गोली लगते ही साधु छत से नीचे गिर गया।

श्रीगंगानगर, राजस्थान का एक कारसेवक, जिसका नाम पता नहीं चल पाया, गोली लगते ही गिर पड़ा और उसने अपने खून से सड़क पर लिखा सीताराम। पता नहीं यह उसका नाम था या भगवान का स्मरण। मगर सड़क पर गिरने के बाद भी सी.आर.पी. एफ. की टुकड़ी ने उसकी खोपड़ी पर सात गोलियाँ मारीं। इस पूरे गोलीकांड का चश्मदीद गवाह यह संवाददाता स्वयं है।

श्रीराम कारसेवा समिति ने आज जन्मभूमि स्थान की तरफ बढ़ने की रणनीति बनाई थी। प्रशासन को इसका पता था, इसलिए हनुमानगढ़ी तक पहुँचते ही प्रशासन ने गोलीबारी शुरू करवाकर कारसेवकों को पीछे हटवा दिया। लखनऊ में गृहसचिव ने 4 हजार कारसेवकों के विवादास्पद स्थल तक पहुँचने की बात कही है।

मगर कारसेवक आज हनुमानगढ़ी चौराहे से आगे ही नहीं बढ़ पाए थे। जहाँ गोलीकांड हुआ है, वे सभी स्थान जन्मभूमि से एक किलोमीटर से अधिक दूर हैं। प्रशासन गोली से मरने वाले लोगों की संख्या के बारे में भी तथ्य छुपाता रहा है। साढ़े बारह बजे तक हनुमानगढ़ी और तुलसी चौराहे पर फायरिंग हो चुकी थी।

फायरिंग के बाद सड़कों और गलियों में छितरे शवों में से कई को कारसेवक ले गए और कुछ अर्धसैनिक बल बोरियों में भरकर ले जाते हुए देखे गए। स्वयं इस

संवाददाता ने एक बोरे में तीन शव ठूसते हुए देखे। शाम चार बजे बजरंग दल के एक पदाधिकारी विनय कटियार ने 40 मृतकों की सूची दी। गोलीकांड में मरे लोगों की संख्या के बारे में गोलीकांड के समय उपस्थित संवाददाताओं के बीच अलग-अलग अनुमान हैं। एक संवाददाता को गिनती 45 मृत कारसेवकों की है तो प्रदेश के एक मुख्य हिंदी दैनिक 'आज' के संवाददाता ने गोलीकांड में मरे लोगों की संख्या 400 बताई है। जागरण के संवाददाता ने सौ कारसेवकों के मरने की खबर दी है। अयोध्या के स्थानीय प्रशासन ने न इन आँकड़ों को गलत बताया, न अपनी तरफ से कोई संख्या दी। पत्रकारों और कारसेवा समिति के पदाधिकारियों व चिकित्सकों के बताने पर ही स्थानीय प्रशासन मृतकों की संख्या दर्ज कर रहा है।

■

कई जगह दंगे जारी, 53 और मारे गए

देश के कई हिस्सों में दंगे जारी रहने से आज कम-से-कम 53 लोग मारे गए। आज उत्तर प्रदेश में अयोध्या के अलावा 24 गुजरात में, 13 बिहार में, चार कर्नाटक में, और आंध्र प्रदेश व राजस्थान में दो-दो लोगों के मारे जाने की खबर मिली है। उत्तर प्रदेश में आज मेरठ में 12, बिजनौर में दस, मुजफ्फरनगर में दो और अलीगढ़ झाँसी व हापुड़ में एक-एक व्यक्ति मारा गया।

प्रशासन को अलीगढ़, मेरठ, रामपुर, हापुड़ और बिजनौर में देखते ही गोली मारने के आदेश दिए हैं। रामपुर में हुई आगजनी, लूट और छुरेबाजी की घटनाओं में करीब 25 लोग घायल हो गए। प्रशासन ने स्थिति को विस्फोटक बताया है। अलीगढ़, रामपुर और बिजनौर की स्थिति अत्यंत नाजुक बनी हुई है। इस बीच राज्य के 23 जिलों में अनिश्चितकालीन कर्फ्यू जारी है और सड़क परिवहन रुका हुआ है, साथ ही कई ट्रेनें रद्द कर दी गई हैं।

गाजियाबाद जिले के चार कस्बों—मोदीनगर, मुरादनगर, पिलखुआ और हापुड़ में कर्फ्यू बदस्तूर जारी है। सरकारी सूत्रों के अनुसार हापुड़ में आज कर्फ्यू के दौरान हिंसा और आगजनी में एक व्यक्ति मारा गया और 30 घायल हो गए। कस्बे में नाजुक जगहों पर सेना तैनात कर दी गई है। सूत्रों ने बताया कि हापुड़ कस्बे को सील कर दिया गया है। दिल्ली-लखनऊ राजमार्ग के यातायात को भी दूसरे रास्ते से मोड़ दिया गया है। पिलखुआ में आज एक मकान में बम फटने से एक आदमी की मृत्यु हो गई और तीन घायल हो गए।

बुलंदशहर में कल रात पूरे शहर में आगजनी व हिंसा का तांडव होता रहा। बाद में आज वहाँ अनिश्चितकालीन कर्फ्यू लगा दिया गया। बुलंदशहर में कुल पाँच लोग मरे

हैं। प्रशासन ने तीन के मरने की पुष्टि की है। हाल की घटनाओं में अब तक शहर में 28 दुकानों को जलाकर राख कर दिया गया। कलेक्टर जगजीत सिंह ने बताया कि शहर में कानून-व्यवस्था की स्थिति में प्रशासन की मदद के लिए सेना को बुला लिया गया है। सेना ने आज यहाँ फ्लैग मार्च किया।

मुजफ्फरनगर व शामली में तनाव और कुछ हिंसक वारदातों के कारण आज चौथे दिन भी कर्फ्यू जारी रहा। शामली में शांति रही, जबकि मुजफ्फरनगर में दो और लोगों के मरने की खबर मिली।

इलाहाबाद के कर्फ्यू लगे इलाकों में आज सुबह सात बजे से साढ़े सात घंटे की ढील दी गई। पुलिस ने बताया कि इस दौरान कहीं किसी गड़बड़ी की सूचना नहीं मिली।

झाँसी की स्थिति में सुधार को देखते हुए जिला मजिस्ट्रेट के आदेश पर आज चार थाना क्षेत्रों में नौ बजे से 12 बजे तक कर्फ्यू में ढील दी गई। जिलाधिकारी कपिलदेव ने बताया कि कोतवाली थाना क्षेत्र में तीन से पाँच बजे तक ढील दी जाएगी।

भोपाल में आज जबलपुर के छह थाना क्षेत्रों में कर्फ्यू लागू कर दिया गया। इंदौर, देवास, मऊ में पहले से कर्फ्यू है। ग्वालियर में दिन का कर्फ्यू उठा लिया गया है। बाकी उज्जैन, विदिशा, रतलाम में तनाव है, लेकिन इंदौर में दहशत और अफवाहों का बाजार गरम है।

■

फैजाबाद में कमिश्नर की कोठी को लोगों ने घेर लिया

अयोध्या में कारसेवकों पर फायरिंग के विरोध में फैजाबाद के लोग कर्फ्यू के बावजूद आज रात सड़क पर निकल पड़े। जुलूस के रूप में करीब सात-आठ हजार लोगों ने कमिश्नर मधुकर गुप्ता की कोठी को घेर लिया। जुलूस में सबसे आगे बच्चे थे, फिर महिलाएँ और सबसे पीछे पुरुष।

जुलूस में शामिल लोगों ने सरकार के विरोध में नारे लगाए। भीड़ कमिश्नर के घर में घुस गई। भीड़ के हिसाब से वहाँ सुरक्षा बंदोबस्त नाकाफी थे। लिहाजा कमिश्नर सकते में आ गए। भीड़ ने कमिश्नर को घेर लिया और उसने पूछा कि उन्होंने रामभक्त कारसेवकों पर गोली क्यों चलाई? भीड़ ने नैतिकता के आधार पर कमिश्नर को इस्तीफा देने को कहा। बड़ी मिन्नतें करने के बाद कमिश्नर भीड़ को लौटने को मना पाए।

उधर फैजाबाद के कलेक्टर श्रीवास्तव बीमारी का बहाना कर आज छुट्टी पर चले गए। अपना चार्ज उन्होंने मुख्य विकास अधिकारी प्रभाष झा को सौंपा। चर्चा है कि अयोध्या में कारसेवकों पर धुआँधार फायरिंग की कार्रवाई से खिन्न होकर उन्होंने यह कदम उठाया।

■

असामाजिक तत्त्वों का हाथ—सरकार ने कहा

एक सरकारी प्रवक्ता ने आज यहाँ कहा कि अयोध्या में आज हुई हिंसा और आगजनी के पीछे असामाजिक तत्त्वों का हाथ है। पुलिस और सुरक्षा बलों ने महसूस किया कि उस क्षेत्र में कारसेवकों की जगह असामाजिक तत्त्व घुस आए थे, जो सरियों और दूसरे हथियारों से लैस थे।

प्रवक्ता ने पत्रकारों से कहा कि अयोध्या में आज तीन अलग-अलग घटनाएँ हुईं। कोतवाली के पास सुरक्षा बलों पर हमला किया गया, पुलिस के बैरियर तोड़े गए और भीड़ ने बेकाबू होकर पथराव शुरू कर दिया। इसके बाद पुलिस ने पहले लाठी चार्ज किया, फिर आँसूगैस छोड़ी और फिर रबड़ की गोलियाँ चलाईं। यह सब नाकाम रहने पर पुलिस ने फायरिंग की, जिससे पाँच लोग मारे गए और 60 घायल हुए। प्रवक्ता ने कहा कि अपुष्ट खबरों के मुताबिक नौ लोग मारे गए। सात पुलिस वाले घायल हुए, जिनमें से तीन की हालत नाजुक है।

प्रवक्ता के मुताबिक भीड़ ने फायरिंग से पहले दो मकानों, दो बसों, एक जीप और रायगढ़ पुलिस चौकी को आग लगा दी। अब वह पूरा इलाका साफ कर दिया गया है।

■

चार हिंदी दैनिकों के सांध्य संस्करणों की प्रतियाँ जब्त

यहाँ आज प्रकाशित हो रहे चार हिंदी दैनिकों के सांध्य संस्करणों की प्रतियाँ जिला प्रशासन ने जब्त कर ली हैं।

प्रशासन के एक प्रवक्ता ने बताया कि अयोध्या में कारसेवकों पर अंधाधुंध फायरिंग व मृतकों की गलत खबर छापने से राजधानी में तनाव फैलने की आशंका के कारण यह कदम उठाया गया है। प्रवक्ता ने बताया कि किसी अखबार विक्रेता को गिरफ्तार नहीं किया गया है। केवल अखबारों की प्रतियाँ जब्त की गई हैं।

■

अयोध्या में हुई फायरिंग की न्यायिक जाँच हो—परिषद

विश्व हिंदू परिषद ने अयोध्या में आज हुई फायरिंग की न्यायिक जाँच की माँग की है। कारसेवकों पर हुई फायरिंग में करीब 27 लोगों के मारे जाने की खबर है, लेकिन इसके बावजूद परिषद ने कारसेवा जारी रखने का ऐलान किया है।

परिषद के संयुक्त महामंत्री आचार्य गिरिराज किशोर ने एक प्रेस कॉन्फ्रेंस में बताया कि आज परिषद के वरिष्ठ सदस्यों की बैठक में फैसला किया गया कि सात नवंबर तक

कारसेवकों का कार्यक्रम बिना खास फेरबदल के चलता रहेगा। उन्होंने दावा किया कि भारी रुकावटों के बावजूद कारसेवक राम जन्मभूमि की तरफ बढ़ रहे हैं।

सरकार पर अत्याचार का आरोप लगाते हुए उन्होंने कहा कि न्यायिक जाँच के लिए उनकी अपील न्यायपालिका से है, सरकार से नहीं, क्योंकि इस बेईमान सरकार से उनका विश्वास उठ गया है। उन्होंने तो यह भी कहा कि वे मानते ही नहीं कि वास्तव में कोई सरकार है। आचार्य गिरिराज किशोर ने बताया कि अंतरराष्ट्रीय कोर्ट से भी इस सिलसिले में अपील की गई है, ताकि दुनिया को मालूम हो सके कि अयोध्या में कितनी अमानवीय घटनाएँ और ज्यादतियाँ हुई हैं।

परिषद नेता ने दावा किया कि आज भी कारसेवा हुई। कारसेवा का खुलासा करते हुए उन्होंने बताया कि मंदिर के निर्माण के लिए वहाँ पहुँचना भी कारसेवा ही मानी जाएगी। उन्होंने बताया कि पिछले चार दिनों की समीक्षा और मणिराम छावनी में साधु-संतों से सलाह के बाद कारसेवा में तेजी लाने का फैसला किया गया है। इसके लिए उन सभी कारसेवकों को, जो अयोध्या के लिए चल चुके हैं या गिरफ्तारी से छूट चुके हैं, उन्हें कहा गया है कि वे हर हालत में अयोध्या पहुँचें। उत्तर प्रदेश और बिहार के कारसेवकों को सलाह दी गई है कि सात नवंबर तक नए जत्थे अयोध्या की तरफ भेजे जाते रहें।

बाकी प्रदेशों के वे कारसेवक, जो अभी तक नहीं चले हैं, उन्हें कहा गया है कि वे अपने इलाकों में ही जनजागरण आंदोलन चलाएँ। सात तारीख तक 'धिक्कार सप्ताह' भी मनाया जाएगा, आज की घटना के विरोध में किसी कार्रवाई पर विचार करने के लिए परिषद के नेताओं की बैठक भी हुई।

उधर सहारनपुर जेल से जारी एक बयान में परिषद के कार्यकारी अध्यक्ष विष्णु हरि डालमिया ने अयोध्या में कारसेवा की कोशिश में मारे गए लोगों को श्रद्धांजलि दी है। उन्होंने कहा है कि इन कारसेवकों के बलिदान के प्रति अपना सम्मान जताते हुए परिषद उनके परिवारों की देखभाल का सारा जिम्मा लेगी।

■

हाईकोर्ट ने उत्तर प्रदेश सरकार से जवाब माँगा

इलाहाबाद हाईकोर्ट ने उत्तर प्रदेश सरकार को निर्देश दिया है कि वह कल सुबह तक अदालत को जवाब दे कि कारसेवकों के लिए बनाई गई अस्थायी जेलों में मानकों का समुचित निर्वाह हो रहा है या नहीं।

न्यायमूर्ति एस.के. धवन और न्यायमूर्ति डी.एम. सिन्हा ने श्री विनीत सरण और विक्रमनाथ की याचिका पर यह आदेश दिया। आवेदकों ने आरोप लगाया है कि अस्थायी जेलों में शौचालय आदि का समुचित प्रबंध नहीं है। प्रति व्यक्ति पाँच रुपए 75 पैसे भोजन

के लिए पर्याप्त नहीं हैं। आवेदकों ने अनुरोध किया है कि अदालत इन अस्थायी जेलों का निरीक्षण करने के लिए किसी पर्यवेक्षक को अधिकृत करे।

■

अयोध्या में शोक, प्रशासन को अल्टीमेटम

अयोध्या, 3 नवंबर, 1990 : अयोध्या आज शोक में शांत रही तो जिला मुख्यालय फैजाबाद में कल की अंधाधुंध फायरिंग से नागरिक बगावत के मूड में थे। बड़े अफसरों व छावनी के सेनाधिकारियों की पत्नियों ने दो बार कमिश्नर का घेराव किया। 'निहत्थे हिंदुओं की हत्या बंद करो', 'जनरल डायर मत बनो' की तख्तियाँ लिये करीब दस हजार लोगों की उत्तेजित भीड़ से बचने के लिए कमिश्नर को घर से भागना पड़ा। उधर कल के गोलीकांड के घायलों और मृतकों का हिसाब अभी भी लगाया जा रहा है। करीब 22 गंभीर घायलों को बाराबंकी, लखनऊ भेजा गया है। श्रीराम कारसेवा समिति ने शाम को बैठक कर प्रशासन को बारह घंटे का अल्टीमेटम दिया है। वृंदावन के स्वामी वामदेव महाराज ने कहा है कि इस अवधि में कर्फ्यू हटाकर प्रशासन ने कारसेवकों को राम जन्मभूमि में रामलला के दर्शन नहीं करने दिए तो बड़े पैमाने पर बलिदान होगा। वामदेव महाराज ने यह भी घोषणा की कि अब कारसेवकों का नेतृत्व बजरंग दल और शिवसेना करेगी।

बड़े अफसरों व छावनी के सेनाधिकारियों की पत्नियों ने दो बार कमिश्नर का घेराव किया। 'निहत्थे हिंदुओं की हत्या बंद करो', 'जनरल डायर मत बनो' की तख्तियाँ लिये करीब दस हजार लोगों की उत्तेजित भीड़ से बचने के लिए कमिश्नर को घर से भागना पड़ा।

शुक्रवार की बर्बरता से कारसेवक आतंकित होने की बजाय आक्रोश में आए हैं। ग्यारह अक्तूबर के करीब आस-पास के गाँवों में आकर छिपे कारसेवकों को आज रवाना किया गया, मगर जितने कारसेवक गए, उतने ही अयोध्या पहुँच भी गए। कारसेवा समिति ने अगले टकराव का जिम्मा बजरंग दल के नेता विनय कटियार को सौंपा है। कटियार का कहना था कि अब कारसेवक प्रशासन को जवाब देने में कोताही नहीं बरतेंगे। उन्हीं के अनुसार शिवसेना अध्यक्ष बाल ठाकरे अयोध्या पहुँच रहे हैं और आरएसएस प्रमुख बालासाहब देवरस गोंडा पहुँच गए हैं।

कारसेवा समिति की बैठक चारधाम मंदिर में हुई। समिति सूत्रों के अनुसार कारसेवा संचालकों ने रणनीति को एकदम बदल दिया है। अभी तक यह होता था कि कारसेवक रामधुन गाते हुए सड़कों पर जमाव बनाकर और भीड़ के दबाव से जन्मभूमि की तरफ बढ़ सकते थे। 30 अक्तूबर की कारसेवा से 2 नवंबर तक कारसेवक अपनी तरफ से अहिंसक और निहत्थे थे। अब माना जा रहा है कि आवश्यकता पड़ने पर कारसेवक सुरक्षा बलों का

मुकाबला करेंगे। कारसेवक अगले एक-दो रोज में पूरी तैयारी के साथ राम जन्मभूमि की तरफ एक बार फिर कूच करेंगे। सरकारी हिंसा का जवाब देंगे और कारसेवा 7 नवंबर के बाद भी तब तक चलती रहेगी, जब तक कि हमारा मकसद हासिल नहीं हो जाता।

अयोध्या नगरी पर इस समय पुलिस और कारसेवकों का कब्जा है। अयोध्या के पश्चिमी भाग में पुलिस-ही-पुलिस दिखाई देती है तो पूर्वी भाग में कारसेवक हैं। पुलिस वाले भाग में विवादित राम जन्मभूमि, कनक भवन, हनुमानगढ़ी वाला इलाका है। कर्फ्यू का इस इलाके में कड़ाई से पालन हो रहा है। साधु-महंत मंदिरों में कैद पड़े हुए हैं। कनक भवन व हनुमानगढ़ी में जनता का आना-जाना बंद होने से दर्शन व पूजा-पाठ भी बंद है। सरयू का पानी न मिल पाने से हनुमानगढ़ी पर भोग भी नहीं लग पा रहा है।

राम जन्मभूमि के चौतरफा आधे किलोमीटर तक पुलिस ही पुलिस है। पुलिस वाले बैठे-बैठे ऊँघ रहे हैं। राम जन्मभूमि की तरफ पिछले तीन दिनों से पत्रकार भी नहीं जा पा रहे हैं। पूरा इलाका सूना पड़ा है। घंटा-घड़ियाल की आवाज के बदले बूटों की आवाज सुनाई पड़ रही है। रामचरित मानस भवन ट्रस्ट, सीता रसोई व वेदमंदिरों में पूजापाठ व भोग नहीं हो पा रहा है। पूर्वी अयोध्या में कारसेवकों का कब्जा है। गलियों में कारसेवक मरे पड़े हैं। मनिराम दास की छावनी और दिगंबर अखाड़ा इसके मुख्य केंद्र हैं। गलियों में कुछ कारसेवक अखबारों से बहुत खफा हैं। वे कारसेवकों की मौत सैकड़ों में ही अखबारों में पढ़ना व सुनना चाहते हैं। कई कारसेवक अखबार लिये-लिये बड़े चाव से पढ़ रहे हैं। कारसेवकों के लिए ट्रकों पर खाद्यान्न सामग्री पहुँच रही है। दिगंबर अखाड़े में सामान की कमी बताई गई है। कारसेवकों के लिए रात-दिन पूड़ियाँ बन रही हैं। कारसेवकों वाले इलाके में कर्फ्यू बेकार साबित हो गया है। गलियों में रामधुन, मंदिरों में पूजा-पाठ, कीर्तन, भजन बराबर चल रहा है। कार्तिक पूर्णिमा पर आए स्नानार्थी भी इन्हीं गलियों में घूम-घूम राममय हो गए हैं।

इधर फैजाबाद के जिला अस्पताल में घायल कारसेवकों के उपचार के लिए भारी संख्या में लोग जुटे हुए हैं। बर्फ, नीबू, दवाइयाँ गई हुई हैं। खून देनेवालों की लाइन लगी हुई है। खाने की वस्तुएँ लेकर लोग पहुँच रहे हैं। कारसेवकों का उपचार कर रहे हैं।

अयोध्या विवाद से अयोध्यावासियों के सामने संकट पैदा हो गया है। घाटों के पंडे, माली, व्यापारी, हलवाई, सबकी रोजी-रोटी मारी गई। अयोध्यावासी मेलों पर ही आधारित रहते हैं। अब उन्हें अगले मेले चैत राम नवमी का इंतजार है। इधर फैजाबाद के जिला अस्पताल में घायल कारसेवकों के उपचार के लिए भारी संख्या में लोग जुटे हुए हैं। बर्फ, नीबू, दवाइयाँ गई हुई हैं। खून देनेवालों की लाइन लगी हुई है। खाने की वस्तुएँ लेकर लोग पहुँच रहे हैं। कारसेवकों का उपचार कर रहे हैं।

कल की फायरिंग ने कारसेवकों को सचमुच बहुत उत्तेजित कर दिया है। संचालक हताशा में आंदोलन को शिवसेना और बजरंग दल जैसे उग्र संगठनों के हाथों में जाने देने के

लिए तैयार हो रहे हैं। कल की फायरिंग के बाद कारसेवकों ने आज दिन भर शोक मनाया। पुलिस बल भी अपराध-बोध के कारण सड़कों से हट गलियों के किनारे रहा। सुरक्षा बलों ने आज सवेरे सरयू पुल के पार बैठे कारसेवकों पर लाठियाँ बरसाईं। पुल खाली कराकर कारसेवकों को गोंडा के कटरा कस्बे तक खदेड़ा। पुल के कई गाँवों में पुलिस बलों ने उन घरों में लाठिया चलाईं, जिन्होंने कारसेवकों को छुपाया था। कीर्तन घाट पर एक कारसेवक आज मारा गया। कल अयोध्या में और आज सरयू पुल के पास हुई सरकारी ज्यादतियों के खिलाफ पठानकोट से आए 22 साल के अजय महाजन ने सरयू पुल से कूदकर अपनी जान दे दी।

कारसेवकों का अभेद्य दुर्ग मणिरामदास छावनी है। धर्माचार्यों की यहाँ आज कई चक्रों में बैठक चली। यह तय हुआ कि कारसेवक इसी शर्त पर जाएँगे कि प्रशासन राम जन्मभूमि के दर्शनों के बंदोबस्त कराए। वामदेव महाराज का कहना था कि हमारा इरादा शांतिपूर्ण सत्याग्रह का है, पर सरकार ने शांतिपूर्ण आंदोलन को जिस बर्बरता से कुचला, उसके बाद भी हमने 'करो या मरो' का आह्वान नहीं किया। सरकार का यही रवैया रहा तो सारा देश कश्मीर बन जाएगा। अब यह आंदोलन अयोध्या से बाहर निकल गया है। कुछ कारसेवक आज हताशा के साथ यहाँ से वापस गए हैं। अब अगर उन्होंने सरकारी हिंसा से निपटने के लिए कुछ किया तो न तो हमारी जिम्मेदारी और न ही सरकार उसे रोक पाएगी। स्वामी वामदेव का कहना था कि अयोध्या से जो भी कारसेवक आज वापस गया है, वह अपने मकसद के लिए हथियार उठाने की भावना लेकर गया है।

कुछ कारसेवकों ने अपनी हताशा को अयोध्या में प्रकट भी कर दिया। अयोध्या स्टेशन से जुड़े कानीगंज मोहल्ले में एक संप्रदाय विशेष के परिवारों के घरों में आग लगाई गई और एक पूजास्थल को तोड़ा गया। 40 लोगों ने पत्थरों, एसिड बल्ब और बोतलों से यह हमला किया।

कारसेवकों पर कल चली गोली का गुस्सा अयोध्या के बाहर भी फूट रहा है। गोंडा के नवाबगंज के कस्बे में भी एक समुदाय के घरों पर हमला बोला गया। गोंडा में पहले से ही सांप्रदायिक तनाव है। कारसेवकों को अयोध्या से बाहर भिजवाने के लिए आज लखनऊ, बनारस और कानपुर के लिए तीन ट्रेनें चलाई गईं। 11 अक्तूबर के आस-पास पहुँचे कारसेवकों को रवाना किया गया, पर उतनी ही तादाद में बाहर से कारसेवक यहाँ पहुँच भी गए। ■

अयोध्या की खबरों को दबाने पर आमादा प्रशासन

अयोध्या की घटनाओं पर हुई रिपोर्टिंग से उत्तर प्रदेश सरकार प्रेस का मुँह बंद कर देने पर आमादा है। कल अयोध्या में हुई पुलिस फायरिंग का ब्योरा अखबारों में न छपने पाए, इसके

लिए राज्य सरकार ने वाराणसी, कानपुर और इलाहाबाद के अखबार के दफ्तरों पर धावा बोला। कुछ अखबारों को तो छपने ही नहीं दिया गया और कुछ की प्रतियाँ जब्त कर ली गईं। नतीजतन वाराणसी और इलाहाबाद में अखबार आज नहीं बँट सके। लखनऊ और आगरा से छपनेवाले दैनिक 'स्वतंत्र चेतना' के मालिक-संपादक रमेश चंद्र गुप्ता को आज गिरफ्तार कर लिया गया। उधर बिहार के भी कुछ अखबारों पर अंकुश लगाया गया है।

बनारस में आज एक उर्दू अखबार को छोड़कर कोई अखबार नहीं निकल सका। राज्य प्रशासन ने वहाँ के सारे अखबारों को कल रात सील कर दिया था। बनारस में एक अंग्रेजी में, चार हिंदी में और दो अखबार उर्दू में निकलते हैं।

'गांडीव' के आज शाम के संस्करण को तो पुलिस ने बँटने ही नहीं दिया। हारकर संवाददाताओं और उप-संपादकों ने खुद जाकर अखबार बाँटा। 'गांडीव' जैसे ही छपकर आया, एक सिटी मजिस्ट्रेट और चार पुलिस इंस्पेक्टरों की अगुआई में चार-पाँच ट्रकों में भरकर पुलिस गांडीव कार्यालय पहुँची और हॉकरों को अखबार की प्रतियाँ नहीं उठाने दीं।

'गांडीव' के आज शाम के संस्करण को तो पुलिस ने बँटने ही नहीं दिया। हारकर संवाददाताओं और उप संपादकों ने खुद जाकर अखबार बाँटा। गांडीव जैसे ही छपकर आया, एक सिटी मजिस्ट्रेट और चार पुलिस इंस्पेक्टरों की अगुआई में चार-पाँच ट्रकों में भरकर पुलिस गांडीव कार्यालय पहुँची और हॉकरों को अखबार की प्रतियाँ नहीं उठाने दीं।

शहर में जगह-जगह अखबारों के बिक्री-केंद्र हैं। पुलिस ने इन बिक्री-केंद्रों पर आज तड़के ही अपना पहरा बैठा दिया था। कुछ अखबारों के छपकर बाहर आने के साथ ही उनकी प्रतियों को जब्त कर लिया गया और हॉकरों को डाँटकर भगा दिया गया। सरकारी तौर पर इस कार्रवाई का कारण बताने के लिए कोई भी प्रशासनिक या पुलिस अधिकारी अपने दफ्तर में मौजूद नहीं था। टेलीफोन काट देने से उसके जरिए भी संपर्क नहीं हो सका।

कुछ अखबारों के दफ्तरों में भी पुलिस ने घुसकर अखबारों की प्रतियाँ जब्त कर लीं और उन्हें बाहर भेजने की इजाजत भी नहीं दी। अखबार की प्रतियों को ढोने वाली गाड़ियों को भी जगह-जगह रोक दिया गया, जिससे वे बिक्री-केंद्रों तथा कार्यालयों तक नहीं पहुँच सकें।

अखबारों की प्रतियाँ जब्त किए जाने के विरोध में आज नगर के करीब दो सौ पत्रकारों ने अपनी गिरफ्तारी दी। गिरफ्तारी देनेवालों में 'गांडीव' के संपादक राजीव अरोड़ा, 'जनवार्त्ता' के संपादक ईश्वर देव मिश्र व वरिष्ठ पत्रकार ईश्वर चंद्र सिन्हा शामिल हैं।

जिला अधिकारी सौरभ चंद्र ने कहा कि नगर के छह अखबारों के खिलाफ भारतीय दंड संहिता की धारा 123, 124, 153, 153 ए व 154 के तहत मुकदमा दायर किया गया है। ये अखबार हैं, 'आज', 'जागरण', 'स्वतंत्र भारत', 'पायनियर', 'जनवार्त्ता' और उर्दू अखबार 'आवाजे मुल्क'। जिलाधिकारी ने संपादकों और पत्रकारों को भरोसा दिया कि पत्रकारों और अखबारों के अन्य कर्मचारियों के कर्फ्यू पास रद्द नहीं किए गए हैं।

‘स्वतंत्र भारत’ (लखनऊ) के संपादक राजनाथ सिंह ने बताया कि वाराणसी में अखबार छपकर तैयार है, पर पुलिस उन्हें प्रसारित नहीं होने दे रही है। कोई भी अधिकारी अखबारों की जब्ती का लिखित आदेश देने को तैयार नहीं है। अखबारों पर पहरा बैठा दिया गया है।

‘स्वतंत्र भारत’ (लखनऊ) के संपादक राजनाथ सिंह ने बताया कि वाराणसी में अखबार छपकर तैयार है, पर पुलिस उन्हें प्रसारित नहीं होने दे रही है। कोई भी अधिकारी अखबारों की जब्ती का लिखित आदेश देने को तैयार नहीं है। अखबारों पर पहरा बैठा दिया गया है। राजधानी लखनऊ में भी कल कई अखबारों के सांध्य संस्करणों की प्रतियाँ जब्त कर ली गई थीं। इलाहाबाद से मिली खबरों के अनुसार आज ‘अमृत प्रभात’ व ‘नॉर्दन इंडिया पत्रिका’ की सभी प्रतियाँ रात में ही जब्त कर ली गईं। बाहर से आने वाले अखबारों का भी वितरण नहीं होने दिया गया। गृह सचिव ए.के. रस्तोगी ने किसी अखबार के संपादक की गिरफ्तारी या अखबारों के दफ्तर पर छापा मारे जाने की घटना के प्रति जानकारी न होने की बात की है।

यह भी पता चला है कि इलाहाबाद में पत्रकारों ने प्रशासन की इस अघोषित सेंसरशिप के खिलाफ रात को हाईकोर्ट से स्टे लिया है।

■

अयोध्या में अफसरों की पत्नियों का विद्रोह और कमिश्नर को खरी-खोटी

अयोध्या, 3 नवंबर, 1990 : निहत्थे कारसेवकों को गोलियों से भूने जाने के खिलाफ फैजाबाद के नागरिक प्रशासन में बगावत की स्थिति बन गई है। सभी बड़े सरकारी अफसरों की पत्नियों ने आज कमिश्नर का घेराव करके कहा कि वे मुख्यमंत्री के अलोकतांत्रिक आदेशों को न मानें और उनसे कहें कि वे गोली की भाषा बंद करें।

एक एडीएम की बीवी ने कहा कि आप मजिस्ट्रेटों पर दबाव डालकर गोली चलाने के आदेश पर दस्तख्त क्यों करवाते हैं। आप ने अगर अब ऐसा किया तो कोई मजिस्ट्रेट दस्तखत नहीं करेगा। जिन्हें बात से मनाया जा सकता है, जो गिरफ्तार हो सकते हैं, उन पर गोली चलाने का आदेश देने के लिए श्रीमान कमिश्नर आप किसी पर दबाव नहीं डालें। एक पीसीएस की पत्नी ने कहा—इस बाबत हमें लिखित आश्वासन दीजिए कि सभी बड़े अफसरों और उनके बचने का रास्ता निकले। सवालों की बौछार से कमिश्नर के पसीने छूट रहे थे। एक ऑफिसर की बीवी ने कहा, ‘आप मुलायम सिंह के हर मनमाने अलोकतांत्रिक निर्णय का समर्थन क्यों करते हैं?’

कमिश्नर, ‘तो क्या करें?’

एक ऑफिसर की पत्नी, 'आप उन्हें असलियत बताएँ। संतों पर गोली चलाने से मना करें। उनके अवैधानिक निर्देश मानने से इनकार करें।'

कमिश्नर, 'यह सरकार का नीतिगत फैसला है। इसमें हमारा कोई दखल नहीं है। हम आपकी भावनाओं को सरकार तक पहुँचा सकते हैं।'

एक मजिस्ट्रेट की बीवी, 'आप मुख्यमंत्री के हर गलत फैसले को डिट्टो कर उन्हें तानाशाह बना रहे हैं।'

कमिश्नर, 'पर व्यवस्था बनाए रखना हमारा दायित्व है। हमें आपकी मदद चाहिए। आप लोग अफवाहों पर ध्यान न दें।'

एक ऑफिसर की पत्नी, "थोड़ी मानवीय संवदेना जगाइए। हम आपकी कुछ नहीं सुनेंगी। सभी अखबारों में छपी खबर अफवाह है। सच्चाई की पताका सिर्फ आपकी सरकार ने थाम रखी है। आपने मानवता का संहार किया है," इस बीच दूसरी ने कहा, "क्या आप अपने घरवालों पर गोली चला सकते हैं?"

कमिश्नर, 'वे बसों को तोड़ रहे थे। पथराव कर रहे थे।'

एक महिला, 'बसें तो बाद में बन सकती थीं। पर जिनकी गोदें सूनी हो गई हैं, जिनके सिंदूर उजड़ गए हैं, क्या आप उन्हें वापस ला सकते हैं?'

कमिश्नर के बोल नहीं फूटे। ऑफिसरों की बीवियों ने चिल्ला-चिल्लाकर कहा कि "लाठियाँ कहाँ चलाई गई थीं? आपकी पुलिस की इतने दिनों से तैयारी क्या थी या मुख्यमंत्री के यह कहने से कि कोई परिंदा भी पर नहीं मार सकता, आपने लोगों को गोलियों से भूनना शुरू कर दिया।"

कमिश्नर, 'वे बसों को तोड़ रहे थे। पथराव कर रहे थे।' एक महिला, 'बसें तो बाद में बन सकती थीं। पर जिनकी गोदें सूनी हो गई हैं, जिनके सिंदूर उजड़ गए हैं, क्या आप उन्हें वापस ला सकते हैं?' कमिश्नर के बोल नहीं फूटे।

फैजाबाद के सरकारी अफसरों के घर आज चूल्हे नहीं जले होंगे, क्योंकि उनकी पत्नियाँ आयुक्त के यहाँ बैठी थीं, यह लिखित आश्वासन लेने के लिए कि अब गोली नहीं चलेगी। कमिश्नर के बँगले पर यह हंगामा हो ही रहा था कि छावनी से सेना के अधिकारियों की बीवियों ने जुलूस निकाल लिया। जुलूस पूरे शहर में घूमा। शहर के कॉलेजों के प्रिंसिपल, अध्यापक और वकील इसमें शामिल हो गए और आयुक्त निवास आते-जाते इनकी तादाद दस हजार हो गई। जुलूस में महिलाएँ और बच्चे भी थे। वे हाथ में तख्तियाँ लिये थे, जिन पर लिखा था, 'निहत्थे कारसेवकों की हत्या बंद करो', 'जनरल डायर मत बनो।' महिलाओं ने जो तख्तियाँ ली थीं, उनमें लिखा था, 'नरभक्षी मुलायम सिंह, हमारे बच्चों की हत्या बंद करो।'

इनकी बढ़ती उत्तेजना ने फैजाबाद-लखनऊ रास्ते को रोक दिया। आयुक्त जब बात करने आए तो उस भीड़ ने उन पर धावा बोल दिया। कमिश्नर अपना घर छोड़कर भागे। ■

विश्व हिंदू परिषद ने रणनीति बदली

अयोध्या, 4 नवंबर, 1990 : विश्व हिंदू परिषद ने राम जन्मभूमि आंदोलन की रणनीति बदल ली है। वह अब इस आंदोलन को अयोध्या से हटाकर देशव्यापी बनाएगी। इसके लिए वह कारसेवा में बलिदान हुए लोगों के अस्थि-कलश देश भर में भेजेगी, शोक सभाएँ करेगी। कलश लेकर लोग सड़कों पर निकलेंगे तो सरकार उन्हें कैसे रोक पाएगी?

कई दौर की बैठक के बाद राम कारसेवा समिति और विश्व हिंदू परिषद ने अयोध्या में मौजूदा कारसेवकों से सात नवंबर तक यहीं मौजूद रहने और निकट भविष्य में आनेवालों से कहा है कि वे श्रीराम महायज्ञ (जो सात नवंबर तक चलेगा) में शामिल होकर राम जन्मभूमि के दर्शन कर अपने घरों को लौट जाएँ और देश के कोने-कोने में मारे गए लोगों के प्रति श्रद्धांजलि सभा आयोजित करें। इस तरह इलाके की जनता को सरकार के 'राक्षसीपन' की जानकारी दी जाए।

फैजाबाद में आज भी नागरिकों का जुलूस नारे लगाते हुए सड़कों पर निकल पड़ा। सबके हाथों में तख्तियाँ थीं, जिसमें सरकार के खिलाफ तरह-तरह के नारे लिखे थे–'डायर भाग ऊधमसिंह आ रहा', 'हत्यारे मधुकर, जोशी, शर्मा होश में आओ', 'मुलायम सिंह जान बचाओ', 'वी.पी. तेरी कैसी होली, निहत्थों पर चलवाई गोली'।

आज विश्व हिंदू परिषद के महामंत्री ने एक बयान जारी कर तारीख में तब्दीली की जानकारी दी। उन्होंने कहा—श्रीराम कारसेवा समिति की 11 नवंबर की दिल्ली में बैठक होगी, जिसमें आंदोलन की अगली रणनीति तय होगी। अगली रणनीति और सरकार के रवैए को देखते हुए परिषद रामभक्तों की फौज तैयार करेगी, खासकर बजरंग दल के विस्तार पर ज्यादा ध्यान दिया जाएगा। रामभक्तों की राम जन्मभूमि जाने की इच्छाशक्ति को देखते हुए आज सरकार भी झुकी। डी.आई.जी. स्तर से कई दौर को बातचीत के बाद सरकार ने कारसेवकों को जत्थों में राम जन्मभूमि का दर्शन कराने पर सहमति बनी। कर्फ्यू हटाकर स्थिति सामान्य करने पर भी प्रशासन राजी हुआ।

अयोध्या में देवरहा बाबा के स्थान रामघाट पर 29 अक्तूबर से चल रहे राम महायज्ञ के तंबू उखाड़कर तहस-नहस कर दिए गए थे। हवन-सामग्री भी जब्त कर ली गई थी। आज यह यज्ञ फिर शुरू करने की इजाजत दी गई थी। अब इस यज्ञ का मकसद शांति है। यज्ञ सोमवार की सुबह सवा पाँच बजे से शुरू होकर सात नवंबर को दोपहर बाद एक बजे तक चलेगा।

अशोक सिंघल ने आज के बयान में कहा कि अयोध्या में रामभक्तों ने साबित कर दिखाया कि लोकशक्ति का सामना राजशक्ति नहीं कर सकती। इसलिए अब मुसलमानों को भी आगे आकर हिंदुओं की भावना को समझना चाहिए और इसके साथ तादात्म्य स्थापित करना चाहिए। सिंघल ने उत्तर प्रदेश सरकार की भर्त्सना की और कहा कि रामनाम का

कीर्तन करने वाले निहत्थे साधुओं पर गोली चलवाने वाली सरकार ने बाबर और औरंगजेब के अत्याचारों को भी फीका कर दिया है।

इस बीच अयोध्या में शुक्रवार को फायरिंग के विरोध में आज तीसरे दिन भी विरोध प्रदर्शन जारी रहे। फैजाबाद में आज भी नागरिकों का जुलूस नारे लगाते हुए सड़कों पर निकल पड़ा। सबके हाथों में तख्तियाँ थीं, जिसमें सरकार के खिलाफ तरह-तरह के नारे लिखे थे—'डायर भाग ऊधमसिंह आ रहा', 'हत्यारे मधुकर, जोशी, शर्मा होश में आओ', 'मुलायम सिंह जान बचाओ', 'वी.पी. तेरी कैसी होली, निहत्थों पर चलवाई गोली'।

बजरंग दल के प्रमुख विनय कटियार ने आज यहाँ कहा है कि जब तक प्रदेश के गृह सचिव ए.के. रस्तोगी, आईजी इंटेलीजेंस रामाश्रय और आयुक्त मधुकर गुप्ता को बर्खास्त नहीं किया जाता, तब तक हम कोई बात नहीं करेंगे।

■

प्रचार कुछ पर तथ्य कुछ और

लखनऊ, 4 नवंबर, 1990 : दर्जनों साधु-संतों की लाशों पर बैठ सरकार अयोध्या की खबरों को न केवल दबा रही है, बल्कि आकाशवाणी और दूरदर्शन से झूठी खबरें भी प्रसारित करवा रही है। सरकारी माध्यमों से लगातार यह प्रचारित किया जा रहा है कि कारसेवक हथियारों से लैस थे व उत्तेजक नारे लगा रहे थे। उनका इरादा विवादास्पद इमारत को गिराना था। तथ्य कुछ और हैं और इन सरकारी झूठ की कलई उतार देते हैं।

कल टेलीविजन से एक झूठ का प्रचार करवाया गया कि केंद्रीय औद्योगिक सुरक्षा बल के एक जवान को कारसेवकों ने जलाकार मार डाला, तभी गोली चली। यह झूठ था, किसी भी जवान को जलाकर मारने की खबर का खंडन फैजाबाद के डी.आई.जी. जी. एल. शर्मा और आयुक्त मधुकर गुप्ता दोनों करते हैं। यह सही है कि सी.आई.एस.एफ. का एक जवान मरा है, पर जलने से नहीं। उसे छुरा घोंपा गया था। वह इसलिए फैजाबाद अस्पताल में मरा कि डॉक्टरों ने पुलिस वालों का इलाज करने से मना कर दिया था। वह जवान बेकसूरों पर हुई गोलीबारी के बाद भागती भीड़ के आक्रोश का निशाना बना था।

उत्तर प्रदेश सरकार के गृह सचिव ने लखनऊ में बैठकर कहा कि दो नवंबर को इसलिए गोली चलानी पड़ी कि कारसेवक हथियारों से लैस होकर चढ़े आ रहे थे। दुनिया भर के प्रेस और टीवी ने (दूरदर्शन को छोड़कर) कारसेवकों के फोटो खींचे हैं। बीबीसी से लेकर रायटर तक के कैमरों में डंडे पर लहराते भगवा ध्वज के अलावा कोई डंडा तक भी नजर नहीं आता है। कारसेवकों को दोनों हाथ ताली बजा राम धुन गाने का निर्देश था। फिर हाथ में हथियार का सवाल ही कहाँ रहता है और तो और, मौके पर सुरक्षा बलों के घायल किसी सिपाही पर धारदार हथियार से चोट नहीं की गई है। इस बात के डॉक्टरी प्रमाण हैं। कारसेवक तो भजन गा रहे थे और बीच में पड़ने वाले सुरक्षा बलों के जवानों के पैर भी

'जय सियाराम' कहते छू लिया करते थे।

तीसरा झूठ मरनेवालों की तादाद को लेकर बोला गया। शाम साढ़े सात बजे तक मरनेवालों की गिनती गृहसचिव आदित्य कुमार रस्तोगी के मुताबिक पाँच पर ही अटकी रहती है। फैजाबाद में पाँच बजे ही जिला अधिकारी कहीं ज्यादा लोगों की सूची प्रेस को बताते हैं, पर सरकारी समाचार माध्यम रस्तोगी के झूठ का प्रचार करते हैं।

यह दलील कि उत्तेजित कारसेवकों को गोलियों से भूनने के अलावा कोई चारा नहीं था, तथ्यों से परे है। तीस की कारसेवा के बाद पराजय-बोध से पीड़ित प्रशासन का कारसेवकों पर हमला पूर्व नियोजित था। दो नवंबर को सुबह पौने ग्यारह बजे सीआईएसएफ के डी.आई. जी. आर.के. पंडित सुरक्षा बलों को यह हिदायत दे रहे थे कि भीड़ किसी भी कीमत पर यहाँ नहीं बैठेगी, उसे खदेड़िए। पहले आँसू गैस के गोले दागो। उसके फौरन बाद गोली चला दो। डी.आई.जी. का कहना यह संवाददाता ही नहीं सुन रहा था, विदेशी समाचार माध्यम एबीसी ने इसे टेप भी कर लिया। उस वक्त भीड़ शांत थी और रामनाम जप रही थी। साफ है कि इस रोज शासन ने रामभक्तों को भूनने का इरादा पहले से बना रखा था।

पाँचवाँ झूठ मस्जिद तोड़ने के इरादे को लेकर है। कारसेवा समिति ने 29 अक्तूबर से आज तक बार-बार यह दुहराया है कि विवादास्पद इमारत गिराने का उसका कोई इरादा नहीं है। न ही वे उसे जायज मानते हैं, पर नेतृत्वविहीन रामभक्तों की भीड़ तीस अक्तूबर को इसलिए बेकाबू हो गई कि उसने देखा कि एक बरस पहले जहाँ शिलान्यास हुआ था, वहाँ सरकार ने तोड़-फोड़ की।

■

चुनाव के अलावा और कोई रास्ता नहीं : आडवाणी

नई दिल्ली, 4 नवंबर, 1990 : बीजेपी अध्यक्ष लालकृष्ण आडवाणी ने कहा है कि इस सरकार को बने रहने का कोई अधिकार नहीं है और इस स्थिति में जनता से दोबारा मत लेने के अलावा और कोई रास्ता नहीं है। दुमका से अपनी रिहाई के बाद पहली प्रेस कॉन्फ्रेंस में श्री आडवाणी ने कहा कि यह फैसला जनता के हाथ में छोड़ देना चाहिए कि वह किस तरह के भारत का निर्माण चाहती है।

उन्होंने साफ किया कि वे मस्जिद कहे जाने वाले ढाँचे को गिराने के पक्ष में नहीं हैं, लेकिन सरकार ने ऐसी स्थिति जानबूझकर पैदा कर दी कि कुछ लोग उत्तेजना में वहाँ चढ़ गए, जिससे ढाँचे को कुछ नुकसान हुआ। इसके लिए उन्होंने भूमि अधिग्रहण के बारे में अध्यादेश पर सरकारी पलटी को जिम्मेदारी ठहराया। अयोध्या में कारसेवकों पर हुए 'अत्याचारों' पर दु:ख जताते हुए उन्होंने दावा किया कि देश इस घटना को कभी नहीं भूलेगा और इसके लिए जिम्मेदार वी.पी. सिंह और मुलायम सिंह यादव की सरकारों को कभी माफ नहीं करेगा। श्री आडवाणी ने बताया कि संसद के विशेष सत्र के बाद वे

कारसेवा करने के लिए फिर अयोध्या जाएँगे।

श्री आडवाणी को आज तीसरे पहर ही बिहार के दुमका के मसानजोड़ रेस्ट हाउस से यहाँ लाया गया था। उन्हें 23 अक्तूबर को उनकी रथयात्रा के दौरान बिहार के समस्तीपुर में राष्ट्रीय सुरक्षा कानून के तहत गिरफ्तार कर लिया गया था। उन्होंने बताया कि कोर्ट के आदेश पर ही उन्हें यहाँ पार्टी संसदीय दल की बैठक और संसद के विशेष सत्र में हिस्सा लेने के लिए छोड़ा गया है।

उनके साथ ही गिरफ्तार हुए पार्टी सांसद प्रमोद महाजन को भी आज श्री आडवाणी के साथ दिल्ली लाया गया। श्री महाजन भी प्रेस कॉन्फ्रेंस में मौजूद थे।

श्री आडवाणी ने कहा कि हम तदर्थ व्यवस्था के खिलाफ हैं और चाहते हैं कि नया जनादेश लिया जाए। उन्होंने साफ किया कि उनकी पार्टी किसी भी दल का समर्थन नहीं कर रही है। बीजेपी अध्यक्ष ने कल कोच्चि में दिए प्रधानमंत्री के इस बयान पर दु:ख जताया कि बीजेपी एक मजहबी राज्य कायम करना चाहती है और यह कि प्रधानमंत्री सत्ता इसलिए नहीं छोड़ रहे, ताकि बीजेपी को ऐसा करने से रोक सकें।

उन्होंने कहा कि श्री सिंह का यह बयान उनकी निराशा और बौखलाहट दिखलाता है। उन्होंने साफ किया कि बीजेपी ऐसे किसी भी राज्य के पक्ष में नहीं है, जहाँ किसी खास मजहब के लोग पहले दर्जे के नागरिक हों और दूसरों को घटिया दर्जे का माना जाता हो, लेकिन साथ ही वह धर्मनिरपेक्षता की किसी ऐसी सफाई को भी नहीं मानती, जिससे कहने को तो सब बराबर हों, पर अल्पसंख्यकों को बहुसंख्यकों के मुकाबले वरीयता दी जाती हो। बीजेपी की निगाहों में यह धर्मनिरपेक्षतावाद नहीं, बल्कि वोटों की राजनीति के लिए चलाया जाने वाला अल्पसंख्यकवाद है।

सरकारी मीडिया के दुरुपयोग पर बोलते हुए श्री आडवाणी ने कहा कि दूरदर्शन का इस कदर गलत इस्तेमाल हो रहा है, जिसकी कल्पना भी नहीं की जा सकती। इमरजेंसी के दौरान तो मूल अधिकारों के स्थगित होने का बहाना लेकर सरकारी मीडिया पर नियंत्रण रखा गया था, लेकिन आज तो ऐसी कोई स्थिति नहीं है। एक सवाल के जवाब में उन्होंने कहा कि उत्तर प्रदेश में पत्रकारों की गिरफ्तारी और अखबारों को सील किए जाने की खबरों से उन्हें गहरा धक्का लगा है।

अपनी रथयात्रा को 'विकृत धर्मनिरपेक्षतावाद के खिलाफ जेहाद' बताते हुए श्री आडवाणी ने कहा कि रथयात्रा का मकसद कारसेवा में हिस्सा लेने के साथ लोगों को यह बताना भी था कि सरकार को हिंदुत्व से कितनी 'एलर्जी' है। यह हिंदू-मुस्लिमों के बीच का फसाद नहीं, करीब एक तरफ राष्ट्रवादी और धर्मनिरेपक्ष व दूसरी तरफ विकृत धर्मनिरपेक्षतावादियों के बीच की लड़ाई है। सरकार के इस रुख से राष्ट्रीय एकता को ही नुकसान नहीं हो रहा है, बल्कि अल्पसंख्यकों के हितों को भी चोट पहुँच रही है।

अयोध्या में 30 अक्तूबर और दो नवंबर को हुई घटनाओं का जिक्र करते हुए श्री

आडवाणी ने कहा कि इतने भीषण रक्तपात का सबसे बड़ा कारण अध्यादेश पर सरकारी कलाबाजी है।

■

कोठारी बंधुओं को श्रद्धांजलि देने पूरी अयोध्या उमड़ पड़ी

लखनऊ, 4 नवंबर, 1990 : समूची अयोध्या आज दो 'कारसेवकों' के प्रति नतमस्तक थी। उनकी अत्येष्टि में भाग लेने के लिए सरयू के किनारे आज जनसमूह उमड़ पड़ा। चिता पर इन दो सगे कोठारी भाइयों की अरथी रखी थी और आकाश में 'अमर हो' की गूँज। रामकुमार कोठारी (23) और शरद कोठारी (20) को दो नवंबर को सुरक्षा बलों ने एक घर से निकालकर इनके सिर गोलियों से उड़ा दिए थे। इन लोगों ने 30 अक्तूबर की कारसेवा में विवादित स्थल पर भगवा ध्वज फहराया था।

बीकानेर के मूल निवासी शरद और रामकुमार का परिवार पीढ़ियों से कलकत्ता में रहता था। हीरालाल कोठारी के यही दो बेटे थे। तीसरी बेटी है, जिसका विवाह 12 दिसंबर को होना है। हीरालाल कोठारी बेटों की मौत से सदमे में हैं। बेटों का शव लेने उनके बड़े भाई दाऊलाल कोठारी आज सबेरे फैजाबाद आए और पोस्टमार्टम के बाद रखे शवों का अंतिम संस्कार किया।

बीकानेर के मूल निवासी शरद और रामकुमार का परिवार पीढ़ियों से कलकत्ता में रहता था। हीरालाल कोठारी के यही दो बेटे थे। तीसरी बेटी है, जिसका विवाह 12 दिसंबर को होना है। हीरालाल कोठारी बेटों की मौत से सदमे में हैं। बेटों का शव लेने उनके बड़े भाई दाऊलाल कोठारी आज सबेरे फैजाबाद आए और पोस्टमार्टम के बाद रखे शवों का अंतिम संस्कार किया। भरे स्वर में ताऊ ने कहा कि उनके बेटों का बलिदान खाली नहीं जाएगा, पर वे शरद और रामकुमार की माँ को क्या जवाब देंगे ? याद आते ही वे फूट पड़ते हैं। माँ को उनके दोनों बेटों के बलिदान की जानकारी नहीं दी गई है।

दाऊलालजी कहते हैं कि घटना के दिन चार बजे ही उन्हें बेटों के न रहने की जानकारी मिल गई थी। उन्होंने बताया कि दिक्कत के बावजूद विश्व हिंदू परिषद की खुफिया इकाई उन्हें मिनट दर मिनट की जानकारी दे रही थी। तीस अक्तूबर को 'झंडा लहराने' के बाद दोनों भाई दो नवंबर को विनय कटियार के नेतृत्व में दिगंबर अखाड़े की तरफ से हनुमानगढ़ी की ओर बढ़ रहे थे। जब पुलिस ने गोली चलाई, दोनों पीछे हटकर एक घर में जाकर छुप गए। इस बीच सी.आर.पी.एफ. के एक इंस्पेक्टर ने शरद को घर के बाहर निकालकर सड़क पर बिठाया और सिर को गोली से उड़ा दिया। छोटे भाई के साथ ऐसा होते देख रामकुमार भी कूद पड़ा। इंस्पेक्टर की गोली रामकुमार के गले को भी पार कर गई। दोनों ने मौके पर ही दम तोड़ दिया।

दोनों भाई 22 अक्तूबर की रात में कलकत्ता से चले थे। बनारस आकर रुक गए। सरकार ने गाड़ियाँ रद्द कर दी थीं तो वे टैक्सी से आजमगढ़ के फूलपुर कस्बे तक आए। यहाँ से सड़क रास्ता भी बंद था। वे 25 तारीख से कोई 200 किलोमीटर पैदल चलकर 30 अक्तूबर की सुबह अयोध्या पहुँचे थे। तीस अक्तूबर को विवादित जगह पर पहुँचने वाला शरद पहला आदमी था। विवादित इमारत के गुंबद पर चढ़कर उसने भगवा पताका फहराई थी। फिर दोनों को सी.आर.पी.एफ. के जवानों के लाठियों से पीट बाहर खदेड़ दिया।

कोठारी भाइयों के दोस्त राजेश अग्रवाल बताते हैं कि शरद और रामकुमार ने दो नवंबर की सुबह ही तय किया था कि आज जन्मस्थान तक जाना है, चाहे जो कुछ हो। भगवा पट्टियाँ भी ले आया था, जिस पर लिखा था 'कफन'।

कोठारी भाइयों के दोस्त राजेश अग्रवाल बताते हैं कि शरद और रामकुमार ने दो नवंबर की सुबह ही तय किया था कि आज जन्मस्थान तक जाना है, चाहे जो कुछ हो। भगवा पट्टियाँ भी ले आया था, जिस पर लिखा था 'कफन'।

■

आखिर कारसेवकों के आगे सरकार को झुकना ही पड़ा

अयोध्या, 5 नवंबर : कारसेवकों के अयोध्या में ही जमे रहने और उनके भारी दबाव के आगे आखिर राज्य सरकार को झुकना ही पड़ा। उन्हें आज रामलला के दर्शनों की अनुमति दे दी गई। राम जन्मस्थान के कपाट आज खोल दिए गए।

उधर विश्व हिंदू परिषद ने यह तय किया है कि रामलला के मंदिर के निर्माण का काम अब बजरंग दल देखेगा। बजरंग दल परिषद का एक उग्र संगठन है। बजरंग दल अब दस लाख से ज्यादा उग्र युवकों की एक फौज खड़ी करेगा। यह फौज ही अब अयोध्या, काशी और मथुरा के अलावा तीन हजार ऐसे मंदिरों को भी खाली कराएगी, जहाँ अब मस्जिदें बन गई हैं। विश्व हिंदू परिषद के महामंत्री अशोक सिंघल ने आज यहाँ यह बताया कि अभी तक सरकार ने हमारा नरम बरताव देखा है, अब वह हमारा रौद्र रूप देखेगी।

इस बीच प्रशासन ने आज रामभक्तों की तीन माँगें मान ली हैं। रामभक्तों के लिए रामजन्म स्थान का कपाट खुल गया, टोलियों में दर्शन जारी है। उधर देवरहा बाबा के आश्रम रामघाट पर राम महायज्ञ भी शुरू हो गया है। यज्ञ में अशोक सिंघल, नृत्यगोपाल दास, वामदेव महाराज और आचार्य धर्मेंद्र ने हिस्सा लिया।

कारसेवकों का अयोध्या आना अब भी जारी है। कल और आज मिलाकर कुल दस हजार कारसेवक अयोध्या पहुँचे। इससे पहले आज अशोक सिंघल ने अखबार वालों से कहा कि अयोध्या में दो तारीख को सरकारी गुंडागर्दी का जो नंगा नाच हुआ, वैसा पहले

कभी नहीं हुआ। सरकार ने धर्मनिरपेक्षता, संविधान और लोकतंत्र के साथ बलात्कार किया है। हमने अपने आंदोलन में हिंसा को कोई जगह नहीं दी थी, पर सरकारी बरताव और मुस्लिम आक्रामकता के खिलाफ बुलाई गई रामकारसेवा समिति की बैठक में ही कोई अंतिम फैसला लिया जाएगा, पर हम यह महसूस करते हैं कि लोकतंत्र की भाषा सरकार की समझ में नहीं आती। जिस ढंग से अहिंसक आंदोलन कुचला गया, उससे यही साबित होता है? इस कारण हमने अपना कार्यक्रम बदला है। परिषद के महामंत्री ने कहा कि हमने तो केवल तीन जगह माँगी थीं, पर अब जब तीन हजार मंदिरों के लिए देश भर से संघर्ष छिड़ेगा। गाँव-गाँव का नौजवान खड़ा होगा तो मुसलमानों को हमारी बात का अहसास होगा कि वे आक्रामकता के साथ इस देश में नहीं रह सकते। उन्होंने मुसलमानों को चेतावनी दी कि अब भी अगर वे उग्र बनकर रहना चाहते हैं तो उनकी हिफाजत न तो कोई राजनेता कर सकता है, न ही कोई फोर्स। उनकी जगह काल के गाल में होगी। सिंघल ने जोर देकर कहा कि अल्पसंख्यकों की सुरक्षा की गारंटी केवल हिंदू समाज ही ले सकता है। वह भी तब, जब वे हमारी भावनाओं का सम्मान करें। श्री सिंघल ने कहा कि हम प्रजातंत्र में भरोसा करते हैं। हम चाहते तो तीस को ही बाबरी मस्जिद खत्म हो सकती थी, पर हम प्रजातंत्र के ढाँचे में रहना चाहते थे। दूसरी तरफ अदालत की बात करने वाली सरकार ने अदालती आदेशों के चिथड़े उड़ाते हुए हमारी परंपरागत धार्मिक परिक्रमा रोक दी। हिंदू समाज के सभी संप्रदायों के बीस हजार से ज्यादा साधु-संत धर्माचार्यों को जेल में ठूँसने का रिकॉर्ड बनवा दिया।

दूसरी तरफ हज जाने वाले यात्रियों को सरकार पचास फीसदी कन्सेशन आदि सुविधाएँ दिलवाती है। उन्होंने कहा कि मुख्यमंत्री मुलायम सिंह यादव, गृह सचिव ए.के. रस्तोगी, आई.जी. राम आसरे और कमिश्नर मधुकर गुप्ता की चांडाल चौकड़ी की साजिश से अयोध्या का गोलीकांड हुआ। उन्होंने कहा कि अयोध्या में गड़बड़ी करने का काम गोंडा के सांसद मुन्ना खाँ ने किया। उन्होंने आगे कहा कि मुलायम सिंह से उनकी कोई बात नहीं होगी।

कारसेवकों के बढ़ते हुए दबाव को देखते हुए सरकार पीछे हटी और बात करके तीनों माँगें मान ली गईं। आज कारसेवकों को राम जन्मभूमि पहुँचकर पूजापाठ का अवसर दिया गया। चौथे दिन आज पत्रकारों ने भी मंदिर का निरीक्षण किया। तीस अक्तूबर को क्षतिग्रस्त इमारत का मलबा प्रशासन ने साफ करवा दिया है। प्रदेश विरोधी दल के नेता नारायण दत्त तिवारी ने घटना की न्यायिक जाँच की माँग की है।

उत्तर प्रदेश सरकार द्वारा प्रदेश भर में अयोध्या विवाद को लेकर अखबारों में छपी खबरों को लेकर अखबारों को जब्त करने और संपादकों-पत्रकारों को जेल भिजवाने की साजिश का यहाँ के पत्रकारों ने विरोध किया है। वरिष्ठ पत्रकार श्यामा प्रसाद प्रदीप, एनयूजे के राष्ट्रीय परिषद के सदस्य त्रियुगी नारायण तिवारी, पूर्व सांसद निर्मल खत्री, विधायक मदन सिंह व पत्रकार समन्वय समिति के जे.पी. तिवारी ने पत्रकारों के खिलाफ सरकार

की साजिश की निंदा की और पत्रकारों से एकजुट होकर मुकाबला करने की अपील की।

शंकराचार्य वासुदेव, आनंद सरस्वती ने अयोध्या में मंदिर निर्माण की माँग को लेकर उरई में आमरण अनशन शुरू किया है। उन्हें कारसेवा के लिए अयोध्या जाते समय हिरासत में ले लिया गया था।

इस बीच हिंदू शिवसेना के अध्यक्ष सुरेंद्र कुमार बिल्ला और भानुपुरा पीठ के शंकराचार्य स्वामी दिव्यानंद तीर्थ ने आज माँग की कि अयोध्या में निहत्थे कारसेवकों पर हुई पुलिस फायरिंग की न्यायिक जाँच कराई जाए। स्वामी दिव्यानंद तीर्थ इस समय सहारनपुर के सरसावा विश्रामगृह में नजरबंद हैं। उन्हें अयोध्या में कारसेवा के लिए जाते समय गिरफ्तार किया गया था।

■

6 दिसंबर से कारसेवा रोकने की अपील आडवाणी ने ठुकराई

अयोध्या, 19 नवंबर : भारतीय जनता पार्टी के अध्यक्ष लालकृष्ण आडवाणी ने 6 दिसंबर से प्रस्तावित कारसेवा को टालने की सरकार की अपील ठुकरा दी है। उन्होंने कारसेवा के कार्यक्रम को यथावत् रखने की घोषणा की। उनका कहना था कि विश्व हिंदू परिषद अपने फैसले पर अटल है। जन्मभूमि में रामलला का मंदिर वहीं और वैसे ही बनेगा। वे आज यहाँ पहुँचने पर एक लाख से ज्यादा लोगों के बीच बोल रहे थे।

श्री आडवाणी का गोंडा से अयोध्या तक के रास्ते में अभूतपूर्व स्वागत हुआ। अयोध्या वालों का कहना है कि उन्होंने ऐसा स्वागत न कभी किसी का देखा, न सुना। सरकारी दफ्तर सुनसान रहे और लोगों का उत्सवी मूड समारोह जैसा दृश्य बन गया। फैजाबाद से अयोध्या तक का छह किलोमीटर का रास्ता श्री आडवाणी का काफिला करीब पाँच घंटे में तय कर पाया। 251 स्वागत द्वारों से गुजरते हुए उस काफिले का जगह-जगह स्वागत हुआ और अयोध्या पहुँचने तक इसमें एक लाख लोग जुड़ चुके थे। इसके पहले आडवाणी सुबह छह बजे गोंडा से फैजाबाद के लिए रवाना हुए। करीब 56 किलोमीटर के रास्ते में 128 स्वागत द्वार बनाए गए थे और जगह-जगह उनका जबर्दस्त स्वागत किया गया।

माथे पर रामपत्ती और बदन पर रामनामी चादर डाले पूरे शहर को देखते हुए आडवाणी ने पहले रामलला के दर्शन करने का कार्यक्रम स्थगित कर दिया। उन्होंने भारी भीड़ देखते हुए पहले सभा को संबोधित किया, जबकि पूर्व निर्धारित कार्यक्रम के अनुसार उन्हें पहले रामलला के दर्शन करने थे।

सभा में विश्व हिंदू परिषद के महामंत्री अशोक सिंघल, राम जन्मभूमि समिति के उपाध्यक्ष नृत्यगोपाल दास, रामचंद्र परमहंस, चिन्मयानंद आदि ने भी सभा को संबोधित किया। अशोक सिंघल ने कारसेवा के संदर्भ में पहले चरण में 30 अक्तूबर और 2

नवंबर को मारे गए कारसेवकों के अस्थिकलश भी मंच पर थे। ये अस्थिकलश आज से घुमाए जाएँगे। 28 दिसंबर से रुद्राभिषेक महायज्ञ होगा। छह दिसंबर से कारसेवा का दूसरा चरण होगा।

श्री आडवाणी कारसेवा के पहले चरण से शरीक होने वाले थे, पर 23 दिसंबर को उनकी रथयात्रा को रोककर उन्हें समस्तीपुर में गिरफ्तार कर लिया गया था। इस कारण श्री आडवाणी आज पहली बार यहाँ आ पाए। उन्होंने अस्थिकलशों पर माला चढ़ाकर मृत कारसेवकों को श्रद्धांजलि दी।

■

अयोध्या के तेवर आक्रामक होते जा रहे हैं

अयोध्या, 20 नवंबर : अयोध्या में लोगों के जख्म अब धीरे-धीरे भर रहे हैं। इसके साथ ही उनके तेवर ज्यादा आक्रामक होते जा रहे हैं। भारतीय जनता पार्टी के नेता लालकृष्ण आडवाणी की यात्रा से उनके आंदोलन को ज्यादा पुख्ता आधार मिल गया है।

अभी तक जो भाषण चारधाम के अंदर दिए जाते थे और जिन्हें सार्वजनिक तौर पर नहीं सुना जा सकता था, अब उनकी कैसेट खुलेआम बजाई और सुनाई जाती है। यही नहीं है, लाउडस्पीकर से उनका प्रचार तक किया जा रहा है। प्रमुख नेताओं के भाषणों के कैसेट शहर भर में बेचे जा रहे हैं। पुलिस वाले अपने आस-पास की घटनाओं को नजरअंदाज कर रहे हैं और नेता लोग अपने भाषणों में पहले से भी कहीं ज्यादा साफ हैं।

कल सोमवार को रामायण मेला मैदान में हुआ विराट हिंदू सम्मेलन इन सब बातों का सबूत है। बाद में लालकृष्ण आडवाणी ने इस सम्मेलन को संबोधित किया। इस सम्मेलन में जितने भी नेता बोले, सभी के भाषण काफी उत्तेजित करने वाले थे। सभी ने 'काला दिवस' का बार-बार जिक्र किया। उन्होंने अयोध्यावासियों को बताया कि हर सफलता ऐसे ही मिलती है।

श्री आडवाणी की सोमवार की यात्रा को इसी संदर्भ में देखा गया। माना गया कि जिस रथ को बिहार में रोक लिया गया था, वह आज अयोध्या पहुँच गया है। उस समय श्री आडवाणी को 'जन्मभूमि' पर प्रार्थना करने से रोका गया और पहले ही गिरफ्तार कर लिया गया, लेकिन उन्होंने अपनी मंशा पूरी कर ली है। दूसरी ओर रोकनेवाले सत्ता से ही बाहर हो गए हैं। श्री आडवाणी का कहना था, 'रथ को जबरन भले ही रोक लिया गया हो, पर लोकरथ अंततः 30 अक्तूबर को अयोध्या पहुँच ही गया।'

श्री आडवाणी ने आश्वस्त किया कि वे पूरे दिल से अयोध्या की जनता के साथ हैं। वे रामभक्त बलिदान मार्ग देखने गए, घरों में जाकर लोगों से मिले और जब लोग उनसे मिलने आए तो उन्हें आश्वस्त किया कि दोषियों को सजा दी जाएगी और उन्हें न्याय मिलेगा। लोग

इतनी बड़ी संख्या में उनसे मिलने आए थे कि श्री आडवाणी को दिल्ली लौटने का अपना कार्यक्रम एक दिन के लिए स्थगित करना पड़ा।

जनता में बढ़ते उत्साह के साथ ही कई कार्यक्रम बनाए जा रहे हैं। 28 नवंबर को मंदिरों का शुद्धीकरण किया जाएगा और छह दिसंबर को सत्याग्रह शुरू किया जाएगा। छोटी छावनी के प्रभावशाली महंत नृत्यगोपालदासजी ने बताया कि छह दिसंबर को मिर्जापुर के कारसेवक कारसेवा में भाग लेंगे। इसके बाद जिलावार रोज दो हजार कारसेवक निर्माण कार्य में हिस्सा लेंगे। 'सेवा' पहले से तय शिलान्यास स्थान से ही शुरू होगी। कारसेवकों को रोका गया तो वे गिरफ्तारी देंगे। महंत नृत्यगोपाल दास जी ने कहा कि कारसेवकों की संख्या सीमित रखी गई है।

■

रामजन्मभूमि में भूमिपूजन और शिलान्यास का सिलसिलेवार कथा

1986–1989 के बीच के घटनाक्रम की खबरें

शिलान्यास की तारीख तय हो गई थी। राजीव गांधी सरकार से हरी झंडी मिल गई थी। इसे राष्ट्रीय स्वाभिमान और हिंदुओं की एकता के नतीजे के तौर पर प्रचारित किया गया। 'हिंदू कार्ड' को दिमाग में रखकर जिसे जो फायदा समझ आया, उसने उसे उठाने की कोशिश की। शिलान्यास और उससे भी करीब साढ़े तीन साल पहले ताला खोले जाने के हर पहलू को जानिए।

…सत्ता

…: शुक्रवार, १० नवंबर १९८९ रु. १.१० दिल्ली, चंडीगढ़ और बंबई से प्रकाशित

शिलान्यास बिना रुकावट शुरू

परिक्रमा पर दस लाख से ज्यादा लोग पहुंचे

जनसत्ता संवाददाता

अयोध्या, ९ नवंबर। राम जन्म भूमि मंदिर के शिलान्यास का पहला चरण आज संपन्न हुआ। सवेरे ठीक नौ बज कर ३३ मिनट पर भूमि पूजन और नींव खोदने का कार्यक्रम हुआ। उसी जगह पर, जहां मंदिर के नक्शे में सिंहद्वार है और दस दिन पहले जहां विश्व हिंदू परिषद ने झंडा गाड़ा था।

प्रशासन ने भूमि पूजन और नींव खुदाई को रुकवाने की कोई कोशिश नहीं की। कार्यक्रम को शांतिपूर्ण संपन्न होने देने के उसके बंदोबस्त थे। विश्व हिंदू परिषद ने वायदे के मुताबिक शिलान्यास स्थल पर न भीड़ जमा होने दी और न ही जुलूस निकाला। साढ़े सत्ताईस घंटे तक अनवरत चलने वाला शिलान्यास समारोह सवेरे नौ बजे से निर्धारित जगह पर शुरू हुआ। भूमि पूजन के बाद मंत्रों और शंखनाद के बीच नौ बज कर तैंतीस मिनट पर प्रस्तावित मंदिर की नींव खोदी गई। इस मौके पर हजारों साधु-संत, महामंडलेश्वर और अखाड़ों के महंत समेत बजरंग दल और विश्व हिंदू परिषद के कार्यकर्ता 'सौगंध' राम की खाते हैं, मंदिर वहीं बनाएंगे' के नारों से आसमान गुंजा रहे थे। स्वामी वामदेव …

हरभजनसिंह के मुताबिक दस लाख तो आज के पंचकोसी परिक्रमा के लिए आए थे। हालांकि उन्होंने माना कि शिलान्यास की वजह से ही पंचकोसी परिक्रमा में भीड़ अप्रत्याशित रही। साधु संन्यासी, विश्व हिंदू परिषद के अधिकारी, कार्यकर्ता और बजरंगदल के स्वंय सेवकों की संख्या २५ हजार से ज्यादा ही थी।

भीड़ और पुलिस के कड़े बंदोबस्त से फैजाबाद और अयोध्या में तनाव था लेकिन डर नहीं। भगवा झंडों के बीच तीर कमान से लैस जत्थे शिलान्यास समारोह की रखवाली में लगे हुए थे। बाबरी मस्जिद एक्शन कमेटी के हिफाजती दस्ते आज सड़क पर नहीं उतरे। एक्शन कमेटी फैजाबाद की टाटशाह मस्जिद में दिन भर रणनीति बनाती रही। मस्जिद की सुरक्षा के लिए अयोध्या पहुंचे इंका के बुजुर्ग नेता कमलापति त्रिपाठी आज शिलान्यास स्थल की तरफ झांकने तक नहीं आए। …

भूमि पूजन कार्यक्रम का नजारा अभूतपूर्व था। …

अगला कार्यक्रम परसों तय होगा : शिलान्यास के बाद मंदिर निर्माण का काम कैसे [illegible] शुरू होगा यह ११ नवंबर को तय किया जाएगा। …

शिलान्यास करने या न करने देने पर फैसला एक-दो दिन में शिलान्यास की उलटी गिनती शुरू

लखनऊ, 5 नवंबर, 1989 : अयोध्या में 10 नवंबर को विश्व हिंदू परिषद की ओर से प्रस्तावित राम जन्मभूमि मंदिर का शिलान्यास होगा कि नहीं, पूरा देश साँस रोके इस सवाल पर प्रतीक्षा कर रहा है। शिलान्यास की उलटी गिनती शुरू हो गई है। कल प्रधानमंत्री राजीव गांधी ने पहले चुनावी भाषण में ही रामराज्य लाने का वायदा किया। इससे लगता है कि सब कुछ ठीक ही होगा। शिलान्यास को शांतिपूर्ण ढंग से निपटाने के लिए प्रशासन ने पूरे बंदोबस्त किए हैं। फिर भी अयोध्या, फैजाबाद व लखनऊ से दिल्ली तक पूरी सरकार सहमी हुई है।

विवादग्रस्त राम जन्मभूमि–बाबरी मस्जिद के चारों तरफ लोहे की दोहरी बाड़ लगा उसे पूरी तरह सील कर दिया गया है, ताकि गड़बड़ी के लिए कोई परिंदा भी पर न मार सके। भारी पुलिस बंदोबस्त के बावजूद प्रशासन की चौकसी से टकराव का आदेश टलता नजर आ रहा है। आज से देश भर से चली रामशिलाएँ अयोध्या पहुँचनी शुरू हो गई हैं। सारे देश से कोई तीन लाख रामशिलाओं को अयोध्या पहुँचना है।

कल विश्व हिंदू परिषद ने बाबरी मस्जिद के सामने पाँच फुट चौड़ी सात फुट लंबी जमीन शिलान्यास के लिए चिह्नित की है। सफेद घेरा बना उसमें ओम लिखा गया है। यहीं 10 नवंबर को शिलान्यास होगा, पर मस्जिद अपनी जगह बनी रहेगी।

देश भर में सबसे संवेदनशील इस मसले को शांति से निपटाने में लगता है, मुख्यमंत्री नारायण दत्त तिवारी को आखिरकार सफलता मिल गई है। पहले से तय जगह पर ही शिलान्यास होगा, पर यह जगह कहाँ है, इस पर सरकार मौन है। कल विश्व हिंदू परिषद ने बाबरी मस्जिद के सामने पाँच फुट चौड़ी सात फुट लंबी जमीन शिलान्यास के लिए चिह्नित की है। सफेद घेरा बना उसमें ओम लिखा गया है। यहीं 10 नवंबर को शिलान्यास होगा, पर मस्जिद अपनी जगह बनी रहेगी। मस्जिद की रक्षा करने के लिए पंडित कमलापति त्रिपाठी अयोध्या नहीं जाएँगे। मुख्यमंत्री ने उन्हें परसों वाराणसी न आने के लिए मना लिया है। मंदिर के खिलाफ वामपंथी दलों का होने वाला अयोध्या मार्च अब फैजाबाद तक ही होगा। वहीं रैली कर मार्च खत्म हो जाएगा।

25 करोड़ की लागत से बनने वाले राम जन्मभूमि मंदिर के शिलान्यास को लेकर पूरे राज्य में तनाव है। विश्व हिंदू परिषद ने 10 नवंबर को शिलान्यास करने और बाबरी मस्जिद एक्शन कमेटी ने उन्हें ऐसा करने से रोकने को कहा था। इससे टकराव की स्थिति बनी थी।

चालीस हजार आबादी वाले अयोध्या की 'लेबनान' सरीखी मोर्चाबंदी कर दी गई। अर्धसैनिक बलों को अयोध्या के चप्पे–चप्पे पर तैनात किया गया है। चौदह क्लोज सर्किट टेलीविजन कैमरे किसी भी गड़बड़ी पर नजर रखने के लिए लगाए गए हैं। अयोध्या जाने वाले वाहनों पर रोक लगा दी गई है। रामशिलाएँ लाने वाली 40 हजार गाड़ियों की पार्किंग

की व्यवस्था है। धातुखोजी यंत्रों से लैस केवल चार रास्ते अयोध्या पहुँचने के रखे गए हैं। किसी भी स्थिति से निपटने के लिए अयोध्या में अस्थायी तौर पर 10 पुलिस चौकियाँ बनाई गई हैं। केंद्रीय रिजर्व पुलिस, सीमा सुरक्षा बल और पी.एस.सी. की 76 कंपनियाँ अब तक अयोध्या पहुँच चुकी हैं। चप्पे-चप्पे पर नजर रखने के लिए उस रोज सादे और वर्दीधारी सैनिकों को छतों पर तैनात किया जाएगा।

जिलाधिकारी रामशरण श्रीवास्तव के मुताबिक अयोध्या को सेक्टरों में बाँट उसे सेक्टर मजिस्ट्रेट नियंत्रित करेंगे, पर अयोध्या कितने सेक्टरों में बँटेगा, यह अभी तय नहीं है। पड़ोसी जिलों से अफसरों को बुलाया गया है। हालात पर काबू रखने के लिए लगातार उच्च स्तरीय बैठकें हो रही हैं। सुरक्षा इंतजामों की देखभाल के लिए पुलिस महानिदेशक आर.पी. जोशी फैजाबाद जा रहे हैं। इस दौरान प्रदेश भर में सांप्रदायिक तनाव रोकने के लिए चौकसी बरती जा रही है।

राज्य में केंद्रीय रिजर्व पुलिस, भारत तिब्बत सीमा पुलिस, सीमा सुरक्षा बल की 100 कंपनियाँ लगी हैं। इसके अलावा पी.एस.सी. की 160 कंपनियाँ प्रदेश भर में कानून और व्यवस्था की हिफाजत में लगी हैं।

विश्व हिंदू परिषद पहले ही इस रोज अयोध्या न आने के लिए लोगों से अपील कर चुकी है। वामपंथी पार्टियों के मार्च और पंडित कमलापति का सत्याग्रह टलने के बाद अब कानून और व्यवस्था के लिहाज से केवल एक समस्या है। प्रबोधनी एकादशी के रोज वहाँ चौदह कोसी परिक्रमा में पहुँचने वाली लाखों की भीड़ को कैसे नियंत्रित किया जाए। शासन की चिंता इस बात को लेकर है कि भीड़ में शरारती तत्त्व न आ जाएँ।

रामशिलाओं के अयोध्या तक आने के सरकारी बंदोबस्त भी आज पूरे हो गए। मध्य प्रदेश, महाराष्ट्र और दक्षिण भारत से आने वाली शिलाएँ इलाहाबाद, झाँसी जिले से होकर यात्राओं में शामिल हो रही हैं। हरियाणा, पंजाब, राजस्थान से आने वाली शिलाएँ मेरठ होकर, कश्मीर, हिमाचल प्रदेश से आने वाली मुरादाबाद, बरेली होते हुए अयोध्या पहुँचेंगी। इस दौरान छह सौ छोटी रामशिला यात्राओं के बाद 5 बड़ी रामशिला यात्राएँ अयोध्या पहुँचेंगी। कल राज्य सरकार ने सभी जिलाधिकारियों का निर्देश दिए कि इन शिला यात्राओं को कहीं रोका न जाए, लेकिन इस बात का खयाल रहे कि जुलूस को बेवजह घुमाया भी न जाए। खुफिया सूत्रों के मुताबिक राज्य के सभी जिलों में अब तक 25 हजार जगहों पर शिलाएँ पूजी जा चुकी हैं। इसमें सबसे ज्यादा शिलापूजन देवरिया और सबसे कम पिथौरागढ़ में हुआ है।

विश्व हिंदू परिषद ने पूरे प्रदेश को दो भागों में बाँट पूजित शिलाओं को लाने के लिए 5 मुख्य यात्राएँ निकालने की योजना बनाई है। पहली मुख्य यात्रा 5 नवंबर को 'चित्रकूट यात्रा' के नाम से शुरू होगी। सबेरे सात बजे बाँदा से चलकर फतेहपुर, रायबरेली, जगदीशपुर होते अयोध्या पहुँचेगी। दूसरी यात्रा 'ब्रह्मवत' के नाम से 4 नवंबर को ललितपुर से शुरू हो झाँसी, उरई, कानपुर, उन्नाव, लखनऊ, बाराबंकी होते हुए दूसरे

दिन 5 नवंबर को अयोध्या जाएगी। इस मुख्य यात्रा में इटावा, फर्रुखाबाद, हमीरपुर, सीतापुर, हरदोई, लखीमपुर, विसवाँ की उपयात्राएँ भी जगह-जगह मिलेंगी। तीसरी यात्रा 5 नवंबर को 'गोरखनाथ' के नाम से गोरखनाथ मंदिर, गोरखपुर से शुरू हो सहनवा, मगहर, खलीलाबाद, मुडेरवा, कप्तानगंज, हरया होते अयोध्या जाएगी। इसमें पडरौना, देवरिया, महराजगंज, सिद्धार्थनगर, बलरामपुर, बहराइच की उप यात्राएँ शरीक होंगी। 5 नवंबर को 'काशी यात्रा' के नाम से चौथी मुख्य यात्रा शुरू होगी, जो वाराणसी से चलकर जौनपुर, गोसाईंगंज होते हुए अयोध्या पहुँचेगी। इसमें सोनभद्र, गाजीपुर, बलिया की उपयात्राएँ शामिल होंगी। पाँचवीं यात्रा 'प्रयागराज' के नाम से शुरू होकर प्रतापगढ़, सुल्तानपुर होते हुए अयोध्या पहुँचेगी, इसमें दोआबा और गंगापार की शिलाएँ भी होंगी।

■

वी.पी. सिंह अयोध्या विवाद निपटाने की एक कोशिश और करेंगे

नई दिल्ली, 5 नवंबर, 1989 : जनता दल के अध्यक्ष विश्वनाथ प्रताप सिंह ने आज दोहराया कि वे नौ नवंबर को अयोध्या जाकर बातचीत के जरिए राम जन्मभूमि-बाबरी मस्जिद विवाद के हल की और कोशिश करेंगे। यहाँ एक बयान में उन्होंने कहा कि जनता दल का शुरू से ही यह नजरिया रहा है कि बाबरी मस्जिद नहीं गिराई जानी चाहिए और हिंदुओं की वहाँ भगवान श्रीराम का मंदिर बनाए जाने की भावना का भी सम्मान किया जाना चाहिए।

उन्होंने जनता से अपील की कि वह हर हालत में शांति और आपसी सौहार्द बनाए रखे और कांग्रेस (इ) के जाल में न फँसे। इस मुद्दे पर सरकारी चुप्पी राजनैतिक और प्रशासकीय मौकापरस्ती का उदाहरण है।

उधर भारतीय कम्युनिस्ट पार्टी और मार्क्सवादी कम्युनिस्ट पार्टी ने उत्तर प्रदेश सरकार की ओर से फैजाबाद जिले में रैलियों पर रोक लगाए जाने के बावजूद अयोध्या में नौ नवंबर को प्रस्तावित सांप्रदायिक सद्भाव रैली निकालने पर कायम रहने का फैसला किया है। दोनों पार्टियों ने अलग-अलग बयानों में सांप्रदायिक सद्भाव रैली पर रोक लगाने और विश्व हिंदू परिषद को उस दिन शिलापूजन समारोह करने की इजाजत देने के वास्ते उत्तर प्रदेश सरकार और फैजाबाद प्रशासन की आलोचना की है।

भाकपा महासचिव सी. राजेश्वर राव ने यहाँ एक बयान में आज कहा कि फैजाबाद में पाबंदी के बावजूद उनकी पार्टी नौ नवंबर को प्रस्तावित सांप्रदायिक सद्भाव रैली करेगी। उन्होंने कहा कि भाकपा अयोध्या में एक और राममंदिर बनाने का विरोध नहीं कर रही है, बल्कि वह विवादास्पद जगह पर मंदिर बनाने की विश्व हिंदू परिषद की योजना के खिलाफ है। श्री राव ने कहा कि फैजाबाद से कांग्रेस (इ) के चुनाव अभियान को शुरुआत से प्रधानमंत्री राजीव गांधी की धर्मनिरपेक्ष छवि बेनकाब हो गई है।

मार्क्सवादी कम्युनिस्ट पार्टी के केंद्रीय कार्यालय से जारी बयान में आरोप लगाया गया कि यह पाबंदी वामपंथी दलों को धर्मनिरपेक्ष ताकतों से अलग-थलग करने के उद्देश्य से लगाई गई है। इससे सांप्रदायिक तत्त्वों से निपटने में कांग्रेस (इ) के दोहरे मापदंड का पता चलता है। पार्टी पोलित ब्यूरो ने कहा है कि वामपंथी पार्टियाँ राष्ट्रीय एकता और सांप्रदायिक सद्भाव की रक्षा के लिए वचनबद्ध हैं और वे पूर्वघोषित कार्यक्रम के अनुसार काम करेंगी। पार्टी ने आशा की है कि जनता दल नेता विश्वनाथ प्रताप सिंह और दूसरी धर्मनिरेपक्ष ताकतें अयोध्या में प्रस्तावित रैली में भाग लेंगी।

उधर वाराणसी से मिली खबरों के मुताबिक वरिष्ठ नेता कमलापति त्रिपाठी ने कहा है कि बाबरी मस्जिद तोड़ने की कोशिश रोकने के लिए नौ नवंबर को अयोध्या जाने के फैसले पर वे पूरी तरह कायम हैं। उन्होंने अखबारों में छपी इस आशय की खबर को गलत बताया है कि मुख्यमंत्री नारायणदत्त तिवारी के अनुरोध पर उन्होंने अयोध्या जाने का विचार छोड़ दिया है। उन्होंने कहा कि आठ नवंबर को वे दून एक्सप्रेस से अयोध्या जाएँगे और कुछ दिन वहीं ठहरेंगे।

कड़ी निगाह रखने के निर्देश : केंद्र सरकार ने राज्य सरकार को रामशिला पूजन समारोह के दौरान सांप्रदायिक तनाव फैलाने वाले उपद्रवियों पर कड़ी निगाह रखने के निर्देश दिए हैं। सरकारी सूत्रों ने आज यहाँ यह जानकारी देते हुए बताया कि राज्य सरकार से कहा गया है कि वह चुनाव और अयोध्या के माहौल को देखते हुए कानून और व्यवस्था बनाए रखने में किसी प्रकार की लापरवाही न बरते।

सूत्रों के अनुसार केंद्रीय गृह मंत्री बूटा सिंह ने अपने लोकसभा निर्वाचन क्षेत्र जालौर (राजस्थान) रवाना होने से पहले राज्य के मुख्य सचिव और पुलिस महानिदेशक समेत कई उच्च अधिकारियों से इस संबंध में बातचीत की। बैठक में कैबिनेट सचिव टी.एन. शेषन, गृहसचिव जे.के. कल्याण कृष्ण और आठ दूसरे अधिकारी मौजूद थे।

रामशिलाएँ रवाना : गोरखपुर से रामशिलाओं को आज कड़ी सुरक्षा के बीच नौ ट्रकों में रवाना किया गया। गोरखनाथ मंदिर से मिली खबर के अनुसार महाराजगंज, पडरौना और बडघलगंज से पहुँची शिलाएँ आज वहाँ पूजा-अर्चना के बाद महानगर की शिलाओं के साथ चार ट्रकों पर रखकर अयोध्या रवाना की गईं।

■

अगले कुछ घंटों में होगा प्रस्तावित शिलान्यास का फैसला

लखनऊ, 5 नवंबर, 1989 : अयोध्या में नौ नवंबर को विश्व हिंदू परिषद का प्रस्तावित शिलान्यास समारोह होगा या नहीं, इसका राजनैतिक फैसला एक-दो दिन में प्रधानमंत्री राजीव गांधी उत्तर प्रदेश के मुख्यमंत्री नारायण दत्त तिवारी व गृहमंत्री बूटा सिंह

कर लेंगे। फैजाबाद और लखनऊ प्रशासन इन दोनों स्थितियों के लिए पूरी तरह तैयार है।

करीब तीन सप्ताह पहले फैजाबाद के जिलाधिकारी ने प्रस्तावित मंदिर बनाने वालों को एक नोटिस दिया था, जिसमें कहा था कि उन्हें किसी भी हालत में नजूल की जमीन पर मंदिर बनाने की इजाजत नहीं दी जाएगी। नोटिस में यह भी कहा गया था कि इस मामले में यथास्थिति बनाए रखने का हाईकोर्ट का जो निर्देश है, उसका पालन किया जाएगा।

केंद्रीय गृहमंत्री बूटा सिंह और नारायण दत्त तिवारी ने राम जन्मभूमि के शिलान्यास की जगह बदलवाने के लिए विश्व हिंदू परिषद को मनाने की काफी कोशिश की, पर नाकाम रहे। उनकी कोशिश थी कि विश्व हिंदू परिषद शिलान्यास की जगह बदल दे तो यथास्थिति बनाए रखने के हाईकोर्ट के आदेश का उल्लंघन नहीं होगा। विश्व हिंदू परिषद के नेताओं ने शिलान्यास की जगह बदलने से इनकार कर दिया। इसके अलावा जब पुलिस और सुरक्षा बल प्रधानमंत्री राजीव गांधी के सुरक्षा इंतजाम में लगे थे, तभी विश्व हिंदू परिषद ने शिलान्यास की जगह केसरिया झंडा लगा हुआ एक खंभा गाड़ दिया। परिषद ने सरकार का प्रस्ताव ठुकराते हुए कहा कि मंदिर का घेरा श्रीरामलला को केंद्र बनाकर ही किया जाएगा। जिस जगह पर शिलान्यास होगा, वह जगह नजूल की है और राज्य सरकार के अधीन है। बजरंग दल के कार्यकर्ताओं ने राम की मूर्ति से 192 फुट दूर सिंहद्वार का शिलान्यास करने के लिए 35 वर्ग फुट की जमीन पर निशान बना रखा है। उस जगह से न तो केसरिया झंडा हटाया गया है और न ही सरकार में इस तरह की हिम्मत है, क्योंकि उसे मालूम है कि इसके गंभीर नतीजे होंगे।

अयोध्या और फैजाबाद में कानून और व्यवस्था बनाए रखने के लिए सभी तरह के जुलूसों और सार्वजनिक सभाओं पर रोक लगा दी गई है। इन दोनों नगरों में केंद्रीय रिजर्व पुलिस और सीमा सुरक्षा बल के साथ पुलिस की 80 कंपनियाँ तैनात की जा रही हैं। प्रदेश के मुख्य सचिव शिरोमणि शर्मा, गृह सचिव एस.के. त्रिपाठी और पुलिस महानिदेशक आर. पी. जोशी ने आज जिला प्रशासन द्वारा कानून और व्यवस्था बनाए रखने के लिए की गई व्यवस्था का निरीक्षण किया।

सरकारी सूत्रों ने यहाँ बताया कि इन अधिकारियों ने राम जन्मभूमि-बाबरी मस्जिद स्थल और बाकी संवेदनशील स्थानों पर की गई सुरक्षा-व्यवस्था का निरीक्षण किया और कानून-व्यवस्था को हालत का जायजा लिया। बाद में जिला मजिस्ट्रेट राम शरण श्रीवास्तव ने संवाददाताओं को बताया कि जिले के सभी धार्मिक स्थलों पर कड़ी सुरक्षा के प्रबंध किए गए हैं। इन शिलाओं को नगर की मुख्य सड़कों से गुजरने की इजाजत नहीं दी गई है और इस बात की व्यवस्था की गई है। उन्हें शहर की बाहरी सड़क से ही लाया जा सके। इन शिलाओं को तीन स्थानों पर रखने की व्यवस्था की गई है।

जिला मजिस्ट्रेट ने बताया कि शांति-व्यवस्था रखने के लिए दस नवंबर तक अयोध्या और फैजाबाद में जूलुस और सभाओं पर रोक लगा दी गई है।

■

हाईकोर्ट ने शिलान्यास वाली जगह की यथास्थिति बनाए रखने को कहा

लखनऊ, 7 नवंबर, 1989 : इलाहाबाद हाईकोर्ट की विशेष डिवीजन बेंच ने आज अपने फैसले में साफ कर दिया कि अयोध्या में विश्व हिंदू परिषद ने जिस जगह पर प्रस्तावित राममंदिर के शिलान्यास के लिए झंडे और बल्लियाँ लगाई हैं, वह विवाद वाली जमीन है। बेंच ने सभी पक्षों को निर्देश दिया है कि इस भूमि की यथास्थिति कायम रखी जानी चाहिए। अदालती फैसले के बाद विश्व हिंदू परिषद के महामंत्री अशोक सिंघल ने कहा कि इससे परिषद के कार्यक्रम में कोई तब्दीली नहीं की जाएगी। अदालत के फैसले से करोड़ों हिंदुओं का अपमान हुआ है। अगर यथास्थिति मुकदमा नं. 12, 1961 के तहत जारी थी तो उस परिसर में मकान कैसे बन गए, उधर राम जन्मभूमि ट्रस्ट के कार्यकारी अध्यक्ष रामचंद्र परमहंस ने कहा है कि शिलान्यास स्थान को बदला नहीं जाएगा। उन्होंने चेतावनी दी है कि अगर सरकार ने कार्यक्रम में बाधा डालने की कोशिश की तो सत्याग्रह किया जाएगा। मुख्यमंत्री नारायण दत्त तिवारी ने शिलान्यास कार्यक्रम पर रोक लगाने से फिर इनकार कर दिया है। तिब्बत के धार्मिक नेता दलाई लामा ने राम जन्मभूमि–बाबरी मस्जिद विवाद के शांतिपूर्ण हल के लिए मध्यस्थता की पेशकश की है।

परिषद के नेता अशोक सिंघल के अनुसार शिलान्यास सिद्धांत पर ही होगा। अगर इसे रोका गया तो देश भर में साढ़े तीन लाख जगहों पर भयंकर प्रतिक्रिया होगी। सरकार की नीयत साफ नहीं है। शिलान्यास का मामला अब पूरी तरह राजनैतिक हो गया है। अगर शिलान्यास में दखल दिया गया तो कोई साढ़े तीन लाख साधु–संत और रामभक्त अयोध्या में सत्याग्रह करेंगे।

इलाहाबाद हाईकोर्ट की विशेष डिवीजन बेंच ने आज अपने पूर्व अंतरिम आदेश को साफ करते हुए उस भूमि को विवादास्पद बताया है, जिस पर विश्व हिंदू परिषद प्रस्तावित राममंदिर का शिलान्यास करने जा रही है। बेंच ने आज अपने फैसले में कहा कि विश्व हिंदू परिषद ने जिस भूमि पर राममंदिर के शिलान्यास के लिए झंडे और बल्लियों की बाड़ लगाई है, वह विवादास्पद है और उसकी यथास्थिति कायम रखी जानी चाहिए।

राज्य सरकार ने कोर्ट से 'संपत्ति के प्रश्न' की व्याख्या के बारे में स्पष्टीकरण माँगा था। इस पर फैसला देने के लिए बेंच आज विशेष रूप से बैठी। विश्व हिंदू परिषद के सदस्य दावा कर रहे थे कि अंतरिम आदेश में 'संपत्ति का प्रश्न' शब्दों का इस्तेमाल वास्तविक मस्जिद या मंदिर के लिए किया गया है, न कि प्लॉट संख्या 586 के बारे में, जहाँ कि परिषद ने मंदिर के शिलान्यास के लिए झंडे लगाए हैं और बल्लियाँ गाड़ी हैं।

बेंच के सदस्य कार्यवाहक मुख्य न्यायाधीश के.सी. अग्रवाल, न्यायाधीश यू.सी. श्रीवास्तव और न्यायाधीश एस.एच.ए. रजा ने अपने फैसले में कहा है, "हम स्पष्ट करते

हैं कि 14 अगस्त, 1989 का आदेश दावे में उल्लिखित पूरी भूमि के बारे में था, जिसमें प्लॉट संख्या 586 भी शामिल है।"

सरकार ने याचिका में कहा था कि जिला अधिकारियों की सलाह के बावजूद विश्व हिंदू परिषद के सदस्य बेंच के अंतरिम आदेश का उल्लंघन कर रहे हैं। उन्होंने नौ नवंबर को मंदिर का शिलान्यास करने के इरादे से पूरी भूमि को घेर लिया है।

बेंच ने आज पूरा दिन महाधिवक्ता शांतिस्वरूप भटनागर, गोपालसिंह विशारद के वकील वी.के. चौधरी और सुन्नी सेंट्रल वक्फ बोर्ड के वकील अब्दुल मन्नान को सुनने में लगाया। बाद में न्यायाधीश हैदर अब्बास रजा ने आदेश सुनाते हुए कहा, 'अदालत चाहती है कि किसी भी पार्टी को यथास्थिति भंग न करने दी जाए।'

श्री सिंघल की दलील है कि शिलान्यास की जगह प्लॉट नं. 586 परिषद के कब्जे में है। नगरपालिका दस्तावेजों में धर्मदास का नाम दर्ज है। बाबा रामदास ने इसे भी अप्रैल 1986 में ही राम जन्मभूमि ट्रस्ट को सौंप दिया था। यहाँ ट्रस्ट का दफ्तर 1986 से चल रहा है। यह जमीन तो 1953 से ही रामदासजी के कब्जे में है। अदालती यथास्थिति मानी भी जाए तो यह केवल मंदिर के भवन के लिए है और वहाँ के लिए रिसीवर तैनात है।

राम जन्मभूमि ट्रस्ट के कार्यकारी अध्यक्ष रामचंद्र परमहंस ने कहा है कि विश्व हिंदू परिषद ने जिस जगह को शिलान्यास स्थल घोषित किया है, उसे बदला नहीं जाएगा। उन्होंने फिर दावा किया कि यह जगह विवादास्पद भूमि नहीं, बल्कि जन्मभूमि ट्रस्ट की भूमि है। उन्होंने इस जमीन की ट्रस्ट के नाम पर पक्की रजिस्ट्री कराई है और अगर सरकार इसे नजूल की जमीन मानती है तो इसे साबित करने की जिम्मेदारी उसकी है।

श्री परमहंस ने कहा कि ट्रस्ट ने अब तक सभी काम शांति से किए हैं और आज भी टकराव की कोई स्थिति नहीं है, पर अगर सरकार ने शिलान्यास में बाधा डालने की कोशिश की तो उसके खिलाफ सत्याग्रह किया जाएगा। सत्याग्रह के तहत वे जेल जाने और गोली खाने को भी तैयार हैं, पर हिंसा नहीं करेंगे। उन्होंने आशा की कि प्रशासन ऐसा कोई कदम नहीं उठाएगा, जिससे टकराव की स्थिति बने।

श्री परमहंस ने कहा कि ट्रस्ट ने अब तक सभी काम शांति से किए हैं और आज भी टकराव की कोई स्थिति नहीं है, पर अगर सरकार ने शिलान्यास में बाधा डालने की कोशिश की तो उसके खिलाफ सत्याग्रह किया जाएगा। सत्याग्रह के तहत वे जेल जाने और गोली खाने को भी तैयार हैं, पर हिंसा नहीं करेंगे। उन्होंने आशा की कि प्रशासन ऐसा कोई कदम नहीं उठाएगा, जिससे टकराव की स्थिति बने।

उधर स्थानीय प्रशासन के सूत्रों का कहना है कि सरकार ने शिलान्यास के लिए परिषद की ओर से प्रस्तावित स्थल की बगल में निजी स्वामित्व का खाली स्थान दिलाने की पेशकश की है, पर परिषद ने यह मंजूर नहीं किया है।

मुख्यमंत्री नारायण दत्त तिवारी ने शिलान्यास कार्यक्रम पर रोक लगाने से फिर मना कर दिया है। उरई कस्बे में उन्होंने पत्रकारों से कहा कि रोक लगाकर सरकार लोगों को हीरो नहीं बनाना चाहती। दूसरे, इससे लोग नाजायज राजनैतिक लाभ उठाने की कोशिश कर सकते हैं। श्री तिवारी वहाँ चुनावी सभा में भाग लेने गए थे।

उन्होंने कांग्रेस (इ) के बुजुर्ग नेता कमलापति त्रिपाठी से भी अपील की थी कि वे नौ नवंबर को अयोध्या न आएँ, पर श्री त्रिपाठी ने उनकी बात मानने से इनकार कर दिया है। उन्होंने कहा है कि वे पहले से तय कार्यक्रम के मुताबिक कल दून एक्सप्रेस से अयोध्या जाएँगे और वहाँ कुछ दिन रुकेंगे। श्री तिवारी ने पत्र लिखकर श्री त्रिपाठी को आश्वस्त किया था कि विवादास्पद भूमि की सुरक्षा के लिए पूरे बंदोबस्त कर लिये गए हैं। उसके चारों ओर अवरोध लगा दिए गए हैं और हथियारों या विस्फोटकों की जाँच के लिए मेटल डिटेक्टर लगा दिए गए हैं। हर किसी को इन पर से होकर गुजरना होगा। इसके अलावा श्रद्धालुओं की सुरक्षा के लिए भी पूरे बंदोबस्त किए गए हैं। श्री तिवारी का पत्र आज वाराणसी से श्री त्रिपाठी ने प्रेस को जारी किया। उन्हें यह आज ही मिला था।

तिब्बत के धार्मिक नेता दलाई लामा ने राम जन्मभूमि-बाबरी मस्जिद विवाद के शांतिपूर्ण हल के लिए मध्यस्थता करने की पेशकश की है।

जामा मस्जिद के इमाम सैयद अब्दुल्ला बुखारी ने विवाद को हल करने के लिए नई कोशिश करने की जरूरत बताई है। नई दिल्ली में उन्होंने कहा कि इस बारे में मुसलमानों और हिंदुओं के धार्मिक नेताओं को बातचीत शुरू करनी चाहिए। उन्होंने विश्व हिंदू परिषद से नौ नवंबर को श्रीराम मंदिर के शिलान्यास का कार्यक्रम स्थगित करने की अपील की और कहा कि हर देशभक्त नागरिक का कर्तव्य है कि वह स्थिति को और बिगड़ने से रोके। इमाम ने सांप्रदायिक सद्‌भाव के लिए अयोध्या में मार्क्सवादी कम्युनिस्ट पार्टी और कम्युनिस्ट पार्टी की प्रस्तावित रैली तथा इस विवाद के संबंध में कांग्रेस (इ) नेता कमलापति त्रिपाठी, जनता दल नेता विश्वनाथ प्रताप सिंह और चंद्रशेखर के रुख का स्वागत किया।

दलाई लामा की पेशकश : तिब्बत के धार्मिक नेता दलाई लामा ने राम जन्मभूमि–बाबरी मस्जिद विवाद के शांतिपूर्ण हल के लिए मध्यस्थता करने की पेशकश की है। नीदरलैंड रेडियो से बातचीत में उन्होंने कहा कि हिंदू और मुसलमान, दोनों ही ईश्वर को रचयिता मानते हैं। इसलिए विवाद के हल में ज्यादा दिक्कत नहीं होनी चाहिए। फिर खुले दिमाग से और व्यापक स्तर पर बात करने से हमेशा ही समझौते की संभावना रहती है। दलाई लामा को हाल ही में नोबेल शांति पुरस्कार से सम्मानित किया गया था।

वे समझौता किस तरह से कराएँगे, यह पूछने पर दलाई लामा ने बताया, "मैं हिंदू और मुसलमान दोनों से बात करूँगा।" उनका कहना था कि हिंदू और मुसलमान दोनों ही मंदिर और मस्जिद में अपनी–अपनी पूजा कर सकते हैं। यह पूजा वैकल्पिक दिनों से भी की जा सकती है।

चिंता : देश के साठ वरिष्ठ नागरिकों ने इस विवाद से देश भर में बने तनाव के हालात पर गहरी चिंता जताई है। उन्होंने सभी संबंधित पक्षों से अपील की है कि वे राष्ट्र के सर्वोत्तम हित को देखते हुए देश में अब और ऐसा कुछ न करें, जिससे सांप्रदायिक तनाव बढ़े।

आज जारी अपील में उन्होंने कहा, "सभी पक्षों की भावनाओं का सम्मान करते हुए हम अपील करते हैं कि एक-दूसरे के विचारों को आदर देते हुए वे आपसी बातचीत और संपर्क से पूरे विवाद को हल करें।" अपील पर पूर्व न्यायाधीश वी.आर. कृष्ण और न्यायमूर्ति ओ. चित्रपा रेड्डी, अलीगढ़ मुस्लिम विश्वविद्यालय के पूर्व कुलपति सैयद हामिद, पूर्व केंद्रीय मंत्री श्रीमती लक्ष्मी एन. मेनन के भी दस्तखत हैं।

■

शिलान्यास टले तो फिर बातचीत संभव—इमाम

नई दिल्ली, 7 नवंबर, 1989 : जामा मस्जिद के शाही इमाम सैयद अब्दुल्ला बुखारी ने पेशकश की है कि अगर शिलान्यास कार्यक्रम टाल दिया जाए तो बाबरी मस्जिद राम जन्मभूमि मसले को सुलझाने के लिए हिंदू व मुसलमान धार्मिक नेताओं में फिर बातचीत हो सकती है या फिर अदालती फैसले का इंतजार किया जा सकता है।

मौलाना बुखारी ने आज एक बयान में कहा कि नौ नवंबर को अयोध्या में भाकपा और माकपा की प्रस्तावित सांप्रदायिक सद्भाव रैली और कमलापति त्रिपाठी, वी.पी. सिंह और चंद्रशेखर जैसे नेताओं के रवैए से कुछ उम्मीद जगी है। इन कोशिशों का स्वागत किया जाना चाहिए। उन्होंने सभी शांतिप्रिय और निष्पक्ष लोगों से अपील की है कि देश को अराजकता, सांप्रदायिक टकराव और हिंसा से बचाने के लिए एकजुट होकर आवाज उठाएँ।

कोटा, इंदौर, बदायूँ, भागलपुर आदि में ताजा सांप्रदायिक हिंसा के संदर्भ में कहा कि मौजूदा प्रशासन सांप्रदायिक सद्भाव कायम रखने में नाकाम रहा है।

■

कांग्रेस शिलान्यास नहीं करने देगी

नई दिल्ली, 7 नवंबर, 1989 : कांग्रेस (इ) ने कहा है कि नौ नवंबर को अयोध्या में विवादवाली जगह पर शिलान्यास नहीं करने दिया जाएगा। पार्टी के प्रवक्ता आनंद शर्मा ने कहा, "अभी की स्थिति को बिगाड़ने की इजाजत किसी को भी नहीं दी जाएगी।" वे अखबार वालों से बात कर रहे थे।

श्री शर्मा ने बताया कि उन्होंने आज गृहमंत्री बूटा सिंह से बात की है। गृहमंत्री नौ नवंबर

को अयोध्या में शांति बनाए रखने का पक्का इरादा रखते हैं। कांग्रेस (इ) प्रवक्ता ने उम्मीद जताई कि उत्तर प्रदेश सरकार और फैजाबाद प्रशासन स्थिति पर पकड़ बनाए रखेंगे।

जनता दल अध्यक्ष विश्वनाथ प्रताप सिंह के नौ नवंबर को अयोध्या जाने के फैसले को उन्होंने मजाक बताया। कांग्रेस (इ) प्रवक्ता ने कहा कि श्री सिंह एक ओर अल्पसंख्यकों के हित की बात करते हैं और दूसरी ओर भारतीय जनता पार्टी से हाथ भी मिलाते हैं।

श्री शर्मा ने राष्ट्रीय मोर्चा के अध्यक्ष नंदमूरि तारक रामाराव (एन.टी. रामाराव) पर लोगों से धार्मिक स्तर पर अपील करने का आरोप लगाया। उन्होंने श्री रामाराव को भगवान श्रीकृष्ण और विश्वामित्र का अवतार बताने वाले बड़े-बड़े 'कट-आउटों' का जिक्र किया। श्री शर्मा ने कहा कि यह जन-प्रतिनिधित्व कानून का सीधा-सीधा उल्लंघन है। उन्होंने कहा कि इस बारे में चुनाव आयोग से शिकायत की जाएगी।

लेकिन श्री शर्मा उस समय बगलें झाँकने लगे, जब उनसे यह पूछा गया कि फिर उनकी पार्टी ने पिछले साल इलाहाबाद उपचुनाव में रामायण सीरियल में राम बने अरुण गोविल का इस्तेमाल क्यों किया? उन्होंने अपने को इस संकट से किसी तरह उबारते हुए कहा, "हम आम चुनाव की बात कर रहे हैं और अरुण गोविल कांग्रेस (इ) के अध्यक्ष नहीं हैं, जबकि श्री रामाराव राष्ट्रीय मोर्चा के अध्यक्ष हैं।"

उन्होंने विपक्षी पार्टियों के चुनाव प्रसारण के बायकॉट के फैसले की निंदा की। उन्होंने कहा, "हम इस विवाद में नहीं पड़ना चाहते थे। यह टेलीविजन और संबद्ध राजनैतिक पार्टियों और चुनाव आयोग के बीच का मामला है, लेकिन हमने देखा कि विपक्ष इस पूरे मामले को राजनैतिक रंग दे रहा है। चुनाव आयोग अगर कुछ कहता है तो हमें उसे मानना चाहिए। कांग्रेस (इ) प्रवक्ता के मुताबिक एक यही निष्पक्ष संस्थान है।

■

शिलान्यास वाली जगह विवाद के दायरे में नहीं आती

लखनऊ, 8 नवंबर, 1989 : अयोध्या में राम जन्मभूमि मंदिर के शिलान्यास स्थल को लेकर कल इलाहाबाद हाईकोर्ट के फैसले के बाद संशय की जो स्थिति पैदा हो गई थी, वह आज दूर हो गई। अब शिलान्यास के रास्ते में कोई कानूनी बाधा नहीं रह गई है। हाईकोर्ट की विशेष डिवीजन बेंच ने कल कहा था कि शिलान्यास वाले प्लॉट नं. 586 की जगह विवादास्पद है और वहाँ यथास्थिति बनाए रखी जाए। आज फैजाबाद प्रशासन ने कहा कि प्लॉट नं. 586 विवाद वाली जगह के दायरे से बाहर है और वहाँ शिलान्यास किया जा सकता है।

कल के हाईकोर्ट के फैसले के बाद लखनऊ में आज दिन भर तनाव भरी हलचल रही। दोपहर को मुख्यमंत्री नारायण दत्त तिवारी के घर केंद्रीय गृहमंत्री बूटा सिंह और विश्व

हिंदू परिषद के नेताओं के बीच बातचीत हुई। बैठक के बाद बूटा सिंह ने कहा कि विश्व हिंदू परिषद हाईकोर्ट का फैसला मानने को तैयार हो गई है, लेकिन परिषद के नेताओं ने उनके बयान को झूठा, मनगढ़ंत और शरारतपूर्ण बताया तथा ऐलान किया कि शिलान्यास पहले से तय जगह पर ही होगा। इससे टकराव पैदा होने की जो संभावना बन गई थी, वह शाम को सरकारी सफाई के बाद खत्म हो गई।

कल इलाहाबाद हाईकोर्ट ने आदेश दिया था कि राम जन्मभूमि बाबरी मस्जिद के पास प्लॉट नंबर 586 पर यथास्थिति बनी रहनी चाहिए। विश्व हिंदू परिषद ने जिस जगह झंडे व बल्लियाँ लगा रखी हैं, वह भूमि इसी प्लॉट पर बताई गई थी।

फैजाबाद के जिलाधीश रामशरण श्रीवास्तव ने आज पत्रकारों को बताया कि कोर्ट ने अपने इस आदेश में आज किसी तरह की तब्दीली करने से इनकार कर दिया है, पर अपने आदेश के साथ कल उसने जो नक्शे दिए थे, उनमें शिलान्यास स्थल विवाद वाली भूमि के बाहर है। उन्होंने कहा कि विश्व हिंदू परिषद का प्रस्तावित शिलान्यास स्थल विवादित भूमि पर नहीं है। अदालत ने अपने आदेश में प्लॉट संख्या 586 को विवादास्पद बताया था, पर यह प्लॉट नक्शे में अंकित विवादास्पद भूमि में नहीं आता है।

विश्व हिंदू परिषद ने एक हफ्ता पहले ही एक जगह को घेरकर अपनी ओर से उसे शिलान्यास स्थल घोषित कर दिया था, जबकि उस समय यह मामला अदालत के विचाराधीन था। बाबरी मस्जिद समन्वय समिति इस भूमि पर शिलान्यास होने देने के लिए तैयार नहीं थी और राम जन्मभूमि न्यास और परिषद के अधिकारी प्रशासन के वैकल्पिक जगह देने के अनुरोध को मानने को तैयार नहीं थे। कल भी उन्होंने अदालत के फैसले को मानने से साफ इनकार कर दिया। इस पर आज केंद्रीय गृहमंत्री बूटा सिंह ने विवाद को सुलझाने के लिए परिषद के नेताओं से यहाँ मुख्यमंत्री नारायण दत्त तिवारी के घर पर बातचीत की। बातचीत में श्री तिवारी, राज्य की गृहमंत्री श्रीमती सुशीला रोहतगी, केंद्रीय गृह मंत्रालय के मुख्य सचिव जे. कल्याण कृष्णन और राज्य के पुलिस व प्रशासन के बड़े अधिकारी मौजूद थे।

दो घंटे तक चली इस बैठक के बाद बाहर निकलते हुए राम जन्मभूमि मुक्ति यज्ञ समिति के अध्यक्ष महंत अवेद्यनाथ और विश्व हिंदू परिषद के उपाध्यक्ष श्रीशचंद्र दीक्षित ने पत्रकारों को बताया कि शिलान्यास निर्धारित जगह पर ही होगा। शिलान्यास वाली जगह को किसी भी हालत में बदला नहीं जाएगा। यह जगह उस विवादास्पद भूमि से अलग है, जिस पर यथास्थिति बनाए रखने को कहा गया है। उन्होंने कहा कि चार हजार साधु और बजरंग दल के कार्यकर्ता अयोध्या पहुँच चुके हैं। अगर शिलान्यास रोकने की कोई कोशिश की गई तो वे सत्याग्रह और आत्मदाह करेंगे।

बूटा सिंह ने पत्रकारों को बैठक की अलग ही जानकारी दी। हाईकोर्ट का आदेश महा अधिवक्ता ने विश्व हिंदू परिषद के नेताओं को दिखा दिया है और उन्होंने मुझसे कहा है कि वे आदेश का पूरा पालन करेंगे। पत्रकारों ने उनसे पूछा कि शिलान्यास की वह जगह

कौन सी है, जिस पर उनमें व परिषद नेताओं में सहमति हुई है। इस और दूसरे कई सवालों का जवाब देने की बजाय वे जल्दी से दूसरे कमरे में घुस गए और बाबरी मस्जिद समन्वय समिति के संयोजक सैयद शहाबुद्दीन से बातचीत की।

श्रीराम जन्मभूमि मुक्ति यज्ञ समिति ने बाद में एक बयान में बूटा सिंह के इस बयान को शरारतपूर्ण और झूठा बताया कि परिषद विवादास्पद जगह पर शिलान्यास न करने के लिए राजी हो गई है। समिति ने कहा कि उनका यह बयान जनता को गुमराह करने वाली सुनियोजित साजिश है।

परिषद उपाध्यक्ष श्रीशचंद्र दीक्षित ने कहा कि सिंहद्वार, जिसका शिलान्यास परसों किया जाने वाला है, विवादास्पद भूमि की सीमा से करीब सौ फीट दूर है।

श्री दीक्षित आज देवरहा बाबा से मिलकर लौटे। प्रधानमंत्री राजीव गांधी भी दो दिन पहले बाबा से मिल चुके हैं। बाबा ने खुद संदेश भेजकर उन्हें बुलवाया था। बाबा ने विश्व हिंदू परिषद को आशीर्वाद दिया और कहा, "शिलान्यास के लिए जिस स्थान पर झंडा लगा दिया गया है, वह स्थान बदला नहीं जा सकता।"

उन्होंने कहा कि अब हम अयोध्या जा रहे हैं, अब किसी विघ्न-बाधा की आशंका नहीं है। पूरा कार्यक्रम शांतिपूर्वक हो जाएगा। अगर कुछ लोग बाधा डालते हैं तो यह सरकार की जिम्मेदारी है कि वह उन्हें रोके और उनके खिलाफ कार्रवाई करे।

श्री दीक्षित आज देवरहा बाबा से मिलकर लौटे। प्रधानमंत्री राजीव गांधी भी दो दिन पहले बाबा से मिल चुके हैं। बाबा ने खुद संदेश भेजकर उन्हें बुलवाया था। बाबा ने विश्व हिंदू परिषद को आशीर्वाद दिया और कहा, "शिलान्यास के लिए जिस स्थान पर झंडा लगा दिया गया है, वह स्थान बदला नहीं जा सकता।"

इस बीच कांग्रेस (इ) के बुजुर्ग नेता कमलापति त्रिपाठी आज शाम फैजाबाद पहुँच गए। जिलाधिकारी उन्हें अयोध्या की विवादास्पद जगह पर ले गए। श्री त्रिपाठी ने पत्रकारों से कहा कि वे अयोध्या में नया श्रीराममंदिर बनाने या उसका शिलान्यास करने के खिलाफ नहीं हैं, पर अगर सत्याग्रह कराके बाबरी मस्जिद को गिराने की कोशिश की गई तो वे उसका पूरा विरोध करेंगे। उन्होंने कहा, "मैं धर्मनिरपेक्षता में यकीन करता हूँ और गांधीवादी हूँ। इसलिए सत्याग्रह के जरिए किसी धार्मिक इमारत को गिराने का विरोध करूँगा।"

■

शिलान्यास बिना रुकावट शुरू

अयोध्या, 9 नवंबर, 1989 : राम जन्मभूमि मंदिर के शिलान्यास का पहला चरण आज संपन्न हुआ। सवेरे ठीक 9 बजकर 33 मिनट पर भूमि पूजन और नींव खोदने का कार्यक्रम हुआ।

राममंदिर शिलान्यास का पहला चरण। फोटो : राजेंद्र कुमार

उसी जगह पर, जहाँ मंदिर के नक्शे में सिंहद्वार है और दस दिन पहले जहाँ विश्व हिंदू परिषद ने झंडा गाड़ा था।

प्रशासन ने भूमिपूजन और नींव खुदाई को रुकवाने की कोई कोशिश नहीं की। कार्यक्रम को शांतिपूर्ण संपन्न होने देने के उसके बंदोबस्त थे। विश्व हिंदू परिषद ने वायदे के मुताबिक शिलान्यास स्थल पर न भीड़ जमा होने दी और न ही जुलूस निकाला। साढ़े सत्ताईस घंटे तक अनवरत चलने वाला शिलान्यास समारोह सबेरे नौ बजे से निर्धारित जगह पर शुरू हुआ। भूमिपूजन के बाद मंत्रों और शंखनाद के बीच नौ बजकर तैंतीस मिनट पर प्रस्तावित मंदिर की नींव खोदी गई। इस मौके पर हजारों साधु-संत, महामंडलेश्वर और अखाड़ों के महंत समेत बजरंग दल और विश्व हिंदू परिषद के कार्यकर्ता 'सौगंध राम की खाते हैं, मंदिर यहीं बनाएँगे' के नारों से आसमान गुँजा रहे थे। स्वामी वामदेव ने भूमिपूजन किया। इसके बाद पहला फावड़ा महंत अवेद्यनाथ ने चलाया। परमहंस रामचंद्रदास, महंत अवेद्यनाथ, परमहंस वामदेव और स्वामी सत्यमित्रानंद ने भी खुदाई की।

साढ़े सत्ताईस घंटे तक अनवरत चलने वाला शिलान्यास समारोह सबेरे नौ बजे से निर्धारित जगह पर शुरू हुआ। भूमिपूजन के बाद मंत्रों और शंखनाद के बीच नौ बजकर तैंतीस मिनट पर प्रस्तावित मंदिर की नींव खोदी गई। इस मौके पर हजारों साधु-संत, महामंडलेश्वर और अखाड़ों के महंत समेत बजरंग दल और विश्व हिंदू परिषद के कार्यकर्ता 'सौगंध राम की खाते हैं, मंदिर वहीं बनाएँगे' के नारों से आसमान गूँजा रहे थे। स्वामी वामदेव ने भूमि पूजन किया। इसके बाद पहला फावड़ा महंत अवेद्यनाथ ने चलाया। परमहंस, रामचंद्रदास, महंत अवेद्यनाथ, परमहंस वामदेव और स्वामी सत्यमित्रानंद ने भी खुदाई की।

भूमिपूजा के बाद शिलान्यास स्थल पर आज दोपहर बाद से देवताओं का आह्वान शुरू हुआ। नवग्रह, गौरी-गणेश, अष्ट दिग्पाल और नागपूजन, वरुण पूजन व तैंतीस करोड़ देवताओं के आह्वान के साथ कल शिलान्यास होगा। मंदिर की नींव का पत्थर एक बजकर तैंतीस मिनट पर रखा जाएगा। यह समय ज्योतिषीय दृष्टि से विशेष योग का है। विश्व हिंदू परिषद के मुताबिक उस वक्त समूचे विश्व के हिंदू जहाँ हैं, वहीं से राम को याद कर पुष्पांजलि देंगे।

आज पौरोहित्य पंडित महादेव भट्ट और पंडित अयोध्या प्रसाद ने किया। महामंडलेश्वर प्रकाशानंद, विष्णुप्रिय महाराज, रामानंदाचार्य, रामानुजाचार्य, स्वामी चिन्मयानंद, महंत नृत्यगोपाल दास, दाऊदयाल खन्ना, अशोक सिंघल, शेषाद्रि और आचार्य धर्मदास ने भी भूमिपूजा की। शिलान्यास वाली जगह इन्हीं धर्मदास की है, जिसे मंदिर बनाने के लिए उन्होंने राम जन्मभूमि न्यास को सौंपा है। भूमिपूजा में आल इंडिया मुस्लिम युवा सम्मेलन के अध्यक्ष मुख्तार अब्बास नकवी भी मौजूद थे।

25 करोड़ की लागत से बनने वाले मंदिर का शिलान्यास मौजूदा विवादास्पद मंदिर के रामलला की मूर्ति की सीध में 192 फीट दूर है। प्रस्तावित मंदिर 270 फुट लंबा, 126

फुट चौड़ा और 132 फीट ऊँचा बनना है। शिलान्यास मंदिर के सिंहद्वार पर हुआ है। प्रस्तावित मंदिर के नक्शे में मंदिर गर्भगृह वहीं है, जहाँ कथित बाबरी मस्जिद है।

तीस हजार की आबादी वाले अयोध्या में आज कोई ग्यारह लाख लोग जमा थे। फैजाबाद के एस.एस.पी. हरभजन सिंह के मुताबिक दस लाख तो आज के पंचकोसी परिक्रमा के लिए आए थे। हालाँकि उन्होंने माना कि शिलान्यास की वजह से ही पंचकोसी परिक्रमा में भीड़ अप्रत्याशित रही। साधु-संन्यासी, विश्व हिंदू परिषद के अधिकारी, कार्यकर्ता और बजरंग दल के स्वयंसेवकों की संख्या 25 हजार से ज्यादा ही थी।

भीड़ और पुलिस के कड़े बंदोबस्त से फैजाबाद और अयोध्या में तनाव था, लेकिन डर नहीं। भगवा झंडों के बीच तीर-कमान से लैस जत्थे मस्जिद एक्शन कमेटी के हिफाजती दस्ते आज सड़क पर नहीं उतरे। एक्शन कमेटी फैजाबाद की टाटशाह मस्जिद में दिन भर रणनीति बनाती रही। मस्जिद की सुरक्षा के लिए अयोध्या पहुँचे इंका के बुजुर्ग नेता कमलापति त्रिपाठी आज शिलान्यास स्थल की तरफ झाँकने तक नहीं आए। वे डी.एम. की गाड़ी में कल निरीक्षण करके यह कहते हुए चल दिए कि मैं आश्वस्त हूँ कि मस्जिद को कोई नुकसान नहीं होगा। कम्युनिस्ट दलों की रैली कार्यक्रम स्थल से दूर फैजाबाद में हुई। विश्वनाथ प्रताप सिंह कुछ देर फैजाबाद में रुककर यह कहते हुए रवाना हुए कि मैं मुख्यमंत्री से पूछूँगा कि क्या मंदिर का नक्शा पास कर दिया है। सैयद शहाबुद्दीन भी फैजाबाद पहुँचे हुए थे, लेकिन उनका पता बाबरी मस्जिद एक्शन कमेटी के नेताओं को भी नहीं था।

भूमिपूजन कार्यक्रम का नजारा अभूतपूर्व था। साधु-संत और राम जन्मभूमि ट्रस्ट के पदाधिकारी विजेता की मुद्रा में एक-दूसरे को बधाई देते नजर आए और एक-दूसरे को कहते हुए मिले कि हिंदुओं ने एका दिखाया, इसलिए सरकार झुकी। स्वामी चिन्मयानंद का कहना था कि सरकार के पास मंजूरी के अलावा दूसरा विकल्प भी नहीं था। इतने लोगों और साधु-संतों को सरकार कैसे रोकती। फिर गाँव-गाँव में जो जन-जागरण हुआ है, उसका वह कैसे सामना करती। सवाल आगे का है। असली काम शिलान्यास के बाद है।

अगला कार्यक्रम परसों तय होगा—शिलान्यास के बाद मंदिर निर्माण का काम कैसे, कब शुरू होगा यह 11 नवंबर को तय किया जाएगा। इसी दिन संत-सम्मेलन भी होगा। कार्यक्रम के तुरंत बाद विश्व हिंदू परिषद के महामंत्री और राम जन्मभूमि न्यास के प्रबंधक ट्रस्टी अशोक सिंघल ने एक बयान में कहा कि हमारे राष्ट्रीय स्वाभिमान पर विदेशी प्रभुत्व का जो काला धब्बा लगा हुआ था, उसे मिटाने का निश्चय सारे राष्ट्र ने आज प्रकट किया है। उन्होंने कहा कि हिंदू पुनरोदय की लहर के विरोध की हिम्मत किसी नेता में नहीं है। सभी हिंदू नेता मानते हैं कि मंदिर बनना चाहिए, लेकिन सार्वजनिक रूप से न मानना उनकी राजनैतिक मजबूरी है।

श्री सिंघल ने आरोप लगाया कि कांग्रेस ने इसे रोकने की कोशिश की, लेकिन

जन-समर्थन को देखते हुए उनके लिए रोकना संभव नहीं हुआ। श्री सिंघल ने कहा कि विवाद का फैसला अदालत से बाहर हो सकता है।

धोखाधड़ी का आरोप : बाबरी मस्जिद एक्शन कमेटी के संयोजकों ने सरकार पर धोखाधड़ी और हिंदुओं की राजनीति करने का आरोप लगाया है। इनके अनुसार जिस जगह भूमि-पूजन हुआ है, वह कब्रिस्तान की विवादास्पद भूमि है। उलेमाओं से पूछा गया है कि मस्जिद और कब्रिस्तान के फर्क के अनुसार हमें किस कार्रवाई की अपील करनी चाहिए। मस्जिद को कोई नुकसान नहीं हुआ है, इसलिए खाकसार दस्ते के मस्जिद की तरफ कूच करने का फिलहाल कोई मतलब नहीं, लेकिन जिस तरह सरकार ने विवादास्पद जमीन पर परिषद को कार्यक्रम करने दिया है, यह आपत्तिजनक है और इसका नतीजा कांग्रेस को 24 नवंबर को भुगतना होगा।

बाबरी एक्शन कमेटी के संयोजक मोहम्मद आजम खाँ, जफरयाब जिलानी आदि नेता सरकार से ज्यादा खफा नजर आए। सरकार ने हाईकोर्ट से पूछकर और बाद में प्रोपेगंडा करके यह अहसास कराना चाहा था कि विश्व हिंदू परिषद शिलान्यास की जगह बदलने के लिए राजी हो गई है। नजूल की जमीन पर अब शिलान्यास होगा। मगर शिलान्यास वहीं हो रहा है, जहाँ परिषद ने पहले झंडा गाड़ा था। मुस्लिम नेताओं के अनुसार प्रशासनिक अनुमति राजनैतिक स्तर की है।

■

शिलान्यास समारोह हमारी वजह से शांतिपूर्वक निपटा—राजीव

नागपुर, 9 नवंबर, 1989 : प्रधानमंत्री राजीव गांधी ने आज यहाँ कहा कि अयोध्या में श्रीराममंदिर शिलान्यास समारोह के शांतिपूर्वक निपट जाने का पूरा श्रेय उनकी पार्टी और सरकार को जाता है। इससे साफ हो गया है कि कांग्रेस की सरकार ही अल्पसंख्यकों और कमजोर तबकों की सुरक्षा कर सकती है।

श्री गांधी चुनाव प्रचार अभियान के दूसरे दौर में आज राजस्थान और मध्य प्रदेश के बाद यहाँ आम सभा में बोल रहे थे। उन्होंने कहा कि इस मुद्दे पर अपनी पूरी प्रतिक्रिया देने से पहले कल की प्रतीक्षा करेंगे। प्रधानमंत्री ने कहा कि यह सही है कि अदालत का एक फैसला था, पर उनकी पार्टी और सरकार की ओर से उठाए गए कदमों से अयोध्या में तनाव का माहौल खत्म करने में मदद मिली। उन्होंने आशा की कि शिलान्यास का कल का कार्यक्रम भी शांतिपूर्ण रहेगा।

इससे पहले मध्य प्रदेश में शिवपुरी और मुरैना में जनसभाओं को संबोधित करते हुए कहा कि गोपनीयता कानून में संशोधन से देश की सुरक्षा को खतरा पैदा हो जाएगा। बीजेपी के चुनाव घोषणा-पत्र में राज्यों को राजनैतिक, आर्थिक, वैधानिक कराधान जैसे मामलों

में प्रशासनिक स्वायत्तता देने की बात कही है। इसका नतीजा यह होगा कि राज्यों का विकास ठप्प हो जाएगा और केंद्र की ओर से चलाई जा रही सारी विकास योजनाएँ बंद हो जाएँगी। राज्यों के पास इतना धन नहीं होता कि वे योजनाओं को चला सकें। प्रशासनिक स्वायत्तता से अखिल भारतीय सेवा और राज्य प्रशासनिक सेवा के लोगों में जो खींचतान और बेरोजगारी फैलेगी, वह देश के लिए घातक होगी। इसलिए संविधान निर्माताओं ने राज्यों को स्वायत्तता की बात संविधान में नहीं की थी। इतिहास का उल्लेख करते हुए प्रधानमंत्री ने कहा कि सम्राट अशोक, विक्रमादित्य और मुगलों के शासनकाल में देश पर जो संकट आए, उनका मुख्य कारण राज्यों को स्वायत्तता देना था।

■

शिलान्यास पर चुप्पी लगा सरकार आग से खेल रही है—वी.पी. सिंह

फैजाबाद, 9 नवंबर, 1989 : जनता दल के अध्यक्ष विश्वनाथ प्रताप सिंह ने कहा कि विश्व हिंदू परिषद के आज अयोध्या में हुए शिलान्यास कार्यक्रम के बारे में सरकार को अपनी मंशा बतानी चाहिए। इस मामले में सरकार को तीन सवालों का साफ जवाब देना चाहिए। उन्होंने पूछा कि क्या सरकार ने प्रस्तावित मंदिर की योजना को मंजूरी दे दी है? अगर हाँ, तो यह योजना क्या है और इस पर अमल में आने वाले मुश्किल से सरकार कैसे निपटेगी? वे अखबार वालों से बात कर रहे थे।

श्री सिंह ने कहा कि सरकार इस बारे में चुप्पी लगाकर आग से खेल रही है। उन्होंने आज की घटना पर प्रतिक्रिया देने से इनकार करते हुए कहा, "मैं अफरातफरी में कोई बात नहीं कहना चाहता। सरकार की सफाई मिलने के बाद मैं अपनी राय जाहिर करूँगा।" उन्होंने कहा कि वे आज शाम उत्तर प्रदेश के मुख्यमंत्री नारायण दत्त तिवारी से इस बारे में बातचीत करने की कोशिश करेंगे।

उन्होंने कहा कि विवाद वाले धर्मस्थल के मसले का हल अदालत के जरिए हो सकता है या आपस में बातचीत से। इसका हल ताकत के बल पर थोपा नहीं जा सकता। सरकार दोहरी चाल चल रही है और इसका पर्दाफाश होना जरूरी है। यह पूछे जाने पर कि क्या सरकार का रवैया आगामी चुनाव में हिंदुओं के वोट हथियाने वाली चाल है? श्री सिंह ने कहा, "मैं इस मामले को राजनैतिक रंग नहीं देना चाहता। यह एक गंभीर और संवेदनशील मसला है। इसे राजनीति से ऊपर मानकर गंभीरता से लिया जाना चाहिए।"

श्री सिंह ने कहा कि सरकार को यह साफ करना चाहिए कि भविष्य में इस बारे में उसका रवैया क्या होगा। जनता दल और राष्ट्रीय मोर्चे की ओर से यह राय रही है कि अदालत का फैसला होने तक बातचीत के जरिए इसके शांतिपूर्ण समाधान के लिए कोशिश होनी चाहिए। उन्होंने कहा कि कुछ दिन पहले दोनों पक्षों से बातचीत की थी

और ऐसा लग रहा था कि बातचीत से हल निकल सकता है। दोनों पक्ष बातचीत के लिए राजी भी थे, पर इसी बीच गृहमंत्री ने चार दिन में हल की घोषणा कर दी। इससे स्थिति ही बदल गई।

उन्होंने कहा कि जनता दल सभी धर्मों के प्रति सम्मान का पक्षधर है। वह आम मशविरे से समाधान का प्रयास करता रहेगा, ताकि गैर-जरूरी बातों की वजह से होने वाले तनाव से बचा जा सके।

भारतीय जनता पार्टी ने शिलान्यास कार्यक्रम शांतिपूर्वक होने के लिए विश्व हिंदू परिषद को बधाई दी है। पार्टी के सचिव जे.पी. माथुर ने कहा है कि सभी दलों की आशंकाएँ बेकार साबित हुईं कि इस मौके पर हिंसा जरूर भड़केगी। श्री माथुर ने खास तौर पर वरिष्ठ कांग्रेस (इ) नेता कमलापति त्रिपाठी के रवैए पर दुःख जताया। उनके अनुसार इसका विरोध करने के लिए ही वे अयोध्या आए थे। श्री माथुर ने साफ किया कि पार्टी को यह पहले से पता था कि जिस जगह पर शिलान्यास होना है, वह विवाद वाली भूमि के दायरे से बाहर है। उन्होंने कहा कि परिषद के नेताओं ने भी कई बार इसे दोहराया, लेकिन उनकी कोई सुनता ही नहीं था।

■

नींव की पहली शिला हरिजन ने रखी

अयोध्या, 10 नवंबर, 1989 : राम जन्मभूमि का आज शिलान्यास हो गया। दोपहर एक बजकर 34 मिनट पर शंखनाद और मुख्य ज्योति के बीच बिहार के एक हरिजन कामेश्वर चौपाल के हाथों नींव की पहली शिला रखी गई। यह पहली शिला बांग्लादेश के 56 यज्ञ की भस्मी से बनी हुई थी। बाकी नींव व खुदाई का काम कल से शुरू होगा। आधारशिला के इस मौके पर हिंदू संतों ने घोषणा की है कि अब से हर साल आज ही के दिन इस समय रामनवमी जैसा पर्व जन्मभूमि शिलान्यास की याद में होगा।

राम जन्मभूमि का आज शिलान्यास हो गया। दोपहर एक बजकर 34 मिनट पर शंखनाद और मुख्य ज्योति के बीच बिहार के एक हरिजन कामेश्वर चौपाल के हाथों नींव की पहली शिला रखी गई। यह पहली शिला बांग्लादेश के 56 यज्ञों की भस्मी से बनी हुई थी।

शिलान्यास से पहले वास्तु पूजन, 35 कोटि देवताओं का आह्वान और सात शिलाओं का पूजन हुआ। फिर उन्हें धर्माचार्यों ने नींव में रखा। गुरु ग्रंथ साहिब की अरदास, जैन-बौद्ध प्रार्थना और 'बोले सो निहाल सतश्री अकाल' के जयकारे के बीच सवा बारह बजे पूजन हुआ। नींव में अष्टधातु के सर्प डालने गए। श्रीशचंद्र दीक्षित और बद्रीप्रसाद तोशनीवाल ने वैदिक मंत्रों के साथ सपत्नीक पूजा की। एक बजकर 34 मिनट पर शंखनाद

के बीच नींव की पहली शिला बिहार के हरिजन कामेश्वर चौपाल ने रखी। इसके बाद अयोध्या के दिगंबर अखाड़े में पूजित पाँच शिलाएँ आधारशिला में रखी गईं। पूजन पंडित धरनीधर द्विवेदी ने कराया।

अयोध्या में मौजूद सभी धर्माचार्य इस कार्यक्रम के साक्षी बने। आस-पास के कई हजार लोग इस कार्यक्रम को भव्य बना रहे थे। 'सौगंध राम की खाते हैं, मंदिर यहीं बनाएँगे' के उद्घोष के साथ भक्त शिलान्यास भूमि की पूजा के लिए उमड़ पड़े। मद्रास के संत दयाराम ने मंदिर निर्माण के लिए एक करोड़ रुपए देने की घोषणा की। शिलान्यास समारोह के समय स्वामी विशेश्वरतीर्थ, रामचंद्र परमहंस, गोपाल महाराज, आचार्य धर्मेंद्र स्वामी, प्रकाशचंद, वामदेव, पद्मानंद महाराज, वासुदेव, चिन्मयानंद के अलावा विश्व हिंदू परिषद के अशोक सिंघल, विजयाराजे सिंधिया, विष्णु हरि डालमिया और एच.वी. शेषाद्रि भी थे।

राम जन्मभूमि शिलान्यास आज शाम को सरयू किनारे आगे के कार्यक्रम की घोषणा करेगा। विश्व हिंदू परिषद के मार्गदर्शन मंडल के सदस्यों ने कल रात बैठक कर निर्णय किया कि दक्षिण के सिंहद्वार का पहला स्तंभ बनाना शुरू किया जाएगा।

दूसरी ओर शिलान्यास और मुसलमानों के साथ हुई सरकारी धोखाधड़ी के खिलाफ बाबरी मस्जिद संघर्ष समिति के बैनर तले मुसलमानों ने फैजाबाद की मस्जिद टाट शाह से आज सुबह विरोध मार्च किया। इरादा अयोध्या तक मार्च करने का था, पर थोड़ी दूर आगे जाते हुए पुलिस ने लौटने को कहा। नहीं लौटने पर गिरफ्तार कर लिये गए। गिरफ्तारी में कोई हील-हुज्जत नहीं हुई। असम से आए कौमी स्वराज मोर्चा और सी.पी.एम. के लोग भी गिरफ्तारी देने वालों में थे। गिरफ्तारी की अगुवाई बाबरी मस्जिद की संघर्ष समिति के संयोजक मौ. आजम खाँ, जफरयाब जिलानी, उत्तर प्रदेश समिति के अध्यक्ष मुजफ्फर हुसैन कछौछवी, कौमी मोर्चा नेता शमीन अहमद खान, दिल्ली समिति के अध्यक्ष यूनुस सिद्दिकी, मशहूर आलिम मौलाना इदरीस बस्तवी, कौमी स्वराज मोर्चा के भास्कर नदी, आलोक उपाध्याय और ध्रुवनारायण ने की। मार्च में देश भर, खासकर अलीगढ़ से लोग आए थे। इनके हाथों में तख्तियाँ थीं, जिन पर लिखा था 'राजीव गांधी होश में आओ, शिलान्यास पर रोक लगाओ'।

मुस्लिम उलेमाओं ने 313 लोगों को गिरफ्तारी देने को कहा था, पर ज्यादा लोगों के आने के कारण गिरफ्तारी 1330 ने दी। इनमें से 150 कम्युनिस्ट दलों के कार्यकर्ता थे। कल रात और आज सुबह उलेमाओं तथा बाबरी मस्जिद संघर्ष समिति के नेताओं की बैठक में तय पाया गया कि मस्जिद सुरक्षित है और कब्रिस्तान पर शिलान्यास हुआ है, इसलिए कुर्बानियों की जरूरत नहीं है। केवल हमें इस बदनीयत सरकार को बेदखल करना होगा। इसने हमें धोखे में रखकर शिलान्यास करवा दिया। ऐसा कर सरकार ने गैर-कानूनी, अनैतिक और अदालत की अवमानना की है। इससे देश में रहने वाले तमाम धर्मनिरपेक्ष लोगों का भरोसा उठ जाएगा। समिति का कहना है कि प्लॉट नंबर 586, जहाँ

शिलान्यास कराया गया है, वह विवादास्पद है और कब्रिस्तान की जमीन है। सरकार ने सारे देशवासियों से झूठ बोलकर विश्व हिंदू परिषद की योजना के तहत कड़ी सुरक्षा में शिलान्यास इस तरह कराया, जैसे यह सरकारी कार्यक्रम हो। समिति ने सरकार से कहा है कि वह अपनी नीति साफ करे।

संघर्ष समिति ने लोगों से आने वाले चुनावों में राष्ट्रहित में कांग्रेस को ऐसा सबक सिखाने की अपील की है, जिससे कभी कोई सरकार इस तरह सांप्रदायिक ताकतों के हाथों नहीं खेले। बाबरी मस्जिद संघर्ष समिति इसी हफ्ते विश्व हिंदू परिषद पर अदालत की अवमानना का मामला दायर करेगी, क्योंकि उसका मानना है कि प्लॉट नंबर 586 पर शिलान्यास करने से अदालत के आदेशों की अवमानना हुई है। कल जयपुर में मुस्लिम मजलिस ए मुश्वरात की ओर से बैठक होगी। इसमें राजस्थान के सभी जिलों के प्रमुख मुस्लिम नेता चुनाव की रणनीति तय करेंगे।

इसी मुद्दे पर राम जन्मभूमि मंदिर न्यास के ट्रस्टी अशोक सिंघल का कहना था कि हाईकोर्ट के निर्णय से हम किसी भी प्रकार से संबंधित नहीं थे। वैसे भी सरकार ने ही कहा है कि शिलान्यास का स्थान हाईकोर्ट द्वारा घोषित विवादास्पद क्षेत्र से बाहर है। इससे पहले भी हमने स्पष्ट कर दिया था कि हम अपनी योजना के अनुसार शिलान्यास कार्यक्रम को आगे बढ़ाते जाएँगे, सरकार का चाहे जो निर्णय हो।

विश्व हिंदू परिषद ने शिलान्यास कार्यक्रम की सफलता के लिए करोड़ों देशभक्त जनता और विदेश में रहने वाले हिंदुओं का धन्यवाद किया है। परिषद के अनुसार उनकी एकता और सक्रियता से ही सरकार हिंदुओं की भावनाओं को समझ पाई। अब यह जिम्मेदारी है कि यह एकता बनी रहे। परिषद ने पचास हजार साधु और धर्माचार्यों के प्रति कृतज्ञता जाहिर की है।

शिलान्यास के लिए तीन लाख 16 हजार गाँव और 26 देशों में शिलापूजन हुआ था। इसी मास तीन फरवरी को प्रयाग के पुण्य कुंभ तथा देवरहा बाबा की अध्यक्षता में धर्मसंसद में राम जन्मभूमि का नक्शा और शिलान्यास की तारीख तय की गई थी। यह भी तय हुआ था कि नागर शैली के इस मंदिर की स्थापत्य कला सोमनाथ मंदिर जैसी हो। इसके पहले सात-आठ अप्रैल, 1984 को विश्व हिंदू परिषद ने दिल्ली में धर्मसंसद कर सरकार से हिंदुओं के तीन पवित्रम धर्मस्थल हिंदुओं को सौंपने की अपील की थी। इनमें अयोध्या की राम जन्मभूमि, काशी विश्वनाथ मंदिर और मथुरा की कृष्ण जन्मभूमि है।

इस अपील के समर्थन में आज अक्तूबर 1984 को संतों ने अयोध्या से लखनऊ तक धर्म-यात्रा की थी। राम जन्मभूमि को मुक्त कराने के लिए इसके बाद देश भर से मुक्ति रथों के चक्के चल पड़े थे, पर इंदिरा गांधी की हत्या और उसके बाद हुए दंगों के कारण सरकार ने रथयात्रा पर रोक लगा दी।

यह सब चल ही रहा था कि पहली फरवरी 1986 को विवादास्पद इमारत के बारे में फैजाबाद के जिला जज कृष्ण मोहन पांडे ने फैसला दिया। उन्होंने विवाद की जगह को राम जन्मभूमि बताते हुए इमारत पर से ताला हटवा दिया। इससे देश भर के मुसलमानों में नाराजगी फैली। 22–23 दिसंबर, 1986 को दिल्ली की दरगाह शाह वली उल्ला से मुस्लिम नेताओं ने बैठक कर बाबरी मस्जिद की वाजदायी के लिए आंदोलन का फैसला किया। फैसले के मद्देनजर सैयद शहाबुद्दीन सदारत में बाबरी मस्जिद राबिता कमेटी बनाई गई। कमेटी ने 26 जनवरी बायकॉट का फैसला कर पूरे मुल्क का ध्यान अपनी ओर खींचा।

इस फैसले की आलोचना हुई और आखिरकार 'बायकॉट' की अपील वापस ले ली गई। इस अपील से दोहरी सांप्रदायिकता बढ़ी, जिसको 30 मार्च, 1987 को वोट क्लब पर हुई रैली में गरम तकरीरों ने तूल दिया। मुस्लिम नेता अयोध्या मार्च की अपील बार-बार दोहराते रहे और शहीदों के स्मारक बनाने का ऐलान भी करते रहे। पूरे मामले में सरकार स्वयं मौन साधे रही। फिर जब माहौल बहुत गरम हुआ, तब केंद्रीय मंत्रिमंडल की एक उपसमिति बनाई गई।

■

शिलान्यास के विरोध में कई शहरों में हिंसा भड़की, दस घायल

अयोध्या में राममंदिर शिलान्यास के खिलाफ आज उत्तर प्रदेश और कर्नाटक के कुछ शहरों में हिंसा और आगजनी की वारदातें हुईं। इनमें दस लोग घायल हो गए। घायलों में दो पुलिस वाले भी हैं। महाराष्ट्र में एहतियात के तौर पर धारा 144 लागू कर दी गई है।

उत्तर प्रदेश में सुल्तानपुर और अलीगढ़ में हिंसा की छिटपुट वारदातें हुईं। अयोध्या में राममंदिर शिलान्यास से नाराज कुछ लोगों ने सुल्तानपुर के चौक बाजार में नारे लगाए। दूसरे समुदाय के लोगों ने जवाब में नारेबाजी की। दोनों मौके का लाभ उठाकर कुछ असामाजिक तत्त्वों ने पत्थरबाजी शुरू कर दी और गोलियाँ चलाईं। गोलीबारी में आठ लोग जख्मी हो गए। इनमें एक सिपाही भी है। शहर में सात-आठ दुकानें भी फूँक दी गईं। तनाव देख लोगों ने अपनी दुकानें बंद कर दीं और इधर-उधर चले गए। पुलिस ने तुरंत हालात पर काबू पा लिया।

अलीगढ़ में एक घटना में हैड कांस्टेबल समेत दो लोग घायल हो गए। गृह सचिव संत कुमार त्रिपाठी ने बताया कि ऊपरकोट इलाके में कुछ लोगों ने शिलान्यास के खिलाफ जबरन दुकानें बंद कराने की कोशिश की। हैड कांस्टेबल ने जब उन्हें रोका तो उन्होंने उस पर गोली चला दी। इससे वह बुरी तरह घायल हो गया। दूसरा घायल व्यक्ति जिला कलेक्ट्रेट में काम करता है। वह भी इसी इलाके में हिंसा में जख्मी हुआ।

श्री त्रिपाठी ने बताया कि अब दोनों इलाकों में हालात काबू में हैं। उन्होंने कहा कि

अयोध्या में भी हालात सामान्य हैं। वहाँ करीब 1300 लोगों ने शिलान्यास के खिलाफ गिरफ्तारियाँ दी हैं।

दक्षिण भारत में कर्नाटक में भी शिलान्यास के खिलाफ कई शहरों में कल रात और आज हिंसा भड़क उठी। अरिसकेरे में एक समुदाय के लोगों ने रामशिला जुलूस पर हमला किया। पुलिस ने उन्हें तितर-बितर करने के लिए पहले लाठीचार्ज किया और फिर हवा में गोलियाँ चलाईं।

■

जिलाधिकारी ने राममंदिर का निर्माण रुकवाया

फैजाबाद, 11 नवंबर, 1989 : अयोध्या में राम जन्मभूमि मंदिर के निर्माण के लिए आज से की जाने वाली कारसेवा शुरू नहीं की जा सकी। इससे मंदिर का निर्माण रुक गया है। अब निर्माण के बारे में फैसला 27-28 जनवरी को इलाहाबाद के संत सम्मेलन में होगा। यह जानकारी आज यहाँ उत्तर प्रदेश के गृह सचिव संत कुमार त्रिपाठी ने दी। उन्होंने बताया, आज दोपहर निर्माण स्थल पर साधु कुदाल आदि लेकर पहुँचे तो थे, लेकिन उन्हें निर्माण न करने के लिए समझा-बुझा लिया गया। शुक्रवार की शाम को विश्व हिंदू परिषद के संयुक्त मंत्री स्वामी गिरिराज किशोर ने आमसभा में घोषणा की थी कि मंदिर बनाने को शनिवार से कारसेवा होगी, जिसकी शुरुआत संत महात्मा करेंगे। मंदिर तीन साल में बन जाएगा।

जब श्री सिंघल से यह पूछा गया कि मंदिर का निर्माण कब किया जाएगा तो उन्होंने साफ उत्तर नहीं दिया और कहा, "निर्माण में बाधा हटाने के लिए राष्ट्रीय स्तर पर बड़े आंदोलन की आवश्यकता है। वहाँ लगे बैरिकेडों को हटाना होगा।" श्री सिंघल ने जिला प्रशासन का सेवा रोके जाने के बारे में कोई प्रतिक्रिया नहीं दी और न ही राम जन्मभूमि मंदिर के निर्माण में बाधा डालने के लिए जिला प्रशासन की आलोचना की। कारसेवा रोके जाने के बारे में परिषद ने कोई विरोध नहीं किया।

श्री सिंघल ने बताया—संतों-महात्माओं का काफिला आज अमेठी के लिए रवाना हो रहा है, जो वहाँ मंदिर के निर्माण में बाधा डालने के लिए प्रधानमंत्री राजीव गांधी को चुनाव में पराजित करने के लिए मतदाताओं से संपर्क करेगा।

मंदिर का निर्माण जारी न हो सकने के कारण दिगंबर अखाड़ा में संत बलराम दास ने राममंत्र का अनुष्ठान शुरू किया है। राम जन्मभूमि न्यास समिति के कार्यकारी तथा राम जन्मभूमि-बाबरी मस्जिद मुकदमे में राम जन्मभूमि के पक्षधर रामचंद्र परमहंस ने राम जन्मभूमि के मंदिर के निर्माण को पूरा कराने के संकल्प को दुहराया और कहा कि मंदिर के निर्माण में बाधा पड़ी रही तो वे अपने प्राणों की आहुति दे देंगे। श्री परमहंस 40 साल से इस मुकदमे की पैरवी कर रहे हैं। उन्होंने कहा, कारसेवा का निर्णय जिन लोगों ने लिया,

उन्हें आज निर्माण जरूर शुरू कर देना चाहिए था। निर्माण शुरू न करके कायरता का परिचय दिया गया।

■

शिलान्यास के विरोध में हिंसा जारी, तीन मरे, 32 घायल

नई दिल्ली, 11 नवंबर, 1989 : अयोध्या में राम जन्मभूमि मंदिर के शिलान्यास को लेकर वाराणसी और सुल्तानपुर में भड़की हिंसा में कम-से-कम दो लोग मारे गए और 32 घायल हुए। घायलों में 14 पुलिस वाले हैं। कर्नाटक के शिमोगा में भी दंगा भड़का। वहाँ एक व्यक्ति की मौत हुई और सात घायल हुए। उत्तर प्रदेश के मुरादाबाद और कानपुर शहरों में भी छिटपुट वारदातें हुईं। अलीगढ़ में भी तनाव बरकरार है।

वाराणसी के पुलिस अधीक्षक रजनीकांत ने बताया कि वहाँ आज आगजनी, लूट और हिंसा की घटनाओं में एक मारा गया और पुलिस के 14 जवानों समेत 32 लोग घायल हो गए। इस दौरान गोलियाँ चलाई गईं और बम फेंके गए। घायलों में से सात की हालत नाजुक है। शहर में भारी तनाव है। पुलिस की गश्त बढ़ा दी गई है, लेकिन अभी तक कोई गिरफ्तारी नहीं हुई है। गैर-सरकारी सूत्रों के मुताबिक कल सुल्तानपुर में हुई हिंसा में घायल सिपाही कमलेश यादव ने आज दम तोड़ दिया। उसके साथी पुलिस वाले भी हिंसा पर उतारू हो गए और उन्होंने दो जीपें फूँक दीं।

लखनऊ से मिली खबरों के मुताबिक कुछ असामाजिक तत्त्वों ने वाराणसी में पथराव और आगजनी की। जबकि कानपुर में रास्ता जाम और दुकान बंद कराने की कोशिश की गई। अलीगढ़, सुल्तानपुर और फैजाबाद में आज शांति रही। सुल्तानपुर में लोग गिरफ्तार किए गए। मुरादाबाद में प्रदर्शनकारियों ने कुछ उपद्रव करने की कोशिश की, लेकिन पुलिस ने हालात पर काबू पा लिया।

बैंगलोर में पुलिस ने बताया कि शिमोगा में शिलान्यास समारोह से एक समुदाय के लोग नाराज हो गए और चाकूबाजी पर उतर आए। उन्होंने एक आदमी को गंभीर रूप से घायल कर दिया। बाद में वह अस्पताल में चल बसा। सात और लोग चाकू लगने से घायल हुए। पुलिस के मुताबिक इस अवसर पर शहर में जुलूस तो शांति से निकल गया, पर उसके थोड़ी ही देर बाद दो समुदायों के लोगों में संघर्ष शुरू हो गया।

■

इमाम बुखारी ने जनता दल के समर्थन की अपील की

नई दिल्ली, 11 नवंबर, 1989 : जामा मस्जिद के शाही इमाम सैयद अब्दुल्ला बुखारी ने आज चुनाव में जनता दल के समर्थन की अपील जारी कर दी। उनका लिखित बयान

उनके बेटे नायब इमाम सैयद अहमद बुखारी ने पत्रकारों को पढ़कर सुनाया। बयान में शाही इमाम ने कहा है कि सत्तारूढ़ कांग्रेस (इ) के मुकाबले वे राष्ट्रीय मोर्चे और जनता दल को बेहतर विकल्प मानते हैं।

शाही इमाम का समर्थन पाने के लिए जनता दल और कांग्रेस-इ दोनों ही पार्टियों के नेता जामा मस्जिद के पिछले दो महीनों से चक्कर काट रहे थे। इमाम का झुकाव शुरू से ही विश्वनाथ प्रताप सिंह के प्रति था, लेकिन शायद वे नौ नवंबर के इंतजार में थे। अयोध्या में श्रीराम जन्मभूमि मंदिर के शिलान्यास के बाद वे पुख्ता तौर पर इंका के खिलाफ हो गए।

शाही इमाम का समर्थन पाने के लिए जनता दल और कांग्रेस-इ दोनों ही पार्टियों के नेता जामा मस्जिद के पिछले दो महीनों से चक्कर काट रहे थे। इमाम का झुकाव शुरू से ही विश्वनाथ प्रताप सिंह के प्रति था, लेकिन शायद वे नौ नवंबर के इंतजार में थे। अयोध्या में श्रीराम जन्मभूमि मंदिर के शिलान्यास के बाद वे पुख्ता तौर पर इंका के खिलाफ हो गए।

अहमद बुखारी के साथ प्रेस कॉन्फ्रेंस में बाबरी मस्जिद एक्शन कमेटी के सदस्य जावेद हबीब और जनता दल के नेता गुहम्मद यूनुस सलीम भी थे। पूर्व केंद्रीय मंत्री यूनुस सलीम और पत्रकार मीम अफजल ने विश्वनाथ प्रताप सिंह और शाही इमाम के बीच सेतु का काम किया। शाही इमाम बीमार होने के कारण खुद नहीं आए।

शाही इमाम की अपील एकदम साफ है। यह केवल मुसलमानों के लिए नहीं है। सभी देशवासियों के लिए है। वे चाहते हैं कि लोग राष्ट्रीय मोर्चे के उम्मीदवारों को वोट दें। जहाँ मोर्चे का उम्मीदवार नहीं हो, वहाँ वाम मोर्चे या दूसरे धर्मनिरपेक्ष दल का समर्थन किया जाए। कांग्रेस (इ) के साथ-साथ भारतीय जनता पार्टी की भी उन्होंने खिलाफत की है।

पाँच साल के कांग्रेस (इ) शासन को उन्होंने बेतहाशा भ्रष्टाचार, जबरदस्त रक्तपात, बर्बरता और लोगों को लड़ाने की कोशिशों का कागजों में न लिखा जा सकने वाला इतिहास बताया। मलियाना के खूनी दंगे और भागलपुर की हिंसा का उन्होंने उल्लेख भी किया है। जनता दल के नेताओं से शाही इमाम ने अल्पसंख्यकों और दूसरे राष्ट्रीय मुद्दों पर साफ-साफ बात की है। एकाध को छोड़कर बाकी मुद्दों पर जनता दल का रुख शाही इमाम को संतोषजनक जँचा और उन्होंने इसे मंजूर किया है। श्रीराममंदिर के शिलान्यास पर भी वी.पी. सिंह का रुख शाही इमाम को साफ लगा है।

जनता दल के चुनाव घोषणा-पत्र के जिन मुद्दों ने शाही इमाम को प्रभावित किया है, उनमें न्यायपालिका की पूर्ण स्वायत्तता, काम के अधिकार, मंडल आयोग की रपट पर अमल, चुनाव प्रणाली में सुधार और सूचना पाने का अधिकार आदि शामिल हैं। ■

अब कुंभ में तय होगा कि मंदिर कब बने

नई दिल्ली, 12 नवंबर, 1989 : अयोध्या में राम जन्मभूमि मंदिर का निर्माण कार्य रुक गया है। विश्व हिंदू परिषद ने फैसला किया है कि 27 जनवरी को कुंभ के मौके पर होने वाले धर्माचार्य सम्मेलन में निर्माण को आगे बढ़ाने के कार्यक्रम पर विचार होगा। शिलान्यास के खिलाफ वाराणसी में हुई हिंसा में मरने वालों की संख्या चार हो गई है। इनमें पुलिस की गोली से दो मरे हैं। गैर-सरकारी सूत्रों के अनुसार मरने वाले दस से कम नहीं हैं। जम्मू में दो पुलिस की गोली से मरे हैं। जम्मू में दो पूजा स्थलों पर आग लगा दी गई। मुस्लिम एक्शन कमेटी ने शिलान्यास के खिलाफ कल हड़ताल की अपील की है।

विश्व हिंदू परिषद ने श्रीराममंदिर के निर्माण का काम रोकने का फैसला स्थानीय प्रशासन की ओर से खुदाई का काम जारी रखने की इजाजत न मिलने पर लिया है। फैजाबाद के जिला मजिस्ट्रेट आर.एस. श्रीवास्तव ने आज बताया कि जब तक मामला अदालत में है, इसका निर्माण जारी रखने की इजाजत नहीं दी जा सकती। दूसरी ओर विश्व हिंदू परिषद के महामंत्री अशोक सिंघल ने कहा है कि अगला कार्यक्रम 'धर्माचार्य सम्मेलन' में तय किया जाएगा। यह सम्मेलन कुंभ मेले के मौके पर 27 जनवरी को इलाहाबाद में होगा।

मंदिर के निर्माण के लिए कारसेवा शुरू करने के बारे में विश्व हिंदू परिषद के नेताओं ने कल दिन भर जिला अधिकारियों से बातचीत की। कारसेवा सुबह शुरू होनी थी, लेकिन इस कार्यक्रम पर अमल नहीं किया जा सका। जिला मजिस्ट्रेट ने अपने लिखित नोटिस में कहा, 'निर्माण को इजाजत इसलिए नहीं दी जा सकती, क्योंकि इससे हाईकोर्ट के फैसले का उल्लंघन होगा।' राम जन्मभूमि मुक्ति यज्ञ समिति के महंत गोपालदास ने प्रशासन का नोटिस स्वीकार करते हुए कहा कि साधु हिंसा नहीं चाहते, इसलिए निर्माण रोक दिया गया है। बाबरी मस्जिद तोड़ने का भी कोई इरादा नहीं है।

बीजेपी नाराज : दिल्ली में भारतीय जनता पार्टी ने अयोध्या में राम जन्मभूमि पर मंदिर के निर्माण कार्य को स्थगित किए जाने पर नाखुशी जाहिर की है; साथ ही मंदिर के निर्माण कार्य को जारी रखने की इजाजत देने के लिए सरकार से माँग की है।

बीजेपी के सचिव जे.पी. माथुर ने कहा कि राममंदिर की निर्माण प्रक्रिया को रोककर सरकार ने अच्छा काम नहीं किया है। हम आशा करते हैं कि सरकार और इसका विरोध करने वाले लोग भविष्य में इस मंदिर के निर्माण में किसी तरह की अड़चन नहीं डालेंगे। उन्होंने कहा कि बीजेपी का दृढ मत है कि अयोध्या में राममंदिर का निर्माण होना ही चाहिए। इस निर्माण कार्य को आपसी बातचीत और शांति के साथ पूरा किया जाना चाहिए और अगर ऐसा न हो सके, तो कानून बनाकर इस कार्य को पूरा किया जाना चाहिए।

देवरहा बाबा से आशीर्वाद लेते कांग्रेस नेता कर्ण सिंह।
फोटो : सत्य नारायण गोयल

श्री माथुर ने उम्मीद जाहिर की कि सरकार और दूसरे सभी लोग इस मंदिर के निर्माण में सहयोग देंगे। 'इसमें सभी को सहयोग देना चाहिए और किसी प्रकार का विवाद खड़ा नहीं करना चाहिए।'

वाराणसी—अयोध्या शिलान्यास के खिलाफ शनिवार को यहाँ हुई हिंसा में चार लोगों की मृत्यु हो गई। दो लोग पुलिस फायरिंग में मारे गए।

■

सब कुछ देवरहा बाबा के आशीर्वाद से हुआ

अयोध्या, 12 नवंबर, 1989 : राममंदिर शिलान्यास के बारे में महत्त्वपूर्ण फैसले अयोध्या या फैजाबाद में नहीं किए जा रहे। ये फैसले लखनऊ या नई दिल्ली में भी नहीं किए गए, बल्कि सब कुछ वृंदावन में देवरहा बाबा के आश्रम में तय हुआ। देवरहा बाबा ने ही विश्व हिंदू परिषद के नेताओं को निर्देश दिए। पिछले हफ्ते डेढ़ घंटे की बातचीत के दौरान उन्होंने राजीव गांधी को भी निर्देश दिए। इसके बाद भी राजीव के दूत लगातार बाबा के संपर्क में रहे। अयोध्या में वही हुआ, जो इन बैठकों में तय हुआ।

राम जन्मभूमि मंदिर के प्रबंधक न्यासी अशोक सिंघल ने 'जनसत्ता' से बातचीत में माना, "देवरहा बाबा एक धार्मिक महापुरुष हैं, जो हमारे हर कदम का मार्गनिर्देश करते रहे हैं।" बाबा ने छह नवंबर को राजीव गांधी से कहा था कि उन्हें मंदिर निर्माण को विश्व हिंदू परिषद की माँग का समर्थन करना चाहिए। बाद की घटनाओं से साफ है कि गांधी ने वही किया, जो बाबा ने उनसे कहा और शिलान्यास के पहले दिन बाबा ने शिलान्यास स्थल बदलने का सरकारी सुझाव ठुकरा दिया। वैसे विश्व हिंदू परिषद के कुछ नेता भी इसके लिए तैयार हो गए थे।

सरकार शिलान्यास स्थल को प्लॉट नंबर 578 पर स्थानांतरित करना चाहती थी। इस जगह पर कोई विवाद नहीं है। यह जगह मूल स्थल से कोई सात गज दूर है। पाँच नवंबर को कुछ वरिष्ठ अधिकारियों ने ऐसा करवाने के लिए इलाके का दौरा किया था। प्लॉट रामकृपाल दास के पास लीज पर था। उन्होंने इसके लिए अपनी जमीन देने की पेशकश की थी। वहाँ एक नहानघर और एक दीवार बनी हुई थी, जिसे शिलान्यास की जगह बनाने के लिए तोड़ा जा चुका था। छह नवंबर को राज्य सरकार ने हाईकोर्ट में अर्जी देकर पूछा था कि क्या प्लॉट नं 586 विवादास्पद जमीन में आता है। विश्व हिंदू परिषद ने बाद में वहीं राममंदिर शिलान्यास का समारोह किया।

अगले दिन यानी सात नवंबर को अदालत ने साफ किया कि यह प्लॉट विवादास्पद जमीन में आता है। सरकार को अगर इस प्लॉट की सही स्थिति का पता था तो उसने

वह बात अदालत से पूछी ही क्यों? प्रशासनिक अफसरों ने बातया कि इसकी एक वजह यह थी कि शिलान्यास की जगह बदलने के लिए कानूनी दबाव बनाया जाए। अगर विश्व हिंदू परिषद इसके लिए तैयार हो जाती तो कोई समस्या ही नहीं थी। महायज्ञ और शिलान्यास भी गैर-विवादास्पद जमीन पर आराम से संपन्न हो जाते और बाबरी मस्जिद एक्शन कमेटी को भी उस जगह पर शिलान्यास करने पर कोई एतराज नहीं होता। इस तरह सरकार हिंदुओं और मुसलमानों, दोनों को खुश कर लेती और इन दिनों उनकी खुशी का मतलब है वोट।

श्री सिंघल कहते हैं, "देवरहा बाबा ने साफ-साफ कहा कि हमें शिलान्यास तय जगह पर ही करना चाहिए।" उन्होंने यह भी कहा कि राजीव गांधी भी वहीं शिलान्यास करने की बात मान लेंगे। पर तभी यथास्थिति बनाए रखने का अदालती आदेश आ जाने से कुछ भ्रम पैदा हो गया।

इस सरकारी पेशकश से विश्व हिंदू परिषद के नेता बँट गए थे। इस बारे में परिषद और सरकार के बीच बातचीत आगे बढ़ने के साथ ही बाबा ने अशोक सिंघल और पूर्व पुलिस महानिरीक्षक एस.सी. दीक्षित से वृंदावन आकर उनसे मिलने को कहा। श्री दीक्षित वहाँ गए। श्री सिंघल कहते हैं, "देवरहा बाबा ने साफ-साफ कहा कि हमें शिलान्यास तय जगह पर ही करना चाहिए।" उन्होंने यह भी कहा कि राजीव गांधी भी वहीं शिलान्यास करने की बात मान लेंगे।

पर तभी यथास्थिति बनाए रखने का अदालती आदेश आ जाने से कुछ भ्रम पैदा हो गया। परिषद के नेता सरकार के खिलाफ आंदोलन छेड़ने की तैयारी में लग गए, लेकिन जनता की नाराजगी के आगे अदालती निर्देश कहीं खो गया। यही वजह थी कि सरकार ने शिलान्यास को रोका नहीं। आठ नवंबर को हालात बदल गए और शिलान्यास की पिछली रात को सरकार ने नई दिल्ली में बयान जारी किया कि वह प्लॉट तो विवादास्पद है, पर शिलान्यास की जगह विवादास्पद जमीन के दायरे में नहीं आती, यानी सरकार ने परिषद को मनमर्जी से काम करने की छूट देना तय कर लिया था। मकसद यह हवा फैलाने का था कि शिलान्यास सरकार की बदौलत हुआ है, परिषद की बदौलत नहीं।

जब शिलान्यास समारोह शुरू हुआ, श्री दीक्षित हिंदुओं और परिषद की जीत की घोषणा करने माइक पर आए। उन्होंने कहा, "आपकी ताकत की वजह से ही प्रधानमंत्री को देवरहा बाबा के सामने घुटने टेकने पड़े।" श्री सिंघल कहते हैं कि बाबा ने जो कहा, उसे पूरा कर दिखाया। एक और नेता ने कहा, "जनवरी में भी हम वही फैसला करेंगे, जो बाबा कहेंगे।" तब तक विवाद का मुद्दा यह रहेगा कि शिलान्यास के लिए हिंदुओं ने सरकार को मजबूर किया या सरकार ने खुद हिंदुओं को यह भेंट दी।

■

राममंदिर बनाने पर बीजेपी के रुख से चंद्रशेखर को हैरत

नई दिल्ली, 13 नवंबर, 1989 : जनता दल के नेता चंद्रशेखर ने राम जन्मभूमि मंदिर बनाने के सवाल पर भारतीय जनता पार्टी के अड़ियल रुख पर आश्चर्य जताया है।

चंद्रशेखर ने आज यहाँ पत्रकारों से बातचीत में कहा कि विश्व हिंदू परिषद के निर्माण रोकने पर सहमत हो जाने के बावजूद बीजेपी का यह रुख आश्चर्यजनक है। उन्होंने कहा कि चुनाव के मौके पर कुछ तत्त्व स्थिति का फायदा उठाने की कोशिश कर रहे हैं, बीजेपी ऐसा रुख क्यों अपनाए हुए है, यह समझ से परे है। उन्होंने कहा कि देश की सांप्रदायिक स्थिति चिंताजनक जरूर है, लेकिन इससे देश की एकता और अखंडता को कोई खतरा नहीं है। उन्होंने कहा कि केवल चंद लोगों की गड़बड़ी की वजह से पूरे देश की एकता और अखंडता को खतरे में मानना उचित नहीं है।

एक सवाल के जवाब में उन्होंने कहा कि कांग्रेस (इ) हिंदू कार्ड खेलने की कोशिश कर रही है, लेकिन इसमें वह सफल नहीं होगी। उन्होंने अपने चुनाव-दौर के अनुभव के आधार पर दावा किया कि कांग्रेस (इ) किसी भी सूरत में सत्ता में नहीं आएगी, क्योंकि जनता ने विपक्ष को जिताने का मन बना लिया है।

उन्होंने जामा मस्जिद के इमाम द्वारा जनता दल को समर्थन दिए जाने पर पूछे जाने पर कहा कि कोई भी राजनैतिक दल कैसे कह सकता है कि कोई वर्ग उसे समर्थन नहीं दे। उन्होंने एक प्रश्न के उत्तर में कहा कि उन्हें इस बात की जानकारी नहीं है, पार्टी ने इमाम से कोई वायदा किया है। जहाँ तक अल्पसंख्यकों को सरंक्षण देने के वायदे का सवाल है, यह घोषणा-पत्र में ही शामिल है।

चंद्रशेखर ने कहा कि कांग्रेस (इ) पिछले दस साल से देश की एकता और अखंडता जैसे सवाल पर बहस करती रही है, जो वास्तव में कोई मुद्दा नहीं है। उन्होंने कहा, वास्तविक मुद्दे आर्थिक हैं, जिसकी वजह से सामाजिक तनाव और हिंसा पनपती है, और इस पर कोई बहस नहीं होती है।

चंद्रशेखर ने कहा कि देश को सही दिशा देने के लिए सही सोच वाले लोगों को एकजुट होना चाहिए। उन्होंने कहा कि लोग जागरूक हो गए हैं और वे विकास का लाभ चाहते हैं। लोगों का समर्थन तभी मिलेगा, जब उन तक विकास का लाभ पहुँचाने का विश्वास दिलाया जाएगा। उन्होंने कहा कि ऐशो-आराम की जिंदगी जीने वालों को त्याग करना होगा। इसके लिए उन्हें बाध्य करने की जरूरत है। उन्होंने कहा कि आने वाली सरकार को कुछ कड़े फैसले लेने होंगे।

■

रामलला की ताला मुक्ति

रामलला का ताला खुलना एक अप्रत्याशित घटना थी। यह ताला कोर्ट के आदेश से खुला। पर कोर्ट की कार्रवाई जिस तरह पूरी की गई, उसने सवालों के पिटारे का ताला खोल दिया। जो वादी ही नहीं था, उसने ताला खोलने की याचिका की और प्रतिवादी को सुने बगैर ही ताला खोलने का फैसला हो गया। भारतीय न्याय व्यवस्था के इतिहास में यह पहली बार हुआ कि महज दो रोज के भीतर किसी मामले का फैसला हो गया और कोई 40 मिनट के भीतर उस फैसले को लागू भी करवा दिया गया। प्रशासन ने हलफ लेकर भरोसा दिया कि ताला खुलने से कुछ भी न बिगड़ेगा। राजनीति सबको साधकर बैठी थी। कुछ विचित्र से समझौते आकार ले चुके थे। जिन्हें बोलना था, वे खामोश थे और जो बोल रहे थे, उनके पास बोलने के मायने नहीं थे।

राम जन्म भूमि के ताले खुले

जनसत्ता संवाददाता

लखनऊ, १ फरवरी। अयोध्या के राम जन्म भूमि मंदिर का ताला खोल दिया गया है। प्रशासन ने फैजाबाद के जिला और सत्र न्यायाधीश कृष्ण मोहन पांडेय के आदेश पर यह कदम उठाया है। यह तालाबंदी पिछले ३५ सालों से चली आ रही थी।

वर्ष रामनवमी के अवसर पर रामजन्म भूमि का ताला नहीं खुलने पर आत्मदाह किए जाने की घोषणा की थी।

न्यायाधीश ने प्रशासन को कानून और व्यवस्था बनाए रखने और प्रवेश की व्यवस्था के लिए निर्देश दिया है।

इससे पूर्व जिला व सत्र न्यायाधीश की अदालत में जिलाधिकारी इंद्र कुमार पांडेय तथा वरिष्ठ पुलिस अधीक्षक

अयोध्या के राम जन्म भूमि मंदिर का पिछला भाग जनसत्ताः फाइल फोटो।

न्यायाधीश पांडेय ने १९५० के मूल मुकदमे को आज रद्द कर दिया। इसी मुकदमे के तहत यह तालाबंदी थी। न्यायाधीश ने एक वकील उमेश चंद्र पांडेय की दायर याचिका पर अधिकारियों को ताला खोलने का और सशस्त्र पुलिस का पहरा हटाने का निर्देश दिया ताकि हिंदू बिना किसी भय और रोक-टोक के पूजा के लिए जा सकें।

इस आदेश ने मंदिर में तालाबंदी के बाद काफी अरसे से चले आ रहे विवाद को खत्म कर दिया है। भगवान राम की जन्म भूमि को मुक्त कराने के लिए हाल में एक आंदोलन चलाया जा रहा था। आंदोलन करने वाली समिति ने कुंभ मेला खत्म होने के तुरंत बाद अप्रैल से सत्याग्रह शुरु करने को धमकी दी थी। समिति ने कहा था कि यदि ताला नहीं खुला तो पांच लाख लोग गिरफ्तारी देंगे और ताला तोड़ेंगे।

कर्मवीर सिंह उपस्थित हुए। श्री सिंह ने अदालत में बताया कि बिना ताले के भी वे रामजन्म भूमि की सुरक्षा कर सकते हैं।

जिलाधिकारी ने बताया कि रामजन्म भूमि में ताला बंद रखने का कोई अभिलेख नहीं है।

रामजन्म भूमि के विवाद को लेकर १९५१ में यहां ताला बंद कर दिया गया था। एक समुदाय इसे राम भूमि मानता है और इसे बाबरी मस्जिद होने का दावा करता है। इसी विवाद को लेकर रामजन्म भूमि पर पुलिस तैनात थी।

भगवान राम को लोहे के सींखचों से मुक्त करने के लिए व्यापक आंदोलन की शुरुआत पिछले वर्ष हुई थी। गत वर्ष एक लाख व्यक्तियों ने सरयू तट पर रामजन्म भूमि का ताला खोलने का संकल्प किया था।

इसी आंदोलन के सिलसिले में राम जानकी रथ यात्रा शुरू की गई थी।

राम जन्मभूमि के ताले खुले

लखनऊ, 1 फरवरी, 1986 : अयोध्या के राम जन्मभूमि मंदिर का ताला खोल दिया गया है। प्रशासन ने फैजाबाद के जिला और सत्र न्यायाधीश कृष्ण मोहन पांडेय के आदेश पर यह कदम उठाया है। यह तालाबंदी पिछले 35 सालों से चली आ रही थी।

न्यायाधीश पांडेय ने 1950 के मूल मुकदमे को आज रद्द कर दिया। इसी मुकदमे के तहत यह तालाबंदी हुई थी। न्यायाधीश ने एक वकील उमेश चंद्र पांडेय की दायर याचिका पर अधिकारियों को ताला खोलने का और सशस्त्र पुलिस का पहरा हटाने का निर्देश दिया, ताकि हिंदू बिना किसी भय और रोक-टोक के पूजा के लिए जा सकें।

इस आदेश ने मंदिर में तालाबंदी के बाद काफी अरसे से चले आ रहे विवाद को खत्म कर दिया है। भगवान राम की जन्मभूमि को मुक्त कराने के लिए हाल में एक आंदोलन चलाया जा रहा था। आंदोलन करने वाली समिति ने कुंभ मेला खत्म होने के तुरंत बाद अप्रैल से सत्याग्रह शुरू करने की धमकी दी थी। समिति ने कहा था कि यदि ताला नहीं खुला तो पाँच लाख लोग गिरफ्तारी देंगे और ताला तोड़ेंगे।

ताला खुलते समय हजारों की संख्या में अयोध्यावासी मौजूद थे। ताला खुलते ही पूरा वातावरण भगवान राम की जय-जयकार से गूँज उठा। भगवान राम की प्रतिमा के दर्शनों के लिए भारी संख्या में श्रद्धालु उमड़ पड़े। अयोध्या में चारों तरफ हर्ष फैल गया।

अयोध्या के प्रसिद्ध संत परमहंस रामचंद्रदास ने अदालत में बताया कि बिना ताले के भी वे राम जन्मभूमि की सुरक्षा कर सकते हैं।

जिलाधिकारी ने बताया कि राम जन्मभूमि में ताला बंद रखने का कोई अभिलेख नहीं है।

राम जन्मभूमि के विवाद को लेकर 1951 में यहाँ ताला बंद कर दिया गया था। एक समुदाय इसे राम जन्मभूमि मानता है और दूसरा इसके बाबरी मस्जिद होने का दावा करता है। इसी विवाद को लेकर राम जन्मभूमि पर पुलिस तैनात थी।

भगवान राम को लोहे के सीखचों से मुक्त करने के लिए व्यापक आंदोलन की शुरुआत पिछले वर्ष हुई थी। गत वर्ष एक लाख व्यक्तियों ने सरयू तट पर राम जन्मभूमि का ताला खोलने का संकल्प किया था। इसी आंदोलन के सिलसिले में 'राम-जानकी रथयात्रा' शुरू की गई थी।

इसी बीच अभिलेखों की जाँच से साफ हो गया कि राम जन्मभूमि में ताला बंद करने का किसी न्यायालय द्वारा कोई आदेश नहीं है। उत्तर प्रदेश सरकार ने इस घटना के संदर्भ में पूरे राज्य में आम सतर्कता बरते जाने का आदेश दिया है।

■

पूरी अयोध्या एक बार फिरराममय हो गई

लखनऊ, 2 फरवरी, 1986 : अयोध्या में राम जन्मभूमि मंदिर का ताला खुलने से समूचे उत्तर प्रदेश, खासकर पूर्वी और मध्य उत्तर प्रदेश के लोगों की खुशी का ठिकाना नहीं है। हर इलाके से हजारों स्त्री-पुरुष अयोध्या की ओर कूच कर रहे हैं।

पूरी अयोध्या राममय हो गई है। श्रद्धालु भक्तों का राम जन्मभूमि पर ताँता लगा हुआ है। मंदिरों में विशेष उत्सव किए जा रहे हैं। अयोध्या में होने वाले समारोहों में दूसरे संप्रदाय के लोग भी भाग ले रहे हैं। जिले में जगह-जगह खुशियाँ मनाई जा रही हैं।

यहाँ मिली खबरों से पता चलता है कि शनिवार को जिला अदालत के फैसले के बाद राम जन्मभूमि का ताला खुलते ही आस-पास के हजारों लोग पूजा-अर्चना के लिए मंदिर पहुँच गए, हालाँकि अयोध्या और फैजाबाद में किसी तरह का तनाव नहीं है, पर एहतिहातन वहाँ पी.एस.सी. की और छह कंपनियाँ तैनात कर दी गई हैं। एक कंपनी पहले से ही वहाँ है। फैजाबाद में धारा 144 के तहत अनिश्चितकालीन निषेधाज्ञा भी लगा दी गई है। स्थिति में सिर्फ इतना भर बदलाव आया है कि राम जन्मभूमि की दीवारों या रेलिंग लाँघकर वहाँ किसी को जबरिया घुसने से रोकने के लिए पिछले 35 साल से तैनात हथियारबंद संतरी अब नहीं हैं। श्रद्धालु हिंदू अब बगैर किसी रोक-टोक के उस पवित्र स्थल तक पहुँच पा रहे हैं। यातायात-नियंत्रण और उत्साही श्रद्धालुओं की लगातार बढ़ रही भीड़ को काबू में रखने का काम पुलिस के जवान कर रहे हैं।

फैजाबाद के जिला व सत्र न्यायाधीश कृष्णमोहन पांडेय का आदेश राम जन्मभूमि के मुख्य द्वार पर लगा ताला खोलकर हिंदुओं की वहाँ पूजा-अर्चना करने की इजाजत देने तक ही सीमित है। राम जन्मभूमि का ताला खोलने के लिए जिला अदालत में मुकदमा करने वाले अयोध्या निवासी उमेशचंद पांडेय ने चूँकि जन्मभूमि के स्वामित्व व उसके प्रबंध का मसला जज के सामने नहीं उठाया, इसलिए उसके बारे में अदालत ने कोई व्यवस्था नहीं दी।

एक सरकारी नुमाइंदे ने बताया कि अब तक मंदिर का प्रबंध अदालत के आदेश से तैनात रिसीवर देखता था और अब भी मंदिर की प्रबंध व्यवस्था रिसीवर तथा उसके द्वारा नियुक्त पुजारी ही देखेंगे। यह मंदिर है या मस्जिद, इसका फैसला हाईकोर्ट में होगा। वहाँ इस बारे में अपील लंबित पड़ी हुई है। इस वजह से अब दोनों समुदायों के धार्मिक हितों का केंद्र हाईकोर्ट में लंबित वह मुकदमा हो गया है।

राम जन्मभूमि मुक्ति के लिए देश भर में आंदोलन चलाने वाली धर्मस्थान मुक्ति यज्ञ समिति ने 25 करोड़ रुपयों की लागत से राम जन्मभूमि मंदिर बनाने और उसकी व्यवस्था के लिए राम जन्मभूमि ट्रस्ट बनाया है। ट्रस्ट इस उद्देश्य के लिए कोष इकट्ठा कर रहा है। ट्रस्ट को देश भर से चंदा मिलने लगा है। पिछले साल 15 अक्तूबर से

'राम-जानकी रथ' अयोध्या से चलकर देश भर में घूमा और इससे राम जन्मभूमि मुक्ति यज्ञ का प्रचार हो गया था।

समिति का कहना है कि ताले खुलने से उनकी सिर्फ एक ही माँग पूरी हुई है। समिति की मुख्य माँग राम जन्मभूमि मंदिर बनाने की है। 1526 में बाबर ने राम जन्मभूमि मंदिर गिराकर वहाँ मस्जिद बना दी थी।

उत्तर प्रदेश सरकार ने कल सभी जिला प्रशासनों को चौकस रहने का निर्देश दिया था। सरकार का जिला प्रशासनों से बराबर संपर्क बना हुआ है। प्रदेश के गृह सचिव के मुताबिक कहीं से किसी गड़बड़ी की खबर नहीं है।

विश्व हिंदू परिषद ने राम जन्मभूमि का ताला खोलने के अदालती फैसले पर खुशी जाहिर की है। इंद्रप्रस्थ विश्व परिषद के अध्यक्ष बी.एल. शर्मा ने सभी हिंदू संगठनों से अपील की है कि खुशी के इस मौके पर वे पाँच फरवरी को एकादशी से सभी धार्मिक स्थलों पर रोशनी करें।

■

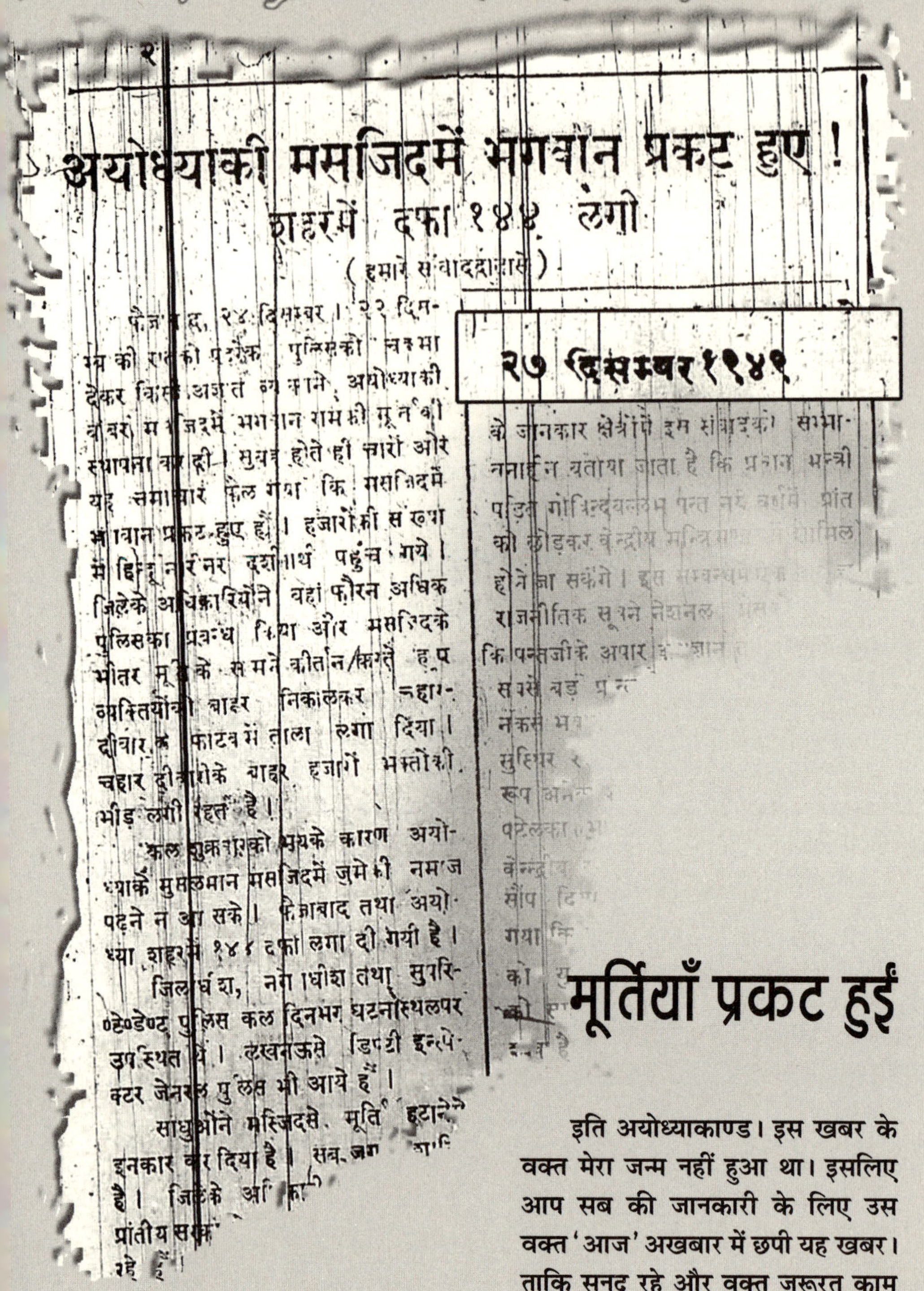

अयोध्याकी मसजिदमें भगवान प्रकट हुए !

शहरमें दफा १४४ लगी

(हमारे संवाददातासे)

फैजाबाद, २४ दिसम्बर। २२ दिसम्बर की रातको पहरेके पुलिसको चकमा देकर किसी अज्ञात व्यक्तिने, अयोध्याकी बाबरी मसजिदमें भगवान रामकी मूर्ति की स्थापना कर दी। सुबह होते ही चारों ओर यह समाचार फैल गया कि मसजिदमें भगवान प्रकट हुए हैं। हजारोंकी संख्या में हिन्दू नर नारी दर्शनार्थ पहुंच गये। जिलेके अधिकारियोंने वहां फौरन अधिक पुलिसका प्रबन्ध किया और मसजिदके भीतर मूर्तिके सामने कीर्तन/करते हुए व्यक्तियोंको बाहर निकालकर चहारदीवारके फाटकमें ताला लगा दिया। चहार दीवारीके बाहर हजारों भक्तोंकी भीड़ लगी रहती है।

कल शुक्रवारको भयके कारण अयोध्याके मुसलमान मसजिदमें जुमेकी नमाज पढ़ने न आ सके। फैजाबाद तथा अयोध्या शहरमें १४४ दफा लगा दी गयी है।

जिलाधीश, नगराधीश तथा सुपरिन्टेन्डेण्ट पुलिस कल दिनभर घटनास्थलपर उपस्थित थे। लखनऊसे डिप्टी इन्स्पेक्टर जेनरल पुलिस भी आये हैं।

साधुओंने मस्जिदसे मूर्ति हटानेसे इनकार कर दिया है। सब-जज [illegible] है। जिलेके अ[illegible] प्रांतीय सर[illegible] रहे हैं।

२७ दिसम्बर १९४९

[illegible] के जानकार क्षेत्रोंमें इस संवादको सम्भावनाहीन बताया जाता है कि प्रधान मन्त्री पंडित गोविन्दवल्लभ पन्त नये वर्षमें प्रांत को छोड़कर केन्द्रीय मन्त्रिमण्डलमें शामिल हो न सकेंगे। इस सम्बन्धमें [illegible] राजनीतिक सूत्रने नेशनल [illegible] कि पन्तजीके अपार [illegible] सबसे बड़े प्रान्त [illegible]

मूर्तियाँ प्रकट हुईं

इति अयोध्याकाण्ड। इस खबर के वक्त मेरा जन्म नहीं हुआ था। इसलिए आप सब की जानकारी के लिए उस वक्त 'आज' अखबार में छपी यह खबर। ताकि सनद रहे और वक्त जरूरत काम आए।

अ

क

य

र

ल

व

श

स

ह

राम जन्मभूमि के बारे में
हेमंत शर्मा
अयोध्या घटनाओं की न्यायिक जांच
केंद्रीय टीम
सरकार की
धमकी
नहीं रुके
चार भाजपाई मुख्यमंत्रियों ने केंद्र
को गंभीर नतीजों की
ई तूफान नहीं उठा पा रहीं चरण पादुकाएं
धर्म संसद का फैसला
कारसेवा छह दिसंबर से फिर
स्वामी वामदेव और स्वामी मुक्तानंद से बातचात
'संविधान की मूल भावना के विरुद्ध है यह संविधा
की आशंका
अयोध्या विवाद पर राव
पुनर्निर्माण होगा
दस अरब की योजना का एलान
आवत जात पनहिया टूटी बिसरि
अयोध्या में न कोई मंदिर तोड़ा न अदालत का आदेशः उप्र सरकार
यात्रा ने गैर भाजपा
बेनकाब कर दिए:
कारसेवा रुकेगी
विश्व हिंदू परिषद और कल्याण
सिंह में दूरियां बढ़ीं
समर्थक और विरोधी संतों की जोर आजम
मंदिर मसजिद का झगड़ा अदालत तय न
आवत जात पनहिया टूटी बिसरि गयो
मसजिद गिराएंगे, न गिराने देंगे : राव
सोम यज्ञ की शास्त्रीयता संदिग्ध